러일전쟁에서 태평양전쟁까지

전쟁 국가 일본의 성장과 몰락

전쟁으로 보는 국제정치

RUSSO-JAPANESE WAR
TREATY OF PORTSMOUTH
WASHINGTON NAVAL TREATY
SEC   SIN   APANESE WAR
PACIFIC WAR

러일전쟁에서 태평양전쟁까지

전쟁 국가 일본의
성장과 몰락

이성주 지음

생각비행

몇 년 전 일이다. 어느 중학교에서 강연하던 중 이런 질문을 받았다.

"북한 핵을 없애는데 왜 중국이랑 일본, 러시아, 미국이 나서는 거예요?"

당황했다. 얼굴 가득 물음표를 안고 던진 질문에는 순진무구함이 가득했다. 학생들의 질문이 이어졌다.

"북한이 핵을 만들면 우리도 만들어야 하지 않나요?"
"일본은 왜 6자 회담에 들어가 있는 건가요?"
"러시아는 이제 공산주의도 아닌데 왜 북한 편을 드는 거죠?"

더 놀라운 것은 선생님들이었다. 단순히 북한 핵은 우리에게 위협이 되므로 제거해야 한다는 원론적인 생각뿐이었다. 강연 자리에서 북한 핵의 역사, 핵무기가 전략적 무기인 이유, IAEA가 만들어진 배경을 설명하다 보니 남북한을 둘러싼 4강 체제의 역사까지 거슬러 올라갔다.

이미 강연 시간은 한참 넘긴 뒤였다.

　강연을 다니다 보면 깜짝깜짝 놀랄 때가 있다. 한국 사람들처럼 국제정치에 무감각한 사람들도 없다. 조금 더 냉정히 표현하자면, 무감각이 아니라 '무지'이다. 물론 국제정치에 덜 민감할 수도 있다. 하지만 한국은 예민해야만 하는 상황이다. 70여 년 전 이 나라가 분단된 이유도 당시의 첨예한 국제정치 상황 때문이었고, 이후의 남북한 대결 구도도 마찬가지이다. 더 거슬러 올라가면, 조선이 일본의 식민지로 전락한 배후에도 국제정치가 있었다.

　다 떠나서 지금 한국이 일군 경제적 성취를 생각해보라. 세계은행에 따르면 한국의 무역 의존도는 83.71퍼센트이다(2015년 기준). 즉, 한국은 수출로 먹고사는 나라다. 이런 나라에서 국제정치를 등한시한다?

　전쟁으로 보는 국제정치 시리즈의 첫 장을 쓸 무렵에는 남북한 관계가 극단으로 치달았다. 《조선중앙통신》은 연일 날 선 단어들을 토해냈고, 하루가 멀다 하고 미사일 시험 발사, 핵실험이 이어졌다. 남북 관계가 경색 국면에 들어서던 그때, 국제사회는 북한이란 뜨거운 감자를 놓고 갑론을박 각자의 해법을 내놓았다.

북한이 핵무기를 개발하지 않았더라도 국제사회('국제사회'라 쓰고 '미, 중, 러, 일'이라고 읽어야 한다)는 남북 문제를 저마다의 논리와 잣대로 재단하려 했을 테다. 툭 까놓고 말해볼까? 세계 어디를 뒤져봐도 한국만큼 특이한 지정학을 타고난 나라는 없다. 한때 세계 패권을 노렸던, 혹은 현재도 노리고 있거나 패자의 위치에 있는 강대국들이 한반도를 포위하고 있다. 대륙 세력과 해양 세력이 모두 다 노려보는 곳, 그것이 한반도의 운명이다.

임진왜란을 단순히 일본과 조선의 전쟁으로 알고 있지만, 사실 7년에 걸친 이 전쟁은 조선, 명나라, 일본 삼국이 자신의 이익을 위해 싸웠던 국제전이다. 한국전쟁 역시 남북한 사이의 내전이라기보다는 수많은 참전국이 뛰어든 국제전이다. 한반도는 세계열강의 치열한 각축장이다.

그리고 이 무대에 언제나 빠지지 않고 등장하는 존재가 바로 일본이다. 러일전쟁을 통해 일본은 조선을 식민지로 삼고 세계에 이름을 떨쳤다. 제국주의 시대의 막내라고나 할까? 미국에 의해 강제로 개항한 일본은 빠른 속도로 서구 문물을 흡수했고 잰걸음으로 서양을 쫓아갔다.

그리하여 일본은 제국주의 대열의 끄트머리에 이름을 올리게 되었다.

그 결과가 바로 청일전쟁, 러일전쟁, 중일전쟁 그리고 태평양전쟁으로 이어지는 전쟁의 역사이다. 메이지 유신 이후로 일본은 10년마다 전쟁을 겪어야 했다(1920년대는 워싱턴 해군 군축 조약 덕분인지 전쟁을 하지 않았다). 안타깝게도 이 전쟁의 이면에는 식민지로 전락한 한국인들의 고통이 있었다.

1905년 러일전쟁이 끝나고 조선은 일본의 '전리품'이 되었다. 구한말의 엄혹했던 국제정치 속에서 조선은 정세를 오판했다. 그 결과는 우리가 익히 아는 대로다. 지금은 어떨까? 구한말의 정세와 비교해 나아졌을까? 아니다. 러일전쟁을 목전에 둔 100여 년 전보다 상황이 더 나쁘다.

미국은 패권을 지키려 하고, 중국은 패권을 빼앗으려 하고 있다. 그레이엄 앨리슨의 《예정된 전쟁》은 인류 역사상 신흥 강국의 부상이 기존 패권국의 입지를 무너뜨렸던 16번의 사례 중 12번이 전쟁으로 이어졌다고 한다. 안타까운 사실은 그 한가운데에 한국이 있다는 점이다.

중국 입장에서 한반도는 자신을 겨눈 비수다(이는 일본도 마찬가지이다). 중국은 순망치한脣亡齒寒을 말하며 북한의 현상 유지를 원한다. 중국은 육상에서 14개국과 국경을 마주하고 있고, 해상에서는 대만을 포함해 10여 개국과 국경을 마주하고 있다. 그리고 이들 상당수와 국경선 분쟁 등으로 충돌하고 있다. 이런 상황에서 통일된 한반도까지 끼어들어 중국을 위협하는 것을 좌시하려 하지 않고 있다. 미국은 중국을 견제하고 있고, 일본은 미국의 파트너가 되었다. 러시아는 과거를 덮어두고 중국과 우호적인 모습을 보이고 있다.

이런 상황에서 한국은 어떤 자세를 취해야 할까? 세계 패권국인 미국과 떠오르는 신흥 강자 중국 사이에서 한국의 위치는 어디일까? 한국은 아무것도 하지 않더라도 지정학적 이유로 국제정치에 얽매일 수밖에 없는 운명이다. 우리가 국제정치를 알아야 하는 이유다.

《전쟁 국가 일본의 성장과 몰락》은 지난 100여 년의 역사 중 한반도의 운명에 가장 치명적이고 밀접한 영향을 끼친 일본에 관한 이야기다. 흔히들 '전쟁'이란 행위가 독립적으로 진행된다고 착각한다. 그러나 전쟁은 정치와 떼려야 뗄 수 없는 관계다. 전쟁을 끝내려면 정치가 개입해야 하고, 전쟁이 마무리되면 정치가 시작된다. '전쟁은 최후의 외교 수단'이란 말이 괜히 등장한 게 아니다. 전쟁은 어쩌면 '과격한 외교 수단'일지도 모른다.

러일전쟁으로 시작해 태평양전쟁으로 끝난 일본 전쟁의 역사 40년을 통해 국제정치에 대한 상식의 지평을 넓혔으면 하는 게 저자로서의 바람이다. 너무 큰 바람일지도 모르지만, 이 책이 국제정치의 중요성과 본질을 이해하는 입문서가 되길 희망한다.

서울에서

차례

제2장 — 워싱턴 해군 군축 조약

조약, 테이블 위의 전쟁

제3장 — 태평양전쟁 I

괴물로 변해가는 일본

제4장 — 태평양전쟁 II

미국 vs 일본, 태평양에서 맞붙다

제5장 — 태평양전쟁Ⅲ

파국으로 향하는 일본

러시아 vs 일본,
한반도에서 만나다

01 / 그레이트 게임

동서고금을 막론하고 전쟁이 없었던 시절은 없다. 전쟁은 인류의 오랜 질병과도 같다. 20세기 들어 자본주의는 일정 수준의 '파괴 행위' 이후 활력이 생기고, 이를 통해 더욱 발전하게 되었다. 제2차 세계대전 이후 미국은 군산복합체로 넘어갔고, 1950년대 초 8퍼센트에 달하던 실업률과 추락하던 경기가 1950년 동북아시아의 작은 나라에서 발생한 내전 덕분에 한 방에 날아가면서 '전쟁 경제' 체제가 공고해졌다.

《전쟁론》의 저자 클라우제비츠는 정치권력이 합리적 계산과 결단으로 전쟁을 '관리'할 수 있다고 생각했다. 그러나 20세기 이후 전쟁의 우발성과 불확실성은 인간의 관리 수준을 넘어섰다. 전쟁은 인간의 합리적 선택이 아닌 다른 요인, 즉 국가라는 집단의 집단 감정에 의해 감정적이고 돌발적으로 움직이기 시작한다.

우리는 언제부터인가 전쟁에서 정치가 차지하는 부분을 간과하고 있다. 전쟁 전, 전쟁 중, 전쟁 후에도 정치는 언제나 전쟁의 핵심 요소다. 합리적 계산과 결단으로 전쟁을 관리할 수는 없어도 최소한 전쟁으로 이르는 과정, 전쟁 수행 단계에서 생산 수단의 집결과 동원, 그리고 전후 처리 단계에서 정치는 핵심 요소다.

청일전쟁과
한반도

"일본의 국방상 안전을 위해서는 이익선利益線의 보호가 필요하다."

– 야마가타 아리토모 수상, 1890년 제1회 제국의회 시정방침 연설 중

19세기 말 메이지 유신을 통해 성공적으로 근대로 넘어간 일본은 한반도로 눈길을 돌렸다. 이미 메이지 유신 중에도 '정한론征韓論'이 나온 바 있었기에 갑작스러운 일은 아니었다. 야마가타 아리토모山県有朋 수상의 '이익선' 선언은 한반도에 대한 일본 정부의 공식적인 시각을 대외에 선포한 것이었을 뿐이다. 여기서 이익선이란 일본의 '주권선'(국가 통치의 주권이 미치는 선)의 안전과 관계된 것이었다.

한낱 정치적 선언이었지만 이 선언의 의미는 무겁다. 이 선언은 이후 60여 년에 걸친 일본의 주권선 확장에 (자신들만의) 정치적 정당성을 제공했다. 이 선언은 한반도 식민지화, 만주국 건설, 중국 침략, 동남아시아 침략과 태평양전쟁으로 이어지는 이익선 확장 과정의 시발점이 되었다.

한반도에 대한 일본인의 적개심과 두려움은 13세기 고려와 연합한

(고려가 끌려간 경우지만) 몽골의 침입이 그때까지 유일무이한 외세의 침입이었기 때문이다. 그래서 일본은 한반도를 일본 침공의 전초 기지로 인식했다. 이는 사실이기도 했다.

몰트케Helmuth von Moltke의 제자로 일본 육군대학에서 일본 장교들을 훈련한 클레멘스 빌헬름 야콥 멕켈Klemens Wilhelm Jacob Meckel 소령은 파견을 마치고 돌아가면서 뼈 있는 한마디를 남겼다.

"한반도는 일본을 겨눈 비수와 같다."

육군대학에서 멕켈 소령의 위상은 상당했다. 육군대학은 조슈번長州藩 출신이 장악한 육군의 엘리트 양성 코스였다. 독일의 육군대학Preuische Kriegsakademie을 모방한 일본 육군대학은 미래의 엘리트 간부를 만들기 위해 모든 노력을 다했고, 이때 파견된 멕켈 소령은 도상 연습, 전술 교육, 참모 교육을 중점적으로 실시해 일본 육군의 기틀을 잡았다. 이런 멕켈 소령이 한반도를 '비수'라고 평가했다.

일본은 더더욱 한반도에 집착하게 되는데, 그 시발점이 된 사건이 청일전쟁이다. 당시 일본은 외교적 방법으로 한반도에서의 영향력을 확대하려고 했다. 전통적으로 한반도의 소유권은 중국에 있었다. 이를 밀어내기 위해 일본은 각고의 외교적 노력을 했으나 임오군란(1882) 때 조선인들의 반감을 확인하고, 뒤이은 갑신정변(1884) 때 청나라의 영향력을 확인하는 선에서 물러서야 했다.

갑신정변 이후 일본은 군사적으로 한반도 문제를 해결하겠다고 결심한다. 문제는 당시 일본의 군사력이었는데 모든 면에서 청나라 군대에 밀렸다. 병력 면에서는 청나라가 압도적이었고, 근대화에 성공했음에도 일본은 해군력에서도 밀렸다. 당시 청나라는 7000톤급의 세계 최대급 전함들을 보유하고 있었으나 일본은 4000톤급 전함도 없었다. 갑신정변 이후 일본은 해군력 증강에 나섰고, 육군은 편제 자체를 대륙 작전형으로 바꿨다. 그에 따라 군사비 지출도 가파르게 상승했다. 갑신정변 이전에는 전체 예산의 16퍼센트를 차지하던 군사비가 갑신정변 이후 26퍼센트로 늘었다.

당시 세계열강은 일본이 제아무리 군사력을 키워봤자 청나라의 상대가 될 수 없다고 보았다. 체급부터 차이 나기 때문이었다. 한반도에 진주한 이홍장李鴻章의 병력만 5만이었는데, 당시 일본의 총병력 수가 12만이었다(청일전쟁 기간 일본은 약 24만의 병력을 동원했다). 청나라는 그 몇 배의 병력도 쉽게 동원할 수 있었다.

그러나 전쟁은 뚜껑을 열어보기 전에는 모르는 법. 일본 자신도 승리를 장담할 수 없었던 청일전쟁은 일본의 압승으로 끝났다. 전사자가 1만 3000명이나 되었으나 이 중 실제 교전에 의한 전사자 수는 1500명이었고, 나머지는 전염병이나 질병에 의한 사망이었다. 왜 그랬을까?

당시 열강은 청일전쟁을 '근대와 전근대의 대결'이라고 분석했다. 이홍장은 전투 자체를 회피했다. 청나라 내에서 하나의 군벌로 자리 잡았던 이홍장에게 병력 소모는 곧 자기 권력의 축소였다. 즉, 최대한 자신의 병력을 온전하게 지켜야 했다.

또 병사의 자질도 생각해봐야 한다. 고대 그리스 아테네의 팔랑크스를 떠올려보라. 기동성이 떨어지고 측면이 약하다는 약점이 있지만 로마 군단이 등장하기 전까지 팔랑크스, 밀집 장창 대형은 한 시대를 풍미

한 최고의 전술이었다. 아테네가 페르시아전쟁에서 승리한 배경에는 바로 이 팔랑크스가 있었다. 페르시아나 지중해 인근의 다른 국가가 아테네의 팔랑크스를 흉내 내기는 어려웠다. 관건은 민주정이었다. 만약 계급이 정해진 사회라면 이처럼 다닥다닥 붙어서 옆 사람의 방패만 믿고 진을 짤 수 있었을까? 국가의 운명과 자신의 운명을 동일시할 수 있는 사회만이 이런 전술을 만들 수 있다(예외는 있다. 테베의 신성부대는 150쌍의 동성 커플로 진을 짜 무적의 부대를 만들었다. 사랑의 힘!).

프랑스 대혁명 시기 유럽 각국의 침략을 막기 위해 분연히 떨쳐 일어난 (초창기) 시민군도 마찬가지이다. 국가와 자신의 운명을 동일시하는 '국민'의 존재는 전쟁의 양상을 바꿔놓았다. 청나라는 국가 권력에 의해 끌려간 '신민臣民'으로 병력을 충원한 데 반해(더군다나 이홍장은 군벌이었다) 일본은 명목상이나마 메이지 유신 이후 '국민'의 개념으로 병력을 충원했다. (여담이지만 근대는 19세기 나폴레옹전쟁을 통해 완성되었다 할 수 있다. 국민개병제, 국민교육, 보건, 복지의 개념은 나폴레옹전쟁을 통해 이루어졌다.)

그렇다면 청일전쟁의 전후 처리 과정은 어떠했을까?

일본식 전쟁 경제의
시작

제1조 청나라는 조선이 완전무결한 자주독립국임을 확인하고 조선의 자주독립을 훼손하는 일체의 것, 예컨대 청나라에 대한 조공·헌상·전례 등을 모두 폐지한다.

제2조 3항 청나라는 랴오둥반도, 타이완섬, 펑후 제도 등 부속 여러 섬

의 주권 및 그 지방에 있는 성루, 병기 제조소 등을 영원히 일본제국에 할양한다.

제4조 청나라는 일본에 배상금으로 2억 냥을 지불한다.

– 1895년 4월 17일 체결된 시모노세키 조약 중

국사가 선택 과목이 아니던 시절 국사 교과서에 실렸던 '시모노세키 조약'을 기억하는 독자들이 있을까? 그때 교육부가 강조한 것은 제1조였다. 즉, 조선이 자주독립국임을 천명한 것은 이후 일본이 조선을 강제 병합하기 위한 사전 수순이었다는 내용이다. 그러나 당시 더 중요했던 내용은 제2조와 제4조였다.

제2조부터 살펴보자. 타이완과 랴오둥반도를 할양받는다는 것은 무엇을 의미할까? 랴오둥반도는 일본 육군의 대륙 진출을 위한 발판이고, 타이완은 일본 해군이 태평양과 중국 남부로 진출해 중국을 포위하기 위한 교두보이다. 일본이 본격적으로 제국주의의 길을 걷기 시작한 것이다.

제4조는 이후 일본의 정체성을 확인할 수 있는 조항이다. 전쟁에 필요한 세 가지가 있다. 돈, 돈, 그리고 더 많은 돈이다. 중국이 지불해야 했던 2억 냥의 돈은 중국 1년 예산의 세 배, 일본 예산의 네 배, 청일전쟁 비용의 두 배에 달하는 금액이다. 이 돈은 이후 일본이 러일전쟁을 치르기 위한 종잣돈이 된다(러일전쟁 후 배상금을 받을 수 없게 된 일본이 공황 상태에 빠진 이유가 바로 여기에 있다. 일본은 전쟁에서 이겨 그 배상금으로 전비를 충당하고 다음 전쟁을 위한 종잣돈을 만드는 '사이클'을 맛보았기 때문이다).

여기까지만 보면 일본의 완벽한 승리로 보인다. 하지만 이내 복병이 튀어나온다. 바로 러시아다.

전쟁과 평화
그리고 그레이트 게임

톨스토이의 《전쟁과 평화》는 크림전쟁의 패배로 상처 입은 조국을 위로하기 위해 1812년 나폴레옹 군대를 격퇴하던, 러시아가 가장 '잘나가던 시절'을 회상하는 소설이다. 유럽의 지배자였던 나폴레옹은 1815년 워털루에서 퇴장해야 했다. 이제 전통적 강자, '해가 지지 않는 나라'인 영국에 맞서 유라시아 대륙의 강자가 된 러시아가 '유럽의 헌병'을 자처했다. 니콜라이 1세 시절이었다.

러시아는 16세기에 이미 북쪽 시베리아를 넘어 태평양 연안까지 국경을 넓혔고, 1689년에는 네르친스크 조약을 맺어 청나라와 국경선을 정리했다. 러시아는 이때부터 태평양에 맞닿은 거대한 영토를 확보했다. 그러나 치명적인 약점이 있었으니, 얼지 않는 항구인 '부동항'에 대한 타는 목마름이었다.

이 시기 영국은 로또에 당첨된다. 바로 '해가 지지 않는 대영제국 황제의 왕관 한가운데를 장식하는 빛나는 보석' 인도다. 1858년 영국은 인도를 차지했다. 이는 영국에 엄청난 부를 선사했는데, 인도에서 무한정 생산되는 목면을 가져와 맨체스터의 방직 공장에서 면직물을 생산할 수 있었다. 지금으로 치면 사우디아라비아와 베네수엘라, 쿠웨이트를 점령한 셈이다.

세계 각국이 영국을 견제하고 영국의 부를 빼앗기 위해 도전했지만 영국은 꿈쩍도 하지 않았다. 영국은 세계의 바다를 지배한 나라가 아니던가? (전통적으로 영국 해군은 세계 2위와 3위의 해군력을 가진 국가가 연합해 공격해와도 상대할 수 있는 전력을 유지하는 것을 목표로 했다.)

이때 덜컥 등장한 것이 러시아였다. 러시아는 끊임없이 바다로 진출하려 했고, 19세기 중반에는 흑해를 목표로 삼았다. 그리스 정교도를 보호하겠다는 구실로 오스만제국을 치고 들어간 러시아는 보기 좋게 박살이 났다. 영국은 오스만제국을 지원했는데, 이를 계기로 1853년 나이팅게일이 활약한 크림전쟁이 발발했다. 결국 러시아는 눈물을 머금고 흑해를 포기해야만 했다.

그러나 여기서 마음을 접을 러시아가 아니었다. 대신 영국의 '빛나는 보석'에 직접적인 압박을 가하기로 했다. 러시아는 인도와의 사이에 있는 중앙아시아 이슬람 왕국들과 토호국을 계속 공격해 애들 팔목 비틀기처럼 손쉽게 이들을 흡수해나갔다. 영국은 러시아를 막기 위해 또다시 온 힘을 기울였다. 이때 러시아와 대치했던 곳이 아프가니스탄 지역이다. 1885년 러시아는 아프가니스탄 북쪽의 판데에 주둔하던 아프가니스탄 방위군을 공격하고 아프가니스탄을 점령했다. 인도를 공격하기 위한 전초기지를 확보한 것이다.

영국은 공황 상태에 빠졌다. 런던 증권거래소에서는 연일 폭락장이 연출되었으며, 집권당이었던 글래드스턴 자유당 내각은 전시 예산을 배정받았다. 러시아 주재 영국 대사는 "만약 판데를 넘어 아프가니스탄으로 진격할 경우 즉각 전쟁으로 대응하겠다"라는 확실한 경고를 러시아 측에 전달했으며, 영국 외무부는 선전포고문 작성에 들어갔다. 영국군은 인도 북쪽에 주둔하고 있던 병력 2만 5000명을 비상소집해 대기

시켰으며, 해군은 이미 러시아 함대의 동향을 파악하고 있었다.

국제정세도 요동쳤는데, 미국은 이때 영국과 러시아가 전쟁 상태에 돌입했다고 판단했고, 독일과 프랑스 정부도 발칵 뒤집혀서 영국에 붙을지 러시아에 붙을지 고민하며 모든 정보 역량을 최대로 가동했다. 당시 전 세계는 세계대전 직전까지 간 상태였다.

슬픈 이야기지만 조선의 거문도도 이 '판데 사태'의 여파로 영국에 점령당했다. 1885년 영국 해군은 거문도를 점령했는데, 조선과 러시아의 밀약 때문이었다.

당시 한반도는 서구 열강과 중국, 일본의 각축장이었다. 당시 청나라는 명성황후를 견제하기 위해 청나라에 억류된 흥선대원군을 돌려보내려 했다. 놀란 명성황후는 청나라와 일본을 견제한다는 명분하에 러시아를 끌어들였다. 이때 러시아와 조선은 '조러 비밀협약'을 체결했다. 세계가 대전쟁의 소용돌이에 휩싸이던 그 순간 조선도 '얼떨결에' 한 발 걸치게 된 셈이다.

조러 비밀협약에는 비상사태 시 거문도에 러시아 해군의 석탄 보급 기지를 설치해 사용할 수 있다는 조항이 있었는데, 이를 간파한 영국이 선수를 쳤다. 영국 해군은 1885년 4월 7일 러시아의 판데 점령 소식을 접하고 정확히 일주일이 지난 4월 15일에 거문도를 점령했다(석탄 보급 기지의 중요성은 이후 러일전쟁의 클라이맥스인 쓰시마 해전에서 잘 드러난다).

러시아는 이에 매우 날카롭게 반응하며, 원산과 제주도에 출병해 전력 균형을 무너뜨릴 수 있다고 영국에 경고했다. 하지만 러시아나 영국이나 이것이 단순한 허풍에 불과하다는 사실을 잘 알고 있었다. 세계대전 직전까지 갔지만 영국이나 러시아는 전쟁이 부담스러웠다. 전쟁의 도화선에 불을 붙이면 초강대국이었던 영국과 러시아 둘 중 하나는, 혹은 두 나라 모두 회복하기 힘든 타격을 입을 것이 자명했다. 결국 이들은 전쟁 바로 직전에 주먹을 거두었다. 1887년 영국과 러시아는 아프가니스탄 국경에 대해 합의했고, 영국 해군도 거문도에서 철수했다.

1813년부터 1907년 영러 협상Anglo-Russian Entente까지 100년 가까이 진행된 러시아의 진출과 이를 막아서는 영국의 싸움. 국제정치사에서는 이를 '그레이트 게임Great Game'이라고 부른다. 영국과 러시아는 자신의 야망을 위해 세계를 체스판으로 두고 게임을 벌였다. 그 와중에 애꿎은 조선은 멀쩡한 영토를 점령당했고, 일본은 영국의 농간에 놀아나 러시아와의 전쟁에 뛰어들었다.

02/삼국 간섭, 일본의 트라우마가 되다

1891년 5월 11일 '오쓰大津 사건'이라 불리는 사건이 발발했다. 러시아 제국 황태자였던 니콜라이(훗날의 니콜라이 2세)가 시베리아 철도 극동지구 기공식을 위해 블라디보스토크로 가는 도중 잠시 일본을 방문했다. 그런데 그때 오쓰시의 경비를 맡고 있던 경찰관 쓰다 산조津田三藏가 칼을 휘둘러 니콜라이 황태자의 목에 상처를 입혔다.

일본은 말 그대로 공황 상태에 빠졌다. 황태자, 그것도 영국과 어깨를 나란히 하는 초강대국 러시아의 황태자에게 칼을 들이밀었다는 사실에 일본은 벌벌 떨었다. 그 즉시 천황(덴노天皇)까지 나서 고베에 정박해 있는 러시아 군함을 찾아가 사과와 위로를 전했다(이때 천황이 납치될

지도 모른다며 군함 승선에 반대하는 여론도 있었다). 일본의 학교는 휴교했고, 신사, 절, 교회에서는 황태자의 회복을 비는 기도를 했다. 일본 학생들은 사과와 조속한 쾌유를 비는 편지를 써서 보냈으며, 황태자를 향한 문안 전보는 1만 통을 넘어섰다. 1891년 5월 20일에는 하타케야마 유코^{畠山勇子}라는 여성이 교토에서 사죄의 의미로 자결했는데, 일본 언론은 이를 대서특필하며 유코의 행동을 찬양했다. 야마가타현 모가미군 가네야마촌에서는 '쓰다^{津田}'와 '산조^{三藏}'라는 이름을 금지하는 조례안을 결의하기도 했다.

범인 쓰다 산조는 법적으로 사형시킬 수 없었지만, 러시아가 일본의 상황을 예의주시하고 있었기에 일본은 전전긍긍할 수밖에 없었다. 일본 황실에 대한 위해 행위는 사형 판결이 가능했지만(형법 제116조 대역죄) 외국 황족에 대해서는 별다른 규정이 없었다. 이토 히로부미^{伊藤博文}는 계엄령을 발령해서라도 사형에 처해야 한다고 주장했고, 체신대신이었던 고토 쇼지로^{後藤象二郎}는 "쓰다를 납치해 권총으로 사살하는 것이 최선책"이라는 주장까지 했다. 그러나 당시 일본 대심원의 고지마 고레카타^{児島惟謙}는 법치 국가로서 국가가 법을 준수해야 한다며 정부의 압력에 강력히 반발했고, 결국 쓰다 산조는 사건 발발 16일 만에 모살미수죄로 무기징역 선고를 받았다.

일본 정부와 국민은 최악의 경우 러시아가 전쟁을 일으킬지도 모르고, 막대한 배상금을 물거나 자국 영토를 할양해야 할지도 모른다며 전전긍긍했다. 그러나 러시아는 일본의 신속한 대처와 납작 엎드린 모양새를 인정하여 별말 없이 사건을 넘겼다. 러시아 황제였던 알렉산드르 3세가 넌지시 쓰다 산조의 사형을 요구했을 뿐이었다.

그리고 4년 뒤인 1895년 일본 국민은 러시아에 대한 적개심을 천명했고, 일본 정부는 러시아와의 전쟁을 상정한 군사 계획과 전력 확충에 나섰다.

시베리아
횡단철도

기차의 등장은 전쟁 양상을 180도 뒤바꿔놓았다. 제1차 세계대전을 예로 들어보자. 냉정하게 봤을 때 제1차 세계대전을 막을 기회는 몇 번이나 있었다. 그러나 이 모든 기회를 날려버린 것이 바로 '기차'였다.

사라예보 사건이 터졌을 때 독일과 프랑스, 러시아 등의 외교 채널은 서로를 향해 최후통첩과 최후통첩 직전의 막후 협상을 위한 카드를 제시했다. 전쟁 전 최후의 협상이었는데, 이때 초미의 관심사는 '동원령'이었다. 아무리 강대국이라 할지라도 상비군을 100만 단위로 보유할 수는 없고, 설사 보유하고 있더라도 이를 전선까지 투입하는 데에는 시간이 많이 든다. 그러나 기차가 등장하면서 인간의 이동 속도는 획기적으로 빨라졌다.

이전까지만 해도 최후통첩을 하고 동원령을 선포하더라도 최소 3~4일의 시간을 벌 수 있었다. 병력을 모으려면 시간이 필요했고, 이를 전선에 투입하려면 또 그만큼의 시간이 필요했다. 병력 이동이 쉬워 보이지만 과거나 현재나 군대에서 가장 골치 아픈 것이 부대의 이동이다. '사막의 폭풍' 작전으로 유명한 제1차 걸프전에서 미군의 주력군이었던 7군단과 18군단은 공격개시선까지 이동하기 위해 각각 250킬로미터와

400킬로미터를 움직여야 했는데, 이동 중에 사고로 죽은 인원이 걸프전 기간 내내 항공 작전으로 죽은 인원보다 더 많았다. 이는 교전에 의한 것이 아니라 순수하게 '사고'에 의한 결과이다.

기차가 본격적인 이동 수단으로 사용되기 전에는 각국이 전쟁을 선포하고 서로 '간'을 볼 때 막후에서 협상을 하거나 서로의 카드를 맞춰볼 시간이 있었다. 그러나 기차가 등장한 이후로는 "저것들 시간 질질 끄는 사이에 병력을 동원해서 쳐들어오는 거 아니야?" 하고 의심하게 되었고, 상대방에게 "24시간 안에 동원령을 철회하지 않으면 전쟁 선포로 간주하겠다!"라며 협박하게 되었다(제1차 세계대전 당시 독일의 슐리펜Schlieffen 계획도 새로운 교통수단인 기차를 활용한 기동전이었다). 전신과 기차의 등장, 그리고 항공기의 출현은 전쟁의 속도를 빠르게 만들었고, 전쟁을 더욱 빈번하게 만들었다.

1888년 프랑스가 제공한 차관으로 건설한 시베리아 횡단철도는 단일 노선으로는 세계 최장 거리(9334킬로미터)이다. 20세기 초반 시베리아 횡단철도의 전략적 가치는 세계 패권 구도를 뒤흔들 만큼 거대했다. 이전까지는 유럽의 패권 국가들이 아시아에 진출하려면 배를 이용하는 수밖에 없었다. 그러나 바다에는 세계 최강의 해군력을 자랑하는 영국 해군이 버티고 있었다. 즉, 아시아에 진출하려면 영국의 허락을 받든가 영국과 한판 붙어야만 하는 상황이었다. 그런데 시베리아 횡단철도가 뚫린 다음에는 이야기가 달라졌다.

영국과 세계 패권을 두고 다투던 러시아가 이제 바다를 거치지 않고 아시아에 진출할 수 있게 되었다. 이는 영국 중심의 패권 구도에 커다란 균열을 일으킨 일대 사건이었다. 100년 가까이 이어왔던 그레이트 게임이 근본에서부터 흔들리기 시작했다. 한편 러시아의 남하 정책은 탄력을 받았다.

삼국 간섭과
일본의 분노

1895년 4월 17일 일본은 시모노세키 조약으로 랴오둥반도를 얻었다. 본격적으로 대륙에 진출할 수 있는 교두보를 확보한 것이다. 그런데 조약 체결 6일 후 도쿄 주재 러시아, 독일, 프랑스 공사는 일본 외무성을 방문해 외무차관 하야시 다다스林董에게 "랴오둥반도를 일본이 소유하는 것은 청나라의 수도에 대한 항구적인 위협일 뿐만 아니라 조선의 독립을 유명무실하게 만드는 것"이라는 뜻을 전했다. 일본 외무성으로서는 당황할 수밖에 없었다. 아니, 일본 전체가 당황했다.

이야기를 10여 일 전으로 되돌려보자. 청일전쟁 직후 러시아는 부산하게 움직였다. 당장 자신의 이익이 걸려 있기 때문이었다.

"러시아는 북중국의 현상을 이전의 상황으로 회복시키는 데 노력한다. 일본에 남만주를 병합할 의도를 단념하도록 제의한다. 일본이 단념하지 않으면 러시아는 자국의 이해에 따라 자유롭게 행동할 것이라는 점을 주지시킨다."
– 1895년 4월 11일 러시아 각료회의

러시아는 만약 일본이 한반도와 남만주 지역을 차지할 경우 청나라와 연합해 러시아에 대항할 수 있다는 가능성에 주목했다. 화근은 미리 제거해야 한다. 러시아는 발 빠르게 프랑스와 독일을 포섭했다. 러시아 하나도 벅찬데 세 나라가 합심해서 압박한다면? 일본은 꼬리를 말 수밖에 없다. 일본은 5월 5일 랴오둥반도를 반환하고 3000만 냥의 추가 배상금을 받는 선에서 사태를 수습했고, 다음 날 랴오둥반도를 반환했다는 회답서를 일본 주재 공사 세 명에게 전달했다.

일본 국민의 분노는 하늘을 찔렀다. 전쟁에서 이기고 외교에서 졌다며 분노했다. 아니, 이미 분노의 수준을 넘어섰다. 이 삼국 간섭은 20세기 일본과 한국의 운명을 뒤바꿔놓은 결정적 사건이 되었다. 삼국 간섭은 당대의 일본 지식인과 정치인, 군인에게 엄청난 영향을 끼쳤다(1997년 IMF 사태에 직면한 한국 국민의 심정과 같을지 모른다). 일본 국민은 통합되었고, 강해져야 한다는 단 하나의 목표에 매진하게 되었다. 여기에는 상실감과 모멸감이 크게 작용했다.

메이지 유신 이후 탈아입구脫亞入歐를 주창하며 서양인이 되기 위해 애썼는데, 서양인은 그들을 거부했다. 그리고 그 주범이 그때까지 일본에 '공포'를 안겨줬던 러시아라는 사실이 일본인들을 더욱 두렵게 했다. 모멸감 또한 작용했다. 바로 황화론黃禍論이다. 황인종이 서구 백인 사회를 위협하는 시대가 올 것이라고 빌헬름 2세는 경고했다(중국을 염두에 둔 것이었지만 결국 중국을 나눠 먹기 위한 말이었다). 일본은 서구 사회에서 배척받을 수밖에 없다는 자괴감을 느꼈다.

제2차 세계대전 직전까지 일본의 정·재계와 군부를 움직였던 일본의 파워엘리트 대부분이 이 삼국 간섭이 자신의 인생에 많은 영향을 끼쳤다고 술회했다. 삼국 간섭은 세대를 넘어 한 국가가 하나의 감정으로 하나의 목표를 가지게 된 시발점이 되었다. 일본은 부국강병만이 이런 치욕과 러시아에 대한 트라우마를 극복할 수 있는 유일한 방법임을 깨달았다. 이때부터 일본은 러시아를 가상 적국으로 삼고 러시아와의 전쟁을 준비했다.

이후 일본은 국가 예산의 24퍼센트를 군사비에 투입하며 병영 국가의 길을 걷게 된다. 청일전쟁 당시 일본은 평시 5만, 전시 동원 20만 수준의 군대를 유지했으나 삼국 간섭 직후인 1896년에는 러시아와의 전쟁을 대비해 평시 15만, 전시 60만으로 병력을 증강했다. 일본은 시베리아 횡단철도 완공 시 블라디보스토크에 집결 가능한 러시아의 최대 병력을 20만으로 산정했고, 그에 맞춰 병력 증강을 결정했다.

육군뿐 아니라 해군도 러시아와의 전쟁에 대비했다. 청일전쟁 당시에는 4000톤급 전함도 없었던 일본이지만 10년 동안 2억 엔을 투자해 1만 5000톤급 전함을 확보하기 시작했다. 러시아 발트함대를 상대하기 위한 전력 확충이었다. 이때 요긴하게 사용한 것이 청일전쟁의 전쟁 배상금이었다. 2억 냥의 배상금은 3억 2000만 엔이나 되는 거액이었는데, 당시 일본 정부의 1년 세출이 8000만 엔이었으니 자그마치 4년 치 예산에 맞먹는 금액이었다. 이 배상금을 가지고 일본은 러일전쟁을 준비했다. 이때 건조된 미카사, 시키시마, 아사히 등의 전함은 쓰시마 해전에서 맹활약하게 된다.

문제는 이 삼국 간섭의 불똥이 조선에까지 떨어졌다는 점이다. 삼국 간섭을 통해 러시아의 힘을 확인한 명성황후와 고종은 러시아를 끌어들여 일본을 견제하려 했다. 이때 일본은 눈에 보이는 게 없던 시절이었다. 러시아에 당한 굴욕도 분한데, 조선이 러시아에 착 달라붙는 모습이 어떻게 보였을까? 결국 일본은 을미사변을 일으켜 명성황후를 제거했다. 문명국으로서는 도저히 이해할 수 없는 만행이었지만, 당시 일본은 삼국 간섭으로 인한 분노에 눈이 먼 채 상실감과 모멸감에 떨고 있었다.

물론 삼국 간섭이 부정적 영향만 끼친 것은 아니다. 삼국 간섭 이후 '국제사회에서 외교의 룰'을 완벽하게 이해한 일본의 외교는 몰라보게 세련되어졌다. 대표적인 예가 한일 병합이다. 열강의 각축장에서 자신의 이익을 추구하려면 사전에 양해와 동의를 얻어야 함을 확인한 일본은 한일 병합 때 영국, 미국, 러시아 등 이해 당사국들에 양해를 얻은 뒤 아주 '세련되게' 조선을 삼켰다.

군비 확장의 명분과 총력전을 위한 국민의 공통된 '기억'과 '감정'도 확보할 수 있었다. 무엇보다 국가의 뚜렷한 목표가 생겼다는 점이 가장 큰 성과였다. 그리고 뜻하지 않은 '힘센 친구'도 얻었다.

그레이트 게임의
피날레

1902년 1월 30일 영국과 일본은 영일 동맹을 맺었다. 이후 20여 년간 이어지는 영국과 일본의 밀월 관계가 시작된 것이다. 당시 영국은 시베리아 횡단철도를 통해 동아시아의 패권과 부동항을 향해 나아가는 러시아를 견제해야 한다는 절박함이 있었다. 아직 그레이트 게임이 끝나지 않은 상황이었다. 일본은 더 말할 나위 없다. 절치부심 러시아와의 일전을 준비하는 마당에 영국이란 든든한 파트너는 천군만마를 얻은 것과 다름없었다.

영일 동맹의 최전성기 시절 일본은 영국 비커스^{Vickers}사에 공고급 전함을 의뢰했다. 공고급은 영국이 설계 제작했던 작품이다. 1번함인 공고는 영국에서 만들어졌지만 이후 자매함들의 설계도는 물론 제작 기술까지 모두 일본으로 넘어갔다. 오늘날로 치면 핵무기와 그 기술을 넘긴 셈이다.

영국은 일본이 러시아의 남하를 막아주길 기대했고, 실제로 일본은 러시아의 남하를 막아냈다. 그런데 조금만 생각해보면 러일전쟁의 진정한 승자는 영국이란 점을 알 수 있다. 일본은 엄청난 사상자와 전비 부담을 떠안아야 했지만, 영국은 손도 안 대고 코 푼 격으로 러시아를 막아냈다. 일본은 영국이 판을 벌인 그레이트 게임에서 하나의 '말'일 뿐이었다.

만약 영일 동맹 그리고 미국의 지원이 없었다면 러일전쟁은 일어나지 않았을지 모른다. 설사 일어났다 하더라도 일본이 이길 수 있는 전쟁이 아니었다. 영일 동맹과 러시아의 혁명 분위기가 겹치는 엄청난 '운'이 전쟁의 승리 요인이었다.

03 / 러시아와 일본, 한반도에서 만나다

1896년 명성황후 시해 사건과 뒤이은 고종의 아관파천 이후 러시아와 일본은 서로 카드를 맞춰보기 시작했다. 일본은 명성황후를 시해한 후 한반도에서의 영향력이 급격하게 축소되었다. 그러나 아무리 영향력이 줄었다 해도 '일본'이었다. 일본은 조선을 차지하고 싶었고, 러시아도 조선에서 자신의 영향력이 줄어드는 것을 원치 않았다. 갈등의 조짐이 보이기 시작했다.

하지만 러시아와 일본은 문명국이었다. 자신의 욕망을 말하더라도 세련되게 포장할 줄 알았고, 서로 간의 카드를 맞춰서 최대한 상대방의 신경을 덜 긁으며 자신의 욕망을 채우는 노력을 할 줄 아는 국가들이었다. 물론 일본은 야만적 행동을 했다. 그러나 잠시 잠깐의 욕정을 분출하고 나서는 곧 제정신을 차렸다. 그렇게 해서 나온 것이 1896년부터 1898년 사이 러시아와 일본이 세 차례에 걸쳐 나눈 '합의'였다.

먼저 을미사변 직후 체결한 베베르-고무라 의정서를 살펴보자.

1. 왕(고종)의 환궁 문제는 전적으로 그의 재량에 맡기되 러일 양국 대표는 그의 안전에 대한 모든 의혹이 소멸하는 대로 왕에게 환궁을 권고한다. 이 경우에 일본 대표는 일본인 장사 단속에 가장 완벽하고도 효과적인 조치를 취할 것을 보증한다.

2. 현 내각의 각료들은 왕 자신의 자유의지와 선정에 의해 임명되었고 대부분이 지난 2년 동안 각료나 기타 고위직에 재직한 바 있는 관대하고도 온건한 인물로 알려져 있다. 양국 대표는 왕이 관대하고도 온건한 인물을 각료로 임명하고 그의 신민에게 후의를 보이도록 권고한다.

3. 러시아 대표는 일본 대표와 다음의 사실에 합의한다. 한국(대한제국)의 현 상황은 부산과 일본 사이의 전신선 보호를 위해 일본 수비병의 주둔이 필요할 수 있다. 3개 중대의 군인들로 구성된 이 수비병은 가능한 한 조속히 철수하고 대신 헌병으로 대체하되 대구에 50명, 가흥에 50명, 부산과 서울 사이의 10개의 중간 지점에 각 10명씩 배치한다. 이 배치는 바

띨 수 있지만 헌병의 총수는 절대 200명을 초과할 수 없다. 그리고 이들 헌병도 한국 정부에 의해 안녕과 질서가 회복되는 지역으로부터 점차 철수할 것이다.

4. 예상되는 한국 민중의 공격에 대항하여 서울 및 각 개항장의 일본인 거류지 보호를 위해 서울에 2개 중대, 부산과 원산에 각 1개 중대의 일본군을 주둔시키되 1개 중대 인원은 200명을 초과할 수 없다. 이 군대는 거류지 근처에서 숙영하고, 상기한 공격의 위험이 소멸하는 대로 철수해야 한다. 러시아 공사관 및 영사관 보호를 위해 러시아 정부도 상기 각지의 일본군 병력을 초과하지 않는 수의 수비병을 보지保持할 수 있다. 그러나 그들도 내륙의 평온이 완전히 회복되는 대로 철수할 것이다.

명성황후 시해와 뒤이은 아관파천에 일본은 당혹스러운 표정을 살짝 짓고는 어쨌든 한반도에서 그 영향력을 유지하려고 애썼다. 여기서 중요한 점은 최소한의 헌병을 조선에 남겨둔다는 대목이다. 이는 이후에 있을 야마가타-로바노프 협정, 니시-로젠 협정의 교두보가 되었다.

1896년 한 해 동안 러시아, 일본, 중국(청)은 저마다의 계산으로 치열한 두뇌 싸움을 벌였다. 이미 1896년 6월 3일 러시아와 청나라는 러청 비밀동맹을 체결했는데, 핵심은 '한국의 영토 보전 원칙'이었다. 그 반대급부로 러시아는 랴오둥반도의 뤼순旅順과 다롄大連을 확보하게 되었다(철도 이권 따위는 부차적인 문제였다). 러시아가 뤼순과 다롄을 확보한 순간 일본은 한반도는 물론 만주로의 진출도 원천적으로 차단당했다. 한편 러시아는 시베리아 횡단철도와 연결되는 완벽한 부동항을 확보했을 뿐만 아니라 아시아 진출의 핵심 교두보를 얻었다.

이런 와중에 야마가타는 일본의 속내를 슬쩍 내비쳤다.

"대동강과 원산을 잇는 북위 39도선을 경계로 러시아와 일본이 한반도를 분할 점취합시다."

임진왜란 당시 일본이 내놓은 '할지론'이 근 300년 만에 다시 기어나오는 순간이었다. 언제나 일본은 한반도를 다 먹을 수 없다는 판단이 들면 나눠 갖자고 제안했다. 이에 대한 러시아의 반응은 단호했다. "절대 불가."

러청 비밀동맹의 문제도 있었지만(언제부터 국제사회에서 신의를 따졌던가?) 더 중요한 것은 러시아의 이익이었다. 한반도 남쪽에 일본군이 주둔하면 러시아 육군의 진출이 차단될 수도 있다. 또 결정적으로 황해에서 러시아 함대의 활동이 크게 제약받을 수 있다. 어렵게 얻은 뤼순과 다롄을 제대로 활용하기 위해서는 한반도가 러시아 손에 있어야만 했다. 야마가타-로바노프 협정까지 러시아와 일본의 행보는 서로에 대한 '간 보기'와 뜬구름 잡는 이야기의 연속이었다. 둘 다 한반도와 만주를 떼놓고 생각할 수 없다는 입장이었고, 전부가 아니면 아무것도 아니라는 생각으로 한반도와 만주를 바라보고 있었다.

이때 일본에서는 잠깐 '만한滿韓 교환론'이란 것이 튀어나왔다. "러시아는 만주를 먹고, 일본은 한반도를 먹는다. 서로의 영역을 인정하고 사이좋게 살아보자"는 것이 만한 교환론의 핵심이었다. 그러나 이는 어불성설이었다. 한반도를 쥐고 있다면 만주로 진출하는 발판을 확보한 셈이고, 만주를 쥐고 있다면 한반도로 내려올 수 있는 교두보를 확보한 셈이다. 설사 둘 다 올라가거나 내려올 생각이 없다 하더라도 자신의 턱밑에 칼이 들어온 상황을 두 눈 뜨고 바라보고만 있을 수는 없는 일이다. 즉, 둘 다 먹든가, 둘 다 못 먹든가. '하나만 먹겠다'란 소리는 헛소리였다.

간 보던
시간들

서로 눈치만 보며 카드를 맞춰보던(맞춰보는 시늉만 했지만) 1901년 러시아는 한반도를 중립화하자는 생뚱맞은 제안을 들고나왔다. 즉, 한반도를 중립화해 러시아도 일본도 먹지 않는 것으로 하자는 말이다. 일본 입장에서는 황당한 소리였다. 당시 주청 공사였던 고무라 주타로小村壽太郎는 어불성설이라며 이 제안을 일축했다.

"만주 문제와 관련하지 않고서는 한국 문제를 만족스럽게 해결할 수 없으며, 러시아가 만주를 중립화하지 않는 한 어떠한 경우에도 일본은 러시아의 제안을 받아들여서는 안 된다."

한반도와 만주는 1+1 세트 메뉴였다. 둘 중 하나를 먹는 자가 나머지 하나도 먹는다. 이런 상황에서 이미 만주를 먹은 러시아가 한반도를 중립화하자는 말은 만주를 다 먹은 뒤에 한반도는 천천히 먹겠다는 소리일 뿐이었다. 고무라는 한반도와 만주를 하나의 테이블 위에 놓고 이야기를 시작했고, 일본은 이 고무라의 논리를 '만한 일체론'이라고 불렀다. 이전의 만한 교환론까지만 해도 "우리는 그저 소박하게 한반도만 먹으면 돼"라며 약한 모습을 보였지만 만한 일체론에 이르러서는 "야! 너희만 입이고 우린 주둥이냐? 우리도 대륙 먹고 싶어!"라며 강한 모습을 보인 것이다. 고무라 주장의 핵심은 곧 "우리가 못 먹으면 너네도 못 먹어!"였다.

이에 대한 러시아의 반응은 간단했다. "개소리." 한반도 문제는 러시아와 일본이 당사국이지만(그럼 조선은 당사국이 아니었나?) 만주는 러시아와 청나라의 문제였다. 여기에 일본이 끼어든다는 것 자체가 '개소리'라는 말이다(맞는 말이다. 일본이 왜 청나라 영토 문제에 끼어든다는 거지?).

상황이 이렇게 돌아가자 테이블 아래에 있는 서로의 카드가 뭔지 완벽하게 확인할 수 있게 되었다. 러시아는 "만주는 우리가 100퍼센트 먹는다. 그리고 한반도는 일정 수준의 영향력… 그래, 한 반만 먹자. 좋아! 그 이상은 안 돼!"였고, 일본은 "한반도는 100퍼센트 우리가 먹는다. 그리고 만주는… 그래, 우리가 좀 손해 보지만, 좋은 게 좋은 거라고 우리 몫 조금만 떼어주면 인정해줄게"였다. 서로의 욕망이 부딪히고 있었다. 각자 자기 것은 끝까지 부여잡고 남의 것을 먹겠다는 소리였다.

서로의 의견이 팽팽하게 맞서는 상황에서 일본은 약간의 양보 방침을 1903년 6월 23일 어전회의에서 결정했고, 이를 바탕으로 러시아는 그해 7월 획기적인 제안을 내놓았다.

"한반도 남부에서의 너희들의 '특수 이익'을 인정하는 대신에 39도선 이북을 중립지대화하자. 더는 양보 못 해!"

39도선 이남만 먹고 떨어지라는 소리였다. 야마가타가 내놓은 39도선 분할 점령안에서 진일보한 제안이었지만 일본은 이를 거절했다. 러시아가 만주를 통째로 먹으려 한다는 이유에서였다.

이 시기는 만주에 대한 일본의 욕망이 절정에 달했던 때였다. 한반도는 대륙 진출을 위한 교두보인데, 대륙에 진출할 수 없는 한반도라면 그냥 '땅'일 뿐이다. 게다가 위에 러시아가 죽치고 앉아 있다면 일본이 제국으로 가는 길은 완벽하게 봉쇄된다. 결국 일본은 러시아에 최후통첩을 보냈다.

> "중립지대를 만들고 싶다면 조선 국경 기준으로 양쪽 50킬로미터의 지역이어야 한다."

러시아와 일본은 이제 돌아올 수 없는 강을 건너게 되었다.

러일전쟁의
시작점에서

> "일본이 러시아를 이긴 결과, 아시아 민족은 독립에 대한 큰 희망을 품기에 이른 것입니다."
> — 러일전쟁에 대한 쑨원의 평가

시바 료타로司馬遼太郎의 《언덕 위의 구름》이라는 역사소설이 있다. 얼마 전 NHK에서 드라마로 만들어 방영했는데, 드라마 오프닝마다 "전쟁 국가 일본이 마지막으로 활기차게 사회를 돌렸고 희망을 품고 전쟁에 뛰어든 시기"였다고 자평하는 것이 인상적이었다. 일본인 스스로도 기적 같은 승리였다고 자평하지만 사실은 기적 같은 승리가 아니라 '기적' 그 자체였다.

러일전쟁은 무모함의 극치였다. 예산 규모만 해도 러시아는 일본의 10배가 넘었다. 일반적으로 국력의 차이는 곧 군사력의 차이다. 러일전 쟁을 바라보는 세상의 모든 눈은 러시아의 승리를 점쳤다.

"일본이 도저히 이길 수 없는 전쟁에 뛰어들었다."

틀린 말이 아니었다. 만약 러시아의 국내 사정이 없었더라면, 그리고 영국의 지원이 없었더라면 일본은 패했을 터이다.

아니, 이겼어도 진 전쟁이었다. 일본은 1년 치 예산의 8배를 전비戰費 로 써야 했고(이는 청일전쟁 전비의 약 8.5배에 달했다), 전사자는 5만 명 가까이 되었으며(질병사 제외. 당시 질병으로 사망한 일본군은 2만 7000여 명에 달했다), 1년여의 전쟁 기간에 일본 국민의 삶은 극도로 피폐해졌다. 전 쟁 때문에 생활이 어려워 부인이 도망간 와중에 징병 통지를 받은 젊은 아버지가 어린 자식과 부모를 생매장하고 입대하는 일이 벌어질 정도 였다. 러일전쟁 이후 런던 군축 회담까지 일본 국민은 군함을 건조하기 위해 딸을 팔고 자식을 버려야 하는 상황에까지 내몰렸다. 러일전쟁 이 후 '제국 열강 클럽'에 가입한 일본은 제국의 지위를 유지하기 위해 군 비 투자에 열을 올렸고, 일본 국민의 삶은 제2차 세계대전 때까지 막장 으로 치달았다. 러일전쟁은 일본 국민에게 지옥을 안겨줬다.

아이러니하게도 당시 일본은 '자위를 위해' 러일전쟁을 시작했다고 말했다. 어떤 의미의 자위인지는 지금도 이해하기 어렵지만, 스스로를 지키기 위해 일본은 너무 많은 것을 잃어야 했고(물론 정치적 의미에서 충분한 성과를 거뒀지만) 이후에 더 많은 것을 잃어야 했다.

재미난 사실은 러일전쟁의 가장 큰 피해자라 할 수 있는 조선이 일본 편을 들었다는 점이다. 조선의 많은 지식인과 민중이 일본의 승리를 위해 적극적으로 협력했다. 일본이 승리해야만 조선의 독립이 유지된다고 믿었기 때문이었다. 조선인들이 일본의 승리를 빌었던 이유는 크게 두 가지다.

첫째, 러일전쟁은 한반도 문제가 아니라 만주 문제라는 시각이다. 러일전쟁을 청일전쟁과 유사한 사태로 바라본 것이다. 청일전쟁이 끝나고 나서도 조선의 독립은 유지된 전례로 봤을 때 이번에도 그럴 것이라는 막연한 착각이었다. 한반도와 만주가 '1+1 세트 메뉴'라는 사실을 미처 이해하지 못한 것이다. 이렇게 국제정세에 둔감한 모습은 이후 일본의 침략 야욕에 무방비하게 당하는 당연한 결과로 이어졌다.

둘째, 인종주의적 판단이다. 앞서 인용한 쑨원처럼 당시 아시아권의 많은 정치 지도자가 러일전쟁을 인종주의적 시각으로 바라봤다(이는 서양인들도 마찬가지였다).

"유색 인종에게 자신감을 주고, 반대로 백인종에게는 시기심을 불러일으켰기 때문에 러일전쟁은 세계 미증유의 인종적 대전란의 예고가 될지 모른다."

메이지 시대의 소설가 도쿠토미 로카德富蘆花의 말이다. 이 말처럼 러일전쟁은 당대의 시선으로는 '인종주의 전쟁'의 성격을 띠었다.

20세기 초 전 세계의 90퍼센트는 백인이 통치하고 있었다. 찰스 다윈이 《종의 기원》을 쓰고 나서 진화론은 생물학적으로 수많은 논쟁을 불러일으켰지만 사회적으로는 제국주의자들의 '전가의 보도'가 되었다. 이른바 '사회진화론'이 나타나 적자생존 이론을 사회에 적용해 열등한 유색 인종을 지배하는 것은 당연하다는 논리를 내세웠다. 백인들은 인종적 우월감을 바탕으로 유색 인종을 인간과 짐승 사이에 있는 존재로 규정해버리고는 철저히 탄압하고 지배해나갔다. 이에 제동을 건 것이 바로 러일전쟁이었다.

유색 인종이 세계열강, 그것도 영국과 함께 쌍벽을 이루던 러시아와 싸워 이긴 것은 세계사적 사건이었으며, 그동안 핍박받아온 수많은 유색 인종에게 하나의 희망이 되었다. 반면 서양인들에게는 200년 넘게 공고히 지켜온 유색 인종에 대한 편견을 깨버리고 그 빈자리에 '황화론'을 채워 넣는 계기가 되었다.

이런 분위기 속에서, 명성황후 시해 사건을 겪었음에도 조선 사람들은 "로스케ろすけ(러시아인을 멸시하는 말)보다는 쪽바리가 낫지"라고 판단했다. 불행의 시작이었다. 그 누구도 1년 뒤 포츠머스 조약이 체결되고 조선이 일본 손아귀에 떨어지게 된다는 사실을 예감하지 못했다.

04/개전

러일전쟁으로 일본의 전쟁 방식은 '기습 공격 후 선전포고'로 가닥이 잡혔다. 일본은 언제나 상대방의 뒤통수를 친 뒤에 전쟁을 시작했다. 상당히 비신사적이고 국제적으로 비난받을 행동이지만 딱히 제재할 수단이 없었다. 결국 이들의 못된 버릇은 제2차 세계대전 때 확실하게 고쳐진다.

지금의 군사 상식으로는 일본의 '기습 공격 후 선전포고'가 합리적인 전략이다. 현대전으로 넘어오면서 기습이 가져다주는 승수 효과는 전쟁의 판도를 뒤바꿀 만큼 중요해졌고, 초반의 일격이 전쟁의 승패를 결정짓기도 한다. 역사적으로도 제1차 세계대전 이후에는 선전포고를 하고 전쟁에 돌입하는 행동 자체가 무의미해졌다.

협상 결렬 그리고
기습 준비

1904년 2월 4일 일본은 러시아와의 협상 중지를 선언했다. 동시에 마산포와 원산 등에 일본군을 상륙시키고 전쟁 준비에 돌입했다. 러시아 황제 니콜라이 2세는 일본이 아무리 무지몽매하더라도 선전포고 없이 개전하지는 않을 거라고 굳게 믿었다. 러시아제국의 장관들도 비슷한 생각이었다.

"일본이 생각이란 걸 한다면 감히 러시아에 전쟁을 선포하지는 못할 것이다."

러시아 황제나 장관들의 판단이 안일했다고만 할 수는 없다. 당시 러시아와 일본을 둘러싼 국제정세를 봤을 때 일본이 먼저 전쟁을 시작할 거라고 예상한 나라는 하나도 없었다. 영토, 국민, 생산력, 공업화, 철도 노선 길이(당시에는 철도 노선의 길이가 곧 국력을 의미했다), 병력, 해군력, 경제력 등등 어느 하나에서도 일본은 러시아를 압도하기는커녕 비슷한 수준에 이르지도 못했다. 그럼에도 일본은 기습 공격을 감행했다.

러시아 입장에서는 일본과의 전쟁이 나쁘지만은 않았다. 오히려 정치적 호기로 볼 수도 있었다. 사회 전반에 흐르는 불온한 분위기를 잠재우기 위해 외부의 전쟁을 '빌려' 오는 것도 나쁘지 않다는 판단이었다. 언제나 그렇지만 내부의 동요를 잠재우는 데 전쟁만 한 것이 없기 때문이다. 니콜라이 2세로서도 나쁘지 않은 선택이었다. '누가 봐도 상대가 되지 않는 일본을 상대로 가볍게 전쟁을 치르고, 그사이 사회를 안정시킨다.' 덤으로 얻게 될 '승리'는 자신의 지도력을 증명해줄 선물이 될 것이란 계산이었다. 러시아로서는 울고 싶은데 뺨 때려준 격이라고나 할까?

러시아는 이처럼 전쟁을 가볍게 생각했지만 일본은 국운을 걸고 도박판을 벌인 상황이었다. 일본은 모든 것을 걸고 모든 것을 잃을 각오를 해야 했다. 일본의 첫수는 함대였다. 당시 일본의 핵심 목표는 뤼순항에 있는 러시아제국의 극동함대였다. 마침 러시아의 블라디보스토크가 결빙기였기 때문에 극동함대 대부분이 뤼순항에 정박해 있던 상황이라 일본 해군은 뤼순항 봉쇄에 성공했다.

좀 더 자세히 이야기하자면, 1904년 2월 4일 수십 척의 극동함대가 뤼순항을 떠났다는 정보를 받자마자 연합함대 사령관이었던 도고 헤이하치로東鄕平八郎 제독이 사세보에서 제물포와 뤼순항을 목표로 함대를 발진시켰다. 그리고 2월 8일 뤼순항 앞바다에서 '뤼순항 해전'을 치르며, 러시아 함대를 뤼순항 안으로 밀어 넣었다. 극동함대와 수차례의 격전을 치렀지만 결국 뤼순항의 해안 포대 때문에 결정적 타격은 입히지 못하고 뤼순항 봉쇄선에서 만족해야 했다.

이렇게 시선을 뤼순항으로 돌려놓은 상태에서 약 3000명의 일본군이 제물포에 상륙했다. 이때 제물포항에는 수많은 열강의 군함이 정박해 있었는데, 이들은 '순진하게도' 일본 해군에 항의했다. 하지만 돌아온 건 일본 해군의 협박이었다.

"전투 중 피탄을 당해도 책임지지 않는다!"

아예 막 나가기로 작정한 것이었다. 일본 해군은 곧바로 러시아 해군의 바략호와 카레이츠호를 공격했고, 14 대 2의 전력 차를 극복하지 못하고 두 전함은 침몰했다.

뒤이어 인천항에 5만 명의 일본 육군이 상륙했다. 전격적인 상륙이었다. 1904년 2월 12일 러시아제국 공사가 철수하고, 러시아와 조선은 국교 단절 상태가 되었다. 이 틈을 파고들어 일본은 조선과 '한일의정서'를 체결했다. 조선은 러일전쟁이 발발하기 전인 1904년 1월 23일 "조선은 러시아와 일본 사이에서 중립을 지키겠다"고 선언했지만 완전히 일본의 '따까리'가 된 상태라 별 소용이 없었다. 1904년 5월에는 '대한시설강령'에 따라 일본의 후방기지가 되었다.

1904년 5월 1일 일본은 압록강으로 진격해 러시아 육군과 첫 교전을 치렀다. 압록강 전투는 싱거웠다. 러시아는 선선히 뒤로 물러났고, 일본군은 별 저항 없이 압록강을 건널 수 있었다. 당시 러시아의 전략은 간단했다.

"최대한 시간을 끌어라!"

시베리아 횡단철도를 타고 도착할 후속 병력을 기다리기 위해 시간을 벌어야 했기 때문이다. 단순하기로는 일본의 전략도 만만치 않았다.

"무슨 수를 써서라도 뤼순항을 함락하라!"

뤼순항이야말로 러일전쟁의 핵심 목표였고, 전쟁의 승패를 가르는 전략적 요충지였다. 극동함대를 격파해야 승기를 잡을 수 있고, 혹시 모를 발트함대의 진출에 대비해 기항지를 없애버려야 이후의 전쟁 국면을 유리하게 끌고 갈 수 있기 때문이었다. 러일전쟁은 '발트함대가 도착할 때까지 버티려는 힘'과 '발트함대가 도착하기 전에 끝내려는 힘'의 충돌이었다고 봐도 무방하다. 당시 일본군의 병력은 20만 수준이었지만, 러시아군은 그 몇 배를 끌어올 수 있는 상황이었기에 일본은 전쟁을 빨리 끝내야 했다.

《언덕 위의 구름》을 보면 뤼순항을 차지하기 위한 일본 해군과 육군의 노력이 곳곳에 잘 나타나 있다. 당시 일본 해군은 뤼순항에 들어가 나오지 않는 러시아 해군을 압박하기 위해 아예 항구를 봉쇄해버리는 작전도 펼쳤다. 이른바 뤼순항 폐색 작전旅順港閉塞作戰이다. 시멘트를 채운 배를 뤼순항 입구에 자침시키는 작전이었는데, 1904년 2월 8일부터

9일까지 실행했지만 뚜렷한 성과는 없었다. 실패한 작전이었다. 이후 소소한 포격이나 기뢰로 서로 피해를 주는 선에 머물며 해전은 교착 상태로 빠져들었다. 러시아군이 뤼순항에 정박해 있는 상태에서 일본 해군으로서는 달리 뾰족한 수가 없었다.

러시아 해군도 마찬가지였다. 전함이 항구 내에 머물러 있는 동안에는 잘해봐야 '포대'의 역할밖에 할 수 없다. 전함은 항구를 나서 바다에 있어야만 그 전략적 가치가 빛을 발한다. 이렇게 항구에 묶여 있다가는 그 힘을 제대로 발휘하지도 못하고, 뤼순이 함락된다면 그대로 앉아서 당할 수밖에 없었다. 결국 러시아 함대도 뤼순항을 돌파하기 위해 몇 차례 시도했지만 그때마다 일본 해군의 포격에 밀려나야 했다.

러시아나 일본 해군 모두 난감한 상황이었지만 그나마 여유가 있었던 쪽은 러시아였다. 일본은 시간이 없었다. 이런 상황에서 일본 해군이 기대할 것이라곤 일본 육군뿐이었다. 육군이 뤼순 요새를 치고 들어가 그 위에서 항만에 있는 러시아 해군을 포격하는 작전이다. 정확한 관측 정보만 줘도 일본 해군이 포격할 수 있고, 육군 포격에 밀려나 러시아 함대가 뤼순항을 빠져나올 수도 있기 때문에 육군의 진격과 뤼순항의 함락이 무엇보다도 중요한 상황이었다.

일본이
간과한 점

뤼순 외곽에 있던 진저우성金州城과 난산南山을 함락시킨 일본 제2군. 그러나 이 단 한 번의 전투에서 일본군은 3000명의 사상자를 냈다. 당시 일본 대본영大本營은 제2군의 보고를 받고는 믿기지 않았다.

　"압록강 도하 작전에서도 사상자가 1000명 미만이었는데, 3000이라니
　0을 하나 잘못 붙인 게 아닌가?"

　5월 1일 압록강을 건널 때만 해도 일본군은 러시아를 손쉽게 제압할
줄로 알았지만 진저우성에 다다랐을 때 지옥을 마주해야 했다. 러시아
야전 축성의 달인 로만 콘드라첸코 소장이 있었기 때문이다. 급작스럽
게 만든 요새였지만 콘드라첸코 소장은 맥심 기관총을 촘촘히 배치하
고 후방에서 날아오는 중포의 지원 사격으로 돌격하는 일본군을 산산
조각냈다.

　일본 4보병사단 사단장 오가와 마다쓰구 장군의 기지가 없었다면 진
저우성을 함락하는 데 더 많은 병력이 소모되었을지 모른다. 오가와 장
군은 집중 포격으로 러시아군 진지를 갈아엎은 뒤 보병을 육탄 돌격시
켜 간신히 난산 요새의 좌익을 함락할 수 있었다. 어렵사리 요새를 함
락하긴 했지만 한 번의 전투로 3000명의 사상자가 발생했다는 사실은
일본군에게 커다란 충격이었다.

　이 '20세기 최초의 대전투'는 일본군에게 충격과 공포를 안겨줬다.
철조망, 기관총, 중포로 방어하는 진지 앞에서 '앞으로 돌격'이 어떤 결
과를 안겨주는지 일본군은 몸소 체험했다. 그리고 어마어마한 물량전
앞에서 일본의 국력으로는 그만한 물량전을 견뎌낼 수 없음을 깨달았
다. 근대화의 힘이 전쟁을 어떤 식으로 변질시키는지 뼈저리게 체험한
전투였다.

당시 전투를 수치로 분석해보면 일본이 얼마나 충격을 받았을지 헤아려볼 수 있다. 제2군이 난산에서 단 하루 동안 사용한 포탄만 3만 4600발, 총탄은 220만 발이었다. 이는 청일전쟁 전 기간에 걸쳐 소비한 양과 맞먹는다. 결국 일본은 전쟁 개시 반년 만에 포탄 재고가 동이 나 영국과 독일에 긴급 주문을 해야 했다. 이 때문에 포탄이 도착하는 12월까지 대규모 작전을 수행하기 힘들었다.

물론 러시아도 진저우성과 난산 전투에서 충격을 받았다. 축성의 달인 콘드라첸코 소장, 대대적으로 배치한 맥심 기관총, 중포의 지원 등등 수비하는 입장에서 전혀 밀릴 게 없는 상황이었음에도 진저우성이 너무도 쉽게 함락되었다. 물론 급작스럽게 요새를 구축하느라 허술한 부분도 있었겠지만, 그렇다 해도 무려 콘드라첸코 소장이 만든 진지였다. 게다가 신무기인 맥심 기관총을 빼곡하게 채워 넣었는데도 허무하게 무너졌다. 그러나 그 아쉬움은 뒤이어 터진 '203고지 전투'에서 달랠 수 있었다.

근대의 힘은 수비자에게 절대적인 우위를 안겨줬다. 그리고 일본은 대량 살상의 시대가 왔음을 최초로 깨달았다. 하지만 이는 악몽의 시작일 뿐이었다.

뤼순으로
가는 길

203고지 전투는 일본 근현대사를 다룬 수많은 작품에서 비극으로 그려진다. 가끔 일본 애니메이션을 보다 보면 203고지 전투에서의 일본군

느낌이 나는 특공대의 모습을 확인할 수 있는데, 양쪽 어깨에 흰 띠를 두른 '백거대'는 일본 근현대를 관통하는 하나의 아이콘이기도 하다.

시작은 아주 간단했다. 일본 해군은 갖은 수를 다 써도 극동함대를 분쇄하지 못했다. 문제는 요새화된 뤼순항의 해안포였다. 항구로 접근하면 날아오는 포탄 앞에 속수무책인 상황이라 아예 항구를 봉쇄해버리려고 시도했지만 이 역시 실패했다. 러시아 역시 항구에서 나오려고 몇 번이나 시도했지만 일본 해군의 공격에 번번이 무산되었다. 일본도 러시아도 서로 노려만 보고 있었다.

당시 진저우성을 함락한 일본 육군 제2군은 뤼순 요새를 공략할 생각이 없었다. 그들은 랴오양遼陽에 위치한 러시아 육군 주력과의 일전을 생각하고 있었다. 하지만 극동함대를 계속 살려뒀다간 일본 본토가 위험해진다는 것은 삼척동자라도 다 아는 사실이었다.

일본은 섬나라다. 모든 수출입 물류는 바다를 통한다. 이 바다가 막히는 순간 일본은 망하고 만다. 게다가 러시아는 극동함대와 발트함대라는 엄청난 전력을 갖춘 해양 대국이다. 각각의 함대와 맞서 싸우는 것도 힘겨운데 만약 이 두 함대가 힘을 합친다면? 일본으로서는 상상조차 하기 싫은 상황이었다. 어쨌든 두 함대가 떨어져 있을 때 하나씩 제압해야 했고, 그러기 위해서는 뤼순을 함락해야 했다. 결국 함대 결전으로 극동함대를 분쇄하는 것이 불가능하다고 판단한 일본 대본영은 랴오양에서의 결전에 투입할 병력 중 일부를 차출해 뤼순항을 공략하기로 하고 1, 9, 11보병사단을 뽑아 제3군으로 편성했다.

문제는 제3군 사령부의 인선이었다. 일본이 망할 때까지 잊히지 않을 그 이름, 노기 마레스케乃木希典 대장과 이지치 고스케伊地知幸介 소장.

조슈번 출신의 노기 장군은 애초에 근대전을 지휘하기에는 무리가 있는 인물이었다. 이를 보완하기 위해 이지치 장군을 제3군 참모장에 임명했다. 이지치 참모장은 포병과 출신으로 일찍이 독일 참모본부에서 유학한 경험이 있었기에 당시 요새 공략을 위한 최고의 인선이라는 평가를 받았다. 하지만 이 인선은 일본 역사에 몇 안 되는 최악의 군 인사가 되었다.

일본 육군과 대본영은 뤼순 함락에 어느 정도 낙관적이었다. 청일전쟁 당시 단 하루 만에 뤼순항을 함락한 경험이 있었던 일본군이었기에 쉽게 생각했다. 하지만 러시아는 뤼순항을 불침의 요새로 만들었다. 이제 뤼순항은 일본이 하루 만에 함락한 허접한 항구가 아니라 러시아가 요새로 뒤바꿔놓은 포트 아르투르Port Arthur로 변신해 있었다. 게다가 진저우성과 난산의 함락을 지켜본 뤼순 요새 사령관 아나톨리 스테셀 중장은 콘드라첸코 소장에게 요새를 보강하라고 명령했다. 각 포대와 보루堡壘를 콘크리트 방벽으로 둘러쳤으며, 병사들의 거주와 보호를 위해 지하 공간도 마련했고, 각 포대와 보루 사이의 원활한 연결을 위해 지하 통로까지 만들었다. 일본군의 운명은 이미 결정된 듯 보였다.

블랙코미디

《언덕 위의 구름》의 주인공이라 할 수 있는 연합함대 참모 아키야마 사네유키秋山真之 소좌는 뤼순 요새를 관찰하다가 203고지를 발견했다. 다른 고지들은 포대와 벙커로 도배돼 있었는데 유독 203고지만은 허허벌판의 민둥산이었다. 아키야마 소좌는 이를 상부에 보고했고, 해군은 육군에 이 사실을 통보했다.

"203고지만 점령하면 된다. 무리하게 다른 고지를 공략해 아군 피해를 가중할 이유가 없다."

그러나 이지치 소장은 이를 거절했다.

"육군은 육군만의 작전이 있다. 굳이 해군에서 요청하지 않아도 우리는 이미 저 요새를 효과적으로 공략할 작전을 세워두고 있다."

그러고는 일본 육군은 러시아군이 요새화한 북쪽의 얼룽산二龍山과 동북부의 둥지관산東鷄冠山 사이를 치고 들어갔다. 일본 육군은 판판이 깨져나가며 '삽질'을 시작했다.

해군의 도고 헤이하치로 제독은 육군의 뤼순 요새 공략을 위해서는 중포가 효율적이라고 판단해 해군의 중포 부대를 지원하겠다고 나섰다. 이지치 소장은 또다시 거절했으나 해군이 억지로 떠넘겨 결국 해군 중포 부대는 제3군에 배속되었다.

그리고 운명의 1904년 8월 19일, 일본 제3군은 뤼순 요새에 대한 공격을 시작했다. 제1차 공세의 시작이었다. 여기서 제3군은 '개죽음'을 목도하게 되었다. 포병의 공격 준비 포격 이후 착검한 보병들이 요새로 돌격했다. 그들은 어떤 생각으로 요새로 달려갔을까? 손쉽게 요새를 점령할 수 있다는 망상을 하고 있었을까? 그들의 운명은 순식간에 결정되었다. 얼룽산, 둥지관산, 송수산松樹山에 배치된 중포가 일제히 불을 뿜었다. 요새 근처의 보루에 접근하기도 전에 그들은 모두 육편肉片이 되어 공중으로 산산이 흩어졌고, 운 좋게 벙커와 보루 근처까지 간 일본군은 철조망 앞에 가로막혀 머뭇거리다 벙커와 보루 여기저기에 배치된 맥심 기관총에 사살되었다. 스테셀 사령관은 벙커와 보루마다 2~3정의 맥심 기관총을 배치했는데, 제1차 세계대전 당시 단 2정의 기관총으로 1개 대대 병력을 저지한 기록을 참고한다면 일본군이 얼마나 무모한 작전을 펼쳤는지 알 수 있다.

제1차 공세로 제3군은 그야말로 녹아버렸다. 1사단은 중대 규모로 전멸당하는 사태가 속출했고, 대대장과 중대장 등 현장 지휘관의 손실도 막대했다. 9사단도 철조망을 절단하고 벙커와 보루까지 진출했지만, 항구 내 군함에서의 포격과 이웃한 벙커와 보루에서 날아오는 기관총탄에 장교의 과반수를 잃었다. 당시 제3군에서 전투에 참여한 인원이 5만 765명이었는데 사상자 수가 무려 1만 5860명에 달했다. 진저우성 전투의 사상자 수는 애교로 보일 만큼 어마어마한 숫자였다.

제1차 공세의 실패는 낡은 전술 탓이었다. 일본은 청일전쟁 당시의 '강습탈취전법'을 그대로 반복했다. 수 시간 혹은 수일 동안 포격을 가한 다음 보병이 기습적으로 들어가 요새를 탈취하는 전술 말이다. 애초 이지치 소장은 이미 확보한 뤼순 철도를 보급선으로 삼아 공성포를 활용해 돌파할 수 있다는 '믿음'이 있었다. 일본군 참모들의 반응도 긍정적이었다. 게다가 러시아군의 포진을 파악할 수 없는 상황이었기에 일본군 전력을 집중시켜 일거에 함락하는 것이 정공법이라 믿었다. 그리하여 동원할 수 있는 모든 화력과 병력을 투입해야 한다는 결론이 나온 것이었다. 포와 포탄의 보급을 담보해줄 철도 노선만 확실하다면 청일전쟁 때처럼 강습탈취전법으로 뤼순항을 점령할 수 있다는 믿음이 있었다.

그러나 청일전쟁 시절의 요새 공략 전술로는 현대화된 요새, 벙커와 보루, 사각을 메워주는 기관총좌를 당해낼 수 없음을 일본은 피로써 배웠다. 155일간 벌어진 203고지의 혈투는 이렇게 시작되었다.

05 / 일본이 겪은 첫 근대전

이지치 장군의 병력 운영과 전략 전술은 상식 밖의 수준이었다. 그가 공격 날짜를 결정하던 방식을 예로 들어보자. 그는 같은 날(매달 26일) 같은 시각에 같은 경로로 돌격을 명령했다. 마치 알람시계를 맞춰놓은 듯한 이 행동은 당연히 일본군의 피해를 가중했는데, 그렇게 한 이유가 가히 충격적이다.

"화약의 준비가 딱 그때 되고, 26일은 난산을 돌파한 날이라 운수가 좋고, 26은 두 홀수(13)로 쪼개지기 때문에 뤼순 요새를 쪼개버리는 날이다."

도무지 상식적으로 이해가 안 가는 주장이지만 이지치는 계속 이런 식의 병력 운영을 밀어붙였다. 애초에 벙커와 보루로 무장한 지역을 공격하지 말고, 해군 요청대로 203고지로 공격했다면 이런 피해는 없었을 것이다. 그러나 이지치와 노기 장군은 끝까지 고집을 꺾지 않았다. 제2차 공세에서 제3군은 프랑스 요새 축성의 달인이었던 보방^{Vauban}의 공격법인 두 갈래 공격로를 파 돌격 진지를 구축하는 방법을 썼고, 장교들의 희생을 최소화하기 위해 보루에 돌입할 경우 필요한 장교만 부대를 선두 지휘하도록 명령했다. 그러나 3830명의 사상자만 냈을 뿐 실패로 돌아갔다.

이때 1보병사단의 참모장이 203고지 공격을 건의했다. 해군의 요청을 다 들어주는 건 아니지만 소규모 별동대로 한번 공격해보는 것도 나쁘지 않다고 설득했다. 이 설득에 넘어가 1보병사단의 별동대가 203고지를 공격했으나 워낙 소규모였기에 고지 탈환에는 성공하지 못했다. 오히려 이 공격이 경고가 되어 러시아는 203고지의 취약점을 확인했으며 일본군이 이 고지를 노린다는 사실도 알게 되었다. 스테셀 중장은 즉시 203고지를 보강하기 시작했고, 그 결과 203고지에 더 많은 기관총과 철조망, 중포가 배치되었다. 일본군이 피를 덜 흘리고 뤼순 요새를 함락할 기회는 사라져버렸다.

촉박

봉천奉天(지금의 선양) 방면에서 러시아군이 늘어나는 것이 눈에 띌 정도였고 러시아의 발트함대가 하루하루 다가오는 상황이었지만, 뤼순 요새를 공략하기란 요원해 보였다. 이제 일본의 운명은 뤼순 요새의 함락에 달려 있다고 봐도 무방할 정도였다.

그러나 날마다 시체 더미가 새로이 쌓여가고 전비 압박에 일본 경제가 휘청대는 와중에도 이지치는 26을 반으로 쪼개기 위한 돌격을 계속했다. 일본군은 찬밥 더운밥 가릴 처지가 아니었다. 이미 제3군의 사상자는 3만 명에 육박했다. 가장 현실적인 대책은 제3군 사령관인 노기 장군을 교체하는 것이었지만 직속 상관이던 오야마 이와오大山巖 원수는 아군의 사기가 떨어진다는 이유로 노기 장군을 유임했다.

그뿐 아니라 도쿄만 방어를 위해 배치해놨던 280밀리미터 유탄포를 떼어내 제3군에 보내기까지 했다. 224킬로그램의 포탄을 7850미터까지 날려버릴 수 있는 이 유탄포는 군함 갑판을 목표로 제작했기 때문에 땅에 닿으면 불발이 되는 경우가 많았다. 그러나 가릴 처지가 아니었다. 의견이 분분했지만 일단 뭐든 보내야 했다. 이 와중에도 이지치는 보낼 필요가 없다고 잘라 말했다. 포가 너무 무거워 포상을 설치하는 데만 3주가 걸릴 것이라는 이유였는데, 실제로는 9일 만에 설치했다.

유탄포와 함께 기관총 같은 화기도 보충했다. 러시아군의 맥심 기관 총에 대항하기 위해서였는데, 문제는 일본이 가난했다는 점이다. 제2차 공세 때 48정을 추가 배치했고 제3차 공세 때 80정을 추가 할당했지만 알보병(일반 보병) 생활에 익숙해 있던 일본군에게 기관총은 낯선 무기였던 터라 제대로 활용하지 못했다. 일본군은 "보병이 기관총을 휴대하는 것은 용감하지 못한 꼴이다"라는 변명 아닌 변명을 했다.

이 대목을 눈여겨봐야 하는데, 일본은 러일전쟁을 통해 자신들의 군수 생산 능력이 전장에서의 군수 물자 소모 수준을 도저히 쫓아갈 수 없다는 것을 체감하고 자신들의 국력을 뼈저리게 깨달았다. 이때부터 일본군은 "물건은 아끼고 사람의 생명은 그다음이다"라는 그들만의 고유한 용병 사상을 정립했다. 여러모로 러일전쟁은 일본 국민에게 지옥을 만들어준 전쟁이었다.

어쨌든 일본은 당시 지원할 수 있는 모든 것을 제3군에 지원하고자

했다. 일본의 운명이 뤼순 요새 공략에 달려 있다고 해도 과언이 아니었기에 마지막 카드까지 제3군에 건네려 했다. 바로 일본 본토의 마지막 예비 사단인 7사단과 8사단이었다. 일본 본토에서 막 편성된 신규 사단인 7사단과 8사단은 일본의 마지막 예비 병력이었다. 이걸 제3군에 보냈다가는 이마저도 털어먹을 것 같다는 불안감이 엄습했지만 격론 끝에 7사단을 뤼순으로 보내기로 했다.

결착

운명의 1904년 11월 26일, 제3군은 제3차 공세를 시도했다. 이때 눈여겨봐야 할 것이 흰 어깨띠를 두른 '백거대'의 등장이다. 1사단에서 2개 대대, 7사단에서 2개 대대, 9사단과 11사단에서 각각 1개 대대를 차출해 총 6개 대대를 모아 3100여 명의 특공대를 만들었다.

이들은 산허리까지는 무사히 갔으나 지뢰가 터지면서 모든 것이 수포가 되었다. 특공대의 접근을 확인한 러시아군은 즉시 탐조등을 켰고, 백거대는 탐조등 아래에서 총알받이 신세가 되었다. 원래 이들의 목표는 기습이었으나 목표를 달성하지 못했으므로 철수해야 했다. 그러나 연락수단이 없어서 퇴각 명령을 내릴 수 없었고 결국 이들은 날이 밝을 때까지 산허리에서 표적지 노릇을 해야 했다. 다음 날 아침 산비탈은 흰 어깨띠를 맨 일본군의 시체로 가득 찼다. 이 일로 백거대는 절반 가까운 사상자를 내고 사실상 궤멸했다. 지금의 상식으로는 도저히 이해할 수 없는 작전이다.

그나마 다행이라면 이 백거대의 궤멸 소식이 고다마 겐타로兒玉源太郎

장군을 움직였다는 점이다. 당시 만주에 주둔하고 있던 일본군 총사령관인 오야마 이와오는 더 이상 노기의 실책을 봐줄 수 없었는지 자신의 참모장인 고다마를 보냈다. 전선의 상황을 파악한 다음 필요하다면 지휘권을 인수해 뤼순을 공략하라는 것이었다.

고다마는 곧바로 뤼순으로 가는 기차 편에 몸을 실었고, 제3군 사령부에 도착하자마자 이지치를 불러놓고는 거의 죽기 직전까지 몰아세웠다. 그동안의 작전이 수준 이하였다고 꾸짖고 바로 노기 장군을 만났다.《언덕 위의 구름》에서는 이 장면을 이렇게 표현하고 있다.

"자네 지휘권을 며칠만 빌려주지 않겠나?"

이렇게 고다마는 지휘권을 인수했다. 그러고는 제3군 참모들을 소집해 작전 목표를 다시 설정했다.

"203고지 점령을 최우선으로 한다!"

이후 고다마는 모든 화포를 203고지에 쏟아부었고, 지휘권을 인수한 지 나흘 만인 1904년 12월 5일 오전 10시 30분경 드디어 203고지를 점령했다. 이때 5052명이 전사했다. 그다음은 일사천리였다. 203고지는 뤼순 요새 서북면 정면 중에서 가장 전망이 훌륭하고, 뒤로는 뤼순항 전역이 한눈에 내려다보이는 요지였다. 이 고지에 오른 일본군은 즉시 뤼순항에 웅크리고 앉아 있는 극동함대의 좌표를 280밀리미터 유탄포 부대에 통보했고, 잠시 후 280밀리미터 유탄포가 극동함대를 덮쳤다. 그렇게 155일을 끌었던 뤼순 요새 공략전은 막을 내렸다.

203고지 전투 이후 노기 장군은 일본인의 '공공의 적'이 되었다. 이 전투 하나만으로 수만 명의 병사가 개죽음을 당했으니 그 유가족과 일본인들의 분노가 얼마나 대단했을까? 그러나 노기 장군의 아들 두 명도 러일전쟁에서 전사했다. 장남 노기 가스스케^{乃木勝典} 중위는 진저우성 동문 전투에서 전사했고, 차남 노기 야스스케^{乃木保典} 소위는 203고지 전투에서 전사했다. 하지만 그것으로 자신의 실책을 변호할 수 없음을 잘 알고 있던 노기 장군은 할복을 결심했으나 메이지 천황이 이를 만류했다. 자신이 살아 있는 한 노기 장군의 할복을 인정할 수 없다는 것이었다. 결국 메이지 천황이 사망하자마자 노기 장군은 아내와 함께 자살했다.

채권이
팔리기 시작하다

"뤼순의 항복은 차르 체제 항복의 서막이었다."

– 뤼순 요새 함락에 대한 레닌의 평가

뤼순 요새의 함락과 뒤이은 봉천회전에서의 승리로 러일전쟁의 승기는 서서히 일본 쪽으로 넘어왔다. 하지만 일본군은 봉천회전에서만 약 7만 명의 사상자를 냈는데, 이는 일본에 부담이 되었다. 봉천회전 직후 야마가타 참모총장은 내각에 한 통의 의견서를 제출했다.

"러시아군은 본국에 아직 강력한 병력을 유지하고 있으나 일본군은 이

미 전 병력을 사용했다."

전쟁에 누구보다도 긍정적이던 군부가 전쟁 종결을 재촉하기 시작했다. 실제로 당시 일본은 물이 턱밑까지 차오른 상황이었다. 엄청난 전비 부담의 압박 속에서 일본 정부는 담배 전매권 등을 미국과 영국에 팔아 전비를 마련하고 있었다. 전쟁 비용을 마련하기 위한 일본 정부의 사투는 203고지 전투의 그것과 비교할 만했다.

러일전쟁 직전 일본 정부는 국내 산업 진흥을 위해 5억 8000만 엔의 해외 채권을 발행했는데, 당시 금리는 연 4.5퍼센트대였다. 그러나 러일전쟁이 발발하자 채권 가격이 폭락해 100파운드짜리 채권이 75파운드에 거래되었다. 모두가 일본이 전쟁에서 승리하지 못할 것이라 판단했기 때문이었다.

개전 이후의 전쟁 비용 마련은 일본에게 또 하나의 전쟁이었다. 전쟁에서 이기기 위해서는 '더 많은 돈'이 필요했다. 문제는 일본이 가난한 나라였다는 점이다. 열강도 전쟁 비용을 마련하기 위해 채권을 발행하곤 했지만 세상 사람들은 이길 만한 나라의 국채만 사려고 한다. 러시아와 일본이 전쟁을 하면 당연히 러시아가 이긴다는 것이 당시의 상식이었다. 일본은 돈을 마련하기 위해 백방으로 뛰어다녔지만 여의치 않았다.

영국 런던으로 달려간 스에마쓰 겐조末松謙澄는 연설은 물론이고 신문에 기고까지 하며 일본의 입장을 영국 국민에게 알렸으나 대다수 영국인은 일본이 어떤 나라인지도 몰랐다. 미국은 좀 더 심했다. 당시 일본은 미국에서 1000만 파운드의 국채를 판매하는 것을 목표로 삼았다. 이는 당시 환율로 1억 엔으로, 1904년 일본 예산의 40퍼센트를 차지하는 어마어마한 액수였다. 그러나 그 누구도 일본 국채를 인수하려 하지 않았다. 미국의 금융기관들도 러시아와 일본이 싸우면 당연히 러시아가 이기리라고 판단했다. 주요 국가들의 국채 이자율이 2~3퍼센트이던 시절에 일본은 무려 6퍼센트의 이자율을 내걸었지만 꿈쩍도 하지 않았다.

사실상 러일전쟁 승리의 1등 공신은 쓰시마 해전의 도고 헤이하치로 제독도, 203고지 전투를 승리로 이끈 고다마 겐타로도, 봉천회전을 승리로 이끈 오야마 이와오도 아니다. 바로 유대인 금융자본가인 제이컵 헨리 시프Jacob Henry Schiff이다.

독일 태생의 성공한 은행가인 시프는 19세기 말 20세기 초 미국을 대표하는 투자은행인 쿤러브Kuhn Loeb & Co(훗날 아메리칸 익스프레스에 인수돼 리먼브라더스 지주회사가 된다)의 사장이었다. 당시 시프는 미국 서부의 주요 철도 노선을 장악하고 웨스팅하우스Westinghouse 같은 미국을 대표하는 대기업들에 투자하면서 미국 금융계의 큰손으로 활약하고 있었다.

여기서 주목할 점은 그의 출신이다. 시프는 저명한 랍비 가문에서 태어났다. 그는 시오니즘Zionism(유대 민족주의)에 심취한 인물로, 유대인을 위한 각종 사업에 거액을 기부해오고 있었다. 당시 그가 전미유대인협회 회장직을 맡고 있었다는 사실이 모든 것을 설명해준다. 그런 그가 러일전쟁을 주목하고 있었다. 유대 민족은 세계 어느 곳에서나 박해받는 천덕꾸러기였다. 시프는 유대인을 박해하는 나라 중에서도 러시아가 가장 심하다고 봤다. 그런데 그런 러시아가 일본과 전쟁을 하는 상황이 벌어진 것이다.

일본에게는 천운이었을까? 국채를 팔기 위해 영국과 미국을 방문한 일본은행 총재 다카하시 고레키요高橋是清에게 한 유대인 사업가로부터 만나고 싶다는 연락이 왔다. 시프였다. 시프는 다카하시로부터 일본의 국내 사정과 전황을 확인하고는 그 자리에서 미판매된 일본 국채를 전량 구매했다.

1904년 일본 정부의 1년 예산은 약 2억 5000만 엔이었다. 1905년 8월까지 일본은 총 4회에 걸쳐 8200만 파운드, 약 8억 2000만 엔의 해외 국채를 발행해 전비를 조달했다. 이 가운데 시프의 주선으로 일본 정부가 빌린 돈은 모두 2억 달러, 일본 돈으로 4억 엔이나 되는 거액이었다. 이는 러일전쟁에서 일본이 쓴 전쟁 비용의 40퍼센트에 달했다. 시프는 단순히 일본에 돈만 빌려준 것이 아니라 적극적으로 러시아의 국채 발행을 방해했다. 유대계 자본의 대표 주자인 로스차일드Rothschild 가문에 편지를 보내 러시아 채권의 인수를 거절해달라고 부탁했고, 러시아 국채가 금융계에 풀리는 것을 막았다.

만약 시프가 없었다면 일본이 러일전쟁에서 승리하는 일도 없었을 것이다. 이렇듯 든든한 유대인 조력자가 있었음에도 일본 정부는 전비 부담에 허덕였다. 이미 일본 경제는 최악의 상황이었고, 일본 국민의 생활은 하루하루가 전쟁이나 다름없었다.

이런 상황에서 뤼순항에서의 승리는 일본에 새로운 전기를 마련해줬다. 시장에서 일본 국채가 팔려나가기 시작한 것이다. 뤼순 요새가 일본 손에 떨어지고 극동함대가 분쇄되면서 일본의 승리를 점치는 나라들이 늘어났고 일본 국채가 팔려나갔다. 일본으로서는 숨을 내몰아 쉴 수 있는 여유가 생겼다. 이제 세상은 일본의 승리를 예측하기 시작했고, 열강은 저마다 바쁘게 주판알을 튕기기 시작했다.

06 / 이상한 전쟁

1904년 2월 8일 발발한 러일전쟁은 1990년 8월 2일 발발한 걸프전과 유사한 점이 하나 있다. 바로 전 세계인의 관심을 받았다는 점이다.

걸프전 당시 우리는 TV 앞에서 토마호크 미사일과 스텔스 전폭기, 패트리어트 미사일과 스커드 미사일의 대결을 흥미진진하게 지켜봤다. 단순히 '싸움' 그 자체에 흥미를 느꼈달까? 걸프전을 둘러싼 흥미로운 정치적 수 싸움이 몇 번인가 있었지만, 이미 전쟁이 시작되기 전부터 승자는 정해진 상황이었고 힘 좀 쓴다 하는 나라들 대부분이 '예비 승리자'인 미국과 함께했기에 정치적 문제는 부차적인 문제로 밀려났다. 관심사는 오로지 '얼마나 압도적으로 이길 수 있을까'였다. 결국 사람들은 전쟁 자체를 '순수하게' 즐기는 것을 택했고, TV 뉴스는 방위산업체의 카탈로그 역할을 톡톡히 했다. 이 이상한 전쟁에서 최종 승자는 CNN이었다.

같은 의미, 다른 느낌으로 러일전쟁은 20세기 초반 세계 각국 사람들에게 초미의 관심사였다. 걸프전이 신인들의 3라운드짜리 복싱이었다면, 러일전쟁은 파퀴아오와 메이웨더의 12라운드 통합 챔피언 결정전이었다. 러시아와 일본은 통합 챔피언 결정전답게 관객의 흥미를 돋울 만한 전투를 보여줬고(개별 전투만 놓고 보면 졸전이었지만) 도박사들은 반전에 반전을 거듭하는 전쟁 상황에 열광했다.

20세기 최초의 대규모 전쟁이었다는 점, 노회한 제국 러시아와 이제 막 제국으로 발돋움하려는 일본의 전쟁이었다는 점, 근대화된 대량 생산 체제에서 치러진 '제대로 된' 국가 간의 전쟁이었다는 점에서 세계는 이 전쟁에 열광했다. 너 나 할 것 없이 러일전쟁에 대한 소식을 찾았고, 언론은 이 호재를 놓치지 않았다. 세계 각국의 언론사들은 앞다투어 종군기자를 파견했고, 사진을 전송할 수 없었던 당시 기술력의 한계를 극복하고자 수많은 삽화가가 동원되어 러일전쟁을 그려냈다. 러일전쟁에서는 걸프전에서 활약한 CNN을 넘어서는 취재 전쟁이 펼쳐졌다. 그 와중에 국제사회는 이 전쟁의 최대 피해국인 청나라와 한국을 비웃기 시작했다.

이상한
전쟁

"우리는 한국인들을 위해서 일본에 간섭할 수 없다. 한국인들은 자신들을 위해 주먹 한번 휘두르지 못했다."

– 1905년 1월 미국 대통령 루스벨트Theodore Roosevelt가 당시 국무장관이던
존 헤이John Hay에게 보낸 편지 중

"오늘날 전쟁은 인간사의 마지막 심판자이며 또한 국민성을 최후로 시험하는 관문이다. 이 시험에서 대한제국 국민은 실패했다. 외국 군대가 자기 나라를 통과해 가려고 하자 어려움을 이기지 못하고 모두 도망갔다. 그들은 문짝이며 창문이며 할 것 없이 주워갈 수 있는 것 모두를 등에 지고 산으로 들어갔다." – 러일전쟁 당시 종군기자로 활약했던 잭 런던Jack London의 기록 중

러일전쟁은 이상한 전쟁이었다. 분명 러시아와 일본의 전쟁이었지

만 이들은 자국 영토가 아닌 제3국, 즉 대한제국과 청나라 영토에서 전쟁을 치렀다. 이런 상황임에도 대한제국과 청나라는 아무런 반응을 보이지 않았다.

잭 런던을 비롯해 서양의 종군기자들이 본 대한제국의 모습은 충격 그 자체였다. 대한제국 정부는 1904년 1월 21일 국외중립局外中立을 선언했지만, 이는 허울뿐인 선언이었다. 2월 8일 개전 이후 얼마 지나지 않아 대한제국은 일본의 후방기지로 전락했다. 주한 일본공사는 대한제국에 동맹 조약을 강요했고, 2월 23일 '한일의정서'를 체결했다.

이후부터는 일사천리였다. 4월 1일 대한제국의 통신망이 일본의 손에 넘어갔고, 일본은 병력과 군수 물자의 수송을 위해 경부선과 경의선 철도의 부설을 서둘렀다. 그리고 1904년 8월 22일 제1차 한일협약을 체결했다. 대한제국 정부는 일본인 재정고문과 일본인이 추천하는 외국인 외교고문을 두고, 외국과의 조약 체결 시 일본 정부와 '협의'해야 했다. 대한제국의 본격적인 '고문顧問 정치'가 시작된 것이다. 이후 일본은 외교와 재정을 넘어서 군사, 경찰, 교육, 왕실 업무 등등 조약에도 없는 고문들을 추가했다. 완전히 식물 정부가 된 셈이다.

일반 백성의 모습은 어땠을까? 일본인은 조선인을 군수품 운반에 동원했는데, 군수품 품목을 쉽게 확인하기 위해 조선인의 뺨에 빨간색은 탄약, 보라색은 공병 장비 같은 식으로 색을 칠했다. 조선인들은 얼떨결에 끌려나가 일본의 후방지원부대로 활약하게 되었다.

이 모습을 취재한 종군기자들과 기사를 본 전 세계 사람들은 대한제국을 어떻게 생각했을까? 자신의 땅이 전쟁터가 되었음에도 기껏해야 중립을 선언하는 게 고작이었던 대한제국 정부의 무능력과 판단력 결여를 보며 세계열강은 대한제국을 경멸하게 되었다.

"대한제국은 러일전쟁의 승자가 전리품으로 가져가도 손색이 없을 정
도로 잘 다듬어진 예비 식민지다."

러일전쟁 이후 포츠머스 조약, 국권 침탈로 이어지는 일본의 강경
드라이브에도 국제사회에서 큰 잡음이 일지 않은 이유 중에는 러일전
쟁 당시 보여준 대한제국 정부와 국민의 무능함도 있었다. 어느새 우리
는 식민지가 되어도 할 말이 없는 국가로 낙인찍혀버렸다. 가슴 아픈
사실은 이를 반박할 논리가 없다는 점이다.

마지막
카드

일본이 러일전쟁을 감행할 수 있었던 배경 중 하나인 영일 동맹은 러일
전쟁의 마지막 순간 그 빛을 발했다. 물론 그 이전에도 영국은 엄청난
금액의 일본 채권을 사주며 든든하게 후방 지원을 해줬으나 실질적인
군사 작전에서의 도움은 거의 없었다. 그러나 마지막 순간 영국은 일본
에 결정적인 우군이 되어주었다.

1905년 3월 일본군 24만 9800명과 러시아군 30만 9600명은 봉천에
서 만주와 국가의 운명을 건 회전會戰(일정 지역에 대규모 병력이 집결해 벌
이는 전투)을 벌였다. 러시아군이 패퇴했으니 명목상으로는 일본군의 승
리였다. 그러나 일본군에는 퇴각하는 러시아군을 쫓아가 격멸할 힘이

없었다. 이미 전력을 대부분 소모한 상태였고, 더 이상의 진출은 무리였다. 당시 참모총장이던 야마가타는 이미 두 손을 든 상황이었다.

봉천회전에서 일본군은 7만 명, 러시아군은 9만 명의 사상자를 냈다. 이 전투로 양국은 숨을 몰아쉬며 주저앉은 상태였다. 승자는 일본이었지만 '피로스의 승리'라고나 할까? 물론 뤼순항을 확보한 일본이 승기를 잡았다는 데 이견을 제시하는 사람은 없었다. 눈치 빠른 금융권 사람들이 당시 너 나 할 것 없이 일본 채권을 사지 않았는가? 그러나 러시아에는 아직 카드가 하나 남아 있었다. 바로 발트함대였다.

발트함대는 1703년 5월 18일 스웨덴과의 전쟁(대북방전쟁) 중에 러시아의 표트르 대제가 창설한 함대다. 러시아 해군 함대 중에서 가장 역사가 오래되었고, 러일전쟁 당시에도 러시아 해군의 최강 전력으로 분류되었다. 만약 러시아가 뤼순항을 끝까지 지켜냈든가(노기 장군이 최소 2개월 이상 지휘권을 행사했다면 가능했을지도 모른다) 발트함대가 더 일찍 태평양으로 출발해 극동함대와 합류했다면 일본은 전쟁에서 패배했을 것이다. 아니, 적어도 일본이 승리하지는 못했을 것이다.

왜? 일본은 섬나라이다. 모든 보급이 해상으로 이어진다. 군수품도 마찬가지다(비행기를 띄울 수도 없지 않은가? 라이트 형제가 보잉 747 날개 길이보다 짧게 날아오른 것이 1903년이었음을 기억하자). 만약 발트함대와 뤼순항의 극동함대가 합류해 일본 연합함대를 압박했다면 일본은 제해권을 러시아에 넘겨줬을 터이다. 제해권을 넘겨준다는 말은 곧 만주에 진출한 일본 육군의 보급로가 끊긴다는 소리이고(최소한 보급에 많은 애로를 겪게 될 것이 분명했다) 가뜩이나 물자 부족에 시달려야 했던 일본군은 움직임 자체가 제한되었을 것이다. 아니, 그 이전에 패했을지도 모른다. 일본으로서는 뤼순항을 함락하고 극동함대를 분쇄한 것이 그나마 다행스러운 일이었다. 그러나 그것은 에베레스트산 정상을 등반하기 전에 마지막 베이스캠프를 차리는 수준이었다. 일본에게 발트함대는 그런 존재였다.

영국
드디어 움직이다

"세상이 시작된 이래 어떤 군함도 시도한 적이 없는 항로."

러일전쟁 당시 발트함대의 태평양 진출 항로를 두고 사람들은 이렇게 평가했다. 220일간 지구 둘레의 4분의 3에 해당하는 2만 9000킬로미터를 항해한 발트함대의 이동은 그 자체가 '기적'이었으며 그 용맹한 정신은 칭송받아 마땅했다. 낙오한 함선 한 척 없이 지구 반 바퀴를 돌아 무사히 태평양으로 진출한 발트함대의 우수성과 그 지휘관 로제스트벤스키 제독에게 찬사가 쏟아졌다. 지금 봐도 칭송받아 마땅한 공적이었다.

러일전쟁이 한창 격화되던 시점에 러시아의 니콜라이 2세 황제는 발트함대의 출전을 결정했다. 당시 흑해함대는 오스만제국을 견제해야 했고, 다르다넬스·보스포루스 해협 통과가 여의치 않아 차출할 수 없는 형편이었다. 출전 결정과 동시에 발트함대의 이름은 '제2태평양함대'로 변경되었다. 기존의 태평양함대(극동함대)는 발트함대의 개명과 함께 '제1태평양함대'가 되었다. 니콜라이 2세는 일본을 확실하게 짓밟

기로 결심했다.

문제는 보급이었다. 원자력 항공모함이 바다를 가로지르는 시절도 아니고, 석탄으로 배를 움직여야 했던 시절이니만큼(심지어 석유도 아니었다!) 석탄의 보급이 곧 원정의 성패를 좌우한다고 봐도 과언이 아니었다. 제때 제대로 보급을 받아야만 배가 움직일 수 있었다. 문제는 당시 질 좋은 무연탄을 보유한 나라가 일본과 동맹을 맺은 영국이었다는 점이다. 영국이 러시아에 석탄을 줄 리가 만무했다. 애초에 러시아도 기대하지 않았다. 또 진짜 문제는 기항지였다. 전 세계 바다를 지배하는 '해가 지지 않는 나라' 영국이 배가 정박할 만한 곳은 이미 다 차지한 상황이었는데, 영국이 러시아 함대의 기항을 허락하지 않으리란 것은 러시아도 잘 알고 있었다. 해결책은 중립국을 이용하는 것이었지만, 이들도 영국의 눈치를 보며 러시아 함대의 기항을 불허했다.

결국 러시아가 믿을 건 독일과 프랑스뿐이었다. 러시아는 독일의 함부르크-아메리카 석탄선과 전속 계약을 맺고 석탄 보급을 맡겼다. 기항지는 프랑스의 식민지로 정했다. 당시 영국이 관할하던 수에즈 운하를 통과할 수는 없었으므로 러시아 함대는 멀리 빙 둘러 아프리카의 희망봉을 찍고 인도양으로 넘어가야 했다. 이 과정에서 거쳐야 하는 아프리카 동쪽 해안, 인도, 남중국해의 말레이시아, 싱가포르 등등은 모두 영국의 힘이 미치는 곳이었다.

영국의 이러한 간접적 도움은 러시아 해군을 지치게 했다. 덤으로 영국 해군의 친절한 정보 전달도 이어졌다. 러시아는 일본과의 타이틀 매치를 위해 지구 반 바퀴를 돌아가야 하는데, 그사이 먹을 것도 잠잘 숙소도 지원받지 못한 채 터벅터벅 걸어가야 했다. 그리고 이렇게 지친 상태에서 시차 적응할 시간도 갖지 못한 채 바로 링 위로 끌려 올라간 것이다. 그럼에도 러시아는 이들을 태평양으로 보내야 했다.

1904년 10월 14일 발트함대는 상트페테르부르크 인근의 리바우항에서 출격했다. 이때 니콜라이 2세는 남아 있는 낡은 배를 수리해 뒤이어 보내주겠다고 약속했다. 러시아는 판돈을 전부 다 걸 기세였다. 실제로 니콜라이 2세는 약속을 지켰고, 이렇게 편성된 함대는 전함 7척, 순양함 7척, 보조순양함 5척, 구축함 9척 등 총 38척의 전투함에 수송선 26척, 승무원 1만 4000명을 자랑하는 대함대가 되었다. 영국 해군도 움찔할 수준의 규모였다.

일본은 발등에 불이 떨어졌다. 뤼순항을 함락하기 전에는 하루빨리 극동함대를 분쇄해야 한다는 생각에 전전긍긍했고, 뤼순항을 함락하고 나서는 발트함대가 어디에 있는지, 또 발견하더라도 어떻게 싸워 이겨야 할지를 놓고 고민했다.

여기서 한 가지 짚고 넘어가야 할 사항이 220일이나 걸린 항해 기간이다. 대서양에서 태평양으로 거슬러 올라가는 대장정이라 해도(영국의 방해 공작을 고려해도) 220일은 너무 길었다. 항해일지를 보면 이들은 1904년 12월 29일 이미 희망봉을 돌아 마다가스카르섬 인근의 생트마리섬까지 진출했고, 이듬해 1월 초순 생트마리섬 근처 노지베섬에 도착했다.

1904년 12월 전후로 전황은 급격하게 요동치고 있었다. 1904년 12월 5일 문제의 203고지가 일본군에 점령되었고, 그날 오후 2시부터 뤼순항에 대한 포격이 시작되었다. 그리고 이듬해인 1905년 1월 1일 뤼순항은 일본군 손에 떨어졌다. 발트함대는 노지베섬에서 이 소식을 전해 들었다. 그리고 블라디보스토크로 향하라는 새로운 명령을 하달받았다.

그러나 이 명령을 당장 실행할 수는 없었다. 가고 싶어도 연료가 없었다. 독일 석탄선과의 계약이 노지베섬에서 만료되었기 때문이다. 블랙코미디였다. 당시 러시아는 긴급히 10여 척의 보급선을 보냈는데, 우연인지 요행이었는지 이들은 수에즈 운하를 통과할 수 있었다. 이들은 인도양에서 겨우겨우 발트함대와 만났다. 석탄이 보급될 때까지 두 달 동안 발트함대는 산호초로 유명한 생트마리섬에서 더위와 풍토병으로 고생했다. 북구의 패자가 더위와 싸워야 했으니 그 고생이 얼마나 대단했겠는가? 시작부터 뭔가 잔뜩 꼬여버렸다.

07 / 봉천회전

역사상 가장 유명한 일요일은 언제일까? 역사를 아는 이라면 열에 일고여덟은 주저 없이 1905년 1월 22일을 꼽을 것이다. 아마도 나머지 두셋은 1972년 1월 30일을 말할지 모른다. 이 두 일요일은 모두 '피'와 관련되어 있다.

피의
일요일

피로 얼룩진 두 일요일은 인류의 역사를 뒤바꿔놓았다. 특히나 1905년 1월 22일 러시아 상트페테르부르크에서 벌어진 유혈행진은 20세기를 사회주의의 실험실로 만드는 촉매제가 되었다.

이야기의 시작은 1861년 3월 3일로 거슬러 올라간다. 러시아의 알렉산드르 2세가 농노 해방을 선포한 날이다. 농업 국가였던 러시아는 유럽에 비해 뒤처진 산업을 발전시키기 위해 고민하고 있었다. 선진 기술이나 산업 기반은 선진국으로부터 수입해오든가 국가 차원의 투자로 해결할 수 있었지만, 진짜 문제는 노동력이었다. 산업을 발전시키기 위해서는 노동자가 필요했다. 하지만 당시 러시아에서는 노동력을 찾기가 쉽지 않았다.

결국 러시아는 농노로 붙잡혀 있는 농민들을 해방해 이들을 노동력으로 삼겠다는 계획하에 농노해방령을 내리게 된다. 그러나 이는 평생 농민으로 살아온 농노들에게는 불행의 시작이었다. '자유'를 얻긴 했으나 그 자유의 대가로 생존을 위협받게 된 것이다. 농노에서 해방된 러시아 농민들이 다시 농사를 짓기 위해서는 땅을 사야 했는데, 이들이 땅을 살 수 있는 능력이 있었을까? 설사 땅을 소유하게 되더라도 지주 밑에서 농노로 일했을 때보다 수익이 절반 이하로 떨어졌다.

농사로 살 수 없게 된 농민들은 땅을 떠나 도시로 몰려가 저임금 노동자의 삶을 살 수밖에 없었다. 모든 것이 차르의 생각대로 이루어졌다. 차르를 위시한 고위관료, 생산수단을 손에 쥔 자본가 계급에게는 더할 나위 없이 좋은 일이었겠지만, 가지지 못한 자들에게는 지옥이 열린 셈이었다. 이들에게는 농촌에 남아 과도한 빚을 떠안고 산 땅을 일구며 말라 죽든가, 도시로 떠밀려가 저임금 노동자로 시들어 죽든가, 이 두 가지 선택지밖에 없었다.

여기에 불을 붙인 것이 말도 안 되는 러시아 정부의 수출 장려 정책이었다. 산업화에 필요한 자본을 얻기 위해 러시아는 내다 팔 수 있는 모든 것을 팔았다. 여기에는 생존과 직결된 농산물도 포함돼 있었는데 이 때문에 러시아의 물가는 치솟았다. 이쯤에서 그쳤더라면 '먹고살기 힘들다' 정도로 끝났을 텐데, 기근이 들어 농산물 가격이 치솟는 와중에도 농산물 수출 정책은 계속되었다. 그 결과 도시 노동자들은 삶의 질이 극도로 떨어지고 생존 자체를 걱정하는 상황에까지 몰렸다.

러시아 민중의 불만은 쌓여갔고, 일부 노동자들은 공산주의 이념에서 해결책을 찾으려 했다. 그러나 러시아 민중은 '순진'했다. 인간의 이성을 믿고 왕권을 무너뜨린 '혁명'의 기억이 있는 서유럽 민중이 시민의식을 쌓아나가던 그때 러시아 민중은 황제를 찾았다. 그들은 황제가 신의 대리자라고 굳게 믿고 있었다. 1905년 1월 22일 그들은 황제를 찾았다.

브치로프의 공장에서 노동자 세 명이 부당해고를 당하자 노동자들의 분노는 폭발 직전까지 부풀어 올랐다. 평소 노동자들의 상황을 개선하기 위해 차르에게 줄기차게 편지를 보내며 탄원했던 가폰 신부는 이 '폭발'이 가져올 파괴력을 감지하고는 노동자들을 설득했다. "지금 우리 상황을 차르에게 설명한다면 차르는 우리를 외면하지 않을 것이다." 순진하다고 해야 할까? 하지만 노동자들도 차르를 믿었다. "노동자들의 실태를 제대로 알면 차르는 우리의 말을 들어줄 것이다. 차르에게 노동자들의 상황을 설명하고, 급료를 올려달라고 청원하자."

이들은 청원서를 작성해 차르가 있는 겨울궁전으로 행진하기 시작했다. 그런데 행진이 시작되자 수많은 노동자와 민중이 달려 나왔다. 청원 행렬은 삽시간에 30만 명으로 불어났는데, 이들은 자신들의 '덩치'는 생각하지 않고 순진하게도 청원서만 들고 가면 차르가 만나줄 것이라고 착각했다. 하지만 아무리 동기가 순수하더라도 그 수가 30만에 육박한다면 위협받지 않을 위정자는 없을 것이다.

이런 사실을 아는지 모르는지 청원 행렬은 성가를 부르며 광장으로 모여들었다. 다행히 그들 자신도 사태의 심각성을 어느 정도는 인지하고 있었다. 자신들의 덩치가 어떤 위압감을 줄지 알았는지 행렬 맨 앞에 "병사들이여, 인민들을 쏘지 말라"라는 플래카드를 내걸었다. 하지만 그러한 메시지의 무용함은 곧 증명되었다. 그들을 막아선 황제의 군대는 일제 사격을 가하고 대포를 쏘아 순식간에 1000명이 넘는 노동자를 죽였다. 뒤이어 기병대가 돌진해 행렬에 참여한 노동자와 민중을 학살했다.

일요일에 벌어진 이 학살 소식은 삽시간에 러시아 전역으로 퍼져나갔고 러시아는 요동쳤다. 모스크바, 사라토프, 바르샤바 등지에서 노동자들이 들고일어났다. 시위의 불길은 점점 퍼져 종국에는 러시아 전역 66개 도시에서 44만 노동자가 차르의 학살과 학정에 항의하는 의미로 파업에 들어갔다. 상식적으로 이 정도 사안이라면 러시아 국정이 마비되고 모든 경제 지표가 바닥으로 떨어진다는 것을 예상했어야 했다. 아니, 체제 자체가 흔들릴 만큼 중대한 사건이었다. 그러나 러시아 황제는 상황을 너무나 가볍게 받아들였다.

결국 러일전쟁의 승리로 사회의 불만을 외부로 돌려보겠다던 차르의 계획은 산산조각이 났다. 나아가 러시아란 나라의 미래가 흔들리기 시작했다.

각자의
사정

뤼순항을 접수하면서 일본은 한숨을 돌렸다. 겉으로 보면 일본이 유리했던 것이 사실이다. 그러나 어디까지나 한고비 넘긴 것뿐이었으며, 당시 일본은 모든 걸 쥐어짜낸 상태였다.

몇 번의 승리로 버티고 있긴 했지만, 1905년 일본은 애초에 계획하고 준비했던 전비 대부분을 소진했다. 전선에서는 끊임없이 포탄과 병력을 요구했지만 포탄이 이미 바닥나서 민간에서 공출한 솥이나 냄비 등으로 포탄을 만드는 지경이었다. 병력 상황은 더 참담했는데, 불과 몇 개월 사이에 10만 명의 사상자를 낸 일본군은 더는 사상자를 감당해낼 수 없었다. 203고지 전투 때 본토의 마지막 예비 사단이던 7사단과 8사단을 제3군에 보내는 것을 두고 갑론을박했던 게 당시 일본의 병력 상황이었다.

일본이 장기전을 감당해낼 수 없다는 건 누가 봐도 명확했다. 상황이 이렇게 돌아가자 참모본부 차장인 나가오카 가이시長岡外史 소장은 "포탄을 보충하기 위해서라도 2~3개월간 휴전하는 것도 나쁘지 않다"고 진언하기도 했다. 결국 일본은 '강화'를 생각하게 되었고, 외교력을 투입해 조기 강화를 위한 방법을 찾았다.

그러나 러시아는 호락호락한 상대가 아니었다. 사실 누가 봐도 러시아가 강화할 이유는 없었다. 뤼순항이 함락당했다 해도 아직 러시아는 만주에 30만이 넘는 병력이 있었고, 러시아 최강의 발트함대가 극동으로 달려오고 있었다. 러시아가 초전에 고전하긴 했지만, 광대한 영토와 인구에서 나오는 힘은 무시할 수 없었다. 러시아가 본격적으로 병력을 투입한다면 일본의 승리는 어려워질 것이 분명했다. 더군다나 장기전으로 간다면 일본이 러시아를 이길 확률은 없었다. 개전한 지 불과 1년도 안 되어 전비와 병력, 탄약 부족에 허덕이는 일본은 전쟁이 장기화된다면 필패였다. 러시아는 버티면 이길 수 있을 것처럼 보였다.

하지만 러시아의 속사정은 꽤 복잡했다. 그때까지 러시아가 일본보다 병력상 우위를 확보한 것은 사실이었다. 일본군은 거의 모든 걸 쥐어짜내 병력을 보냈지만 러시아는 여유가 있었다. 만주에 있는 병력은 러시아 전체 병력의 일부였고, 시베리아 횡단철도를 통해 병력은 계속 증강되었다. 개별 전투 결과만 보면 일본군이 승리했기에 일본군이 병력 면에서 앞선 듯 보이지만 실상은 러시아가 우위였다. 즉, 병력이 많으면서도 패한 것이었다.

여기에는 여러 이유가 있는데, 대표적으로 병사들의 사기와 보급 문제를 꼽을 수 있다. 전투에서 몇 차례 패하면서 러시아군의 사기는 바닥에 떨어졌다. 여기에 '피의 일요일' 사건이 터지며 정치적으로 뒤숭숭한 상황이 이어졌고, 러시아는 내부 불안을 전쟁의 승리로 덮기 위해 계속해서 러시아군의 전면 공세를 종용했다. 일본군 하나만 상대하기에도 벅찬 러시아군은 정치 문제까지 떠안으며 전략적인 압박을 받고 있었다.

이보다 더 실질적인 문제는 보급이었다. 영국과 일본이 두려워했던 시베리아 횡단철도에는 치명적 결함이 있었다. 바로 철도가 단선單線이었다는 점이다. 복선이 아니었기에 근본적으로 보급에 한계가 있었고, 우선은 병력과 물자를 만주로 보내야 했기에 끌어올 수 있는 모든 화차

貨車를 동원해 보내긴 했지만, 이걸 다시 유럽으로 보내는 일이 골치 아픈 문제였다. 단선이기에 일단 들어오는 차량을 우선했는데, 그 결과 화차만 쌓여가고 있었다.

게다가 당시 시베리아 횡단철도에는 미개통 구간이 있었다. 이를 극복하고 어찌어찌 보급품과 병력을 보내긴 했지만, 시베리아 철도와 남만주 철도가 연결되는 지점부터는 사정이 다시 복잡해졌다. 전쟁 중 적들이 가장 많이 노리는 목표물이 뭘까? 바로 보급선이다. 보급선 경비를 위해 러시아군은 병력을 따로 빼놔야 했다.

이 모든 것을 종합해보면 러시아군의 사정도 그리 좋지만은 않았음을 확인할 수 있다. 아니, 일본군만큼이나 절박했다.

다른 듯
같은 상황

"전투에선 이기고 전쟁에선 졌다."

전쟁사를 이야기할 때 흔히 나오는 말이다. 개별 전투에서 보면 승자가 분명하지만, 전쟁이 끝나고 나니 패자가 된 경우는 너무도 많다.

러일전쟁 당시 일본도 이런 위기에 봉착해 있었다. 봉천회전 직전까지 일본은 러시아를 상대로 수많은 승리를 거뒀고, 개전 초의 의구심이 점점 승리의 확신으로 바뀌던 시점에도 일본은 패망을 걱정해야 했다. 모든 걸 쥐어짜내 겨우 우위를 유지하는 아슬아슬한 상황. 이 상황이 조금만 더 길어진다면 일본은 패배할 수밖에 없었다. 일본의 선택지는 하나뿐이었다.

"쥐어짤 수 있는 모든 것을 쥐어짜내 마지막 판돈을 만들어 마지막 판을 벌인다."

도박이다. 장기전으로 간다면 일본은 진다. 장기전으로 가기 전에 러시아에 심대한 타격을 입히고, 그를 바탕으로 강화에 들어가야만 한다. 러시아와 본격적으로 싸운다면 승산이 없다. 그 전에 전쟁을 끝내야 했다.

이렇게 결론을 내린 일본은 마른 수건을 쥐어짜듯 자신이 가진 모든 것을 쥐어짜냈다. 겨울 휴전기에 일본 본토에서 3개 사단을 창설해 병력을 확보하고, 미국에서 구해온 전비로 새로운 야포와 포탄을 확보했다. 또 그사이 조선에 주둔했던 조선주차군을 차출해 압록강군을 새로 편성하여 병력을 충원했다. 일본으로서는 최대의 전력을 꾸려 단 한 번의 전투로 전쟁을 끝내려 했다.

일본만 이런 생각을 한 건 아니었다. 러시아도 상황이 녹록지 않았다. 본국의 뒤숭숭한 정치 상황, 거듭된 패배로 떨어진 사기, 한없이 늦어지는 보급, 거기에 이 모든 상황을 한 번에 뒤집기 위해 전쟁 승리가 필요했던 본국의 압박까지 겹쳐 러시아도 한 번의 '큰 승리'가 필요했다. 하지만 극동육해군 총사령관 알렉세이 쿠로팟킨 대장의 생각은 약간 달랐다.

"일본군의 대규모 공세에 대비해야 한다."

그는 공격보다 수비를 우선시했다. 이제까지 수세적인 군 운영으로 패배를 자초한 러시아군이 아직도 정신을 못 차린 걸까? 이번에는 달랐다. 쿠로팟킨의 결정에는 나름의 근거가 있었다. 조만간 일본이 대규모 회전을 걸어올 것이란 징후가 농후했다. 쿠로팟킨은 일본군이 러시아 전선을 우회해 공격해올 것이란 판단하에 방어전을 생각하고 있었다.

공격이든 방어든 러시아와 일본 모두 온갖 병력을 끌어모아 한판 전투를 벌이리란 건 이미 기정사실이 되었다.

육지의 오야마
바다의 도고

조슈번長州藩과 사쓰마번薩摩藩의 반목은 일본 근현대사에서 빼놓을 수 없는 주제다. 메이지 유신은 앙숙인 그들이 사적인 감정을 뒤로하고 대승적 차원에서 하나로 뭉치면서 일궈낸 승리였다. 이른바 삿초 동맹薩長同盟이다. 이후 몇 번의 부침 끝에 육군은 조슈번이, 해군은 사쓰마번이 장악했는데, 일본 육군과 해군은 반목하며 그 끈질긴 라이벌 의식을 이어나가게 된다. 그러나 러일전쟁에 한정한다면 사쓰마번의 승리라 할 수 있다.

"육지의 오야마大山, 바다의 도고東鄕."

당시 일본 국민이 러일전쟁을 승리로 이끈 두 명장을 두고 했던 말이다. 쓰시마 해전에서 발트함대를 격멸해 러일전쟁에 마침표를 찍은 도고 헤이하치로 제독, 그리고 만주군 총사령관으로서 육전에서 일본 육군을 이끈 오야마 이와오 원수. 이 둘은 모두 사쓰마번 출신이다.

도고 제독에 비해 덜 알려져 있지만, 오야마 원수는 제2차 세계대전에서 일본을 무릎 꿇린 맥아더Douglas MacArthur 원수도 인정한 명장이었다. 원폭 투하 후 미국의 연합군 최고사령부General Headquarters, GHQ가 일본을 통치할 때 미군은 모든 일본군 군인 동상을 군국주의의 상징이라며 폐기했는데, 이때 오야마의 동상은 맥아더 덕분에 살아남았다. 맥아더는 오야마를 나폴레옹과 비교할 만큼 높이 샀는데, 오야마의 초상화를 자택 거실에 걸어놓을 정도였다고 한다.

오야마는 1870년 프로이센에 파견되어 보불전쟁에 참전했고, 이후 프랑스에서 수학한 후 이를 기반으로 일본 육군 창설에 투신했다. 이후의 행보는 그야말로 근대 일본 전쟁의 선봉장으로서의 삶이었다. 청일전쟁에서는 육군 대장으로 활약했고, 러일전쟁에서는 육군 원수로서 만주군 총사령관으로 활약했다. 특히나 러일전쟁에서는 일본의 운명을 손에 쥐고 건곤일척의 승부를 봐야 했다. 이런 오야마에게 봉천회전은 일본의 모든 것을 쏟아 넣은 도박이었다.

"이 회전은 승리하는 쪽이 전후의 주인이 될, 러일전쟁의 세키가하라다."

세키가하라 전투는 도요토미 히데요시豊臣秀吉 사후 도요토미 가문과 도쿠가와 이에야스德川家康가 일본을 놓고 벌인 일본 최대의 전투 중 하나였다. 이 전투의 승리로 도쿠가와 이에야스는 막부 체제를 만들고 260년간 일본을 통치하게 되었다. 즉, 오야마는 러시아와의 일전을 세키가하라 전투에 비교하며 일본군을 독려한 것이다.

그의 말은 과장이었을까? 아니다. 일본에게 봉천회전은 세키가하라 전투와 마찬가지였다. 아니, 그 이상으로 중요한 전투였다. 세키가하라는 내전이었다. 패배하더라도 일본이란 나라는 존재했을 테고 다만 권력이 넘어갈 뿐이다. 그러나 봉천회전은 사정이 다르다. 상대는 세계에서 손꼽히는 강대국이다. 만약 이 전투에서 진다면 일본은 메이지 유신 이후 일궈온 근대의 모든 성취를 잃어버리고 흑선(쿠로후네黑船. 일본을 반강제로 개항시킨 미국 군함) 개항 이전으로 돌아갈지도 모른다는 불안감에 휩싸여 있었다.

오야마, 아니 일본 국민에게 이 육전은 그야말로 일본의 모든 것을 건 도박이었다. 일본은 청일전쟁으로 받은 배상금 3억 6000만 엔 중 2억 2000만 엔을 군비에 투자한 것으로도 모자라 1896년부터 1903년까지 세출의 절반을 군비에 쏟아부었다. 일본 국민은 안 쓰고 안 입고 안 먹으며 모은 모든 것을 군비에 쏟아부었고, 이제 그 판돈을 전부 걸고 일전을 벌이려 했다. 여기서 지면 일본은 모든 걸 잃는다. 이 한 번의 전투에 일본의 운명이 달렸다.

지상 최대의
전투

1813년 10월 16일에 있었던 라이프치히 전투. 나폴레옹의 운명을 결정지은 이 대전투는 제1차 세계대전이 발발하기 전까지 사상 최대의 전투였다. 프랑스군만 19만, 이에 대항하는 연합군은 무려 43만이 동원된 이 전투는 나폴레옹의 몰락을 가져온 전투답게 엄청난 규모였다. 경제력과 인구를 고려해볼 때 양측이 동원한 총 62만 명은 당시 유럽의 거의 모든 병력이었다고 해도 과언이 아니다. 그리고 그로부터 91년 뒤 그와 비슷한 규모의 전투가 벌어지려 하고 있었다.

일본군 25만, 러시아군 31만. 라이프치히 전투의 규모에는 못 미치지만 불과 두 나라가 끌어모은 병력이었다. 그리고 산업혁명 이후 '근대의 힘'으로 무장한 병력이 모여서 치른 전투란 점을 고려해볼 때 이 전투는 제1차 세계대전의 프리퀄prequel로 볼 수도 있다. 실제로 이 전투에서 양군 모두 참호와 기관총의 결합이 어떤 위력을 발휘하는지 확인했다.

러일전쟁의 향방을 판가름낸 봉천회전은 규모 면에서는 러일전쟁의 하이라이트라 할 수 있다. 육전에서 만주에 있는 러시아군을 궤멸하고, 해전에서 발트함대를 쓰러뜨린다면 일본은 승리를 기대할 수 있었다. 100킬로미터에 이르는 광대한 전선을 사이에 두고 31만 러시아군과 25만 일본군이 서로 노려보고 있었다. 전투가 벌어지기 전 대치 상황만 본다면 장대한 기동전을 예상해볼 만한 포진이었다.

실제로 일본군은 좌익의 제3군을 우회 기동시켜 러시아군을 포위 공격할 생각이었다. 일본군의 이런 공격을 러시아군도 충분히 예상했기에 일본군이 공격하기 전에 선공을 해 주도권을 빼앗으려 했지만 간발의 차로 일본군의 공격이 빨랐다.

이 대목에서 중요한 점이 러시아군의 대비다. 분명하게 말할 수 있는 것은 러시아군 지휘부의 봉천회전 직전 예상, 봉천회전 발발 후 전투 지휘가 일본군보다 나았다는 점이다. 러시아군 총사령관 쿠로팟킨

대장은 일본군의 집결과 증강, 특히 러시아군 우익(일본 입장에서는 좌익)과 대치하고 있는 제3군의 움직임과 병력 증강을 확인한 후 일본군이 멀리 우회해 자신들의 옆구리를 칠 것이란 점을 정확히 예측했다.

사실 이는 거창한 전술이라기보다는 상식에 가깝다. 지형과 병력 배치만 보면 예상 가능한 일이었다. 문제는 시간과 장소였다. 일본군의 움직임을 확인해보면 조만간 그들이 움직이리란 점을 확인할 수 있었다. 러시아도 일본도 쫓기기는 매한가지였기에 병력과 물자가 어느 정도 확보된다면 곧바로 움직일 것이 자명했다.

잠시 부대의 이동과 전투 준비에 대해 설명하자면, 소수의 부대라면 모를까 수만, 수십만 단위의 병력이 공세를 준비할 때에는 그 움직임이 드러날 수밖에 없다. 수많은 병력과 물자가 움직이기 때문이다. 그리고 이 움직임의 크기는 근대를 거쳐 현대로 넘어오면서 더 커졌다. 병력을 이동하기 위한 차량이나 유류의 움직임, 포탄이나 보급품의 움직임, 병력의 이동과 주둔지의 변동 등등 너무도 많은 변화가 이루어지기 때문이다. 군의 이동은 비밀이라고 하지만 이 정도 규모의 병력이 이동하는 것을 눈치채지 못하는 경우는 거의 없다. 더구나 그 움직임이 전투를 위한 것이라면 드러날 수밖에 없다. 남과 북이 대치하고 있는 오늘날 한반도의 경우는 더더욱 명확하다. 국방부나 군 관련 기관이 말하는 '전쟁 징후'는 이러한 바탕에서 나오는 말이다. 전쟁이나 전투를 준비하는 부대는 그 징후가 드러날 수밖에 없다. 병력을 공세 개시점까지 이동하고 탄약, 식량, 연료, 장비 등도 따라 움직이기에 평소와 다른 병력 전개나 이동을 보면 전쟁 징후를 예측할 수 있다.

정치적 상황, 기후, 일본군의 움직임, 물자의 이동을 확인했을 러시아군이 조만간 일본군이 공격해오리라고 예측하는 건 너무도 당연한 일이었다. 그렇다면 장소는 어디일까? 어디가 결전지가 될까? 그 해답도 나왔다. 정면 공격이 어렵다는 점을 러시아군은 경험으로 알고 있었다. 당장 전선의 길이가 100킬로미터나 되었고, 병력 규모도 비슷비슷하기에 한가운데를 뚫고 들어올 리는 없었다. 아울러 현대화된 장비(기관총과 중포) 앞에서 돌격이란 것이 얼마나 무의미한지도 잘 알고 있었다. 만약 일본군이 중앙을 공격한다면 러시아군으로서는 고마울 따름이었다. 따라서 상식적인 공격법은 러시아군 진지를 넓게 우회해 포위하는 방법이었다.

그렇다면 어디로 올 것인가? 이 역시 예측 가능했다. 바로 봉천역 서쪽 지역이다. 지형적으로 넓은 평야 지대가 있는 봉천역 서쪽이 보병의 이동이나 병력 전개에 적합했기 때문이다(봉천역 동쪽 지역은 산악 지형이라 병력 전개나 이동이 어려웠다). 러시아군은 자신들을 포위하기 위해 기동하는 병력을 막아내거나 그에 맞춰 전선을 후퇴해 포위를 피한다면 이길 수 있다고 판단했다.

이미 러시아군은 일본군을 공격하기보다는 전쟁을 소모전 양상으로 끌고 가야 자신들에게 유리하다는 점을 알고 있었다. 쿠로팟킨 대장은 본국의 압박 속에서도 대규모 공세보다는 일본군에게 소모전을 강요하는 편이 낫다고 판단했고, 실제로 그렇게 병력을 운영하려 했다. 그렇다고 수비만 생각한 것도 아니었다. 일본군 좌익(제3군)이 자신들을 공격하기 전에 먼저 제한적인 공격을 해 주도권을 잡고 일본군의 공세를 늦춰볼 계획을 고민하고 있었는데, 이를 실행하기 전에 일본군이 공격해온 것이다(그렇지만 쿠로팟킨이 러일전쟁 내내 보인 소극적 지휘는 비판받을 구석이 많다. 이해할 수 없는 병력 운영으로 일본군을 이길 기회를 몇 번이나 놓친 것은 변명의 여지가 없다).

일본군의
승부수

일본군의 전략은 간단했다. 아니, 생각이 없었다고나 할까? 당시 일본군의 작전은 구체적인 계획이라 하기에는 너무 단순했다. 작전을 짠 마츠카와 토시타네松川敏胤 소장의 한계였을까? 작전참모였던 마츠카와 토시타네 소장은 육군대학 출신의 엘리트라고 자부했지만 실제 작전 수립 능력은 전무하다시피 한 인물이었다. 결국 그의 머리에서 나온 작전이란 "우익을 담당하고 있는 제1군이 러시아군 좌익을 위협해 병력을 묶어놓는 동안 압록강군은 러시아군 좌익을 공격한다. 중앙은 러시아군을 상대로 수비에 전념하고, 좌익의 제3군과 제2군이 러시아군 우익을 우회해 공격한다"는 것이었다.

25만 병력을 가지고 나라의 운명을 건 전쟁을 하는데 머릿속에서 나온 작전이 바로 이것이었다. 세세한 전술적 지시 같은 건 생각할 수도 없었다. 이 작전의 핵심은 간단했다. "오른쪽에서 시선을 끄는 동안 왼쪽에서 치고 들어가 포위 공격하라." 겉으로 보면 상식적인 이야기지만 구체적으로 들어가 보면 고개를 갸웃거릴 만한 사안이 많았다. 우선 왼쪽으로 치고 들어가는 부대의 역량이다. 제3군이 어떤 부대인가? 바로 얼마 전 병력의 태반을 203고지에 묻은 부대가 아니던가? 노기 장군의 '뻘짓'은 부차적인 문제였다. 병력과 장비를 보충했다 하더라도 병사들의 피로도를 생각해야 했다.

더 큰 문제는 일본군 우익에 있는 압록강군이다. 나라의 운명을 걸고 싸우는 전투였기에 일본은 끌어모을 수 있는 모든 병력을 다 끌고 와 만주에 투입했다. 여기에는 조선에 주둔하던 조선주차군도 포함되어 있었다. 이들을 차출해 압록강군으로 편성하여 만주 전선에 보낸 것이다. 문제는 이들의 지휘권이었다. 일본군은 여기서 상식과 동떨어진, 아니 도저히 생각해낼 수 없는 '뻘짓'을 저질렀다. 그들 스스로 세키가하라 전투와 비교하며 일본의 운명을 건 전투라고 각오를 다졌건만, 여기서 다시 한번 일본군의 고질적인 문제가 불거졌다. 바로 '파벌'이다.

조선에서 뽑아낸 병력이지만 만주 총사령부에 보냈으니 지휘권은 당연히 만주 총사령부로 넘기는 것이 당연한 상식이다. 그러나 이들 압록강군은 조선주차군에게 지휘권이 있다고 뻗댔다. 서로 합심해 러시아군과 싸워도 이길까 말까 한 상황인데 지휘권을 가지고 서로 싸운 것이다.

모든 문제는 한 사람의 '뒤끝' 때문이었다. 일본 군국주의의 아버지이자 일본 육군 창설에 지대한 공을 세운 야마가타 아리토모는 만주군에 악감정이 있었다. 조슈번의 적장자라 할 수 있는 야마가타 아리토모는 당시 일본 육군의 모든 것이라 해도 손색이 없는 명망과 전적을 가진 인물이었다. 그런데 그가 원했던 만주군 총사령관 자리에 사쓰마번 출신의 오야마 이와오가 앉게 되면서 이에 앙심을 품게 되었다. 당시의 상식으로는 '육군은 조슈번, 해군은 사쓰마번'인데 조슈번의 적장자라 할 수 있는 야마가타를 제치고 사쓰마번의 오야마가 총사령관 자리에 앉다니 본인도 납득하기 어려웠을 테다. 게다가 일본의 운명을 건 전투를 수행하는데 그 자리를 빼앗기다니 화가 났을 것이다. 하지만 아무리 그렇더라도 개인의 감정을 국가의 중대사에 결부시키는 건 말도 안 되는 일이다. 일본의 운명이 걸린 문제가 아니던가?

당시 압록강군은 갖은 핑계를 대며 지휘권을 넘기지 않으려 했고 만주군 총사령부는 이런 압록강군을 보며 인상을 찌푸릴 수밖에 없었다. 결국 만주군 총사령부는 이들을 주전선에서 멀리 떨어뜨리려 애썼고, 전선에 나서 공을 세울 기회를 사전에 차단하려 했다. 야마가타도 작전에 개입하며 애초의 작전 계획을 방해하기 시작했다. 일본의 운명을 결정짓는 대회전 앞에서 벌어진 파벌 싸움이었다. 모든 것을 쏟아부어야 한다며 기껏 병력을 보냈건만 그 병력은 밥만 축내는 존재가 되었다. 뻘짓에도 정도가 있는데, 이 정도면 뻘짓이 아니라 국가를 위험에 빠뜨리는 매국 행위인 셈이다. 일본이 봉천회전에서 승리한 것이 신기할 정도이다.

전투 개시

1905년 2월 21일 러시아군의 시선을 끌 양동 부대인 일본군 우익이 공격을 시작했다. 이들의 주목적은 러시아군의 예비 부대를 끌어내는 것이었다. 러시아군의 예비 병력을 최대한 끌어내면 주공인 일본 제3군이 러시아군 우익을 우회해 공격할 때 성공 가능성이 높아지기 때문이었다.

드디어 일본의 운명을 건 봉천회전이 시작되었다. 러시아군은 완강히 방어했지만 일본군 우익의 공격이 생각보다 강력했기에 예비 부대를 투입했다. 일본군이 원하던 방향으로 작전이 진행되는 듯했으나 전투는 일본군의 예상대로 흘러가지 않았다. 쿠로팟킨은 우익의 일본군이 노기 장군의 제3군이라고 판단하고(제3군에서 차출된 11사단을 보고 그렇게 판단했다) 병력을 철수해 제2선에서 방어선을 펼치고, 예비 병력을 다시 뒤로 돌렸다.

3월 1일 본 게임이 시작되었다. 일본군이 보유한 모든 포가 불을 뿜었다. 뤼순항 공략 때 활약했던 280밀리미터 포까지 동원해 러시아군을 두들기기 시작했다. 제3군의 우회 기동을 감추기 위한 포격이었다.

일본군 좌익을 담당한, 공세의 주력이었던 제2군과 제3군은 러시아군을 향해 맹진했지만 러시아군은 호락호락하지 않았다. 제2군은 러시아군과 교전 상태에 들어갔지만 다시 한번 '근대의 힘' 앞에 무너져야 했다. 지난 5개월 가까이 서로를 노려보던 상황이었기에 이미 러시아군 진지는 제1차 세계대전의 참호선을 연상시킬 정도로 촘촘하고 튼튼하게 구축돼 있었다. 여기에 기관총과 철조망, 중포로 무장한 병력이 대기하고 있었다.

결국 3월 1일 하루 만에 4679명의 사상자를 내고 일본군은 패퇴했다. 그러나 여기서 체념할 이유는 없었다. 일본군의 핵심은 좌익을 맡은 노기 장군의 제3군이었다. 제3군을 제외한 일본군이 최대한 러시아군의 시선을 빼앗는 사이 제3군이 봉천 방면까지 진군해 러시아군의 목줄만 틀어쥔다면 러시아군은 포위 섬멸될 것이었다.

그런데 한 가지 의문은 뤼순항 공략전에서 노기 장군의 졸전을 보고서도 그에게 가장 중요한 임무를 맡겼다는 점이다. 상식적으로 노기 장군의 지휘력에 의문을 품는 것이 당연했다. 게다가 뤼순항 공략전에서 지칠 대로 지친 제3군에게 최전선의 막중한 임무를 맡겼다는 점 또한 이해하기 어렵다. 제3군은 이미 뤼순항 공략전에서 병력의 40퍼센트를 잃었다. 더군다나 11사단이 빠져나가 압록강군에 편입되었으니 실제 전력은 처음 러일전쟁에 투입되던 때에 비해 절반 수준이었다.

그러나 제3군은 이런 우려를 뛰어넘는 대단한 활약을 보였다. 1905년 2월 27일 노기 장군의 제3군은 우회 기동에 들어갔다. 노기 장군은 뤼순항 공략전에서의 실패를 씻기 위함인지 용맹하고 과감하게 작전에 뛰어들었다. 그러나 이미 일본군의 수를 내다본(모르는 게 더 이상하겠지만) 러시아군은 제3군의 이동에 발맞춰 예비대를 투입해 일본군의 우회 기동을 막아섰다. 사실 포위하는 일본군보다 이를 막아서는 러시아군이 병력상 우위에 있었다. 본디 포위란 병력이 많은 쪽이 시도하는 게 아니던가?

상식적으로 봉천회전은 러시아군이 이겨야 하는 전투였다. 그러나 러시아군 지도부의 혼선과 러시아군의 사기 저하가 문제였다. 거기에 일본군 지휘부가 처음으로 제대로 된 판단과 결정을 한 것이 결정타로 작용했다.

노기 장군의 제3군이 단독으로 140킬로미터를 우회해 봉천 후방 70킬로미터 지점의 철령鐵嶺을 점령하는 것이 작전의 핵심이었는데, 이는 말도 안 되는 작전이었다. 러시아군보다 병력이 많지도 않은 상황에서 단독으로 140킬로미터를 우회해 러시아군의 뒤를 노린다는 것은 불가능에 가까웠다. 예상대로 전투가 벌어지자 러시아군은 예비대를 동원해 노기 장군의 제3군을 막아서기 시작했고, 더 이상의 진출은 어려워 보였다. 그나마 제2군의 견제가 있었기에 제3군이 우회 기동을 할 수 있었지만 철령까지의 기동은 사실상 힘든 상황이었다. 이때 노기 장군은 결단을 내렸다.

"철령까지의 진군은 현실적으로 어렵다. 차라리 대석교大石橋를 동쪽으로 돌아 봉천으로 나아가겠다."

일본군을 살린 결단이었다. 다른 일본군 부대와 떨어져 홀로 철령까지 진군한다는 것 자체가 무리였고, 설사 진군한다 하더라도 아군 부대와 연계할 수 없기에 오히려 포위당할 수도 있었다. 이런 위험을 무릅쓰지 말고 옆에 있는 제2군과 연계하면서 포위해나가겠다는 작전이었다. 물론 포위망이 작아지겠지만 실현 불가능한 작전보다는 훨씬 성공 확률이 높았다.

이 판단은 정확했다. 당시 러시아군은 포위에 대한 부담으로 병력을 뒤로 물려 전선을 축소하고 있었다. 그런데 현장의 냉정한 판단과 달리 만주군 총사령부의 판단은 역시나 상식 밖이었다.

"사령부가 만든 작전을 무시하는 건가? 그러면 총사령부의 체면이 뭐가 되는가?"

체면, 파벌, 위신 등등 근현대의 일본군을 살펴보면 지금의 상식으로는 도저히 이해할 수 없는 일들이 넘쳐났다. 그나마 이때는 다행스럽게도 총사령부가 뜻을 굽혔다. 위신상 애초의 작전 명령인 철령 점령을 철회할 수는 없었지만, 봉천으로 우회하겠다는 현장의 판단은 인정했다. 어쨌든 일본군을 살린 결정이었다.

이렇게 일본군이 포위망을 축소해 러시아군을 압박하자 러시아군은 이에 대응하여 자신들을 압박해오는 제3군을 역포위해 섬멸하려는 작전을 짰다. 그런데 러시아군은 제3군이 대석교 쪽으로 진군해오자 그만 '돌격'해버렸다. 일본군보다 최소 두 배 이상(전투 초기에는 네 배 이상) 많은 병력을 가지고 있었으면서도 병력을 한데 모아 '우라 돌격'(우라ypa 는 '만세'를 뜻하는 러시아어)을 한 것이다. 203고지 전투의 재판이라고나 할까? 결국 일본군은 손쉽게 러시아군을 학살할 수 있었다.

일본군 제3군의 활약을 보면서 쿠로팟킨은 주력 부대의 투입을 주저하게 되었다. 만약 이대로 주력 부대까지 투입했다가 일본군에 밀린다면 그 뒤의 상황을 예측할 수 없기 때문이었다. 당시 제3군의 활약은 눈부셨다. 자신들보다 세 배나 많은 러시아군을 뚫고 계속 전진했던 그 뚝심이 일본군을 살렸다. 물론 당시 일본군 사령부는 제3군의 활약을 폄하했다.

여기서 한번 생각해봐야 하는 것이 봉천회전에 대한 일본군과 러시아군의 인식 차이다. 일본군은 봉천회전을 "일본의 운명을 건 세키가하라 전투"라며 모든 것을 건 한판 회전이라 생각했지만 러시아군은 생각이 달랐다. 그들의 생각은 이랬다.

"시간을 끌어 일본군을 묶어두고 소모전을 강요하면 된다. 국력 면에서 우리가 앞서 있고, 본국에서 본격적으로 전쟁에 뛰어들면 일본 정도는 언제든 무찌를 수 있다. 다만 지금은 보급 문제 때문에 고전하는 것일 뿐이다. 본국의 증원이 있을 때까지 최대한 병력을 보존하고 일본군을 갉아

먹으면 된다."

싸움에 임하는 각오와 방향이 달랐다. 쿠로팟킨은 여기서 무리해 병력과 만주에서의 근거지를 날려버리는 것이 두려웠다. 결국 러시아군은 미련 없이 봉천 방면에서 병력을 철수시켰다. 러시아군이 후퇴하려는 기색을 보이자 일본군은 그제야 양익 기동을 통한 포위 작전에 들어가려 했다. 하지만 이미 러시아군 주력이 물자와 병력을 차곡차곡 정리해서 전선에서 빠져나가고 있는 상황이었다.

봉천회전의 최고 수훈 부대는 일본군 좌익에서 포위 기동을 했던 제3군이었다. 언제나 2~4배나 많은 러시아군을 상대로 용전분투하며 애초의 작전 계획을 실현하려 애썼고, 실제로 상당한 성과를 거뒀다. 그들에게 봉천회전은 뤼순항 공략전의 실패를 만회한 전투였다. 실제로 봉천회전은 일본군 좌익을 맡은 제2군, 제3군이 대부분의 러시아군을 상대했던 전투라고 할 수 있다. 나머지 일본군은 초반의 양동 공격을 제외하고는 별다른 활약이 없었고, 전투 막바지 러시아군이 퇴각하는 시점에서 포위 기동을 하긴 했지만 포위망을 완성하기 전에 러시아군이 퇴각하면서 전투가 끝나버렸다. 어쨌든 봉천회전은 일본군이 승리한 전투였다.

어쨌든
승리

일본군 25만, 러시아군 31만이 격돌한 봉천회전은 애초에 병력이 적은 일본군이 거꾸로 러시아군을 포위하려고 시도했다는 점부터 특기할 만한 전투였다. 절체절명의 상황에서 러시아군을 격멸하기 위한 가장 확실한 방법이긴 했지만, 작전을 세우는 것과 실행하는 것은 엄연히 차원이 다른 일이다. 사실 봉천회전은 '일본군 지휘부가 러시아군 지휘부보다 삽질을 덜 해서 이긴 전투'였다. 일본군도 실수를 많이 했지만 러시아군이 실수를 너무 많이 하는 바람에 얼떨결에 이긴 전투라고 할 수 있다.

일본군을 무시하듯 이야기했지만, 사실 일본군 입장에서는 변명의 여지가 있었다. 메이지 유신 전후로 일본은 수많은 전쟁을 치렀다. 근대 일본은 내전으로 만들어진 국가가 아니던가? 그 이후에도 일본은 전쟁 혹은 전쟁에 준하는 여러 외교적 충돌을 겪었다. 그러나 이렇게 치른 전투나 전쟁은 많아 봐야 고작 수만 단위의 병력을 움직인 게 다였다. 봉천회전 이전까지 일본은 근대의 힘으로 무장한 60만 가까운 병력이 모여 전투를 벌인 경험이 없었다. 근대전에 대한 경험도 부족했다. 그러나 전쟁을 제외한 다른 분야에서는 최상의 실력을 보여줬다. 전쟁의 성격을 규정하는 판단력, 전쟁의 전략적 목표를 설정하는 눈, 외교적 시선으로 전쟁을 조망하는 외교력 등에서 일본군 지도부는 러시아군을 압도했다. '정치군인'이라고나 할까?

물론 객관적 수치를 보면 봉천회전을 과연 일본의 승리로 볼 수 있는지 의문이 든다. 러시아군 사상자는 9만 명 수준이었는데, 일본군 사상자 역시 7만 명을 넘어섰다. 3만 명 가까운 러시아군 포로를 확보했다 하지만, 애초에 러시아군을 격멸하겠다는 전략적 목표는 달성하지 못했다는 점까지 고려한다면 섣불리 일본의 승리라고 단언할 수는 없다.

그럼에도 러시아군을 봉천에서 몰아냈다는 점은 인정해야 한다. 서로 비슷한 사상자를 낸 상태에서 러시아군이 물러났으니 어쨌든 승리라고 말할 수는 있다. 그리고 이 승리를 통해 일본군은 자신의 한계를 다시 한번 뼈저리게 통감했다. 이는 크게 두 가지로 압축해볼 수 있다.

첫째, 일본은 근대전의 핵심이라 할 수 있는 총력전에서 밀릴 수밖에 없다는 사실이다. 근대의 힘은 산업생산력에서 나온다. 그런데 일본의 국력은 이런 대규모 전투를 벌이기에는 부족했다. 고질적인 포탄과 탄약 부족이 다시 불거졌다. 뤼순항 공략전에서 이미 한차례 증명되었듯이 일본은 근대전을 수행하기에는 생산력에서 밀릴 수밖에 없었다.

둘째, 지휘부의 지휘력 부족이다. 만약 러시아군이 삽질을 하지 않았다면 일본군은 봉천회전에서 승리할 수 있었을까? 대석교와 유가와붕劉家窩棚에서 러시아군이 상식적으로만 생각하고 행동했더라면 일본군이 이길 수 있었을까? 일본군 지도부의 오판을 보면 과연 일본군이 근대전을 치를 수 있을까 하는 의구심마저 든다.

어쨌든 일본은 불완전하나마 승리를 거두었다. 러시아군이 병력은 많았지만 병사 개개인의 자질로 보자면 일본군이 러시아군을 압도했다. 전쟁에 임하는 목적의식 또한 명확했다. 러시아는 '사회의 불만을 외부로 돌리는 것도 나쁘지 않다'는 지도부(차르)의 가벼운 판단으로 전쟁에 임했기에 병사 개개인은 전쟁의 이유를 몰랐다. 아울러 '피의 일요일' 사건을 통해 차르 정권에 의구심을 품게 되었다. 그러나 일본은 온 국민이 삼국 간섭 이후 러시아를 자신들의 적으로 명확히 규정했고 그들을 물리치기 위해 온갖 노력을 다했다.

완전하진 않지만 또 한고비를 넘긴 일본. 이제 그들은 러일전쟁의 승리를 위한 마지막 전투를 바다로 넘기게 되었다.

08 / 폭풍 전야

발트함대는 일본의 연합함대와 싸우기 전 기항지와 보급품 확보를 위해 사투를 벌여야 했다. 프랑스령 다카르에 기항할 때까지만 해도 순조로워 보였던 여정이었지만, 인도양에 접어들면서부터 미묘한 방향으로 흘러갔다. 뤼순 요새의 함락으로 우선 목표가 일본 해군의 격멸이 아니라 '선先 함대 보전'으로 바뀐 것이다. 뤼순항으로 들어갈 수 없으니 우선 블라디보스토크로 들어가 휴식과 정비를 취한 다음 일본 해군에 대한 공격을 생각해야 했다. 이는 너무도 당연한 결론이다. 220일 동안 지구 둘레의 4분의 3에 가까운 거리를 항해해온 함대가 아닌가? 배는 멀쩡하다 하더라도 함대의 수병들은 이미 지칠 대로 지친 상태였다.

이런 상황에서 다시 발목을 잡은 것이 기항지였다. 석탄을 보급받고 노지베섬을 출발했지만 인도양과 남중국해는 이미 영국의 뒷마당이나 마찬가지였다. 그나마 희망을 품을 수 있었던 것이 프랑스령 인도차이나(베트남)였다. 인도차이나의 캄란항에서 겨우 한숨을 돌리고 보급품과 식수, 식품을 조달할 수 있었지만 충분치는 않았다. 결국 캄란항에서 90킬로미터 떨어진 반퐁에서 석탄을 좀 더 보급받았지만 이 역시도 충분하다고 말하긴 어려웠다. 이후 남중국해를 통과해 일본 본토에 다다를 무렵에는 배 안의 목제가구를 모두 갑판으로 끌어올려 땔감으로 썼다. 《손자병법》의 이일대로以逸待勞(적이 지칠 때까지 편안하게 기다린

다) 전략에 이만큼 적확한 예가 또 있을까? 발트함대는 전투를 벌이기도 전에 이미 승기를 놓친 상황이었다.

가난한 일본이
쥐어짜낸 전함들

《언덕 위의 구름》을 보면 곳곳에 "일본은 가난하다"라는 말이 쓰여 있다. 실제로 일본은 가난했다. 그럼에도 일본은 '안 마시고 안 먹으며' 군함 건조비를 충당했다. 당시 기술력과 산업 기반에서 뒤처진 일본은 군함의 80퍼센트를 영국에서 수입했다. 가뜩이나 비싼 군함을 영국에서 수입하려니 일본 경제에 엄청난 부담이었다. 러일전쟁의 하이라이트라 할 수 있는 쓰시마 해전에서 활약한 시키시마, 하츠세, 미카사 세 척의 가격만 5851만 4000엔이었으니(당시 일본의 세출이 1억 엔 내외였다) 얼마나 대단한 출혈이었는지 짐작이 간다.

이는 모든 열강의 고민이기도 했다. 당시는 "바다를 지배하는 자 세계를 지배한다"는 분위기였다. 맞는 말이었다. 바다를 지배하지 못한다면(혹은 최소한의 제해권을 확보하지 못한다면) 해외로 뻗어 나갈 수 없고, 해외로 뻗어 나가지 못한다면 식민지를 건설할 수도 유지할 수도 없게 된다. 그리고 이는 필연적으로 국력의 쇠퇴로 이어진다는 것이 당시의 상식이었다. 일본 역시 마찬가지였다. 그들의 논리는 이랬다.

"19세기 말 20세기 초의 세계는 제국이 되든가 식민지가 되든가 둘 중 하나의 길밖에 없다. 살아남으려면 뻗어 나가야 하고, 뻗어 나가려면 다른 열강처럼 강한 해군이 필요하다!"

정치적 해석은 각자의 관점에 따라 다르겠지만, 적어도 군사적 측면에서 보자면 해군은 반드시 필요했다. 더구나 흑선 트라우마를 경험한 일본에게 해군은 곧 생존의 문제였다. 일본의 해안선 길이만 2만 9751킬로미터다. 이를 육군만으로 다 방어할 수는 없다. 아니, 방어 자체가 불가능하다. 바다로부터 쳐들어오는 외적을 막기 위해선 바다로 나가 싸워야 했다. 다시 한번 흑선과 같은 경험을 하지 않기 위해서라도 해군을 키워야 했다. 흑선의 등장 이후 일본이 서양의 해군력을 쫓아가기 위해 배를 사들이고 선원학교를 열어 학생들을 가르치는 데 열을 올렸던 이유가 바로 여기에 있다.

메이지 유신 이후의 일본 근대화 과정은 어쩌면 해군 육성의 역사라 볼 수 있을지도 모른다. 청일전쟁 승리로 받아낸 배상금, 이후 삼국 간섭으로 똘똘 뭉친 일본 국민의 반反러시아 정서는 일본 해군 확충의 원동력이 되어주었다. 결국 일본은 안 먹고 안 마시며 군함을 만들어냈다(당시에도 그 이후에도 전함은 비싼 물건이었다. 1921년에는 국가 예산의 30퍼센트를 전함 건조에 투입했을 정도였다). 이렇게 피땀 흘려 만들어낸 전함이 이제 곧 그 효용을 증명하려 하고 있었다.

세계 최대 해전의
서막

러일전쟁의 전비는 총 19억 8400만 엔. 당시 영국과 미국이 12억 엔을 지원하긴 했지만 아무리 영국과 미국이라도 화수분은 아니었다. 이 상태로 조금만 더 갔다간 일본 정부는 파산을 선언해야 할 지경이었다. 이 위기에서 일본을 구해준 것이 쓰시마 해전이었다. 쓰시마 해전 덕분에 사실상 러일전쟁은 끝이 났다.

세계의 이목이 쏠렸던 러일전쟁의 피날레를 장식한 전투인 쓰시마 해전은 수많은 군사 전문가의 시선을 잡아끌었다. 근대의 힘으로 무장한 전함들이 벌인 최초의 대규모 해전이었기 때문이다. 이전에도, 이후 10여 년 동안에도 이런 대규모 해전은 없었다. 제1차 세계대전의 유틀란트 해전이 있기 전까지 쓰시마 해전은 '세계 최대 해전' 타이틀의 주인공이었다. 세계의 군사 전문가들은 손에 땀을 쥐며 이 해전을 기대했다. 일본인들이 목숨 걸고 '찍어낸' 전함들의 실력이 어느 정도 되는지 궁금해했다. 그리고 러시아와 일본의 해전은 각국 해군 관계자들에게 많은 교훈을 안겨줬다.

쓰시마 해전 덕분에 세계 해군 건함의 역사는 전혀 새로운 방향으로 흘러갔다. 쓰시마 해전 직전의 전함들은 철갑으로 무장하고, 대규모 함포를 달고, 증기의 힘으로 바다를 가르는 정도에서 만족했다. 실험적 성격이 강한 프로토타입 전함들의 향연이었다고 할 수 있다. 대구경 함포뿐 아니라 선체 여기저기에 소구경 부포를 빽빽이 욱여넣기 바빴다. 쓰시마 해전은 과연 이런 무장 형태가 올바른 것인가에 대한 해답을 보여줬다. 쓰시마 해전의 전술(분명히 '삽질'이었지만)을 확인한 영국의 피셔John Fisher 제독은 이에 영감을 받아 '신개념 전함'의 아이디어를 구체화했고, 그 결과 전 세계에 충격과 공포를 안겨준 드레드노트Dreadnought를 만들어냈다.

그리고
독도

전 세계인이 러시아와 일본의 마지막 혈투를 기대하고 있던 그때, 정작 그 '무대'가 된 중국(청)과 한국(대한제국)은 완전히 소외되었다. 특히 한국의 경우 21세기까지 이어지는 엄혹한 영토 침탈의 시발점이 되는 사건이 터지게 된다.

"오키의 신도는 북위 37도 9분 3초 동경 131도 55분에 있으며, 오키섬으로부터 서북 85해리의 거리에 떨어져 있다. 이 섬을 죽도竹島(다케시마)라고 칭하고, 지금부터 오키도사(오키섬의 행정 책임자)의 소관으로 정한다고 현지사로부터 고시해졌다."

1905년 2월 24일 시마네현의 지역 신문인 《산인신문山陰新聞》에 2단짜리 짤막한 기사가 올라왔다. 독도가 시마네현에 편입되었다는 내용이었다. 일본은 송도松島(마츠시마)라 부르던 섬을 죽도로 개명해 자기네 영토에 불법적으로 편입했다(원래 일본인들은 울릉도를 죽도라 불렀다).

우리가 주목할 점은 독도의 침탈이 러일전쟁, 구체적으로 말하자면 쓰시마 해전 때문에 기획, 실행되었다는 사실이다. 쓰시마 해전 직전 도고 헤이하치로 제독이 휘하의 함대를 진해만에 집결시킨 것을 보면 독도의 침탈과 활용 정도는 별것 아닌 걸로 보일지도 모른다. 하지만 1905년 2월 22일 러일전쟁이 막바지로 접어들던 그때 독도를 시마네현에 강제로 편입시킨 배경에 군사적 목적이 있었다는 사실은 오늘날 일본의 독도 영유권 주장이 얼마나 허황된 것인지 증명하는 근거가 될 수 있다.

일본은 1898년 4월 쿠바에서 벌어진 미국과 스페인의 전쟁에 해군 장교 아키야마 사네유키를 파견했다. 이때 아키야마는 미국의 승리 뒤에 통신과 해저 케이블이 있다는 사실을 간파했다. 당시 미 해군은 각 전함에 무선전신 장비를 탑재하고 실시간으로 정보를 취합해 명령을 내림으로써 스페인 해군을 완벽하게 제압했다.

전쟁을 참관한 아키야마는 1899년 6월 본국으로 돌아와 당시 외무대신에게 장차 있을 러시아와의 전쟁에 대비해 무선통신 기술 확보와 망루 설치를 제안했다. 여기서 망루란 전투 지휘를 위한 것이었는데, 이때 그 대상으로 지목된 곳이 한국의 울진, 울산, 제주도, 거문도, 울릉도, 독도였다. 이곳에 망루와 해저 케이블을 설치해 동해상에 하나의 '덫'을 놓자는 것이었다. 이 계획은 석 달 만에 통과되었다. 이는 아키야마만의 생각이 아니었다. 쓰시마 해전의 영웅 도고 헤이하치로 역시 "동해에서는 독도, 서해에서는 풍도를 차지해야 한다"며 두 섬의 가치를 높게 평가했다.

풍도는 서해의 다른 섬과 달리 갯벌과 해수욕장이 없고 항시 수심이 깊어 큰 배들이 정박하기에 좋은 천혜의 항만 조건을 가지고 있으며, 서해상에서 배들의 출입을 감시하기에 최적의 위치에 있다. 이미 조선 말기 이양선의 출몰 지역으로 정평이 난 곳이었고, 지금도 이곳에는 한국군의 레이더 기지가 설치되어 있다. 풍도에 가봤다면 알겠지만 하루에도 수백 척의 배가 풍도 앞바다를 지나간다. 그 모습을 30분 정도만 바라보면 서해상에서 풍도가 갖는 전략적 위치를 확인할 수 있다. (정말

아름다운 섬이었는데 안타깝게도 개발 등쌀에 밀려 지금은 골자재 채취를 위해 섬 한쪽이 무너져 내렸다. 청일전쟁, 러일전쟁의 무대였다는 점에서도 한 번쯤 방문해볼 만한 섬이다.)

일본은 자신의 군사적 목적을 위해 이미 1899년부터 독도에 대한 야욕을 불태웠고, 러일전쟁이 한창 진행 중이던 1904년 9월 25일 해군 군령부 주도하에 독도를 조사했다. 그리고 1905년 2월 22일 불법적으로 독도를 시마네현에 편입시키더니 쓰시마 해전이 끝나고 두 달 뒤인 1905년 7월 25일에는 독도에 망루를 설치했다.

일본이 왜 하필 1905년에 독도를 자국 영토에 편입했는지 그 이유를 알겠는가? 당시 대한제국은 나라가 아니었다.

09 / 쓰시마 해전

220일간 2만 9000킬로미터를 항해해온 러시아 발트함대. 애초의 목적이었던 극동함대와의 합류가 물거품이 되자 그들의 목표는 블라디보스토크로의 무사 귀항이 되었다. 목표가 단순해져 선택지도 단출해졌을 것 같지만 여기에는 몇 가지 난점이 있었다. 바로 보급품(연료)의 한계, 그리고 일본 해군을 피해 갈 수 있는 항로의 선택이었다.

반퐁항에서 추가로 연료를 보급받았다고 하나 충분치 않은 상황이라 발트함대는 연료 낭비를 최소화한 상태에서 블라디보스토크로 올라가야 했다(블라디보스토크로 항로를 잡을 무렵에는 배 안의 목제가구를 다 끌어내 장작을 만들 정도로 연료 상황이 심각했다). 하지만 '기다리고 있는' 일본 해군이 문제였다.

1905년 1월 뤼순 요새를 함락하고 나서 도고 헤이하치로는 한숨을 돌릴 수 있었다. 최악의 상황이라 할 수 있는 극동함대와 발트함대의 합류를 막아낸 일본 해군은 대대적인 정비와 수리, 훈련을 통해 발트함대와의 일전을 준비했다. 당시 도고의 기함이었던 미카사는 1년 치 포탄을 10일 동안의 연습 사격에 다 소모할 정도로 준비를 철저히 했다. 말 그대로 '나라의 운명을 건 일전'이었다(한국전쟁 당시 낙동강 방어선이 뚫렸다고 가정해보라). 당시 도고뿐 아니라 전 세계 군사 전문가들의 정세 분석은 동일했다.

"발트함대가 블라디보스토크로 들어가는 순간 일본은 러시아와의 전쟁에서 절대 이기지 못한다."

영국마저도 움찔할 정도의 전력에다가 표트르 1세 이후 수백 년간 러시아의 가장 막강한 해상전력으로 군림해온 발트함대. 수병들의 숙련도는 영국 해군과 비견될 정도였고, 지휘관이었던 로제스트벤스키 제독은 자타가 공인하는 러시아 최고의 해군 지휘관이었다. 220일간의 항해 동안 단 한 척의 낙오도 없이 1만 6000해리를 달려왔다는 것만으로도 그의 지휘력은 인정받아 마땅하다. 러시아 해군 내에서의 인망도 대단했는데, 평소 생활이 곤궁한 부하들에게 자신의 월급을 건네줄 정도라 그에 대한 수병들과 장교들의 존경심도 대단했다.

문제는 220일간의 긴 항해였다. 전함은 큰 피해가 없었지만, 그래도 정비가 필요한 시점이었다. 수병들도 문제였다. 220일간의 긴 항해로 심신이 극도로 지쳐 있었다. 이 상태로는 전투는 고사하고 블라디보스토크까지의 항해도 자신할 수 없었다. 이제 이들 앞에 놓인 선택지는 단 하나, 일본 해군을 피해 블라디보스토크에 입항하는 것뿐이었다. 문제는 일본 해군이 이를 가만히 지켜보고만 있을 리 없다는 점이었다. 이 상태에서 일본 해군과 전투를 벌인다면 상당히 불리하다는 건 누가 봐도 자명한 사실이라 발트함대는 일본 해군을 피해 블라디보스토크까지 갈 수밖에 없었다.

블라디보스토크로 향하는 항로는 세 개였다.

① 한국과 일본 사이의 대한해협과 쓰시마해협
② 혼슈와 홋카이도 사이의 쓰가루해협
③ 홋카이도와 사할린 사이의 소야해협

당시 일본 해군에는 이 세 개의 예상 항로를 다 틀어막을 전력이 없었다. 예상 항로를 모두 방어하겠다고 함대를 쪼갰다가는 발트함대에 각개격파 당할 확률이 높았다. 일본도 세 예상 항로 중 하나를 골라서 모든 전력을 투입해 발트함대와 일전을 벌여야 했다. 러시아와 일본의 가위바위보 싸움이라고나 할까? 당시 기함인 수보로프에 모인 발트함대의 참모와 주요 지휘관들은 세 대안을 놓고 갑론을박했다.

"안전하게 소야해협으로 가야 합니다!"
"적의 허를 찌르는 강행 돌파가 가장 확률이 높습니다. 규슈, 시코쿠, 혼슈 연안을 공격하면서 쓰가루해협을 통과해야 합니다."

대다수 발트함대 참모들의 선택은 대한해협과 쓰시마해협을 지나가는 항로였다. 연료 사정과 수병들의 피로를 고려한다면 블라디보스토크까지 최단 거리를 선택하는 편이 가장 합리적이었기 때문이다. 함대 지휘관이었던 로제스트벤스키 제독 역시 이에 동의했다.

하지만 일본 해군도 바보는 아니었다. 일본은 발트함대의 예상 항로를 예측하기 위해 촉각을 곤두세우고 발트함대의 행방을 수소문하고 있었다. 역시나 '석탄'이 문제였다. 발트함대가 연료 확보에 골머리를 앓았던 터라 일본 해군은 석탄 보급선을 추적하는 데 열을 올렸다. 일본의 추적에 로제스트벤스키 제독은 기만책을 사용했다. 함대 일부를 빼내 상선 단속 활동을 벌이며 일본 해군의 신경을 분산시키려 했다. 미끼를 던진 것이었다.

도고 헤이하치로의
승부수

일본 해군은 발트함대가 안전하게 소야해협 아니면 대한해협으로 항로를 잡으리라 판단했고, 소야해협으로 가닥을 잡아가고 있었다. 모든 참모가 소야해협으로 의견을 모아가던 그때 홀로 대한해협-쓰시마해협 항로를 주장한 이가 있었다. 바로 도고 헤이하치로 제독이었다.

"220일간 1만 6000해리를 달려온 함대다. 최단 거리 항로를 염두에 둘 수밖에 없다. 아울러 허의 허를 찌른다는 전략상의 술책도 고려해야 한다."

도고 제독은 함대를 (아직은 대한제국인) 진해에 배치했다. 그러나 하루 이틀 시간이 지나도 러시아 함대는 나타나지 않았다. 도고는 자신의 판단에 의심을 품었고, 러시아 발트함대가 쓰가루해협으로 항로를 잡은 것이라 판단했다. 도고 제독은 대본영에 함대 이동 허가를 요청했는데, 대본영은 조금 더 기다려보자고 회신했다. 도고가 고민하던 그때 기적이 일어났다.

"러시아 함대의 석탄 보급선이 상하이에 입항했다!"

일본을 살린 정보였다. 상하이에 석탄 보급선을 보냈다는 것은 러시아가 최단 항로로 블라디보스토크에 가겠다는 의미였다. 일본의 운명을 건 전투는 그렇게 시작되었다.

쓰시마
해전

발트함대는 1905년 5월 17일 반퐁항을 출발하여 대한해협으로 향했다. 5월 25일 대한해협 근처에 다다른 발트함대는 속도를 늦추고 무전도 끈 상태에서 천천히 해협으로 진입했다. 때마침 짙은 안개가 끼어 안개와 어둠을 틈타면 무사히 해협을 빠져나갈 수 있을 것처럼 보였다. 하지만 언제나 그렇듯 전쟁이나 전투는 사소한 실수로 시작되고 끝이 난다.

5월 27일 새벽 2시 45분, 발트함대의 병원선 오렐호가 짙은 안개 속에서 등불을 켰다. 뼈아픈 실책이었다. 이 등불을 일본 해군의 경순양함 시나노마루信濃丸가 발견했다. 눈에 불을 켜고 발트함대를 찾던 일본 해군에게 이 작은 등불은 승리로 가는 길잡이가 되어주었다. 시나노마루는 이 등불 뒤에 끈질기게 따라붙었고, 새벽 4시에 대규모 러시아 함대가 이동하는 것을 확인했다. 발트함대 확인과 동시에 도고 제독은 전 함대에 출격 명령을 내렸다. 일본 해군은 조심스럽게 러시아 함대를 추적하다가 해협의 병목 지역에 이르자 러시아 함대 앞을 가로막았다.

5월 27일 오후 1시 55분, 전함 미카사에 전투 개시를 알리는 'Z기'가 게양되었다. 그리고 일본인들이 그렇게도 자랑하는 T자 전술을 펼쳤다. 원래 도고는 어뢰정을 중심으로 한 작전을 짰으나 풍랑이 거세어 소형 어뢰정을 주축으로 하는 작전 대신 함대전을 선택했다. 발트함대는 새벽부터 일본 해군의 추적을 감지하고 일본 해군 함대와 꼬리잡기를 위한 기동전을 펼치느라 함대 진형이 3열로 바뀐 상태였다. 화력 집중이 어려운 상황에서 일본 해군은 발트함대 앞에서 T자 진형을 짰다.

발트함대에게는 호기였다. 진형을 짜는 동안에는 제대로 된 포격을 할 수 없기 때문에 진형을 짜는 일본 함대에 포화를 날릴 기회가 생겼기 때문이다. 발트함대는 사력을 다해 일본 함대에 포격을 날렸다. 이때만 해도 승기는 발트함대에 있는 듯 보였다.

그러나 발트함대는 몇 가지 치명적 사실을 간과했다. 첫째, 함대 간의 상대속도. 당시 일본 함대의 속도는 14노트였고, 발트함대는 11노트였다. 일본 함대가 더 빨리 선회했기 때문에 포탄에 노출될 시간이 그만큼 적었다. 둘째, 포격의 정확도. 자이로스코프(올바른 방향으로 진행하도록 돕는 네비게이션 장치)가 없던 시절이라 수상 포격전의 명중률이 낮았다. 게다가 발트함대는 220일간 항해를 하느라 제대로 된 훈련은 고사하고 수병들의 건강 관리도 힘겨웠던 상황이었다. 반면 일본 해군은 발트함대를 기다리며 1년 치 포탄을 10일 만에 다 쓸 정도로 맹훈련을 했다. 따라서 발트함대는 일본 함대의 짧은 선회 시간 동안 명중탄을 발사할 확률이 떨어졌다. 셋째, 당시 발트함대의 3열 진형은 정면에서 선회하는 일본 함대에 충분한 화력을 퍼부을 수 있는 진형이 아니었다.

도고 제독의 일본 함대는 불과 5분 만에 진형을 다 짰고, 그 이후는 일방적인 학살이었다. 1차 목표는 기함 수보로프였다. 발트함대의 핵심 지휘관들이 타고 있던 수보로프는 집중포화를 받았고, 발트함대의 수뇌부는 한 방에 다 날아갔다(사령관 로제스트벤스키는 중상을 입었고, 지휘권을 넘겨받은 네보가토프 제독은 다음 날 무조건 항복을 했다). 수보로프를 격침한 이후로는 일본의 독무대였다.

결과는 참혹했다. 총 38척의 발트함대 가운데 전함 6척, 순양함 3척을 포함해 19척이 격침되었고, 주력 전함 2척을 포함해 7척이 항복했다. 블라디보스토크에 도착한 함정은 순양함 1척과 어뢰정 2척뿐이었다. 나머지 3척의 순양함은 아예 항로를 바꿔 미국령 필리핀의 마닐라항으로 피신했고, 기타 석탄 보급선과 같은 소소한 지원함들은 상하이로 도망쳤다. 인명 피해도 상당했는데, 전사자만 4380명에 포로는 6000여 명에 달했다. 여기에 포함되지 않은 중상자도 꽤 되었다. 이에 반해 일본 함대는 어뢰정 3척을 잃고 117명이 전사한 정도였다. 30분 만에 끝난 전투라 해도 과언이 아니다. 물론 5월 28일까지 추격전이 펼쳐졌지만, 최초 5분 동안의 선회, 뒤이은 수보로프에 대한 집중포격에서 쓰시마 해전은 결판이 났다고 볼 수 있다. 압도적인 승리였다.

당시 전 세계 군사 관계자들은 충격과 공포에 휩싸였다. 전통의 강호 러시아 발트함대를 상대로 신예 일본 함대가 승리했다는 것도 놀라웠지만, 더 놀라운 건 '압도적 승리'였다는 점이었다. 그들은 어째서 발트함대의 절반이 격침되었는지에 주목했다. 전열함 시대부터 해전에서 포격전으로 배를 격침하는 것은 어려운 일이었다. 넬슨 제독이 위명을 떨쳤던 트라팔가르 해전에서도 배를 격침하는 것은 힘든 일이었다. 당시 배들이 목조였다는 점과 포탄이 무거운 돌덩어리나 쇳덩어리라는 점 때문에 상부 구조물이 다 날아가도 배는 바다를 표류하는 경우가 대다수였다(여기에는 함장들이 노획해서 포상금을 받는 데 집중했던 탓도 있다). 그런데 20세기 최초의 대해전에서 일본 해군은 발트함대의 절반을 바닷속에 수장시켰다. 포탄의 힘일까? 근대 해군의 위력일까? 답은 의외로 쉬운 곳에서 찾을 수 있다.

당시 러시아 함정들은 전형적인 텀블홈tumble home 구조였다. 바닥이 더 넓고 위쪽으로 갈수록 좁아지는 모양인데, 흘수선吃水線이 상갑판보다 훨씬 넓었다. 이 때문에 피라미드 구조를 띠었고, 무게중심이 올라가 있었다. 이렇다 보니 조금만 흔들리면 부력을 상실하기 일쑤였고 침몰이 가속화되었다. 거기에다 러시아 함대는 블라디보스토크로 가기 위해 엄청난 양의 석탄을 과적해 흘수선이 2미터 가까이 더 깊어져 있었다. 그 결과 일본 해군의 포탄에 맥없이 침몰했다.

한편 일본은 일반적인 영국식 선체를 사용했다. 그렇다고 해도 당시의 기술력으로는 상갑판이 흘수선보다 좁을 수밖에 없었다. 다시 말해 함선의 차이는 미미했다. 결국 발트함대는 텀블홈 방식의 선체에 과적, 220일간의 긴 항해에 의한 피로, 훈련 부족 등이 겹치면서 패배했다.

일본은 쓰시마 해전을 통해 죽음의 문턱에서 기사회생했다. 그들은 쓰시마 해전을 '동양의 기적'이라고 일컬으며 자축했다. 당대 거의 모든 이가 러시아의 승리를 예상했다. 레닌조차도 쓰시마 해전을 두고 "이렇게 무참하게 패배하리라고는 아무도 생각하지 못했다"라고 할 정도였으니 말이다. 이제 러일전쟁도 그 끝을 향해 달려가고 있다.

10 / 상처뿐인 영광

쓰시마 해전이 끝나고 나서 일본과 러시아는 더 이상 전쟁을 수행할 능력도 의지도 없다는 사실을 서로 확인했다. 러시아는 마지막 희망이던 발트함대가 쓰시마해협에 수장된 마당에 더 꺼내놓을 카드가 없었다. 러시아 내부에서도 수상한 기운(사회주의 혁명의 기운)이 있던 상황이라 섣불리 전쟁을 이어나갈 엄두를 내지 못했다. 발트함대가 전세를 뒤엎었더라면 이를 기반으로 니콜라이 2세가 러시아 정치의 새로운 동력원을 찾을 수 있었겠지만 모든 게 물거품이 되었다.

일본의 경우는 더했다. 이미 관세 수입과 담배 전매 이익금을 담보로 미국과 영국에서 외채를 엄청 끌어다 썼음에도 전비가 모자랐고 병력도 없었다. 거기다 사망자 숫자만 8만 명(질병사 포함)이 넘어가는 상황이었기에 전쟁을 계속할 여력이 없었다.

군인들이 두 손을 든 상황에서 남은 건 정치인들의 '협상'이었다. 여기에 두 팔 걷어붙이고 나선 것이 미국이었다. 미국은 러시아가 만주를 점령했을 때부터 일관되게 러시아를 비난했고 전쟁 내내 일본의 뒤를 받쳐줬다. 미국의 루스벨트 대통령이 주선하여 러시아와 일본은 뉴햄

프셔주의 작은 도시 포츠머스에서 만났다. 여기서 체결한 포츠머스 강화 조약의 주요 내용은 다음과 같다.

1. 러시아는 일본이 조선에서 정치·군사·경제적 우월권이 있음을 승인하고 또 조선에 대해 지도·보호·감독에 필요한 조치를 취할 수 있음을 승인한다.

2. 러시아와 일본 양군은 랴오둥반도 이외의 만주 지역에서 철수하며 만주에서 청나라의 주권과 기회균등 원칙을 준수한다.

3. 러시아 정부는 청나라 정부의 승인을 얻어 랴오둥반도(뤼순, 다롄) 조차권租借權, 창춘-뤼순 간 철도와 그 지선, 그리고 이와 관련된 모든 권리와 특권을 일본에 양도한다.

4. 양국은 만주의 철도들을 비군사적인 목적으로 경영한다. 단, 랴오둥반도 지역은 예외로 한다.

5. 일본이 배상금을 청구하지 않는 대신 북위 50도 이남의 사할린섬 및 그 부속 도서를 일본에 할양한다. 그러나 이 지역은 비무장지역으로 하며 소야, 타타르Tatar해협의 자유 항행을 보장한다.

6. 동해, 오호츠크해, 베링해의 러시아령 연안의 어업권을 일본인에게 허용한다.

1번 내용은 러일전쟁의 전리품으로 조선이 일본의 손에 떨어지는 것을 국제사회가 인정한다는 말이다. 미국이 주선자였고, 조선을 사이에 놓고 다투던 러시아가 인정했으며, 러일전쟁 내내 일본을 지원했던 영국이 암묵적으로 동의했으니 전 세계가 승인했다고 봐도 과언이 아니다. 국제사회의 그 누구도 조선의 운명을 걱정하지 않았다. 세계는 러일전쟁 당시 대한제국이 보여준 졸렬함과 백성들의 안이한 태도를 기억하고 있었다. 우리 민족을 위해 나눠줄 '걱정'은 없었다. 거기다 국제정치 무대에서 의리와 신의, 윤리를 찾는 것처럼 어리석은 행동이 있을까? 철저히 힘의 논리에 지배되는 곳이 국제정치 무대이며, 명분은 나중에 만들면 되는 것이다.

조선의 운명은 결정되었다. 그러나 러일전쟁은 아직 끝나지 않았다.

배상금, 배상금, 배상금!

포츠머스 강화 조약을 체결하기에 앞서 일본 외교관들은 배상금 문제를 어떻게 처리해야 할지 고민했다. 러일전쟁은 전비만 19억 8400만 엔이 들어간 '빚잔치'였다. 미국과 영국이 12억 엔을 지원했다지만 모두 빚이었다.

'자위를 위한 국민적 전쟁'이라며 일본 국민을 쥐어짜는 것은 성공했다. 이로 인해 일본은 이후에도 정부와 국민의 일체성을 강조하는 등 거국적 전쟁 분위기를 유도하는 '기술'을 확보하게 되었지만 현실을 외면할 수는 없었다. 전쟁의 승리가 곧 국민의 생존과 연결된다며 승리까지 인내하라고 말하던 배경에는 전쟁 승리 이후의 '배상금'이 있었다. 이미 청일전쟁에서 2억 냥, 엔화로 환산해 3억 2000만 엔이나 되는 거액의 배상금을 받아냈던 일본이다. 당시 일본 정부의 1년 세출이 8000만 엔이었으니 자그마치 4년 치 예산이었다.

일본은 러일전쟁에 청일전쟁보다 8.5배나 더 많은 돈을 썼다. 일본 국민은 전쟁에서 승리하면 배상금이 나올 테고 이 배상금이 지난 20개월 동안의 고통을 상당 부분 치유해줄 것이라 믿었다. 이를 두고 순진하다고 할 수만은 없다. 이미 한 번의 경험이 있었고, 배상금이란 언제나 전쟁 후의 전리품으로 따라오던 것이었으니까.

그런데 러시아가 배상금 지불을 거부했다. 아니, 배상금을 논의 선상에서 아예 배제했다. 러시아도 일본의 사정을 빤히 알고 있었다. 일본은 더 이상 전쟁을 수행할 능력이 없었다. 군사력을 이미 다 소진한 상태였다. 배상금 지불 거부를 핑계로 일본이 전쟁을 속개한다고 해도 승산이 없다는 것을 러시아도 일본도 알고 있었다. 전쟁을 속개한다면 패배는 일본의 몫임이 자명했다.

물론 러시아의 사정도 여의치 않음을 서로 잘 알고 있었다. 그렇지만 일본은 손을 내밀 수밖에 없었다. 손을 내밀지 않으면 남은 길은 패망밖에 없었다. 일본은 가지고 있는 모든 힘을 쥐어짜 러시아와 싸워 이겼지만(러시아 전체가 아닌 동아시아 지역에서, 러시아가 아닌 '제정 러시아'와 싸워 이긴 것이라며 폄하하지만 승리는 승리였다) 이 20개월 동안 일본은 메이지 유신 이후로 일궈낸 모든 성취를 다 토해내야 했다. 그야말로 하얗게 불태웠던 일본은 팔 하나 올릴 힘도 남아 있지 않았고, 결국 이 배상금 없는 강화 조약을 선택할 수밖에 없었다.

그 결과 강화 조약을 체결한 날부터 사흘간 도쿄, 요코하마, 고베 등지에서 폭동이 일어났다. 고베에서는 이토 히로부미의 동상을 철거하기까지 했다. 승리만을 위해 20개월 동안 참아왔던 (그리고 그 이전에는 러시아와의 전쟁에 대비한다고 참아야 했던) 분노가 한꺼번에 터져 나온 것이다. 이듬해 1월에는 가쓰라 내각이 총사퇴해야 했다.

남몰래
웃음 짓던 이들

일본을 지원했던 영국과 미국은 남몰래 웃음 지었다. 러시아의 팽창 앞에서 '일본이 어디까지 가는지 한번 지켜보자'며 슬며시 일본의 등을 밀어줬던 미국은 소기의 목적을 달성했다. 영국은 영일 동맹의 성과를 눈으로 확인할 수 있었다는 점에서 정치적 의미가 더 컸다. 19세기 말까지 이어지던 영국의 전통적 외교 노선인 '영광스러운 고립splendid isolation'을 포기하고 처음으로 맞이한 파트너, 처음으로 동맹을 체결한 나라인 일본이 골머리를 썩이던 러시아의 남하 정책을 막아낸 것이다. 물론 영국과 미국의 지원이 없었다면 불가능한 일이었을 테지만 일본은 훌륭히 그 임무를 수행해냈다.

영국이 그때까지 고수해왔던 고립 노선을 포기한 직후에 거둔 성과는 영국 정부를 충분히 고무시켰다. 그들의 선택은 옳았고, 이는 1904년과 1907년 프랑스, 러시아와 협상을 체결하는 단초가 되었다. 그 덕분에 제1차 세계대전에 개입하게 되지만 말이다.

일본 덕분에 영국은 100년 가까이 끌어왔던 그레이트 게임에 종지부를 찍을 수 있었다. 이제 러시아는 영국에 위협이 되지 않았다. 우연인지 필연인지 모르겠지만 러일전쟁 전후로 국제사회 질서는 요동쳤다. 러시아가 무너지던 그때 유럽에서는 독일이라는 신흥 강호가 영국을 위협하고 있었다. 영국의 고립 노선은 이제 설 자리가 없어졌다.

영국이 이렇게 외교적 실익을 계산하며 외교 노선을 바꾸려 할 때 러시아는 러일전쟁으로 잃은 것들을 확인해야 했다. 극동함대와 발트 함대의 몰락은 사실상 러시아의 해외 투사력을 0에 수렴하게 만들었다. 육군 강국으로서의 위상은 남아 있었지만 20세기 초 제국주의 열강의 필수 요소였던 해군의 부재는 러시아의 대외 정책에 심각한 악영향을 끼쳤다. 제1차 세계대전에서 러시아 해군의 활약상을 들어본 적 있는가? 쓰시마 해전 이후 러시아 해군은 사실상 몰락했다고 보는 게 옳은데, 이는 이후 국제정세에 커다란 영향을 끼쳤다.

러일전쟁은 "사회주의의 발흥으로 혼란해진 정세를 안정시키기 위해 작은 전쟁의 승리로 분위기를 쇄신하고 국론을 통일하는 것도 나쁘지 않다"는 니콜라이 2세의 판단으로 시작한 '가벼운 전쟁'이었다. 하지만 일본에 제대로 한 방을 먹고 니콜라이 2세는 국정 운영의 동력을 상당 부분 상실했다. 이후 러시아는 도도한 '혁명'의 길로 나아갔고, 제정 러시아는 역사의 뒤안길로 서서히 사라져갔다.

충격적 데뷔와
뒤이은 견제

일본은 러일전쟁 이후 제국주의 열강 클럽에 당당히 입성했다. 이전까지는 서양 흉내를 내는 원숭이에 불과했던 일본이 어느새 러시아를 꺾을 정도의 제국으로 성장했다. 국제사회에서 일본의 발언권은 커졌고, 이후 일본의 광폭 행보는 국제사회의 주목을 받았다. 배상금 문제만 보자면 러일전쟁을 '상처뿐인 영광' '피로스의 승리'라고 할 수도 있겠지만, 국제정치적 측면에서는 '일본의 충격적인 국제사회로의 데뷔'라고 할 수 있다.

동양에서는 처음이자 마지막으로 근대화에 성공해 제국주의 클럽에 가입한 일본을 두고 국제사회는 따가운 눈길을 보내기 시작했다. 전후 사정을 다 알고 있어도 일본의 승리는 특기할 만한 일이고 충격적인 대사건이었다. 이런 상황에서 황화론이 다시 고개를 들었다. 황색 인종이 대두해 칭기즈칸처럼 서양인을 괴롭힐 것이라는 막연한 두려움 혹은 망상 말이다. 처음에는 중국을 경계했지만, 중국이 병든 돼지였다는 사실을 확인한 서양 제국들은 다음 타깃으로 일본을 선택했다.

이에 앞장선 이들은 아이러니하게도 러일전쟁 당시 일본을 밀어줬던 영국과 미국이었다. 영국은 러일전쟁 직후 러시아와의 관계 개선에 들어갔고, 영일 동맹의 의미를 상대적으로 축소했다. 국제사회에서는 영원한 적도 영원한 친구도 없다. 한때 등 떠밀며 싸움을 부채질했던 영국이었지만 일본이 갑작스럽게 대두하는 것은 원치 않았다.

미국은 더 심했다. 미국은 러일전쟁 직후부터 본격적으로 일본인 배척 운동을 했고, 캘리포니아주를 중심으로 일본인에 대한 배척과 탄압을 시작했다. 샌프란시스코의 한 신문에는 "일본의 승리는 아시아의 서양에 대한 도전의 징조이며, 태평양의 장래는 동서 세력의 대립에 의해 결정된다"라는 내용이 실리기도 했다. 실제로 영국과 미국은 러일전쟁 이후 태평양의 장래는 일본과의 대립에 의해 결정될지도 모른다고 생각했다. 계기는 '만주'였다.

러시아가 만주에서 가졌던 권익을 승계한 일본은 본격적으로 만주에 진출하기 위한 행보를 시작했다. 전쟁이 끝났음에도 만주에서 군정을 이어나갔고, 계속해서 만주에서 배타적이고 독점적인 지배권을 행사하려 했다. 특히 미국이 이에 반발했는데, 러일전쟁에서 미국이 일본의 등을 밀어준 이유가 러시아의 만주 점령을 견제하기 위해서였기 때문이다. 미국도 만주 진출의 꿈이 있었다. 러시아가 만주를 점령했을 때만 해도 일본을 통해 견제하면서 상황을 지켜보려 했다. 그런데 일본이 러시아를 꺾어버리고는 그 자리를 차지해버린 것이다.

일본은 한반도를 발판 삼아 대륙으로 진출해 제국주의 국가로서의 첫발을 내디뎌야 한다고 생각했고 이를 포기할 마음이 없었다. 그러나 이를 지켜보는 미국과 영국의 눈에는 '곰이 물러가니 원숭이가 들어와 설치는 꼴'이었다. 만주 진출을 꿈꾸던 미국은 일본의 급작스러운 대두에 눈살을 찌푸렸고, 이후 일본과의 외교 관계는 악화일로를 걷게 되었다. 일본과 미국의 외교 관계는 러일전쟁에서 정점을 찍고, 이후 태평양전쟁까지 계속해서 악화하는 형국이었다. 중국이라는 이익 앞에서 일본과 미국이 서로의 욕망을 불태웠기 때문이다.

사람들은 태평양전쟁을 일본의 '돌발적인 미친 짓'이라고 생각하는데, 실은 러일전쟁 직후부터 일본과 미국은 끊임없이 보이지 않는 소소한 갈등을 빚었다. 태평양전쟁의 원인을 추적해 올라가면 중일전쟁이 나오고, 중일전쟁의 원인을 추적해 올라가면 만주가 나온다. 러일전쟁은 태평양전쟁의 씨앗을 잉태하고 있었다.

11/전리품

"이 시대의 명랑함은 이런 낙천주의에 있었다. 지금 와서 생각하면 실로 우스꽝스러운 일로 쌀과 비단 말고는 주요 산업조차 없는 이 국가의 녀석들이 유럽 선진국과 같은 해군을 가지려고 했다. 육군도 마찬가지다. 재정이 꾸려질 리가 없다. 그러하더라도 여하튼 근대 국가를 만들고자 했던 것이 애초 유신 성립의 제일 큰 목적이었고, 유신 후 신국민들의 소년과도 같은 희망이었다."

- NHK 드라마 〈언덕 위의 구름〉 10편 프롤로그 중

러일전쟁을 배경으로 한 소설 《언덕 위의 구름》에서 가장 와 닿았던 말이 바로 이 '낙천주의'다. 시바 료타로가 그려낸 이 시절은 일본에게 가장 아름답던 시절이다. 메이지 유신에 성공하고, 아시아의 최강자로 유럽의 강대국인 러시아를 무너뜨린 시절. 일본 국민 사이에서는 할 수 있다는 자신감과 서방의 제국 열강과 어깨를 나란히 할 수 있다는, 아니 이미 그들과 어깨를 나란히 하는 '제국'이라는 자긍심이 넘쳐나던 시절이었다.

포츠머스 강화 조약 직후 배상금 없는 강화 조약이라며 들고일어난 일본 국민은 "전쟁 속개"를 외쳤다. 전쟁을 밀어붙여서 배상금을 받아내겠다고 소리친 것이다. 당시 일본의 상황은 어땠을까? 일반 국민의 심정은 어땠을지 모르나 정부 관계자들은 식은땀을 흘리고 있었다. 이미 영국과 미국은 더 이상 재정 지원을 않겠다며 일본을 압박했고, 이들이 지원하지 않으면 두 달 안에 일본은 망할 수밖에 없는 상황이었다. 숨이 턱에 닿은 정도가 아니라 이미 코까지 물이 들어찬 상황이었다.

다시 한번 러일전쟁 시절의 일본을 돌아볼 필요가 있다. 일본 국민은 할 수 있다는 자신감에 들떠 있었고, 일본이 세계열강과 어깨를 나란히 할 수 있다는 사실에 감격했다. 타이완을 점령하고, 조선을 합병하고, 만주를 지배하며 차곡차곡 제국주의의 길을 밟아가던 일본. 때마침 터져준 제1차 세계대전까지 일본은 활기차고 낙천적인 사회 분위기를 유지하며 세계로 나섰다.

그런데 과연 그럴까? 베트남 건국의 아버지 호찌민이 프랑스와 미국을 돌아보고 나서 깨달은 한 가지가 있다.

"아무리 강한 나라라도 하층민의 삶은 식민 지배를 받는 나라의 하층민의 삶과 별반 다르지 않다."

커다란 깨달음이었다. 당시 미국에서 눈 치우는 아르바이트를 하던 호찌민은 슬럼가에 거주하는 이들의 삶이 식민 지배를 받던 자신의 조국에서 신음하는 이들의 삶과 별반 다르지 않음을 깨달았다. 맞는 말이다. 전쟁은 늙은이가 결정하고, 젊은이가 나가서 죽는 것이라고 했던가? 마찬가지다. 전쟁은 가진 자가 결정하고, 가지지 못한 자가 끌려가 죽는 것이다.

러일전쟁이 대표적인 예다. 국가가 부강해지고 제국주의 클럽에 가입했다고 해서 일본 국민의 삶이 나아지지는 않았다. 러일전쟁 직후 일본 국민의 세금 부담률은 청일전쟁 전의 네 배가 되었다. 같은 기간 일본 국민의 소득 증가는 약 1.5배에 불과했다. 소득은 별로 늘지 않았는데 두 배 이상 세금을 더 내야 하는 상황. 지옥이 열린 셈이다. 게다가 러일전쟁의 절망적인 사상자 수는 어떻게 설명할 수 있을까?

메이지 유신 이전의 일본 국민은 그저 세금만 꼬박꼬박 내면 되었다. 전쟁이 나더라도 사무라이들 간의 전쟁이었고, 백성들은 눈치 보며 어느 편에 붙을까만 생각하면 그만이었다. 그러나 이제 백성은 '국민'이 되었고, 국민은 전쟁에 직접 참여해야 했으며, 전쟁터에 가서 죽어야 했다. 과연 일본 국민은 행복했을까?

그나마 다행이라면 이런 낙관주의적인 사회 분위기가 제1차 세계대전까지 이어졌다는 점이다. 일본 영화 〈연합함대 사령장관 야마모토 이소로쿠〉를 보면 선술집에서 전쟁을 반대하는 해군과 야마모토 이소로쿠山本伍十六를 맹비난하는 일반인이 나온다. 그리고 태평양전쟁의 시발점이 되는 진주만 공격 소식에 기뻐 날뛰는 모습을 볼 수 있다. "이제 경기가 좋아질 것이다!"

1905년 러일전쟁의 승리, 뒤이은 한반도 점령과 만주 경영, 그리고 일본에게는 천운이었던 제1차 세계대전의 발발은 일본을 한없는 낙관주의로 몰아갔다. 일본의 초대 외상이었던 이노우에 가오루井上馨는 "이번 유럽에서의 전쟁은 일본의 국운 발전을 위한 다이쇼大正 신시대의 천우天佑"라고 말했다. 이 한 번의 전쟁으로 일본은 단숨에 세계 5대 열강 안에 들어가게 되었다. 전쟁 전인 1914년 6억 엔 정도이던 수출이 전쟁이 끝나던 1919년에는 연간 21억 엔으로 증가했고, 러일전쟁의 빚으로 채무국이 되었던 일본은 1919년 27억 엔의 채권국이 되었다. 러일전쟁으로 허덕이던 일본이 제1차 세계대전으로 당당히 일어선 것이다.

역사는 반복된다고 했던가? 제2차 세계대전으로 완전히 망했던 일본이 부활할 수 있었던 계기 역시 1950년 한반도에서 일어난 전쟁 때문이었다. 그때 요시다 시게루吉田茂 수상이 한 말은 당시 일본의 분위기를 단적으로 보여준다. "이제 일본은 살았다." 근대 이후 한국은 일본의 발판 역할에 충실했던 존재인지도 모르겠다.

러일전쟁의 전리품
조선

1905년 8월 12일 제2차 영일 동맹 조약이 체결되었다. 이 조약에는 한반도의 운명을 결정짓는 조항이 있었는데 "영국은 일본이 조선에서 가지는 정치적·경제적·군사적 이익을 보장하며, 일본은 영국의 인도 지배 및 국경 지역에서의 이익을 옹호하는 조치를 취할 것"이라는 내용이었다.

이 조약이 체결되기 전인 1905년 7월 29일에는 루스벨트의 특사인 육군 장관 윌리엄 태프트William Taft와 일본 수상 가쓰라 다로桂太郎가 도쿄에서 협정을 맺었다. '가쓰라 태프트 비밀각서'라고도 불리는 '가쓰라 태프트 밀약'이었다(이 밀약은 1924년이 되어서야 공개되었다). 이 밀약의 주요 내용은 "미국이 미국-스페인 전쟁으로 영유한 필리핀을 통치하고, 일본은 필리핀을 침략할 의도를 갖지 않으며, 동아시아의 평화유지를 위해 미국, 영국, 일본은 동맹 관계를 확보해야 하고, 미국은 러일전쟁의 원인이 된 조선을 일본의 보호국으로 만드는 것을 승인한다"는 것이었다. 미국과 영국, 두 초강대국이 일본의 조선 진출을 허락한 것이다.

제2차 영일 동맹 조약은 영국과 일본의 특수성을 고려한다면 이해할 수 있지만, 가쓰라 태프트 밀약은 이야기가 달랐다. 구한말의 혼란스러운 상황에서 조선이 가장 믿었던 나라가 바로 미국이었다. 청나라는 과거 조선이 조공을 바치던 나라였고, 일본과 러시아는 서로 아귀다툼을 벌이며 조선을 집어삼키려 한 나라였다. 그나마 믿을 만한 건 '엉클 샘'의 이미지로 포장된 의젓한 미국이었다. 그런데 일본의 야욕을 분쇄할 힘과 그에 걸맞은 높은 도덕성을 지녔다고 믿었던 미국이 조선을 배신했다(구한말 조선에 건너온 수많은 미국 선교사를 보라. 당시 조선인들이 미국을 어떻게 생각했을까?). 조선은 그렇게 일본으로의 등기 이전 단계에 돌입하게 되었다.

러일전쟁의 결과물인 포츠머스 강화 조약, 제2차 영일 동맹 조약과 가쓰라 태프트 밀약으로 사전 정지 작업을 마친 일본은 1905년 11월 17일 을사조약을 통해 조선을 일본의 보호국으로 만들었다. 가등기 상태까지 간 셈이다. 그리고 1910년 8월 29일 국권 침탈이 이뤄졌다. 이제 조선은 일본의 소유가 되었다. 등기가 완전히 넘어간 것이다. 이 한일 병합은 국제정치적으로 대단히 중요한 의미를 띤다. 이제 일본은 식민지를 확보한 명실상부한 제국주의 국가가 되었고, 대륙으로 진출할 수 있는 발판을 확보하게 되었다. 일본은 이제 섬나라가 아니라 '대륙 국가'가 되었다.

하지만 일본은 너무 늦게 제국주의 국가가 되었다. 일본이 조선을 합병한 1910년은 이미 제국주의 체제에 낙조가 드리우던 시기였다. 몇년 뒤 제1차 세계대전이 터지고, 종전을 앞둔 1918년 1월 18일 미국의 우드로 윌슨Woodrow Wilson 대통령은 '민족자결주의'를 들고나왔다. 이는 한 시대의 종막을 알리는 신호탄이었다. 일본이 막차를 타고 제국주의 대열에 겨우 합류했는데 시대의 흐름은 제국주의가 끝났다고 말하고 있었다. 제1차 세계대전이 끝나고 오스트리아-헝가리제국, 오스만제국, 러시아제국은 민족자결주의의 영향으로 자국 영토 안에 있는 독립 세력을 분리 독립시켰다. 에스토니아, 체코슬로바키아, 헝가리, 핀란드, 폴란드, 리투아니아 등등이 이렇게 탄생했다.

그러나 민족자결주의의 영향은 여기까지였다. 아직 제국주의의 대열은 공고했다. 그럼에도 민족자결주의는 제국주의 열강의 식민지들을 뒤흔들기에 충분했다. 대표적인 예가 민족자결주의의 영향을 받아 터진 3·1 운동이다. 또한 병든 돼지라 놀림당하며 열강의 반식민지 상태가 되었던 중화민국 여기저기에서도 시위가 일어났고, 영국, 프랑스 등의 식민지에서도 독립운동이 일어나기 시작했다.

결국 일본은 제국주의 열강 대열에 합류한 지 겨우 9년 만에 제국주의의 쇠퇴를 확인하게 되었다. 일본을 최후의 제국이라 부르는 이유가 여기에 있다. 메이지 유신 이후 서구 열강과 같은 제국이 되겠다고 온 국민이 나섰지만, 제국주의 열강 대열의 *끄트머리*에 서서 제대로 누려보기도 전에 제국주의는 시대에 뒤떨어진 이데올로기가 되었다. 그러나 이때까지의 일본은 아주 낙관적이었다.

12/비극의 시작

러일전쟁을 국제정치학적으로 정의하자면 '일본의 충격적 데뷔'라 할 수 있다. 그냥 노래 좀 부르는 연습생인 줄 알았는데, 정신 차리고 보니 원로 가수를 꺾을 정도의 신예 가수가 된 격이다. 문제는 후속곡이었다. 이미 조선을 확보했다고 하지만 조선을 확보했다고 해서 일본이 세계열강과 어깨를 나란히 할 수는 없었다. 어디까지나 조선은 제국주의 열강 클럽에 참여할 수 있는 입장권 정도에 불과했기 때문이다. 한국을 과소평가하는 건 아니지만, 솔직히 한국 땅에서 나올 수 있는 자원의 양에는 한계가 있지 않은가? 속된 말로 먹을 게 별로 없었다. 이는 일본의 외교 행보를 보면 알 수 있는데, 한일 병합 직후 일본은 자신의 과거를 세탁하기 시작했다. 바로 1911년에 있었던 '미일 통상 항해 조약'의 폐기다.

1895년에 있었던 삼국 간섭 이후 일본은 포츠머스 강화 조약, 가쓰라 태프트 밀약, 제2차 영일 동맹 조약으로 세련되게 조선을 획득했고, 식민지를 확보함으로써 제국주의 열강 클럽에 가입할 수 있었다. 하지만 일본의 과거가 문제였다. 일본은 1853년 6월 3일에 있었던 흑선 내항 이후 강제로 개국했다. 외부의 힘에 의한 강제 개항은 일본 내부를 뒤흔들었고, 종국에는 체제 자체를 뒤엎어버렸다. 260년간 이어온 도쿠가와 막부가 무너지고, 삿초 동맹으로 정권을 잡은 이들이 메이지 유신을 단행했다. 이때부터 미국으로 대표되는 서구 제국주의를 수입했고, 국가 발전을 위해 총력을 다했다. 말은 이렇게 했지만 사실 식민지와 별반 다를 바 없는 상황이었다.

그리고 이때 맺은 조약이 문제가 되었다. 1차로 맺은 미일 화친 조약은 일본 측에도 크게 나쁠 것이 없었지만, 1858년에 맺은 미일 수호 통상 조약은 대표적인 불평등 조약이었으며, 제국주의 일본에게는 지우고 싶은 과거였다. 일본이 미국과 맺은 미일 수호 통상 조약을 모방해 조선과 조일 무역 규칙을 체결한 것만 봐도 미일 수호 통상 조약이 얼마나 불평등한 조약인지 알 수 있다. 조선의 개항과 강화도 조약, 조일 무역 규칙은 일본의 흑선 내항과 미일 화친 조약, 미일 수호 통상 조약을 그대로 답습한 전형적인 식민지 개항 방법이었다. 다시 말해 일본은 미국에 당한 방식을 그대로 활용해 조선을 식민지로 만들었다.

불평등한 미일 수호 통상 조약은 이후 미일 통상 항해 조약의 체결로 폐지되었다. 그러나 미일 통상 항해 조약 역시 불평등 조약이었다. 당시 일본 외교가의 최대 관심사는 막부 말기 이후 맺은 불평등한 국제 조약을 해결하는 것이었는데, 이때 등장한 자가 풍운아 고무라 주타로였다.

고무라는 청나라의 대리공사를 시작으로 외무차관, 주미 공사, 주러 공사로 활약했고, 1900년 의화단 사건의 사후 처리에도 참여했다. 제1차 가쓰라 내각 때는 외무대신을 지내기도 했다. 그의 작품으로 가장 유명한 것이 영일 동맹이다. 그가 없었다면 어쩌면 러일전쟁은 일본의 패배로 끝났을지도 모른다. 그는 영일 동맹 체결 후 전시 외교의 최선봉에서 일본의 이익을 위해 뛰어다녔고, 실제로 그의 활약은 일본에 커다란 힘이 되었다.

고무라의 냉정한 상황 판단 능력을 알 수 있는 에피소드가 하나 있다. 러일전쟁 종전 협상(포츠머스 강화 조약 당시 고무라에게 전권이 주어졌다)을 위해 도쿄 역을 떠날 때 일본 국민 5000여 명이 그를 성대히 환송했다. 이때 고무라는 "내가 다시 돌아올 때는 정반대 상황이 될 것"이라고 했다. 러시아와의 협상 결과를 정확히 예측했던 것이다.

이런 고무라가 심혈을 기울인 것이 막부 말기 이래로 체결한 불평등 조약의 해소였다. 일본이 힘이 없던 시절에는 어쩔 수 없었지만 이제 제국주의 열강 클럽에 당당히 입성했으니 이를 바로잡아야 한다고 생각했다. 마침내 그는 1911년 미일 통상 항해 조약을 폐기했다. 당시 일본 면제품의 대미 수출이 활성화되자 미국이 이를 방어하기 위해 한 선택이라고 볼 수도 있지만(당시 주일 미국 대사관의 관측) 그동안의 분위기를 무시할 수는 없었다. 이렇게 일본은 완벽히 과거를 세탁하고 제국주의 열강 클럽에 당당히 합류했다.

파벌이 움직이기
시작하다

일본은 러일전쟁 직후까지 낙관주의의 시대, 미래를 꿈꿀 수 있는 시대를 살았다. 비록 일본 국민을 기다리고 있던 것은 지옥이었지만, 그들에게는 거국적으로 일치단결해서 매달릴 목표가 있었다. 청일전쟁 직전에는 청나라를 쓰러뜨려야 한다는 일념이 있었고, 삼국 간섭 이후에는 러시아라는 새로운 적을 쓰러뜨리기 위해 모든 역량을 집중했다. 문제는 러시아를 쓰러뜨리고 나서부터였다. "다음 싸울 적은 누구인가?"

청일전쟁을 통해 아시아 최강이라는 목표를 달성했고, 러일전쟁을 통해 삼국 간섭의 원한을 씻고 제국주의 열강 클럽에도 가입했다. 덤으로 숙원이었던 조선을 확보할 수 있었고, 막부 말기 이래로 일본을 옭아맸던 불평등 조약도 해결했다. 이제 일본은 당당한 제국이 되었다. 하지만 그다음이 무엇이냐가 문제였다.

러일전쟁 직후부터 일본은 두 개의 나라로 쪼개졌다. 겉보기에는 하나의 나라였지만 육군이 다스리는 일본과 해군이 다스리는 일본으로 나뉘었다. 메이지 유신 이래로 불편했던 육군과 해군의 관계가 분열로 이어진 것이다.

이야기를 메이지 유신 시절로 되돌려보자. 일본 육군의 시초는 조슈번의 다카스기 신사쿠高杉晋作가 조직한 기병대였다. 반면 일본 해군은 사쓰마번의 수군이 주축이었다. 막부 말기 혼란기에 조슈와 사쓰마가 손을 잡으면 도쿠가와 막부를 뒤엎을 수도 있다는 말이 돌 정도였다. 도쿠가와 막부는 이들을 견제하긴 했지만 둘이 손을 잡을 거라곤 생각하지 않았다. 둘은 앙숙이었기 때문이다.

이 두 앙숙을 손잡게 만든 이가 바로 사카모토 료마坂本龍馬다. 오다 노부나가와 도쿠가와 이에야스를 제치고 일본인이 가장 존경하는 위인 1위에 꼽힌 사카모토 료마. 만약 그가 없었다면 일본은 메이지 유신 이전에 내전에 휩싸였을지도 모른다(이후 세이난전쟁西南戰爭과 같은 내전이 있긴 했지만, 아예 메이지 신정부가 탄생하지 못했을 수도 있다). 어쨌든 사카모토에 의해 삿초 동맹(사쓰마번과 조슈번의 동맹)이 성립되었고, 이를 바탕으로 도쿠가와 막부를 몰아낼 수 있었다. 이른바 대정봉환大政奉還이다.

사카모토는 신정부의 내각까지 설계한 뒤 권력의 뒤편으로 물러났다. 1853년 6월 3일 흑선 내항에서부터 시작된 일본 내부의 분열과 쟁투는 마무리되었다. 물론 이는 표면적인 모습이다. 힘으로 억누르곤 있었지만 격동기의 한가운데에서 칼을 쥐고 있던 세력들은 저마다 목소리를 높였다. 그리고 그 목소리 중 하나가 사카모토를 죽였다.

대정봉환이 있고 한 달 뒤 사카모토가 암살당하고 사쓰마번과 조슈번의 관계는 악화일로를 걷게 되었다. 그리고 터진 것이 메이지 6년의 정변이다. 사이고 다카모리西鄕隆盛 중심의 정한파征韓派(한국을 정벌해야 한다고 주장하는 파)가 들고일어났지만 조슈번에 진압당했다. 이를 만회하기 위해 정한파는 몇 번의 난을 일으키고 최후에는 세이난전쟁까지 일으켰지만 모두 진압당했다. 결국 육군은 야마가타 아리토모를 중심으로 한 조슈번 출신 인사들이 권력을 장악했고, 썩어도 준치라고 사쓰마번은 해군을 장악했다. 일본 군벌의 시작이었다.

이후 일본 육군은 천황 친정을 원하는 '황도파'와 내각에 의한 통제를 주장하는 '통제파'로 나뉘었고, 해군은 워싱턴 군축 조약을 지켜야 한다고 주장하는 '조약파'와 조약파에 반대하는 '함대파'로 나뉘었다. 나중에 가서는 육군은 대본영과 관동군 사이의 갈등에서부터 시작해 보병과 기갑병 사이의 갈등도 생기고, 해군은 연합함대 군령부와 함대파 사이의 갈등을 시작으로 조약파와 함대파 사이의 갈등이 심화하는 등 그야말로 '콩가루' 집안이 된다.

이런 육군과 해군의 갈등 때문에 일본은 가뜩이나 부족한 자원을 비효율적으로 써야 했다. 비슷한 무기라면 같이 사용하는 편이 보급이나 규모의 경제 면에서 효율적이겠지만 해군과 육군은 따로 무기를 개발했다. 사소하게는 총이나 기관포부터 시작해 크게는 항공모함과 잠수함까지 따로 개발했다. 태평양전쟁 시기에 육군이 항공모함과 잠수함을 개발한 것을 보면 헛웃음이 나올 정도다. 우리나라 해병대가 고수하는 '순검巡檢(준켄)'이란 단어가 일본 해군과 육군의 알력 다툼 끝에 나온 말이란 사실을 아는가? 원래 일본 육군은 '점호點呼(덴고)'라는 말을 썼는데, 육군이 쓰는 말을 쓰지 않겠다며 나온 말이 '순검'이었다.

조슈번과 사쓰마번의 향기가 났던 군벌 성립 초창기에는 그나마 서로 간의 인맥이 있었지만, 육군과 해군이 각각의 학교를 만들면서부터는 아예 일면식조차 사라졌다. 생각해보면 일본은 전쟁 국가였다. 메이지 유신 이후 끊임없이 전쟁 속에서 살아야 했다. 일본 최후의 내전이라 할 수 있는 세이난전쟁 이후 청일전쟁, 러일전쟁, 제1차 세계대전, 중일전쟁, 제2차 세계대전까지 불과 100년도 안 되는 시간 동안 일본은 굵직굵직한 전쟁 속에 살아왔다. 그렇다면 이 전쟁을 기획하고 수행한 이들은 누구일까?

단 하나를 지목하라면 '일본 육군대학'을 지목하겠다. 1890년대부터 1945년까지 숨 가쁘게 이어진 '일본 전쟁의 역사'의 산증인이자 주인공이 바로 일본 육군대학이다. 1883년 창설되어 1945년 마지막 기수가 졸업할 때까지 육군대학이 배출한 인원은 고작 3485명이었지만 일본 근대사에서 이들의 활약은 엄청났다.

메이지 유신 직후 구체제 인사들(막부 시절 다이묘를 비롯한 구세력)이 자신의 권력을 유지 혹은 재탈환하기 위해 무력을 사용했지만 메이지 신정부의 군사력에 밀릴 수밖에 없었다. 결국 이들은 눈을 돌려 '정치'라는 새로운 권력을 찾았다. 이들은 새로운 시대에 자유 민권을 내세워 의회를 장악하려 했다(그런 움직임을 보였지만 군부에게 통할 리 없었다. 작은 몸부림 정도로 생각하라). 만약 군 통수권이 의회에 있다면, 군을 장악한 의회의 다음 행보는 무엇일까?

이런 최악의 사태를 피하고 싶었던 일본 군부는 군 통수권을 의회의 정치 세력으로부터 독립시키겠다고 결심하고 실행에 옮겼다. 이때 눈에 들어온 것이 천황이었고, 천황에게 군 통수권을 넘겨주었다. 이렇게 해서 일본군의 군정권軍政權(평시에 군대의 인사나 보급·행정을 살핌)과 군령권軍令權(전시에 군대에 명령을 내림)이 이원화되었다.

이때 등장한 것이 참모본부이다. 원래는 육군성 내의 일개 국이었으나 독립하여 천황 직속의 참모본부가 되었다. 이 덕분에 천황은 육군성이나 육군대신, 해군대신의 도움 없이도 직접 군대를 장악할 수 있었으며, 참모본부가 근현대 일본의 모든 전쟁을 좌지우지했다. '대본영'은 일본군 전체를 지배하는 천황 직속의 전시 통수 기관이었는데, 대부분이 참모본부에 속해 있는 조직이었다. 즉, 일본의 실질적인 전쟁 수행 기관이 참모본부란 뜻이다.

여기서 등장한 것이 육군대학이다. 육군대학을 졸업하지 못하면 절대로 참모본부, 육군성, 교육총감부에 들어가지 못했으므로 참모본부에 들어가기 위해서는 반드시 육군대학을 졸업해야 했다. 육군대학은 육군사관학교 졸업자로 2년 이상 복무한 30세 미만의 중위·대위만 입학할 수 있었는데, 보통 육군사관학교 졸업자 중 상위 20퍼센트만 입학할 수 있을 만큼 시험이 어려웠다. 교육 기간은 통상 보병·기병이 3년, 포병·공병은 2년이었다.

여기서 특기할 점은 이들의 관할이다. 일본 육군 내의 모든 학교가 교육총감부 관할 아래 있었지만, 육군대학은 참모본부 직할의 교육 기관으로 졸업생의 인사에도 참모본부가 관여했다. 다시 말해 육군대학은 참모본부의 파벌을 만드는 텃밭이었다. 천황을 옆에 끼고 전쟁을 획책하던 세력이 자신들의 세력을 직접 키워 인력을 보충한다? 언제나 그렇지만 파벌, 그중에서도 군벌이 흥해서 잘된 나라는 없다. 비근한 예로 우리나라 현대사에 커다란 족적을 남긴 하나회를 생각해보라.

문제는 당시 일본군 내 육군대학의 위상이었다. 앞에서 언급했듯이 육군대학을 졸업하지 못하면 참모본부, 육군성, 교육총감부와 같은 요직에 들어가지 못했기에 육군대학 졸업자는 모든 육군 장교의 선망의 대상이었다. 보직이나 승진 등의 실질적인 혜택도 대단했지만 겉으로 보이는 명예도 대단했다. 육군대학 졸업생에게는 국화와 별을 본뜬 졸업생 휘장이 수여되었는데, 이것이 바로 텐보센조天保銭組다(막부 말기의 화폐인 천문통보와 비슷해서 그렇게 불렀다). 문제는 이 휘장을 달지 못한 장교들이 '무텐無天'이라 불리며 차별과 멸시를 받았다는 점이다. 이 때문에 쇼와 11년인 1936년에 휘장 착용을 금지했지만 육군대학의 위상은 전혀 꺾이지 않았다.

여기서 우리가 주목해야 하는 것이 군토구미軍刀組다. 육군대학 졸업자 중 성적 상위 6명은 천황에게 은사恩賜의 군도를 하사받았는데, 이들은 일본 육군의 주요 보직을 독점했다. 이 육군대학 출신들이 일본을 어떻게 망쳤는지는 제2차 세계대전 종전 후 벌어진 전범 재판에서 확인할 수 있는데, A급 전범 28명 중 대부분이 육군대학 출신이었다. 이보다 확실한 증거가 있을까? 64년간의 일본 육군대학의 역사는 일본 전쟁의 역사이자 일본을 망가뜨린 역사이기도 했다. 만주사변을 일으킨 이시와라 간지石原莞爾, 천황의 명령을 사칭해 전쟁 포로를 죽였던 쓰지 마사노부辻政信, 그리고 조선 독립의 1등 공신인 도조 히데키東條英機가 육군대학이 키워낸 대표적 인물이다. 그러고 보니 도조 히데키의 아버지 도조 히데노리東條英教 중장도 육군대학 1기를 수석으로 졸업했으니 부자 동문끼리 일본을 사이좋게 망가뜨린 셈이다.

당시 일본의 상황을 단적으로 보여주는 예가 육군대신의 권한이다.

우리가 생각하는 현대 국가는 대통령(혹은 총리와 같은 국가 최고 지도자)에게 군 통수권이 있고, 군인은 국가 방위에만 충실해야 한다. 그러나 일본은 달랐다. 육군대신이 반대하면 내각은 결정을 할 수 없고, 육군이 대신을 천거하지 않으면 내각을 조직할 수 없었다. 현역 장군만이 육군대신을 할 수 있다는 황당한 소리를 했다가 민주화 기운이 물씬 풍기는 다이쇼 2년(1913)에는 현역이 아닌 예비역도 가능해졌다. 하지만 다시 전쟁의 기운이 넘쳐나던 쇼와 11년(1936)에 다시 현역만이 육군대신을 할 수 있게 바뀌었다.

일본이 제2차 세계대전에서 패전할 수밖에 없었던 이유를 이제 알겠는가?

13/러일전쟁이 남긴 것

러일전쟁 직후 일본 육군과 해군은 서로 다른 적을 만들었다. 대륙 진출을 목표로 한 육군은 계속해서 러시아를 가상 적국(국방 정책을 세울 때 적국으로 상정하는 나라)으로 두었고, 해군은 미국을 가상 적국으로 꼽았다. 이때부터 이야기가 복잡해지는데, 러일전쟁 직후인 1907년 일본은 '제국 국방 방침'을 확정했다. 제국 국방 방침은 1918년, 1923년, 1936년 세 차례에 걸쳐 개정되었는데, 이는 일본의 군비 증강과 적국을 결정하는 고민의 흔적이었다.

1907년의 제국 국방 방침을 보면, 육군은 평시 25개 사단, 전시 50개 사단 체제로 되어 있다. 해군의 경우 그 유명한 '88함대 프로젝트'를 내놓았다. 해군은 전함 8척, 순양전함 8척으로 구성된 88함대를 편성할 것을 구상했고, 이를 실천에 옮기려 했다.

1907년에 이미 일본 군부는 민간의 통제 밖에 있는 조직이 되어 있었다. 국가가 휘두르는 합법적 폭력을 다루는 군대가 '합법적으로' 정치에까지 개입한다면? 당시 일본은 합법적인 군사 국가였다. 문제는 이 군사 국가의 두 축이었던 육군과 해군이 서로 다른 적을 상정해놨다는 점이었다.

육군은 메이지 유신 이후로 한결같이 '대륙 팽창'을 주장했다. 조슈번 출신으로 육군사관학교와 육군대학을 졸업하고 훗날 수상의 자리에까지 오르는 다나카 기이치田中義一 대장은 참모본부 시절 국방 방침을 입안했다.

"섬나라를 탈피하여 대륙 국가가 되어 국운을 신장해야 한다. 조선과 남만주는 이런 대륙 국가의 중요 부분이며…"

그 결과가 육군 주도로 이루어진 청일전쟁과 러일전쟁이었다. 러일전쟁 말기부터 구체적으로 만주 진주와 통치에 대한 구상이 나왔고, 의화단 사건이 터진 후에는 만주에 '신일본'을 건설해야 한다는 보고가 나올 정도였다.

해군 역시 러일전쟁을 치른 이후 일본의 미래를 구상했다.

"동아시아의 해양 주도권은 이미 일본이 쥐고 있다. 이제 남은 건 태평양으로 서진西進하고 있는 미국을 견제하며 동아시아의 일본 세력권을 지켜내는 것이다."

똑같은 전쟁을 치렀음에도 육군은 대륙으로의 진출을, 해군은 해양
으로의 진출을 원하고 있었다. 물론 큰 틀에서 보자면 모두 아시아의
패권을 확보하고 이를 지키겠다는 의지를 천명한 것이었지만 둘은 미
묘한 차이를 보였다.

하나의 국가에 있는 두 개의 군대가 서로 다른 적을 상대로 싸우겠
다고 말하며 서로 다른 국가 전략 목표를 내놓는다는 게 가능할까? 현
대 국가라면 절대 불가능한 일이다(군대가 국가 전략 목표를 내놓는다는 것
자체가 어불성설이다). 그러나 일본은 이 불가능한 일을 현실로 만들었다.
만약 러일전쟁 직후 제1차 세계대전이 일어나지 않았다면 일본의 이
무모한 구상과 전략은 물거품이 되었을 터이다. 그러나 하늘의 도움이
었는지 세계는 전쟁의 화마에 휩싸였고, 일본의 이 무모한 구상과 전략
은 구체화되었다. 그 결과 제2차 세계대전이 터질 때까지 일본은 전쟁
국가의 길을 걷게 되었다.

러일전쟁이
남긴 것

국제정치학적으로 러일전쟁은 '근대화에 성공한 일본이 국제정치 무대
에 화려하게 데뷔한 전쟁'이라고 할 수 있다. 러시아라는 대제국을 상
대로 일본이 거둔 승리는 여러모로 시사하는 바가 컸다. 일본은 흑선에

의한 개항 이후 불과 60여 년 만에 국제사회에 당당히 그 이름을 내밀 정도의 실력을 쌓았고, 아시아에서 최초로 근대의 길을 걸었으며, 식민지가 아닌 제국으로 발돋움한 최초의 아시아 국가가 되었다. 이 외에도 그레이트 게임의 마지막을 화려하게 장식한 전쟁이란 점, 조선의 최후를 결정지은 전쟁이자 제국주의 시대 마지막 제국을 결정짓는 전쟁이란 점 등등 러일전쟁은 수많은 의미를 띤 전쟁이었다.

그러나 국제정치가 아닌 '사람'의 입장에서 본 러일전쟁은 한마디로 '지옥'이었다. 러일전쟁은 그 자체로 지옥이었으며, 이후에도 사람들에게 생지옥을 선사했다. 아울러 주변국들에 20세기의 전쟁이 어떤 양상으로 벌어지게 될지 선행 학습을 시켜줬다.

《언덕 위의 구름》은 '근대의 힘'이라는 말로 이를 잘 표현했다. 산업혁명의 힘은 군대의 전략과 전술을 순식간에 뒤바꿔놓았다. 기차의 등장으로 대표되는 속도의 향상, 기관총과 중포의 등장으로 인한 압도적인 대량 살상 능력은 인간의 예상을 뛰어넘었다. 또 근대의 힘은 공격자보다는 수비자에게 압도적인 우위를 안겨주었다.

러일전쟁은 이 근대의 힘을 '육탄 돌격'으로 상대했던 전쟁이기도 했다. 그 결과는 참혹했다. 대량 생산과 대량 소비가 일상화된 자본주의의 삶 속에서 전쟁도 자본주의를 따라 흘러가게 되었고, 인간의 생명은 총탄 앞에서 한없이 가벼워졌다. 재밌는 사실은 이 모든 걸 지켜본 유럽의 제국들이 10년 뒤 이와 똑같은 전투를 치렀다는 점이다. 그것도 무려 4년 반씩이나 말이다.

어쨌든 당시 일본 국민은 러일전쟁에서 승리했다고 생각했다. 승리했기에 오히려 불행해졌다고 해야 할까? 아니, 그 이전에 일본이 러일전쟁에서 '승리'했다고 볼 수 있을까? 전략적인 면에서의 승리는 인정할 수 있다. 그러나 개별 전투에서의 모습을 보면 대실패였다.

203고지로의 '닥치고 돌격'은 일본 군부의 무능함을 고스란히 보여준 하나의 촌극이었다. 그럼에도 일본은 러일전쟁에서 어떠한 교훈도 도출해내지 못했다. 오히려 이를 확대재생산해서 일본군의 교리로 받아들였다. "정신력이 화력을 이겨낼 수 있다" "사람보다 물자가 더 소중하다"라는 이상한 논리가 일본군의 머릿속에 확고하게 박힌 것이 바로 러일전쟁 때다. 일본은 가난한 나라이고 소모전 양상으로 흐르는 근대전의 물량을 감당할 능력이 되지 않는다는 전제하에서 강조된 논리였다. 육군대학 출신 참모들은 일본 최고의 엘리트라고 자부하는 이들이었지만 그들이 내놓은 논리는 전쟁에 미친 광신도들의 헛소리처럼 들렸다. 이제 일본 국민은 세금뿐 아니라 그들의 목숨까지도 국가에 헌납해야 했다. 지옥이 열렸다.

일본 국민은 청일전쟁으로 시작된 전쟁 국가의 길을 러일전쟁에서 확립했고, 이후 제2차 세계대전 때까지 전쟁 국가에서 살아가야 했다. 결과는 참혹했다. 전쟁터에 끌려나가지 않아도 전비로 내놓아야 하는 세금은 어떻게 감당했을까? 전시 때에는 세금과 생명을 같이 내놓아야 했고 평시에는 생명만큼 소중한 돈을 세금으로 내야 했다.

제1차 세계대전 덕분에 한숨 돌리긴 했지만 대공황이 터지면서 일본은 다시 위기에 빠져들었고, 이후 중일전쟁(태평양전쟁)으로 나아가기 위한 수순을 밟았다. 일본 국민은 경기가 좋든 나쁘든, 전쟁을 하든 안 하든 언제나 희생해야 했고 생명의 위협을 느껴야 했다. 지금의 기준으로는 이해하기 어렵지만, 평시에도 일본 국민은 과도한 세금 부담 속에 살아야 했다. 그 부담을 이기지 못해 딸을 팔거나 생명을 끊는 경우도 비일비재했다. 그 중심에는 '전함'이 있었다.

전함
그 피할 수 없는 유혹

북한을 떠올려보자. 김일성, 김정일, 김정은으로 이어지는 3대 세습 독재를 하는 나라(공산주의는 옛날에 물 건너갔고, 이 정도면 왕조 국가로 봐야 한다)에서 제일 먼저 내세우는 게 뭘까? 바로 '군대'다. 김정일 시절부터 내세운 '선군정치'는 국가의 모든 정책 결정에서 군대를 최우선으로 하는 정치다. 자신들의 권력을 유지하기 위해서는 군대를 챙겨야 한다는 것이다.

북한은 군대를 최우선에 놓고 군대를 중심으로 돌아가는 병영 국가다. 재미난 사실은 이렇게 각별히 챙기는 군대를 김일성 3대가 믿지 못한다는 점이다. 어쩌면 당연한 일인지도 모른다. 자신의 권력을 지키던 총부리를 자신에게 겨눈다면 권력은 물론 생명까지도 위협받을 테니 말이다. 그래서 북한은 지휘관을 감시하기 위해 정치장교를 두고 이 정치장교를 감시하기 위해 보위부원을 둔다. 이런 구조라 당연히 지휘 체계는 복잡해지고 의사 결정에 시간이 걸린다.

북한은 병영 국가다. 모든 사회 시스템이 군대를 위해 존재하듯이 돌아가고, 그 결과 전체 예산의 3분의 1을 군대에 배정한다. 놀라운 것은 병력의 숫자다. 국가의 평시 상비군 수의 마지노선은 전체 국민의 7퍼센트 수준이다. 이 수준을 넘어서는 순간 사회는 심각한 압박을 받는다. 사회에 나와 생산과 소비를 해야 할 인구를 군대에 집어넣어서는 사회가 돌아가지 않기 때문이다. 그런데 북한은 어떤가? 현역 119만, 예비군 770만의 병력을 보유하고 있다. 한 달 안에 1000만의 무장 병력을 동원할 수 있는 나라다. 그래서 지금 겉으로 보이는 북한의 모습은 어떤가? 정상적인 국가로 보이는가? 앞으로 발전 가능성이 보이는가?

러일전쟁 직후의 일본이 이러했다. 북한처럼 징집했다는 말이 아니다. 일본은 세금을 쥐어짰다. 북한의 군사비는 전체 예산의 3분의 1이다. 물론 다른 예산에 숨어 있는 국방 예산을 포함한다면 더 커지겠지만 명목상으로는 전체 예산의 3분의 1이다. 1921년 일본의 해군 건함 사업 예산은 일본 전체 예산의 30퍼센트 이상을 차지했다. 국가 예산의 3분의 1을 전함을 만드는 데 쏟아부은 셈이다. 이게 정상적인 국가일까? 물론 같은 시기에 다른 세계열강도 건함 경쟁에 뛰어들어 막대한 예산을 쏟아부었다. 그러나 경제 규모와 산업 기반을 고려한다면 일본의 상황이 훨씬 더 심각했다.

일본은 제1차 세계대전이 끝나고 나서 소 뒷걸음치다 쥐 잡은 격으로 얼떨결에 세계 5대 열강의 자리에 올라섰다. 러일전쟁과 뒤이은 제1차 세계대전, 러시아 혁명으로 일본 육군은 러시아의 남하 걱정 없이 대륙으로 진출할 수 있는 카드를 쥐었고, 덕분에 영일 동맹은 의미가 없어졌다. 러시아란 적이 사라짐에 따라 일본은 마음 놓고 대륙에 진출할 수 있는 상황을 맞이했다.

쓰시마 해전을 통해 러시아 해군을 전멸시킨 일본 해군도 동아시아 최강의 함대를 꾸릴 수 있게 되었다. 상식적인 국가라면 여기서 국가의 역량에 걸맞은 군사력을 갖추려 했을 것이다. 눈앞의 적이 사라졌으니 팽창보다는 지금 확보한 영역에서 내실을 다지는 방향으로 군사력을 조정하고, 남은 힘을 사회의 다른 분야에 돌리겠다고 생각했을 것이다. 그러나 일본은 달랐다.

쓰시마 해전 이후 엄청나게 강해진 일본 해군의 발언권에 군부의 팽창주의적 사고가 결합되었다. 게다가 러일전쟁 직후에는 채무국이던 일본이 제1차 세계대전 이후 채권국으로 발돋움하여 일본에 돈이 돌기 시작했다. 그 돈을 목격한 일본 해군은 88함대 건설에 박차를 가했다. 물론 아무리 호경기라 해도 당장 88함대를 건설하기는 무리였다. 그래서 1916년 84함대, 1918년 86함대에 이어 1920년에 88함대를 편성할 것을 의회에 '요구'했다. 1920년대까지의 일본 경제 상황을 고려하면 8척의 전함과 8척의 순양전함을 갖추는 88함대 계획안이 무모하다고 보긴 어려웠다. 문제는 전함의 가격이 계속해서 올라갔다는 점이다.

러일전쟁의 여파로 세계 해군은 전혀 다른 도전에 직면했다. 바로 드레드노트급이다. 이는 마치 미국이 원자폭탄을 개발한 것과 같았다. 이 드레드노트의 탄생에 일조한 것이 바로 쓰시마 해전이다. 드레드노트의 건조를 강력하게 밀어붙였던 영국의 피셔 제독이 쓰시마 해전에서 아이디어를 얻었기 때문이다. 실제로 드레드노트급의 등장으로 세계의 모든 함선은 한순간에 '구식 전함'이 되었고, 각국은 드레드노트급 전함을 만들기 위한 건함 경쟁에 뛰어들었다. 이는 제1차 세계대전으로 천천히 나아가는 과정이기도 했다.

잘 알려지지 않은 사실이지만, 드레드노트급의 등장은 제1차 세계대전을 촉발한 원인이기도 하다. 당시는 바다를 지배하는 자가 곧 세계를 지배하던 시대였다. 그런데 드레드노트급의 등장은 세계 모든 군사전략가와 관계자를 혼미하게 만들었다. 당장 드레드노트급 전함을 만들어야 한다는 조급함이 건함 경쟁을 불러일으켰고, 점점 벌어지는 드레드노트급의 격차를 극복하지 못해 차라리 전쟁을 일으키는 편이 낫다는 판단으로까지 이어지고 말았다.

러일전쟁은 그렇게 새로운 전쟁을 잉태했다.

전함으로 보는 일본 전쟁사 1

전함 미카사

미카사三笠는 일본제국 성장기의 상징과도 같은 전함이다. 미카사는 러일전쟁의 클라이맥스인 쓰시마 해전에서 일본 연합함대의 기함으로 참전했다. 그래서인지 일본 국민은 이 전함에 각별한 애정을 보였고, 워싱턴 해군 군축 조약으로 퇴역이 결정되었을 때 배를 해체하지 않고 육지(군항인 요코스카)로 끌고 와 배 주변에 콘크리트를 타설해 아예 육지의 건축물로 만들어버렸다. 여기까지만 보면 미카사의 함생艦生은 꽃길만 걸은 듯 보인다. 하지만 우여곡절, 파란만장의 역사였다.

미카사는 러시아를 상대한다는 전제로 만들어졌다. 당시 일본은 청일전쟁으로 러시아와 긴장 국면에 들어섰고, 일본군은 가상 적국으로 러시아를 상정하고 러시아와 싸울 준비를 했다. 이때 해군이 들고나온 계획이 '66함대 계획'이다. 전함 6척과 장갑순양함 6척을 건조해 해군력을 확충하자는 66함대 계획을 주창한 이는 야마모토 곤베山本權兵衛였다(일본 해군의 원로인 그는 훗날 수상 자리에까지 오른다). 그는 당시 해군대신이었던 사이고 주도西鄕從道와 협력해 전함 확보에 나섰다.

이렇게 해서 일본은 시키시마급 전함 4척, 시키시마敷島, 아사히朝日, 하츠세初瀨, 미카사를 확보하게 된다. 당시에 일본은 전함을 만들 기술이 없었기에 영국에 주문을 넣었는데, 영국 해군의 마제스틱Majestic급 전함의 개량형이었다. 4번함인 미카사는 1899년 1월 배로우 인 퍼니스Barrow-in-Furness 조선소에서 기공해 1902년 취역했다. 그리고 2년 뒤 러일전쟁에 참전하게 된다.

미카사는 쓰시마 해전에서 기함으로 활약하며 영광의 역사를 시작했지만, 영광은 딱 거기까지였다. 쓰시마 해전에서 러시아 해군의 집중포격으로 무려 23발의 포탄을 맞았다. 여기까지는 '영광의 상처'라 할 수 있지만, 이후부터는 이해하기 어려운 사건 사고의 연속이었다. 쓰시마 해전이 끝난 지 불과 4개월 뒤인 1905년 9월 11일, 미카사는 사세보항에서 정박 중 후부 탄약고의 폭발사고로 침몰하고 말았다. 이듬해 끌어올려 수리에 들어갔는데, 1908년이 되어서야 다시 현역에 복귀할 수 있었다. 그러다 1921년 9월 블라디보스토크항으로 항행 중 암초에 걸려 좌초해 다시 수리에 들어갔지만, 2년 뒤인 1923년 관동대지진으로 해안에 충돌하면서 아예 현역에서 제외되었다. 이후 워싱턴 해군 군축 조약에 따라 퇴역이 결정되었고, 해체 대신 기념함으로 보존되었다.

미카사는 이제 안식을 찾은 듯했으나 20여 년 뒤 다시 한번 좌절의 순간을 맞이한다. 제2차 세계대전이 끝나고 일본을 점령한 연합군이 미카사를 오락 시설로 사용한 것이다. 클럽과 수족관까지 만들어 본격적인 유락 시설로 사용했는데, 일본 해군의 전성기를 상징하던 미카사가 점령군의 오락 시설이 된 것 자체가 치욕이라 할 수 있다.

미카사의 함생은 짧은 영광과 뒤이은 좌절의 역사였다.

조약,
테이블 위의 전쟁

01 / 드레드노트의 탄생

Dread(두려움) + nought(없다) = 아무것도 두려워하지 말라

군함에 붙이기에는 더없이 멋진 이 이름은 20세기 초반의 군사력 판도를 뒤바꿔놓았다. 드레드노트Dreadnought란 군함은 그 이름처럼 그 누구도 두려워하지 않았지만 단 하나, 스스로를 두려워해야 했다. 탄생과 동시에 전 세계를 공포에 빠뜨리고 전쟁을 부추긴 마魔의 이름, 드레드노트.

영국 해군에게 드레드노트는 낯선 이름이 아니었다. 이미 17세기 무렵 3급 전열함에 이 이름을 붙였고, 이후에도 대를 이어 사용했다. 세계사적으로 위명을 떨친 20세기 초의 전함 '드레드노트'는 이미 6대째 붙여진 이름이었다. 어쩌면 흔한 이름이었다고 할 수 있을지도 모르나 이 흔한 이름이 역사의 흐름을 뒤바꿔놓으리라고는 그 누구도 예상하

지 못했다.

피셔 제독의
등장

존 피셔는 잘 알려지지 않은 인물이지만, 영국에서는 트라팔가르 해전의 영웅 넬슨 제독과 함께 가장 인기 있는 '해군인'이다. 군사 분야에 관심이 많은 사람이라면 드레드노트급 개발의 장본인이자 제1차 세계대전 당시 영국 해군을 이끈 불굴의 해군인으로 그를 기억할 것이다.

피셔 제독은 투사였다. 그에 대해서는 두 가지 유명한 에피소드가 있다. 하나는 당시 영국 왕이었던 에드워드 7세와의 면담 중에 "제독, 내 얼굴 앞에서 주먹 좀 그만 휘두를 수 없는가?"라고 주의를 받은 일화다.

다른 하나는 윈스턴 처칠과의 충돌이다. 제1차 세계대전 당시 참호에 몸을 욱여넣고 교착 상태에 빠졌을 때 영국 행정부는 저마다 전황 타개책을 내놓았다. 처칠은 "프랑스에 병력을 투입하는 대신 터키를 공격해 독일 남부에 교두보를 건설하자. 이렇게만 되면 독일, 오스트리아, 터키 동맹은 와해할 것이고 전쟁은 영국에 유리한 국면으로 뒤바뀔 것이다"라고 주장했다(실질적인 목표는 터키를 동맹에서 떨어져 나오게 하면서 동부 전선의 러시아를 지원하는 것이었다). 멜 깁슨이 주연한 영화 〈갈리폴리Gallipoli〉로 잘 알려진 '갈리폴리 상륙 작전'이었다.

이 상륙 작전은 영국 역사상 최악의 상륙 작전이었다. 처칠이 갈리폴리 상륙 작전을 주장할 때 피셔는 베를린과 가까운 발트해 연안에서 상륙 작전을 펼치자고 주장했다. 하지만 격론 끝에 처칠의 주장이 채택되었고 희대의 '삽질'이 시작되었다. 당시 갈리폴리 상륙 작전을 주장한 처칠도, 이에 반대한 피셔도 모두 정치 생명을 끝내야 했는데, 작전이 실패하면서 처칠의 사임은 예견된 것이지만 피셔의 경우는 의외였다. "피셔가 갈리폴리 상륙 작전 자체를 못마땅해서 상륙 작전 당시 해군이 미온적으로 움직였다. 해군과 피셔의 수동적인 움직임이 발목을 잡아 갈리폴리 작전이 실패했다"란 주장이 나왔고, 그에 따라 결국 피셔도 사임해야만 했다.

피셔가 갈리폴리 작전에 어떤 입장을 취했는지에 대해서는 판단을 유보하겠다. 아니, 갈리폴리에서 그가 의도적으로 태업을 했다 하더라도 그의 존재가 영국 해군에 끼쳤던 영향을 고려한다면 '그 정도쯤이야' 하고 넘길 수 있을 것이다. 20세기 초에 그가 아닌 다른 이가 영국 해군의 수장 자리에 앉았더라면, 아마 영국은 팍스 브리타니아^{Pax} Britannia를 제2차 세계대전이 아닌 제1차 세계대전 중에 내려놓아야 했을지도 모른다.

피셔가 해군에서 활동하던 시절은 한마디로 격동의 시대였다. 그가 처음 해군에 발을 내디뎠을 때만 해도 영국 해군은 범선을 타고 있었지만, 곧 증기 기관으로 움직이는 철갑선을 목도하게 되었다. 피셔는 범선에서 해군 경력을 시작해 석탄을 연료로 하는 증기 기관 배에서 생활했고, 마지막으로 증기 터빈을 동력으로 하는 드레드노트급을 만들어냈다. 해군의 생활 면에서도 엄청난 개선이 이루어졌다. 영국 해군 하면 떠오르던 십비스킷^{Ship Biscuit}을 신선한 빵으로 대체한 것도 피셔 제독이었다.

무엇보다 피셔는 요동치는 국제정치의 한가운데에서 영국 해군의 미래를 정확하게 제시했다. 피셔가 해군의 수장으로 있던 시절에 영국 해군은 독일 해군의 도전을 받아야 했다. 당시 신흥 제국이던 독일은 교역 지역을 넓히고, 또 그것을 지키기 위해 강력한 전함을 보유하고자 했다. 보불전쟁의 승리는 유럽 대륙의 판도를 뒤바꿔놓았다. 독일과 프랑스라는 유럽 대륙의 강자들이 서로를 노려볼 때 영국은 '영광스러운 고립' 정책을 펼칠 수 있었다. 유럽 대륙이 세력 균형을 이루고 있는 상태에서 영국은 최대한 자신의 이익을 추구할 수 있었던 것이다. 그러나 보불전쟁으로 유럽의 판도는 독일을 중심으로 흘러가기 시작했다. 여기에 한술 더 떠 빌헬름 2세는 독일 통일의 주역이었던 철혈재상 비스마르크를 실각시키고 친정 체제를 구축했다. 그러곤 식민지 확장 정책에 뛰어들었다.

그나마 말이 통했던 비스마르크 대신에 호전적인 빌헬름 2세의 등장은 영국 정치인과 군인, 아니, 영국 전체에 위협이었다. 해외 식민지 확보를 위해 가장 필요한 게 무엇일까? 바로 해군이다. 빌헬름 2세는 티르피츠Alfred von Tirpitz를 기용하고, 1898년에 함대법을 만들어 해군 건설에 박차를 가했다. 해군에 대한 빌헬름 2세의 전폭적인 투자에 영국은 심기가 불편할 수밖에 없었다. 독일이 쫓아오니 영국도 덩달아 해군에 계속 투자해야만 했다. 이렇게 독일과 영국은 말도 안 되는 건함 경쟁에 내몰렸다. 치킨 게임이라고나 할까?

먼저 손을 내민 건 영국이었다. 1913년 영국은 육군 장관 홀데인Richard Burdon Haldane을 독일에 보내 건함 경쟁을 멈추자고 제안했다. 세계의 바다를 제패한 영국이라지만 독일과의 무모한 건함 경쟁은 피곤할 수밖에 없었다. 하지만 빌헬름 2세와 티르피츠의 생각은 달랐다. 조금만 더 투자하면 독일이 영국을 추월할 수 있다고 보았다.

이는 망상이었다. 제1차 세계대전이 발발한 1914년 영국과 독일의 군함 총배수량비는 2.2 대 1이었다. '조금'이 아니라 '아주 많이' 투자해야만 영국을 쫓아갈 수 있었다.

그러나 독일의 이런 추격이 영국의 심기를 건드린 것은 사실이었고 실질적인 위협이 되기도 했다. 제1차 세계대전의 최대 해전으로 불리는 유틀란트 해전에서 독일 해군이 보여준 분전을 보면 빌헬름 2세의 투자가 헛되진 않았음을 확인할 수 있다.

이런 격동의 한가운데에서 영국 해군을 이끈 이가 바로 피셔 제독이었다. 그는 독일을 견제하기 위해 두 가지 대책을 내놓았는데, 하나는 영국 해군의 재배치였고, 다른 하나는 드레드노트급의 건조였다.

먼저 영국 해군의 재배치를 보면, 당시 영국의 생명선은 영국-이집트-인도를 잇는 교역 항로였다. 따라서 영국 해군 전력 중 상당수가 인도양과 지중해에 배치된 상태였다. 그러나 점진적으로 증강하고 있는 독일 해군을 견제해야 한다고 생각한 피셔는 이 병력을 일부 빼내 북해 지역에 배치했다. 이 조치에 대해서는 영국 내에서도 이견이 상당했지만 피셔는 특유의 뚝심으로 밀어붙였다.

다음은 드레드노트급의 건조인데, 범선 시절부터 영국 해군에 복무했던 피셔는 산업혁명의 결과가 어떻게 무기 체계에 이식되는지 두 눈으로 확인했다. 그리고 이런 근대 무기의 발달 앞에서 기존의 전략 패러다임을 바꿔야 한다고 확신했다. 그 결과물이 바로 드레드노트급이다. 피셔는 식민지 정복에 투입하던 낡은 군함으로는 더 이상 '근대의 전투'를 치를 수 없다고 보았고, 20세기에 걸맞은 새로운 전략 패러다임과 이를 수행할 새로운 형태의 전함이 필요하다고 역설했다.

탄생의
서막

쓰시마 해전에서 일본 해군은 20세기 '근대의 해군'에 하나의 방향을 제시했다. 그때까지만 해도 전함 곳곳에 달 수 있는 화포란 화포는 모두 달았다. 우리가 아는 거대한 회전포탑은 물론이고, 배 양측뿐 아니라 공간이 남아 있으면 여기저기에 부포를 달았다. 육군으로 치자면 155밀리미터 곡사포부터 시작해 9밀리미터 권총까지, 쏠 수 있는 모든 화포를 장갑차에 죄다 달고 움직인 셈이다.

어찌어찌 포를 모조리 달았다 하더라도 '조준'은 어떻게 해야 할까? 포마다 각자 조준을 하고 발사를 해야 한다. 권총의 가늠자와 소총의 가늠자가 다르듯 포도 구경에 따라 조준 방법이 다르다. 결정적으로 같은 목표를 겨눈다 하더라도 포의 사거리가 다르고 탄도가 다르다. 조준 방법이 다르기에 각자 알아서 조준하고 발사해야만 한다. 이처럼 당시 군함들은 구경이 다른 수많은 포를 함 여기저기에 쌓아놓고는 각자 '알아서' 포를 쐈다. 그러다 보니 명중률이 낮을 수밖에 없었다.

그런데 쓰시마 해전 당시 일본 해군은 지휘에 맞춰 동시에 발사했다. 물론 '뻘짓'이었다. 포 구경이 다르고 탄도가 다른데 같은 사격 제원으로 발사한다고 같은 곳에 착탄할 수 있을까? 바보짓이었다. 그런데 이 바보짓이 영국 해군에 새로운 아이디어를 건네주었다. '동일한

탄도를 가진 화포 여러 문을 동시에 같은 사격 제원으로 발포하면 일정한 탄착군을 형성하지 않을까?'

별로 쓸모도 없는 각종 부포를 전함 여기저기에 달아봤자 괜히 공간만 차지하고 화력 면에서도 별 도움이 되지 않는다는 점을 영국 해군도 잘 알고 있었다. 물론 부포의 효용 가치는 있다. "바다에서 꼭 전함만 상대한다는 법은 없다. 적의 경순양함이나 구축함을 상대하기 위해서는 작은 부포가 필요하다"라는 반박이 있었지만, 피셔는 고개를 가로저었다.

> "전함이 홀로 작전을 나가는 경우는 없다. 호위하는 순양함이나 구축함이 상대하면 된다. 전함은 전함을 상대해야 한다."

이런 생각들이 모여 신형 전함에 대한 요구 조건이 정리되었다. 요구 조건은 크게 세 가지였다.

① 주포를 단일 구경으로 통일하고 부포를 제거해 늘어난 여유 공간만큼 최대한 많은 주포를 탑재한다.
② 신형 전함이 상정한 표준적인 교전 거리 내의 전투에서 확실한 방어력을 확보한다.
③ 증기 터빈을 주동력 기관으로 탑재해 기존 전함보다 월등히 빠른 고속 성능을 확보한다.

당시에는 불가능할 것만 같았던 요구 조건이었으나 영국의 산업 기술과 잠재력을 피셔는 믿어 의심치 않았다. 결국 피셔의 막강한 지원을 등에 업고 신예 전함이 탄생했다. 바로 '드레드노트'라는 이름으로.

02/ 제1차 세계대전, 뒤바뀐 국제정치 주도권

M2 중기관총이란 화기가 있다. 캘리버 50이라 불리기도 하고, 미국에서는 BMG^{Browning Machine Gun}라는 정식 명칭으로 불린다. 한국군의 K-6 중기관총은 M2의 복제판이다.

M2는 제1차 세계대전이 끝난 직후에 만들어졌으니 무려 100년이 다 되어가도록 현역에서 뛰고 있는 물건이다. 군대에서 사용하는 물건과 사회에서 사용하는 물건은 그 수명이 다르다. M2처럼 명품으로 인정받으면 100년 가까이 사용할 수도 있지만, 전술이나 전략의 방향성이 달라지면 즉시 폐기된다.

전쟁이란 사람의 목숨을 건 인류 최대의 소비 행위다. 이런 소비 행위에서 가장 중요한 게 무엇일까? 전장에서 가장 중요한 것은 '생명'이다. 그렇기에 '내가 죽지 않으면서 상대방을 죽일 수 있는 무기'는 무기의 절대 명제다. 그렇기에 시대에 뒤떨어진 무기, 즉 내 생명을 지킬 수 없고 상대방을 죽일 수 없는 무기는 지체 없이 폐기된다. 내 생명을 담보로 사용할 무기가 아닌가? M2처럼 100년 된 무기라도 그 효용이 인정되면 현역에서 뛸 수 있지만, 어제 만든 무기라도 현대 전장에서 사용하기에 부적합하다고 판정되면 그 즉시 도태된다.

드레드노트의 등장은 드레드노트 이전에 건조된 수많은 전함을 단

번에 '구식' 전함으로 만들어버렸다. 그때까지 피땀 흘려 만든 수많은 전함이 종이배가 되고 말았다.

건함 경쟁

근대 해군 간의 제대로 된 최초의 전투였던 쓰시마 해전은 세계 최강을 자랑하던 영국 해군에 많은 교훈을 선사했다.

① 프랑스식 텀블홈 선체보다 영국식 선체 구조가 속도를 내기에 유리하다. 속도가 빠르면 더 빨리 더 좋은 위치에서 사격할 수 있다.

② 양측의 화력이 비슷하다면 결국 그 화력을 견뎌내는 쪽이 이긴다.

③ 동일 구경의 화포를 동시에 발사하면 이론적으로는 일정한 탄착군을 형성한다.

이 모든 교훈을 바탕으로 만든 배가 드레드노트였다. 당시만 해도 기술이 미비하여 석탄을 사용할 수밖에 없었지만 최대 속력 21노트, 12인치 주포 10문, 항속 거리 6620해리, 현측 장갑 최대 280밀리미터에 이르는 괴물의 등장은 충격과 공포 그 자체였다. 당시 영국 해군은 드레드노트급 한 척이 이전의 전함 세 척에 버금가는 전력이라고 판단했다.

하지만 영국 정부와 해군 내부에서 드레드노트급은 환영보다는 우려의 대상이었다. 세계 최강의 전함을 만들어놓고는 왜 걱정했을까?

우선 비용 대비 효과에 대한 의문이 있었다. 기존의 전함을 모두 무용지물로 만들 정도로 대단한 전함이란 소리는 그만큼 비싼 물건이란 뜻이다. 물론 이 비싼 물건이 제값을 한다면야 감당해야겠지만, 과연 제값을 할지 해군 내에서도 논란이 많았다. 특히 문제가 된 점은 드레드노트급의 존재 의의라 할 수 있는 '다수의 동일 구경 함포를 이용한 원거리 교전'이 과연 실행 가능한가 하는 점이었다. 일본이 이미 한 차례 시도해봤지만 효과는 없었고, 이를 지켜본 영국 해군의 관전무관도 이를 실현하기는 어려울 것이란 의견을 보내왔다.

그러나 새로운 개념의 무기 체계가 등장할 때마다 이런 논란과 의구심은 항상 있었다. 진짜 문제는 드레드노트급이 영국의 발목을 잡을 수도 있다는 우려였다. 드레드노트급은 기존의 전함들을 한순간에 구식 전함으로 추락시킨 전함이다. 즉, 영국 해군이 엄청난 전략적 우위를 점할 엄청난 기회를 잡았다는 뜻이다. 그런데 이는 거꾸로 영국 해군에 엄청난 위기가 도래했다고도 해석할 수 있다. 당시 세계 최강의 해군력을 보유한 나라는 영국이었다. 다시 말해서 '구식 전함'을 가장 많이 보유한 나라가 영국이란 뜻이다. 이제 드레드노트급은 해군력의 새로운 기준이 되었다. 지금껏 피땀 흘려 축적한 해군력은 과거의 이야기가 되었고, 이제부터는 드레드노트급 건함 경쟁을 해야 한다는 의미다. 영국이 드레드노트를 처음 건조했다고 하더라도 곧 다른 나라들이 추격해올 것이 불 보듯 뻔했으므로 영국은 기존의 우위를 다 버리고 건함 경쟁에 뛰어들 수밖에 없었다.

이런 우려 속에서 드레드노트는 건조되었다. 영국은 "드레드노트급 한 척이면 기존 전함 세 척의 전력이므로 전함 숫자가 적더라도 충분히 타국 해군을 압도할 수 있을 것"이라고 희망했다. 하지만 착각이었다. 드레드노트의 등장에 전 세계는 경악했지만 한순간이었다. 곧 너 나 할 것 없이 모두가 드레드노트급 건조에 뛰어들면서 전 세계는 때아닌 건함 경쟁을 벌이기 시작했다. 영국으로서는 생각하기도 싫은 최악의 상황이 벌어지고 말았다.

드레드노트급은 영국의 힘을 상징하는 최신예 전함이기도 했지만, 이를 상대할 타국(특히 독일) 해군에 "기존의 총배수량은 의미 없다. 이제 세계의 바다는 드레드노트라는 새로운 기준으로 통일되었다. 영국 해군을 추월할 절호의 기회다"라는 사인을 보낸 셈이었다. 가뜩이나 국가 경제에 주름을 잡히게 한 건함 사업이었는데, 이제는 국가 재정을 휘청이게 할 참이었다.

그렇다고 영국 해군이 건함 경쟁에서 빠져나올 방법도 없었다. 드레드노트급이 나온 지 몇 년 되지 않아 세계열강은 드레드노트급을 찍어내기 시작했다. 가장 의욕적인 나라는 독일이었다. 이미 빌헬름 2세는 영국 해군을 추월하겠다는 의지를 공공연하게 표명했고, 실제로 실천에 옮기고 있었다.

세계 2위와 3위의 해군력을 가진 나라가 연합해도 이를 능가할 만한 전력을 확보하는 것이 영국 해군의 기본 방침이었기에 그러한 독일 해군의 대두는 불안감을 조성하기에 충분했다. 드레드노트라는 새로운 전함이 몰고 온 정치적 파장이었다. 결국 건함 경쟁은 제1차 세계대전의 원인 중 하나가 되었다.

제1차 세계대전과
일본

모든 전쟁을 끝내는 전쟁이 될 것이다.

– 허버트 조지 웰스Herbert George Wells(영국의 소설가)

1914년 7월 28일 사라예보에 울려 퍼진 한 발의 총성으로 시작된 전쟁에서 4년간 938만 1551명의 병사가 죽고 2314만 3015명의 병사가 부상당했다. 그런데 아이러니하게도 당시 거의 모든 유럽인이 전쟁을 환영했다. 산업혁명 이후 쌓아놓은 엄청난 물질문명의 힘을 사용해보고 싶었기 때문이다. 그들의 기억에는 독일과 프랑스가 맞붙은 보불전쟁이 마지막 전쟁이었는데, 벌써 거의 반백 년 전 일이었다(1870년 7월에 시작해 이듬해 5월에 끝났다).

전쟁에 대한 기억이 엷어져만 가던 그때, 그들은 자신의 힘을 시험해보고 싶었다. 전장의 공포나 근대의 힘을 보여준 러일전쟁의 공포는 안중에도 없었다. 길어봤자 몇 개월 안에 끝날 것이라는 근거 없는 낙관에 빠진 젊은이들은 가벼운 마음으로 전장으로 향하는 기차에 몸을 실었다. 그러나 이러한 낙관은 불과 몇 개월 사이에 절망스러운 비관으로 변해버렸다.

그사이 가장 기뻐했던 나라가 있었으니, 바로 일본이었다. 제1차 세계대전이 터졌을 때 일본 정부에서 제일 발 빠르게 움직인 이는 이노우에 가오루였다. 초대 외무대신을 역임한 이노우에는 제1차 세계대전이 터지자마자 일본의 참전을 독려했다. 그의 상황 판단은 간단명료했다.

"아시아에서 열강의 힘이 빠져나간 이때가 일본의 기회다. 열강이 빠져나간 자리를 일본이 차지해야 한다."

세계열강이 유럽에서의 전쟁에 모든 관심을 쏟은 그때, 일본은 빈집털이를 생각했다. 그리고 재빠르게 행동으로 옮겼다. 이때 도움이 된 것이 영일 동맹이었다. 러일전쟁으로 그 효용성이 떨어진 영일 동맹이었지만 일본에게는 꽤 괜찮은 명분을 제공해주었다. 일본은 1914년 8월 23일, 영일 동맹을 명분으로 제1차 세계대전에 참전했다. 그리고 곧바로 독일에 선전포고했다.

이후의 행보는 속전속결이었다. 일본 육군은 독일의 조차지였던 중국의 칭다오를 점령하고, 일본 해군의 연합함대는 독일령인 남태평양의 마리아나, 캐롤라인, 마셜 군도 등을 점령했다. 칭다오를 점령함으로써 육군은 산둥성으로 세력을 확대할 수 있었고, 남태평양의 제해권을 확보함으로써 해군은 미국의 태평양 횡단 루트를 차단할 수 있었다. 일본으로서는 손 안 대고 코 푼 격이라고나 할까? 이는 시작일 뿐이었다. 세계열강이 참호 안에서 허우적거리던 그때, 일본은 본격적으로 만주 지배의 수순을 밟아나갔다.

유럽 전선이 굳어지던 1915년 1월 18일, 일본은 중국에 21개 조에 달하는 방대한 요구 사항을 전달했다. 이른바 '21개 조 요구'였다. 다음은 그중 몇 가지 조항이다.

— 중국 정부는 독일군이 산둥성에 관한 조약 또는 기타에 의하여 중국에 대해 소유하는 일체의 권리·이익·양여 등의 처분에 관하여 일본

정부가 독일 정부와 협의할 일체의 사항을 승인할 것을 약정한다.

- 중국 정부는 산둥성 내 또는 그 연해 일대의 토지 또는 도서를 어떠한 명목으로도 타국에 양여하거나 대여하지 않을 것을 약정한다.

- 두 체약국은 뤼순·다롄 조차 기한 및 남만주·안펑安奉 양 철도의 기한도 다시 99개년씩 연장할 것을 약정한다.

- 일본 국민은 남만주 및 동부 내몽골에서 각종 상공업 건물의 건설 및 경작을 위해 필요한 토지의 임차권 또는 소유권을 취득할 수 있다.

- 중국 정부는 중국 연안의 항만 및 도시를 타국에 양여하거나 대여하지 않을 것을 약정한다.

- 중앙 정부에 정치, 재정 및 군사 고문으로 유력한 일본인을 초빙한다.

- 종래에 중일 간에 경찰 사고의 발생이 많았으며 불쾌한 논쟁이 적지 않았으므로 차제에 필요한 지방에서 경찰을 중일 합동으로 하든가 또는 이러한 지방의 경찰 관청에 일본인을 초빙하고 또 중국 경찰 기관의 쇄신 확립을 도모하는 데 힘쓴다.

몇 개 조항만 봐도 이 요구가 불평등을 넘어 가혹한 착취와 수탈을 강제하고 있음을 알 수 있다. 당연히 중국 정부는 이 요구를 거절했지만, 일본의 최후통첩을 받고 이틀이 지난 1915년 5월 9일 결국 수락하고 말았다. 당시 중화민국의 대총통이었던 위안스카이袁世凱는 "중국에 대한 일본의 행동은 독일이 벨기에에 한 것보다 훨씬 나쁘다"라고 하면서도 일본의 요구 조건을 거의 그대로 받아들일 수밖에 없었다. 이는 위안스카이의 정치적 패착이었다.

만약 이때 위안스카이가 21개 조 요구를 거절했다면 중국의 역사는 어떻게 흘러갔을까? 21개 조 요구를 무기력하게 받아들인 위안스카이는 중국 민중의 마음에서 퇴출당했다. 어떻게 봐도 중국의 주권을 유린하는, 중국을 식민지로 만들겠다는 선언이나 다름없는 이 요구를 선선히 받아들인 지도자를 누가 따르겠는가? 위안스카이의 몰락은 여기서 시작되었다. 중국 민중의 반일 감정은 덤이었다. 이는 4년 뒤 5·4 운동으로 분출되었다.

서구의 몰락과
일본의 부상

독일의 문화철학자인 오스발트 슈펭글러Oswald Spengler는 저서 《서구의 몰락》에서 기존 역사학의 패러다임을 뒤흔드는 혁명적 주장을 내놓았다. 그는 당시의 발전 사관을 부정하고, 역사의 시대 구분이 무의미하다고 했다. 또 제국주의의 전가의 보도였던 서양 문화의 우월성을 부정하고 모든 문화에는 각각 고유한 가치가 있다고 부르짖었다. 니체에게 많은 영향을 받은 슈펭글러의 종말론적 역사관은 파격 그 자체였다. 거대한 전쟁이 끝난 직후 지식인들은 비관주의에 휩싸이기 마련이다. 그런 가운데 슈펭글러는 서구 문명의 몰락을 예언한 것이다.

슈펭글러의 책은 엄청나게 팔렸다. 1918년, 1922년에 출간된 《서구의 몰락》은 제2차 세계대전이 막을 내린 1950년에는 무려 140쇄를 찍는 대성공을 거뒀다. 그의 예언은 비관주의에 물든 지식인의 단순한 선언이었을까? 당시 상황을 보면 선언이라기보다는 '현실 분석'에 가까웠다. 모든 전쟁을 끝내기 위한 전쟁이라 불렸던 이 '대전쟁'은 유럽 열강을 헤어날 수 없는 늪에 빠뜨렸다. 이제 유럽은 더 이상 세계 문명의 중심이 될 수 없었고, 국제정치의 주도권은 전쟁의 화마가 비껴간 미국과 일본 쪽으로 쏠리기 시작했다.

일본은 제1차 세계대전 내내 열심히 수출했고, 그 결과 채무국에서 채권국이 되었다. 1914년 수출액이 6억 엔에 불과했던 일본은 전쟁 막바지인 1919년에는 21억 엔의 수출액을 자랑했으며, 무역 외 수입도 전쟁 4년 만에 14억 엔의 흑자를 보았다. 러일전쟁의 채무로 허덕이던 일본은 1919년 어느새 27억 엔의 채권국이 되어 있었다.

일본으로서는 제1차 세계대전의 종전이 아쉬울 수밖에 없었다. 어쨌거나 전쟁은 끝났고, 이제는 남은 이익을 최대한 긁어와야 했다. 제1차 세계대전 당시 국제정치 무대에서 일본의 존재는 희미했지만, 일본은 엄연한 승전국이었다. 자신의 위치를 잘 알고 있었던 일본은 파리 강화회의에서 당당히 자신의 권리를 주장했다.

일본의 주장은 간단했다. 제1차 세계대전 당시 일본이 획득한 '권리'의 인정이었다. 즉, 일본이 확보한 산둥성과 남태평양 제도에 대한 권리를 인정받고자 했다. 비록 중국이 반대했지만 일본은 무난히 자신의 권리를 확인받을 수 있었다. 그렇게 일본은 제1차 세계대전의 최대 수혜국이 되었다.

03 / 일본의 데모크라시

일본 국민은 바보가 아니었다. 메이지 유신 이후 일본은 '제국'이란 목

표를 향해 바쁘게 뛰었고 10년 주기로 전쟁을 치러야 했다. 그사이 일본 국민은 국가를 위해 피와 땀과 눈물을 바쳤다. 이런 피의 악순환이 언제쯤 끝날지 일본 국민도, 그들의 지도자들도 몰랐다. 이 와중에 국민 사이에서 작은 균열이 일어났다. 다이쇼 천황 시절 '민주주의·자유주의 쟁취를 위한 운동'인 다이쇼 데모크라시大正デモクラシー가 일어난 것이다. 시작은 1911년에 있었던 신해혁명辛亥革命이었다. 그리고 그 끝은 1925년 치안유지법의 제정이었다.

신해혁명은 1911년 중국에서 일어난 혁명이다. 신해혁명은 중국을 미몽에서 깨어나게 했고, 일본에 민주주의의 봄바람이 불게 했다. 신해혁명은 간단히 말해 중국 역사에서 군주 정치를 몰아낸 혁명이었다. 276년이나 이어온 청나라를 끝장내고, 중국에서 3000여 년간 당연하게 지속했던 군주제를 소멸시킨 역사적 사건이다.

변화의
조짐?

신해혁명 소식을 접한 일본 군부는 중국 정세가 혼란스러워졌다면서 이를 중국 침략의 기회로 보았다. 당시 육군대신이었던 우에하라 유사쿠上原勇作는 내각에 "식민지 조선에 육군 2개 사단을 증설해야 한다"고 건의했다. 일본 본토가 아니라 조선에 2개 사단을 창설하자는 것은 깊이 생각해보지 않더라도 그 용도를 추측할 수 있다. 이 안건은 러일전쟁 직후 일본을 지배했다고 해도 과언이 아닌 군부, 그것도 육군대신의 주장이니 무난히 통과될 법했다. 하지만 문제가 하나 있었다. 당시 수상이 사이온지 긴모치西園寺公望였다는 점이다.

사이온지 긴모치의 성격과 식견을 단적으로 보여주는 말이 있다.

"이제 일본은 망할 것이다. 너희들은 다다미 위에서 죽지 못할 각오를
해둬라."

그가 죽기 두 달 전이자 미국과의 관계가 한창 파국으로 치닫던
1940년 9월에 남긴 말이다. 대대로 천황 조정에 봉직한 명문가 화족華族
집안에서 태어난 그는 주변의 눈치를 보는 성격이 아니었다. 줏대 있고
꼬장꼬장한 성격이라고나 할까? 그렇다고 앞뒤가 꽉 막힌 보수주의자
라고 볼 수도 없는데, 그가 보수주의자와는 정반대 행보를 보였기 때문
이다.

사이온지는 나폴레옹 3세의 등장과 파리 코뮌의 실패가 이어지던 혁
명의 시대에 프랑스에서 유학했다. 10년간의 유학 시절 동안 그는 세계
정세를 두 눈으로 확인했다. 당연히 자유주의와 사회주의를 공부했고,
귀국 후 신문사에 입사해 일본 정부를 비난하는 기사를 썼다. 한마디로
그는 일본 지도층 중에 드물게 깨어 있고 박학다식하며 천황에게도 쓴
소리를 마다하지 않는 꼬장꼬장한 인물이었다. 이 사이온지가 우에하
라의 2개 사단 증설안을 거절했다.

"러일전쟁의 전비 때문에 긴축 재정을 펴는 마당에 무리하게 군비를
확장할 수는 없다."

상식적인 의견이었다. 하지만 일본 해군과 육군은 무턱대고 함대 증설과 병력 증강을 외치며 사이온지를 압박했다. 어쩌면 사이온지는 러일 전쟁의 전비에 발목 잡힌 수상이라 할 수 있다. 그는 1906~1908년(12대)과 1911~1912년(14대)에 수상을 역임했는데, 12대 수상 시절에는 러일전쟁 전비 조달을 위해 세금을 못 내렸기에 경기 불황이 이어졌고, 그 때문에 사임했다. 역시나 긴축 재정을 펴야 했던 14대 수상 시절에는 육군대신인 우에하라의 몽니 때문에 내각 총사퇴를 해야 했다.

당시 일본 군부는 '군부대신 현역 무관제'였다. 즉, 현역 장군이 군부 대신을 맡았다. 만약 군부대신이 내각에 선출되지 않으면 내각은 총사 퇴할 수밖에 없었다. 우에하라는 2개 사단 증설이 좌절되자 천황에게 후임자를 추천하지 않고 단독으로 사직서를 제출했다. 그에 따라 사이온지 내각은 총사퇴할 수밖에 없었다. 이런 사이온지의 뒤를 이은 이가 바로 가쓰라 다로 수상이다. 가쓰라-태프트 밀약의 주인공인 그 역시 군인 출신이다.

이렇게 군부의 입맛에 맞게 돌아가는 정치판을 보며 일본 국민은 염증을 느끼기 시작했다. 국민은 벌족 타파와 헌정 옹호를 외쳤고, 혁명의 분위기가 스멀스멀 올라왔다. 이런 움직임을 감지한 일본 정부도 군부대신 현역 무관제를 폐지하며 군부의 영향력을 약화하려 했는데, 이때 덜컥 '방산 비리'가 터졌다. 일본 역사 교과서에도 나오는 '지멘스 Siemens AG 사건'이다.

지멘스
사건

드레드노트급의 등장은 전 세계 해군 관계자들을 충격과 공포로 몰아넣었다. 충격에서 겨우 빠져나온 그들은 "우리도 드레드노트급을 확보하자!"며 나섰다. 문제는 기술이었다. 비스마르크가 재상으로 있던 시절부터 "식민지 대신 화학"이란 구호를 외쳤던 독일은 당대 최강의 과학 기술력을 보유했던 터라 드레드노트급을 생산하는 데 큰 무리가 없었다. 문제는 일본이었다.

러일 해전 직후에 88함대 건설이라는 장대한 프로젝트를 내놓은 일본이었지만 현실은 녹록지 않았다. 우선 예산이 뒷받침되지 않았고(88함대 예산은 1906년 내각에서 부결되었다) 예산이 지원되더라도 이를 만들어낼 기술이 없었다. 1910년 결국 해군의 예산이 통과되었지만 일본은 드레드노트를 만들 기술력이 없었다(이후 전 세계 해군 관계자들을 공황 상태에 빠뜨린 순양전함 인빈시블HMS Invincible도 마찬가지였다). 결국 일본은 영국에 주문했다.

일본은 영국의 비커스에 순양전함 라이언HMS Lion급 4척의 제작을 주문했다. 제작 방식은 1번함은 영국에서 건조하고(그 유명한 공고金剛), 2번함은 설계도를 바탕으로 일본 국내에서 조립 생산하며(히에이比叡), 3번함(하루나榛名)과 4번함(기리시마霧島)은 일본에서 라이선스 방식으로 생산하는 것으로 가닥을 잡았다. 여담으로, 3번함을 제작하던 가와사키 조선소의 책임자가 시운전 날짜를 겨우 며칠 못 맞췄다고 할복하는 일도 있었다.

여기까지만 보면 일본 해군의 건실한 건함 계획처럼 보이지만, 여기에는 부정한 뒷거래가 숨어 있었다. 이야기는 1913년 10월 17일 독일의 지멘스사 직원인 카를 리히터$^{Karl\ Richter}$가 지멘스 도쿄 지사의 지사장에게 협박 편지를 보내며 시작되었다.

"지멘스 요코하마 지사 지배인의 조카가 일본 해군 조선 감독관의 아내란 점을 이용하여 사전에 해군 입찰 정보를 입수해 (비커스, 암스트롱 등의) 경쟁사를 제치고 입찰에 성공한 것을 알고 있다. 입찰의 대가로 일본 해군에 매출 이익의 15퍼센트를 건넨 일도 알고 있다."

리히터는 이 '정보'를 가지고 회사를 협박했는데 지멘스 도쿄 지사는 그에 응하지 않았다. 화가 난 리히터는 관련 서류 일체를 로이터 통신 도쿄 특파원이었던 앤드루 풀리$^{Andrew\ Pooley}$에게 팔아넘겼다. 그리고 풀리는 지멘스에 이 기사를 5만 엔에 되팔았다. 지멘스가 회수한 관련 서류를 소각하면서 이야기는 일단락되었지만, 사건은 엉뚱한 곳에서 불거졌다. 당시 수상이던 야마모토 곤베^{山本權兵衛}의 해군 강화 정책에 반감을 품은 야마가타 아리토모(일본 군국주의의 아버지이자 일본의 국가 성격을 완성한 인물. 3대 수상을 지냈다)가 독일 정부에 이 사실을 전달한 것이다. 결국 리히터는 독일에서 체포돼 재판을 받았는데, 이때부터 일본 해군의 '지옥'이 열렸다.

처음에는 단순히 해군의 통신 장비 비리 스캔들인 줄 알았는데 파고들다 보니 그 실체가 어마어마하게 컸다. 일본 해군은 리베이트를 관리하기 위해 런던 은행에 영국인 명의의 차명 계좌까지 만들어놓고 본격적으로 상납을 받고 있었다(이는 해군만 탓할 게 아니다. 당시 일본 육군도 이를 관례처럼 생각하고 마음껏 뇌물을 받았다). 일본 해군이 장차전을 위해 구입한 공고에도 비리의 얼룩이 묻어 있었다. 비커스는 공고의 수주를 위해 일본 해군 지도부에 뇌물을 뿌렸고, 비커스의 일본 내 영업을 총괄했던 미쓰이三井물산은 뇌물을 보전하기 위해 공고의 판매 대행 수수료를 2.5퍼센트에서 5퍼센트로 인상했다. 당연히 그 비용은 고스란히 일본 국민의 호주머니에서 나왔다.

일본 국민은 분노했다. 국가 예산의 30퍼센트 이상을 건함 사업에 쏟아붓느라 일본 국민은 허리가 휘었다. 세금을 감당하지 못해 딸을 팔고 가족을 버리는 상황에서 이런 비리가 터져 나왔으니 그 기분이 어땠을까? 일본 국민은 도쿄 히비야 공원에 모여들었다. 화가 난 이들은 국회의사당으로 쳐들어가 국회 경비원들과 충돌하기도 했다.

일본 해군의 야심 찬 건함 계획은 주춤할 수밖에 없었고, 군부는 유화적인 제스처를 취해야 했다. 일본 국민은 메이지 유신 이후 처음으로 '민주주의'에 대해 생각하게 되었다(이는 일본이 조선의 통치 방식을 무단 통치에서 문화 통치로 바꾸는 계기가 되기도 했다).

그런데 왜 '다이쇼 민주주의'가 아니라 '다이쇼 데모크라시デモクラシー'라고 했을까? 민주주의란 '국가의 주권이 국민에게 있다'는 뜻이다. 하지만 당시 일본의 주권은 천황에게만 있었다. '천황기관설天皇機關說'이란 말을 들어본 적 있는가? 일본의 헌법학자 미노베 다쓰키치美濃部達吉가 독일 게오르그 엘리네크Georg Jellinek의 국가법인설에 기초하여 제시한 헌법 이론으로, 기존의 천황주권설이 왕권신수설의 일본판이라는 한계를 극복하기 위해 내놓은 설명이다. 간단히 말하자면 천황이 국가 최고 기관

이라는 말이다. 국가법인설이 인민주권론에 대응해 군주주권론을 옹호하기 위해 등장한 이론이란 점을 생각해보면 천황기관설의 목적을 쉽게 이해할 수 있다. "통치권을 행하는 최고 권한인 주권은 천황이 갖는다."

천황기관설은 1912년에 최초로 등장했다. 중국에서 신해혁명으로 군주제를 폐지한 그때, 일본은 왕권신수설을 보완하겠다고 나섰다(엄밀히 말하면 '대체'이지만). 이런 상황에서 일본 국민은 민주주의란 말을 쓸수 없어 '데모크라시'라고 에둘러 말했다. 일본 국민은 이렇게 자신들의 자유와 인권, 민주주의를 위한 첫 번째 발걸음을 뗐다.

짧았던
다이쇼 데모크라시

다이쇼 데모크라시의 생명은 겨우 10여 년이었다. 신해혁명으로 시작해 지멘스 사건으로 불이 붙었던 짧은 '도쿄의 봄'은 1925년 치안유지법이 등장하며 막을 내렸다. 1925년 5월 12일 발효된 치안유치법은 1945년 10월 15일 연합군 최고사령부령으로 폐지되기 전까지 20여 년간 7만 5000명을 고문하고 처형한 악법이었다.

신해혁명으로 군주제를 버린 중국과 제1차 세계대전 중 볼셰비키 혁명으로 차르를 몰아낸 러시아의 영향으로 일본 내에서도 군주제를 부정하는 기류가 서서히 싹트기 시작했다. 그리고 공화제 운동과 공산주의 운동이 뒤이어 등장했다. 중국과 러시아의 예를 봤을 때 당연한 순서였다. 긴장한 일본 정부와 군부는 천황제를 굳건히 지키기 위해 치안유지법을 만들었다. 이 치안유지법은 우리나라 '국가보안법'의 모태가 된 법이다. 이 두 법의 공통점은 민주주의를 부정한다는 점이다.

간단히 말해 치안유지법은 천황제를 부정하거나 반대하는 이들을 단속하고 처벌하는 법이었다. 천황을 옆에 끼고 있어야지만 방해받지 않고 전쟁을 치를 수 있었던 군부로서는 천황제는 목숨 걸고 지켜야 할 제도였다. 천황기관설이 아니라 국민주권론이 득세해 민주주의 체제로 이행한다면 군부가 내각의 통제 밖에서 제멋대로 움직일 수 없고 마음 대로 전쟁을 할 수 없기 때문이었다.

그리하여 일본 군부와 정부는 치안유지법을 만들어 공화주의자와 공산주의자를 색출해 처단했다. 역사에 만약이란 없지만, 만약 그때 일본 국민이 '데모크라시'가 아니라 '민주주의'란 말을 쓰고, 천황이 아니라 국민에게 주권이 돌아갔다면 일본은 태평양전쟁을 일으키지 않았을지도 모른다.

04/최악의 대통령, 최고의 조약을 성사시키다

전쟁사학자들은 제1차 세계대전의 원인 중 하나로 '건함 경쟁'을 꼽는다. 독일 황제 빌헬름 2세가 야심 차게 키워낸 제국해군Kaiserliche Marine이 영국의 대영해군Royal Navy을 압박했고, 둘 간의 격차가 점점 줄어들자 결국 전쟁을 선택할 수밖에 없었다.

"바다를 지배하는 자 세계를 지배한다"는 말이 상식으로 통용되던 시절, 해군 건설은 곧 해외 투사력의 확보였다. 당시 대영해군은 400년 간 세계 최강을 자랑하며 세계의 바다를 누볐다. 이 강력한 해군을 기반으로 영국은 '해가 지지 않는 나라'를 건설할 수 있었다.

군사력은 단순히 '국방'만의 문제가 아니다. 제1차 세계대전 직전 영국과 독일은 자신만의 '국가 전략'을 가지고 군사력을 육성했다. 이처럼 국가 전략을 기반으로 군사력을 확보하고, 이 군사력을 기반으로 국가의 목표를 설정해야지, 덮어놓고 좋은 무기를 사고 남이 사기 때문에 우리도 그 무기를 사는 것이 능사가 아니다.

해군에 대한 독일의 투자는 집요하고 치열했다. 육군 강국이던 독일은 어느덧 세계 2위의 해군 강국이 되었다. 영국과는 총배수량비에서 2.2 대 1의 차이를 보였지만, 전 세계에 식민지를 보유한 영국은 교역 항로를 지키기 위한 병력을 차출해야 했기에 독일로서는 해볼 만한 승부였다. 아울러 독일이 다른 해군 강국을 동맹으로 끌어들인다면 승부는 예측하기 어려웠다. 만에 하나 독일이 영국과의 일전에서 승리한다면 세계의 패권 판도는 미궁으로 빠져들 수밖에 없었다.

독일의 건함 사업은 영국의 세계 패권에 대한 도전이었다. 독일이란 도전자의 등장에 챔피언은 건함 경쟁에 뛰어들 수밖에 없었다. 보통 이런 경우 챔피언은 가장 쉽고 안전한 길을 찾기 마련이다. "도전자가 태세를 갖추기 전, 내가 아직 우위에 있을 때 공격한다." 그래서 건함 경쟁은 전쟁으로 이어진다.

미국이
움직이다

제1차 세계대전이 끝난 뒤 세계는 새로운 강자를 목도하게 되었다. 그

동안 국제사회의 절대 강자였던 영국은 쇠락의 징조를 보였고, 신흥 강자였던 독일은 몰락의 길을 걸었다. 승자였지만 프랑스 역시 깊은 상처 속에 신음해야 했다. 제국의 몰락이라고나 할까? 그동안 세계사의 중심에 있던 유럽이 몰락했다. 그 빈자리를 치고 올라온 것이 신세계의 두 나라, 미국과 일본이었다.

이 두 나라는 제1차 세계대전에서 별다른 피해를 보지 않았고(미국은 1917년이 되어서야 참전했고, 일본은 아예 유럽 전선에 얼굴도 비치지 않았다) 전쟁 기간 내내 비약적 경제 성장을 이룩했다. 누군가 피를 흘리면 누군가는 돈을 번다는 사실을 입증한 시간이었다.

문제는 그다음이다. 전통의 강자들이 몰락한 상황에서 새로운 강자로 떠오른 이들은 저마다의 계산속을 가지고 향후의 국제 체제를 고민하기 마련이다. 미국과 일본은 국제사회에서 자신들이 어떤 역할을 맡아야 할지 고민했다. 패권 국가로 나아가기 위해서는 무엇을 해야 할까? 가장 먼저 준비해야 할 것이 '군사력 확충'이었다. 본디 외교란 무력을 기반으로 할 때 그 효용성을 인정받을 수 있다. 무력 기반이 없는 외교란 한낱 술자리 푸념만 못 하다.

여기서 주목해야 할 나라가 미국이다. 우리는 제1차 세계대전과 그 직후의 미국을 '순진하고 생각 없는 덩치 큰 동네 형'으로 생각하는 경향이 있는데(일부는 맞는 말이지만) 아예 생각이 없는 나라는 아니었다. 아니, 자신의 부족한 부분을 재빨리 확인하고, 이를 개선하려는 의지와 행동력을 갖춘 '무서운 형'이었다.

제1차 세계대전 당시 대규모 파병을 통해 국제사회에 화려하게 데뷔한 미국은 이내 자신의 한계를 확인하게 되었다. 제대로 된 기관총이 없어 다른 나라에서 기관총을 빌려와야 할 정도로 미국의 군비는 형편 없었다. 막강한 자원, 엄청난 인구, 누구나 인정하는 폭발적 잠재력이 있었지만 국제사회에서 미국은 아직 첫발을 뗀 어린아이일 뿐이었다.

제1차 세계대전 이후 미국은 이를 해결할 방법을 찾기 시작했다. 그 중 첫머리에 오른 방안이 '건함 계획'이었다. 세계의 패권은 바다에서 찾아야 하건만 그때까지 미 해군의 규모는 열강의 해군이라 보기에는 많이 부족했다. 1916년 미 해군은 8척의 주력함을 건조하겠다는 계획 을 내놓았다. 그러나 이 계획은 2년 후 폐기되었다.

"8척으로 부족하다. 최소한 28척은 있어야 한다!"

국력에 걸맞은 군사력을 주장한 것이었다지만 누가 봐도 패권을 염 두에 둔 포석이었다. 하지만 상식적인 미 의회는 이 28척 건함 계획을 거부했다.

"지금 예산으로 28척 건조는 어렵다. 16척으로 계획을 축소하라."

결국 16척으로 축소되었지만 그 정도면 당대 어떤 강대국 해군과 붙 어도 주눅 들지 않을 수준이었다. 비록 주력함 건조 계획은 12척 줄었 지만 해군 법령에 따라 미 해군은 1919년 7월까지 156척의 각종 군함 을 건조하기로 했기에 제1차 세계대전 직전 독일 제국해군의 위상을 뛰어넘을 수 있었다. 그럼에도 미 해군은 불안해했고, 전력 확충을 위 해 머리를 쥐어뜯었다. 왜 그랬을까?

미국은 영일 동맹을 두려워했다. 미국이란 나라는 신이 내려준 최고의 입지에 건국한 나라다. 인접 국가인 캐나다와 멕시코는 미국의 상대가 되지 않았고, 결정적으로 둘 다 미국 편이었다. 물론 멕시코와 작은 분쟁이 있었고, 캐나다도 '미친 척하고' 미국 침공을 계획한 적이 있었지만, 어디까지나 소소한 뒷이야기일 뿐 국제정치적으로 봤을 때 이들은 미국과 함께 가야 할 국가들이다. 설사 전쟁이 난다 하더라도 가뿐히 이들을 제압할 실력을 갖춘 게 미국이다.

미국을 공격할 만한 힘이 있는 국가들은 대서양과 태평양 밖에 있었다. 미국을 침공하려면 먼저 대서양과 태평양이란 벽을 넘어야 했다. 그러나 제1차 세계대전 이후 이야기가 달라졌다. 세계의 강자로 급부상한 미국에 대적할 만한 힘을 지닌 두 국가가 대서양과 태평양 밖에서 기다리고 있었다. 그 둘은 모두 섬나라였고 해군 강국이었다. 만약 이들이 러일전쟁 때처럼 힘을 합쳐 대서양과 태평양에서 밀고 들어온다면 미국으로서는 곤혹스러운 상황에 처할 수밖에 없었다.

물론 망상일 수도 있다. 그러나 미국은 이 최악의 상황을 염두에 두고 해군력 확충에 나섰다.

모든 것을 쥐어짠 일본
더 쥐어짤 게 없던 영국

러일전쟁으로 나락에 떨어진 일본 경제를 살린 것은 아이러니하게도 제1차 세계대전이었다. 경제 불황과 긴축 재정에 허덕이던 일본 정부에 유럽에서의 전쟁은 그야말로 복음 같은 소식이었다. 그리고 그 복음이 군부에게는 기회였다. 메이지 유신 이후 계속되던 일본 군부의 팽창을 가로막은 유일한 장애물이 바로 돈이었는데, 그 돈이 돌기 시작했다. 일본 해군은 러일전쟁 직후에 세웠던 88함대 계획을 다시 들고나왔다.

전함 8척, 장갑순양함 8척으로 구성된 함대를 건설하겠다는 이 야심 찬 계획 앞에 일본 정부는 망연자실할 수밖에 없었다. 러일전쟁의 상처를 이제야 복구하나 싶었는데, 일본 군부는 다시 전쟁을 준비하려는 것이었다. 물론 당시 일본 재정 상황으로 불가능한 일은 아니었다. 그러나 거기에는 단서가 하나 붙어야 했다.

"쥐어짤 수 있는 모든 걸 쥐어짜야 한다."

1921년 워싱턴 해군 군축 조약이 체결되기 직전 해에는 일본 국가 예산의 32퍼센트가 전함을 찍어내기 위해 투입되었다.

미국을 적국으로 상정한 일본, 그리고 동맹을 맺은 영국과 일본이 대서양과 태평양에서 동시에 공격해올 것이라며 해군력을 확충하는 미국. 이 둘 사이에서 영국은 난감해했다. 세계대전이란 급한 불은 껐으나 영국의 상황은 심각했다. 4년간의 제1차 세계대전으로 국가 재정이 피폐해져 기존의 함대를 유지하는 것조차 버거운데 미국과 일본이 건함 경쟁을 벌이고 있으니 영국으로서는 골머리를 앓을 수밖에 없었다.

"팍스 브리타니카가 건재하다는 것을 보여주기 위해서는 건함 경쟁에 뛰어들어야 한다. 그러나 지금 영국은 기존의 함대도 축소해야 하는 상황이다. 제국은 이제 낙조가 드리우기 시작했다."

당시 영국의 상황은 전쟁 시절보다 나아진 게 없었다. 아니, 국제정치학적으로 보자면 전쟁 당시보다 더 나빠졌다. 독일이라는 공동의 적이 사라진 이후 유럽 대륙은 전쟁 전의 이해관계로 되돌아갔다. 프랑스는 친구라기보다 숙적에 가까웠고, 이탈리아는 지중해 내에서의 발언권을 높이겠다며 영국의 옆구리를 찌르기 시작했다(지금도 이탈리아는 지중해 안에서는 패권 국가로 인정받기 위함인지 적극적으로 개입한다). 숙적이라 할 수 있는 독일이 무너지긴 했지만 상처뿐인 영광이었다.

지구 반 바퀴 저편에 있는 일본은 러시아가 무너진 뒤로는 그 효용이 모호한 '친구 아닌 친구' 같은 존재였다. 그레이트 게임을 펼칠 때만 해도 체스판 위의 말에 불과했던 일본은 자기 목소리를 내기 시작했고 어느새 제국의 반열에 올라섰다. 이제 영일 동맹은 유명무실해졌다.

이런 상황에서 대서양 건너편에서는 미국이 급부상했다. 거대한 영토, 풍부한 자원, 엄청난 인구. 게다가 젊었다. 젊은 국가 미국은 활기차게 성장하고 있었다. 미국은 제1차 세계대전을 통해 자신의 잠재력을 확인했고, 영국으로서는 긴장할 수밖에 없었다. 지켜야 할 식민지는 그대로인데 강력한 라이벌이 등장한 것이다. 더군다나 이 라이벌은 수십 척의 전함을 찍어내겠다고 벼르고 있었다. 영국으로서는 이 무식한 라이벌을 진정시켜야 했다. 경쟁에 뛰어든다면 영국은 망할 수밖에 없었다. 그건 자명한 사실이었다. 그렇다면 서로 경쟁하지 않는 쪽으로 방향을 틀어야 했다. 이런 고민을 하던 순간, 낭보가 날아들었다.

순진한,
너무도 순진한 미국

제1차 세계대전 최고의 수혜자였던 미국. 이때까지 미국은 순진하기만 했다. 이상주의에 빠져 있던 미국은 모략과 음모가 횡행하는 국제정치의 한가운데에서도 자신의 순수성을 지켰다. 베르사유 조약 1조가 그 증거이다. 우드로 윌슨은 평화 원칙을 말하며 국제연맹의 창설을 주장했다. 웃기는 건 미국의 주도하에 만든 국제연맹에 정작 미국은 참여하지 않았다는 점이다. 미 상원은 먼로 독트린Monroe Doctrine("유럽 일은 유럽이 알아서 해라. 다만 아메리카는 건들지 마라!")을 이유로 국제연맹 참여를 거부했다.

듣기에는 좋은 '민족자결주의'와 '국제연맹'. 윌슨 개인의 이상주의였다고 폄하해야 할까? 하지만 고립주의는 미국 외교 정책의 기본 방침이었다. 윌슨의 뒤를 이은, 미국 역사상 최악의 대통령으로 손꼽히는 워런 하딩Warren Gamaliel Harding이 1920년대 초반 미국의 대통령이었다는 점은 국제정치학적으로 보자면 축복이었다.

"전 대통령직에 적합하지 않은 사람이며 이 직책을 맡지 않았어야 했습니다."

하딩이 친구인 컬럼비아 대학 총장 버틀러Nicholas Murray Butler에게 보낸 편지에 쓴 말이다. 하딩은 뇌물 사건과 수많은 스캔들(백악관에서 바람피우다 걸린 게 한두 번이 아니다)에 연루되었을 뿐 아니라 금주법의 한가운데에서 대담하게 백악관에서 술판을 벌이기도 했고, 대공황을 막을 기회를 멍청하게 날려버리는 등 수많은 실책을 범했다. 아니, 실책이 아니었다. 그의 국정 운영 기본 방침은 '아무것도 안 하는 것'이었다. 그런 그가 대통령의 자리에 오른 게 신기하지만, 그의 대외 정책만은 인정해야 한다.

하딩은 전통적인 고립주의 노선을 지지했고, 제1차 세계대전과 같은 전쟁에 다시는 끼어들 생각이 없었다(이는 그의 공약이기도 했다). 이런 상황에서 전쟁의 단초가 되는 건함 경쟁을 묵과할 수만은 없었다. 아이러니하게도 미국 역사상 최악의 대통령이 인류 역사상 가장 성공적인 군축 조약을 성사시킨 셈이다. 역사의 의외성이라고나 할까? 하딩은 세계 평화를 위한 워싱턴 회의를 선언하고 열강을 불러 모았다.

05 / 각자의 계산 I

제1차 세계대전이 끝난 뒤 국제정치에는 명확한 방향이 생겼다. '대서양에서 태평양으로.' 이제 세계를 움직이는 힘은 대서양의 유럽이 아니라 태평양의 미국과 일본으로 옮겨가고 있었다. 이미 미국과 일본은 누구도 부인할 수 없는 열강이 되었고, 이들은 세계 5대 강국에 당당히 이름을 올렸다.

문제는 미국과 일본이 서로를 '적국'으로 상정해놓고 서로 노려보고 있었다는 점이다. 하지만 그때도 그렇고 지금도 그렇고 둘의 힘 차이는 엄청나다. 미국의 상대가 되지 못한 일본은 결국 미국의 초대에 응했다.

하나의 목적 아래
뭉치다

"우리도 전함을 만들지 않고 다른 나라도 전함을 만들지 않는다면 건함 경쟁이 일어날 이유가 없다. 건함 경쟁이 없다면 전쟁은 일어나지 않을 것이고, 전 세계는 평화로워질 것이다."

하딩 대통령의 순진한 생각이다. 국제정치에서 이런 순진한 생각은 망상에 가깝다. 국제정치의 절대적이며 유일한 논리는 '힘'이기 때문이다. 그런데 놀랍게도 이 망상이 현실이 되었다. 어쩌면 워싱턴 회의는 '힘'과 '균형'이 절묘하게 맞아떨어진 성공적인 정치라고 할 수 있다. 비록 시작은 어설픈 이상주의였지만 타이밍이 기가 막혔다.

미국과 영국, 일본에는 각자의 셈법과 사정이 있었는데, 이 사정이 절묘하게 맞아떨어졌다. 미국은 무리를 좀 한다면 건함 경쟁에서 주도권을 쥘 힘과 능력이 있었지만, 건국 이래로 고수해온 고립주의 노선을 지켜야 한다는 명분이 있었다.

하딩이 대통령 선거 때 내놓은 공약인 '정상 정치로의 복귀'는 제1차 세계대전 당시 유럽 전쟁에 뛰어든 윌슨의 정치를 '비정상'으로 보고 한 말이었다. 하딩은 일시적인 비정상을 해소하고, 하루빨리 미국을 예전의 '정상적인' 모습으로 바꿔놓아야 한다고 생각했다. 미국은 국제사회에 개입해서도, 전쟁에 뛰어들어서도 안 된다고 말이다.

영국으로서는 울고 싶은데 뺨 때려준 격이었다. 제1차 세계대전의 여파로 재정은 파탄 직전이었고, 기존 함대를 유지하기에도 버거웠다.

이런 상황에서 건함 경쟁에 뛰어들기는 무리였다. 패권을 포기하고 국제사회의 2선으로 물러나는 것도 하나의 방법이지만 대영제국의 자존심을 쉽게 내려놓을 수 없었다. 이때 날아온 미국의 제안은 복음과도 같았다. 지켜야 할 식민지는 그대로인데 재정은 파탄 나고 건함 경쟁에 뛰어들 여력도 없는 상황에서 대영제국의 자존심을 지켜줄 기회가 찾아온 것이다.

미국과 영국이 각자의 계산과 생각으로 '워싱턴 체제'에 참여하려 하던 때 일본은 이 둘과 달리 셈이 복잡했다. 만약 워싱턴 해군 군축 조약을 1922년이 아니라 1925년 이후에 제안받았다면 어땠을까? 혹은 그 이전, 그러니까 다이쇼 데모크라시 이전에 제안받았다면 일본은 거절하거나 거절은 아니더라도 강경하게 협상에 임했을지 모른다.

하지만 그때는 다이쇼 데모크라시가 일어난 후였다. 일본 국민은 민주주의의 훈풍을 맞고 있었고, 일본 정부도 이전까지와는 달리 최대한 군부의 입김에서 벗어나려고 노력했다. 이때 워싱턴 회의 제안은 가뭄에 단비와도 같았다. 국가 재정의 32퍼센트를 차지하는 건함 예산을 줄일 수 있다는, 재정 건전화를 위한 희소식이었다. 단순히 돈 문제가 아니었다. 메이지 유신 이후로 확대일로를 걸어온 일본 군부의 움직임에 제동을 걸 수 있는 절호의 기회였다. 내각을 압박해 예산을 뽑아내고, 군비를 확충해 전쟁에 뛰어들고, 전쟁의 발발과 승리로 발언권을 높여 내각을 장악하거나 압박하는 악순환을 끊어낼 기회였다.

결국 군부와 내각 간에 미묘한 생각의 차이가 있는 상황에서 일본은 군축 회담에 참여하기로 결정했다.

영일 동맹의
위기

미국은 일본을 싫어했다. 러일전쟁 직후 만주와 중국에 대한 일본의 행태에 미국은 예민하게 반응했고, 이후에도 계속 불만을 쌓아나갔다. 이제 세계 패권은 대서양을 떠나 태평양으로 향하고 있었고, 태평양에서 패권을 쥐고 있는 열강은 미국과 일본이었다. 한 우리에 맹수 두 마리가 들어 있다면 서열 정리를 해야 하지 않겠는가? 아시아의 새로운 질서를 미국과 일본이 결정짓는 상황이 도래했다. 물론 누가 봐도 미국이 일본보다 우위에 있었지만, 미국이 일본을 불편해하고 있다면 상황 정리가 필요했다.

워싱턴 해군 군축 회담에 앞서 미국은 일본에 몇 가지 전제 조건을 내걸었다. 크게 두 가지로 압축해볼 수 있는데, 하나는 일본이 제1차 세계대전 중 획득한 영토에 대한 조정이었다.

"만주에서 일본의 기득권은 어느 정도 인정한다. 그러나 21개 조 요구로 획득한 산둥성의 철도와 구독일령 조차지는 중국에 반환해야 한다."

일본으로서는 억울한 이야기지만, 현실적으로 힘의 논리를 부정할 수는 없었다. 불과 10여 년 전만 해도 영국의 손에 있던 세계의 패권이 이제 미국으로 넘어가려는 상황이었고, 일본은 그 사실을 잘 알고 있었다.

두 번째 전제 조건은 미국의 안보와 직결된 문제로 '영일 동맹의 파기'였다. 이는 워싱턴 해군 군축 조약의 성립 조건이자 핵심 사안이었다. 미국은 영국과 일본이 손잡고 대서양과 태평양에서 동시에 쳐들어오는 최악의 상황을 걱정하고 있었다. 지금의 시각으로는 말도 안 되는 소리지만 당시에는 꽤 현실적이고 심각한 일이었다. 미국이 받았던 압박은 상상을 초월할 정도로 강했다. 미국이 예민했다고 볼 수만은 없는 것이, 제2차 영일 동맹 때까지만 하더라도 미국이 어느 정도 수긍할 수 있는 협약이었다. 러시아를 견제해야 하는 영국과 러시아를 넘어야만 조선과 만주로 향할 수 있는 일본이 서로의 필요에 따라 맺은 동맹이었기 때문이다. 제2차 영일 동맹 성립 시기도 러일전쟁이 거의 끝나가던 1905년 8월 12일이었기에 형식상·외교상으로도 무난했다.

문제는 제3차 영일 동맹이었다. 시대가 바뀌었다. 제2차 영일 동맹까지만 하더라도 '동아시아에서의 대^對러시아 방어책'이라는 생각으로 호의적인 태도를 보였던 미국이지만 러일전쟁에서 승리한 일본의 행보가 미국의 심사를 뒤틀리게 했다. 만주에 대한 미국의 속내를 아는지 모르는지 일본은 본격적으로 만주를 점령할 태세를 보였고, 일본은 어느새 '제국주의의 막차를 탄 열강'이 되어 있었다. 고양이인 줄 알았던 일본이 호랑이 흉내를 내기 시작했다. 일본은 하루가 다르게 군비를 확충했고, 어느새 미국을 가상 적국으로 상정해 해군을 증강하고 있었다. 이런 상황에서 미국은 영일 동맹의 다음 조건이 신경 쓰였다.

"타방이 제3국과 교전한 경우에는 즉시 참전의 의무를 진다."

여기서 제3국은 어디일까? 제2차 영일 동맹까지는 러시아였지만 이제 미국이 되지 말라는 법도 없다. 1911년 7월 13일 성립된 제3차 영일 동맹을 보며 미국은 인상을 찌푸릴 수밖에 없었다.

그렇다고 영국이 미국에 대한 배려를 잊은 건 아니었다. '제3국'에서 미국을 사실상 제외했고, 동맹의 목표를 러시아에서 독일로 바꿔버렸다(이는 제1차 세계대전에 일본이 참전할 수 있었던 근거가 되었다). 사실 영국으로서는 영일 동맹의 국제정치적 효용이 다 되었다고 할 수 있었다. 제1, 2차 영일 동맹 당시 영국의 적이었던 러시아는 러일전쟁과 러시아 혁명으로 더 이상 국제무대로 나오기 힘들어 보였고, 제3차 영일 동맹 당시 영국의 적이었던 독일은 이미 무릎을 꿇은 상황이었다.

만약 제1차 세계대전 당시 일본이 동맹국답게 영국을 도왔더라면 영국도 '의리'를 고민했을지 모른다. 하지만 일본은 유럽 본토로의 참전은 회피한 채 아시아에서 자신의 이권을 확보하는 데 급급했다. 남의 불행을 자신의 기회로 생각하는 사람 앞에서 의리를 논할 사람은 없을 테다. 게다가 이미 재정 파탄 일보 직전까지 몰린 영국으로서는 전쟁 국가 일본이 저지를 애꿎은 전쟁에 휘말리게 될 싹을 하루빨리 제거하는 편이 좋았다.

영국에게 영일 동맹은 더 이상 효용 가치가 없었다. 그럼 일본은 어떠했을까?

일본이 제국주의로 갈 수 있었던 열쇠
영일 동맹

영일 동맹이 없었다면 일본은 제국주의의 막차를 탈 수 있었을까? 불가능했을 것이다. 세계의 패권 국가인 영국의 '뒷배' 덕분에 일본은 러시아와의 싸움에서 이길 수 있었고, 조선을 점령하고 만주에 진출하는 동안 세계열강의 시비에서 자유로울 수 있었다. 거기다 일본은 세계 3위 해군력으로 발돋움할 수 있는 토대도 마련했다.

일본 해군은 체제와 전술전략, 전력 모두 세계 최강을 자랑했던 영국 해군을 따랐다. 러일전쟁 당시 최신예 영국 군함을 수입했고, 최신예 순양전함인 라이언을 기반으로 한 공고급 순양전함을 구입했다(오늘날로 치면 미국의 F-22 전투기를 산 셈이다). 태평양전쟁의 핵심 요소가 되는 항공모함 기술을 얻은 것도 영일 동맹 덕분이었다. 영국은 단순히 일본에 군함을 판 것이 아니라 기술과 운용 노하우까지 함께 넘겼다. 이때 넘어간 기술은 이후 일본 해군이 찍어낸 수많은 전함과 항공모함의 모태가 되었다.

한마디로 일본은 영일 동맹을 통해 일본 해군의 모든 것을 얻었고, 이를 통해 태평양전쟁까지 치를 수 있었다. 메이지 유신 이후 불과 60여 년 만에 세계 3위의 해군력을 구축한 일본 해군의 뒤에는 영국이 있었다. 이런 영일 동맹을 두고 미국이 인상을 찌푸리는 것은 너무도 당연했다.

국제정치적으로 봤을 때 1905년 러일전쟁이 끝나고 나서 1923년 워싱턴 체제가 본격적으로 가동될 때까지 일본은 몇 차례의 고비를 넘어야 했다. 그 고비마다 일본은 영국의 뒷배로 버텨냈다. 만주로의 진출과 21개 조 요구처럼 '무리한 상황'이 계속해서 벌어질 때 미국은 몇 번이나 입술을 깨물어야 했는데, 이때마다 영일 동맹이 미국을 제어했다. 동맹 자체만으로 미국을 견제할 수 있었고, 그 덕분에 일본은 제국주의를 완성할 수 있었다.

이제 일본은 인큐베이터에서 나와 본격적인 홀로서기를 강요받았다. 이렇게 말하면 일본에 가혹한 처사라 생각할 수도 있겠지만, 이미 이때의 일본은 다 자란 청년과도 같았다. 영일 동맹을 통해 제국주의로 성장할 수 있는 시간을 벌었고, 그 사이에 패권을 차지하기 위한 해군력을 완성할 수 있었다. 덤으로 국제정세에서 길을 잃지 않는 감각도 얻었다. 일본이 영국에 그 대가로 제공한 것이라고는 '충성'뿐이었다.

영일 동맹을 심하게 표현하자면 '일본이 영국의 등에 칼을 꽂지 않는 한 영국이 일본의 후원자가 되어주는 조약'이었다고 할 수 있다. 감히 영국과의 전쟁에 나설 나라가 몇이나 되었을까? 그나마도 일본과는 아주 먼, 지구 반 바퀴 거리에 있는 유럽 대륙의 나라들이었다.

일본의 경우는 달랐다. 식민지 쟁탈을 위한 바람막이로 영국을 활용했다. 그나마 영국을 도와야 했던 제1차 세계대전 때에도 일본은 자기이익을 위해서만 독일을 공격했다. 이제 시대는 바뀌었고, 영일 동맹은 그 가치가 사라졌다. 일본은 진정한 홀로서기를 해야만 했다.

06 / 각자의 계산 II

만약 워싱턴 해군 군축 조약이 체결되지 않았다면 어떻게 되었을까? 미국은 제1차 세계대전이 끝나자 해군장관 칼 빈슨Carl Vinson이 내놓은 빈슨 계획Vinson Naval Plan을 바탕으로 계획을 하나 세웠다. 16인치급(함포) 전함 6척, 순양전함 6척 등을 건조해 1925년까지 전함 32척, 순양전함 16척, 중순양함 48척으로 구성된 대함대를 건설한다는 계획이었다. 세계 2위의 해군력을 자랑하던 미국이 이제 영국을 추월할 태세였다.

영국도 손 놓고 앉아 있을 수만은 없어 순양전함 후드, G3형 순양전함, 18인치 주포를 장비한 N3형 전함 등의 건조 계획을 만지작거리고 있었다. 일본도 나가토급 전함, 가가급 전함, 기이급 전함, 아마기급 순양전함, 13호급 순양전함 등 자신의 건함 계획에 따라 해군력을 확충하려고 했다.

만약 이들이 정면으로 맞붙었다면 어땠을까? 세계인들은 이들의 건함 경쟁이 제1차 세계대전의 건함 경쟁처럼 종국에는 전쟁을 촉발할 것이라 생각했다. 각국의 건함 일정과 국제정세 등을 고려해 1923년에 다시 한번 전쟁이 일어날 것이라 예측했다. 하지만 영국은 해가 지려 하고 있었고, 일본은 미국과 체급부터 달랐다. 무제한으로 건함 경쟁을 벌였다면 미국을 이길 수 없었을 것이다. 결론부터 말하자면, 워싱턴 해군 군축 조약의 최대 수혜국은 일본이었다.

다이쇼 데모크라시의
종막

워싱턴 해군 군축 회담이 시작되기 직전 일본의 정국은 혼미했다. 일본의 19대 수상 하라 다카시原敬가 칼에 맞아 숨졌기 때문이다. 서슬 퍼런 군부가 내각을 노려보던 시절, 내각이 허수아비처럼 세워지고 뽑히기를 반복하던 그 시절, 무려 38개월간 수상 자리에 앉아 있던 '문민' 수상 하라 다카시였다. 그는 다이쇼 데모크라시를 이끌며 의회 민주주의의 초석을 다지려 애썼던 인물로, 그가 있었기에 일본이 워싱턴 해군 군축 회담에 참여할 수 있었다. 그는 유명무실해진 일본 행정부를 바로 세우고 정치에서 최대한 군부를 배제하기 위해 노력했다.

그렇다고 앞뒤 안 보고 무조건 돌격하는 투사형 정치인은 아니었다. 일본 군국주의의 아버지라 할 수 있는 야마가타 아리토모 같은 군 계열 인사와도 폭넓은 관계를 유지하며 내각에서 서서히 군인의 색을 빼 나갔다. 내각과 정계에 정당 인사를 포진시키며 서서히 무리하지 않고 의회 민주주의의 기반을 닦아나가기도 했다. 물론 그가 100퍼센트 만족할 만한 민주 인사라고 볼 수는 없다. 보통 선거제에 부정적이었으며 사회주의 계열을 지속적으로 탄압하기도 했다. 그럼에도 다이쇼 데모크라시를 이끈 점, 혼란한 정국에서 38개월 동안 큰 무리 없이 내각을 이끈 점은 높이 평가받아야 한다.

그런 하라 다카시를 살해한 이는 군인이 아닌 민간인이었다. 당시 야마가타 아리토모는 히로히토裕仁 황태자의 결혼 문제로 심사가 뒤틀려 있었다. 황태자비로 뽑힌 구니노미야 나가코久邇宮良子가 마음에 들지 않았기 때문이다. 야마가타는 뒤에서 구니노미야가 황태자비가 되는 것을 방해했는데, 이게 발각되었다. 야마가타와 친분이 있던 하라 수상이 중재에 나섰고, 이에 앙심을 품은 나카오카 곤이치中岡艮一가 도쿄 역에서 그를 찔러 죽였다.

하라의 죽음은 다이쇼 데모크라시의 종막을 불러왔다. 아울러 군부의 전횡을 막을 마지막 제동 장치가 고장 난 사건이기도 했다. 그 와중에 그의 마지막 유산이라 할 수 있는 워싱턴 해군 군축 회담이 막 시작되었다.

일본 해군의
주장

워싱턴 해군 군축 회담은 일본 해군으로서는 도저히 받아들일 수 없는 회담이었다. 군함을 한 척이라도 더 찍어내야 할 판국에 군함을 건조하지 말라니 화가 나지 않겠는가? 육군은 '머릿수'로 전력을 말하지만 해군의 경우에는 '배'였다. 배는 곧 해군의 권력이고 군인들의 보직을 담보하는 것이었다. 전함의 건조를 축소한다는 것은 곧 해군의 영향력이 줄어든다는 의미였다.

그러나 무턱대고 자신들의 주장을 내세울 수는 없었다. 내각이 이야기하는 재정 악화나 국제정치상의 문제를 무시할 수 없었다. 결국 해군은 군축을 허용하되 하나의 가이드라인을 제시했는데, 바로 '대미 7할론'이다. 이는 미국 함대 규모의 70퍼센트 수준까지 톤수를 확보한다는 말로, 미국과의 일전을 대비해 최소한의 전력을 유지해야 하는데 그 마지노선이 미 해군 전체 전력의 70퍼센트라는 뜻이다.

이변이 없었다면 일본은 대미 7할론을 바탕으로 미국과 협상에 들어갔을 테고, 어쩌면 7할을 얻어낼 수 있었을지도 모른다. 그런데 '도청'이라는 변수가 끼어들었다. 미 국무부의 암호 해독 부서가 일본의 외교 암호를 해독했다.

"대미 7할을 관철하되 미국이 강경하게 고집할 경우 6할 유지 및 무츠 (나가토급 2번함)의 완공함 인정을 받아낼 것."

이제 미국이 칼자루를 쥐었다. 미국은 일본의 협상 카드를 확인한 뒤 대미 7할을 거부하고 대미 6할을 고집했다. 결국 일본은 6할을 받아들여야 했는데, 이는 훗날 일본이 워싱턴 해군 군축 조약을 파기하는 빌미가 된다. 정보전에서의 패배로 일본은 시작부터 지고 들어간 셈이다.

워싱턴 해군 군축 조약 전후로 일본 해군, 아니, 일본 군부는 민간 정부에 대한 불신을 내비쳤다. 자신의 밥그릇을 빼앗겠다는데 그 상대가 예뻐 보이겠는가? 그때까지 일본은 완벽한 전쟁 국가였다. 청일전쟁, 러일전쟁, 제1차 세계대전으로 이어지는 기간 일본은 10년마다 전쟁을 일으키는 '전통'을 확립했다. 그 전통을 지키기 위해서는 그에 걸맞은 전력을 확충해야 하는데, 이제 일본은 전쟁을 치를 전력을 갖지 못하게 되었다. 물론 그럼에도 세계 3위의 해군력은 확보했다.

인류 최대·최고의
군축 조약

제1장
제1조 조약국은 각국의 해군 군비를 본 조약이 제시하는 대로 제한할 것에 동의한다.

제4조 조인국의 주력함 교체 분량은 기준 배수량을 기준으로 다음의 양을 넘어서는 안 된다. 미합중국 52만 5000톤, 대영제국 52만 5000톤, 프랑스 17만 5000톤, 이탈리아 17만 5000톤, 일본제국 31만 5000톤.

제5조 기준 배수량 3만 5000톤을 초과하는 어떠한 주력함도 조인국에 의해 획득되거나 조인국에 의해, 조인국을 위해 혹은 조인국의 관리하에

건조될 수 없다.

제6조 조인국의 어떠한 주력함도 16인치를 초과하는 구경의 함포를 탑재할 수 없다.

제7조 조인국의 항공모함의 총톤수는 기준 배수량을 기준으로 하고, 다음의 양을 넘어서는 안 된다. 미합중국 13만 5000톤, 대영제국 13만 5000톤, 프랑스 6만 톤, 이탈리아 6만 톤, 일본제국 8만 1000톤.

- 워싱턴 해군 군축 조약문 중

인류사의 어떤 해전에서도 볼 수 없었던 엄청난 전과를 단 한 장의 문서로 끝낸 '테이블 위의 해전'이 발발했다. 이로써 수십 척의 전함과 순양전함이 줄줄이 폐함되었고, 전함 용도로 건조 중이던 배들은 항공모함으로 설계 변경에 들어갔다.

미국, 영국, 일본, 프랑스, 이탈리아는 각각 5:5:3:1.75:1.75의 비율로 전력을 유지하기로 했다. 일본이 전함 무츠를 지켜내면서 5:5:3:1.67:1.67로 비율이 조정되었지만 대세에는 지장이 없었다. 이 조약으로 각국은 1921년 11월 12일부터 모든 주력함의 신규 건조를 10년 동안 중단했다. 이른바 해군 휴일Naval Holiday(군축 조약이 발효된 1922년 8월 17일부터 15년간)이 시작되었다.

세계 각국의 해군에 10년간 신규 전함 건조 중단은 커다란 타격이었다. 시간이 흐르면 신기술이 등장하고, 이 신기술을 적용한 새로운 전함이 등장해야 하는데, 이것이 불가능해졌기 때문이다. 정체였다. 이제 전 세계 전함은 배수량 3만 5000톤에 함포 구경은 최대 16인치로 통일되었다. 이른바 '조약형 전함'이 탄생했다.

이 조약에 가장 충실했던 국가는 영국이었다. 기기묘묘하게 생긴 전함 넬슨급과 시작부터 화력과 배수량에 약점이 있었던 킹 조지 5세급 전함을 보면, 어쩔 수 없었던 영국의 상황을 처절하게 확인할 수 있다. 낙조가 드리운 해가 지지 않는 나라는 조약을 유지하고 지켜내는 것이 그나마 패권을 움켜쥘 수 있는 유일한 방도임을 잘 알고 있었다. 그래서 영국은 조약을 지키기 위해 발버둥 쳤지만 일본이 조약을 탈퇴하면서 모든 노력은 물거품이 되었다.

요즘이라면 '그까짓 전함이 뭐 그리 대단할까?'라고 생각할 수 있지만 당시는 거함거포주의가 해전의 기본이었던 시절이다.

"국가의 운명은 전쟁에 달렸고, 전쟁은 결국 해전에서 끝난다. 그리고 그 해전은 전함의 상호 공방으로 결정된다."

쓰시마 해전에서 일본의 운명을 건져 올린 일본 해군은 누구보다 거함거포주의와 함대 결전 사상에 빠져 있었다(이는 그 시대 해군 관계자들의 기본 상식이기도 했다). 이런 상황에서 전함 수를 규제하고 함포 구경을 제한한다는 것은 손발을 묶어버리는 것과 같았다.

그러나 시대의 흐름에 따른 군축이라 전 세계 해군 관계자들은 '강제 휴가'에 들어갈 수밖에 없었다.

실수인가
고집인가

워싱턴 해군 군축 조약의 화두 중 하나는 전함 무츠였다. 당시 일본에서 건조 중이던 나가토급 2번함 무츠는 일본 해군의 상황을 그대로 보여준다. 워싱턴 해군 군축 조약의 기본 조건은 '건조 중인 전함과 신규 전함 건조 계획의 전면 폐기'였다. 만약 워싱턴 해군 군축 조약이 그대로 체결된다면 전 세계에서 16인치 함포를 장착한 전함은 딱 두 척만 남게 될 터였다. 바로 일본의 나가토와 미국의 메릴랜드(콜로라도급 2번함)였다.

그러나 일본 해군의 생각은 달랐다.

"나가토를 실전에서 활용하려면 전대를 꾸릴 동형함이 최소 한 척 이상 있어야 한다."

일본 해군은 무츠가 너무도 아까웠다. 그동안의 노력과 비용도 아까웠고, 나가토와 함께 전대를 꾸린다면 강력한 16인치 함포로 적을 제압할 수 있을 것이라는 환상도 있었다. 무츠를 그대로 완성하고픈 일본 해군은 의장 공사를 뒤로 미루고 공사를 서둘러 1921년 10월에 준공, 인도까지 했다. 영국 시찰단을 속이기 위해 해군 병원에 있던 입원 환자를 함내 의무실로 이송하는 '쇼'까지 했다. 덕분에 일본은 16인치급 함포를 장착한 전함을 2척 보유할 수 있었다. 하지만 기쁨은 오래가지 않았다.

"일본만 16인치급 함포를 장착한 전함 2척을 보유하는 것은 불공평하다. 우리도 동형의 전함을 건조하겠다."

미국과 영국이 들고일어난 것이다. 당연한 주장이었던 터라 일본도 선선히 동의했다. 하지만 결과는 참담했다. 미국은 메릴랜드 외에 콜로라도급을 2척 더 건조했고, 영국은 넬슨급 2척을 건조했다. 일본의 나가토급 2척을 포함해 16인치급 함포를 장착한 7척의 전함을 '빅 세븐Big 7'이라고 부른다.

일본이 무츠를 고집한 것은 전략적으로 옳았을까? 당시 일본 해군은 나가토와 무츠로 미국의 메릴랜드를 충분히 제압할 수 있다고 생각했는데, 미국이 3척으로 늘어나는 바람에 수적 우위에서 밀렸다. 거기다 신기술을 적용한 영국의 넬슨급에 기술적 우위에서도 밀렸다. 즉, 일본이 무츠를 포기했더라면 미국의 콜로라도급 2척과 영국의 넬슨급 2척을 막을 수 있었다.

물론 단기적으로 봤을 때는 일본의 승리였다. 미국의 콜로라도급은 16인치 함포를 장착했으나 속도가 느렸고, 건조가 중단된 상태였기에 전함이 완성될 때까지는 일본이 2 대 1로 미국을 압도할 수 있었다. 영국의 넬슨급은 아직 설계도도 나오지 않은 상태였고, 그때까지 영국은 16인치 함포를 제작하고 장착해본 경험이 없었다. 미국과 영국의 전함이 완공되고 바다에 나올 때까지는 일본 해군이 분명 전략적 우위에 있었다.

하지만 단기적 우위를 점하기 위해 장래의 위험을 초래했다. 일본 해군이 어떤 계산을 했는지는 모르겠지만 무츠를 지킨 선택은 결과적으로 일본 해군에 도움이 되지 못했다. 무츠는 건조 이후 변변한 실전 한 번 치르지 못하다가 태평양전쟁이 한창이던 1943년 6월 8일 원인 모를 폭발로 가라앉았다(폭발 원인에 대해서는 일본 해군의 '전통'인 구타와 가혹 행위에 질린 수병이 탄약고를 폭발시켰다는 가설이 꾸준히 제기되고 있다).

메이지 유신 이후 확대일로를 걸었던 일본군의 군축은 그렇게 마무리되고 있었다.

07 / 워싱턴 체제의 승자, 일본

워싱턴 해군 군축 조약이 체결되었다. 미국, 영국, 일본은 각각 5:5:3으로 주력함의 비율을 맞췄고, 그동안 각국 정부를 압박하던 건함 경쟁은 일정 부분 해소되었다. 이로써 3국은 전쟁을 피할 수 있었다. 10년 단위로 전쟁을 치르던 일본조차도 1920년대에는 전쟁을 걸렀다. 이렇게만 보면 성공적인 군축 조약이었던 듯하지만, 그 뒤 각자의 사정을 보면 결코 평화로웠다고 말하기는 어렵다.

워싱턴 해군 군축 조약의
정치적 의미

정치공학적으로 봤을 때 워싱턴 체제는 '세계열강이 합심해 일본을 견제한 것'이었다. 앞서 언급했듯이 워싱턴 체제를 유지하기 위해서는 두 가지 전제 조건이 있었다. 바로 '만주와 중국에 진출한 일본에 대한 견제'와 '영일 동맹의 파기'였다.

일본은 제1차 세계대전 중 중국 내 독일의 조차지를 무력으로 점령한 후 중국에 21개 조를 요구했다. 그러나 워싱턴 체제를 통해 21개 조는 후퇴했고, 중국은 일본에 빼앗긴 권익을 되찾을 수 있었다. 그와 함께 이뤄진 영일 동맹의 파기는 일본의 든든한 뒷배였던 영국이 일본을 떠나는 계기가 되었다.

서양을 흉내 내는 원숭이였던 일본은 어느 순간 인간을 위협하는 존재가 되었다. 이를 인지한 서구 열강은 일본을 압박하기 시작했고, 워싱턴 회담에 참여한 미국, 영국, 프랑스, 이탈리아 4개국은 손잡고 일본을 압박했다. 얼마 전까지만 해도 혈맹 운운하던 영국도 일본을 노려보기 시작했다. 국제사회의 냉정함이라고 해야 할까? 아니면 인종주의적 편견이었을까? 물론 일본이 너무 '설친' 건 사실이다. 하지만 그 이전에 국제정치의 냉혹함을 알아야 한다. 국제정치에서 '의리'는 망상이다.

워싱턴 회담은 한 국가의 이익은 국력에 비례한다는 사실을 다시 한번 확인해준 회담이었다. 아울러 제1차 세계대전 이후 새로운 세계 정치 체계가 완성된 회담이었다. 여기서 주목해야 할 것은 열강이 세계의 중심이 대서양에서 태평양으로 이동하고 있음을 인정했다는 점이다. 이전까지 구세계(대서양 저편의 유럽)를 중심으로 돌아가던 국제정치 무대가 신세계(태평양 양편의 미국과 일본)로 넘어왔으며, 열강이 중국을 비롯한 아시아의 이권에 관심이 있고, 자신들의 이권을 지키기 위해 움직이고 있음을 다시 한번 확인한 회담이었다.

"7할이라면 일본이 미국을 공격하는 것은 불가능해도 미국으로부터 공격받을 경우 일본에도 조금은 기회가 있을 것이다."

1930년에 있었던 런던 군축 회의에서 일본의 전권 대표였던 와카쓰키 레이지로若槻禮次郎가 한 말이다. 이는 당시 군부의 절대적인 요구 조건이었다. 7할의 함대를 확보하지 못한다면 일본의 안보가 심각해진다는 논리였다. 일본 해군은 1922년 워싱턴 해군 군축 조약과 이를 보완하기 위해 1930년에 개최된 런던 군축 회의까지 꾸준히 '대미 7할론'을 내세웠다.

1922년 2월 6일 워싱턴 체제가 선포되고 나서 일본 해군은 공황 상태에 빠졌다. 미국에 대한 최소한의 방비라고 선언했던 대미 7할론이 무너졌기 때문이다. 일본 군부는 민간 정부를 불신하게 되었고, 그에 앞서 제1차 세계대전 이후 국제사회의 '룰'이 된 워싱턴 체제도 불신하게 되었다.

이는 꽤 중요한 사안이었다. 현대사에서 문민 통치, 문민 우위의 정치 체계가 완성된 것은 얼마 되지 않았다. 한국만 보더라도 얼마 전까지 군인들이 나라를 통치하지 않았는가? 일본도 마찬가지였다. 다이쇼, 쇼와 시절의 일본 군부는 '일본 정치의 모든 것'이나 다름없었다. 당시 일본은 완벽한 '전쟁 국가'였다. 세이난전쟁을 비롯해 메이지 유신 시절 겪었던 몇 번의 내전을 보면 알겠지만, 일본은 피를 밟고 시작된 나라다. 이 피로 세운 나라는 다른 나라의 피를 통해 근대 국가로 성장했고 제국이 되었다.

전쟁을 통해 건국했고, 전쟁을 통해 완성된 일본에서 군부의 입김이 강해지는 건 당연한 순서였다. 문제는 일본 군부가 입김 정도에서 만족하지 않았다는 점이다. '군부대신 현역 무관제'로 대표되는 군부의 정치 참여로 내각 수상 상당수가 군 출신 인사로 채워지면서 군부가 합법적으로 정부를 인수하는 지경에 이르렀다.

이런 군부가 일본 역사상 최초의 군축을 맞은 기분이 어땠을까? 워싱턴 해군 군축 조약이 시행되기 전 일본 해군은 88함대 건설이라는 장밋빛 꿈을 꾸고 있었다. 늘어난 함대를 유지하기 위한 인적 자원의 확보까지 준비했을 정도였다. 당시 100여 명이었던 해군병학교 입학생을 300명으로 증원하고, 함대 유지를 위한 방법을 구상했지만 모두 물거품이 되었다.

해군병학교 입학생이 300명으로 유지된 기간은 불과 3년이었고, 이후 다시 100명으로 돌아갔다. 계획된 것인지 우연인지 모르겠지만 이 3년간 뽑힌 해군병학교 졸업생은 이후 태평양전쟁에서 활약을 펼쳤다. 이들은 경험이 중요한 함장급으로 활약했는데, 일본은 이들이 있었기에 태평양전쟁을 수행할 수 있었다(전쟁 시 가장 부족한 인적 자원은 영관급이다. 위관급 장교는 단기 교육을 통해 보충할 수 있지만, 군대의 허리가 되어 군을 통솔할 영관급 장교는 많은 경험이 필요하기에 단기 교육으로 보충할 수 없다).

1922년 당시 일본 해군은 분노할 수밖에 없었다. 해군병학교의 예에서 볼 수 있듯이 국가의 안위도 안위지만 함대를 건설해야 하는 이유 중 하나는 보직의 확보와 진급의 확대였다. 일본 해군은 내부에서 부글부글 끓었다. 결국 일본 해군은 '조약파'와 '함대파'로 갈라졌다. 각각 조약 체결에 찬성과 반대를 외쳤지만, 종국에는 이 모든 사태의 원인인 문민정부에 대한 불만을 쏟아냈다. 이 대목에서 주목해야 할 것이 훗날 연합함대 사령관이 되는 야마모토 이소로쿠의 주장이다.

"이 조약의 진정한 의미는 일본이 3으로 묶인 게 아니라 영·미를 5로
묶은 것이다."

하버드 대학에서 수학하고 주미 대사관 무관 생활을 경험했던 야마모
토 이소로쿠는 미국 공업생산력의 무서움을 알고 있었다. 만약 조약이
체결되지 않고 건함 경쟁이 계속되었다면 일본은 미국을 절대 이기지
못한다는 점도 알고 있었다. 그의 예측은 태평양전쟁에서 현실이 되었
다. 태평양전쟁이 발발하고 4년 만에 미국은 (호위 항모를 포함해) 100여
척의 항공모함을 찍어냈다.

아니, 멀리 갈 필요도 없다. 일본은 주력 전함은 미국의 6할 수준까
지 맞출 수 있었지만, 이를 제외한 보조함은 미국 대비 6할은커녕 5할
도 맞추지 못했다. 일본은 공업생산력과 대규모 함선 건조 능력에서 미
국을 쫓아가지 못했다. 미국 해군 관계자들이 "워싱턴 체제의 진정한
승자는 일본"이라고 말한 것도 이런 이유에서다. 사실이다. 일본은 자
신의 능력을 생각지도 않고 허세를 부렸을 뿐이다.

군축과
세계정세의 변화

일본 해군이 군축 조약에 묶여 '휴일'을 보내는 동안 일본 육군도 전체
병력의 4분의 1인 6만여 명을 축소했다. 일본군이 병력을 줄인 것은 메

이지 유신 이후 최초였다. 덕분에 일본은 군사적 모험주의에서 한 발 비켜갔고, 일본 내각은 잠시 재정 건전화와 문민 우위의 꿈을 꾸었다. 물론 군부의 불만은 폭발 직전까지 팽창한 상태였다.

워싱턴 체제의 전제 조건에 의해 일본은 중국 진출에 상당한 제약을 받았다. 여기에 그동안 유지했던 전력을 축소하기까지 했다. 일본의 대외 정책에 변화가 필요한 시점이었다. 그때까지 유지해왔던 강경 일변도의 대외 정책을 더는 수행할 수 없었다. 전쟁 국가 일본으로서는 처음 겪는 혼선이었다. 전쟁을 통해 자신의 권익을 주장하고 식민지를 확보해나가던 일본은 이를 어떻게 받아들여야 할지 혼란스러웠다.

물론 1920년대 중반까지의 일본은 행복했다. 제1차 세계대전으로 경제는 성장했고 미국으로의 수출도 순조로웠다. 아울러 군축 덕분에 재정 압박도 어느 정도 해소되었다. 성장한 민권의식 덕분에 다이쇼 데모크라시도 일정 궤도에 오를 듯 보였다.

가장 큰 변화는 일본이 전쟁을 일으키지 않았다는 점이다. 10년 주기로 전쟁을 일으키던 일본이지만 더 이상 전쟁을 일으키지 않았다. 워싱턴 체제는 일본 군부에게는 족쇄였을지 모르지만 일본 국민에게는 '막간의 행복'이었다. 그러나 행복은 오래가지 못했다.

국제정세가 요동치기 시작했다. 중국이 꿈틀댔고 미국이 흔들리기 시작했다. 장제스蔣介石의 국민당이 민족주의를 배경으로 북벌을 진행했고, 나뉘었던 중국 대륙이 장제스의 주도하에 1928년 통일되었다. 이는 일본으로서는 크나큰 위협이었다. 통일된 중국의 다음 목표는 만주가 분명했다.

게다가 무너진 줄 알았던 러시아가 '소련'이란 이름으로 꿈틀대기 시작했다. 러시아 혁명의 열기가 잠잠해지자 소련은 공산당 주도하에 급속한 공업화를 이룩했다. 그리고 이를 배경으로 과거 러시아의 모습으로 돌아가려 하고 있었다.

그러던 중 1929년 대공황이 터졌다. 증권가에서는 자살자가 속출했고, 집에서 내쫓긴 사람들이 유리걸식했다. 전 세계가 대공황이란 전염병에 걸려 서서히 죽어갔고, 제1차 세계대전 이후 구축된 워싱턴 체제도 흔들렸다.

대개 제1차 세계대전 이후의 국제정세는 윌슨이 조직한 국제연맹을 중심으로 움직였다고 생각하지만(교과서에 그렇게 나오니까) 1922년에 체결된 워싱턴 체제가 그 기반이었다. 패권은 대서양에서 태평양으로 이동 중이었고, 그사이 중국의 이권을 둘러싼 강대국들의 셈법이 바탕에 깔린 '구속력' 있는 체제는 국제연맹이 아니라 워싱턴 체제였다.

중국과 소련의 대두, 미국의 대공황, 그리고 그사이 있었던 '작은' 건함 경쟁은 새로운 군축을 필요로 했다. 워싱턴에 모였던 이들이 8년 만에 런던에 다시 모였다.

08 / 8년 만의 재회, 런던 군축 조약

1922년 2월 6일 워싱턴에서 헤어졌던 세계열강이 1930년 4월 22일 영국 런던에서 다시 만났다. 세계사에서는 이를 '런던 군축 조약'이라고 부른다.

런던 군축 조약의 핵심은 보조함, 그중에서도 '순양함'이었다. 워싱턴 체제로 전함, 순양전함, 항공모함을 완벽하게 묶어놓을 수 있었지만 대형함을 묶어놓자 이번에는 보조함 경쟁이 붙었다. 워싱턴 해군 군축 조약이 체결되어 독^{dock}에 있던 전함들을 모두 박살 내 고철로 넘기는 게 아까웠던 각국은 이를 개장해 항공모함으로 만들었다. 항공모함을 새로 건조할 경우 최대 배수량은 2만 7000톤, 함포 구경은 최대 8인치로 제한하는 등 온갖 규제 조항을 집어넣었지만 꼼수를 쓰기로 작정한 이들에게는 언제나 도망갈 구멍이 있었다.

사실 항공모함의 최대 배수량과 함포 구경의 제한도 꼼수 예방 차원이었다. 전함 뒤에 수상기 몇 대를 올려놓고는 항공모함이라고 우기는 것을 방지하기 위해서였다. 하지만 조약에는 허술한 구멍이 여러 군데 있었다. 배수량 1만 톤 이하의 항공모함은 예외란 점을 들어 미국과 일본은 각각 배수량 7000톤의 랭글리와 호쇼를 만들었다. 이런 구멍은 점점 넓어져만 갔는데, 대표적인 구멍이 순양함이었다.

1만 톤 이하의 순양함과 그 이하의 보조함선에 대해서는 건조 수량, 배수량 제한이 없다시피 했기에 각국은 워싱턴 체제의 규제에서 벗어나 있는 순양함을 건조하기에 바빴다. 물론 기준 배수량 1만 톤, 함포 구경 8인치라는 제한이 존재했지만, 이 안에만 들어간다면 얼마든 배를 건조할 수 있었다. 따라서 상당히 기형적인 순양함들이 제작되었다.

다시 등장한
대미 7할론

순양함으로 대표되는 보조함 문제는 1920년대 중반부터 꾸준히 제기되어온 문제였다. 이미 미국과 영국이 스위스에서 '제네바 해군 군축 회의'를 했지만 소득이 없었다. 이대로 가다가는 워싱턴 해군 군축 조약의 실효성이 사라질 것이라는 우려가 나왔고, 이를 보완해야 한다는 데 의견이 모였다. 미국과 영국이 의견을 같이했으니 이야기는 빠르게 진전되었고, 1930년 런던에서 본격적으로 회담이 열렸다.

당시 일본의 입장은 어땠을까? '대미 7할론'의 고수였다. 일본은 워싱턴 해군 군축 조약 때 내놓은 협상 원칙을 다시 들고나왔다. 전함에서는 지켜내지 못했지만 보조함에서는 대미 7할을 확보해야 한다는 결연한 의지가 있었다. 하지만 협상단의 입장도 강고해서 일본은 다시 쓴잔을 마셔야 했다. 10:10:6.975. 7할에 근접한 비율이었지만 일본 군부의 불안과 불만은 폭발 일보 직전까지 갔다. 아니, 당시 런던 군축 조약에 참가한 미, 영, 일 3국 모두 불만에 차 있었다. 미국은 중순양함이 더 필요했고, 영국은 경순양함을 더 많이 원했다. 어쩌면 런던에서의 협상도 일본의 승리로 끝난 것인지도 모른다.

"어차피 대공황 때문에 긴축 재정을 펴야 한다. 군비를 축소할 수 있고 군부가 명분으로 내세운 7할에 근접한 성과를 냈으니 성공적인 협상이라 할 수 있다"라고 자평할 만한 성과였지만 결국 일본 해군은 폭발했다. 두 차례에 걸친 협상에서 대미 7할론이 부정당했기 때문이다. 해군은 군축을 주장하고 주도한 민간의 정당 세력을 극도로 불신하게 되었다.

이는 상당히 심각한 상황으로 번져 청년 장교들을 중심으로 '쇼와 유신昭和維新'이란 말이 흘러나왔다. 일본 내부가 요동치기 시작했다. 1920년대 말부터 시작된 경제 불안, 뒤이은 대공황으로 일본 경제는 휘청였고, 그사이 다이쇼 데모크라시의 수혜를 입은 자유주의와 민권 사상이 퍼져나갔다. 정치는 불안해졌고 군부에 대한 견제가 '군축'이란 이름으로 도래했다.

여기서 끝났으면 내부의 홍역 정도로 끝이 났겠지만, 국제정세도 요동치고 있었다. 일본의 이익과 직결된 중국 정세가 급변했고, 러일전쟁까지만 하더라도 일본에 호의적이던 국제정세가 1930년대에는 악화일로를 걸었다. 사실 워싱턴 해군 군축 조약 전후로 일본은 국제사회에서 위험한 나라로 낙인찍힌 상태였다.

일본은 언제나 그렇듯 내부의 불안을 외부로 표출하려고 했지만 군비가 축소된 상황에서 함부로 움직일 수도 없는 노릇이었다. 결국 청년 장교들(급진 세력이란 표현이 더 알맞겠지만)이 목소리를 내기 시작했다.

"메이지 유신 정부의 정신을 부흥시켜야 한다! 천황을 중심으로 하는 친정親政 체제로 일본 정치를 개편해야 한다!"

만약 이런 주장을 하는 이들이 우익 단체였다면 극우 세력의 준동 정도로 끝날 문제였지만, 상대는 군부, 그것도 혈기 방자한 청년 장교들이었다. 이들은 목소리를 내는 데 그치지 않고 행동으로 옮기려 했다. 그래서 터진 것이 5·15 사건과 2·26 사건이다(2·26 사건은 '실패한 쿠데타'로 봐야 한다). 쇼와 시절의 오점이라 할 수 있는 군부의 준동이 본격적으로 시작된 사건들이다.

국내에서는 5·15 사건이 2·26 사건보다 상대적으로 덜 조명되는데, 5·15 사건은 일본의 군국주의가 루비콘강을 건너는 계기가 된 사건이다. 런던 군축 조약이 체결된 지 2년 후인 1932년 5월 15일에 벌어진 이 사건은 당시 내각이던 이누카이 쓰요시大養毅 내각, 아니, 문민 내각에 대한 불신이 그 발단이었다.

해군의 청년 장교들은 런던 군축 조약을 체결한 전 수상 와카쓰키 레이지로에 대한 습격을 결의하고 있었는데, 와카쓰키가 선거에서 대패해 와카쓰키 내각 자체가 사라졌다. 청년 장교들 입장에서는 '죽일 대상' 자체가 사라진 셈이었다. 이때 이들의 눈에 들어온 것이 내각총리대신 자리에 오른 이누카이 쓰요시였다. 이누카이는 군축을 지지하고 있었다. 팽창하는 군부를 더는 내버려 둘 수 없다는 판단이었지만, 군부 입장에서는 자신의 '권력'과 관계된 일이었다.

문제는 이런 군축 분위기가 정치권 안에서만 일어난 것이 아니라는 점이다. 1910년대부터 불기 시작한 다이쇼 데모크라시의 훈풍 덕분에 일본 지식인들은 군부에 반감이 있었다. 1920년대를 지나서는 지식인과 사회주의자에게서만 볼 수 있었던 군부에 대한 반감이 일반 시민에게까지 퍼졌다. 과거에는 군복 입은 장교를 보면 길을 비켜주거나 예를 갖췄는데 이제는 군복을 입고 있다는 것만으로도 욕을 먹었다.

이런 사회 분위기에 분개한 해군 청년 장교들은 육군 사관후보생들과 민간 농본주의자들을 규합해 정우회 본부, 경시청, 은행을 습격했다. 여기까지만 보면 단순한 테러 같지만, 이들 중 해군 장교 4명과 육군 사관생도 5명이 수상 관저에 쳐들어가 이누카이 쓰요시를 암살했다.

이후의 사건 진행은 한 편의 블랙코미디였다. 사건의 주모자 11명은 체포되어 재판에 넘겨졌으나 전국적으로 구명 운동이 벌어졌고, 무려 35만 명이 서명한 탄원서가 쇄도했다. 결국 이들은 사면되었지만 그 이후는 완전히 비극이었다. 이 사건을 통해 일본의 정당 정치가 사실상 끝났기 때문이다. 이후 사이토 마코토^{齋藤實}, 오카다 게이스케^{岡田啓介}를 주축으로 하는 군사 내각이 등장해 일본은 완전한 군정 체제로 넘어갔다.

군부의 정계 진출은 기정사실이 되었고, 사회 변화에 예민한 재벌들은 군부가 일본의 핵심임을 확인하고는 군부에 대한 지원과 유착 관계 형성에 들어갔다. 군과 재계가 손잡자 일본의 군국주의는 더 강화되었고, 종국에 가서는 독일과 같은 국가사회주의로 변화했다. 한때 일본 국민의 가슴속에 불었던 다이쇼 데모크라시의 훈풍은 사라지고 이전보다 더 혹독한 군부의 압제가 시작되었다. 이렇게 발생한 군국주의 바람은 이후 쭉 이어져 태평양전쟁까지 논스톱으로 달렸다.

런던에서 또다시 대미 7할론이 부정되긴 했지만 7할에 근접한 수준의 성과를 얻었다. 당시 일본 경제 수준을 고려했을 때 7할을 다 채우는 것은 난망한 일이었다. 그럼에도 일본 군부는 폭주했고 일본은 돌아올 수 없는 '군국주의의 길'로 들어섰다. 이것을 군부의 '폭주'라는 표현 말고 어떤 말로 설명할 수 있을까?

군사 혁명의
시작

1922년 발효된 워싱턴 해군 군축 조약은 해전의 패러다임을 완벽하게 뒤바꿔놓았다. 이전까지는 쓰시마 해전으로 대표되는 '거함거포주의'와 함대 간의 결전이 전쟁의 승패를 결정짓는다는 '함대 결전 사상'이 해전의 기본 양상이었다. 그러나 워싱턴 체제가 완성되고 해군이 '휴일'에 들어가면서 각국 해군은 가지고 있는 전력을 극대화할 방법을 찾았다. 이때 등장한 새로운 무기가 항공기였다. 어제까지 대포로 싸웠다면 내일부터는 비행기가 전장의 주역이 될 것이란 의견이 흘러나왔고, 주력함을 더 건조할 수 없게 된 상황에서 항공모함을 활용한 전술 개발은 하나의 조류로 굳어졌다.

뒤에 설명하겠지만, 일본은 항공모함의 연구, 조종사 양성, 실전 참가 경험을 가장 활발하게 한 국가였다. 태평양전쟁 당시 가장 노련한 함재기 조종사들을 보유한 일본은 이를 기반으로 진주만을 공습했고 멋지게 성공했다(다시 거함거포주의의 환상에 빠져 전함 건조에 들어갔다는 점이 이상하지만).

이렇게 워싱턴 체제는 정치와 군사 모든 면에서 세계사에 커다란 족적을 남겼다. 지금도 군축을 말할 때 가장 먼저, 가장 많이 언급하는 것이 워싱턴 해군 군축 조약이다. 가장 성공적인 군축 조약이었고, 동시대 해군을 기형적으로 변형시켜 '조약형 해군' '조약형 전함' 등의 신조어를 만들어낸 가장 실효성 높은 군축 조약이었다.

정치적 성과를 보자면, 군국주의 일본의 발목에 족쇄를 채워 10년 가까이 일본의 팽창 야욕을 억제했다. 이는 높게 사야 할 점이지만 1930년대의 일본을 생각하면 워싱턴 체제가 일본의 야욕을 일시적으로 억눌렀을 뿐이란 사실을 알 수 있다. 아니, 억누른 반작용으로 오히려 더 크게 폭발시켰다고 보는 편이 맞다.

09 / 일본은 어떻게 실패했나 Ⅰ

워싱턴 해군 군축 조약의 체결과 이후의 군축으로 해군은 전력 확보에 어려움을 겪었다. 언제나 그렇지만 군인은 '전쟁'에 대비하는 존재다. 손발이 묶였다면 이로 물어뜯는 법을 고민해야 하는 것이 군인이다. 대미 6할의 한정된 전력으로 가상 적국인 미국을 상대해야 하는 일본은 없는 자원과 머리를 쥐어짜 미국을 상대할 방법을 모색했다. 1920년대부터 일본 해군은 '승산 없는 전쟁'에 뛰어들었다.

그렇게 해서 나온 방법이 '마루 계획ᄀᄉ計画'이라 불리는 꼼수 전력 확충 계획과 '점감요격작전漸減邀撃作戦'이었다. 마루 계획과 점감요격작전은 태평양전쟁 때까지 일본 해군의 기본 틀이 되었고, 일본 해군에 수많은 전설(전설이라 쓰고 삽질이라 읽는다)과 실패를 안겨주었다. 워싱턴 체제와 이후의 중일전쟁, 태평양전쟁으로 이어지는 20여 년간 일본 해군이 어떻게 실패했는지를 알고 싶다면 이 두 계획을 보면 된다.

노력은 가상했다. 워싱턴 해군 군축 조약의 결과로 일본 해군은 대놓고 전력을 확충할 수 없게 되었다. 그렇다고 손 놓고 앉아 있을 수만은 없었기에 다른 조약국을 속이겠다는 야심 찬 계획을 짰다. 그래서 나온 게 마루 계획이다.

"지금 만들고 있는 배는 전함이나 항공모함이 아니라 보조함이야. 보조함을 만들지 말란 법은 없잖아?"

조약국들에는 이런 식으로 사기를 치고 실제로는 전쟁 발생 시 다른 목적으로 사용할 배를 만드는 게 마루 계획의 핵심이었다. 대표적인 예가 항공모함 류호龍鳳다. 항공모함인지 수송함인지 불분명했던 이 배는 말 그대로 '시대가 만든 사생아'였다.

배수량 1만 6700톤의 이 항공모함이 탄생할 때 이름은 '타이게이大鯨', 함종 분류는 '잠수함 모함'이었다. "기존의 노후화된 잠수함 모함을 대체하기 위한 건조다. 새로 배치되고 있는 주력 잠수함인 1급(이伊형) 잠수함을 지원하기 위해 꼭 필요하다"라는 해군의 설명은 일견 타당했다. 망망대해에서 작전을 펼치는 잠수함들에 대한 보급과 지원을 위해서는 잠수함 모함이 필요하고, 이형 잠수함이 배치되면서 신형 잠수함 모함이 필요해진 것도 사실이었다.

그러나 여기에는 숨겨진 비밀이 있었다. 당시 일본 해군은 타이게이를 잠수함 모함으로 사용할 생각이 없었다. 아니, 사용할 수도 있었겠지만 건조할 때부터 항공모함으로의 개장을 염두에 두고 설계했다.

"항공모함을 찍어낼 수 없으니 일단은 잠수함 모함이라고 말해놓고 그렇게 쓰자. 그러다가 전쟁이 났을 때 이걸 항공모함으로 개장하면 몇 달만에 항공모함 한 척을 만들어내는 것과 같은 효과를 얻을 수 있다."

'위장 항공모함'이랄까? 류호뿐만이 아니었다. 류호에 급유 기능을 확충한 '고속 급유함' 츠루기사키劍埼, 다카사키高崎 등도 있었다. 이들은 워싱턴 해군 군축 조약 탈퇴 후 전쟁을 준비하면서 개장하여 각각 쇼호祥鳳와 즈이호瑞鳳라는 경항공모함으로 재탄생했다.

하지만 이렇게 만들어진 '위장 항공모함'의 성과는 좋지 않았다. 비운의 항공모함이라고나 할까? 류호는 정찰이나 수송, 훈련용으로 쓰다가 끝났고, 쇼호는 '태평양전쟁에서 일본이 잃은 최초의 항공모함'이라는 오명을 얻었다. 즈이호는 1944년 10월 25일 오후 3시 27분 격침되면서 일본 항공 전대의 궤멸을 선언했다. 동형함(동형함이라 묶기도 애매하지만)의 운명치고는 참 얄궂은 운명이랄까? 당시 일본 해군의 절박함이 이해는 가지만, 이런 식의 개장을 전제로 한 설계와 건조에는 문제가 많았다. 류호만 봐도 잘 알 수 있는데, 건조 도중 선체가 뒤틀리거나 금이 가기도 했으며, 실질적으로 항공모함으로 쓰기에는 여러 문제가 있었다. 그럼에도 일본 해군은 점점 더 꼼수를 부렸다.

"민간에서도 배를 건조하잖아? 이렇게 건조하는 배를 전시에 징발해 항공모함으로 개조하면 군축 조약을 피해 가면서도 항공모함 전력을 확충할 수 있지 않을까?"

민간용으로 만든 배를 군함으로 개조한다면 설계상 분명히 한계가 있겠지만, 애초에 군함으로의 용도 변경을 전제로 설계한다면 훗날 징발하여 개장했을 때 군함에 근접한 실력을 발휘할 것이란 계산이었다. 이른바 '우수 선박 건조 조성 시설' 계획이다.

일본 해군은 민간이 대형 고속 여객선(항공모함은 함대와 연계할 수 있는 속도가 중요했기에)을 건조할 때 보조금을 주고, 전쟁 시 이를 징발할 계획을 짰다. 이런 계획은 계속 이어졌는데, 수상기 모함으로 만들었다가 항모로 개조한 치토세千歳, 치요다千代田 등도 마루 계획의 일환이었다. 일본 해군은 전쟁을 대비해 조약을 피해 갈 수 있는 모든 방법을 연구하며 착실히 미래를 준비했다. 그러나 이런 식의 준비로는 미국을 상대할 수 없다는 사실은 애써 외면했다.

해군의 욕심은 끝이 없었고, 워싱턴 해군 군축 조약이 발효되고 나서 각국 해군은 조약에 묶여 있는 주력함 대신 보조함인 순양함이나 구축함 생산에 열을 올렸다. 그러다 보조함마저 런던 군축 조약 때문에 손이 묶이자 이들은 다른 방식으로 자신들의 전력을 확충하겠다고 결심했다. "배에 달 수 있는 모든 무장을 달자!" 배 한 척에 세 개의 포탑을 탑재하면 한 척의 역할밖에 못 하지만, 여섯 개의 포탑을 탑재하면 두 척의 역할을 할 수 있다는 논리였다. 그래서 일본 해군은 달 수 있는 모든 무장을 배에 욱여넣었다.

그러다 결국 사고가 터졌다. 1934년 3월 12일 훈련을 위해 바다로 나갔던 수뢰정 토모즈루友鶴가 좌초했다. '토모즈루 사건'이라 불리는 일본 해군의 대참사였다. 1934년 2월 훈련을 위해 사세보항을 떠난 사세보 경비대 제21수뢰대(경순양함 다쓰다, 치도리급 수뢰정 치도리, 미니즈루, 토모즈루로 편성)는 훈련을 마치고 귀항하는 도중 풍랑을 맞았고, 이때 수뢰정 토모즈루가 높은 파도에 휩쓸려 전복·표류했다. 일본 해군은 즉시 수색대를 편성해 토모즈루의 수색과 구출 작전에 들어갔지만 기상 악화로 탐색이 불가능했다. 잠시 임시 정박지로 피항한 후 수색 작업을 재개해 해군은 사건 발생 7시간 20분 만에 토모즈루를 발견해 예인했다.

사세보항으로 예인된 토모즈루를 부상시킨 후 생존자를 확인했는데, 정원 113명 중 생존자는 겨우 13명이었다. 정장인 이와세 오쿠이치岩瀬奥市 소좌 이하 100명의 승무원이 사망했다. 당시 일본 해군은 생존자 확인 후 제4병사실에 공기를 불어 넣고 배 밑에 직경 50센티미터 구멍을 뚫으며 악전고투했지만 건질 수 있는 생명은 고작 13명뿐이었다.

이 사건은 일본 해군과 국민에게 큰 충격이었다. 전시도 아닌 상황에서 배가 뒤집히고 병사들이 죽다니 이해할 수 없는 사건이었다. 단순히 날씨 탓도 아니었다. 천재가 아닌 인재였다. 일어날 일이 일어났고, 당연한 일이 벌어진 것이었다.

당시 토모즈루는 600톤도 안 되는, 기준 배수량 544톤의 수뢰정이었는데, 구축함을 넘어서는 과무장 상태였다. 우리나라의 윤영하급만 한 배(기준 배수량 440톤, 만재 배수량 570톤)에 12.7센티미터 50구경장 함포 연장, 단장 하나씩에 2연장 어뢰 2개(어뢰는 8발 휴대)를 달고 있었다. 우리 입장에서 과무장이라고 말하긴 그렇지만(외국인들이 우리나라 포항급, 울산급 함정을 보면 깜짝 놀란다. 그 작은 함에 여기저기 포를 욱여넣었으니 말이다) 분명한 과무장이었다.

이는 태평양전쟁 말기 일본이 생산했던 양산형 구축함(그 혼란기에 154척이나 양산할 계획을 세웠지만 실제로는 32척만 건조했다)을 보면 확실해진다. 마츠松급은 배수량이 1300톤이었으나 12.7센티미터 연장고각포 1기, 단장포 1기, 어뢰발사관 4연장 1기(그나마 예비탄도 없었다)가 고작이었다. 물론 대공·대잠 능력을 강화하기 위해 폭뢰와 25밀리미터 3연장 기관포 4기와 각종 기관총을 설치했지만 토모즈루의 배수량에 비하면 훨씬 여유 있었다. 배수량이 두 배 이상 차이 나지 않는가?

토모즈루 사건으로 해군은 자신들의 실수를 인정할 수밖에 없었다. 무슨 수를 쓰더라도 정해진 배수량 안에서 최대한의 전투력을 끌어내 보겠다며 달 수 있는 모든 무장을 단 결과 무게중심이 올라갔고 복원성이 나빠졌다. 결국 일본 해군은 보유하고 있는 모든 함선뿐 아니라 건조 중인 함선까지도 대대적으로 개조하는 작업에 들어갔다.

워싱턴 해군 군축 조약이 빚어낸 비극이었을까? 아니, 그보다는 일본 해군의 과욕이 부른 참사였다. 그러나 일본 해군의 악몽은 여기서 끝나지 않았다. 토모즈루 사건 이후 1년이 흐른 1935년 9월 26일, 해군은 똑같은 실수를 다시 한번 겪었다. 바로 '제4함대 사건'이다.

4년마다 실시한 일본 해군의 대연습을 위해 임시로 편성된 제4함대는 가상의 적 역할을 맡았다. 항공모함, 중순양함, 경순양함, 잠수모함, 구축함 등으로 구성된 41척의 함대는 마츠시타 하지메松下元 중장의 지휘 아래 하코다테항을 출발, 이와테현 동쪽 해협 250해리에서 연습을 시작하려 했다.

문제는 날씨, 아니, 기상 예보였다. 당시 기상 예보는 "제7호 태풍이 일본을 벗어나 북쪽으로 향한다"고 했다. 그래서 연습에는 차질이 없을 줄 알았는데, 기상 예보가 틀리고 만 것이다. 태풍의 진로를 잘못 예측한 예보 때문에 제4함대는 태풍의 영향권 안에 들어갔다. 초속 20미터의 속도에 점점 커지는 태풍을 보면서도 제4함대는 연습을 강행했다. 태풍은 점점 강해졌고 초속 40미터의 속력으로 바다를 요동치게 했다. 높이가 18미터에 달하는 파도에 제4함대는 41척 중 19척이 박살이 났다. 항공모함 류조龍驤는 함교가 박살 났고, 항공모함 호쇼鳳翔는 전방 비행갑판이 박살 났다. 일본 해군이 자랑하던 후부키吹雪형 구축함 2척은 아예 함교 앞 함수 부분이 떨어져 나가버렸다. 바로 하츠유키初雪와 유기리夕霧(후부키급이 아니라 아야나미급이라고 해야 하나?)였다.

충격적인 사실은 당시 일본 해군이 하츠유키를 공격했다는 점이다.

절단되어 떨어져 나간 함수 부분에 수병들이 남아 있었지만 이들을 구출할 방법이 없었다. 문제는 이 떨어져 나간 부분에 통신실이 있었는데, 만약 이를 다른 나라가 발견한다면 통신실 안에 있던 암호표가 적국 손에 넘어갈 수도 있었다. 결국 제4함대는 이 떨어져 나간 함수 부분을 포격했다.

하츠유키와 유기리 정도의 피해는 아니었지만 다른 함선들의 피해도 만만치 않았다. 함교가 대파되거나 선체 중앙부 리벳이 뜯겨나간 건 애교였고, 선체 중앙에 균열이 생긴 함선도 있었다. 그 결과 54명의 사망자(실종자 포함)가 발생했다.

왜 이런 참사가 일어났을까? 태풍 탓일까? 물론 태풍의 문제도 있었다. 그러나 구조적인 문제가 더 컸다. 선체 이상 보고가 있었음에도 출항을 강행한 무사안일주의도 문제였지만, 배수량을 생각하지 않고 한계까지 무장을 탑재한 것이 더 큰 문제였다. 그러니 선체가 버티지 못한 것이다. 욕심이 끝이 없었던 일본 해군은 같은 실수를 반복했다. 군축 조약을 피해가기 위해 온갖 꼼수를 다 썼지만 결과가 썩 좋지만은 않았다.

10 / 일본은 어떻게 실패했나 II

러일전쟁과 제1차 세계대전을 지켜본 세계의 군사전략가들은 하나의 결론에 도달했다.

"근대전은 공격자보다 방어자가 더 유리하다."

이런 결론을 잘 증명해주는 사례가 프랑스의 마지노선^{Maginot Line}이다. 제1차 세계대전 동안 프랑스의 18~27세 남성 인구 중 27퍼센트가 전장에서 사망했다. 150만 명의 사망자 앞에서 프랑스인들은 절망했고, 마지노선 건설 계획이 나왔을 때 압도적 지지를 보냈다(정치인들도 마찬가지였다). 프랑스는 9년간 총연장 750킬로미터의 거대한 요새를 만들어냈다.

여기서 굳이 마지노선의 효용성에 관해 이야기하지는 않겠다. 다만 주목해야 할 것은 국가의 전략이 정해지고 국가의 군사 전략과 전술이 개발되었다는 점이다. 프랑스는 제1차 세계대전의 악몽을 재현하고 싶지 않았기에 완벽한 '수성'의 방법으로 군사 전략을 짰고, 이를 실천하기 위해 마지노선을 만들었다.

그렇다면 일본 해군은 어땠을까? 미국을 가상 적국으로 설정해놓았지만, 미 해군 전력의 6할만을 확보한 일본 해군은 어떤 전략으로 미국을 상대하려 했을까?

쓰시마 해전
그 찬란했던 기억

1905년 일본은 러시아 발트함대를 상대로 크게 승리했다. 그 덕분에 일본은 함대 결전 사상에 심취하게 되었다(이는 당시 전 세계 해군의 기본 상식이었다. 일본은 이를 몸으로 경험한 상태였기에 딱히 비판할 이유는 없다). 그 결과 일본은 거함거포주의에 빠져들어 건함 경쟁에 뛰어들었고, 끝이 보이지 않는 건함 경쟁에 내몰렸다. 이때 일본 국민에게 한 줄기 빛이 되어준 것이 워싱턴 해군 군축 조약이었다.

문제는 이때부터다. 미국 해군에 비해 6할의 전력만 가진 일본 해군이 어떻게 미국을 상대할 것인가? 이때 떠오른 것이 쓰시마 해전이었다. 지구 반 바퀴를 돌아 일본까지 왔던 발트함대를 격멸한 쓰시마 해전. 일본 해군은 러시아 함대의 여정에 관심을 가졌다.

"적의 전력을 갉아먹으며 기다리다가 결정적 순간에 주력 함대를 투입해 함대 결전으로 격멸한다."

말 많고 탈 많았던 '점감요격작전'의 등장이다. 1920년대부터 일본 해군은 이 점감요격작전의 기초를 닦았고, 이 작전을 바탕으로 태평양전쟁을 준비했다. 그리고 해군의 전략이 정해지자 그에 맞춰 장비를 특화했다. 그 결과 태평양전쟁에서 점감요격작전에 특화된 장비로 작전을 펼쳤고 많은 문제를 일으켰다.

진주만 공격 때 항속 거리가 짧은 함선은 항공모함에 쌓아놓은 연료통으로 급유해야 했다. 당시 기준으로 비정상적으로 긴 항속 거리를 요구받은 제로센은 방탄 장갑은 물론, 연료탱크 방루 장비도 없는 상태에서 날개에 연료를 채워 넣어야 했다. 그 결과 불타는 관이 되었다.

독일을 비롯한 다른 추축국 잠수함이 보급선이나 상선을 공격할 때 일본 해군 잠수함은 눈에 불을 켜고 군함만 공격했다. 더 안타까운 것은 해군 본부가 어뢰 발사량을 제한했다는 점이다. 목표물의 크기와 종류에 따라 어뢰 발사량을 제한했기에 성과는 더더욱 낮을 수밖에 없었다.

과연 이 점감요격작전이란 뭘까? 한마디로 '미 해군 함대를 순차적으로 소모시킨 다음, 일본 해군이 원하는 장소, 원하는 시간에 함대 결전으로 격멸시킨다'는 작전이다. 정말 말도 안 되는 소리다. 객관적 전력이나 보급 같은 요소는 차치하고 행위 자체만 놓고 봤을 때 공격자가 방어자보다 유리한 점은 무엇일까? 바로 '공격 시간과 장소를 공격자가 고를 수 있다'는 점이다. 즉, 내가 원하는 시기에 원하는 장소로 밀고 들어올 수 있다. 만약 내키지 않는다면 공격을 안 할 수도 있고, 공격 대신 수비를 선택하거나 전황을 관망할 수도 있다. 만약 육지에서 전투가 벌어진다면 방어하는 쪽에서 적의 이동 방향을 예측하거나 공격하는 사람의 진출 방향을 제한할 수도 있지만 바다의 경우는 다르다. 망망대해에서 미국이 어디로 올지 어떻게 알 수 있을까? 그건 오로지 미국의 마음이다. 아니, 아예 공격 대신 수비를 선택할 수도 있다.

그런데 일본은 전쟁이 나면 미국이 공격해올 것이고, 그 공격 경로는 '하와이 → 일본 위임 통치령 → 오가사와라 제도 혹은 북마리아나 제도'가 될 것이라고 단정했다. 그리고 이 경로를 요격하겠다는 작전을 짰다. 과연 미국이 일본 말을 잘 들었을까? 결과는 역사로 확인할 수 있다. 점감요격작전의 실효성에 관해서는 더 설명하지 않아도 될 테고, 여기서 확인해볼 것은 작전의 내용이다.

점감요격작전은 총 다섯 단계로 구성되어 있다.

1단계 잠수함으로 구성된 잠수 함대가 뇌격전(부설함과 구축함을 주력으로 벌이는 싸움)을 통해 출격한 미 해군 함대의 10퍼센트를 제거한다.

2단계 일본 위임 통치령에 소재하는 해군 항공 기지와 항공모함 함재 기를 동원해 미 해군 항공모함 부대와 항공 전력을 깎아낸다. 이 공격으로 미 해군 함대 전력의 10퍼센트를 제거한다.

3단계 야간에 공고급 순양전함, 중순양함, 경순양함, 구축함으로 구성 된 수뢰전대를 투입해 야간전을 벌인다. 이때 공고급 순양전함과 중순양 함은 미 해군의 호위 함대와 순양함, 구축함을 제압해 주력 전함으로 향하 는 길을 연다. 이 길을 통해 구축함들이 침입하여 산소 어뢰로 뇌격한다.

4단계 미 해군 함대가 1~3단계의 공격으로 전력이 깎인 상황에서 오 가사와라 제도나 북마리아나 제도로 들어오면 일본 해군은 야마토를 중 심으로 한 전 함대를 동원해 함대 결전을 벌인다.

5단계 함대 결전으로 패배한 미 해군이 퇴각할 때 일본 해군의 구식함, 보조함, 항공대가 추격해 격멸한다.

보고만 있어도 가슴이 뛰는 멋진 작전이다. 물론 미 해군이 일본 계 획대로 움직여줘야 한다는 '확실한 약속'이 있어야 하지만, 구상만 본 다면 나름 비장미가 흐른다.

하나씩 살펴보자. 1단계의 잠수함을 통한 뇌격전은 점감요격작전의 실질적인 창시자이자 일본 잠수 함대의 수준을 끌어올린 스에츠구 노 부마사未次信正의 색채가 물씬 묻어나는 대목이다. 스에츠구 노부마사는 제1차 세계대전 최대의 해전이자 함대 결전으로는 마지막 해전이었던 유틀란트 해전을 보고 독일 해군의 잠수함 활용법에 감동받아 이를 연 구했다.

2단계에서는 항공대의 활약을 전제로 한 작전 계획이 눈에 띈다. 거함거포주의의 총아인 전함이 아니라 항공기를 주력으로 하는 항공모함이 부상하는 상황이었지만 이때만 해도 항공기를 보조 전력으로 여겼다.

3단계에는 일본 해군의 자랑인(육군도 마찬가지지만) 야전夜戰이 등장한다. 일본은 유달리 야간전에 자신을 보였는데, 그 이유는 어디에 있을까? 근거 없는 자신감일까? 아니다. 당시 일본 해군은 "우리는 세계 최고의 야전 장비가 있다!"고 믿었다. 1920년대 일본광학공업(지금의 니콘)이 개발해 일본군에 납품한 쌍안경, 잠망경, 조준경 등은 세계 최고 수준이었다. 특히나 견시見視(망보기)에 필수인 쌍안경은 우수한 집광 능력과 고배율을 자랑했다. 자신들의 광학 장비가 타국 해군의 광학 장비보다 우수하다고 믿었던 일본 해군은 여기에 조명탄까지 결합한다면 야간전은 필승이라고 생각했다. 당시 일본 해군은 조명탄에 낙하산을 다는 방법을 고안해 적 함대의 상공에 쏘아 올렸는데, 그 효과가 탁월하다고 자평했다. 다시 말해 야간전에 대한 일본 해군의 자신감은 니콘의 쌍안경과 낙하산 달린 조명탄에서 비롯되었다. 레이더가 등장하면서 쌍안경과 조명탄을 활용한 야간전은 시대에 뒤떨어진 것이 되었지만, 일본 해군은 끝까지 야간전이 자신들의 주특기라고 우겼다.

4단계를 보노라면 기분이 참 묘해진다. 일본이 최초로 점감요격작전을 계획했을 때에는 오키나와를 상정해놓고 작전을 짰지만, 함포가 점점 거대해지고 항공모함과 항공기가 등장하면서 본토에 대한 공격 가능성이 점쳐졌다. 따라서 결전 장소는 본토에서 점점 멀어져 오가사와라 제도까지 밀려났다. 여기서 주목할 부분은 "야마토를 중심으로 한 전 함대를 동원해 함대 결전을 벌인다"는 대목이다. 일본은 아직 쓰시마 해전의 그림자에 발목이 잡혀 있었다. 세계 최초로 항공모함을 중심으로 한 기동부대를 만들어 멋들어지게 진주만을 기습한 일본이 다시 함대 결전 사상으로 회귀하는 모습이 안타까울 따름이다.

어쨌든 점감요격작전의 핵심인 4단계의 사상적 배경은 쓰시마 해전 이후로 진리가 된 함대 결전 사상이었다. 군사 철학이나 사상이 실제 전쟁에서 어떤 식으로 작용하는지 언뜻 이해가 안 갈지도 모르겠다. 한 가지 예를 들어보자.

태평양전쟁 당시 일본 해군은 진주만 기습 공격으로 기동함대의 위력을 절감했음에도 거함거포주의, 함대 결전 사상에서 벗어나지 못했다. 그리고 이를 실전에서 그대로 구현한 작전을 선보였다. 산호해 해전, 동솔로몬 해전, 레이테만 해전의 공통점은 일본 해군이 항공모함을 미끼로 던져놓고 함대 결전을 시도한 해전이었다는 점이다. 산호해 해전에서는 멀찌감치 경항공모함을 떨어뜨려 놨고, 동솔로몬 해전에서는 대놓고 경항공모함 류조를 미끼로 던져놨으며, 레이테만 해전에서는 정규 항모인 즈이카쿠瑞鶴를 미끼로 던져놨다. 당시 미 해군이 항공모함을 최우선으로 보호한 것과는 대조적인 모습이다. 결국 어떤 군사 전력, 사상이 있느냐가 전쟁의 결과를 좌우한다.

5단계는 굳이 설명이 필요 없을 듯하다.

일본 스스로가 부정한
점감요격작전

일본 군부를 대표하는 단어가 하나 있다면 바로 '파벌'이다. 근대 일본의 시작 자체가 파벌이었고, 근대 일본 육군과 해군의 시초도 파벌이기에 일본군은 파벌과 떼려야 뗄 수 없는 관계였다. 처음에는 육군과 해군의 갈등으로 시작되었지만 곧 육군과 해군 내부에서도 파벌이 갈렸다.

해군에서 가장 유명한 파벌은 '함대파'와 '조약파'이다. 함대파는 워싱턴 체제 자체에 불만을 품었으며 전통적인 해군 사상인 함대 결전 사상을 믿었다. 그래서 이들은 전함과 순양함 같은 '수상 함대'를 중시했다. 반면 조약파는 워싱턴 체제를 준수하는 새롭게 등장한 파벌이었다. 이들은 항공모함이나 해군 항공대를 육성해 해군의 주력으로 삼아야 한다고 주장했다.

함대파는 함대 결전 사상을 바탕으로 한 점감요격작전을 열렬히 찬성할 수밖에 없었다. 문제는 함대파 스스로가 그 점감요격작전을 부정했다는 사실이다. 옛 일본 해군에 관심이 있다면 나카무라 류조^{中村良三}란 이름을 한 번쯤 들어봤을 것이다. 야마토형 전함의 건조 계획을 세울 때 항공주병론을 내세웠던 야마모토 이소로쿠와 대치한 것으로도 유명한 인물이다. 당시 함정본부장 자리에 앉아 있었던 나카무라 류조는 결국 꿈에 그리던 야마토급 전함 2척의 건조를 성사시켰다.

거함거포주의의 화신이자 점감요격작전의 대가였던 나카무라는 점감요격작전의 한계를 몸소 보여줬다. 그가 중장이던 시절, 일본 해군은 홍군과 청군으로 나눠 점감요격작전을 도상 훈련했다(직접 함대를 띄우는 대연습은 아니었다). 이때 나카무라가 미 해군 역할을 맡아 함대를 지휘했는데, 그는 점감요격작전의 대가임에도 불구하고 일본 해군을 박살냈다. 이후 훈련 강평을 할 때 일본 해군 측 참모들이 불만을 터뜨렸다. "홍군의 작전은 상식에서 벗어난 작전 행동이다." 이때 나카무라는 역사적인 한마디를 남긴다.

"미국은 일본이 생각한 대로 움직여주지 않아! 그렇게 생각하는 것 자체가 대실수다!"

점감요격작전의 대가가 직접 점감요격작전의 한계를 인정한 셈이다. 애초에 전제부터가 잘못된 작전이었다. 그의 말처럼 미국은 일본의 생각대로 움직여주지 않았다. 아니, 그렇게 움직일 이유조차 없었다.

"대군은 책략이 필요하지 않다"라는 말이 있다. 미 해군의 조공助攻 부대가 일본 해군의 주력 함대보다 숫자가 더 많았던 터라 일본이 주공 부대와 조공 부대를 착각하는 일도 있었다. 일본은 미국과의 전력 차이, 생산력 차이를 너무도 안이하게 판단했다. 그나마 다행이라면, 점감요격작전은 계획과 연습만 했지 실전에서는 실행하지 않았다는 점이다. 그러나 함대 결전 사상과 점감요격작전을 위해 건조된 함정들은 유령처럼 달라붙어 태평양전쟁 내내 일본 해군을 괴롭혔다.

11 / 만주국은 어떻게 탄생했나

"대학은 졸업했지만…."
1930년대 일본 젊은이들 사이에서 유행하던 말이다. 대학은 졸업했지만 일자리가 없어서 절망한 일본 젊은이들의 자조 섞인 푸념이었다(지금의 우리나라와 비슷하다고나 할까?). 1929년 불어닥친 대공황의 여파로 일본에는 실업자가 넘쳐났고, 사람들은 일자리를 찾아 헤맸다.

일본에 위기가 닥쳤다. 단순히 경제 위기로만 볼 문제가 아니었다.

대공황으로 일본은 또다시 '전쟁 국가'로 돌아가려 하고 있었다. 다이쇼 데모크라시를 바탕으로 민주주의와 정당 정치를 발전시키고, 워싱턴 해군 군축 조약으로 군비를 삭감하고, 이렇게 확보한 재정으로 산업발전에 투자하고, 악화일로를 걸었던 해외 열강과의 화해 분위기를 경제 협력으로 이끌어 일본의 발전을 이룩한다는 이상적인 구도. 이 모든 생각과 계획이 수포로 돌아가게 되었다. 일본은 전쟁으로 경제 위기를 극복하려 했다.

군이
움직이다

1930년 말 만주에 체류하는 일본인은 22만 8700명에 달했다. 이렇게 많은 일본인이 만주에 진출한 데에는 '국방 사상 보급 운동'이라는 일본군의 숨은 노력이 있었다. 당시 일본 육군은 농촌을 중심으로 국방 사상('만주 설명회'라는 이름이 더 어울리겠지만)을 보급했다.

"만주에는 기름진 평야가 널려 있다. 원래는 중국 땅이지만 당장 우리가 죽게 생겼는데 이걸 그냥 포기할 것인가? 본토에서 굶어 죽느니 만주에 가서 인간답게 살아보지 않겠는가? 만주는 우리 20만 장병의 피로 얻은 곳이다."

일본 군부는 대공황으로 촉발된 경제 위기의 탈출구와 인구 과잉 문제의 돌파구로 만주를 생각하고 있었다. 물론 여기에는 '만주의 완전한 확보'라는 '군사적 목적도 있었다. 조선을 식민지로 만들어 만주로 가는 발판을 만들고, 만주를 확실히 다져 소련 침략의 거점으로 만든다는 것이 일본 육군의 판단이었다. 더군다나 중국을 통일한 장제스가 언제 만주로 총구를 돌릴지 모르는 상황이었기에 만주를 확실하게 다져놔야 했다.

1931년 9월 18일 봉천 근처의 만철선 위에서 폭발이 일어났다. 관동군(만주에 주둔했던 일본 육군 부대)의 음모였다. 당시 관동군은 공격 준비를 마쳐놓은 상태였고, 이 폭발 사건을 빌미로 만주에 있는 중국군(장쉐량張學良의 군대)을 공격하기 시작했다. '만주사변'이 터진 것이다.

일본 정부는 이 사실을 통보받았을까? 당시 일본 외무대신인 시데하라 기주로幣原喜重郎가 이를 안 것은 9월 19일 조간 신문에서였다. 시데하라는 긴급 각료 회의를 열고 전쟁 확대 방지를 천명했지만, 그 누구도 관동군을 제어할 수 없었다(태평양전쟁 당시 대본영이 나서도 관동군을 통제할 수 없었다. 일본이 패망한 이유를 알겠는가?).

1932년 1월 3일 관동군은 만주를 함락했다. 관동군은 정부와 군부의 견제와 압박에도 만주 각지를 돌며 만주국 건국 운동을 벌이도록 선동했다. 이미 1931년 11월 8일 톈진天津에서 폭동을 일으켜 청나라의 마지막 황제인 푸이溥儀를 만주로 데려온 상태였다.

그리고 대망의 1932년 3월 1일, 만주국이 탄생했다. 인구 3400만, 한반도 면적의 다섯 배나 되는 나라가 불과 몇 달 만에 탄생했다. 이런 만주국의 성격을 잘 보여주는 문서가 하나 있는데, 바로 푸이가 관동군 사령관 혼조 시게루本庄繁에게 보낸 서한이다.

1. 폐국弊國은 금후 국방 및 치안 유지를 귀국에 위탁하고 그 소요 경비를 모두 폐국이 부담한다.

2. 폐국은 귀국 군대가 국방상 필요로 하는 한 기설旣設 철도, 항만, 수로, 항공로 등의 관리 및 신로 부설을 모두 귀국 또는 귀국이 지정하는 기관에 위탁함을 승인한다.

3. 폐국은 귀국 군대가 필요하다고 인정하는 각종 시설에 관해 극력 이를 원조한다.

4. 귀국인으로서 달식명망達識名望 있는 자를 폐국 참의로 임명하고 기타 중앙 및 지방 관공서에 귀국인을 임명하되 그 선임은 귀국 사령관의 추천에 따르고 해직은 동 사령관의 동의를 요건으로 한다.

5. 상기 각 항의 취지 및 규정은 장래 양국 사이에 정식으로 체결할 조약의 기초가 된다.

만주국은 청나라의 후신일까, 일본의 식민지일까? 둘 다 틀렸다. 만주국은 관동군의 나라였다. 일본 정부는 만주사변이 시작될 때부터 이를 반대해왔지만 이미 일본의 군부는 민간의 통제를 벗어난 조직이었다.

일본 군부에게 만주는 러일전쟁 당시 20만 일본 장병이 피를 흘려 얻은 특별한 곳이었다. 일본 군부는 만주가 일본의 생명선과 같은 곳이라며 '만주 생명선론'을 주장하고 나섰다. 그런데 이 생명선이 위협받고 있었다. 제1차 세계대전 때 확보한 21개 조 요구가 워싱턴 체제로 위협받았고, 소련은 급속한 공업화로 옛 러시아의 위세를 회복하는 듯 보였다. 게다가 장제스가 중국을 통일하면서 조만간 중국과 충돌할 수도 있는 상황이었다.

그렇다면 왜 관동군은 만주를 점령해 직접 통치하지 않고 번거롭게 만주국을 만들었던 걸까? 바로 워싱턴 체제 때문이었다. 우선 '9개국 조약'이 걸려 있었다. 9개국 조약은 1922년 워싱턴 회의에 참여했던 미국, 영국, 네덜란드, 이탈리아, 프랑스, 벨기에, 포르투갈, 일본, 중화민국이 맺은 조약으로, 중국의 영토 보전과 독립된 주권의 확인이 그 핵심이었다.

여기에 1928년 8월 27일 프랑스 파리에서 체결한 '부전조약不戰條約'도 걸려 있었다. 한마디로 '전쟁을 하지 말자'는 조약으로, 자위권 발동 차원의 전쟁은 인정하지만 전쟁을 국제 분쟁을 해결하기 위한 수단으로 삼지는 말자는 내용이었다. 미국, 프랑스, 영국, 독일, 일본 등 15개국이 부전조약에 우선 조인한 상태였다.

관동군은 이 조약을 피해 가기 위해 만주국이라는 유령 회사와 푸이라는 바지사장을 전면에 내세웠다. 이렇게 되면 관동군은 명목상 중국을 침략한 게 아니라 중국과 별개인 새로운 국가를 건설한 것이 된다. 이에 대한 일본 군부의 판단은 어땠을까? 1932년 1월 육군, 해군, 외무성은 다음과 같은 결론을 내렸다.

"만주국은 만주에 거주하는 만주인들의 자발적 분리 독립국이다."

윌슨이 주창한 민족자결주의를 내세워 만주국의 정당성을 확보하고 미국의 개입을 막으려 한 것이다. 이것으로 미국과 일본은 돌이킬 수 없는 상태로 갈라섰고, 이후 태평양전쟁까지 양국 관계는 악화일로를 내달렸다.

마지막 희망이
사라지다

1932년 5월 15일, 일본 해군 장교들이 일본 수상을 살해하는 일이 발생했다. 바로 5·15 사건이다. 앞서 이야기했듯이 당시 젊은 해군 장교들은 런던 군축 조약을 체결한 와카쓰키 레이지로 수상을 암살할 기회를 노리고 있었는데, 와카쓰키가 선거에서 패해 퇴진하자 와카쓰키 대신 정부를 공격하기로 했다. 결국 이들은 수상 관저를 습격해 당시 수상이던 이누카이 쓰요시를 암살했다.

놀라운 것은 체포된 이들에 대한 일본 국민의 반응이다. 일본 국민은 이들을 석방해야 한다며 구명 운동을 펼쳤는데, 무려 35만 명이 탄원서에 서명했다. 백주에 일국의 수상을 암살하고 쿠데타를 모의한 이들을 살려야 한다고 나서다니 상식적으로 이해가 가는가? 당시 일본은 미쳐 돌아가고 있었다.

와카쓰키 레이지로 대신 죽은 이누카이 쓰요시는 일본으로서는 너무도 아까운 인물이었다. 그는 일본의 대표적인 민주화 운동가로, 폭주하던 군부를 막을 유일한 대안으로 여겨지던 인물이었다. 김옥균과 쑨원孫文을 지지한다고 말했을 정도이니 이누카이가 어떤 성정의 인물인지 알 수 있을 것이다. 비록 군부의 압박에 못 이겨 만주국의 당위성을 설파하긴 했지만, 그는 일본의 다이쇼 데모크라시를 이끌어 군부의 독주를 차단하고 민주주의를 성장시킬 유일한 인물이었는지도 모른다.

그런 그가 암살당하면서 일본은 완전한 전쟁 국가로 치달았다. 이누카이의 뒤를 이은 30대 수상 사이토 마코토는 해군 대장 출신이었다.

군부 출신 인사가 수상에 오른 것이다. 사이토 마코토가 재임 기간 이룬 최고의 업적은 만주국의 정식 승인이었다.

"나라가 초토화되더라도 만주국을 승인한다."

사이토는 중의원에서 이렇게 말했다. 당시 국제사회의 분위기를 생각하면 일본은 고립무원의 길로 달려가고 있었다.

중국은 만주사변이 발발하자마자 국제연맹에 제소했다(1931년 9월 21일). 뒤이어 미국은 만주사변의 책임은 일본에 있다고 선언했고, 1932년 1월 7일에는 만주 사태에 대한 불승인 방침을 천명했다. 국제연맹도 발빠르게 대응했는데, 1931년 12월 10일 만주사변에 대한 실지조사단 구성을 결의해 영국의 리튼^{Victor A. G. B. Lytton} 백작을 위원장에 임명했다. 리튼 백작은 4개월간의 조사 끝에 '리튼 보고서^{Lytton Report}'를 국제연맹에 제출했다.

리튼 보고서는 일본이 9개국 조약을 위반했으며, 이에 따라 만주에 자치 정부를 설치해 비무장 지대로 할 것을 제안했다(일본에 대한 배려 차원으로 일본의 권익도 인정했다). 리튼 보고서는 1933년 2월 24일 국제연맹 총회에서 42 대 1로 채택되었다(1은 일본이었다). 당시 전권 대표였던 마쓰오카 요스케^{松岡洋右}는 마지막 연설에서 "어떤 나라에나 양보도 타협도 할 수 없는 사활적 문제가 있는데, 일본에는 바로 만주 문제가 일본인의 생사가 달린 도저히 양보할 수 없는 문제다"라고 말하고는 국제연맹 회의장을 박차고 나왔다.

1933년 3월 27일 일본은 정식으로 국제연맹 탈퇴를 통보했다. 이후 일본은 전쟁을 향해 달려갔다. 그리고 1934년에는 지난 10여 년간 족쇄와 같았던 워싱턴 해군 군축 조약도 탈퇴했다. 영국은 끝까지 일본의 복귀를 기대했지만 일본은 영국의 기대를 배신했다. 드디어 해군 휴일이 끝났다. 조약 시대에 묶여 있던 해군은 이제 무조약 시대를 맞이해 다시 한번 건함 경쟁에 뛰어들 채비를 했다.

워싱턴 체제가 붕괴한 지 3년 만에 인류는 제2차 세계대전이란 미증유의 대전쟁을 겪었다. 워싱턴 체제가 잡아챈 고삐의 위력이었을까? 아니면 단순한 우연이었을까? 만주사변으로 국제연맹을 탈퇴하고 워싱턴 체제에서마저 이탈한 일본은 이제 그 누구도 말릴 수 없는 전쟁의 길로 내달렸다. 1937년 태평양전쟁의 시작이라 할 수 있는 중일전쟁이 일어나고, 이후 9년간 일본은 중국과 미국이란 늪 속에서 허우적거렸다.

1941년 여름, 일본에서 가장 유능한 인재 35명이 극비에 소집돼 '총력전 연구소'를 설립했다. 여기에 참여한 이들은 일본 각계를 대표하는 조직에서 가장 촉망받는 인재들이었다. 이들은 미국과의 전쟁에 앞서 '과연 미국과 전쟁을 치른다면 이길 수 있는지'를 연구했다. 일본과 미국의 국력을 면밀히 비교했고, 전쟁 상황에서 벌어질 상황을 예측했으며, 수많은 변수를 확인했다(이 이야기는 이노세 나오키의 책《쇼와 16년 여름의 패전》에 자세히 나와 있다).

그렇다면 그 결론은 무엇이었을까? "일본은 미국과의 전쟁에서 이길 수 없다"였다. 그럼에도 일본은 전쟁을 강행했다. 일본은 어째서 전쟁을 선택했던 걸까?

전함 무츠

무츠陸奥의 함생을 살펴보면 애절하다는 말이 절로 나온다. 그 탄생부터 시작해 죽음에 이르는 과정이 절절하기 때문이다.

무츠의 탄생 역시 일본의 장절壯絶한 계획에서 시작되었다. 바로 88함대 계획이다. 장차전에서 제해권을 확보하겠다는 일념으로 일본은 전함 8척과 순양전함 8척으로 구성된 함대를 건설하려 했다. 이렇게 해서 등장한 전함이 바로 나가토長門급 전함이다.

1번함인 나가토의 등장은 전 세계 해군에 충격을 안겨줬다. 세계 최초의 16인치급 주포 탑재, 26노트에 달하는 엄청난 기동성(동급함인 영국의 넬슨급, 미국의 콜로라도급보다 빨랐다), 공수주 밸런스의 완벽한 조화까지 나가토는 당시 일본 함선 건조 능력의 극한을 보여줬다. 야마토급 전함이 등장하기 전까지 나가토가 일본 연합함대의 기함으로 활동했던 걸 보면 일본 해군 내에서 나가토의 위상을 짐작할 수 있다. 이 나가토의 자매함으로 건조된 전함이 바로 무츠다.

"무츠와 나가토는 일본의 자랑陸奥と長門は日本のほこり"이라는 노래까지 나왔으니 당시 이 두 전함에 대한 일본 국민의 기대가 어느 정도였는지 알 만하다. 실제로 나가토와 무츠는 일본 해군의 상징이자 일본 국력의 상징이었다.

무츠는 나가토보다 1년 늦은 1917년에 예산이 승인되어 1918년 6월 기공, 1920년 5월에 진수했다. 그런데 한창 의장 공사를 하던 1921년 워싱턴 해군 군축 조약을 위한 협상이 진행되있다. 문제는 "미완성힘은 폐기한다"는 군축 조약의 조문이었다. 미국과 영국은 무츠는 미완성함이므로 폐기해야 한다고 주장했고, 일본은 이미 완성되었다며 반박했다.

일본의 주장은 사실이었을까? 아니다. 무츠는 미완성 상태로 황급히 일본 해군에 인도되었다(85퍼센트가량 완성된 상태였다). 상황이 이렇게 돌아가자 미국과 영국은 현지 조사를 하겠다고 나섰고, 일본 해군은 갖은 방해 공작을 펼치고 다른 함정의 승조원을 동원해 무츠 승조원으로 배치하는 등 온갖 꼼수를 다 부렸다. 그 결과 무츠는 완성함으로 인정받았다. 하지만 미국과 영국이 자신들의 권리를 요구하고 나섰다.

"일본의 16인치 주포 탑재 전함 1척의 신규 보유를 인정하는 대신 미국과 영국도 각각 16인치 함포 탑재 전함을 갖겠다."

일본으로서는 고민할 수밖에 없는 상황이었다. 무츠 하나 살리자고 가상 적국이 될 수도 있는 미국과 영국에 16인치 함포를 탑재한 전함을 각각 3척(콜로라도급), 2척(넬슨급)이나 허용하는 건 일본 해군에게 독이 될 수도 있는 선택이었다(전장에서 이들을 만난다면 어떻게 할 것인가?).

그러나 일본 해군은 너무도 쉽게 무츠를 살리기로 결정을 내렸다. 무츠를 포기하기 아까웠기 때문이다. 나가토가 작전을 나갈 때 연계할 만한 동급함이 필요하고, 보급 등 나가토의 운영을 위해서도 동형함이 있어야 한다는 결정이었다. 몇 년간 일본은 16인치 함포를 탑재한 최신예 전함 2척을 보유하겠지만, 몇 년 뒤에는 미국과 영국의 더 많은 동급함을 상대해야 했다. 그럼에도 일본은 무츠를 선택했고, 그 결과 16인치 함포를 탑재한 7척의 전함('빅 세븐')이 탄생하게 되었다.

이런 어려움 끝에 태어났지만 무츠의 활약은 신통치 않았다. 진주만 공격 때에는 일본 본토에 있었고, 미드웨이 해전 때에는 격침된 항공모함의 생존자 구출 작업에 동원되었을 뿐이었다. 이후 태평양 전선 이곳저곳에 가끔 얼굴을 내비쳤지만 눈에 띄는 활약은 없었다. 어쩌면 당연한 결과였는지도 모른다. 이미 해전의 패러다임은 전함끼리의 포격전에서 항공모함에서 출격한 함재기의 공격으로 변해버렸다. 즉, 전함이 나설 자리가 줄어들었다.

무츠는 그 최후도 납득하기 어렵다. 전장에서의 침몰도, 영광스러운 승리 후의 퇴역도 아닌 미스터리한 최후였다. 무츠는 1943년 6월 8일 히로시마에 정박해 있던 중 원인 모를 폭발로 침몰했다. 침몰 원인에 대해서는 여러 설이 제기되었는데, 연합군 잠수함에 의한 침몰, 폭뢰에 의한 침몰, 탄약고 내 포탄의 자연 발화, 스파이의 파괴 공작 등등 수많은 설이 있다. 하지만 가장 유력한 설은 구타를 참지 못한 승조원이 탄약고에 들어가 자폭했다는 설이다. 그러나 어디까지나 유력한 설일 뿐 완벽히 밝혀진 사실은 아니다.

그 탄생만큼이나 기구했던 무츠의 최후. 어쩌면 무츠는 태어나지 말았어야 할 전함이었는지도 모르겠다.

괴물로 변해가는
일본

01 / 전쟁의 씨앗

전쟁 국가 일본의 역사를 바라보면서 늘 가슴에 품었던 의문이 하나 있었다. 일본은 어째서 태평양전쟁을 선택했을까? 한국인이라는 관계의 특수성을 걷어내고 최대한 객관적으로 1930년대의 일본을 바라봤다. 그래도 의문은 가시지 않았다. 아니, 더 증폭되었다. 객관적 지표, 국제 정치 상황, 일본의 정치·경제 상황, 일본 육군과 해군의 입장, 일본 국민의 생각(이는 무시해도 상관없을 정도로 미미했지만), 그리고 일본군의 전투력까지…

"미국이 일본을 압박해 태평양전쟁을 일으켰다"는 음모론적 시각도 있다. 지금도 심심찮게 회자되고 있지만 그 가능성은 0에 수렴한다. 본디 음모론이란 결과를 먼저 상정해놓고 그 결과에 맞는 과정, 즉 입맛에 맞는 과정을 추려 결과에 대입한 것일 따름이다. 따라서 '진주만 공격은 미국이 제2차 세계대전에 참전하려고 일부러 유도한 것'이라는 주장에는 굉장히 회의적이다.

전쟁은 일본의 '판단'에 따라 시작되었다. 그렇다면 전쟁에 이르게 된 원인은 뭘까? 가장 먼저 떠오르는 것이 '경제'이다.

대공황

1929년 대공황이 발생했다. 미국에서는 아이를 팔겠다는 부모가 등장했고, 월스트리트의 금융인들이 미국 경제의 상징이라 할 수 있는 마천루에서 하루가 멀다 하고 투신했다. 그래도 미국과 영국은 상황이 나은 편이었다.

오늘날 세계 경제를 블록 단위로 나누자면 미국을 포함한 북아메리카, 유럽, 중국으로 나눌 수 있다. 그렇다면 제2차 세계대전 직전의 경제 단위는 어떠했을까? 전통의 강호 영국의 스털링 지역Sterling zone과 미국의 달러 지대, 소련의 폐쇄 지대, 독일의 마르크화 지대, 프랑스, 이탈리아, 일본으로 분류할 수 있다.

대공황으로 경제가 붕괴한 상황에서 각국은 저마다의 방식으로 경제 위기를 극복하려 했다. 가장 먼저 선수를 친 건 영국이었다. '스털링 지역'이란 대영제국과 영연방의 경제 블록이라 할 수 있다. "해가 지지 않는 나라"였던 시절 영국은 전 세계에 식민지를 건설했는데, 이들 식민지는 기본적으로 영국 파운드화를 사용했으며 고유 통화가 있더라도 영국 파운드에 대해 고정환율제를 채택했다. 오늘날의 EU와 유로화를 생각하면 된다.

1931년 영국은 재빨리 금본위제에서 벗어났다. 금의 족쇄에서 벗어난 영국은 파운드화 평가절하에 들어갔고, 이는 이자율을 낮추고 경제를 '팽창'시키는 동인이 되었다. 덕분에 무역수지는 눈에 띄게 개선되었다. 대공황 직후 영국은 금본위제를 고수하던 다른 나라들보다 훨씬 더 빨리 경제를 성장시켰고, 실업자 수를 압도적으로 줄일 수 있었다. 이렇듯 영국이 금본위제를 버릴 수 있었던 데에는 스털링 지역이라는 막강한 배경이 있었다.

미국은 어땠을까? 미국은 1933년 4월에야 금본위제를 포기했다. 그리고 뉴딜 정책을 시행하고 산업부흥법, 상호무역협정법 등등 경제 입법도 서둘렀지만 미국의 경제 회복은 더뎠다. 이에 대한 설명은 많지만 우리가 주목해야 할 점은 미국이란 나라의 '잠재력'이다. 잠시 경제적으로 힘들다고는 하지만 미국은 일극 체제를 유지할 힘이 있는 나라였다.

미국의 정반대 위치에 소련이 있었다. 미국이 개방 경제를 통해 경제 위기를 극복하려 하던 그때, 소련은 미국과 정반대 정책을 시도했다. 극단적인 '폐쇄'였다. 스탈린은 '제2의 혁명'이라고 불릴 정도로 대대적인 경제 개혁과 성장을 일궈냈는데 그 방법은 아주 간단했다. 러시아의 노동과 자본을 소련의 제조업으로 강제 이동하는 것이었다. 스탈린은 농업을 집산화하는 대신 (스탈린이 보기에) 남아도는 농부들을 강제로 이주시켜 공장에 넣어버렸다. 그러고는 소련에 남아 있는 거의 모든 자본을 중공업에 투자했다. 결과는 놀라웠다. 소련은 빠른 속도로 공업 경제를 구축했고, 1929~1939년 사이에 소련의 1인당 생산은 61퍼센트나 증가했다.

제1차 세계대전 패전국인 독일의 경우는 좀 더 극적이었다. 대공황 덕분에 독일 국민은 역사에 길이 남을 지도자를 맞이하게 된다. 바로 아돌프 히틀러다. 대공황 직전인 1928년의 독일 총선에서 히틀러의 나치 당은 불과 2.6퍼센트의 지지를 얻었을 뿐이지만, 대공황 직후인 1930년 총선에서는 무려 18.3퍼센트의 지지를 받아 원내 제2당으로 도약했다. 그리고 대공황의 여파가 퍼져나가던 1932년 7월 총선에서 무려 37.4퍼 센트라는 지지율을 얻어 마침내 원내 제1당이 되었다. 경제가 정치를 갉아먹은 셈이다.

정권을 잡은 히틀러는 경제 회복에 뛰어들었다. 이미 1931년에 독일 은 외환 거래를 통제함으로써 사실상 금본위제를 포기하는 모양새를 취했다. 이를 발판으로 1932년 독일은 팽창적 통화 정책을 시도했다. 효과는 곧 드러났다. 1933년 1월 독일의 경제 지표는 긍정적 신호를 보 내기 시작했다. 생산과 고용이 늘어났고, 히틀러는 내부지향적인 경제 정책을 펼쳤다. 의도적으로 '국내의 생산 팽창'을 시도한 것이다. 당연 히 외환은 통제되었다. 그사이 히틀러는 아우토반을 닦았고 국민차를 만들었다. 소비 증가와 이를 통한 실업 감소를 추구해 경제 지표는 하 루가 다르게 개선되었고, 너무도 자연스럽게 '전시 경제 체제'로 변해 갔다. 1932~1938년 동안 독일의 1인당 실질 GDP 성장률은 연 6.6퍼 센트에 달했다. 역시 경제 위기에는 전쟁만 한 것이 없는 걸까?

이탈리아 역시 이를 증명했다. 당시 이탈리아는 끝까지 금본위제를 고수하려 했다. 이유는 간단한데, 당시 이탈리아의 지도자였던 무솔리니 의 리라화에 대한 '긍지' 때문이었다. 위대한 로마로의 귀환을 원했던 무 솔리니에게 금 블록 잔류는 자존심의 문제였다. 그러나 대공황의 여파를 자존심만으로 극복할 수는 없었다. 결국 그는 히틀러의 정책을 따라갈 수밖에 없었다. 자본 이동을 통제하기 시작한 것이다. 결정타는 아비시니아 침공이었다. 그 덕분에 이탈리아 경제는 기운을 차리게 되었다.

그렇다면 일본은 어떻게 대공황을 극복했을까? 일본은 수출로 먹고 사는 나라였다. 즉, 외부 변화 요인에 민감할 수밖에 없는 나라였다. 미국이 재채기하면 일본은 감기에 걸리는 상황. 그런데 대공황은 재채기 정도가 아니라 홍역이었다. 일본 역시 1932년 금본위제에서 뛰쳐나와 엔화에 대한 평가절하에 들어갔다. 여기까지만 보면 영국의 행보를 쫓아가는 것만 같았다. 평가절하된 통화의 힘을 가지고 국내에 투자하고 이를 기반으로 경제 위기를 극복할 듯 보였다.

그러나 일본은 영국 대신 독일의 길을 선택했다. 당시 일본은 자국 통화 평가절하의 힘을 가지고 수출을 유도하는 동시에 군비 팽창에 열을 올렸다. 대공황 시기 일본은 평가절하의 힘을 군사 목적의 국내 수요 창출에 밀어 넣었고, 그 결과 괄목할 만한 공업 성장을 일궈냈다. 이미 1930년대에 일본은 전시 경제 체제에 들어선 것이다. 아니, 메이지 유신 이후로 일본은 전시 경제 체제에서 벗어난 적이 없었다고 보는 편이 옳을지도 모른다. 여기서 특기할 사항은 1930년대에 일본이 대공황에서 벗어나기 위해 내린 선택이 향후 태평양전쟁에서 일본이 4년간 버틸 수 있었던 원동력이 되어주었다는 점이다.

그럼에도
불구하고

1941년 4월 1일, 평균 연령 33세의 일본에서 가장 우수한 인재 35명이 내각총리대신 산하의 모 기관으로 모여들었다. 그들은 당시 일본이 배출할 수 있는 최고의 인재들이었다. 조선총독부 식산국 소속 히카사 히로타카, 북지나방면군 특무기관 소속 나리타 겐이치, 외무성 소속 지바 아키라, 내무성 지방국 사무관 요시오카 게이이치, 육군 대위 시라이 마쓰타쓰, 육군 회계관 소령 오카무라 슌, 해군 소령 시무라 다다시, 해군 기관 소령 다케이치 요시오 등등.

일본 육군과 해군, 내무성, 재무성, 상공성 등 행정 기관은 물론이고 중의원에서도 인원을 보냈다. 국가 기관뿐 아니라 금융권과 언론사에서도 인력을 파견했다. 심지어 기업에서도 인력을 보내야 했다(미쓰비시 광업, 일본제철의 인원도 파견되었다). 조선총독부와 만주에 있는 인원도 예외는 아니었다. 일본 본토에서는 고등학교 교사까지 차출되었다. 이들은 당시 일본에서 가장 촉망받는 엘리트들이었다.

이들이 파견된 기관의 정식 명칭은 내각총리대신 산하 '총력전 연구소'였다. 당시 일본 언론은 총력전 연구소를 어떻게 바라보았을까?

"총력전에 대한 종합적인 연구 조사를 목적으로 지난해 10월에 탄생한 총력전 연구소는 국가의 기둥이 될 인물을 양성하는 것이 사명이라는 점에서 '장관 양성 학교'라 불린다. … 군관민 각각에서 '인격, 신체, 지능이 탁월하며 장래 지도자가 될 만한 자질을 가진 인재' 36명에 대한 전형을 진행하고 있다. 이외에도 연구생의 자격은 무관의 경우 육·해군대학을 졸업한 대위 또는 소령, 문관은 고등관 4등 또는 5등이며, 각각 임관 5년 이상 경과해야 한다는 조건이 붙어 있다. 민간 분야에서는 이러한 문무관에 해당하는 직업 경력을 가진 인재 6명을 선발하게 된다."

－《도쿄니치니치신문東京日日新聞》 1941년 3월 28일

이렇게 모아놓은 인재들은 뭘 했을까? 미래의 장관 후보자라서 교육을 받았을까? 아니다. 그들은 일본 내각을 꾸렸다. 그리고 책상 위에서 전쟁을 벌였다.

1941년 여름, 일본이 가진 자원과 군사력, 국가 역량 등을 모두 계산해 종합적인 일본의 국력을 상정해놓고 가상 적국과 전쟁을 치렀다. 일본은 초조했다. 루거우차오 사건으로 중일전쟁에 돌입하긴 했지만 근대전에 대한 불안감을 씻을 수 없었다. 게다가 조만간 중국과는 비교도 되지 않는 미국과의 일전을 염두에 두고 있었다. 그래서 일본은 자신들이 배출한 최고의 젊은 인재들을 한자리에 모아놓고 시뮬레이션을 돌려보았다.

젊음의 혁신성과 창의성, 기존의 통념에 물들지 않은 개혁성, 혈기를 억누를 적절한 사회 경험, 그리고 각자의 조직에서 습득한 전문 지식. 이 모든 것을 고려해 선발한 인원이 총력전 연구소 연구원들이었다. 이들은 쇼와 16년(1941) 여름 내내 미국과 일본의 전쟁을 시뮬레이션했다. 그 결과는 너무도 간단했다. 일본의 패배.

그들은 각자 자기 분야의 전문 지식을 총동원해 저마다 보고서와 논문을 냈고, 이들을 서로 비교 검토하며 일본의 현실을 직시하기 시작했다.

"1939년 후반부터 광공업 부문의 둔화, 정체가 계속되고 있는 원인은 우선 원료 부족과 노동력에 있다. 더구나 여름철 물 부족에 따른 전력 기근과 연료인 석탄 부족, 특히 더욱 큰 타격을 가한 1940년 9월 미국의 철강, 고철 등의 대일 수출 금지 선언, 이런 것들이 처음 책정한 계획 실행에 중대한 차질을 초래하게 된다."

육군 회계관 출신인 오카무라 슌 소령이 쓴 글이다. 그는 "해는 지고 갈 길은 먼 느낌"이라며 일본의 전쟁 수행이 어려울 것이라고 탄식했다.

민간 전문가의 비판은 더 예리하고 날카로웠다. 물가국 사무관으로 근무하다 차출된 다마키 게이조는 다음과 같이 말했다.

"대동아공영권大東亞共榮圈 내, 즉 인도네시아 해역과 동지나해를 세토내해瀨戸內海와 같이 자유롭게 운행할 수 있다고 생각하는 것은 오산이다."

일본우편기선에서 파견된 마에다 가쓰지의 분석은 좀 더 신랄했다.

"1941년 일본의 선박 보유량은 300만 톤이다. 작은 어선은 집어넣지 않았고, 100톤 이상의 물자 동원에 활용할 수 있는 선박만을 계산했다. 그런데 유조선은 1퍼센트밖에 되지 않으며, 나머지는 석유를 드럼통에 넣어서 선적할 수밖에 없다. 전쟁이 시작되면 상업용 선박 대열은 침몰한다. 문제는 선박 소모량을 어떻게 예상하는가에 있다."

마에다 가쓰지는 시애틀, 런던 주재원을 역임한 해외파였다. 그는 런던 주재 당시 독일의 공습을 체험했고, 유보트에 의해 영국 상선이 침몰하는 것을 확인했다. 그는 일본이 섬나라란 사실을 강조했으며, 현대의 잠수함과 항공기가 어떤 식으로 국가의 생명줄을 끊는지 너무도 잘 알고 있었다. 실제로 태평양전쟁에서 일본은 미국 잠수함의 어뢰 공격, 기뢰 살포에 대부분 상선이 격침당했고, 전쟁 수행 능력은 끝없이 추락했다(이때의 경험 덕분인지 일본 해상자위대는 기뢰 소해 능력 확보에 열을 올렸고, 소해 능력에 있어서만은 세계 최고의 능력을 보유하게 되었다).

1941년 8월 27일과 28일 총력전 연구소의 엘리트들은 내각총리대신 관저의 대형 홀에서 모의 전쟁을 시작했다. 그리고 결론을 내렸다.

"미국, 영국을 상대로 한 전쟁은 반드시 패한다. 이 전쟁은 국력이 허하는 바가 아니라는 견해가 유력하다."

이 자리에는 훗날 태평양전쟁을 진두지휘하게 되는 도조 히데키도 참석했다. 그는 연구원들의 의견을 듣고 나서 다음과 같이 말했다.

"연구에 대한 제군의 노고가 크지만 이것은 어디까지나 책상에서 이루어진 연습으로서 실제 전쟁이라는 것은 제군이 생각하는 것과는 다릅니다. 러일전쟁에서 우리 대일본제국이 이길 수 있을 거라 생각하지 않았지요. 하지만 이겼습니다. 당시에도 열강에 의한 삼국 간섭으로 어쩔 수 없이 일어선 것이지 이길 수 있는 전쟁이라고 생각해서 시작한 것은 아니었습니다. 전쟁은 계획대로 되지 않지요. 생각 밖의 일이 승리로 연결됩니다. 따라서 제군이 생각하는 것은 탁상공론이라고까지는 할 수 없지만 어디까지나 그 의외성이라는 요소를 고려한 것은 아닙니다. 또한 이 책상 연습의 결과를 제군은 경솔하게 입 밖으로 내서는 안 됩니다."

1941년 8월 28일 일본은 4년 후의 결과를 정확히 예측했지만 그 예측을 거부했다.

02 / 광기의 시작

"어떤 나라에나 양보도 타협도 할 수 없는 사활적 문제가 있는데, 일본에
는 바로 만주 문제가 일본인의 생사가 달린 도저히 양보할 수 없는 문제다"

1933년 2월 24일 일본의 전권 대표였던 마쓰오카 요스케는 이 말을
남기고 국제연맹 회의장을 박차고 나왔다. 태평양전쟁, 아니 제2차 세
계대전의 시작이었다.

일본의 국제연맹 탈퇴 이후 이탈리아와 독일이 연달아 국제연맹을
탈퇴했고, 국제연맹은 유명무실해졌다. 국제연맹 회원국들은 일본을
비난하며 날 선 비판을 했지만 거기까지였다. 어떤 실효성 있는 제재를
내릴 수 없었기에 구호로 끝났을 뿐이다. 세계는 일본을 통해 국제연맹
이 얼마나 무력한지 확인하게 되었고, 이는 곧 국제연맹의 붕괴로 이어
졌다. 태생부터가 반쪽이었던 국제연맹은 결국 그 생명이 다할 수밖에
없었다.

그런데 이 대목에서 '어째서 세계열강이 일본의 돌출 행동을 용인했
는가?' 하는 의문이 든다. 국제연맹이야 허울뿐인 조직이라지만, 전통
의 강호 영국과 신흥 강자 미국이 있었다. 제1차 세계대전으로 힘이 빠
졌지만 국제사회에서는 제법 헛기침하던 프랑스도 있었다. 그러나 그
누구도 나서지 않았다. 당시 세계는 대공황의 여파로 몸살을 앓았기에
자국 내 문제를 해결하기에도 바빴다. 일본은 그렇게 공공의 적이 되었
다. 그동안의 일본이 돌출 행동을 하는 말 안 듣는 사춘기 소년이었다
면, 이제는 본격적인 '패륜아'의 모습으로 각인되었다.

여기에는 일본과 일본을 바라보는 나라들 사이의 감정적 요인도 작용했다. 당시 일본은 원숭이 취급을 받았다. 키 작은 동양인, 개항 이후 미친 듯이 서양 문물을 흉내 내 베끼기 바쁜 존재라는 인종주의적 편견이 있었다. 일본 역시 이런 시선을 알고 있었기에 '인종주의 철폐'를 외쳤다. 러시아를 이기고 조선을 합병했어도 세계는 일본을 원숭이로 보았다.

일본으로서는 불편한 시선이었다. '탈아입구'를 외치며 서양을 좇았고 그 덕에 힘을 기르고 그 힘을 증명해 보였지만 그들은 어디까지나 '동양인'이었다. 지금도 인종 차별의 잔재가 남아 있지만, 당시에 이는 하나의 '학문'이자 거스를 수 없는 '진리'였다.

다윈이 《종의 기원》을 출간하자 유럽 사회는 충격에 휩싸였다. 인간이 신의 피조물이 아니라 원숭이를 조상으로 하는 유인원이라는 사실, 즉 인간이 더 이상 특별한 존재가 아니라는 사실 때문이었다. 그런데 이런 자연과학을 사회과학 쪽으로 차용하려는 움직임이 있었으니 바로 사회 다윈주의이다.

18~19세기는 제국주의의 시대였다. 근대 과학과 산업혁명의 힘을 획득한 서구 열강은 너도나도 식민지 확보에 열을 올렸다. 문제는 명분이었다. 기독교적 관점에서 약자를 수탈하는 그들의 행동은 스스로가 보기에도 민망한 구석이 있었다. 이때 나온 것이 다윈주의의 사회적 해석이었다.

"적자생존이다. 강자가 된 유럽의 백인은 우등한 인종임이 증명되었다. 우월한 인종인 백인이 열등 인종인 황인과 흑인을 지배하고 이들을 교화하는 것은 사회적 책무다."

이처럼 《종의 기원》은 자연과학뿐 아니라 사회과학적으로도 인류사에 큰 족적을 남겼다. 문제는 일본이 이런 사회 다윈주의의 기준에서 예외적인 돌연변이라는 점이다. 동양인 주제에 산업혁명을 일으키고 근대의 힘을 획득해 서구 열강의 대표 주자였던 러시아를 이겼다. 러일전쟁의 승리에 아시아 국가의 지도자들이 열광했던 이유가 바로 여기에 있었다.

일본 역시 자신의 위치에 대해 고민하기 시작했다. 아시아를 떠나 서양의 세계로 뛰어들려고 아무리 애써도 근본 문제를 해결할 수는 없었다. 후쿠자와 유키치福澤諭吉가 내세운 탈아입구의 논리가 근대화에는 통했을지 모르지만 '그들만의 리그'인 국제사회에서는 통하지 않았다.

일본은 피해의식이 있었다. 물론 그 피해의식의 상당 부분은 스스로 불러온 것이지만, 어쨌든 일본은 자신의 길을 찾으려 했다. 아니, 찾을 수밖에 없는 상황으로 몰렸다. 서구가 주축이 된 국제연맹과 국제정치 무대에서 일본은 언제나 혼자였고, 경제적·군사적으로 괄목할 만한 성장을 이뤘지만 언제나 졸부 취급을 받을 수밖에 없었다.

"그대들은 지난 세기 수많은 식민지를 확보하고 전쟁을 일으키고는 어째서 일본이 제국주의 열강에 올라서는 건 반대하는가?"

일본은 항변했지만 이는 당연한 일이었다. 독점적 이권이 보장된 그들만의 리그에 들어가기 위해서는 상당한 대가를 치러야 하고 텃새도

감내해야 하기 마련이다. 게다가 일본은 열등 인종으로 분류되던 동양인이었다.

그렇다고 일본이 잘했다는 것은 아니다. 만주사변 이후 태평양전쟁까지 일본에는 전쟁을 피할 수많은 기회가 있었다. 전쟁이 아닌 평화적방법으로 일본이란 나라를 발전시키고 국제사회에서 인정받을 방법들이 있었다. 그러나 일본은 전쟁을 택했다. 국제사회의 '왕따'가 된 것은어쩌면 일본이 자초한 일인지도 모른다.

대동아공영권의 탄생

이렇듯 국제사회, 아니 서구 열강으로부터 독립을 선언한 일본은 그들만의 새로운 논리를 들고나왔다. "서양 중심의 국제 질서에 언제까지끌려다닐 수는 없다. 아시아로 회귀해야 한다"는 이른바 범아시아주의 Pan-Asianism, 흥아론興亞論의 재평가였다. 19세기 말, 20세기 초 아시아 각국에서도 일정 수준 이상의 호응을 얻은(김옥균도 여기에 포함된다) 이 이론은 일본 단독으로 서구에 대항하기는 무리이므로 중국, 조선과 연대해 서양 세력에 대항하자는 것이 주요 골자였다. 후쿠자와 유키치가 주창한 탈아론의 대항마라 보면 된다.

이 흥아론이 탈아론과 야합해 내놓은 자식이 그 유명한 '대동아공영권'이다. 그리고 이 대동아공영권을 떠받들던 사상이 지금도 두고두고회자되는 '팔굉일우八紘一宇'이다. 팔굉일우는 《일본서기日本書紀》에 나오는 사상으로, 여기서 팔굉八紘은 팔방의 세계, 즉 전 세계를 뜻한다. 일우宇는 하나의 집이란 뜻이다. 이를 합치면 '전 세계는 하나의 집'이라는 나름 좋은 말인 듯하지만, 여기에 주어를 넣으면 전혀 다른 뜻이 된다. 바로 '천황'이다.

고노에 후미마로近衛文麿 수상은 1940년 시정 방침 연설에서 "황국의 국시는 팔굉을 일우하는 국가의 정신에 근거한다"고 선언했다. '천황을 위해 전 세계를 하나의 집으로 만들자', 즉 '천황을 위해 세계 정복을 하자'는 뜻이다. 동시대의 히틀러와 쌍벽을 이루는 원대한 포부다. 이는 단순한 선언이 아니었다. 같은 해 7월 고노에 내각은 "황국을 핵심으로 일본, 중국, 만주를 강고히 결합하는 대동아의 신질서를 건설한다"는 기본 국책 요강을 정립했다. 이 얼마나 위험한 생각인가?

팔굉일우 사상을 풀어보면 팔굉, 즉 전 세계의 중심은 천황이고, 천황이 사는 일본이다. 그렇기에 일본 신민은 다른 나라 사람들보다 우월하다. 즉, 원래 세상은 천황과 천황이 사는 일본을 중심으로 돌아가는 것이다. 그러나 미국과 영국 같은 서구권이 이 세상의 질서를 어지럽히고 있다. 고로 일본은 서구 제국주의 침략에 맞서 아시아를 구원해내야 하는 책무가 있다. 그리고 이러한 논리는 '아시아 국가들은 일본의 질서 회복 노력에 감사해야 한다'라는 황당한 결론으로까지 나아간다.

일본이 내세운 전쟁 논리는 그렇게 시작되었다. 생각이 사상을 만들고, 사상이 신념을 만들며, 신념은 광기를 만들어낸다. 1933년 국제연맹 탈퇴 이후 일본은 잘못된 사상을 만들어냈다. 문제는 이 잘못된 사상이 일본의 수뇌부에서 시작되었다는 점이다.

"제국의 지도하에 일본, 만주, 지나(중국) 3국의 제휴 공조를 통해 동양의 항구적 평화와 나아가 세계 평화 증지에 공헌한다.”

1933년 10월 수상, 외상, 대장상, 육군상, 해군상의 5상相 회의에서
나온 방침이다. 일본의 총리, 외무장관, 경제장관, 육군장관, 해군장관
이 '파시즘'을 국가 정책으로 내놓은 셈이다. 세계로부터 왕따를 당한
일본이 아시아에서 왕이 되겠다고 선언한 것이다(그들이 말한 제휴가 평등
을 의미하지 않는다는 점은 역사가 증명하고 있지 않은가?). 일본의 행보는 바
빠졌다.

“동아시아 문제는 서구 열강의 입장 및 사명과 다를 수 있다.”

5상 회의 이후 반년이 지난 1934년 4월 17일 일본 외무성이 내놓은
성명이다. 이는 동아시아에 대한 서구 열강의 개입과 간섭을 배제한다
는 선언이었다. 국제사회는 즉각 반응했다.

“이는 아시아의 먼로주의다!”

먼로주의. 미국의 5대 대통령 제임스 먼로James Monroe가 주창한 이 외
교 정책은 한마디로 신세계(미국 등 아메리카 대륙)는 유럽 국가들의 간섭
을 허용하지 않을 것이며, 동시에 미국 역시 유럽의 기존 식민지나 정
부에 간섭하지 않겠다는 의지를 천명한 것이다. 당시 기준으로 먼로주
의는 탁월한 선택이었다. 신생 국가로서 미국은 대외 정책에 힘을 쏟을
수 없는 상황이었으며, 복잡다단한 유럽의 정치 상황에 섣불리 개입했

다가는 국가의 운명이 뒤바뀔 수도 있기 때문이었다. 그리하여 미국은 고립주의 노선을 선택했다. 당시 미국인들은 이 먼로주의가 200여 년 간 지속하리라고는 상상도 못 했을 것이다. 미국 외교 사상 가장 길게 지속한 외교 정책이 먼로주의였다. 이렇게 보면 국제정치학적으로 좋은 영향을 끼친 것처럼 보이지만, 먼로주의는 미국이 중남미의 외교 사안에 끼어드는 빌미가 되었고 현재까지도 남아메리카 문제에 간섭하는 문화적·역사적 토대가 되고 있다.

그런데 이제 일본이 그 길을 걸으려 하고 있었다. 재미난 사실은 먼로주의를 주창했고, 제임스 먼로 이래로 고립주의를 고수했던 미국이 이에 가장 격렬하게 반발했다는 점이다. 러일전쟁 전후로 미국은 만주와 중국에 계속 눈독을 들여왔다. 그런데 일본이 먼로주의를 흉내 내며 미국의 진출을 막아서려 하고 있었다. 미국으로서는 반발할 수밖에 없었다. '내가 하면 로맨스, 남이 하면 불륜'이랄까?

03 / 도조 히데키 그리고 또 하나의 괴물

흥아론, 팔굉일우, 대동아공영권. 국제연맹을 탈퇴한 일본은 서양을 좇아 국제사회의 일원이 되겠다는 기존의 전략 대신 아시아를 규합해 서구 제국주의와 싸우겠다는 논리를 들고나왔다. 이제 일본은 전 세계의 '문제아'가 될 수밖에 없었다. 당장 미국의 눈초리가 달라졌다. 국제정세는 하루가 다르게 험악해졌고, 일본은 자신이 내뱉은 말을 행동으로 옮기려 했다. 그것은 '전쟁'이었다. 일본은 국제연맹 탈퇴 이후 본격적으로 전쟁 준비에 돌입했다. 해군은 일본에 압박을 가하는 미국과의 전쟁에 대비해 1934년 런던 군축 조약을 파기하고 세계 최대 전함인 야마토급 건조에 착수했다.

일본 해군이 이렇듯 미국과의 전쟁을 염두에 두고 전력 확충에 들어 갔을 때 일본 육군은 중국 침략의 포석을 놓기 시작했다. 1935년 일본 육군은 만주국의 군사적 안정을 위해 중국에 몇 가지 요구 사항을 건 넸다.

"만주에서의 평화를 위해 중국과는 상호 이해 아래 서로 간의 입장 차를 좁혀가는 것이 중요하다. 그러기 위한 우리의 최소한의 요구 사항 이다."

그런데 그 요구 사항이란 것이 주권 국가로서는 도저히 받아들일 수 없는 것들이었다. 몇 가지만 살펴보자.

- 만리장성 이남 지역의 비무장화: 베르사유 조약에서 라인란트 지역 에 독일군 주둔을 금지한 조항을 생각하면 이해가 빠를 것이다. 중국 이란 주권 국가의 영토에 만주라는 괴뢰 정부를 만든 것으로도 모자 라 만리장성 이남 지역을 비무장화해 서로 간의 '평화'를 찾자는 말 이다. 이는 명백한 주권 침해였다.
- 반일 운동 금지: 적반하장이라 할 수 있다. 자신이 침략해 멀쩡한 중 국 영토에 괴뢰 정부를 만들어놓고는 자신에 대한 반대 운동을 금지 하라고 요구한 것이다.

- 중앙정부로부터의 독립: 1935년 11월 일본 육군은 허베이河北 지역에 퉁저우通州를 수도로 하는 지둥방공자치정부冀東防共自治政府를 세웠다. 만주국에 이은 또 다른 괴뢰국이었다. 당시 허베이 지역의 중국 22군 관리자였던 인루겅殷汝耕은 자신의 담당 지역을 뚝 떼어 자치정부를 세우고 중화민국으로부터 독립했다. 독립 이후 즉시 일본과 경제·군 사 조약을 맺은 사실만 봐도 그것이 괴뢰 국가였음을 알 수 있다. 당 시 중국과 일본은 만주의 안정을 위해 탄구 평화 협정을 맺은 상태였 다. 일본은 자신이 세운 만주국과 중국 사이에 완충 지대를 만들어 만주국의 군사적 안정을 유지하려 했는데, 아예 괴뢰 정부를 하나 더 만들어버린 결과가 되어버렸다.

이 대목에서 궁금한 것이 중국의 장제스는 어째서 일본의 침략을 용 인했느냐 하는 점이다. 이유는 간단하다. 중국은 일본을 막을 힘도 의 지도 없었다. 만주사변이 일어났다는 보고를 받자마자 당시 중화민국 최고 지도자였던 장제스는 급히 봉천의 장쉐량에게 '부저항不抵抗 전술' 을 명했다. 한마디로 일본군에 저항하지 말고 동북군東北軍을 철수하라는 명령이었다. 당시 국민당 정부는 중화민국의 합법적 정부를 자처했지 만, 그 통치권이 미치는 곳은 양쯔강 하류 지역이 고작이었다. 난징南京 을 수도로 했다는 것만 봐도 당시 국민당 정부의 한계를 짐작할 수 있다.

물론 그렇다고 장제스와 국민당 정부군이 손 놓고 앉아 있었던 것은 아니다. 중일전쟁 발발 전 장제스는 일본과의 전쟁을 예상하고 그에 대 비하고 있었다. 장제스는 장비, 훈련, 편제에서 뒤떨어진 중국군을 개 혁해야 한다고 생각해 독일군 장비로 독일식 훈련을 받고 독일식 사단

편제로 구성한 부대를 만들었다(프로이센 이래로 독일 병정의 실력과 이미지는 전 세계에 정평이 나 있었다). 그렇게 만든 부대가 '독일식 사단德械師'이었다. 독일군이 쓰는 장비를 들고 독일식 훈련을 받은 병사를 독일식 편제로 묶은 부대, 사람만 중국인일 뿐 독일군을 고스란히 모방한 부대였다. 보통 중일전쟁, 국공내전 당시의 국민당군은 오합지졸로 기억되지만("당나라 군대") 독일식 사단은 달랐다.

1937년 7월 7일 루거우차오 사건을 일으킨 일본은 전면전을 선포하고 7월이 끝나기 전에 베이징과 텐진을 손쉽게 함락했으며, 8월에는 당시 중국 최대 도시였던 상하이를 공격했다('제2차 상하이사변' 혹은 '상하이 전투'라 불린다). 이때만 하더라도 일본군 수뇌부는 "중국을 3개월 안에 완전히 장악하겠다"며 한껏 고무되었지만, 상하이 전투에서 전혀 다른 중국군을 만나게 되었다. 바로 독일군 장비를 갖추고 독일식 훈련을 받은 88사단이었다.

88사단은 3개월 안에 중국을 장악하겠다던 일본군을 상하이에서 3개월 동안 막아냈다. 8월에 시작된 전투는 11월이 되어서야 겨우 승패의 향방을 결정지을 수 있었다. 상하이에 상륙한 일본군 앞에는 88사단이 건설한 벙커 밭이 기다리고 있었고, 벙커와 참호선을 베개 삼아 88사단은 착실하게 일본군을 섬멸해나갔다. 88사단의 분전은 일선의 일본군 병사들뿐 아니라 일본군 수뇌부에 엄청난 충격과 굴욕감을 안겨줬다. 총 한 방만 쏘면 모래알처럼 흩어지던 당나라 군대가 아니라 '진짜 중국군'을 상대로 한 최초의 전투에서 일본군은 약 8만 명의 사상자를 내야 했다.

물론 중국군 사상자 수는 일본군 사상자 수의 두 배나 되었지만, 개

돼지 취급했던 중국군이 압도적인 장비 차이에도 불구하고(탱크는 300 대 16, 항공기는 500 대 200의 차이였다) 그만한 사상자를 냈다는 것은 충격 그 자체였다. 그리고 이 분노와 굴욕감은 훗날 난징 대학살의 원인이 되었다.

장제스가 심혈을 기울여 만든 독일식 사단은 중일전쟁 발발 직전 겨우 8개뿐이었다. 당시 장제스는 이런 독일식 사단이 60개는 있어야 일본과 전쟁을 해볼 만하다고 판단했고, 이를 위해 군비 확충을 고민했다. 이 금쪽같은 부대(장제스는 이들을 자신의 직속 부대로 편제했다)는 그 이름값을 했고, 그 덕분에 일본군은 점점 늪으로 빠져들었다.

여기서 한 가지 짚고 넘어가야 할 것이 있는데, 바로 중일전쟁의 실체적 진실에 관한 부분이다. 우리는 중일전쟁을 "부패한 국민당 정부가 일본군에 패배하는 사이 마오쩌둥毛澤東이 이끄는 팔로군八路軍이 끈질기게 일본군을 물어뜯은 전쟁"이라고 기억하고 있다. 실제로 중국 공산당은 팔로군이 일본군의 90퍼센트를 상대했다고 선전한다. 하지만 진실은 이렇다.

중일전쟁 발발 직후 마오쩌둥은 공산당 고위 간부들을 소집해 향후 전쟁에 관한 방침을 정하는 비밀회의를 개최했는데, 이때 결정된 전략은 "일본과의 항쟁은 우리 당이 발전할 수 있는 절호의 기회다. 우리는 70퍼센트를 역량 확대에, 20퍼센트를 국민당과의 투쟁에, 10퍼센트를 일본과의 투쟁에 사용해야 한다"는 것이었다. 중일전쟁을 온몸으로 받아낸 건 중국 공산당이 아니라 국민당이었다. 8년 1개월의 전쟁 기간에 국민당군은 321만 명의 사상자를 냈고(그 두 배라는 설도 있다) 장성급 지휘관 206명을 잃어야 했다. 그사이 중국 공산당은 일본군과의 교전을 회피하며 그 세력을 확대해나갔다.

한 가지 덧붙이자면, 제2차 세계대전 당시 중국의 역할을 과소평가하는 경향이 있는데 이는 명백한 잘못이다. 일본은 한때 중국 전선에만 80만 병력을 배치해야 했고, 100만 이상의 병력이 맞붙은 전투도 수차례였다. 중국 측에서만 민간인을 포함해 약 2000만의 사상자가 났고, 일본군도 100만이 넘게 전사했으며 부상자도 110만이 넘었다. 만약 이 병력이 중국이 아니라 미국이나 소련 같은 다른 연합국 전선으로 향했다면 그들이 겪었을 피해는 더 컸을 것이다.

괴물로 변해가는
일본

1929년 10월 미국에서 불어닥친 대공황의 여파는 일본 경제를 얼어붙게 했다. 이때 일본이 생각해낸 탈출구는 '만주'였다. 완전한 전쟁 경제로의 이행이었다. 당시 일본은 꽤 심각했다. 경제 위기는 곧 사회 불안으로 이어졌고, 천황제가 흔들리기 시작했다. 이미 한차례 다이쇼 데모크라시의 홍역을 앓은 일본 수뇌부는 흔들리는 일본을 좌시할 수 없었다. 그때 눈에 들어온 것이 만주였다. 일본은 만주사변을 통해 정치적 위기를 극복하고, 일본 국민을 전시 동원 체제로 몰아넣어 사회를 통제하고 싶었다. 그 결과로 나온 것이 헌병의 통제하에 일본을 통치하는 켄페이憲兵 통치였다. 일본은 헌병과 고등경찰, 특별고등경찰과 같은 정치 경찰들을 경쟁시키며 일본을 전쟁으로 몰아갔다.

솔직히 말해 특별고등경찰이나 고등경찰이 헌병대와 경쟁했다는 것은 헌병대에 실례가 되는 말이다. 당시 일본 헌병은 헌병 본연의 역할에 더해 방첩기관과 정치 경찰의 역할도 수행했다. 일본 헌병은 독일의 국방부 산하 정보기관인 아프베어Abwehr와 이탈리아의 SIM과 정식으로 연계해 서로 필요한 정보를 제공했다. 단순히 국내 치안을 유지하고 군 병력을 통제하는 것이 아니라 정보기관, 방첩기관의 역할을 하며 정치 사찰의 최전선에서 일본을 통제했다. 이런 일본 헌병의 위상을 잘 보여 주는 것이 영어 단어 '켐페이타이Kempeitai'다. 세계적으로 얼마나 악명을 떨쳤으면 고유명사까지 생겼을까? (이 시기 조선총독부는 '무단 통치'를 했는데, 그 이유가 바로 여기에 있다.)

일본은 만주를 통해 상품 판매 시장과 원료 공급지를 확보했다. 그리고 이를 발판으로 소련과의 전쟁 그리고 미국과의 전쟁을 준비했다. 소련, 미국과의 전쟁이라니 상식적으로 이해가 안 될 것이다. 세계 최대 군사력을 다투는 나라들과 동시에 싸우겠다니.

일본은 소련과의 충돌을 예상하고 준비하고 있었다. 1935년 일본군은 만주사변의 기획자인 관동군 작전 주임 참모 이시와라 간지를 중심으로 1941년까지 소련과의 전쟁을 준비하기 위한 군수 산업 개편 계획과 군비 증강 계획을 짜고 있었다. 미친 짓이었다. 지금 기준으로도, 당시 기준으로도 확실히 미친 짓이었다. 이 미친 짓의 배후에는 '미친놈'이 있었다. 미국과 전쟁을 하겠다고 나선 미친놈이 도조 히데키였다면, 소련과 전쟁을 하겠다고 나선 미친놈은 이시와라 간지였다. 그나마 다행인 것은 이 두 미친놈이 서로 앙숙이었다는 점이다. 태평양전쟁 직후 도쿄 전범 재판에서 이시와라는 전범 재판 '증인'으로 참석해 도조의 사형 선고를 지켜봤다.

도조가 '대동아공영권'의 실천자로 나서려 할 때 이시와라는 '동아연맹'을 구상하고 있었다.

　"일본을 중심으로 만주, 중국 그리고 아시아 각국이 '동아연맹'이란 연
맹체를 구성해야 한다. 이 동아연맹을 구성하기 위해서는 소련과의 전쟁
이 불가피하다. 우선 소련을 패배시킨 후 서양 각국의 식민지인 동남아시
아로 진출해 이들을 '해방'하고, 이를 토대로 미국과의 일전을 준비해야
한다."

　당시 국제정세, 일본의 국력을 고려해본다면 제대로 미친 소리다.
만주사변의 주모자였던 이시와라는 동아연맹의 성립을 위해서는 중국
과 전쟁을 해서는 안 된다고 주장했다. 중국과의 전쟁은 장차 있을 소
련과의 전쟁에 방해가 될 뿐이라는 이유에서였다. 실제로 당시 이시와
라는 전선을 확대하려는 부하들을 억제하고 확전불가론을 설파하며 육
군 수뇌부와 싸웠다. 이런 그의 주장과 몇 가지 돌발 행동(관동군 참모들
은 밥값을 못 한다며 월급 삭감을 요구했다) 때문에 눈 밖에 난 이시와라는
당시 관동군 참모장이었던 도조와 크게 싸웠다. 그 결과 그는 본국으로
좌천되어 한직을 떠돌게 되었다.
　그러나 동아연맹에 대한 꿈을 버리지 못한 이시와라는 그와 관련한
글을 쓰고 강연회를 다니면서 "중국과의 전쟁을 반대한다!"라며 평화
주의자 같은 주장을 계속했다(목적은 다르지만 결과만 보면 '평화'다). 한창
중국으로 뻗어 나가던 일본군 앞에서 현역 일본군 중장이 계속 이런 발
언을 해대니 일본 군부로서는 불편할 수밖에 없었다. 하지만 만주사변
을 일으킨 장본인이자 나름 일본 육군의 실력자였던 이시와라였기에

그를 처단하자고 섣불리 나서는 이는 없었다. 아니, 딱 한 명이 있었다. 바로 그의 오랜 앙숙 도조 히데키였다.

한때는 서로 노려볼 수 있는 거리에 있었지만 어느새 훌쩍 커버린 도조는 수상의 반열에까지 올라서게 되었다. 그런 그를 보며 이시와라는 "도조 히데키는 국가의 적"이라며 비난했다. 그리고 곧 '강제 예편'이라는 짧고 강력한 응징이 이시와라에게 떨어졌다. 그렇게 일본은 한 명의 '미친놈'을 제거할 수 있었다. 일본으로서는 다행이었다고 해야 할까?

04／일본을 늪에 빠뜨린 4인의 '미친놈'

메이지 헌법은 메이지 천황 당시 만들어진 구 일본제국의 헌법이다. 일본에서의 공식 명칭은 '대일본제국 헌법'이다. 이 헌법의 제1장은 천황에 관한 내용이다. 나라의 성격을 규정하는 제일 첫머리를 천황으로 장식했다는 사실만으로도 일본제국이 추구하는 국가 정체성을 확인할 수 있다. 참고로 제2장은 신민의 권리와 의무, 제3장은 제국 의회, 제4장은 국무대신 및 추밀고문, 제5장은 사법에 관한 내용이다.

다음은 메이지 헌법 제1장의 몇 가지 조문이다.

제1장 1조 대일본제국은 만세일계의 천황이 통치한다.

제1장 5조 천황은 제국 의회의 협찬으로써 입법권을 행사한다.

제1장 7조 천황은 제국 의회를 소집하여 개회, 폐회, 정회 및 중의원의

해산을 명령한다.

제1장 11조 천황은 육·해군을 통수한다.

이상의 조항만 봐도 천황의 권력을 충분히 알 수 있다. 여기서 주목해야 할 것이 11조인데, 천황이 육·해군을 통수한다는 이 조항 때문에 일본제국은 군부의 손에 놀아나게 되었고 전쟁 국가 일본으로 내닫게 되었다. 국가에 있어 '최후의 주권'이라 할 수 있는 군사력이 국민의 손이 아니라 군인의 손에 떨어진 것이다. 당시 깨어 있는 일본 정치인들은 군부의 폭주를 막기 위해서는 군권을 군인이 아닌 민간인 출신의 정치인에게 양도해야 한다고 생각했다. 물론 현실적 목표는 '군부에 대한 최소한의 통제'였다. 그러나 군 통수권에 대한 조그마한 움직임이라도 보일라치면 군부는 메이지 헌법 제1장 11조를 들먹이며 상대를 압박했다.

"군 통수권은 신성한 천황의 권한이다. 그런데 일개 신하가 감히 천황의 통수권을 침범하려 하는가?"

군부는 천황을 방패로 내세웠고, 그 결과 탄생한 것이 '대본영'이었다. 본래 대본영은 육군성 내 일개 국의 위치였으나 육군성에서 독립해 천황 직속의 참모본부로 승격되었다. 덕분에 천황은 육군성이나 육군대신, 해군대신의 도움 없이도 직접 군대를 통솔하고 전쟁을 치를 수 있게 되었다. 원래는 전시에 조직되는 천황 직속의 통수기관이었는데 어느 순간 전쟁 국가 일본의 컨트롤타워가 되어버렸다. (평시 일본제국 육군의 지휘부는 참모본부, 해군의 지휘부는 군령부였다. 그러나 전시 체제로 전환해 대본영이 꾸려지면 참모본부는 대본영 육군부로, 군령부는 대본영 해군부로 바뀌고, 천황은 대원수로서 육군에 내리는 명령인 '대륙명大陸命', 해군에 내리는 명령인 '대해령大海令'을 내리며 전쟁을 진두지휘하게 된다.)

그런데 중일전쟁이 발발한 1937년, 전시 대본영 제도가 살짝 변경된다. 이제 전시가 아닌 사변事變에도 대본영을 둘 수 있게 되었다. 그렇다면 사변은 무엇일까? 사전에 따르면 "전쟁에는 이르지 않았으나 병력을 동원하지 않을 수 없는 국가적 사태나 난리 또는 선전포고 없이 이루어진 국가 간의 무력충돌"이다. 즉, 전쟁은 아닌데 전쟁인 상황 혹은 전쟁에 준하는 군사적 움직임이 있는 상태를 뜻한다. '지나사변支那事變'이 바로 그러한 상황이었다.

전쟁인 듯 전쟁 아닌
지나사변

제2차 세계대전이 끝난 지 70년이 넘었는데도 일본 우익은 중일전쟁을 '지나사변'이라고 부른다. 어째서 일본은 중일'전쟁'을 '사변'이라고 부르는 것일까? 크게 두 가지 이유가 있다. 하나는 말 그대로 '사변'으로 중일전쟁을 바라봤던 당시 일본 군부의 자신감이고, 다른 하나는 국제정치학적 필요다.

먼저 중일전쟁을 사변으로 본 당시 일본 군부의 시각에 대해 이야기하자면, 중일전쟁 발발 직후 일본 군부는 중국군과의 전투를 만주사변의 연장선 정도로 생각하고 있었다. "중국을 3개월 이내에 완전히 장악하겠다"던 일본군의 호언장담을 눈여겨봐야 한다. 일본 군부는 중국군을 얕잡아보고 있었고, 만주사변 때처럼 단기간에 끝날 것이라 예상했다. 애초 루거우차오 사건 직후 일본 군부 내 강경파는 "이참에 화베이 華北 지방 문제를 한 번에 해결하자"며 전선 확대를 주장했는데 그 이유가 여기에 있었다.

솔직히 당시 일본 군부의 생각이 잘못된 것은 아니었다. 일본군은 만주사변, 상하이사변, 러허熱河사변을 일으켜 중국의 땅을 야금야금 갉아먹었던 경험이 있었다. 그때마다 중국은 무기력하게 일본군에 끌려다녀야 했다. 중국은 병든 돼지였고, 옆구리를 찌르면 땅을 떼어주는 자판기 같은 존재였다. 이런 경험 때문에 일본은 지나사변을 '가볍게' 생각했다.

"화베이 지역 5개 성 정도를 가볍게 접수해 만주국 같은 괴뢰국을 하나 더 세우자. 그러면 화베이 지방 문제를 일거에 해결할 수 있을 것이다."

당시로는 합리적 판단이었다.

두 번째 이유는 국제정치적으로 꽤 중요했기 때문이다. 그동안 맺은 각종 조약 때문에 그리고 실질적 필요 때문에 일본은 '전쟁'을 할 수 없었다. 먼저 일본이 그동안 중국과 맺었던 각종 조약을 보자. 몇 번의 사변과 전쟁을 통해 중국과 일본은 수많은 조약을 체결했는데, 그때마다 일본은 조계租界와 치외 법권을 확보했다. 만약 선전포고를 하고 전쟁을 일으킨다면 그동안 누려왔던 일본의 특권이 모두 무효가 된다. 그래서 분명 전쟁인데 전쟁이 아니라고 주장하며 조약상의 특권을 유지하겠다는 것이다. 손바닥으로 하늘을 가린다고 해야 할까?

여기에 더해 그동안 일본이 맺은 다른 조약들도 걸림돌이 되었다. 대표적인 것이 부전조약과 9개국 조약이다. 일본은 자위적 전쟁은 인정하지만 침략전쟁은 용인할 수 없다는 부전조약에 서명했다. 국제연맹을 탈퇴하고 워싱턴 체제를 붕괴시킨 장본인이지만 국제사회에서 최소한의 '명분'은 지켜야 한다는 압박을 받고 있었기 때문이다.

일본을 압박한 실질적 동인은 미국이었다. 1935년 미국은 '중립법'을 통과시켰다. 중립법은 전쟁 당사국에 무기 및 전쟁에 필요한 물자와 원료의 수출을 금지하고 금융 거래를 제한한다는 내용이었다. 경제의 상당 부분을 미국에 의지하고 있었던 일본으로서는 이 중립법을 피해가야만 했다.

이런 모든 이유가 모여 중일전쟁은 '지나사변'이 되었다. 그러나 전쟁 당사국인 중국과 주변 열강, 그리고 일본조차도 이 사태가 '사변'이 아니라 '전쟁'임을 다 알고 있었다. 다만 일본만이 명분과 아집 때문에 지금까지도 사변이라 일컫는 것일 뿐이다.

늪에
빠지다

일본에 있어서 태평양전쟁의 시작은 1937년이다. 흔히들 일본이 진주만을 공격한 1941년 12월에 태평양전쟁이 시작되었다고 알고 있지만, 실질적으로 일본군의 발목을 붙잡은 것은 중국이었다. 태평양전쟁의 일본군 사망자 200만 명 중 절반이 중국 땅에서 죽었고, 1943년 중반까지 일본군 예산의 절반 이상이 중국에 투입되었다. 이것만 봐도 일본군의 주 전선은 중국이었음을 알 수 있다.

어째서 일본은 이런 무모한 전쟁을 시작한 걸까? 애초에 일본군은 중일전쟁을 너무 가볍게 생각했다. 3개월 안에 중국을 점령하겠다는 호언장담이 결국 일본군의 발목을 잡았다. 중국은 더 이상의 타협을 용인하지 않을 작정이었다. 1937년 7월 12일 장제스는 장시성 루산盧山에서 루산 국방회의를 열었다. 중국의 주요 인사 150여 명이 참석해 5일간 현 상황에 대한 대책을 논의했는데, 그 결과로 나온 것이 그 유명한 '루산 담화'이다.

"국가의 생존을 위해서 전 민족의 생명을 걸어야 한다. … 우리는 철저히 희생하고 철저히 항전할 뿐이다."

장제스의 결의가 중국 전역과 전 세계에 퍼져나갔다. 중국은 일본과의 '전쟁'을 선택했다. 그때까지의 중국이 아니었다.

그렇다면 당시 일본의 상황은 어떠했을까? 고노에 후미마로 수상이 루거우차오 사건을 보고받은 것이 1937년 7월 8일이었다. 이때만 하더라도 일본 정부는 전쟁을 할 생각이 없었다. 내각은 회의를 열어 확전 방지 대책을 강구하려 했는데, 이때 육군대신 스기야마 하지메杉山元가 길길이 날뛰었다(일본 패망과 조선 독립에 앞장선 훌륭한 분이시다).

"이번 루거우차오 사건은 중국의 계획적 도발이다! 그동안 중국이 보여준 반일 성향을 보라! 중국은 계획적으로 우리를 공격한 것이다. 당장 3개 사단을 증파해 중국군을 쓸어내야 한다!"

스기야마 하지메의 외침에 제동을 건 것은 해군대신이었던 요나이 미쓰마사米内光政였다. 육군 참모본부 내에서도 중국 침략에 대해서는 의견이 분분했는데(이때만 해도 '개념' 있는 장교가 많아서인지 신중론이 우세했다) 관동군이 멋대로 일으킨 충돌을 전쟁으로까지 비화시키는 것이 영 내키지 않았다. 아니, 애초에 중국과의 전쟁이 이치에 맞았겠는가?

여기서 주목해야 할 점이 당시 관동군과 내각에 있던 육군대신의 면면이다. 당시 관동군 참모장은 태평양전쟁을 일으킨 주역인 그 유명한 도조 히데키였고, 관동군 참모는 '근성론'의 대가이자 한때 '작전의 신'으로 불렸던 쓰지 마사노부辻政信였다. 쓰지 마사노부의 명저 《이것만 읽으면 전쟁에 이길 수 있다》를 보면 다음과 같은 내용이 나온다.

"(미국과의) 전쟁은 승리다. 비행기와 전차와 자동차와 대포의 숫자는 지나(중국)군보다 훨씬 많으므로 주의해야 하지만 구식인 것이 많을뿐더러 그 무기를 쓰는 병사들이 약하므로 쓸모가 없다. 따라서 야습은 그들이 가장 두려워하는 것이라 할 수 있다."

이 정도만 봐도 그의 수준을 잘 알 수 있다. 쓰지 마사노부는 훗날 대본영으로 들어가 일본 패망에 앞장선 훌륭한 인물이다. 그리고 김성종 원작의 《여명의 눈동자》에 잘 묘사된 '임팔 작전'의 책임자였던 무타구치 렌야牟田口廉也가 있는데, 그는 다음과 같은 말들을 내뱉었다.

"일본인은 원래 초식동물이니 가다가 길가에 난 풀을 뜯어 먹으며 진격하라."

"무기의 부족이 패배의 원인은 될 수 없다."

"황군은 먹을 것이 없어도 싸우지 않으면 안 된다. 병기가 없어, 탄환이 없어, 먹을 것이 없어 싸움을 포기한다는 것은 이유가 안 된다. 탄환이 없으면 총검이 있다. 총검이 없으면 맨손이 있다. 맨손이 없으면 발로 차라. 발도 없으면 물어뜯어라. 일본 남아에게 야마토 정신이 있다는 것을 잊었는가? 일본은 신이 지켜주는 나라다."

루거우차오 사건 당시 해당 부대의 연대장이 바로 무타구치 렌야였다. 루거우차오 사건은 사실 따지고 보면 별것 아닌 일이었다. 무타구치 렌야의 부대가 훈련하던 도중 병사 하나가 사라진 것이 사건의 발단이었는데, 당시 이 병사는 급한 용무, 즉 똥이 마려워 화장실로 사라진 상황이었다. 그러나 무타구치 렌야는 이 병사를 찾아볼 생각은 하지 않고 무턱대고 중국군 소행이라 판단했고 이를 상부에 보고했다. 그리고 중국군을 공격했다(한 병사의 장 트러블이 이후 8년 동안 2000만 중국인을 죽인 셈이다).

도조 히데키, 쓰지 마사노부, 무타구치 렌야, 이 세 명이 같은 시기, 같은 장소에 있었다는 것이 일본으로서는 불행이었다. 무타구치 렌야가 루거우차오 사건을 일으키자마자 도조 히데키는 즉각 혼성 2개 여단을 편성해 출동시켰고, 쓰지 마사노부는 무타구치 렌야에게 달려가 "뒤는 관동군이 받쳐주겠소. 마음껏 때려 부수시오!"라면서 부채질했다. 그리고 당시 육군대신이었던 스기야마 하지메.

히로히토: 일본과 미국 사이에 일이 터지면 육군은 얼마 안에 정리할

수 있다고 확신하시오?

스기야마: 남쪽 방면만 하면 3개월 안에 정리할 수 있습니다.

히로히토: 지나사변 발발 당시 그대가 중국을 1개월 정도면 정리할 수 있다고 한 말을 짐은 아직 기억하오. 그렇지만 4년이나 질질 끌었고 아직도 정리를 못 했는데 도대체 어찌 된 일이오?

스기야마: 중국은 오지가 넓기에 예상대로 작전을 못 폈습니다. 허나 폐하, 태평양은 도서 지역이기 때문에 더 수월할 수 있습니다!

히로히토: 뭐요? 중국의 오지가 넓다면 태평양은 더 넓소이다! 대체 무슨 확신이 있어 3개월이라는 소리를 하는 것이오?

한도 가즈토시半藤一利가 쓴 《쇼와사》의 한 대목이다. 태평양전쟁 개전 직전 히로히토 천황이 스기야마 하지메에게 태평양전쟁에 관해 묻자 자신 있게 3개월이라고 대답한 대목이 인상 깊다. 상식이 없다고 해야 할까? 아니면 과도한 자신감의 발로였을까? 중일전쟁 개전 초기에도 히로히토에게 한 달 안에 전쟁을 정리하겠다고 했지만 그 전쟁은 8년이나 지속되었음을 생각하면 … 답이 없다. (스기야마 하지메는 훗날 참모장과 작전과장이 결사반대한 임팔 작전을 무타구치 렌야의 얼굴을 봐서 결재해주라고 명령했던 인물이다.)

이 네 '미친놈'이 일본을 늪으로 끌고 들어갔다.

05 / 대륙의 각성, 다급해진 일본

스기야마 하지메, 도조 히데키, 쓰지 마사노부, 무타구치 렌야. 이 네 미친놈이 루거우차오 사건을 일으키고 확전을 결의한 그때, 장제스는 이전의 중국이 아닌 새로운 모습을 보여주었다. 루산 담화 직후 중국군 은 결사 항전의 의지를 불태웠고, 그런 중국을 보면서 일본은 관동군이 일으킨 루거우차오 사건을 사후 승인할 수밖에 없었다. 그리고 스기야 마 하지메가 주창했던 3개 사단의 증파를 결정했다. 일본은 지나사변 을 신질서 구축을 이해하지 못하는 장제스를 응징하는 성전聖戰으로 규 정하고, 중국의 반성을 위한 출병으로 스스로를 포장했다.

충격과 공포
그리고 공황

스기야마 하지메는 1개월, 일본 군부는 3개월로 봤던 중일전쟁은 점점 진창으로 빠져들었다. 제2차 상하이사변(상하이 전투)에서 독일식 사단 과 처음으로 만난 것이다. 88사단의 용전분투 앞에서 일본군은 충격과 공포를 느꼈다. 이제까지 만만하게 봤던 당나라 군대가 아닌 '진짜 중 국군'을 본 것이다.

그럼에도 일본은 1937년 말 산시성, 산둥성, 하베이성 등등을 점령 했다. 그리고 대망의 1937년 12월 13일 중국의 수도 난징을 점령했다. 이로써 다시 한번 난징 징크스가 증명되었다. 예로부터 난징을 수도로 한 정권은 100년을 넘기지 못하고 망했다. 오나라, 동진, 송나라, 제나라, 양나라, 진나라, 명나라, 남명 등 수많은 왕조가 난징에 수도를 두 거나 혹은 난징을 발판으로 국가를 열었으나(태평천국의 난 때도 난징이 수도였다) 그 역사는 대부분 오욕으로 얼룩져 있었다. 난징에 수도를 둔 중화민국도 마찬가지여서 일본군에 밀리고 이후 국공내전에서 패해 타 이완으로 도망쳐야 했다.

그러나 당시는 이런 역사적 사실을 더듬어볼 여유가 없었다. 일본군 은 상하이 전투와 오송吳淞 전투의 피해 때문에 눈이 뒤집혔다. 특히 오 송 전투가 문제였다. 상하이에 2개 사단을 증파하기로 한 일본군은 이 부대를 오송만에 상륙시키기로 했다. 일본판 노르망디 상륙 작전이라 고나 할까? 오송만에 일본군 3사단과 11사단이 상륙했는데, 3사단은 사단 구성원의 96퍼센트가 전투 불능 상태에 빠졌고, 11사단도 6일 동 안 겨우 5킬로미터 전진한 게 전부였다. 3사단보다 뒤에 도착한 11사 단이지만 일주일 만에 4000명의 사상자를 냈고, 한 달 뒤에는 1만 명의 병사를 잃었다.

장제스가 초빙한 독일 고문 알렉산더 폰 팔켄하우젠Alexander Ernst Alfred Hermann von Falkenhausen은 독일군의 명성을 다시 한번 입증했다. 독일군 장 비와 독일군 편제로 독일군 훈련을 받고 독일 고문관의 전략까지 맞물 리자 중국군은 괴물이 되었다(물론 어디까지나 이전의 중국군과 비교해서 다). 일본군은 점점 늪에 빠져들었다. 3만 명이면 충분히 중국군을 상대 할 수 있을 것이라 생각했는데 일이 점점 꼬여갔다(당시 상하이에 있던 중 국군 병력은 20만이 넘었다). 독일식 사단은 벙커와 철조망 뒤에서 차근차 근 일본군을 학살했고, 일본군은 붕괴하기 시작했다.

일본군은 황급히 병력을 차출해 상하이 전선에 보냈다. 1937년 9월

7일에는 3개 사단 증파가 결정되었고, 타이완에 있던 1개 연대 역시 차출되었다. 애초 3만 명이면 점령할 수 있을 것이라 믿었던 상하이 전투에 일본군은 10만 병력을 밀어 넣어야 했는데, 이것이 마지막이었다. 더 이상의 병력을 보냈다가는 화베이 전선이 헐거워질 수밖에 없었기에 섣불리 병력을 더 차출할 수도 없었다. 애초에 화베이 지방을 평정하는 것이 전쟁의 목적이었는데 주객이 전도되어버렸다. 상황이 이렇게 돌아가자 장제스도 결단을 내렸다.

"상하이 전투에 모든 것을 걸고 일본군을 몰아내자!"

일본군이 상하이에서 허우적거리는 모습을 확인한 장제스의 전략적으로 올바른 판단이었다. 당시 장제스는 동원할 수 있는 거의 모든 병력을 쏟아부었는데, 1937년 10월 말까지 7개 집단군 85개 사단, 80만 대군이 상하이에 집결했다. 당시 화난華南과 화중華中에 있는 거의 모든 군대가 집결한 것이다. 여기에는 장제스가 애지중지 키워낸 독일식 사단 4개도 포함되어 있었다.

다시 말하지만, 장제스의 판단은 옳았다. 되돌아 봐도 장제스는 올바른 판단을 한 게 맞고, 상하이 전투에서 일본군을 궁지에 몰아넣은 것도 맞다. 여기서 중국군이 조금 더 일본군을 압박하거나 전선을 고착화했다면 일본군은 치명적인 타격을 받았을 것이다.

문제는 판단이 아니라 '실행'이었다. 상하이 전투가 전쟁의 분수령이 될 것이라는 판단도 옳았고, 그 판단에 따른 과감한 결정도 옳았다. 그러나 80만이나 되는 대단위 병력을 투입하고 운용하는 과정이 문제였다. 상하이라는 좁은 구역에 너무 많은 병력이 빽빽이 밀집해 있었고 그 병력도 무계획적으로 투입했다. 너무 좁은 구역에 밀집해 있다 보니 상하이만에서 지원 포격을 하는 일본 해군의 함포 사격 한 방에 1개 대대가 전멸하는 괴이한 상황이 벌어졌고, 무분별하게 투입한 중국군은 보급과 통신에 문제가 발생해 제대로 전투력을 발휘할 수 없었다.

결정적으로 '지휘'가 문제였다. 그때까지 중국군 지휘관 중 80만 단위의 병력을 지휘해본 지휘관은 없었다. 중구난방으로 흩어져서 어찌할 바를 모르는 중국군. 너무 많은 병력이 족쇄가 되었다. 문제는 속속 드러났다. 상하이 전선에 너무 많은 병력이 몰리자 반대로 주 전선이라 할 수 있는 화베이 전선이 헐거워졌고, 일본군은 반대로 화베이 전선을 압박했다. 여기에 일본 해군의 항공모함이 속속 집결하면서 머리 위로 폭탄이 떨어지기 시작했다(일본 해군은 세계열강의 그 어떤 기동함대보다 먼저 항공모함의 잠재력을 확인했고 실전 경험을 체득했다). 결국 일본군은 독가스를 뿌리며 다창전大場鎭을 함락했고, 상하이를 외곽으로부터 포위해 들어갔다. 상황이 이렇게 돌아가자 장제스는 1937년 10월 26일 상하이에서 전면 퇴각을 결정했다.

이때 다시 한번 맹위를 떨친 게 독일식 사단인 88사단이었다. 언제나 그렇지만 군사 행동 중 가장 위험한 것이 퇴각전이다. 뒤에 남겨졌다가 적에게 꼬리를 잡히면 그대로 죽음으로 이어지는 후위대의 역할은 그 누구도 맡고 싶어 하지 않는 최악의 임무다. 상하이 퇴각에서 이 후위대의 임무를 맡은 건 88사단의 결사대 400명이었다. 이들은 나흘 동안 차근차근 일본군을 학살하며 중국군의 퇴로를 지켜냈다. 그러곤 1937년 11월 1일 영국 조계지로 질서정연하게 퇴각했다. 이 후위대 전투에서 400결사대의 피해는 50명의 사상자를 내는 데서 그쳤지만, 이를 상대했던 일본군은 200명이 넘는 사상자를 내야 했다.

이 악몽의 기억은 12월 13일 난징을 점령한 일본군의 머릿속에 고스란히 남아 있었다. 일본군은 난징을 점령하자마자 무려 30만 명의 중국인을 학살했다. 난징 대학살은 그렇게 시작되었다.

늪 속으로
깊숙이

지도로만 보면 일본군은 쾌속 진격을 했고 엄청난 전과를 낸 것처럼 보인다. 그러나 1937년 말의 '점령지'는 어디까지나 '점'과 '선'으로만 이어진 허깨비였다. 임진왜란 당시 일본군은 서울을 목표로 쾌속 진격했지만, 후방에서 일어난 의병과 한산도에서 일본군의 보급로를 옥죄고 있는 이순신 장군 때문에 후퇴할 수밖에 없었다. 일본군은 조선의 주요 거점을 확보했을 뿐 점령지 전체를 다 확보한 것이 아니었다. 일본군은 점과 선으로 이어진 '도로'를 확보했을 뿐이고, 그나마도 유지할 수 없어서 패퇴했다.

1937년의 일본군도 마찬가지였는데, 일본군이 점령한 '광대한' 중국 영토는 대부분 도시와 도시를 연결하는 철도를 중심으로 한 허깨비였지 완전한 점령이 아니었다. 중국은 너무도 광대했고, 일본군은 그 숫자가 너무도 적었다. 일본이 중화민국의 수도인 난징을 점령했다지만 이미 장제스는 난징을 떠나 중징中京에 새 터를 잡고 결사 항전의 의지를 불태우고 있었다.

장제스는 공간을 주고 시간을 얻는 방법을 택했다. 일본군이 아무리 용맹하다 해도 2400킬로미터나 되는 중국의 해안선을 다 지켜낼 수는 없을뿐더러 광대한 중국 영토 전체를 점령하기는 더더욱 어려울 것이라 판단했다. 장제스가 주목한 것은 게릴라전이었다. 그는 휘하의 병력 중 3분의 1을 일본군 점령지로 보내 유격전을 벌이게 했다. 아울러 홍콩, 마카오, 광저우, 상하이의 조계지를 통해서 무기를 수입했다(당시 장제스가 일본에 대한 선전포고를 미뤘던 이유가 여기에 있다. 선전포고해 본격적인 '전쟁'에 들어가기보다는 하나의 '사변'으로 고착화해 열강의 조계지를 활용하는 방법으로 일본을 괴롭혔다).

상황이 이렇게 돌아가자 다급해진, 아니 불안해진 쪽은 일본이었다. 일본은 메이지 유신 이래로 (내전을 제외하고) 항상 일본 본토 바깥에서 전쟁을 수행했다. 이 점에 유의해야 하는데, 본토 밖에서 전투를 하면 본토에는 피해가 없지만 본토 밖에 있는 부대에 지속적으로 '보급'을 해줘야 한다는 과제가 생긴다. 일본이 아무리 메이지 유신에 성공해 공업국으로 성장했다 해도 대단위 부대를 본토 밖에서 운영하며 보급선을 지속적으로 유지하는 것은 보통 어려운 일이 아니다. 이미 러일전쟁 당시 근대전의 물량을 감당할 수 없음을 체득한 일본이 아니던가?

이런 상황에서 장제스가 공간을 내주고 시간을 버는 식으로 장기전 태세에 들어가자 일본으로서는 불안할 수밖에 없었다. 일본이 모든 것을 쥐어짜 간신히 이겼던 러일전쟁도 총 19개월이었다. 일본은 2년 이상 전쟁을 치러본 경험이 없었다. 그런데 중국은 달랐다. 대륙의 기상이라고나 할까? 장제스는 느긋하게 중징에 터를 잡고는 '끝날 때까지 끝난 게 아니다'라는 정신으로 게릴라전을 준비했다(그리고 8년을 버텨냈다). 부패한 일본 관리와 장교를 포섭해 무기를 빼돌리고, 중국의 군벌을 비롯해 부패한 고위 장성을 체포해 총살하며(화베이 전선이 무너진 1938년 1월 24일 여단장급 이상의 부패한 고위 장성 41명을 총살했다) 장기전 태세를 취했다.

일본은 다급해졌다. 중국이 장기전 태세로 전환한 상황에서 손 놓고 앉아 있을 수만은 없었기에 일본도 바쁘게 움직이기 시작했다. 일본은 1938년 4월 1일 '국가총동원법'을 공표했는데, 이 법의 주요 내용은 다음과 같다.

제1조 국가총동원이란 전시(전시에 준할 경우도 포함)에 국방 목적을 달성하기 위해 국가의 전력을 가장 유효하게 발휘하도록 인적 및 물적 자원을 운용하는 것을 말한다.

제4조 정부는 전시에 국가총동원상 필요할 때는 칙령이 정하는 바에 따라 제국 신민을 징용하여 총동원 업무에 종사하게 할 수 있다. 단, 병역법의 적용을 방해하지 않는다.

제7조 정부는 전시에 국가총동원상 필요할 때는 칙령이 정하는 바에 따라 노동 쟁의의 예방 혹은 해결에 관하여 필요한 명령을 내리거나 작업소의 폐쇄, 작업 혹은 노무의 중지, 기타 노동 쟁의에 관한 행위의 제한 혹은 금지를 할 수 있다.

제8조 정부는 전시에 국가총동원상 필요할 때는 칙령이 정하는 바에 따라 물자의 생산, 수리, 배급, 양도, 기타의 처분, 사용, 소비, 소지 및 이동에 관하여 필요한 명령을 내릴 수 있다.

제20조 정부는 전시에 국가총동원상 필요할 때는 칙령이 정하는 바에

따라 신문, 기타 출판물의 게재에 대하여 제한 또는 금지를 할 수 있다.

일본(식민지 조선 포함) 내의 모든 물적·인적 자원을 국가가 통제하며, 노동 쟁의를 전면으로 부정하고, 국가의 필요에 따라 마음대로 병력을 징병하고, 국민의 모든 재산 처분권을 일본 정부가 가지는 '계획 경제'로 들어가겠다는 선언이다. 아울러 언론 통제도 하겠다는 선포였다. 이제 일본은 완벽한 전시 경제 체제로 변신했고, 이때부터 일본 정부는 "거국일치擧國一致, 진충보국盡忠報國"이라는 구호를 내뱉으며 조금이라도 일본 정부의 '뜻'과 어긋나는 이들을 비애국자, 불순분자로 낙인찍고 헌병대로 보내버렸다. 그렇게 일본은 서서히 미쳐갔다.

이 국가총동원법의 위력은 일본 사회를 점점 옥죄었는데 1939년 3월 학생들의 장발과 여성들의 파마를 금지했고, 1939년 7월에는 국가총동원법을 근거로 한 칙령 제451호 '국민징용령'이 나왔다. 일본 국민(식민지 조선 포함)을 전쟁에 강제로 동원할 수 있는 합법적 근거를 확보한 것이다. 한 병사의 장 트러블이 일으킨 실로 놀라운 결과였다.

광기

장제스의 장기전 태세를 목도한 일본은 '거국일치'를 말하며 전시 체제로 개편했다. 워싱턴 해군 군축 조약 탈퇴, 국제연맹 탈퇴로 국제사회에서 한 발 비켜난 일본은 이제 자신만의 '세계'를 만들어야 했다. 언제나 그렇듯 정치 행위의 근간에는 명분이 필요하다. 물론 명분은 포장지에 불과하지만 최소한의 정당성을 주장할 근거는 자국민을 설득하기 위해서도, 상대국에 자신의 주장을 설파하기 위해서도 필요하다.

중일전쟁 개전 후 1년이 지난 1938년 11월 고노에 후미마로 수상은 '동아협동체론'을 들고나왔다.

"동아東亞 영원의 안정을 확보하기 위한 신질서의 건설이 이번 전쟁의 목적이다. 이것은 일본의 조국肇國 정신에 연원하며, 이를 완성하는 것은 일본 국민에게 지워진 영광스러운 책무이다."

간단히 말해 동아시아는 지역적 운명 공동체이며, 이 운명 공동체는 천황을 맹주로 하여 공동의 국방, 일체화된 경제, 한자 문화권의 동질화된 문화 공동체를 형성해 미국과의 '세계 최종전'에 대비해야 한다는 이야기다. 이는 곧 중국에 대한 일본의 독점적 지배를 선언한다는 뜻이다.

고노에 후미마로는 일본의 수상이었고 그가 공식 석상에서 천명한 대외 관계에 관한 주장은 일본 정부의 공식 입장, 즉 독트린doctrine이다. 미국은 즉각 반응했다. 같은 해 12월 미국은 고노에 수상의 주장에 대해 공식 입장을 밝혔다.

"어떠한 나라도 자신의 주권에 속하지 않은 지역에 신질서를 건설할 자격이 없으며, 문호 개방 원칙을 무시한 신질서는 인정할 수 없다."

러일전쟁 직후부터 일본의 만주 점령과 중국 진출에 불편한 심기를 내비치던 미국이 드디어 입을 뗀 것이다. 그리고 실질적 행동에 나섰다. 미국은 중국에 대한 차관 제공 등 중국 원조 방침을 밝혔는데, 이는 그간 보여줬던 '경고 수위'를 넘어서는 반응이었다.

미국의 압박은 점점 거세져 1939년 7월에는 미일 통상 항해 조약의 파기를 선언했다. 이제 미국은 일본에 대한 무역과 상거래를 정부 통제 하에 두게 되었다. 이는 미국 정부가 마음만 먹으면 일본에 경제 제재를 할 수 있는 법적 근거를 확보했다는 뜻이다. 이 부분은 매우 중요한 데, 1940년 기준으로 일본의 총수입액 21억 엔 중 19억 엔이 미국에서 수입한 것이었다. 만약 미국과의 관계가 틀어지면 전쟁 수행에 없어서는 안 되는 석유와 철강의 수입이 모두 막히고 만다.

이제 일본은 국제 미아가 될 판이었다. 군사강국 일본을 만들어준 영일 동맹은 워싱턴 해군 군축 조약으로 떠나갔고, 국제연맹의 탈퇴로 국제사회에서 일본의 입지는 좁아진 상황이었다. 이때 일본의 눈에 들어온 것이 독일이었다. 당시 일본과 독일은 동병상련의 입장이었다. 베르사유 조약을 탈퇴하고 국제사회로부터 '문제아' 취급을 받던 독일은 자신만의 파트너가 필요했고, 일본 역시 마찬가지였다. 이들은 급속도로 가까워졌다. 1937년 11월 일본, 독일, 이탈리아는 삼국 방공防共 협정을 맺었다. 삼국 동맹의 전초 단계였다.

일본 영화 〈연합함대 사령장관 야마모토 이소로쿠〉를 보면 당시 일본 해군의 삼국 동맹 조약 반대파 세 명의 모습을 확인할 수 있는데, 바로 야마모토 이소로쿠, 이노우에 시게요시井上成美, 요나이 미쓰마사이다. 당시 일본 국민과 조약 찬성파는 이들을 "조약 반대의 삼족오"라고 비아냥거리며 멸시했다.

특히 야마모토 이소로쿠는 미국과의 일전은 필패라며 일본 군부 인사 중 거의 유일하게 국제적 식견과 미국에 대한 안목을 가진 인물로 묘사되는데, 앞에서 다룬 총력전 연구소 이야기처럼 당시 많은 이가 미국과의 전쟁은 필패라는 것을 알고 있었다. 야마모토가 미국과의 개전에 반대했던 이유는 그가 평화주의자이거나 놀라운 식견이 있어서라기보다는 전통적인 일본 육군과 해군의 관계에서 찾아봐야 한다. 당시 육군의 가상 적국은 소련이었는데, 이들은 소련과의 전투 준비에 들어간 상황이었고, 그러기 위해 삼국 동맹의 체결을 주장했다. 즉, 삼국 동맹은 육군 위주의 주장이었다. 만약 소련과의 전쟁이 결정된다면 해군은 자신이 활약할 기회를 상실하게 될 테고, 모든 예산과 자원이 육군에게 몰릴 게 뻔했다. 야마모토가 내세운 삼국 동맹 반대 이유는 첫째, 미국 및 영국과의 외교 관계가 악화되어 중일전쟁 해결이 어려워지고, 둘째, 소련과 전쟁을 벌이면 독일은 거리가 너무 멀어 지원을 기대하기 어려우며, 셋째, 독일과 이탈리아가 중국에서의 이권을 요구할 수 있다는 것이었다. 결국 야마모토도 전쟁을 피하자는 입장이라기보다는 더욱 '효과적으로' 싸우자는 입장이었던 셈이다.

1938년 3월 독일은 오스트리아를 병합했다. 히틀러가 고향으로 금의환향한 것이다. 그리고 그해 5월 독일은 만주국을 승인했다. 문제는 해군이 끝끝내 삼국 동맹 가입 불가 입장을 고수하던 1939년 8월 소련과 독일이 전격적으로 독소 불가침 조약을 맺었다는 사실이다. 일본으로서는 충격과 공포였다. 소련을 가상 적국으로 바라보고 있었는데, 그 소련이 일본의 최대 파트너가 되어줄 독일과 손을 잡은 것이다. 이 덕분에 히라누마 기이치로平沼騏一郎 내각은 총사퇴해야 했다. 이제 일본은 천둥벌거숭이 신세가 되었다.

그리고 1940년 삼국 동맹에 또 다른 움직임이 감지되었다. 1939년 여름까지 일본은 삼국 동맹에 대해 "독일, 이탈리아와 손잡고 소련에 맞서자"라는 입장이었다. 하지만 1940년에는 "독일과 이탈리아 그리고 덤으로 소련을 끼워줘 4개국이 미국에 대항하는 대미 동맹을 결성하자"라는 쪽으로 본말이 전도되었다. 일본의 정체성이 의심되는 대목이다. 어쨌든 전쟁만 할 수 있다면 된다는 것이었을까?

사실 삼국 동맹은 제2차 세계대전 연합국에 비해 결속력이 상당히 느슨했다. 독일만 하더라도 중일전쟁 당시 중국군에 무기를 제공했고, 이탈리아는 제2차 세계대전 직전까지 영국과 협상을 벌였다. 윈스턴 처칠은 이탈리아가 보유한 200여 척에 달하는 잠수함을 두려워했다. 이들이 독일 유보트와 연합해 영국의 보급선을 차단한다면 영국으로서는 치명타일 수밖에 없었다. 1939년 9월 1일 기준으로 독일군이 보유한 유보트가 56척에 불과했던 것을 생각한다면 이탈리아와 독일이 손잡는 것은 영국으로서는 악몽이었다. 그러나 어디까지나 처칠의 기우였을 뿐 이탈리아 잠수함 부대는 영국의 생각과 달리 한심했다. 독일 유보트 부대가 아무리 가르치고 얼러도 이탈리아 잠수함 부대는 이탈리아군의 '전통'을 고스란히 따랐다.

여기서 삼국 동맹 체결 당시 일본의 세계관을 주목해야 한다. 당시 일본의 세계관을 보면 어째서 일본이 삼국 동맹에 참여하게 되었는지 알 수 있는데, 독일이 소련과 불가침 조약을 맺을 때만 해도 나라 잃은 심정이었던 일본은 독일이 폴란드를 소련과 반분半分하고 프랑스를 불과 6주 만에 점령하는 것을 확인하면서 몸이 바짝 달아오를 수밖에 없었다. 일본은 독일을 통해 자신의 '자리'를 차지하고 싶어 했다.

이런 세계관을 잘 드러내 주는 것이 삼국 동맹 체결 5개월 뒤인 1941년

2월에 있었던 정부연락회의 결정 사항인 '대독일·이탈리아·소련 교섭안 요강'이다.

> "세계를 대동아권, 유럽권(아프리카 포함), 미주권, 소련권(인도, 이란 포함)의 4대권으로 하여 전후 강화 회의에서 이의 실현을 주장한다. … 제국은 대동아공영권 지대에 대해 정치적 지도자의 지위를 점하여 질서 유지의 책임을 진다."

'자신의 자리를 찾아야 한다'라는 일본 특유의 민족성을 다시 한번 확인할 수 있는 대목이다. 솔직히 말해 이 요강은 거의 실현 불가능한 이야기였다. 당장 삼국 동맹+1(소련)이 세계를 제패한다는 것 자체가 실현 불가능한 일이었다(제2차 세계대전 때 전 세계 군수 물자의 절반 이상을 생산해낸 미국을 이긴다고?). 또 대동아공영권이란 것도 중국과 아시아 각국의 동의, 그리고 미국이 개입하지 않는다는 것이 전제되어야만 하는데, 그때까지도 일본은 중국 전선에서 허우적거리고 있는 상황이었다.

어찌 되었든 일본은 '동아협동체'의 동아東亞 앞에 '대大' 자를 붙이며 자신의 구상을 점점 확대해나가는 와중이었다.

06 / 일본, 건드리지 말아야 할 것을 건드리다

강제규 감독의 영화 〈마이웨이〉를 보면, 오다기리 죠가 이끄는 일본군 부대가 소련군 전차 부대로 돌격하는 장면이 나온다. 관객으로서는 이해하기 힘든 이 광기 어린 장면은 실제 있었던 노몬한 전투(혹은 할힌골 전투)를 재현한 장면이다. 노몬한 전투는 태평양전쟁의 시작을 알린 진주만 공격에 비해 덜 알려진 '변방의 전투'지만 이후 일본의 행보에 결정적 영향을 끼쳤다.

당시 일본 군부는 남방공략파와 북부공략파로 나뉘어 향후 일본의 진로를 두고 싸웠다. 간단히 말해 남쪽으로 쳐들어갈까, 북쪽으로 치고 올라갈까를 두고 고민한 것이다. 그런데 노몬한 전투 이후 북부공략파의 목소리는 힘을 잃었고, 일본은 남방 자원 지대라 칭한 곳으로 치고 내려가게 되었다. 미국과 전쟁을 하겠다는 선포? 무모한 도전? 아니다. 한없이 자살에 가까운 '승산 없는 전쟁'에 몸을 던진 것이었다. 만약 노몬한 전투가 없었더라면 일본은 진주만 공격 대신 소련을 침공했을지도 모른다.

분쟁의
시작

1932년 일본이 만주국이란 괴뢰 정부를 세우자 소련은 심기가 불편했다. 만약 일본이 독일과 손잡고 양면에서 공격해온다면 소련은 이를 어떻게 막아낼 수 있을까? 여기서 등장하는 것이 근대 국가로 재탄생한 '몽골'이다. 러시아의 반혁명 분자였던 운게른 남작은 혁명 세력에 패퇴한 뒤 몽골로 피신했고, 몽골은 운게른 남작의 도움으로 독립을 선포해 300년간 이어진 청나라의 지배에서 벗어나게 되었다(여기에는 청나라 자체의 혼란도 한몫했다).

문제는 이때부터였다. 갓 독립한 몽골은 지정학적 위치가 애매했다. 당시 일본은 만주국이란 괴뢰국을 만들었다. 일본은 러일전쟁 이후 언제나 러시아(소련)를 제1의 가상 적국으로 삼고 러시아와의 전쟁을 준비해온 나라였다. 일본은 만주국을 만든 후 그 여세를 몰아 중일전쟁을 일으켰고, 중국과의 전쟁을 정리한 다음 병력을 몰아 바이칼 지역을 확보하고 시베리아로 짓쳐 들어가려는 계획까지 세우고 있었다.

이런 일본을 바라보는 소련의 심정은 어땠을까? 스탈린은 독일과 일본이 손잡고 소련을 공격하는 최악의 상황을 항상 걱정했다. 노몬한 전투가 소련에 끼친 영향은 국제정치학적으로 꽤 컸는데, 이후 소련이 독소 불가침 조약을 맺은 데는 바로 이러한 양면전에 대한 두려움을 제거하려는 의도도 있었다. 후술하겠지만 노몬한 전투가 일본과 소련에 끼친 군사적·정치적 영향은 상당히 컸다.

러시아 혁명이 안정기에 들어가고 '소련'으로 이름을 바꾼 북구의 패자는 반혁명 세력을 축출하기 위해 몽골까지 쫓아왔다가 독립 국가 '몽골'을 목도했다. 처음에는 반혁명 세력의 지원으로 독립한 몽골의 출생 배경이 마음에 걸렸지만, 그것은 어디까지나 사소한 문제일 뿐이었다. 옆에서는 관동군의 나라 만주국이 호시탐탐 몽골과 소련을 노려보고 있고, 전 세계 자본주의 국가들은 세계 최초의 사회주의 국가 소련을 무너뜨리기 위해 도끼눈을 뜨고 있었다. 만약 이런 상황에서 일본이 만주국을 발판으로 몽골로 치고 들어온다면? 갓 걸음마를 뗀 근대 국가 몽골은 국력 면에서 도저히 일본의 상대가 못 되었다. 군사력이라 부를 만한 무력도 부족했다. 아니, 국력 자체가 상대되지 않았다. 소련으로서는 일본이란 야수를 상대할 '발판'이 필요했다. 몽골 입장에서도 나쁜 이야기는 아니었다.

"갓 건국한 몽골 주변에는 호랑이와 늑대가 가득하다. 중국은 언제 어느 때 청나라 시절의 역사를 들먹이며 치고 들어올지 모르고, 바다 건너 일본은 만주국이라는 괴뢰 정부를 핑계로 우리를 집어삼키려 하고 있다. 이런 상황에서 몽골이란 나라의 국체를 지켜내기 위해서는 소련의 위성국으로 들어가는 것 말고는 마땅한 대안이 없다."

틀린 말이 아니었다. 조선과 만주국의 상황을 보면 몽골이 일본에 먹히지 말란 법이 없었다. 게다가 관동군은 무슨 일을 벌여도 이상할 게 없는 망나니들이었다. 이런 망나니가 바로 옆에서 도끼눈을 뜨고 몽골을 노려보고 있었다. 이런 상황에서 몽골이란 나라의 독립을 유지하기 위해서는 소련의 위성국보다 더한 모욕이라도 견뎌내야 했다.

예정된
충돌

소련은 몽골과 상호 원조 조약을 맺었고, 만주국은 실질적으로 관동군의 나라였다. 언제 싸움이 붙어도 이상할 게 없는 상태였다. 그리고 수시로 충돌이 이어졌다. 만주국과 몽골은 1932년부터 노몬한 전투가 일어나는 1939년까지 무려 759번의 국경 충돌을 일으켰다. 국경 충돌의 원인은 아주 단순했다. '등기부 등본을 떼보니 이 땅이 내 땅이었다'는 것이다.

근대 국가 이전 시절 몽골과 청나라는 국경 개념이 희미했다. 청나라 입장에서는 몽골의 초원이 원래 자신의 땅이었고, 몽골은 유목민족이었기에 딱히 국경 개념이 없었다. 그런데 만주국과 몽골이라는 '국가 체계'가 완성되자 서로의 땅이라며 국경 분쟁에 나서게 되었다.

당시 일본군이 주장한 국경선은(당시 관동군 사령관은 주만특명전권대사 駐滿特命全權大使라는 긴 직함의 직책을 겸임했는데, 한마디로 만주국의 입법, 사법, 행정권을 모두 가진 실질적인 총독이었다. 즉, 만주국은 일본 식민지라는 의미다) 할하강이었는데, 몽골은 할하강 앞에 있는 노몬한 고지가 자신들의 국경선이라고 주장했다. 정치적 의미만 없다면 이 국경선 문제는 정말 사소한 문제였다. 만약 여기에 고부가가치 천연자원이 매장돼 있다면 이야기가 달랐겠지만 이곳은 그냥 모래와 잡초가 넘실대는 황무지였으며, 할하강과 노몬한 고지 사이의 거리도 짧은 곳은 10킬로미터, 길어봤자 20킬로미터 정도였다. 즉, 눈 감고 모른 척하면 아무 문제가 되지 않는 일이었다. 문제는 일본과 소련이 어느 때고 싸우겠다는 '투지'로 불타고 있었다는 점이다.

노몬한 전투가 벌어지기 2년 전(1937년 6월 19일)에 건차자도乾岔子島 (흑룡강에 있는 하중도 중 하나)에 40명의 소련군이 상륙해 요새화 작업에 들어가자 일본은 사단 단위의 병력(1사단)을 출동시켜 소련군을 흠씬 두들겼다. 소련군에 사상자가 많이 발생했지만, 당시 소련은 대규모의 군부 숙청으로 내부가 혼란한 상황이었기에 제대로 대응하지 못하고 물러났다.

그로부터 1년 후(1938년 7월 29일) 일본과 소련은 장고봉張鼓峰에서 다시 한번 '격하게' 싸웠다(장고봉 전투). 두만강 근처 해발 150미터의 작은 고지, 아니 언덕이었던 이곳은 만주, 조선, 소련 사이에 절묘하게 걸쳐 있는 땅이었다. 문제는 이 땅이 누구 소유냐 하는 점이었다. 보통 이런 상황이면 서로 눈치 보며 무풍지대로 남겨놓는 것이 상책인데, 소련과 만주국(만주국이라 쓰고 일본이라 읽는다)은 서로 자기 땅이라고 핏대를 세웠다.

최초의 움직임은 소련에서 나왔다. 이들이 먼저 장고봉 정상에 진지를 구축했다. 이를 확인한 일본군은 정찰대를 파견했는데, 소련군이 정찰대에 사격을 가하면서 충돌이 시작되었다. 당시 일본군, 아니 정확히 표현하자면 관동군은 중국 전선에 대한 공세를 준비하고 있었기에 이런 분쟁은 피하는 것이 상책이었다. 일본군 지휘부 역시 소련과의 대규모 전투를 원치 않았다.

그러나 당시 관동군은 이미 '독자적인 군대'였다. 1937년 대본영이 상설 기관이 되고, 중국 전선이 장기화되면서 총력전 태세로 접어들던 시기에 관동군은 일본 본토의 육군성, 해군성과 함께 독자적인 군사 집단이 되었다. 이제까지 보여준 그 엄청난 짓들을 생각해보라. 야전의 군인들이 본토의 정치적 판단 없이 독자적으로 군사 충돌을 일으키고 전쟁을 시작하지 않았던가? 당시 관동군의 행동은 일본 정부 입장에서도 명백히 초법적이고 위법적인 행동이었다.

중국과의 전쟁이 시작된 마당에 굳이 소련과 싸워야 할 이유가 있을까? 관동군이 아무리 생각이 없어도 그 정도 바보는 아니었다. 그러나 관동군에게는 주변 상황을 자신들 편의대로 합리화하는 놀라운 재주가 있었다. "장고봉 일대는 대단위 부대가 주둔하거나 결집해 싸울 공간이 없다. 지역 자체가 좁기 때문에 확전으로 이어지지는 않을 것이다. 소련군이 전차를 많이 보유하고 있다지만 이 좁은 지역으로 끌고 오지는 못할 것이다. 그러니 건차자도 때처럼 가볍게 밟아주고 오자"라는 지극히 관동군다운 결론이었다. 중국이라는 거대한 늪에 뛰어들어 허우적거리느라 병사 한 명이라도 아껴야 하는 상황에서 불필요한 적을 늘리는 것이 얼마나 바보 같은 짓인지는 삼척동자도 다 알 터인데 관동군은 주변 상황을 멍청하리만큼 낙관적으로 바라보았다.

물론 일본군에 무조건 불리한 상황은 아니었다. 소련에는 '스탈린'이라는 약점이 있었다.

붉은
30년대

1920년대까지만 하더라도 소련이란 나라는 서구 자본주의 국가들에 눈엣가시 같은 존재였다. 이런 시선은 1930년대까지 이어졌다(물론 가시적인 압력은 줄어들었지만 다른 의미에서의 압박이 또다시 시작되었다).

미국 역사에서 1930년대는 '붉은 30년대'라고 불리던 시절이었다('추악한 30년대'라는 표현이 더 어울리기도 한다). 대공황이라는 미증유의 경제 위기 앞에서 미국이 뉴딜 정책으로 활로를 모색하던 시기였다. 같은 시기 독일은 히틀러로 대변되는 파시즘으로, 소련은 공산주의로 이 경제 위기를 돌파하려 했다.

이 대목에서 주목해야 할 것이 대척점에 있던 독일과 소련 모델의 성공이다. 대공황의 핵심은 '수요의 실종'이다. 누군가가 물건을 사줘야 돌아가는 것이 경제인데, 수요가 사라지면서 경제가 멈춰버린 것이다. 이 경우 경제 위기를 극복할 수 있는 가장 확실한 대책은 '수요의 창출'이다. 히틀러는 아우토반을 건설하고 재군비를 선언함으로써 독일 내의 수요를 창출해냈다. 더불어 좌파 정당과 노조를 해체해 노동자의 단결권을 박탈해버렸다.

반면 소련은 국가 계획 경제를 실시했다. 농민들의 대규모 이주에 따른 부작용이 엄청났지만, 당시에는 이런 사실이 외부에 알려지지 않았다. 덕분에 1930년대의 소련은 노동자와 핍박받는 민중의 유토피아가 되었다. 완전 고용, 완벽한 사회 보장 제도, 노후연금. 소련은 노동자의 천국이었다. 당대 지식인, 예술가, 노동자치고 소련을 찬양하지 않는 이가 없었다. 반면 미국의 파워엘리트나 유럽 선진국의 기업가치고 공산주의를 두려워하지 않는 이가 없었다. 이른바 '적색 공포'였다. 소련과 같은 공산 혁명이 자국에서 일어나지 말라는 보장이 어디에 있는가?

그런 그들에게 희망으로 떠오른 것이 히틀러였다. 공산주의를 배척하고, 소련 땅을 점령해 레벤스라움Lebensraum을 건설하겠다는 그의 엄청난 포부. 아니, 거기까지 갈 필요도 없었다. 노조를 해체하고 노동자의 단결권을 없애버린 것만으로도 히틀러는 기업가들의 영웅이었다. 뉴딜 정책으로 노동자의 입김이 엄청나게 강해진 미국 기업가들의 입장에서 히틀러의 독일은 기회의 땅이자 미국이 따라야 할 롤모델이었다. 1933년 GM의 회장 크누센은 독일을 방문해 제1차 세계대전 이후 재건된 독일 경제를 보며 "20세기의 기적"이라고 칭송했는데, 이는 단순한 레토릭이 아니었다. 1930년대부터 제2차 세계대전이 끝날 때까지 미국 기업가들과 정치인들은 히틀러와 독일을 사랑했고, 독일을 위해 물심

양면 모든 지원을 아끼지 않았다(심지어 전쟁 중에도 말이다).

1933년 히틀러 집권 이후 독일과 미국이 전쟁을 시작하는 1941년까지 독일에 투자한 미국 기업은 대충 헤아려도 스무 곳이 넘는데, 포드, GM, 코카콜라, 듀퐁, IBM, ITT, 스탠더드 오일 오브 뉴저지(지금의 엑슨 모빌), JP 모건 등등 다들 이름만 들어도 눈이 돌아갈 만한 기업들이다. 이들은 전쟁(제2차 세계대전) 전에도 전쟁 중에도 독일과 히틀러를 사랑했다. 어느 정도였는지 몇 가지 예를 들어볼까?

포드와 GM은 각각 독일에 자회사를 만들었는데, 이들은 제2차 세계대전 초창기까지 미국에 엄청난 이익을 안겨줬다. 대서양에서 영국과 독일이 잠수함 전쟁을 벌이고 미국 정부가 무기 대여법으로 영국과 연합국에 무기를 공급할 때 이들은 독일 공장에서 무기를 찍어냈다. 물론 하청 업체가 부품을 공급하는 수준이 아니었다. 세계 최초의 실용 제트 전투기인 ME-262의 엔진은 GM의 자회사인 오펠의 뤼셀하임 공장에서 생산되었다. 오해할까 봐 말해두는데 당시 독일에 진출해 있던 미국 기업들은 제2차 세계대전 당시 착실하게 돈을 벌었고, 그 돈을 본국인 미국으로 보냈다. 이때 등장한 것이 스위스의 은행이다. 스위스의 지사가 독일로부터 돈을 송금받고, 그것을 다시 미국으로 보냈다.

경영도 가능했는데, 미국 정부의 외교 행낭을 통해서 중립국이나 피점령국을 거쳐 직접 경영을 했다. 독일이 자국 내 미국 기업을 '적성국 자산'으로 분류해 압류한 것은 미국에 선전포고하고 1년이 지난 1942년이었으나 경영에는 아무런 문제가 없었다. 미국 정부도 자국 기업이 독일과 거래하는 것을 알고 있었고, 이를 법적으로 제재하려 했다. 바로 '적성국 교역 금지법'이다. 늦었지만 다행이라고 해야 할까? 과연 그럴까?

1942년 이 법이 발의되었을 때 스탠더드 오일은 유명한 말을 남겼다.

"우리가 공급하는 석유가 없다면 미국은 승리할 수 없을 것이다."

제2차 세계대전을 석유 전쟁이라 부르기도 한다. 석유가 전쟁의 승패를 좌우하는데, 그 석유를 교전국인 독일에 주겠다는 것이고 실제로 히틀러에게 석유를 공급했다. 당시 스탠더드 오일은 벌금을 조금 문 다음 계속해서 독일에 석유를 공급했다. 정말 놀랍도록 뻔뻔한 행동이 아닌가? 그러나 이 정도는 약과다. 미국 공군의 폭격으로 독일 내 공장이 부서졌다며 전쟁이 끝난 뒤 미국 기업들은 미국 정부에 배상을 요구했고, 미국 정부는 실제로 이를 배상했다. 이 정도면 뻔뻔함을 넘어 블랙코미디 아닌가?

이런 이야기는 도처에 널려 있다. 1939년까지 GM과 포드의 독일 자동차 시장 점유율은 70퍼센트였는데, 이들은 제2차 세계대전 내내 전쟁 수행에 필요한 각종 트럭과 자동차를 생산했고, 심지어 탱크와 장갑차까지 납품했다. IBM의 독일 자회사인 데호막Dehomag은 카드 천공기 기술을 독일에 제공했는데, 이 기술을 바탕으로 나치 독일은 유대인을 색출하고 재산을 압수하고 처형하기 위한 자료를 보다 신속하고 정확하게 처리할 수 있는 시스템을 개발했다.

코카콜라 역시 독일에 엄청난 기여를 했는데, 알다시피 독일인의 음료는 맥주다. 독일에서 맥주는 술이라기보다는 '음료수'로 취급된다. 그러나 맥주에는 적긴 해도 알코올이 들어가 있고 마시면 취한다. 나치 독일은 노동자들이 술에 취하지 않고 더 많이 더 열심히 일할 수 있도록 맥주 대신 콜라를 권장했는데, 이 덕분에 독일의 콜라 소비는 비약적으로 증가했다. 1934년에는 독일에서 24만 3000박스가 생산되었는데 1939년에는 450만 박스로 늘어났다. 코카콜라는 독일과 미국이 전쟁을 하면 콜라를 수출할 수 없게 될 것이라 판단하고 독일 공장에 콜라의 대체재를 개발하게 했는데, 그게 바로 '환타'다.

스탠더드 오일을 비롯한 미국 석유 기업들은 히틀러에게 디젤유, 윤활유, 고무 등의 전략 물자를 계속 보냈고, 심지어 합성 석유 기술까지 건넸다. 히틀러의 전쟁 물자를 담당했던 알베르트 스피어Albert Speer가 "합성 석유가 없었다면 히틀러는 결코 폴란드 침공을 꿈꾸지 못했을 것이다"라고 말했을 정도다.

이들 미국 기업인들은 히틀러가 폴란드를 점령하고 프랑스를 함락했을 때 미국에서 승전 파티를 열 정도로 히틀러에게 호의를 보였다. 앞에서 설명한 대로 '빨갱이를 처단하고 기업의 이익을 수호'했기 때문이다. 독일에 진출한 미국 기업들은 노동자들이 쟁의를 일으키면 불과 한 시간도 걸리지 않아 게슈타포가 출동해 모두 제압하고 공장을 정상화하는 기적을 목도했다. 독일은 기업 하기 좋은 나라였고, 히틀러는 그들의 친구였다.

그럼 소련은? 그 대척점에 있는 나라였다. 빨갱이의 온상이며, 노동자에게 불온한 사상을 전파하는 악의 축이었다.

전 세계가 대공황이란 거친 파도에 휘청이던 1930년대, 소련은 계획 경제로 이 위기를 극복하려고 했다. 당시 소련은 경제 개발 5개년 계획을 발표하며 착실히 공업화로 들어서고 있었다. 겉으로 드러난 경제 지표만 본다면 '소련의 기적' '스탈린의 성공'이라 해도 부족함이 없는 훌륭한 성과를 보였지만 실상은 좀 복잡했다. 스탈린은 농업을 한쪽 구석으로 내팽개치고, 소련을 중화학 위주의 공업 국가로 뜯어고쳤다. 그 와중에 수많은 농민을 농토에서 끌고 와 공장에 밀어 넣었다. 이런 강제적인 집행 뒤에는 수많은 사람의 희생이 뒤따랐다. 사람들이 죽어 나간 것이다. 상황이 이렇게 돌아가자 소련의 사회 분위기는 어수선해졌고 불만이 차곡차곡 쌓여갔다. 이런 분위기를 감지한 스탈린이 꺼내 든 카드가 바로 '피의 난쟁이' 니콜라이 이바노비치 예조프였다.

"(스탈린에 대한) 정치적 반대는 필연적으로 폭력과 테러로 귀착된다."

예조프가 1935년 발표한 논문에서 가장 유명한 구절로, 스탈린에 대한 그의 충성심을 엿볼 수 있는 대목이다. 이런 그를 스탈린은 NKVD(인민내무부)의 수장 자리에 앉혔는데, NKVD는 KGB의 전신이라고 보면 된다.

1937년부터 1938년까지 50~75퍼센트의 공산당 고위 간부와 고급 장교가 처형되거나 시베리아로 유배되었다. 일반 시민까지 포함해 최소 170만 명이 구속되고, 144만 명이 유죄 선고를 받아 시베리아에서 형을 살았으며, 이 중 72만 명이 처형당했다(NKVD가 대숙청 당시 처형자 숫자를 줄여서 발표했다는 주장이 신빙성을 얻고 있다. NKVD가 발표한 것보다 최소 두 배 이상 많다는 주장이 계속해서 나오고 있다). 트로츠키파를 제거하고 나치 독일의 첩자를 색출한다는 명분으로 시작했지만 규모는 점점 커졌다.

동서고금을 통틀어 정권 누수 분위기를 감지한 권력자는 '인사'와 '사정'이라는 카드를 씀으로써 자신의 권력을 지키려 한다. 스탈린의 숙청을 민주주의 정권하에서 순화해 사용하는 것이 바로 '사정 정국'이다. 정권 내부나 주변부의 분위기를 급랭시켜 납작 엎드리게 하는 것이다.

문제는 군대였다. 독재자가 가장 두려워하는 것이 자신의 권력을 위협하는 무력이다. 특히나 볼셰비키 혁명을 통해 사회주의 국가를 건설한 소련은 군대에 대한 특별한 기억이 있다. 적백 내전 초기에 프롤레타리아로 구성된 적군은 직업 군인에게 판판이 깨졌다. 결국 이들은 '프로', 즉 그들이 적대시하던 제정 러시아의 직업 군인을 받아들여 전쟁에서 승리할 수 있었다. 문제는 그다음인데, 만약 이 붉은 군대가 사회주의 체제에 반기를 들면 어떻게 할 것인가? 이는 중대한 문제였다. 적백 내전 이후 붉은 군대의 사단장급 이상 고위 장성은 90퍼센트가 제정 러시아군 장교 출신이었다. 대책이 필요했다. 이미 많은 군사 엘리트가 공산당에 가입하겠다며 입당 원서를 내미는 상황에서 어떻게 이들을 통제할 것인가?

이렇게 해서 나온 게 악명 높은 '정치장교'다. 당이 군을 장악해 반란의 싹을 미연에 자르겠다는 포석이다. 그리하여 지휘관의 명령이 시행되려면 명령권자인 지휘관과 정치장교의 동의가 필요했다. 소련 군대는 시작부터 절름발이 군대를 지향했던 셈이다(명령권자가 둘이라면 제대로 작전이 되겠는가?).

이런 상황에서 대숙청이 시작되었다. 당시 소련군은 군대가 아니었다. 대령에서 원수까지의 지휘관 837명 중 720명을 비롯해 육·해군의 고위 장교 및 정치장교의 45퍼센트가 처형되거나 면직되었고, 소련 군부의 핵심이라 할 수 있는 군사위원회의 고위 장교 85명 중 71명이 처형당했다. 1936년부터 1938년까지 소련군 내부적으로 총 4만 2218명이 숙청되었다. 이런 상황에서 장고봉 전투, 노몬한 전투, 나아가 제2차 세계대전을 치러야 했다.

폭력의
에스컬레이터

장고봉 전투는 전형적인 '폭력의 에스컬레이터'의 모습을 보여준다(노몬한 전투도 마찬가지이다). 처음 소련군이 장고봉을 점령하자 일본군은 대단위 부대가 움직일 수 없을 것이라는 자의적 판단을 내리고 조선군 19사단을 투입했다. 여기서 기억해야 할 것이 당시 19사단은 어떠한 중화기(화포 포함)의 지원도 없는 '알보병'이었다는 점이다. 이들은 말 그대로 분전했는데, 19사단 휘하의 75연대는 야습을 가해 소련군 40사단을 격퇴했고, 이후 반격해 오는 소련군을 몇 번이나 막아냈다.

이에 열이 받은 소련군은 1개 군단, 1개 기계화여단, 연해주 항공대까지 동원해 대반격을 했다. 대단한 것은 이 엄청난 화력을 알보병인 19사단이 맨몸으로 받아냈으며, 소련군에 꽤 심각한 타격을 줬다는 사실이다. (우리에게 일본군의 모습은 기관총과 중화기로 방비된 참호에 창검 돌격하는 생각 없는 군대로 각인되어 있지만, 원래 일본군은 잘 훈련되고 정신적으로 강건한 소수 정예의 강군이었다. 훗날 태평양전쟁에서 기계화된 미군 앞에 알보병으로 돌격하는 일본군의 모습은 일본의 국력과 공업생산력 차이에서 비롯한 어쩔 수 없는 선택의 결과이기도 하지만, 장고봉 전투와 노몬한 전투에서 일본 보병이 소련 기계화 부대에 상당한 타격을 입히면서 일본에 잘못된 자신감을 심어준 결과라고 볼 수도 있다.)

19사단은 장고봉과 사초봉을 지켜내면서 소련군의 진격을 막아냈지만 알보병의 한계를 극복할 수는 없었다. 소련군 역시 마찬가지였다. 압도적인 병력을 동원했지만 일본군에 밀리는 상황에서 수습책을 찾아야 했다. 결국 개전 2주도 안 돼 일본군과 소련군은 각각 526명, 792명의 전사자를 남기고 정전 협정을 맺었다. 그리고 장고봉의 국경선 문제를 정리했다. 소련군으로서는 치욕의 연속이었고, 일본군으로서는 자신의 실수를 소련군이 덮어준 셈이었다.

미쳐가는
관동군

두 차례의 소규모 전투 그리고 759회의 국경선 충돌. 두 번의 전투에서 참패한 소련군의 절치부심. 두 번의 무모한 전투에서 승리한 관동군의 자신감. 그리고 쓰지 마사노부의 재등장.

"국경선이 명확하지 않은 지역에서는 방위사령관이 자주적으로 국경선을 인정하고 이를 제일선 부대에 명시하여 불필요한 분쟁 야기를 방지함과 동시에 제일선의 임무 달성을 용이하게 할 것."

이게 무슨 소리일까? 바로 '작전의 신' 쓰지 마사노부가 입안한 〈만소 국경 분쟁 처리 요강〉 제4항 내용이다. 세부 항목을 보면 더 가관이다.

"그 월경을 인정하는 때에는 일시적으로 '소' 영토에 진입하거나 '소' 병사를 만주 영내로 유치, 체재滯在시킬 수 있다. 그때 우리 사상자 등을 '소' 영내에 유치시키는 것에 대해 만전을 기함과 동시에, 힘써서 상대측의 사체, 포로 등을 획득할 것."

간단히 말해서 노몬한 지역에서 소련군과 충돌이 있을 시 관동군 마음대로 국경선을 정하고, 소련이 국경선 주장에 이의를 제기하면 소련 영토에 진입해 점령하겠다는 작전 계획이다. 이건 아무리 긍정적으로 해석해도 '전쟁'이다. 일개 관동군 작전과의 작전참모가 전쟁을 기획했고(늘 그래왔지만 이번에는 스케일이 다르다. 무려 소련을 상대로 전쟁을 하겠다는 계획이다) 그걸 관동군이 인정했다.

당시 관동군 사령관인 우에다 겐키치植田謙吉 대장은 이 말도 안 되는 작전을 승인했다. 자신들이 지금 중국과 전쟁을 하는 와중이고 전황이 좋지 않음을 알고 있으면서 또다시 세계에서 가장 큰 영토를 가진 나라와 전쟁을 하겠다는 계획을 짜고 있었던 것이다. 결국 쓰지 마사노부의 이 망상은 관동군 작전 명령 제1488호로 발효되었고, 해당 부대에 실시 명령이 하달되었다.

여기서 중요한 점은 이 작전이 정식 발효된 날짜가 1939년 4월 25일이었다는 사실이다. 노몬한 전투가 벌어진 날이 1939년 5월 11일이니 노몬한 전투 역시 그때까지 관동군이 보인 행보처럼 관동군이 기획해 시작한 전쟁임을 확인할 수 있다. 즉, 국경에서의 우발적인 충돌이 아니었다.

시작은 몽골군의 선공이었다. 몽골 기병 90명이 5월 11일 만주국군

주둔지를 기습했는데(항상 있었던 소규모 국경 충돌이었다) 이를 빌미로 관동군이 들고일어났다. 작전의 신이 만든 〈만소 국경 분쟁 처리 요강〉을 금과옥조로 받든 관동군은 만주국 기병을 포함해 2000명의 병력을 이끌고 공격에 나섰고, 이에 질세라 소련군도 1500명의 병력을 집결해 반격에 나섰다. 병력은 일본군이 많았지만, 화포와 장갑차는 소련군이 많았다. 처음에는 일본군이 수적 우위를 바탕으로 소련군 방어선을 돌파한 듯 보였지만, 곧 소련군은 화력과 기동력의 우위를 바탕으로 일본군을 우회 포위해 섬멸 작전에 들어갔다. 이때 일본 대본영이 등장했다.

"중국 전선이 전개된 상황에서 소련과의 전쟁은 불가하다! 전선을 이중화했다가는 향후 전쟁 수행에 치명적인 위협이 될 수 있다."

지극히 상식적인 판단이었다. 결국 1939년 6월 1일 전선은 소강상태로 접어드는 듯했다. 이때 다시 '작전의 신'이 등장했다. 육군성 참모본부와 대본영이 수차례 연락해 "전선 확대 불가! 소련과의 충돌을 회피하라!"라고 명령했으나 관동군, 아니 쓰지 마사노부는 이를 무시했다. 그는 지상전에서 밀리는 전세를 공중전으로 만회하려 했다. 국경선에서의 지상전은 애써 포장하면 '우발적 충돌'이라고 할 수 있겠지만, 전투기와 폭격기를 동원한 소련 영토에 대한 공격은 변명의 여지가 없는 '전쟁'이었다.

쓰지 마사노부는 관동군 사령관인 우에다 겐키치가 외출한 틈을 타 대규모 항공 작전(전투기 77대, 폭격기 30대 동원)을 승인했다. 물론 사령관과 부사령관의 서명은 날조했다. 그 결과 6월 27일 일본 전투기와 폭격기는 소련 영토인 (국경선에서 100~120킬로미터 떨어진) 마두트, 탐스크 공군기지에 대한 기습 공격에 나서게 된다. 이 정도면 '막장'이란 말이 나오는 게 정상이다.

소련
일어서다

1939년 6월 27일 일본의 항공 작전을 목도한 소련은 그야말로 호떡집에 불난 상황이 되었다. 그동안의 패배, 목구멍에 가시처럼 박혀 있는 과거 러일전쟁의 패배가 소련의 분노에 기름을 부었다. 실질적인 이유도 있었다. 만약 일본군이 계속 치고 올라오면 시베리아가 위험해지기 때문이었다.

소련은 비장의 카드를 꺼내 들었다. 바로 게오르기 주코프였다. 제2차 세계대전에서 소련을 구해낸 상승常勝 장군! (늘 이긴 건 아니었다. 소련이 무너진 뒤 해제된 기밀문서를 보면 주코프도 진 적이 있었다.) 당시 주코프는 아직 전투를 치러보지 못했지만 그 능력은 이미 인정받은 상황이었다. 전임 사령관인 니콜라이 페클렌코를 내리고 주코프 카드를 꺼내 든 소련은 제대로 힘을 써보려 했다. 애초 주코프가 원했던 병력의 두 배 이상을 주코프에게 안겨줬다. 1개 차량화보병사단, 2개 보병사단, 1개 차량화여단, 2개 기갑여단, 2개 기계화여단, 4개 포병연대, 2개 항공여단, 6개 항공연대 등 약 5만 7000명의 병력으로 구성된 소련군은 일본군을 박살 내겠다고 이를 갈았다.

이에 반해 일본군은 1차 공격 때의 23사단에 군 직할 2개 전차연대,

그리고 히든카드라 불리는 7사단을 증파했다(여기에 센다이 2사단과 오사카 4사단을 추가했지만, 2사단은 투입과 동시에 궤멸했고, 4사단은 지지부진하게 진격 속도를 늦춰 전투가 끝난 뒤에야 전선에 도착했다). 아무리 긍정적으로 봐도 일본군은 소련군을 도저히 이길 수 없는 상황이었다. 장비와 화력, 기동력 면에서 일본군은 어느 하나 우위를 점한 게 없었다. 예컨대 23사단의 경우 병력 대부분이 도보로 전선까지 이동해야 했는데(무려 230킬로미터) 차량과 말이 부족했기 때문이었다. 화포의 경우는 더 안타까운데, 사단을 통틀어 대포는 고작 76문이었고 이 중 100밀리미터가 넘는 대구경 포는 10문도 안 되었다. 놀랍게도 이들은 대전차포가 없었다. 탱크 앞에 총검 돌격하라는 소리였다.

이런 상황에서 관동군은 특유의 '뻘짓'을 하는데, 공세의 주축으로 정예 7사단을 쓰지 않고 23사단을 계속 고집했다. 신병으로 구성된 23사단은 전투력 면에서 7사단에 한참 밀렸고 장비도 열세였다. 7사단은 차량화연대와 공병연대도 배치돼 나름 기계화사단 흉내라도 냈지만, 23사단은 대전차포조차 없었다. 그럼에도 사령관인 우에다 겐키치는 23사단을 공세의 주축으로 고집했다. 1차 충돌 때 굴욕을 당한 23사단에 설욕할 기회를 줘야 한다는 고집이었다.

아무리 생각해도 이해가 안 갈 것이다. 그런데 그 일이 실제로 일어났다. 일본군은 이 정도면 소련군을 공격하는 데 충분하다는 자신감에 7사단의 증파도 반려했다. 도대체 왜 이런 무모한 짓을 한 걸까? 일본군이 내세운 이유는 크게 세 가지였다. 첫째, 당시 일본군은 소련군 병력을 1개 보병사단, 2개 기갑여단 수준으로 파악했다. 둘째, 공중전이 일본군에 유리하게 이어지고 있었다. 셋째, 당시 일본군 전선과 철도 사이의 거리는 230킬로미터였지만 소련군은 전선과 철도 사이의 거리가 750킬로미터여서 일본군이 병력 증파에 유리했다.

하지만 하나도 맞는 게 없었다. 소련군 병력에 대해서도 오판했고, 공중전 역시 소련군이 대대적으로 공격하겠다고 결심한 순간부터 공군의 질이 확 달라졌다. 몽골 항공대조차 구식 복엽기 대신 I-15 같은 단엽기로 기종을 전환한 상태였다. 철도까지의 거리도 무의미했던 게 소련군은 기계화와 더불어 압도적인 보급으로 일본군을 압박한 반면, 일본군은 고질적인(의도적인 무시지만) 보급 체계 문제 때문에 상당한 곤란을 겪어야 했다. 이런 상황에서 일본군은 소련군에 도전장을 내민 것이다.

07 / 일본의 패배

일본군 23사단의 돌격을 소련군은 압도적인 포병 화력으로 밀어냈다. 소련군의 압도적인 포병 화력과 기갑 전력이 일본군 보병을 덮쳤고, 일본군은 총검을 착검하고 전차로 돌격했다. 물론 전선 여기저기서 일본군이 분전했지만 대세에 영향을 끼치지는 못했다.

주코프는 제2차 세계대전 내내 자신의 주특기로 사용했던 '굳히기 이후 크로스카운터' 전법을 노몬한에서 완성했다. 어쩌면 관동군은 주코프의 훌륭한 교보재였는지도 모른다. 주코프는 압도적인 화력으로 일본군의 공격을 착실히 분쇄한 후 차곡차곡 유럽에서 달려온 증원 병력을 모으며 반격 작전을 준비했다. 그러고는 3년 뒤 스탈린그라드에서 다시 한번 성공시키는 양익 포위로 일본군을 포위했다. 결국 타격을 입고 궤멸한 일본군은 처음 공격을 개시했던 국경선 쪽으로 밀려났고, 소련군도 노몬한에서 멈춰 서면서 전투는 끝이 났다.

주코프가 전쟁사에 처음 이름을 올린 노몬한 전투는 소련군의 승리로 끝났지만 사실 소련군 사상자 수도 만만치 않았다. 거의 일본군에 맞먹을 정도로 사상자를 냈는데, 상당 부분 주코프의 책임이었다. 주코프는 조급한 마음에 증원 병력을 축차 투입하거나 전차를 보병 없이 단독 진격시키는 등의 실수를 범했고, 이 틈을 노린 일본군이 소련군을 도륙하기도 했다. 데뷔전의 옥의 티라고나 할까? 그럼에도 주코프 개인에게 노몬한 전투가 갖는 의미는 대단히 크다. 노몬한의 실수로 단련된 주코프는 독일군과의 전투에서 괴력을 발휘하게 된다.

전투를 멈춘 소련
정신 못 차린 일본

주코프가 수비에서 공세로 방향을 선회한 것은 1939년 8월 20일이었다. 뭔가 생각나는 게 없는가? 1939년 9월 1일 독일이 폴란드를 침공하면서 제2차 세계대전이 발발했다. 그리고 9월 17일 소련도 폴란드에 진출해 독일과 사이좋게 폴란드를 반으로 갈라 먹는다. 한마디로 소련은 더 이상 동아시아에 신경 쓸 여력이 없었다.

일본군 역시 전력을 모두 소진한 탓에 소련과 더 싸울 수 없었다. 그야말로 소련에 탈탈 털렸다. 그래도 정신 못 차린 관동군은 증원 병력으로 온 7사단, 2사단, 4사단으로 '전사자 수용을 위한 한정 작전'이라는 '미친 짓'을 계획했다. 전사자 수용은 핑계이고 소련과 계속 전쟁하겠다는 뜻이다.

이에 놀란 일본 본토의 대본영은 나카지마 테츠조^{中島鉄蔵} 참모차장을 파견해 관동군 사령부를 말리려 했는데, 이 참모차장 역시 관동군 사령부의 논리에 휘말려 작전을 지지하고 나섰다. 열이 받은 대본영은 연락장교를 보내 작전 중지 명령을 내렸고, 그제야 관동군의 '미친 짓'은 멈추었다. 이후 대본영은 관동군 사령관을 비롯해 참모부, 23사단 사단장과 대본영에서 파견한 참모차장까지 줄줄이 옷을 벗겼다. 이제야 정신을 차렸다고나 할까?

노몬한 전투가
남긴 것

러일전쟁 이후 일본 육군의 주적은 러시아(소련)였다. 그러나 노몬한 전투 이후 일본은 30년이나 준비했던 대소련 전략을 포기하게 된다. 소련은 너무 강했다. 러일전쟁은 몇 개의 행운이 겹치면서 얻은 기적이었다. 그러나 소련은 달랐다. 대공황 시기 급속한 공업화는 안 그래도 격차가 벌어져 있던 양국의 국력 차이를 몇 배나 더 벌려놓았다. 인구, 공업생산력, 영토, 자원 등등 모든 면에서 소련은 일본을 압도했다.

더 대단한 것은 그다음이다. 제2차 세계대전 당시 미국이 소련에 원조한 전쟁 물자가 독일이 전쟁 내내 생산해낸 전쟁 물자보다 많았다는 사실을 떠올려보자. 예컨대 미국이 소련에 제공한 트럭은 전쟁 기간 내내 독일이 생산한 트럭 수와 비슷하거나 조금 더 많았다. 제2차 세계대전 당시 미국이 태평양 전선에 투입한 전쟁 물자는 대서양 전선에 투입한 양의 5분의 1 수준이었다(10퍼센트대라는 의견도 있다). 그런데 그 전쟁 물자만으로도 일본을 압도했다면 전쟁은 이미 시작도 전에 끝났다고 봐야 하지 않을까? 하지만 노몬한 전투 이후 소련에 대한 두려움을 뼛속 깊이 각인한 일본은 어처구니없게도 소련보다는 미국을 치겠다는 망상을 품는다. 국제정치학적으로 당시 일본의 행보는 이해가 되지 않는 행보였다.

일본이 진주만 공격으로 태평양전쟁을 일으킨 뒤 독일은 삼국 동맹을 이유로 미국에 선전포고했다. 그런데 독일이 소련을 침공했을 때 일본은 소련을 공격하지 않았다. 이 덕분에 1941년 겨울 모스크바를 놓고 소련과 독일이 백척간두의 대결을 벌일 때 소련은 일본 방면에 있던 병력을 빼내 모스크바 방어전에 투입할 수 있었다(1941~1944년에 소련은 극동 전선에 있던 25만 병력을 서부 전선으로 빼내 독일과의 전투에 밀어 넣었다). 동부 전선에서 히틀러가 유일하게 승기를 잡을 수 있었던 기회를 일본이 망친 것인지도 모른다. 일본이 아니었어도 전략적으로 히틀러가 '삽질'한 것은 사실이지만, 결과적으로 일본이 독일 대신 소련을 도왔다는 것은 역사적 사실이다.

물론 외교적으로 따져봐야 할 부분이 있다. 노몬한 전투 이후 일본은 심각하게 소련의 위협을 고민하게 되었다. 군부의 남방공략파와 북부공략파 사이의 다툼은 옛말이 되어버렸다. 사람은 자신의 경험에 근거한 학습을 맹신하게 된다. 게다가 그 학습이 피로 점철된 죽음의 교육이라면 더더욱 그러할 것이다. 이제 일본 군부에서 소련과 싸우겠다는 말은 쏙 들어갔다. 향후 일본이 싸워야 할 곳은 북쪽이 아니고 남쪽이란 공감대가 형성되었다. 상황이 이렇게 돌아가니 '소련을 어떻게 해야 할까'라는 난제가 남게 되었다.

일본 혼자서 소련과 맞붙어 싸워 이길 확률은 0퍼센트나 다름없었다. 그렇다면 믿을 건 동맹국뿐인데, 철석같이 믿었던 독일이 1939년 8월 23일 독소 불가침 조약을 체결하고 얼마 뒤 소련과 사이좋게 폴란드를 갈라 먹었다. 독소 불가침 조약이 일본에 안겨준 충격은 상상 이상이었다. 소련과 일대일로 맞붙는다면 일본이 질 게 뻔하다. 1939년 당시 일본은 중국 전선에서도 허우적거렸는데 중국보다 훨씬 크고 강대한 소련을 상대한다? 일본 군부는 러일전쟁 이전의 러시아를 떠올리며 불안에 휩싸였다. 그렇다고 수세적으로 버틸 수만은 없었다. 조만간 일본은 어딘가로 쳐들어가 또 전쟁을 일으켜야 한다('남방 자원 지대'라고 부른 서구 열강의 식민지). 그런데 그사이 북쪽의 소련이 치고 내려온다면 일본은 사면초가에 몰리고 만다.

그리하여 1939년 이래로 일본은 줄기차게 소련에 구애했다. 독소 불가침 조약에 준하는 협정을 소련과 맺기 위해서였다. 1940년 5월과 6월 일본은 소련에 불가침 조약을 제안했다. 당시 일본은 몸이 달아올랐다. 프랑스가 독일에 항복한 상황에서 무주공산이 된 남방 자원 지대로 진출해 하루빨리 그 지역을 접수해야 했다. 그러기 위해서는 우선 북쪽의 위협을 제거해야 했다. 결국 1940년 8월 소련은 일본의 접촉에 응했고 협상이 시작되었다.

문제는 이때부터였다. 일본은 독소 불가침 조약에 준하는 불가침 조약을 원했다(실제로 일소 중립 조약은 독소 불가침 조약을 그대로 베낀 조약이라고 봐도 무방하다). 그러나 소련은 신중했다.

"지금 독일과 불가침 조약을 맺었는데, 일본과 또다시 불가침 조약을 맺는다면 서구 열강이 소련에 의구심을 품을 것이다."

소련으로서는 당연한 고민이었다. 소련이 떠오르는 신성이자 국제 사회의 말썽꾸러기인 독일과 불가침 조약을 맺음으로써 히틀러는 배후에 대한 두려움 없이 마음껏 유럽을 농락했다. 만약 소련이 일본과도 불가침 조약을 맺는다면, 일본 역시 동아시아 지역을 마음껏 농락할 것이다. 아울러 이 양국과 불가침 조약을 맺은 북구의 패자 소련 역시 서구 열강을 압박할 수 있다.

소련은 불가침 조약이 아니라 중립 협정을 제안했다. 그러나 일본은 이런 중립 협정에 만족할 수 없었다. 끈질기게 소련에 달라붙은 일본은 불가침 조약이 서로의 이익에 도움이 될 것이라고 설파했다. 일본이 내 몽골과 만주국을 포함해 중국 북부 3성에 대한 전통적 이해관계를 인정받고 프랑스령 인도차이나와 네덜란드령 동인도의 권리를 소련으로부터 인정받는 대가로 소련이 아프가니스탄과 페르시아(이란)로 진출하는 것을 인정하겠다는 제안이었다. 이로써 양국의 이해관계는 일치하게 되었고, 1941년 4월 13일 역사적인 일소 중립 조약이 체결되었다. 이제 일본은 배후에 대한 두려움 없이 남방 자원 지대로 진출할 수 있게 되었다.

하지만 국제정치에서 조약이란 최후의 순간에는 공허한 메아리일 뿐이다. 역사적으로 평화 조약의 평균 유지 기간은 2년 남짓이다. 히틀러와 스탈린이 체결한 독소 불가침 조약도 2년을 채우기 전에 파기되었고, 일소 중립 조약도 한 번 위기가 있었다. 바로 독소 불가침 조약이 파기된 다음이었다. 바르바로사 작전으로 독일이 소련을 침공해 파죽지세로 소련 영토를 치고 들어가자 관동군이 다시 들썩이기 시작했다.

"지금이 기회다. 독일과 함께 양쪽 전선에서 소련을 치고 들어간다면 낙승이다!"

그러나 이런 움직임은 곧 잦아들었다. 당시 일본의 상황, 노몬한 전투의 기억이 일본의 발목을 잡았다.

"노몬한 전투 때 소련군의 실력을 보지 않았는가? 독일과의 전투에서 밀리고 있다지만 역시 소련은 소련이다."

"지금 우리에게 필요한 것은 석유와 고무다. 우리가 소련의 배후를 치고 들어가 시베리아를 확보한다고 하더라도 그곳에서는 석유와 고무가 나오지 않는다. 지금 일본에 필요한 것은 전략 자원인 석유와 고무를 확보할 수 있는 남방 자원 지대의 확보이다."

"시베리아의 추위를 생각해보라. 지금 진출해 그곳을 공략한다 하더라도 쉽게 점령할 수 없을 것이다."

지극히 상식적인 판단이라고나 할까? 물론 1941년에 일본이 작정하고 극동 전선에서 치고 올라갔다면 역사는 바뀌었을지도 모른다. 1941년 12월 소련은 풍전등화의 위기에 처해 있었다. 서구 열강은 소련이 곧 무너질 것으로 예측했다. 역사에 '만약'이란 가정법을 넣고 싶은 순간이다.

어쨌든 조약 체결 전후로(독소 불가침 조약이 파기된 이후에도) 스탈린은 일본과 달리 조약 준수에 대한 강렬한 의지를 불태웠다. 극동의 소련군 장성들에게 만주와 몽골 국경에서 일본군과의 충돌을 극력 회피하라는 명령을 내렸고, 만약 일본이 선제공격한다면 극동의 소련 태평양함대 는 북쪽으로 후퇴한다는 계획도 짜두었다. 왜 그랬을까?

스탈린은 히틀러가 프랑스를 침공해 전쟁을 일으킨다면 제1차 세계 대전 때처럼 프랑스와 독일이 지지부진하게 싸우다 둘 다 지칠 것으로 생각했다. 그때 소련이 그 둘을 모두 제압하겠다는 것이 스탈린의 복심 이었다. 실제로 그 생각을 실천에 옮기기 위해 소련군은 현대화 작업에 박차를 가하고 있었다. 그런데 프랑스가 단 6주 만에 독일에 무릎을 꿇 으면서 스탈린의 계획은 어그러졌다. 이제 유럽에서 스탈린과 소련을 지켜줄 수 있는 것은 '독소 불가침 조약'이라는 종이 한 장뿐이었다. 이 런 상황에서 일본과의 충돌은 최악의 시나리오였다.

물론 위기도 있었다. 미국의 참전 이후 루스벨트Franklin Roosevelt는 소련 에 일소 중립 조약의 파기를 요구했다. 당시 미국은 소련의 생명줄이었 다. 1941년 11월부터 미국은 무기 대여법을 통해 100억 달러가 넘는 무 기와 탄약, 식량, 군화, 트럭 등을 소련에 지원했다. 그럼에도 스탈린은 좀처럼 반응을 보이지 않았다. 스탈린의 줄타기 외교는 아직 일본이 쓸 모 있다는 쪽으로 기울어 있었다. 덕분에 일본도 상당한 이득을 봤다. 태평양전쟁 내내 일본은 소련으로부터 4000만 톤의 석탄, 1억 4000만 톤의 목재, 5000만 톤의 철, 1000만 톤의 어류와 금을 공급받았다. 소 련은 미국의 도움으로 독일과의 전쟁에서 승리했지만 그사이 소련은 미국과 싸우는 일본을 도왔다. 이것이 국제정치의 본질이다.

08/일소 중립 조약의 파기

일소 중립 조약 이야기가 나온 마당에 국제정치의 본질을 확인하고, 또 당시 일본 군부의 외교 이해 수준을 확인하기 위해서 일소 중립 조약의 파기 과정에 관해 이야기해보려 한다.

일본이란 카드를 쥔
스탈린

1941년 12월 소련은 풍전등화의 위기에 처했다. 독일군은 모스크바 근방 80킬로미터 앞까지 진격해왔고, 국제사회는 소련이 곧 히틀러의 손에 떨어질 것이라 보았다. 이런 상황에서 연합국은 소련에 엄청난 지원을 했다. 미국은 무기 대여법으로 100억 달러 상당의 각종 무기와 물자를 보냈고, 영국도 자신에게 할당된 미국의 무기뿐 아니라 자신의 전쟁 물자까지 소련에 보냈다.

독소 불가침 조약이 체결되고 유지된 기간은 불과 17개월이었다. 그 사이 독일은 프랑스를 점령하고 영국과 전쟁을 벌였다. 독일 공군의 전투기는 런던 상공에서 항공전을 치르고, 독일 유보트는 대서양에서 영국 상선을 격침했다. 이 기간 스탈린은 히틀러에게 석유 86만 5000톤, 목재 64만 8000톤, 망간 원석 1만 4000톤, 구리 1만 4000톤, 그리고 거의 150만 톤에 이르는 곡물을 보냈고, 독일이 구매하지 못했던 다른 원료나 물자를 미국이나 일본 등지에서 대신 구매해 넘겼다. 이것도 모자라 소련은 독일이 영국 본토 항공전을 치르는 동안 기상 정보까지 제공했고, 소련 해군은 쇄빙선과 함께 무르만스크 부근의 해군 기지 하나를 제공해 독일 해군 무장상선의 재급유를 도왔다.

그런데도 소련과 독일이 전쟁을 시작하자 미국과 영국은 두 팔 걷어붙이고 소련을 지원했다. 한때는 자본주의 세계를 위협하는 '빨갱이'라며 소련이란 나라가 건국되기 전부터 이 나라를 없애려고 내전을 지원했고 이후에도 수많은 외교적 압박과 국제적 고립을 유도했던 그들이 조금 전까지 자신들의 적을 도왔던 소련을 지원하기 시작했다. '적의 적은 친구'였다.

물론 여기에는 스탈린의 노련한 외교 감각도 한몫했다. 루스벨트가 무기 대여법을 통해 물자를 지원하면서 스탈린에게 요구했던 한 가지는 '일소 중립 조약의 파기'였다. 아니, 파기까지는 아니더라도 의도적인 무시를 원했지만 스탈린은 요지부동이었다. 스탈린은 자신의 위치를 알고 있었고, 국제정치에서 소련이 어떤 위치에 서 있는지도 알고 있었다. 일본이란 카드는 아직 버리기 아까운 카드였다. 적어도 1945년 2월까지는 말이다.

일본의
착각

1944년 말, 1945년 초 일본은 패전 직전의 상황까지 몰렸다. 일본 본토에서 B-29 폭격기의 은빛 날개가 보이기 시작했고, 해상 항로는 미국 잠수함이 깔아놓은 기뢰와 어뢰 공격으로 전쟁 물자뿐 아니라 병력의 이동도 제한받았다.

그 무렵 미국, 영국, 소련의 정상들이 크림반도의 얄타에서 회담을 가졌다. 독일 패망 직전인 1945년 2월의 일이었다. 이들 정상은 독일 패망 이후 유럽의 전후 처리와 소련의 대일전 참전을 논의하기 위해 모였다. 이때 루스벨트는 소련의 대일전 참전을 대가로 소련이 러일전쟁 당시 잃어버린 만주 일대와 남사할린섬의 반환, 쿠릴 열도의 이양 등을 약속했다. 스탈린은 독일 항복 이후 2~3개월 뒤 대일전 참전을 약속했다. 당시 일본 지도부는 이 사실을 모르고 있었다. 그럼 그때까지의 일본은 어떤 상황이었을까?

시시각각 다가오는 미국 기동함대의 그림자 속에서 일본이 유일하게 희망으로 삼았던 것은 일소 중립 조약이었다. 얄타에서 스탈린, 처칠, 루스벨트가 전후 처리와 대일전 참전을 논의할 즈음 일본 대본영에서는 이후에 길이 남을 그들만의 계획을 준비하고 있었다. 바로 이후 지켜야 할 전쟁 지도 요강이었다. 그 핵심은 간단했다.

"본토도 결전 태세를 확립하여 끝까지 전쟁을 완수하라!"

당시 일본 육군은 본토 결전에서 그때까지의 열세를 만회하여 종전 협상까지 끌고 가겠다는 생각이었다. 이런 이유로 그들은 무슨 수를 쓰든 단 한 번의 승리, 본토 결전을 통한 전세 역전에 목매달게 되었다.

이때 핵심이 되었던 것이 소련과의 외교 관계, 즉 일소 중립 조약의 유지였다. 원래 일소 중립 조약은 1941년 4월 13일 발효된 뒤 5년 동안 유효했고, 향후 상대방이 이의를 제기하지 않으면 5년간 자동 연장하기로 했다. 문제는 당시 일본의 상황이었다. 태평양 전선에서 미국에 판판이 깨지며 후퇴하고 있는 일본을 보면서 소련이 어떤 생각을 했을까? 단순히 '의리'만으로 끝까지 받아줄까? 그 이전의 외교 관계가 좋았더라도 불가능한 일이다. 일본은 소련이 조약을 파기할까 두려웠다.

당시 주소련 특명대사였던 사토 나오타케佐藤尚武는 일본의 명운을 걸고 일소 중립 조약의 연장을 위해 뛰어들었다. 하얼빈 총영사, 국제연맹 사무국장, 런던 군축 조약 사무총장, 프랑스 특명전권대사, 외무대신 등등을 역임한 그는 국제정치 무대에서 번번이 활약해온 외교통이었다. 그런 그가 태평양전쟁 개전 직후인 1942년부터 주소련 특명대사로 모스크바에 파견되었다. 당시 일본 지도부도 소련과의 관계가 이번 전쟁의 승패를 가늠하리라 판단했기 때문이다.

1942년의 상황이었다면 소련은 조약 연장을 인정했을지도 모른다. 그러나 1945년 2월 22일의 상황은 달랐다. 사토 나오타케는 소련 외무상 몰로토프와 만나 중립 조약 연장을 요청했으나 몰로토프는 모호한 반응을 보였다. 이미 스탈린이 대일전 참전을 약속한 상황이었다. 아니, 그 이전에 소련 외무부는 일본과의 관계를 정리할 생각이었다.

1944년 7월 주일 소련 대사 마리크는 몰로토프에게 "일본의 패전은 불 보듯 뻔하다. 전후 예상되는 미소 간의 대립을 염두에 둔다면 만주, 조선, 쿠릴 열도 등을 잃어버리는 것은 우리나라의 이익과 안전에 있어 중요한 문제다"라고 보고했다. 그리고 1945년 1월 10일 소련 외무부 차관 도조프스키는 몰로토프에게 "일소 중립 조약의 연장은 소련에 결코 이득이 될 수 없음. 4월까지 조약 폐기를 일본에 통보해야 함"이라는 의견서를 제출했다. 소련은 일본을 버릴 준비를 하고 있었다.

이 대목에서 생각해볼 것이 당시 일본의 외교 정책이 어디서 나왔느냐 하는 점이다. 국제연맹을 탈퇴한 직후부터 일본은 독일 일변도의 외교 정책을 펼쳤다. 이를 주도한 세력은 군부였다. 1936년 체결한 (소련을 가상 적국으로 한) 일독 방공 협정의 배후에는 일본 군부가 있었다. 여기서 주목해야 할 인물이 한 명 등장한다. 당시 독일 주재 육군 무관이었던 오시마 히로시大島浩이다.

독일! 독일!
독일!

어릴 때부터 독일인으로부터 독일어를 배운 오시마 히로시는 원어민 수준의 독일어를 구사했는데, 육군대학 졸업 후인 1923년부터 1924년까지 부다페스트와 빈에서 주재 무관으로 지냈다. 당시 그는 히틀러의 외교 담당 비서였던 리벤트로프Ulrich Friedrich Wilhelm Joachim von Ribbentrop와 친구가 되었으며 이 친분을 바탕으로 히틀러와도 친해졌다. 독일과 체결한 방공 협정, 삼국 동맹은 그가 없었다면 불가능했을 것이다.

오시마가 일본의 무관이 되었다는 것은 추축국에는 악몽이고, 연합국에는 축복이었다. 그가 없었다면 연합국은 제2차 세계대전에서 더 많은 피를 흘려야 했을지 모른다. 오죽하면 대전 당시 미국의 육군 참모총장을 지냈던 마셜 원수가 그를 두고 "히틀러의 의도에 관한 정보의 기초적 원천"이라고 했을까? 그는 1940년 미국에 의해 뚫린 퍼플 암호기로 일본 본국에 정보를 타전했는데, 자신이 히틀러와 나치 고위 간부에게 얻은 자료들을 그대로 보냈다. 그는 미드웨이, 사이판, 스탈린그라드, 임팔 전투 등에 관한 중요 정보를 계속해서 보냈는데, 압권은

1943년 11월 히틀러가 연합군의 제2전선을 방비하기 위해 만든 대서양 방벽의 병력 배치도를 일본 본국에 타전한 것이었다. 연합국은 이를 낚아채 노르망디 상륙 작전 계획을 짰다.

어쨌든 1940년의 오시마는 일본 군부의 영웅이었다. 그토록 바라 마지않던 독일과의 동맹을 성사시킨 일등공신이었다. 이제 일본은 영국 대신 독일이란 든든한 파트너를 얻었다.

여기서 일본 외교는 다시 한번 한계를 경험하게 된다. 아니, 군부의 입맛대로 흘러갔다고나 할까? 브레이크를 뽑아냈다는 말이 적확한 표현일 테다. 바로 마쓰오카 요스케의 등장이다.

마쓰오카 요스케는 미국 오리건주 포틀랜드로 건너가 미국에서 고등학교와 로스쿨을 졸업한 뒤 일본으로 돌아와 외교관이 되었다. 18년간 승승장구하던 그는 1921년 퇴직 후 남만주 철도 회사의 간부로 변신했다. 이후 만철에서 퇴사하고 중의원 선거에 출마해 당선되었다. 그는 1933년 만주사변을 일으키고, 이후 만주국 건국에 따른 국제 여론의 악화를 빌미로 국제연맹 탈퇴를 주도했다. 그리고 나서는 의원직을 사퇴하고 다시 만주로 건너가 남만주 철도의 총재가 되었다. 이때 그는 관동군 특무장교였던 도조 히데키를 만났다(아, 가혹한 운명이여). 이 둘은 급속도로 가까워졌고, 이후 고노에 후미마로의 2차 내각에서 마쓰오카는 외무대신이 되었다. 그는 외무대신이 되자마자 외교 쇄신이란 명목 하에 자기 생각과 맞지 않는 외교관 40명을 한꺼번에 경질해버렸다.

마쓰오카의 생각과 맞지 않는다는 건 어떤 의미였을까? 마쓰오카는 삼국 동맹의 열렬한 지지자였다. 그는 일본이 중국을 침략한 상황에서 미국의 압박을 견뎌내려면 삼국 동맹이라는 든든한 지원군이 있어야 한다고 생각했다. 그는 독일을 사랑했고, 독일만이 일본의 활로를 뚫어줄 것이라 믿어 의심치 않았다. 일본 군부는 그런 마쓰오카를 사랑했다. 그리고 히틀러도 그를 사랑했다. 소련과의 전쟁을 시작한 히틀러는 일본에 소련을 공격해달라고 요청했는데, 마쓰오카는 그 요청을 강력히 지지했다. (어쩌면 마쓰오카의 판단이 옳았을 수도 있다. 1941년 가을의 동부전선 전황을 봤을 때 그나마 소련과 미국 중 하나를 고르라면 소련이었다. 최악과 차악 중 하나를 고르라면 당연히 차악이지 않을까?)

마쓰오카의 행보를 보면 그가 과연 일국의 외교를 총괄하는 외무대신인가 하는 의문이 든다. 외교관이라면 최후의 순간까지 상황을 냉철히 판단해 국익에 도움이 되는 최선의 결과를 도출해내야 한다. 그런데 마쓰오카는 군인보다 더 강경하게 전쟁을 주장했다. 내각 수반이었던 고노에 후미마로는 고민에 휩싸였다. 마쓰오카는 소련을 공격하자는 입장이었고, 일본 군부는 남방 작전, 즉 네덜란드령 동인도를 포함한 자원 지대의 공략을 주장하던 상황이었다. 결국 고노에는 군부의 손을 들어주었고, 마쓰오카를 경질하기 위해 내각을 해산해버렸다.

이 대목에서 우리는 한 나라의 외교 정책이 어느 일방에 경도되는 것의 위험성을 확인할 수 있다. 당시 일본은 군부의 주도로 국가가 운영되었는데, 외교도 예외는 아니었다. 일본 군부는 국제사회에 화려하게 등장한 히틀러와 나치 독일에 열광했고, 전쟁을 할 수 있다는 생각에 흥분했다. 그리고 모든 것을 독일에 걸었다. 하지만 한 나라의 외교가 이런 식으로 진행되어선 안 된다. 언제나 전쟁은 시작하기보다 끝내기가 더 어렵다. 그런 의미에서 외교란 전쟁과 떼려야 뗄 수 없는 관계이다. 최후의 외교 수단이 전쟁이라면, 그 전쟁을 끝낼 수 있는 수단도 외교이다. 그러나 일본 군부는 태평양전쟁이 끝나는 순간까지 독일 위주의 외교만 생각하고 있었다.

일소 중립 조약이
파기되던 순간

전쟁은 최후의 외교 수단이다. 그렇다면 종전은 어떤 의미일까? 전쟁이 최후의 외교 수단이기에 종전 역시 외교적 노력의 결실이다.

태평양전쟁을 시작할 때 일본 군부는 이 전쟁을 어떤 식으로 끝맺을 것인지 구체적인 생각이 없었다. 영화 〈연합함대 사령장관 야마모토 이소로쿠〉를 보면 야마모토 이소로쿠가 태평양전쟁을 '강화'로 끝내겠다고 하는 장면이 나온다. 미국을 상대로 이길 순 없으니 최대한 피해를 많이 입혀 종전 협상에 들어가자는 말이다. 그러나 이건 어디까지나 영화상의 이야기다. 그렇다면 일본 전쟁 지도부의 생각은 어떠했을까?

태평양전쟁 개전 직후 대본영이 정리한 전쟁 종결 방안은 "미국을 굴복시키는 것은 어렵다. 대신 영국을 굴복시킨다. 영국을 굴복시키면 미국의 전쟁 수행 의지는 꺾일 것이다"라는 것이었다. 상당히 낙관적이고 자기 본위적 생각이다. 대본영의 다음 종결 방안도 충격적이다.

"독일이 영국을 굴복시키면, 이에 따라 유리한 조건으로 강화를 맺는다."

역시나 낙관적이다. 독일이 영국을 굴복시킨다는 전제하에서 강화 조약으로 전쟁을 종결시킨다는 말이다. 당시 일본 군부의 독일에 대한 맹신은 상식을 뛰어넘는 수준이었다. (제2차 세계대전 당시 독일의 히틀러도 소련과의 전쟁을 어떻게 끝내야 할지 구체적인 안이 없었다. 그저 소련인들을 우랄산맥 저편으로 밀어낸다는 두루뭉술한 생각밖에 없었다. 전쟁은 시작하기보다 끝내기가 어렵다. 그런 의미에서 독일과 일본은 둘 다 생각 없이 전쟁을 일으켰다고 볼 수 있다.)

태평양전쟁의 전황이 일본에 불리하게 전개되던 시기에 일본 군부는 또다시 황당한 외교 정책을 수립한다. "독소 화해를 주선한다"는 당시 기준으로 봐도 황당하기 그지없는 망상이었다. 제2차 세계대전 총사망자 수 5300만 명 중 43퍼센트인 2300만 명이 소련인이었다. 이 중 소련군의 죽음은 760만 명 정도로 추정되는데, 이는 미군 전사자 수의 26배, 영국군 전사자 수의 19배에 달한다. 이 외에도 1500만 명이 전쟁에서 장애를 입은 채 여생을 보내야 했다. 소련은 1941년부터 1945년까지 하루 평균 7950명의 병사를 독일군에 제물로 바쳐야 했다. 이런 상황에서 독일과 소련의 화해를 주선한다? 당시 일본 군부가 파악한 외교 정세는 이렇다.

"세계대전 승패의 열쇠는 소련이 쥐고 있다. 그 소련과 중립 조약을 맺고 있는 일본이 교전 중인 독일과 소련을 화해시켜 소련을 추축국으로 끌어들인다."

이른바 '독소 화해의 중재'라는 구상인데, 일본 군부는 이를 문서로 만들어 외교성에 전달했다. 이 정도면 망상이라고 봐야 한다. 이 구상안은 주소련 대사였던 사토 나오타케에게까지 전달되었다. 그는 실소를 금할 수 없었다.

"독소 화해는커녕 일소 중립 조약의 유지마저도 곤란한 상황이다!"

이미 독일은 소련에 밀리고 있는 상황, 아니 밀리는 정도가 아니라 조만간 독일이 무너질 판국인데 소련과 독일을 중재해 화해를 시킨다고?

이런 상황에서 일본에게는 최악의 시나리오가 현실화되었다. 1945년 4월 5일 소련 외무상 몰로토프가 사토 나오타케 대사를 불러 일소 중립 조약의 폐기를 통보했다. 즉, 1년 남은 일소 중립 조약을 연장하지 않겠다는 최후통첩이었다. 여기서 일본은 다시 한번 코미디를 연출했다.

"일소 중립 조약은 5년 기한을 둔 조약이다. 앞으로 1년이 남았다는 것은 1년 동안은 아직 유효하다는 의미다."

소련이 얄타 회담의 밀약을 바탕으로 대일전 참전을 준비하던 그때, 일본은 아직 일소 중립 조약이 1년이나 남았다며 애써 희망을 찾았다.

독일이
무너지다

이렇게 마지막 희망을 붙잡고 있던 일본에 날벼락 같은 소식이 전해졌다. 독일의 패망이다. 국제연맹 탈퇴 후 독일 일변도의 국가 전략과 외교 정책을 펼쳤던 일본은 닭 쫓던 개 지붕 쳐다보는 처지가 되었다.

1945년 5월 11일 일본의 전쟁 지도부는 독일 패망 이후의 전략을 수립하기 위해 모였다. 사흘간 이어진 이 회의의 참석자는 수상, 외상, 육·해군의 수뇌 등 여섯 명이었다. 이때 일본 군부의 발언을 보면 당시 군부의 상황 인식 수준을 알 수 있다.

"독일 항복 후 극동 소련군이 급격히 줄어들고 있소. 지금은 적극적인 외교 수단을 통해 소련의 대일전 참전을 저지하는 게 급선무요."

– 육군 참모총장 우메즈 요시지로梅津美治郎

"해군으로서는 소련의 참전 저지뿐만 아니라 가능하다면 소련의 호의적 태도를 이끌어내어 군사 물자, 특히 석유 등을 들여올 수 있기를 바라오."

– 해군대신 요나이 미쓰마사

황당하기 그지없다. 이미 소련은 일소 중립 조약의 연장을 거부한 상태에서 대일전 참전을 준비하고 있는 상황인데, 소련에서 석유를 들여올 수 없는지를 묻다니. 그나마 외무대신이었던 도고 시게노리東鄕茂德는 정확한 상황 판단 능력을 보여줬다.

"세상 물정 모르는 것도 정도가 있지, 소련을 군사적·경제적으로 이용할 여지가 있을 리가 없소. 사태는 이미 손쓸 방도가 없고, 현재 일본으로서는 종전을 위한 수단을 신중히 검토하는 수밖에 없소."

결국 이 회의에서 전쟁 막바지 대소련 정책의 기본 방침이 결정되었다.

① 소련의 대일전 참전을 저지한다.
② 유리한 종전 중재를 의뢰한다.

이때까지도 일본은 상황 판단을 제대로 못 하고 있었다. 그래도 여기까지나마 진행된 것은 일본으로서는 기적에 가까운 성취였다. 그러나 그 기적도 얼마 못 가 부서지고 만다. 바로 육군대신 아나미 고레치카阿南惟幾 때문이다. 당시 회의에 참석했던 아나미 고레치카는 다음과 같이 말했다.

"일본은 적에게 빼앗긴 영토보다 훨씬 광대한 영토를 점령하고 있소. 일본은 아직 전쟁에서 진 게 아니오! 패전을 전제로 한 화해 의견은 있을 수 없소!"

외무대신 도고 시게노리는 점령지의 반환 등 추후 국제정세를 파악해 유연하게 대응해야 한다고 했지만 그의 의견은 묵살되었다. 결국 소련 중재의 종전 협상은 뒷전으로 밀려나게 되었다.

그렇게 아까운 시간을 흘려보내는 와중에 일본은 주일 소련 대사 마리크와 소련의 종전 중재를 물밑에서 교섭하려 했다. 그러나 이 모든 것이 '헛발질'이었다. 마리크는 냉정하게 일본의 상황을 분석해 본국에 보고할 따름이었다.

당시 일본의 상황을 누구보다 잘 알던 이는 주소련 일본 대사였던 사토 나오타케였다. 그는 모스크바에서 보고 느낀 국제정세를 본국에 타전했다.

"오키나와전도 머지않아 단념하지 않으면 안 될 날이 올 것임. 저항 수 단도 없이 계속 교전을 속행하는 것은 근대전에서는 생각할 수 없는 것임."

그는 가능성 없는 교섭에 귀중한 시간을 낭비하지 말고, 즉시 종전 결의를 하고 협상에 들어가야 한다고 생각했다. 그러나 일본 육군 장성 들은 본토 결전만을 생각하고 있었다.

1945년 6월 6일 일본 전쟁 지도부는 다시 한번 본토 결전을 위한 회 의를 개최했다. 이때 내각총리대신 스즈키 간타로^{鈴木貫太郎}가 보고서 하 나를 제출했다. 당시 일본의 객관적 상황을 정리한 보고서였는데, 그 내용이 충격적이다.

"국민 생활은 궁핍하고, 국지적으로 기아 사태의 위험성이 있음. 쌀과 식염 배급도 바닥났고, 가을에는 최대의 위기가 닥칠 것임. 공업 생산은 공 습과 석탄 부족으로 상당 부분 운전 중지 상태임. 수송력도 연료 고갈과 적 의 공격으로 증기선은 올해 안으로 전부 운행 중단, 철도 수송은 반감함."

육군대신 아나미 고레치카를 비롯한 육군 관계자들은 보고서의 수 정을 요구했다. 결국 보고서는 다음과 같이 수정되었다.

"최대 문제는 생산 의욕과 감투 정신의 부족에 있다."

군부는 정신력만 있다면 본토 결전도 가능하다고 주장했다(이 '정신력 타령'은 21세기 한국군에게까지 그대로 전해져 내려오고 있다). 일본군 수뇌부는 패전이 곧 일본 민족의 멸망으로 이어질 것이라 믿었다. 일본 육군은 1944년 가을 비밀리에 연구팀을 조직해 패전을 상정한 최악의 사태를 예측했는데, 이 보고서는 천황제가 폐지되고 야마토 민족이 멸망하면 일본 남성은 노예와 같은 신분으로 강제 해외 이주를 당할 것이라 예상했다. 이들의 망상은 자신들의 사고 수준을 벗어나지 못했다. 이렇다 보니 이들은 종전을 결사반대했고 '1억 총 옥쇄'라는 광기 어린 주장을 내뱉기 시작했다.

그러나 그 와중에도 전황은 시시각각 악화되었고, 일본군과 국민은 초 단위로 죽어 나갔다. 이렇게 되자 종전에 우호적인 분위기가 형성되었지만, 종전에 대한 구체적 안은 나오지 않았다. 설상가상으로 소련의 참전 분위기가 형성되었고(포츠담 회담에서 8월 소련의 대일본전 참전이 결정되었다) 일본은 전전긍긍 앞으로의 방향을 고민하기 시작했다. 결국 쇼와 천황의 친서를 받아 든 고노에 후미마로 전 수상이 소련에 특사로 파견되었다.

일본은 최후의 평화 협상을 제안했다. 당시 소련의 외무상이었던 몰로토프는 포츠담 회담을 위해 자리를 비운 상태였고, 닷새 후에 외무부 차관이었던 로조프스키가 "고노에 특사의 사명은 잘 알고 있지만 받아들일지는 대답할 수 없다"라는 사실상의 거절 의사를 전했다.

이때 일본 외교사에 길이 남을 명문名文이 등장한다. 당시 일본의 상황을 누구보다도 객관적으로 파악하고 있었던 사토 나오타케 대사는 일본이 전쟁 종결 방침은 애매하게 놔둔 채 교섭에 임하려는 자세를 보며 통탄했다. 그는 일본 본국의 외상에게 장문의 항의문을 보냈다.

"점점 항전할 힘을 잃어가는 장병과 국민이 전부 전사한다 해도 정부는 그들을 구할 생각조차 없구나. 7000만 백성이 죽어가는데, 높으신 한 분의 안전만을 도모할 것인가. 나는 강화 제창의 결의를 다잡을 수밖에 없다는 방향으로 귀착했다. 만주사변 이래 너무도 외교를 등한시하여 국제 감각에 무신경해진 것이 바로 지금의 재앙을 낳은 원인이다. 본인은 더 이상 목적 달성의 바람은 없다. 과거의 타성에 젖어 저항을 계속하는 현 상태에 종지부를 찍고, 국가가 멸망하기 전에 그런 상황을 방지하여 7000만 동포를 도탄의 구렁텅이에서 구해 민족의 생존을 지켜내는 것만을 염원한다."

사토는 만주사변으로 시작된 일본 외교의 고립과 독일 일변도의 외교 정책을 꼬집었다. 아울러 자신의 안전만을 위해 국민의 희생을 외면하는 전쟁 지도부와 천황에 대한 일침도 잊지 않았다.

사토의 의견서는 일본이 왜 이 지경에 이르게 되었는지를 그대로 보여줬다. 그러나 상황을 돌리기엔 너무 늦었다. 만주사변 이후로 전쟁으로 점철된 일본의 역사는 이제 그 끝을 향해 달려가고 있었다. 일본의 숨통은 그동안 마지막 희망으로 부여잡고 있던 소련의 참전으로 끊기게 되었다.

나는 히로시마, 나가사키에 떨어진 핵폭탄보다 소련의 일본전 참전이 일본 전쟁 지도부의 전쟁 의지를 꺾었다고 생각한다. 1944년 가을부터 1945년 8월까지 일본 전쟁 지도부는 소련이라는 헛된 희망을 부여잡고 전쟁 의지를 불태웠다. 처음에는 소련과 독일을 화해시킨다는 망상에서 시작해 그 후에는 일소 중립 조약의 연장을 희망했고, 전쟁 막바지에 이르러서는 소련을 통한 중재나 종전 협상을 희망했으며, 마지막에는 소련의 참전을 막기 위해 발버둥 쳤다.

그러나 일본에는 어떠한 외교적 수단도 의지도 없었다. 사토 대사의 말처럼 일본은 만주사변 이후로 국제적으로 고립되었고 국제 감각도 뒤떨어졌다. 전쟁이 최후의 외교 수단임을 잊고, 외교적 수단을 버리고 언제나 전쟁을 내세웠던 일본의 패착이었다. 외교적 무지가 가져온 일본의 패망이었다.

09 / 미국, 움직이다

러일전쟁 직후 미국과 일본은 갈등 관계로 돌아섰다. 러일전쟁까지만 하더라도 미국과 일본의 관계는 혈맹이라 해도 과언이 아니었다. 미국은 영국과 손잡고 아낌없이 일본을 지원했고, 이런 기대에 부응해 일본은 러시아를 격파했다.

그러나 전쟁이 끝나자 일본과 미국은 서로를 바라보는 시선에서 온도 차를 느끼게 되었다. 러일전쟁 이후 태평양전쟁까지 미국과 일본의 관계는 악화일로를 걸었다. 그리고 이 불협화음이 본격화된 것은 만주사변 직후였다. 만주사변이 일어나고 태평양전쟁이 끝나는 1945년까지의 기록은 어쩌면 일본과 미국의 외교 관계 단절의 역사일지도 모른다.

미국과 일본의
치킨 게임

1937년 7월 7일 루거우차오 사건으로 시작된 일본의 중국 침략을 계기로 일본과 미국은 회복할 수 없는 관계로 빠져들었다. 고립주의 정책으로 일관하던 미국이 움직인 것이다. 1938년 미국은 일본에 대한 최초의 제재에 들어갔다. 항공 자재의 대일본 수출 금지 조치였다. 일본에게는 이빨도 들어가지 않을 조치였지만, 그동안 인내로 점철했던 미국이 최초로 반응을 보인 것이었다. 그리고 1939년 미국은 미일 통상 항해 조약을 파기했다. 이는 의미가 남달랐다. 민간의 자율적인 수출입을 이제 미국 정부 통제하에 두겠다는 뜻이었다. 다시 말해 미국 정부가 정책적 결정에 따라 일본을 고사시킬 수도 있다는 의미였다. 이는 빈말이 아니었는데, 1940년 일본 기획원 조사에 따르면 일본의 연간 총수입액 21억 엔 중 19억 엔을 미국에 의존하는 상황이었다. 미국과의 관계가 틀어진다면 일본은 나라의 존립 자체가 위태로울 수 있었다.

그러나 일본은 미국과의 협상보다 새로운 동맹을 찾는 방법으로 응수했다. 1940년 9월 역사적인 삼국 동맹이 체결되었고, 이제 일본과 미국은 돌아올 수 없는 강을 건넜다. 일본은 삼국 동맹이란 균형추를 손에 넣으면 미국의 압박에 대응할 수 있다고 믿었다.

"삼국 동맹이 제대로 작동한다면 미국도 우리를 함부로 대할 수 없을 것이다."

당시 일본 외교는 낙제점을 주어도 부족할 정도였다. 특히나 정세 분석과 정책 결정은 최악이라고 말해도 과언이 아니었다.

1940년은 일본의 운명을 결정한 해였다. 그 엄혹했던 시기에 일본 외상의 자리에 앉아 있던 이가 마쓰오카 요스케였다. 그는 미국에 대한 피해 의식으로 똘똘 뭉쳐 있었다.

"미국이 전쟁을 일으키려고 우리를 압박하는 것이다!"

삼국 동맹의 열렬한 맹신자였던 마쓰오카 요스케는 미국이 일본을 압박해 전쟁을 일으키려 한다며 미국에 대한 분노를 터뜨렸다. 이런 상황에서 대미 협상이 제대로 이뤄졌을까?

다시 말하지만, 일본의 운명은 1940년에 결정되었다. 만약 이때 일본이 좀 더 현명하게 대처했더라면, 아니 '상식 수준'의 판단만 내렸더라면 태평양전쟁은 일어나지 않았을지 모른다. 그러나 1940년의 일본에 상식을 주문하는 것은 너무도 무리한 요구였다. 삼국 동맹 체결 전후로 미국과 일본은 치킨 게임을 벌였다.

1940년 이후 일본에 대한 미국의 경제 제재와 일본 정부의 반응을 보자.

- 1940년 7월 5일 미국은 각종 전략 물자 및 전쟁 물자에 대한 대일본 수출 금지 조치를 발령했다. 또 1940년 7월 26일에는 항공기 연료 및 각종 항공 엔진 부품, 특정 종류의 스크랩(고철)에 대한 대일본 금수 조치를 발령했다.

전쟁 물자 중에서 석유와 철이 가장 중요하다. 일본은 미국의 고철을 수입해 이를 활용했는데 그 획득처를 막아버린 것이다. 항공기 부품이나 각종 공업 용구의 수출 제한은 당장 그 효과가 나타나지는 않지만 시간이 흐르면서 상당한 압박으로 작용하게 된다. 대표적인 예가 '제로센' 전투기다. 태평양전쟁에서 일본 전투기의 대명사였던 제로센은 일본 스스로가 '동양의 신비'라며 자화자찬한 전투기다. 그러나 이 전투기가 1942년도 중반을 넘어서면서부터는 그 성능을 제대로 발휘하기 힘들었는데, 애초에 경량화를 위해 방탄 장갑, 연료 방루 장치 등 최소한의 피탄 대비책을 포기한 제로센이었다. 그나마 일본 자체 기술로만 만든 것도 아니었다. 프로펠러는 전쟁 전 미국제 프로펠러를 라이선스해 사용하다 전쟁과 동시에 불법 복제해 사용했고, 무전기는 미국제였다. 전쟁 이전에는 미국에서 수입한 무전기를 장착했으나 태평양전쟁 개전 이후 미국 수입 경로가 차단되자 결국 자국산 무전기를 달았다. 그러나 이 무전기는 성능이 좋지 않아 없느니만 못했고, 일부 베테랑 조종사들은 차라리 무전기를 떼어내 비행기 중량이라도 줄이자며 무전기를 떼고 비행했다. 무전기를 달지 않는 것이 뭐 그리 대수냐고 할 수도 있겠지만, 제2차 세계대전 시절에는 공군 편대 전술이 상식이었다. 이런 상황에서 일본 전투기 조종사들은 제1차 세계대전 때처럼 수신호로 의사 전달을 하는 촌극을 연출했다.

　- 1940년 8월 3일 일본 정부가 처음으로 미국에 반응을 보였다. "미국의 경제 제재 조치에 반대한다."

1940~1945년까지의 일본 외교 정책을 살펴보면 퇴로가 없는 극단적인 수를 두거나 자신들의 의사를 통일하지 못해 '방침 없는 협상'으로 시간을 허비하거나 상대방 입장을 생각하지 않고 자기 본위의 '해석'으로 협상 카드를 만들어 상대방을 열 받게 만드는 '뻘짓'의 연속이었다. 이런 실수의 이유는 크게 두 가지를 들 수 있는데, 군부가 일본 외교에 개입하면서 의견 통일이 안 되거나 극단적인 정책을 밀어붙였기 때문이고, 국제정세의 판세를 잘못 읽거나 국제 감각이 뒤떨어져 자기 기준으로만 생각했기 때문이다. 사공이 많으면 배가 산으로 간다. 그런데 그 사공이 바보들이라면 배는 박살 날 수밖에 없다.

- 1940년 9월 26일 미국 정부는 전면적인 철강, 스크랩 금수 조치를 단행했다.

일본은 이제 가장 중요한 철강 획득처를 잃어버리게 되었다. 일본에는 치명타였다. 1940년 10월 4일 고철 수입이 막히자 일본 정부도 긴장하기 시작했다. 고노에 후미마로 수상은 "최악의 경우 미국과의 전쟁도 불사하겠다"며 최초로 전쟁을 언급했다. 외교적 해결을 말해야 하는 상황에서 일본은 전쟁 카드를 꺼내 들었다.

- 1940년 12월부터 이듬해 1월까지 미국은 지금까지 빠져 있던 모든 정제품과 광석을 전부 금수 품목에 올렸다. 고노에 후미마로의 발언에 대한 무언의 대답이었다.

이때부터 일본은 '너무 멀리 왔다'고 생각하게 되었다. 이렇게 계속 대결 구도로 가다간 끝장나는 쪽은 일본이란 생각을 그제야 하게 되었다.

대미 외교가 더 이상 극단으로 치달아서는 안 된다고 본 고노에 수상은 대미 외교의 선봉에 서 있던 노무라 기치사부로野村吉三郎 혼자만으로는 어렵겠다고 판단해 1941년 2월 구루스 사부로来栖三郎를 미국으로 보냈다. 이 둘은 대미 외교 교섭 창구로 미국과의 협상에 결사적으로 매달렸는데, 상황은 갈수록 어렵게 꼬여만 갔다.

당시 미국이 일본에 요구한 삼국 동맹 탈퇴와 중국에서의 전면 철수는 일본으로서는 전혀 타협의 여지가 없는 조건이었다. 이 두 요구 조건을 수락하는 것은 지난 반세기 일본이 가열차게 추진해온 국가의 기본 전략 자체를 부정하는 것이었기에 이때부터 일본은 '만약의 사태'를 생각하게 된다.

'만약의 사태'가 벌어진다면 가장 먼저 고려해야 할 것이 무엇일까? 두말할 것도 없이 '석유'였다. 일본은 석유 수입량의 80퍼센트를 미국에 의존하고 있었기에 미국과의 관계가 '만약의 사태'로 치달으면 석유 수입은 끊길 것이고, 석유 수입이 끊기면 일본의 모든 행보는 그 자리에 멈춰서야 했다.

일본은 이런 최악의 상황을 염두에 두고 미친 듯이 석유를 비축했다. 1941년 8월 1일 기준 일본은 950만 킬로리터의 석유를 비축했는데, 당시 일본의 월평균 석유 소비량이 45만~48만 킬로리터였으니 만약 미국이 석유를 끊는다면 짧게는 18개월, 길게 잡아도 2년 안에 일본은 전투기 한 대 띄울 기름도 안 남게 된다. 이런 절박한 상황에 기초한 것이 '남방 작전'이었다.

10 / 석유, 일본의 타는 목마름

1911년은 전 세계 해군 역사상 특기할 만한 사건이 터진 해였다. 바로 네바다^{Nevada}급 전함의 건조였다. 미국 최초로 3연장 주포탑을 도입하고, 집중 방어 설계 개념을 도입해 주포탑이나 동력부 등 중요 부위에 집중적으로 장갑을 둘러치고 나머지 공간에는 상대적으로 얇은 장갑을 배분, 배수량 대비 효율적인 방어 설계를 시도한 전함이었다. 물론 이 모든 혁신에 따른 문제점도 동시에 떠안아야 했던 전함이었다.

그러나 네바다급의 진정한 혁신은 추진 방식에 있었다. 네바다급의 추진 방식은 석유 전소 방식이었다. 즉, 기름으로 배를 움직였다.

석유, 군사 혁명을
일으키다

제2차 세계대전이 시작되기 전까지 전 세계 군사 전략의 핵심은 단 하나, "바다를 지배하는 자 세계를 지배한다"였다. 해군의 전함이 국가의 전략 무기로 분류되었고, 이 전함이 곧 전쟁의 승패를 결정지었다. 이런 상황에서 등장한 드레드노트는 전 세계 해군 관계자들을 경악하게 만들었다. 그러나 이 전함은 석탄으로 움직이던 전함이었다.

20세기 초까지만 해도 전함의 연료는 석탄이었다. 물론 차세대 에너지원으로 석유가 주목받고 있었던 것도 사실이다. 각국은 석유를 활용한 내연 기관을 개발하기 위해 고심했고, 저마다 석유 생산지를 확보하기 위해 머리를 굴렸다. 선두 주자는 미국이었다. 텍사스에 넘쳐나는 석유를 활용하기 위해 1864년 석유 보일러 선박 개발에 나섰다.

석유는 석탄에 비해 엄청난 장점이 있는 연료였다. 해군 전함에 있어서는 특히 더 그랬다. 일단 굴뚝에서 검은 연기가 피어오르지 않아도 되었다. 석탄 보일러는 최대 속도로 석탄을 때도 평균 20노트가 한계였지만, 석유는 가볍게 30노트를 넘어섰다. 연료의 탑재에서도 우위를 보였는데, 러일전쟁 때까지만 하더라도 해군은 갑판에 석탄을 잔뜩 쌓아놓고 다녔다(전투 시에는 이 석탄을 바다에 버렸다). 그러나 석유는 연료 저장고가 많이 필요하지 않았다.

이런 엄청난 장점이 있는 석유를 선뜻 사용할 수 없었던 이유는 '보급'을 자신할 수 없었기 때문이었다. 20세기 초 세계 최강 해군을 자랑하던 영국이었지만, 그때까지 영국 함대는 석탄을 땠다. 영국 땅에서는 석유가 나오지 않기 때문이었다. 석유가 좋은 에너지원이라는 것은 알고 있었지만 석유를 생산할 수 없었던 나라들은 석탄과 석유를 같이 때는 혼소混燒 방식으로 석유에 대한 타는 목마름을 다독여야 했다. 그러나 이 갈증은 쉽게 해결할 수 없었다. 석탄과 석유의 혼소 방식으로 얻는 추진력은 석유 전소 방식의 60퍼센트 수준에 불과했기 때문이다.

말뚝만 박아도 석유가 뿜어 나오는 미국은 이런 갈증이 없었다. 그래서 1911년 네바다급을 건조할 수 있었다. 1년 뒤인 1912년 영국도 퀸엘리자베스Queen Elizabeth급 전함을 건조했다. 1907년 로열 더치-셸 그룹 Royal Dutch-Shell Group을 만들어(로열 더치와 셸을 합병시켰다) 네덜란드령 동인도와 보르네오의 석유를 확보하고 1908년 이란을 확보하면서 영국도 석유를 향한 타는 목마름을 해결할 수 있었다. 이제 석유는 '대체 에너지원'이란 꼬리표를 떼고 공식적인 인류 대표 에너지원으로 자리 잡게 되었다.

일본의 타는
목마름

차세대 에너지원으로 주목받던 석유는 1910년대가 끝나기 전에 대표 에너지원으로 공식 인정받고 그 지평을 넓혀가고 있었다. 그러나 일본은 여전히 석탄을 고집했다(1930년대까지 일본 군함은 석탄과 석유를 같이 사용하는 방식이었다. 일본에서 석유 전소 방식을 건조 때부터 채용한 전함은 1941년 건조한 야마토급 2척뿐이었다).

1920~1930년대에 국민을 쥐어짜 전함을 건조한 일본이었지만, 그 실상을 뜯어보면 '뻘짓'이었다. 다른 국가들은 1910년대부터 석유 전소 방식의 전함을 건조했지만, 일본은 자국 내에서 석탄이 생산된다는 이유 하나만으로(그리고 석탄 엔진이 좋다는 확신으로) 석탄을 고집했다. 하지만 결국 나중에 그 모든 엔진을 교체해야 했다. 지금은 일본 해군의 '뻘짓'이라며 웃어넘길 이야기지만, 당시 일본에게는 국가의 미래가 저당 잡힌 무지몽매한 짓이었다.

당시 일본의 기준은 '군대'였다. 국가의 모든 정책 판단에 군대의 입김이 작용했다. 이런 상황에서 에너지 체제의 새로운 패러다임을 무시해버렸다. 다른 열강이 석유라는 새로운 패러다임을 받아들여 저마다 유전을 개발하거나 확보하는 데 열을 올리는 동안 일본은 손 놓고 앉아 있었다. 아니, 그 중요성을 무시했다. 그 결과 에너지 체제가 석유로 완전히 정착된 10여 년 뒤 일본은 석유 자원에서 완벽하게 소외되었다.

땅을 치고 후회할 수밖에 없었던 것이 러일전쟁 직후 일본은 유전을 손에 넣을 기회가 있었다. 일본은 러일전쟁 당시 사할린을 점령했는데, 포츠머스 조약에 의해 북위 50도 이남만을 인정받았다. 그런데 북위 50도선 위쪽 땅에서는 석유가 나왔다. 그때 일본은 석유의 가치를 알아보지 못했다(당시 일본은 러시아가 발견한 사할린 유전에 대한 정보를 아예 몰랐다. 이 사할린 유전을 둘러싼 일본과 러시아의 역사는 한 편의 코미디가 따로 없는데, 1925년 혁명으로 재탄생한 소련을 인정하는 조건으로 일본은 북사할린의 석유 채굴권과 시굴권을 얻었다가 일소 중립 조약 체결과 함께 소련에 이 유전을 넘겼다. 만약 이 유전 지대를 태평양전쟁 기간 계속 확보했더라면 일본은 꽤 숨통이 트였을 것이다).

일본이 석유의 가치를 알게 된 것은 1920년대 중반이 되고 나서였다. 이미 세계열강이 석유의 가치를 알고 유전 지대를 휩쓴 뒤였다. 조급해진 일본은 유전 확보에 뛰어들었는데, 이때 눈에 들어온 것이 만주였다. 실제로 지금도 석유가 나오는 다칭大慶 유전은 일본이 확보한 만주 땅에 있다. 하지만 다칭 유전은 일본이 패망하고 14년 뒤에야 개발되었다. 사실 일본도 만주에 석유가 묻혀 있다고 믿었고 실제로 수많은 탐사를 시도했다. 문제는 당시 일본의 시추 기술이 뒤떨어졌다는 점이다. 1930년대 일본의 기술력으로는 지하 1000미터가 한계였다(다칭 유전은 1300미터에서 발견되었다). 만약 이때 미국의 시추 기술을 들여왔더라면 이야기가 달라졌겠지만, 미국이 만주 지역의 석유 매장 정보를 알게 되면 만주 지역 이권 확보에 나설 것이란 두려움 때문에 일본은 독자 기술로 탐사에 나섰다.

이런 실패 끝에 마지막으로 희망을 건 것이 독일의 액화 석탄 기술이었다. 삼국 동맹으로 독일과 손을 맞잡은 일본은 희희낙락했는데, 선진 독일의 공업 기술을 전수받을 수 있다는 희망 때문이기도 했다. 그중 가장 탐이 났던 기술이 액화 석탄 기술이었다. 석탄에서 기름을 뽑아내는 이 신기술은 유전 지대를 확보하지 못한 일본에게는 그야말로 '복음'이었다. 이 기술만 있다면 일본은 수입 제재 걱정 없이 석유를 확보할 수 있고, 이는 향후 일본의 정책 결정과 전략적 행동에 큰 보탬이 될 터였다.

실제로 일본은 액화 석탄 기술을 독일로부터 전수받았다. 꿈에 부푼 일본은 전체 석유 소비량의 20퍼센트인 100만 리터를 액화 석탄으로 대체하겠다는 포부를 밝혔다. 여기까지만 보면 장밋빛 미래였지만, 미래는 열리지 않았다. 그 이유는 세 가지로 정리할 수 있다. 첫째, 생산 시설의 미비였다. 기술은 있었지만 크롬과 같은 촉매제와 고압 장치 같은 공작기계와 생산설비 기술은 받지 못했기에 제대로 석유를 생산해낼 수 없었다. 둘째, 이렇게 생산된 석유도 저질 휘발유나 경유 정도였기에 그 활용의 폭이 제한되었다. 당시 일본이 급하게 필요했던 것은 항공기용 고옥탄가 항공유였는데, 이를 제조할 수 있는 수소첨가법은 독일이 제공하지 않았다. 셋째, 그나마 이걸 생산하던 공장도 미군 폭격기의 표적이 되어 생산량이 급감했다.

사실 일본의 액화 석탄은 경제성을 생각하면 생산할 이유가 전혀 없었다. 당시 원유 1배럴당 가격이 4달러 수준이었는데, 액화 석탄의 생

산 원가는 배럴당 30달러였다. 정치적인 이유가 아니라면 액화 석탄을
생산할 이유가 전혀 없었다.

석유를 어떻게
구할 것인가

제2차 세계대전 당시 전 세계 석유 공급량의 70퍼센트는 미국이 담당
하고 있었다. 2위는 캅카스 유전 지대가 있는 소련이었고, 3위는 영국
이었다. 이 세 나라가 전체 석유 생산량의 95퍼센트를 차지했다. 이것
만 봐도 연합국이 왜 승리했는지 알 수 있다. 독일은 루마니아 유전에
액화 석탄 생산까지 포함해도 전체의 5퍼센트가 될까 말까 한 석유를
가지고 이들과 싸웠다. 탱크와 전투기, 잠수함, 항공모함으로 싸웠던
제2차 세계대전은 석유를 누가 더 많이 가지고 있느냐가 전쟁의 승패
를 결정지었다(제2차 세계대전 동부 전선에서 독일은 대공세를 펼치기 위해 몇
달간 석유와 탄약을 비축한 뒤 공격에 나서곤 했다).

추축국의 맏형격인 독일이 이럴진대 일본은 어떠했을까? 1940년 일
본은 연간 석유 소비량의 80퍼센트를 미국에서 수입했다. 일소 중립 조
약을 맺기 전까지는 사할린의 오하 유전과 일본 내 유전(일본 본토에도
유전이 있긴 하나 생산량이 지극히 미미하다)에서 10퍼센트 내외를 충당했
고, 나머지는 네덜란드령 동인도에서 수입했다. 미국이 석유 수출을 금
지한다면 일본은 앉은 채로 백기 투항해야 하는 상황이었다. 정세가 급
박하게 돌아가자 일본은 나름의 대책이라며 부랴부랴 네덜란드령 동인
도에 석유 수출 의사를 타진해봤지만, 일본에 대한 경제 제재를 본격적

으로 시작한 미국의 심기를 거스르면서까지 석유를 수출할 수는 없다며 난색을 표했다.

이제 일본은 경제 제재와 ABCD 봉쇄망(미국, 영국, 중국, 네덜란드의 봉쇄)의 위력을 인정하고 조용히 미국과 서방 제국의 체제 안에 편입되든가, 아니면 전쟁을 일으켜 남방 자원 지대를 확보한 후 추후의 일전에서 영·미군에 '상당한 타격'을 주어 협상 테이블로 끌어내 자신의 영역을 인정받든가 하는 양자택일의 기로에 서게 되었다. 남방 작전의 핵심 목표는 자바, 수마트라, 말레이시아 등의 동남아 지역을 병합해 일본의 자원 기지로 만드는 것이었다. 당시 일본 대본영의 남방 작전 계획을 살펴보자.

1단계: 미 태평양함대 무력화를 통해 남방 작전 시 배후 위협 제거
2단계: 남방 자원 지대 확보
3단계: 동아시아에서의 연합군 격파
4단계: 남방 자원 지대 방어에 필요한 외곽 방어선 점령

일본의 국력을 생각하면 상당히 포괄적이고 허구성 짙은 작전 계획이었다. 망상이라고나 할까? 놀라운 사실은 남방의 자원을 확보한다 해도 일본의 연간 석유 소비량을 다 채울 수 없었다는 점이다. 당시 일본의 월평균 석유 소비량은 45만~48만 킬로리터였으나 전시 상황에서 민간 소비를 최대한 억제한다면 연간 소비량을 550만 킬로리터까지 맞출 수 있었다. 네덜란드령 동인도의 유전 지대를 피해 없이(현지 생산자들의 사보타주 없이) 안전하게 확보한다고 전제해도 연간 300만 킬로리터

의 석유를 확보하는 선인데, 그러면 나머지 부족분은 어떻게 한다는 것일까?

게다가 여기에는 결정적인 함정이 하나 더 있었다. 총력전 연구소의 마에다 가쓰지가 설파했던 내용을 떠올려보라.

"1941년 일본의 선박 보유량은 300만 톤이다. 작은 어선은 집어넣지 않았고, 100톤 이상의 물자 동원에 활용할 수 있는 선박만을 계산했다. 그런데 유조선은 1퍼센트밖에 되지 않으며, 나머지는 석유를 드럼통에 넣어서 선적할 수밖에 없다. 전쟁이 시작되면 상업용 선박 대열은 침몰한다. 문제는 선박 소모량을 어떻게 예상하는가에 있다."

일본은 섬나라다. 물자는 모두 바다를 통해 들어오고 나간다. 즉, 유전을 확보한다 해도 이 석유를 일본으로 들여오려면 '유조선'이 필요하다. 당시 일본 군부는 유전의 확보만 생각했지 이를 일본에 들여오는 것은 생각하지 않았다. 그 결과 일본은 참혹한 결과를 맞이하게 되었다. 태평양전쟁 개전 직후 일본 군부는 부랴부랴 유조선을 수배했는데, 민간의 유조선까지 모두 징발해도 겨우 76척뿐이었다. 그나마 이 76척도 기동 함대의 급유에 활용됨으로써 수송에 동원된 함정은 극소수였다. (점감요격작전을 준비했던 일본 해군은 이 작전에 맞게 함정을 설계·건조했는데, 그 결과 상당수 함정의 항속 거리가 짧았다. 진주만 공격 당시 항공모함에 연료통을 쌓아놓고 항속 거리가 짧은 함정들에 급유하는 촌극을 연출했던 것을 기억해보면 이 유조선들의 할당 우선순위가 어땠을지 쉽게 예상할 수 있다.)

그제야 일본 군부는 유조선의 건조와 투입을 결정했다. 그러나 이

미 때가 늦었다. 태평양전쟁 기간 일본은 350척의 유조선을 건조해 투입했지만, 이들 중 306척이 미국 잠수함의 어뢰와 기뢰 공격, 항공기의 공격에 격침당했다. 현대전에서 제해권과 제공권을 빼앗긴 섬나라의 운명은 고사枯死뿐이다.

11/제로센

태평양전쟁 기간 일본의 성공과 실패를 함께한 일본 최고의 전투기. 일본 역사상 가장 많이 생산된 전투기(1만 939대). 그들 스스로 '동양의 신비'라고 추켜세우며 자랑하는 전투기. 현재까지 일본 군국주의의 상징으로 여겨지는 전투기. 바로 제로센零戰이다.

　태평양전쟁을 일본의 입장에서 한마디로 정의하라면 '제로센의 화려한 등장과 몰락'이라 할 수 있다. 제로센은 제국주의 일본의 영광과 몰락을 보여주는 표상이다.

미스터리

'일본'이라는 색안경을 빼고 객관적 시선으로 제로센을 봤을 때 드는 첫 느낌은 '미스터리'다. 항공기는 한 나라의 기초과학, 공학, 공업 기술, 산업 역량을 모두 투입해야만 만들 수 있는 기술의 집약체이다. 다시 말해 항공 산업은 그 나라의 공업 역량을 가늠할 수 있는 척도이다. 그렇다면 전투기 개발은 어떨까? 한 나라의 모든 과학기술이 집약된

과학기술의 결정체이자 산업 역량의 총집결체이다.

그런 의미에서 보자면, 1930년대 후반 등장한 일본의 제로센은 미스터리다. 당시 일본의 전반적 공업 기술 수준을 감안하면 이런 괴물의 등장을 설명하기 어렵다. 제로센을 제외한 다른 무기 체계, 일본군 보병이 들고 다니던 소화기류부터 시작해 각종 군용 차량, 탱크와 같은 장갑 차량을 보면 당대의 미국, 유럽에 비해 한 세대 이상이나 뒤떨어진 수준이었다.

단적인 예로 미국의 주력 전차인 M4 셔먼 전차는 유럽 전선에서 독일 전차의 성능에 밀렸지만(독일의 6호 전차 티거 같은 중전차에는 확실히 압살당했고, 5호 전차 판터와 상대해도 열세였다. 그러나 나머지 독일 전차와는 상대할 만했다) 태평양 전선에서는 무적의 중전차로 군림했다. 일본 육군의 주력 전차였던 97식 치하 전차는 '소총탄으로 97식 전차의 장갑을 뚫을 수 있을까?'가 논란이 될 정도로 약했다. (당시 미국의 주력 소총이었던 M1 개런드에 철갑탄을 장전한 다음 50미터 정도의 사거리에서 치하 전차의 후방을 쏘면 관통할 수도 있다는 결론이 나왔다. 물론 특정 조건에서만 가능한 실험적 성격의 이야기지만, 소총탄에도 장갑이 뚫릴 수 있다는 가능성이 제기될 만큼 그 성능이 낮았다는 사실은 인정할 수밖에 없다.)

그나마 일본이 내세울 만한 것은 세계 3위의 해군력이라 자랑하던 그들의 함대와 그 건조 기술이었으나 군함에 달린 화포의 수준이 미국과 유럽 전함에 비해 떨어졌다는 것은 주지의 사실이다. 이런 일본이 난데없이 들고나온 것이 0식 함상전투기零式艦上戰鬪機, 제로센이었다.

제로센의
탄생

1937년 5월 일본 해군은 차기 함상전투기 개발을 나카지마사와 미쓰비시사에 각각 의뢰했다. 중일전쟁으로 항공모함의 전략적 가치와 함상전투기의 위력을 확인한 일본이 당시 주력 전투기였던 A5M의 후계기를 주문한 것이다. 그리고 5개월이 지난 1937년 10월 일본 해군은 이 차기 전투기 개발에 대한 요구 조건을 두 회사에 보냈다.

①원거리 진출: 신형 전투기는 공격대의 호위뿐 아니라 적의 본거지까지 진출해 항공 격멸전을 수행할 수 있어야 한다.

②요격 능력: 침입해오는 적의 공격기를 요격해 격멸할 수 있어야 한다.

③최고 속도: 고도 4000미터에서 시속 500킬로미터 이상으로, 현재 세계 각국 전투기 가운데 최고 수준이어야 한다.

④항속력: 고도 3000미터에서 공칭 마력으로 1.2~1.5시간, 보조 탱크를 장착할 경우 1.5~2.5시간, 순항 속도로는 6시간 이상이어야 한다.

⑤병기: 20밀리미터 기관포 2문, 7.7밀리미터 기관총 2정을 장비하고, 두 개의 30킬로그램 또는 60킬로그램 폭탄을 장착할 수 있어야 한다.

⑥기타: 공중전 성능은 96식 함상전투기와 동등해야 하며, 상승력은 3000미터까지 3분 30초 이내여야 한다.

이는 당시의 일본 공업 수준, 세계 각국의 항공 기술을 고려해볼 때 무리를 넘어서 '기적'과도 같은 요구였다. 이해를 돕기 위해 제2차 세계대전 당시 활약했던 각국 주력 전투기와 비교해보겠다.

당시 영국을 구해낸 스핏파이어 Mk. V는 최대 항속 거리 760킬로미터, 최대 상승 고도 1만 1132미터, 6000미터 상승까지 소요 시간은 7분 10초였다. 같은 시기 독일의 주력 전투기였던 메사슈미트 Bf-109G-6형은 항속 거리 1000킬로미터에 최대 상승 고도 1만 1750미터, 6000미터 상승까지 소요 시간은 6분이었다. 그렇다면 제로센은? 최대 항속 거리 1922킬로미터, 최대 상승 고도 1만 1740미터, 6000미터 상승까지 소요 시간은 7분이었다. 무장 수준도 엇비슷했는데, 스핏파이어 Mk. V는 20밀리미터 히스파노 기관총 2문과 7.7밀리미터 기관총 4정을 장착했고, 메사슈미트 Bf-109G-6형은 라인메탈 MG 131의 13밀리미터 기관총 2정과 20밀리미터 기관포 1문을 장착했다. 제로센도 이 전투기들에 밀리지 않는 무장을 했는데, 52형의 경우 13.2밀리미터 3식 기관총 1정, 7.7밀리미터 기관총 1정, 20밀리미터 99식 기관포 2문을 장착했다. 거의 대등하거나 그 이상이었다. 특히 항속 거리에서는 독보적 실력을 보여줬다. 기동성은 제로센의 주특기였는데, 짧은 선회 반경을 바탕으로 적기의 꼬리를 무는 전법에서는 발군이었다.

놀라운 사실은 이 화려한 퍼포먼스를 보여준 제로센의 엔진이 스핏파이어 Mk. V나 메사슈미트 Bf-109G-6형보다 한 수 아래였다는 점이다. 스핏파이어 Mk. V는 롤스로이스 마린-45 수랭식 V형 12기통 엔진을 사용했는데, 이 엔진은 1470마력의 출력을 자랑했다. 메사슈미트 Bf-109G-6형도 다임러 벤츠의 DB 605A 수랭식 V형 12기통 엔진을 장착했는데, 이 엔진 역시 출력이 1475마력이었다. 그렇다면 일본의 제로센은? 제로센 52형의 엔진은 나카지마 사카에-21 공랭식 성형 14기

통 엔진이었는데, 이 엔진의 출력은 겨우 1130마력이었다. 1000마력
대 엔진을 가지고 1500마력대 엔진을 가진 전투기들과 대등한 혹은 그
이상의 실력을 보여준 것이다. 당시 제로센과 교전한 미군 조종사들은
"일본이 기어코 2000마력급 엔진을 개발했다"며 일본의 기술력에 혀를
내둘렀다. 그러나 제로센은 1000마력급 엔진을 달고 있었을 뿐이다. 그
럼에도 그 정도 실력을 보여준 비결을 어디에서 찾아야 할까?

다이어트, 다이어트, 다이어트!

일본 해군의 요구 사항을 접한 나카지마사와 미쓰비시사의 설계기사들
은 요구 사항의 수준을 낮춰줄 것을 해군 측에 요청했다. 그러나 일본
해군은 일언지하에 거절했다. 당시 일본 공업 기술력으로서는 불가능
해 보이는 도전이었다. 찬찬히 해군 측의 요구 사항을 뜯어보면 그 이
유를 확인할 수 있다.

첫째, 속도와 상승력을 높이려면 강력한 엔진이 필요하다. 강력한 엔진
은 필연적으로 크기가 커질 수밖에 없다. 더 큰 문제는 당시 일본의 공업
기술력으로는 1000마력급 엔진이 한계였다는 점이다.

둘째, 항속력을 비약적으로 늘리려면 연료 탱크를 키워 탑재 연료량을
키워야 한다. 여기에 더해 20밀리미터 기관포까지 장착한다는 것은 기체
의 크기가 필연적으로 커진다는 의미다.

셋째, 이렇게 대형화가 불가피한 상황에서도 96식 함상전투기와 동등

한 기동성을 유지한다는 것은 거의 불가능에 가깝다.

첫째와 둘째 조건만 있다면 어렵더라도 어찌어찌 기체를 만들어낼 수 있겠지만, 셋째 조건이 문제였다. 필연적으로 크기가 커질 수밖에 없는 요구 조건에 기동성까지 더해졌다. 일본의 공업 기술로는 불가능에 가까운 요구 조건이었다. 먼저 손을 든 것은 나카지마사였다.

"해군의 요구 조건을 충족하는 전투기를 설계할 만한 역량이 우리에게는 없다."

그들이 보기에 해군의 요구 조건을 충족하는 전투기를 개발하기란 기적에 가까운 일이었다. 그러나 미쓰비시사의 생각은 달랐다. 그들에게는 호리코시 지로堀越二郎라는 천재 전투기 설계자가 있었다.

미야자키 하야오 감독의 은퇴작인 〈바람이 분다〉의 주인공인 호리코시 지로. 만약 그가 없었다면 일본은 태평양전쟁을 결심하는 데 더 많은 고민을 했을지도 모른다. 스물네 살에 도쿄대 공학부 항공학과를 수석으로 졸업한 그는 곧바로 미쓰비시에 입사해 96식 함상전투기 설계에 뛰어들었다. 여기서 그의 재능을 확인한 미쓰비시는 전폭적 지원을 했고, 약관의 나이가 가진 기발함과 참신함은 구시단좌전투기九試単座戦闘機에 역갈매기 날개Inverted Gull Wing를 채용하는 것으로 발현됐다. 이후 제로센을 비롯해 라이덴雷電, 렛푸우烈風 등의 명기를 개발해내며 호리코시는 자신의 천재성을 재차 확인시켜주었다.

그런 그가 자신의 이름을 전 세계에 떨친 것이 바로 0식 함상전투기

제로센이었다. 미쓰비시는 30대 중반의 호리코시를 제로센의 설계주임으로 발탁했다. 그의 생각은 간단했는데 '강력한 엔진에 극도로 경량화된 기체를 만든다', 즉 다이어트였다. 당시 제로센의 설계 작업에서 제일 우선순위는 중량 관리였다. 총중량의 10만 분의 1까지 중량을 철저히 관리하겠다는 설계진의 중량 관리에 힘을 보탠 것이 스미토모住友 (오늘날의 신일본제철)였다. 여기서 개발한 초초超超 두랄루민이 있었기에 기체 강도는 유지하면서 경량화를 이룰 수 있었다.

문제는 엔진이었다. 강력한 엔진에 극도로 경량화된 기체를 설계한다는 기본 방침에 걸맞은 '강력한 엔진'이 당시 일본에는 없었다. 애초에 예상했던 엔진은 킨세이金星 엔진이었다. 1000마력급의 이 엔진은 그나마 신형 전투기의 출력 요구 조건을 맞출 수 있을 듯했으나 문제는 크기였다. 엔진이 기체의 크기를 크게 만들 수 있다는 판단 때문에 킨세이는 포기해야 했다. 그 대안으로 찾은 것이 780마력급의 즈이세이瑞星 엔진이었다. 출력은 부족하지만 다이어트가 우선이었다.

1939년 3월 16일, 12시試 함상전투기 시제 1호기가 완성되었다. 설계에서 시제기 제작까지 불과 1년 반이 걸렸다. 사카에 엔진보다 저출력인 즈이세이 엔진으로 시제기인 12시 함상전투기가 최고 속도 491킬로미터, 5000미터 상승까지 소요 시간 7분 15초를 찍었다는 것은 설계의 승리라고밖에 달리 표현할 말이 없다. 게다가 운동 성능은 96식 함상전투기와 별반 차이가 없었다. 호리코시의 '다이어트'가 성공했다. 물론 소소한 문제가 있긴 했지만 시제기의 존재 목적 자체가 시험과 평가가 아니던가? 이후 개량과 보완을 통해 충분히 극복 가능한 것이었다.

이렇게 시제 1호기가 날아오르던 그때 나카지마사의 발동기 부문에서 희소식이 들려왔다. 훗날 걸작으로 불리는 1000마력급의 사카에 12형 엔진이 실용화에 성공한 것이다. 이 엔진은 즉시 12시 함상전투기에 장착되었고, 사카에 엔진을 장착한 시제 3호기는 최고 속도 533킬로미터, 항속력 7시간, 6000미터 상승까지 소요 시간 7분 27초를 기록하며 운동 성능도 기존의 퍼포먼스를 그대로 보여줬다. 대성공이었다.

같은 시기 유럽에서 맹활약하던 독일의 메사슈미트 Bf-109, 영국의 스핏파이어에 필적할(항속력과 기동성은 더 뛰어났다) 엄청난 전투기가 탄생했다. 성공의 원인은 역시나 '다이어트'에 있었다. Bf-109의 전비 중량은 3155킬로그램, 스핏파이어는 3400킬로그램에 육박했는데, 제로센 52형의 전비 중량은 2743킬로그램이었다. 미국이 일본을 상대하기 위해 새로이 등장시킨 F4U 콜세어의 전비 중량이 5626킬로그램, P-51 머스탱의 전비 중량이 5262킬로그램에 달하니 밴텀급과 헤비급 정도의 체급 차이라 할 수 있겠다.

다이어트의
부작용

"1942년 우리 전투기 중에 조종석에 방탄 장갑을 장착한 비행기는 하나도 없었고, 특히 제로센에는 미국 전투기에 흔히 달려 있는 자동 봉합식 self sealing 연료 탱크가 없었다. 적 조종사들은 얼마 안 가 50구경 기관총탄 연사를 제로센의 연료 탱크에 가하면 제로센을 밝게 타오르는 불덩어리로 만들 수 있다는 사실을 알게 되었다." - 사카이 사부로, 《대공의 사무라이》

제2차 세계대전에서 제로센을 몰고 미군과 전투를 벌인 사카이 사부로의 증언이다. 그는 공인된 격추 기록만 28기인 일본 해군의 에이스였다(일본군 내 격추 기록 5위). 사카이는 언론과의 인터뷰에서 조국을 위해 다시 제로센을 타겠느냐는 질문에 "제로센을요? 사양하겠습니다"란 말을 남겨 화제를 낳았다. 태평양전쟁에서 제로센을 타고 활약했던 일본 해군의 에이스가 제로센을 사양했다는 것은 무슨 의미일까? 제로센이 '동양의 신비'라 불릴 만큼 대단한 전투기는 아니었다는 의미일까? 분명히 말하지만 제로센의 기동성(선회 능력)은 특기할 만했고, 그 장대한 항속력은 동시대 많은 군사 전문가들의 뒤통수를 칠 정도로 당시의 상식을 벗어난 스펙이었다.

그러나 이는 사카이의 증언처럼 방탄 장갑이나 자동 방루 장치(연료 탱크에 구멍이 났을 때 자동으로 막아주는 장치) 같은 전투기로서 가져야 할 최소한의 기준을 포기하며 얻은 결과였다. 여기서 주목해야 할 것이 두 가지 있는데, 바로 제로센의 설계 사상과 인간에 대한 일본의 철학이다.

제로센의
설계 사상

제로센은 동시대 다른 전투기들에 비해 과도한 기동성을 요구받았다. 이 기동성을 한마디로 정리하면 '꼬리잡기'다. 전투기 대 전투기, 일대일 공중전에서 최고의 위치는 데드 식스Dead Six라 불리는 6시 방향, 즉 바로 뒤쪽이다. 이 뒤를 물기 위해 전투기들은 공중제비를 돌고, 뒤를 지켜내기 위해 곡예비행을 한다. 이런 전투 방식이 확립된 것은 제1차 세계대전 때였다. 구식 복엽기, 나무와 캔버스로 만들어진 고색창연한 이 전투기들은 고작 시속 100킬로미터의 최고 속도로 공중전을 벌였다. 기록 영화나 할리우드에서 만든 이 시대 영화들을 보면 날개가 두 개(복엽기)나 세 개(삼엽기)인 전투기들이 나온다. 고만고만한 엔진에 무장이라곤 고작해야 한두 정의 기관총뿐이며(심지어 권총도 등장한다) 조종석은 완전 개방형에 G-수트 같은 비행복이나 산소마스크는 등장하지도 않는다. 말 그대로 조종사의 실력만 믿고 싸우는 일대일 결투 같은 공중전이 전부였다(덕분에 기사도와 같은 낭만이 전투기 조종사들 사이에 퍼져 있었다. 머플러를 하고 날아오른다거나 격추된 적군은 쏘지 않는다거나 하는).

이렇다 보니 당시 전투기 설계 사상은 '항력 대신 양력'으로 고착화되었다. 여기서 말하는 항력[drag]은 물체가 유체 내를 움직일 때 이 움직임에 저항하는 힘을 의미한다. 양력[lift]은 물체의 주위에 유체가 흐를 때 물체의 표면에서 유체의 흐름에 대해 수직 방향으로 발생하는 힘을 의미한다. 공기를 가르면서 떠오르는 '부력'이라고 생각하면 된다. 비행기는 이 양력이 존재하기에 날아오를 수 있다. 제1차 세계대전 때는 저항 때문에 속력을 조금 손해 보더라도 양력을 최대한 얻으면 전투에 유리하다고 판단했고(실제로 공중전이 그러했으므로) 너 나 할 것 없이 날개를 하나 더, 또 하나 더 달려고 노력했다. 물론 구조 기술이 아직 덜 발달해 날개 한 장만으로는 날개에 걸리는 힘을 버틸 수 없었기 때문에 나온 고육지책이라 할 수도 있다.

어쨌든 제1차 세계대전은 공중전에서 가장 중요한 것은 '더 빨리 더 안정적으로 공중제비를 돌 수 있는 능력'이라는 결론을 낳았다. 이 때문에 전투기에서 가장 중요한 덕목은 소위 '기동성'이라 하는 '선회 성능'으로 귀결되었다. 제로센은 이 생각을 설계에 가장 충실히 반영한 전투기였다. 물론 설계자의 생각이 아니라 의뢰자인 일본 해군의 생각이었다.

문제는 제2차 세계대전에서는 공중전이 많이 바뀌었다는 점이다. 제1차 세계대전에서는 복엽기가 잘해봐야 시속 100킬로미터 내외로 공중전을 벌였다면, 제2차 세계대전에서는 수평 비행 속도만 시속 500킬로미터를 넘어섰고, 급강하할 경우 평균 시속 700킬로미터였다. 제2차 세계대전 후반에는 제트 전투기가 등장할 정도였다.

상황이 이렇게 돌아가자 선진국들은 선회 능력을 우선하는 기동전 대신 빠른 속도를 이용해 적에게 빠르게 접근해 기관총탄을 먹인 뒤 재빨리 도망쳐 다음 공격 기회를 노리는 일격이탈 전법을 사용했다. 이른바 '에너지 파이팅'이다. 즉, 위치와 속력을 활용해 높은 고도에서 높은 속력으로 하강하여 적기에 한 방 먹인 뒤 그 가속도를 활용해 다시 높은 고도를 확보하여 다시 한번 공격 기회를 만드는 전법이다.

구조 기술의 발달, 항공 역학의 발달, 공업 기술의 발달로 이제 전투기는 가혹한 환경에서도 버틸 수 있는 기체 강도와 높은 속도를 얻을 수 있었고, 그 결과 이런 전술이 발전하게 되었다. 이는 유럽, 구체적으로는 독일의 루프트바페Luftwaffe(독일 공군)가 스페인 내전을 통해 체득한 로테Rotte(2대의 전대) 전술에서 그 토대가 마련되었고, 이후 태평양전쟁에서 미국이 제로센을 상대할 때 잘 써먹은 붐앤줌Boom & Zoom(일격이탈) 전술로 완성되었다.

일본 해군은 제로센으로 대표되는 '선회 전투'에 특화된 기체를 가지고 미국에 싸움을 걸었는데, 미국은 제로센의 약점을 확인하고는 에너지 파이팅을 적극적으로 활용했으며 이에 특화된 전투기를 생산해 전선에 투입했다. 그 결과는 참혹했다. 미국은 고출력 엔진을 달고 비행기 전체에 장갑을 바른 뒤에 전투기 날개에 6~8정의 중기관총을 달아 하늘로 날려 보냈다. F4U 콜세어는 2100마력(최대 출력 2800마력)의 괴물 엔진을 달았는데, 항속 거리는 무려 1617킬로미터에 달했고, 급강하 시에는 시속 890킬로미터란 괴물 같은 속도를 자랑했다. 게다가 조종사의 생명을 보호하기 위해 동체 상부는 물론, 조종석의 패널이나 시트의 등받이, 깔개 등에도 방탄판을 넉넉하게 둘렀다. 제로센과의 일대일 전투에서 절대 밀리지 않을 스펙이었다.

고출력 엔진으로 높은 고도를 먼저 잡고, 그 고도를 활용해 적기에 내리꽂으며 엄청난 화력을 쏟아붓고 일격이탈하는 미국 전투기 앞에서 제로센의 선회 기동은 힘을 쓸 수 없었다. 제로센도 이런 에너지 파이팅 전술을 활용하면 되지 않았을까 하고 생각할 수도 있지만, 제로센에는 전술 외적인 한계가 존재했다. 바로 태생 자체의 문제였다. 제로센은 총중량의 10만 분의 1까지 중량을 관리하다 보니 극도로 경량화되었다. 그 결과 기체 강도의 한계까지 깎아내 급강하 시에 기체가 받는 압력에 매우 취약했다. 즉, 속도를 받쳐줄 만한 기체 강도를 보장할 수 없었다.

더 큰 문제는 조종사의 수준이었다. 진주만 공격과 미드웨이 해전까지만 해도 일본 해군 조종사는 세계 최고 수준이었다. 미군은 "일본인 조종사는 눈이 옆으로 찢어져서 비행 실력이 떨어진다"라는 황당한 주장으로 일본인 조종사를 폄하했지만 중일전쟁을 통해 단련된 일본군 조종사는 당대 최강 수준이었다. 선회 비행을 통한 공중전은 조종사의 숙련도가 기본이 되어야 한다. 일격이탈 전술은 한번 공격에 실패하더라도 도망가든지 다시 고도를 올려 공격을 시도하는 것이 쉽다. 그러나 선회 공격에서는 한번 적을 놓치거나 에너지를 잃으면 이를 만회하기 위해 직선 비행이나 직선 상승 같은 위험한 기동을 해야 했다. 만약 에너지를 다시 얻기 위한 기동 중에 적기가 공격해온다면 어떻게 해야 할까? 경험이 많은 조종사라면 충분히 극복하겠지만, 미드웨이 해전 이후 일본 해군의 숙련된 조종사는 대부분 사망했기 때문에 제대로 된 전투를 생각하기 어려웠다. 설계 사상의 문제가 전쟁의 승패까지 결정지은 셈이다.

인간에 대한
일본인의 철학

"당시 우리 조종사 중 누구도 낙하산을 소지한 채 비행하지 않았다. 서양 사람들은 그것을 두고 우리 지도자들이 일본 군인의 생명을 무시하고 있으며 전투기 조종사를 인간 이하의 가치를 가진 소모품으로 여기고 있는 증거라고 오해하기도 했다. … 낙하산은 모든 사람에게 다 지급되었다. 그러나 비행 시 그것을 착용하지 않은 것은 조종사 개인의 선택이지 고위 사령부에서 지시한 것은 아니었다. 실제로 우리는 전투 시 낙하산을 착용하도록 권고받았다. … 적 전투기와 싸운 우리 전투 대부분은 적의 기지 상공에서 벌어진 것이었다. 그런 전투에서 비상 탈출을 한다는 것은 적에게 포로로 잡힌다는 것을 의미했는데, 일본군의 전통이나 전통적인 무사도 정신 어디를 봐도 '포로'라는 불명예스러운 말은 찾아볼 수가 없었다.

포로란 우리 사전에 존재하지 않았다. … 용기 있는 전투기 조종사라면 절대로 적에게 포로로 잡히지 않는다."   - 사카이 사부로, 《대공의 사무라이》

태평양전쟁에서 실전을 겪은 에이스 조종사의 입에서 나온 말이다. 현대전에서 가장 중요한 인적 자원으로 분류되는 것이 전투기 조종사다. 전투기 조종사 한 명을 양성하는 데 엄청난 시간과 돈이 투입된다(대한민국 공군 소령급 조종사 한 명을 양성하는 데 약 123억 원이 든다). 이 때문에 각국은 조종사 구조를 전담하는 특수부대를 운용하고(한국도 마찬가지이다) 주기적으로 조종사의 생존·탈출 훈련을 시행한다.

그런데 이 귀한 인적 자원을 일본은 낭비하고 있었다. 태평양전쟁 직전 일본은 충분한 숫자의 조종사를 확보하고 있었고, 지속적으로 이를 양성했다. 중일전쟁이 발발한 1937년 기준으로 매년 해군에서 2000명, 육군에서 850명의 조종사를 양성해냈다. 그 교육 수준도 대단했는데, 사카이 사부로가 졸업한 츠치우라 해군 항공대는 사카이가 입학할 당시 1500여 명이 지원해 최종 합격한 사람이 70명밖에 되지 않았으며, 이후 10개월간의 훈련 기간에 45명이 탈락하고 비로소 조종사가 된 사람은 25명에 불과했다. 이들은 기본적으로 100시간의 비행 훈련을 받았는데, 미국의 240시간에 비하면 짧은 듯 보이지만 이들은 중일전쟁을 통해 단련되어 태평양전쟁 발발 시 일본 해군은 평균 650시간, 육군은 500시간의 비행시간을 경험한 우수한 조종사 3500명을 보유할 수 있었다.

태평양전쟁 초창기 제로센과 결합한 이 우수한 조종사들은 천하무적이었다. 그러나 시간이 흐르면서 제로센의 약점이 드러났고, 이에 더해 조종사들의 질도 떨어지게 되었다. 전투는 그 규모가 어찌 되었든 필연적으로 병사의 소모를 가져온다. 아무리 대승을 거뒀다 해도 전쟁이 길어지면 필연적으로 병력은 소모될 수밖에 없다. 엄청난 대승이라 말하는 진주만 공격에서도 일본은 29대의 항공기를 잃었고, 55명의 조종사를 잃었다. 일본도 이런 점을 알았기에 조종사 양성 코스를 대대적으로 손보았다.

일본의 조종사 양성 과정은 총 4단계인데, 초등 비행 훈련 30시간, 중등 비행 훈련 40시간, 고등 비행 훈련 30시간을 마친 다음 실전 부대에 배치되었다. 만약 항공모함과 같이 함상에서 운용되는 비행기를 몰아야 할 경우에는 실전 부대에서 50시간의 훈련을 더 받았다. 그런데 이 과정이 축소되기 시작했다. 진주만 공격이 있기 1년 전인 1940년 12월 일본은 초·중등 비행 과정을 합친 후 여기서 10시간을 뺐다. 즉, 70시간의 비행 훈련 시간을 10시간 줄여 60시간으로 개편했다. 이후 비행 훈련 시간은 계속 줄어들었고, 실전 기체로 훈련받던 고등 훈련 비행 과정은 1943년 사라져버렸다. 그러나 (당연한 이야기지만) 고등 훈련 비행 과정을 빼는 것은 무리였다고 판단했는지 1944년 봄 부활시켰다. 그렇지만 이미 전황이 기운 대전 막바지에는 평균 30시간의 비행 훈련을 끝으로 실전 부대에 배치하는 경우가 많았고, 1945년에는 가미카제 비행사를 양성하기 위해 일주일 속성반이 나오는 지경까지 이르게 되었다. 미드웨이 해전 이후 일본 전투기 조종사의 숙련도는 계속 떨어졌고, 종국에 가서는 한 줌 남은 숙련 조종사들을 자살 특공대에 밀어 넣는 멍청한 짓을 반복했다.

조종사뿐만이 아니었다. 더 큰 문제는 전투기의 생산과 정비였다.

전세가 기울기 시작하자 일본 군부는 군수 공장에서 일하던 숙련공들을 징집해 전투병으로 활용했다. 이는 필연적으로 전투기의 기체 결함으로 이어질 수밖에 없었다. 일선의 항공기 정비병들도 마찬가지였다. 정비병, 특히 항공기 정비병은 조종사에 버금가는 고급 인력이다. 그러나 일본 군부는 이에 대한 인식이 거의 없다시피 했다. 미군의 진격으로 기지를 버릴 때 정비병을 버리고 가거나, 전투가 격화되었다고 정비병에게 총을 들려 전선에 내보내는 경우가 비일비재했다.

이렇다 보니 일본식 표현으로 "고양이 손이라도 빌릴" 지경에 이르게 되었고, 한쪽 눈을 실명해 전선에서 물러난 사카이 사부로 같은 조종사들도 다시 일선에 나서게 되었다. 미국은 일정 수준 이상 출격한 조종사들을 후방으로 돌려 교관으로 활동하게 했다(혹은 전시 국채 판매를 위한 홍보 행사에 동원했다). 이들은 실전에서 얻은 노하우를 후배들에게 전수해 더 강한 조종사로 양성했다. 선순환이다. 그러나 일본은(독일도 마찬가지였다) 당장 눈앞의 적을 막아내기 급급해서 베테랑들을 전선에 계속 투입했고, 그 결과 숙련된 조종사들이 더 줄어드는 악순환이 반복되었다. 일본은 질 수밖에 없었다.

일본만으로는 제로센을
완성할 수 없었다

태평양전쟁 당시 일본과 미국의 국력과 기술력 차이를 그대로 보여주는 것이 바로 전투기의 도색이다. 태평양전쟁 당시 제로센의 사진을 보면 도장이 벗겨져 군데군데 하얀 얼룩이 진 듯한 점박이 같은 모습을 볼 수 있다. 특히 날개와 본체의 접합면 부위에 이런 모습이 자주 보인다. 반면 미군 전투기들은 매끈하고 예쁘게 도장되어 있거나 아예 은빛으로 번쩍이는 모습을 확인할 수 있다. 기술력의 차이다.

'동양의 신비'라 자랑했지만 그 동양의 신비는 미국의 도움 없이는 만들 수 없었다. 당장 제로센의 프로펠러는 미국 해밀턴사의 라이선스였는데, 태평양전쟁 기간 일본은 미국 프로펠러를 불법 복제해 사용했다(전쟁이 끝난 후 일본 정부는 해밀턴사에 라이선스비를 지급하겠다고 했는데, 해밀턴사는 적국의 무기 개발에 도움을 줬다는 부정적인 평가를 받을까 봐 1달러만 청구해 받았다).

가장 큰 문제는 무전기였다. 당시 일본의 기술로는 제로센에 장착할 만큼 쓸 만한 무전기를 개발할 수 없었기에 결국 미국제를 장착할 수밖에 없었다. 문제는 제2차 세계대전에서 무전기가 공중전의 승패를 좌우할 만큼 중요한 존재로 대두되었다는 점이다. 제1차 세계대전까지만 하더라도 중세 기사들의 일대일 전투처럼 공중전이 진행되었지만, 제2차 세계대전에서는 그 판도가 뒤바뀌었다. 앞에서 잠깐 언급했듯이 독일군은 로테(2대의 전대)를 짰고, 이 로테 두 개가 슈밤Schwarm이라는 편대를 짜 전투에 임했다. 4기 편대는 서로 약간씩 다른 고도에서 함께 날아다니는데, 이렇게 되면 적기가 어떤 방향에서 나타나 공격해도 대응할 수 있다. 독일군은 스페인 내전에서부터 이 편대 전술을 갈고 닦아 자신들의 장기로 삼았고, 영국군은 독일군의 로테-슈밤 개념을 받아들여 핑거포Finger Four(손가락 네 개를 쫙 편 대형)라는 편대 개념을 개발했다. 미국군은 영국군의 핑거포 대형을 받아들여 태평양전쟁이 한창 격화될 무렵 타치 위브Thach Weave 전술을 개발했다. 이 전술의 핵심은 두 대로 구성된 편대 중 한 대가 미끼가 되어 일본군 전투기를 유인하면 다른 한 대가 적기의 사각 지역에서 공격하는 것이다.

이렇듯 제2차 세계대전의 공중전은 편대가 기본이 된 집단 전투로 발전했다. 그리고 이런 편대 전투의 핵심은 전투기 간의 유기적인 통신이었다. 그런데 일본은 그런 무선 기술에서 뒤떨어졌고, 미국에서 수입한 무전 장비가 수명이 다하자 이런 유기적인 통신이 어려워졌다. 그 결과 일본 전투기들은 제1차 세계대전의 공중전에서처럼 조종사들이 개별 전투 행동을 해야 하는 경우가 많았다. 베테랑 조종사들은 제로센에 장착된 무전기를 철거하기도 했다. 어차피 통신이 어렵다면 무전기를 떼어내 무게라도 줄이는 편이 낫다는 판단이었다. 이것이 당시 일본의 현실이었다.

제로센이
보여준 것

제로센을 바라보는 일본인들의 감정은 특별하다. 일본 군국주의의 상징이란 말은 빈말이 아니다. 제로센은 그 이름 '0식 함상전투기'부터가 군국주의를 대변한다. 제로^{Zero}란 이름이 붙은 것은 이 기체가 정식으로 생산된 1940년이 일본 황기로 2600년이 되는 해였기 때문이다. 그 이름부터가 일본의 군국주의, 제국주의를 내포한 이름이었다. 그리고 제로센은 그 이름답게 태평양을 피로 물들였다.

이제껏 설명했듯 제로센은 '동양의 신비'가 아니었다. 오히려 일본의 실수와 한계, 오판을 증명하는 전투기였다. 뒤떨어진 공중전 전술을 기반으로 한 잘못된 설계 사상으로 개발되었고, 연합국보다 뒤처진 기술력으로 쥐어짤 수 있는 한계까지 전투기를 '깎아' 냈으며, 인명 경시 사상으로 최소한의 안전장치조차 포기해 유일한 희망이었던 숙련된 조종사를 너무도 쉽게 버렸고, 생산력의 한계로 이조차도 충분히 생산해낼 수 없었으며, 전쟁이 끝나는 그 순간까지 기술력, 생산력, 인적 자원의 투입에서 미국에 밀렸다. 그리고 전쟁 지도부의 오판으로(혹은 광기로) 100퍼센트 사망을 전제로 한 자살 특공 공격을 벌여 한 줌 남은 공군력을 다 털어 넣었다.

제로센은 일본이 태평양전쟁에서 보여준 영광과 실패를 고스란히 대변한다. 일본은 이길 수 없는 전쟁을 시작한 것이 아니라 전쟁을 시작하기 전에 이미 패배한 것이다.

항공모함 아카기

아카기赤城는 태평양전쟁 당시 일본 연합함대의 흥망성쇠를 그대로 보여주는 항공모함이다. 아카기는 제1항공함대의 기함으로 진주만 공격을 성공시켰고, 이후 인도양으로 넘어가 실론 해전에서 영국의 동양함대를 격파했다.

영화 〈연합함대 사령장관 야마모토 이소로쿠〉를 보면, 둘리틀Doolittle 특공대가 도쿄를 공습했다는 보고를 받자마자 아카기를 요코스카로 보내라고 명령하는 장면이 나온다. 아카기는 제1항공함대의 기함이면서 일본 해군 항공 전력의 중추였다(실제로 당시 일본 해군에서 가장 숙련된 조종사들이 제1항공함대에 배치되었다).

일본 기동함대의 신화를 쓰고, 이후 일본 해군 몰락의 상징이 된 아카기는 실제로 이 함에 승선했던 이들에게는 그다지 좋은 평가를 받지 못했다.

원래 아카기는 '순양전함'으로 태어났다. 88함대 계획에 따라 아마기天城급 순양전함의 2번함으로 계획되었지만, 워싱턴 해군 군축 조약에 따라 폐기될 예정이었다. 그러다가 순양전함 대신 항공모함으로 개조해 부활했다. 덕분에 아카기는 만재 배수량이 4만 1300톤이나 되었다. 하지만 그 덩칫값을 못했다. 항공모함의 가장 큰 무기는 갑판이다. 얼마나 많은 항공기를 탑재하느냐가 곧 전투력으로 이어지는데, 4만 톤이 넘는 아카기는 고작 66대를 탑재하는 데 그쳤다. 반면 태평양전쟁 기간 미국을 대표한 항공모함이었던 엔터프라이즈호의 만재 배수량은 3만 2060톤이었는데 탑재 항공기 숫자는 90대(최대 탑재량은 96대)였다.

아직 항공모함에 대한 개념이 제대로 잡히지 않아 아카기는 8인치 함포를 덕지덕지 장착했고(이는 꼭 일본만의 문제라고 볼 수 없다. 미국도 태평양전쟁 초기까지 이런 오류를 범했다) 당시 최신 유행에 따라 비행갑판을 3단으로 만들기도 하는(다시 개조해서 진주만 공격 때에는 단일갑판 형태가 된다) 시행착오를 겪었다. 여기에 일본 항공모함의 특징인 굴절하강식 연돌을 장착해 거주구역 수병들은 창문을 열 수도 없었고(이질과 결핵이 유행할 정도였다), 항공기 이착함 시 난기류가 형성돼 착함에 어려움을 겪었다.

그러나 역시 가장 큰 문제는 큰 덩치에 비해 탑재하는 항공기 숫자가 적었다는 점이다. 처음부터 항공모함으로 설계된 게 아니었기에 구조상 한계가 있었다. 그럼에도 아카기는 태평양전쟁 초기 일본 기동함대의 상징이었다. 아니, 그 자체로 일본 해군의 운명을 고스란히 표현했다.

　진주만 공격으로 일본 해군의 영광의 순간을 맨 앞에서 이끌었고, 실론 해전을 통해 항공모함 기동부대의 전략적 가치를 확실히 각인시켰으며, 일본 해군 몰락의 시작이었던 미드웨이 해전에서 장렬히 산화하면서 짧았던 전성기를 끝마친 아카기는 그 자체로 일본 해군의 전부를 표현했다고 할 수 있다.

미국 vs 일본, 태평양에서 맞붙다

01 / 일본은 왜 미국과 전쟁을 하려고 했을까

"일본이 정상적인 국가였던 것은 러일전쟁 때까지였다. 그 후로 특히
다이쇼 7년의 시베리아 출병부터는 술에 취해 말을 타고 달리는 여우와
같은 나라가 되었다. 태평양전쟁의 패전으로 여우의 환상은 무너졌다."

– 시바 료타로(일본의 소설가)

1941년 일본은 늘 그래왔듯이 전쟁을 향해 달리고 있었다. 러일전쟁
승리 이후 일본 국민과 정치 지도자, 군부의 장성은 낙관주의에 휩싸였
다. 당대 초강대국이던 러시아와 싸워 이기면서 일본인들의 자신감은
하늘을 찌를 기세로 치솟았다. 일본은 메이지 유신 이후 청일전쟁, 러
일전쟁, 제1차 세계대전, 만주국 건국까지 거침없이 나아갔고, 어느덧
강대국 반열에 올라섰다.

그런 일본이 태평양전쟁에 뛰어들 준비를 하고 있었다. 지금의 자신

을 있게 해준 미국을 상대로 전쟁을 치르겠다고 무모한 결심을 한 것이다. 1940년 기준으로 일본의 국민총생산은 90억 달러 내외였다. 그렇다면 일본이 상대하려는 미국의 국민총생산은 얼마였을까? 무려 1100억 달러에 달했다. 일본은 경제 규모가 12배나 큰 거대한 국가와 전쟁을 치르겠다고 덤빈 셈이다.

개별 지표들은 더 참담했다. 두 국가의 경제 격차를 자세히 살펴보면, 철강은 20배, 석탄은 10배, 전력은 6배, 알루미늄은 6배 정도의 생산력 차이를 보였고, 비행기와 자동차 생산력은 각각 5배와 450배, 공업 노동력은 5배 차이를 보였다. 석유 비축량은 더욱 암담했다. 개전 당시 미국의 석유 비축량은 약 14억 배럴로 일본의 700배에 달했다. 일본이 계획한 남방 작전의 핵심은 네덜란드령 동인도의 유전 지대를 확보하는 것인데, 이를 안전하게 확보한다 해도 연간 300만 킬로리터에 불과했다. 안타깝게도 일본은 이 정도 양이면 숨통이 트일 줄로 기대했다.

경제력의 차이가 곧 군사력의 차이는 아니라고 생각할 수도 있지만 현대전에서 경제력은 군사력의 선행 지표다. 부자 나라의 군대가 전투력이 더 높다는 건 누구나 아는 상식이다. 오늘날 미군 보병 한 명이 착용하는 각종 장비의 가격은 1만 1000달러 정도다. 병사 한 명당 약 1200만 원의 비용이 들어가는 셈이다. 물론 비싼 장비가 있다고 반드시 잘 싸운다는 보장은 없다. 그러나 비싼 장비가 전투력 향상에 도움이 된다는 점은 부정할 수 없는 사실이다.

미국과 전쟁을
결심하다

경제 규모가 당시 미국의 8.2퍼센트에 불과하던 일본은 미국과의 전쟁을 결심했다. 그들의 낙관은 어디에서 온 것일까? "일본은 진무 천황神武 天皇 이래로 2600년간 외국과 전쟁을 치러 패배해본 적이 없다"라는 이야기가 일본 국민 사이에서 공감대를 얻으며 퍼졌다. 이는 영화 〈연합함대 사령장관 야마모토 이소로쿠〉에도 잘 드러나 있다. 지금까지 진 적이 없으므로 앞으로도 지지 않을 것이라는 비논리적인 주장이었다.

여기서 근본적인 질문을 하나 던져보자. 일본은 왜 미국과 전쟁을 하려고 했을까? 외교적 문제가 없었던 것은 아니지만 굳이 전쟁이라는 극단적 방법으로 해결하려 한 이유가 무엇일까? 아니, 그 이전에 전쟁까지 생각하게 된 이유가 있지 않을까? 미국이란 나라에 대한 적개심은 과연 어디서부터 시작된 걸까?

적의敵意의 뿌리는 의외로 깊었다. 러일전쟁 이후 미국과 일본은 서로에 대한 불신과 불만을 키워갔다. 미국은 '만주'라는 신세계를 일본이 차지하는 것을 보며 인상을 찌푸렸고, 일본은 자신의 '정당한 권리'를 미국이 방해한다며 분통을 터뜨렸다. 〈연합함대 사령장관 야마모토 이소로쿠〉에서 《도쿄일보》의 주필이 "서구 제국주의자들은 아무런 방해 없이 식민지를 지배하고 자신들의 욕망을 실현하는데 어째서 우리는 우리의 정당한 권리 행사를 방해받아야 하는가?"라며 '아국의 정당한 권리'를 계속해서 말한 이유가 여기에 있다.

일본인들은 분노했다. 러시아와 싸워 한반도를 차지하고 만주로의 교두보를 확보했을 때까지는 별문제가 없었다. 제1차 세계대전 당시 일본은 영일 동맹을 빙계로 연합국에 가담했다. 그와 동시에 중국에 있던 독일의 조차지로 밀고 들어갔다. 그러고는 당시 중국의 실권자인 위안스카이에게 '21개 조 요구'를 강요했다. 처음에는 반항하는 듯하던 위안스카이는 결국 일본의 21개 조 요구를 들어줬고, 이로 인해 중국인들의 반일 감정이 폭발하게 되었다.

문제는 그다음이었다. 제1차 세계대전에 참전해 승전국이 된 중국은 이를 계기로 1919년 파리 강화 회의에 대표단을 파견해 21개 조 요구의 철회를 요구했다. 이때 일본은 거부 의사를 밝혔지만 서방 국가들은 일본을 압박했다. 결국 1919년 4월 21일 파리 강화 회의에서 "장래 중국에 반환하는 것을 전제로 산둥반도의 이권을 일본에 양도한다"라고 타협했고, 1922년 워싱턴 회의에서 일본은 21개 조 요구 가운데 하나였던 산둥반도의 이권을 포기하기로 했다(당시 일본에 산둥반도의 이권은 의미가 없었다).

외교적으로 21개 조 요구는 무리가 있었다. 제국주의자 입장에서는 뭐가 문제일까 싶지만 그것은 침략의 다른 표현일 뿐이었다. 일본은 이렇게 생각했다. '서방 국가들이 18세기부터 지배한 수많은 식민지를 보라. 그들의 행동은 정당하고 우리의 요구는 부당한가? 우리가 그들과 다른 점이 무엇인가?' 그들만의 리그에 들어가기 위해 발버둥 치는 일본과 이를 방해하는 서방 세력 간의 팽팽한 힘겨루기라고나 할까? 일본은 베르사유 평화 협정에서 인종 차별 금지와 국가 간의 법률적 평등권을 주장했지만 서방 국가들은 이를 거부했다.

"일본이 아무리 흉내 낸다 해도 그들은 원숭이일 뿐이다."

서방 국가들은 이렇게 무시하고, 한편에서는 황화론을 들먹이며 일본을 견제했다. 상황은 점점 더 악화되었고, 미국 연방 최고 법원이 다음과 같은 결정을 내리면서 일본에 대한 서방 세력의 견제는 절정에 이르렀다.

"일본인은 미국 시민이 될 수 없다."

자유의 나라, 이민자의 나라인 미국이 일본인을 받지 않겠다는 선언이었다. 급기야 캐나다, 호주, 뉴질랜드, 라틴 아메리카에서도 미국의 뒤를 이어 일본인의 이민을 엄격히 제한하기에 이르렀다.

예비역 중장이던 사토 고지로는 당시 일본인들의 마음을 대변하여 1921년 《만약 미국과 일본이 전쟁을 한다면》이라는 책을 쓰기도 했다. 진주만 공격이 있기 20년 전 일본은 이미 미국과의 전쟁을 고민하고 있었고, 그러한 사실을 반영하듯 이 책에는 다음과 같은 내용이 있다.

"일본군 특수부대가 미군 전략기지에 '가벼운' 기습 공격을 하면 일본에 대한 미국의 자세가 부드러워질 수 있다."

망상 같은 이야기지만 이 책은 베스트셀러가 되었다. 그로부터 3년 뒤 사회운동가 오카와 슈메이大川周明가 《아시아, 유럽 그리고 일본》이라는 책을 펴냈다.

"그리스가 페르시아와 로마 그리고 카르타고와 싸우지 않을 수 없던 것처럼 일본과 미국도 서로 싸울 수밖에 없다. 일본이여! 그것이 1년 안에 있을지 10년 후에 있을지, 그렇지 않으면 30년 후에 있을지 아무도 모른다. 하늘의 부름에 대비하라."

극우 사상가이자 민족주의자인 오카와는 수많은 저서를 통해 극우파 지식인으로 명성을 날렸다. 이런 활약 덕분에 도쿄 전범 재판에서 민간인으로서는 유일하게 A급 전범으로 분류되어 기소되었다.

문제는 그가 히로히토 천황이 직접 만든 두뇌 집단 양성소(일본 황실의 기상관측소를 거점으로 만들어졌는데 '사회문제연구소' '대학 하숙집' 등 그 명칭이 다양했다)의 핵심 인물이었다는 점이다. 제국주의적 사고를 가진 육군과 해군의 엘리트 장교 30명이 모여 만든 이 모임에서 오카와는 자신의 이론을 행동으로 옮겨야 한다고 주장했고 그의 주장은 상당한 영향을 끼쳤다. 천황의 사비로 만든 이 연구소는 천황의 사적인 싱크탱크였고, 이후 일본 군부의 요직에 앉을 리더들의 교육 기관이었다.

일본은 1920년대부터 미국과의 전쟁을 염두에 두었다. 미래는 알 수 없다지만 실현 가능성이 낮음에도 당시에 그런 생각을 했다는 것은 결코 무시할 수 없는 이야기이다. 우리의 상식으로는 이해할 수 없지만 당시 일본은 자국의 이권을 위해서라면 미국과 전쟁도 고려하는 분위기였다.

여기서 한 가지 질문을 던져보고 싶다. 정보가 통제된 일반 대중이나 일부 지식인의 감정적 접근은 이해할 수 있다. 그렇지만 국가의 의사결정권자들은 국내외 정보와 국제사회의 동향을 수시로 접하지 않는가? 이들이라면 12배 이상의 경제력을 가진 미국과 전쟁으로 맞서는 것이 얼마나 무모한지 알았을 텐데 1941년 일본의 의사결정권자들은 어째서, 왜 전쟁을 선택한 것일까?

여기에는 일본 정치 체제의 '시스템적 오류'가 개입해 있다. 바로 일본 특유의 이중집권 체제이다. 알다시피 일본은 천황이라는 상징 군주와 실질적으로 권력을 행사하는 수상이 통치하는 일종의 입헌군주제 같은 권력 구조이다(지금의 일본을 정확한 의미에서 입헌군주제로 보기에는 무리가 있다). 명목상 일본의 권력은 국민이 선출한 수상에게서 나와야 하지만 지금도 일본 수상의 힘은 극히 제한적이다. 대통령제 국가뿐 아니라 내각책임제 국가와 비교해도 그렇다. 그나마 일본 수상이 그 힘을 제대로 사용했던 경우라고는 87대 수상을 지낸 고이즈미 준이치로小泉純一郎뿐이었다.

물론 역대 일본 수상의 면면을 살펴보면 헌법 안에서 혹은 헌법을 초월한 권력을 행사한 일도 종종 있다. 하지만 그들의 권력은 명목상 천황의 권한을 위임받은 형태였고, 권력 사용 이후의 '책임' 문제에 대해서는 명확한 규정이 없었다.

다시 말해 권력이 어디에서 나오는지도 몰랐고, 이후의 책임 소재도 명확하지 않았다. 현대 국가에서는 있을 수 없는 일이다. 예컨대 4대강 사업의 주체가 누구인지도 모른 채 시작했고, 이후 문제가 발생했음에도 그 책임을 물을 사람이 없는 것과 같다. 4대강 사업 같은 국내 문제라면 시간이 좀 걸리더라도 어떻게든 수습하거나 극복 방안을 찾을 수 있다. 하지만 문제는 국가의 운명을 건 외교, 더 나아가 '전쟁'이라는 극한 결정을 내려야 하는 상황에서 아무도 책임지지 않고 나라를 이끌고 간다는 점이다. 너무도 무책임하지 않은가?

02 / 신성불가침의 권력, 천황

일본 황실에서 주장하는(그리고 일본 국민이 믿는) 일본 황실의 역사는
2600년이 넘는다.

  "진무 천황 이래로 2600년간 이어진 일본 황실의 가계는 일본의 상징
  이며 모든 것이다."

  진무 천황이 역사상 존재했던 인물인지에 대해서는 아무도 모르지
만(신화의 영역이므로), 한 가지 확실한 건 명목상이지만 일본 황실과 천
황은 신과 인간의 영역 사이 어디쯤인가에 존재한다는 사실이다. 이는
일본 황실이 살아남기 위한 고육지책이었다.

  고대 일본의 정치 체제를 확립한 쇼토쿠 태자聖德太子는 역성혁명과
암살이 횡행하던 일본 정치 체제 속에서 일본 황실을 지키고 싶었다.
그래서 그는 결국 천황을 정치적으로 중립화시킨다. 그리고 덴무天武 천
황 때에 이르러 그동안 사용하던 대왕이란 호칭 대신 '천황'이란 이름
을 쓰게 했고 천황은 왕이 아닌 아라히토가미現人神(살아 있는 인간으로서
존재하는 신)의 지위를 확보했다. 이로 인해 일본 정치 체제는 커다란 변
화를 맞이했는데, 크게 두 가지로 요약할 수 있다.

① 신하들의 모반 방지

천황이 신의 영역에 들어간 순간 신하들과 충돌하는 일은 물론 권력 투쟁은 명목상 사라졌다. 신하들은 신과 대등한 존재인 천황과 싸울 수 없었다. 어찌 인간이 신과 싸울 수 있겠는가?

② 일본 황실의 가계 유지

신의 영역에 들어선 천황이기 때문에 황위는 천황의 혈육으로 한정할 수밖에 없었다. 결국 혈통만이 황위 계승의 유일한 근거가 되었다.

이런 두 가지 이점을 얻은 대신 천황은 '권력'을 포기해야 했다. 천황은 일종의 제사장 같은 역할이고 실질적 권력은 신하들에게 넘어갔다. 그래서 등장한 것이 정이대장군征夷大將軍이라 불리는 쇼군將軍이다. 가마쿠라 막부, 무로마치 막부, 에도 막부는 그렇게 만들어졌다. 쇼군은 법적으로 천황의 권력을 위임받아 행정부라 할 수 있는 '막부'를 구성해 나라를 다스렸다.

천황 덕분에 가능했던
메이지 유신

천황과 쇼군의 이중집권은 비합리적 정치 체제로 보인다. 하지만 덕분에 일본은 메이지 유신에 성공했고 제국주의 막차에 오를 수 있었다.

1853년 흑선이 일본에 들어왔다. 페리 제독에 의한 강제 개항은 일본인들에게 엄청난 충격을 주었고, 260여 년간 이어온 에도 막부는 흔들리기 시작했다. 당시 일본은 자립성을 띤 300여 개의 번藩으로 이뤄져 있었는데(에도 막부는 이들의 정점에서 통치하는 존재였다), 이 중 서쪽의 네 개 번이 움직이기 시작했다. 이른바 서남웅번西南雄藩(사쓰마, 조슈, 토사, 비젠)이 들고일어난 것이다.

에도 막부가 들어서는 데 결정적 역할을 한 세키가하라 전투에서 도쿠가와에게 반기를 들었던 사쓰마번의 시마즈 가문과 조슈번의 모리 가문은 영지의 상당 부분을 빼앗긴 채 칼을 갈았고, 250년 후 도막파倒幕派의 선봉에 서서 에도 막부를 쓰러뜨린다. 이때 힘을 보탠 것이 토사번土佐藩의 무사 사카모토 료마였다.

세키가하라 전투에서 도쿠가와 편에 붙은 야마우치 가즈토요山內一豊는 그 공로를 인정받아 토사번을 받았다. 하지만 토사번의 토착 세력은 외지에서 온 야마우치를 인정하지 않았다. 결국 반목과 충돌이 이어졌고, 외지에서 온 무사들은 상사上士, 토착 세력은 하사下士로 나뉘었다. 상사는 하사를 차별하고 억압했다. 사카모토는 바로 하사 계급의 무사였다.

사카모토는 견원지간이던 사쓰마번, 조슈번과 연합하여 삿초동맹을 결성하고, 에도 막부를 타도했다. 2등과 3등이 손을 잡고 1등을 격파했다고 해야 할까? 아니면 260여 년 전의 역사를 뒤엎은 패자의 반란이라고 해야 할까? 이때 사쓰마번과 조슈번이 에도 막부를 타도한 뒤 큰 잡음 없이 일본을 통합하고 메이지 유신에 들어갈 수 있었던 결정적 힘이 바로 '천황'이었다. 천황이 있었기에 메이지 유신이 성공했고, 별다른 무리 없이 일본은 근대 국가로 진입할 수 있었다.

천황
근대 일본을 만들다

천황과 천황제의 존립 이유에 의문을 표하기도 하지만 메이지 유신 당시 천황의 활약만으로도 천황제는 충분히 그 가치를 인정받을 만하다. 천황과 쇼군의 이중집권 체제에서 실질적 권한은 쇼군에게 있었지만 국가의 상징은 천황이었다. 이러한 체제에서 "쇼군의 권력은 천황이 위임한 것이다"라는 말은 곧 천황이 언제든 쇼군의 권력을 회수할 수 있다는 의미였다(대정위임론大政委任論).

에도 막부의 마지막 쇼군인 도쿠가와 요시노부德川慶喜는 대정봉환을 통해 자신의 권력을 천황에게 반납하는 정치적 승부수를 던졌다. 권력을 천황에게 건넨 뒤 새로운 정치 체제 아래에서 권력을 장악하겠다는 계산이었는데, 도막파의 손이 더 빨랐다. 만약 대정봉환이 이뤄지지 않았다면 에도(도쿄)는 내전으로 불바다가 되었을지도 모른다. 그 이후에 있었던 폐번치현廃藩置県도 마찬가지다.

그때까지 일본은 300여 개의 번이 난립한 지방자치 연합체 같은 성격이었다. 메이지 정부는 이를 3부 302현, 나중에는 3부 43현으로 정리했다. 중앙집권 국가가 된 것이다. 이때 지방 다이묘들이 동의한 것도 천황이 있었기 때문이다.

"전국의 영토와 백성은 본래 천황의 소유였다!"

천황의 것을 천황에게 다시 돌려준다는 왕토왕민론王土王民論이었다.

대정봉환은 곧 천황이 위임한 권력을 돌려받은 뒤 직접 나라를 통치하겠다는 선언이었다.

만약 천황이 존재하지 않았다면 일본은 내전에 휩싸였을지도 모른다. 실제로 에도 막부와 도막파 사이에 전투가 있었고, 이후 메이지 유신에 반대하는 세력과 전쟁을 치러야 했지만 막부군은 '조정의 적'이라는 오명이 두려워 제대로 힘도 쓰지 못하고 싸움에서 물러났다. 천황이 없었더라면 십중팔구 피로 피를 씻는 대살육전이 벌어졌을 텐데, 일본은 천황이라는 상징 앞에 모두 고개를 조아렸다.

이렇게 막부 세력을 쓸어낸 뒤 메이지 정부는 천황에 대한 신격화 작업에 들어갔다. 근대 일본은 천황이라는 구심점 아래 일치단결하여 근대화에 매진했다. 여기까지만 보면 천황제의 순기능이라고 말할 수 있다. 천황이라는 절대 권위가 존재했기에 일본은 대규모 내전을 피하고 근대화로 나아갈 수 있었다. 그러나 그다음은 없었다. 메이지 헌법은 "천황은 신성하고 불가침한 존재다"라고 명시하고 있다. 조금 전까지 근대화를 위해 온몸을 내던졌던 일본이 다시 근대 이전의 신정정치 神政政治 체제로 돌아가려 했던 걸까? 당시 메이지 헌법의 초안을 작성한 이토 히로부미는 서방 세계의 헌법을 그대로 차용했다고 고백했다.

"구라파의 헌법 정치 기초에는 종교가 있었다."

이토 히로부미의 날카로운 분석이라고나 할까? 이토는 서구 제국주의의 근간에 있는 기독교 정서를 놓치지 않았다. 그러나 일본에는 기독교 같은 종교가 없었다. 대신 '살아 있는 신' 천황이 있었고, 이토는 메이지 헌법의 정서적 배경을 천황으로 삼았다(추밀원의 제국 헌법 초안 심의에서 이토가 발언한 내용에서 이를 확인할 수 있다).

당시 메이지 헌법을 만든 사람들은 프로이센의 비스마르크를 롤모델로 삼았다. 최대한 인민의 간섭과 여론의 침입을 막기 위한 장치를 헌법 안에 심어놓았다. 그 결과 메이지 헌법은 입법, 사법, 행정의 각 기관이 서로 견제와 균형을 이루는 형태가 아니라 천황이 직접 각 기관을 통합하는 형태로 만들어졌다.

문제는 천황이 모든 권력을 독점하고 행사하는 데 무리가 따른다는 점이었다. 그 보완책으로 나온 것이 메이지 유신을 성공시킨 사쓰마번과 조슈번 세력의 원로들이다. 이들은 파벌을 만들어 천황 대신 각 기관을 통합하거나 조정했다. 상당히 이상한 정치 체제다. 헌법을 만들었다는 것은 곧 법치를 하겠다는 의지의 표명인데, 그 안에서 이뤄진 통치는 비제도적인 인맥에 의존했다.

문제는 그뿐만이 아니었다. "국무대신은 천황을 보필하고 그 책임에 임한다"라는 메이지 헌법 제55조를 잘 살펴보면 내각총리대신, 즉 수상을 '동배중同輩中의 수석'이라는 위치에 놓았다. 한마디로 실질적 권한을 위임한 게 아니라 각 대신의 대표 격으로만 존재한다는 뜻이다. 수상은 직접적 실권을 갖지 못한 채 조정자의 역할로서만 존재했다. 이는 다시 말해 각 대신이 개별적으로 천황을 보좌한다는 것으로, ○○ 수상의 내각에 들어가 연대 책임을 지는 내각의 구성원이 아니라는 뜻이다.

여기에 악명 높은 '현역 무관제'가 더해졌다. "육·해군 대신은 현역 무관이어야 한다"는 조항 덕분에 군부는 내각에 대한 거부권과 통제권을 가졌다. 군부의 요구를 들어주지 않으면 군부는 내각을 해산할 수도 있고, 아예 처음부터 내각을 구성하지 못하게 할 수도 있었다. 게다가 이들은 천황을 직접 알현하고 자신들의 의견을 올릴 수 있는 권한도 있었다. 즉, 당시 일본의 권력은 두 개로 쪼개진 이중권력이었는데, 하나는 수면 아래 있는 군부였고 나머지 하나는 대외적으로 활동하는 정부였다.

그러나 이러한 이중권력 체제도 오래가지 않았다. 군부가 점점 더 정부의 영역을 파고들었다. 이 대목에서 당시 천황이었던 히로히토는 왜 군부의 전횡을 통제하지 못했는지 궁금해진다. 태평양전쟁 이후 일본은 줄기차게 "천황에게는 죄가 없다. 천황은 전쟁을 막기 위해 애썼지만 군부가 독단적으로 전쟁을 일으켰다"라고 주장했다. 과연 이 말은 사실일까?

03 / 일본의 반인반신, 천황의 오판과 태평양전쟁

1889년 프로이센 헌법을 바탕으로 만든 메이지 헌법의 핵심은 '헌법은 황권이 주는 하나의 선물'이라는 점이었다. 이는 논리적으로 '천황이 자신의 권력을 인간들에게 잠시 양도해준 것'이라는 의미다. 즉, 헌법은 어디까지나 천황의 수중에 있으며, 영원히 대를 잇는(진무 천황 이후 2600년이나 이어졌기에) 천황 가계의 전통에 따라 일본의 헌법은 영원히 일본 황실의 소유라는 뜻이다.

메이지 유신 이후 천황은 일본의 절대 권력자이며 국가 주권의 핵심이라는 정치적 위치에 있었다. 문제는 보통의 권력자라면 절대 권력이 있더라도 그에 상응하는 '책임'이 따르기 마련인데 천황에게는 그런 책임이 없었다는 사실이다. 아무리 대통령이라 해도 임기 중 발생한 국정 문제에 대해서는 책임을 져야 한다. 그게 여의치 않더라도 역사적 심판이라는 책임을 지는 게 보통이다. 그러나 천황에게는 하찮은 인간의 권력이 아닌 신의 이름으로 내려진 권력이 있었다. 인간이 감히 평가할 수 없는 영역이란 뜻이다. 이는 문서로도 명시되어 있었다.

> "천황은 어떤 이유에서도 권좌에서 물러날 수 없으며, 주권 행사에 있어 법의 테두리를 벗어났다고 하여 책임을 지지 않는다. … 그런 책임은 정부의 대신들과 유관 조직이 져야 한다. 주권과 관계된 계약을 제외하고 천황은 어떠한 비난의 대상도 되지 않는다. 원칙적으로 천황은 법이 적용되는 대상에서 제외된다. 특히 형법에 관해서는 어떠한 법원도 천황을 기소할 수 없기 때문에 법률 적용의 대상이 아니다."
>
> – 1944~1945년 판 《일본 연감》

이 정도면 천황은 인간이 아닌 신의 영역에 있다고 볼 수 있다. 여기에서 나온 것이 천황의 '무과오원칙無過誤原則'이다. 천황은 신이다. 그러나 현실적으로 인간의 몸으로 태어났다. 인간이라면 누구나 실수를 한다. 실수하지 않더라도 실수의 가능성을 지닌다. 이런 불완전한 인간이 국가를 통치하다 보면 분명 '정책적 실수'를 할 수밖에 없다. 이를 막기 위해 천황은 의사결정권을 다른 사람에게 맡김으로써 인간이 저지를 수 있는 잘못으로부터 보호받는다. 자, 그렇다면 태평양전쟁을 일으킨 히로히토 천황은 태평양전쟁에 대한 책임이 없는 걸까?

천황을 바라보는
사람들

"나 개인으로는 일반 국민과 다를 바 없지만 총리대신이라는 직책이
부여되고 폐하의 위광을 받음으로써 비로소 빛이 난다. 폐하의 신임이 있
고 이 위치에 있기 때문에 빛나는 것이다."　　　　　- 수상 시절의 도조 히데키

천황이라는 항성의 빛을 받아 빛나는 행성이 자신이라고 말한 도조
히데키. 이는 비단 도조 히데키만의 주장은 아니었다. 도쿄 전범 재판
에 출석했던 전범들 모두 천황을 자신 앞에 놓았다. 이들은 어떤 정치
적 신념이나 주장 없이 천황을 맹목적으로 추종했다고 말했다. 이 얼마
나 무서운 이야기인가? 한 국가를 이끄는 정치 지도자가 정치적 신념
이나 주장 없이 신격화된 개인을 위해 움직였다니. 물론 처벌을 피하기
위한 핑계였을 수도 있겠지만, 천황에 대한 맹목적 충성과 신격화는 태
평양전쟁 내내 일본이 보여준 태도였다.

"폐하의 신임이 있고 이 위치에 있기 때문에 빛나는 것이다"라는 도
조 히데키의 말은 천황의 신임을 얻었기에 그 자리에서 활약했다는 의
미다. 천황의 의중에 따라 권력의 향배가 움직였고, 천황과 얼마나 가
깝게 지내느냐가 권력의 척도가 되었다. '문고리 권력'의 등장이다.

이제 일본의 정치 체제는 천황과 친분이 있는 자들에 의해 좌우되었
다. 그 결과 천황과 가깝거나 접촉 기회가 많은 관료와 군인의 입지가
강화되었고, 나라의 근간인 일반 국민의 발언이나 정치적 의사 표현은
무시되었다. 관존민비官尊民卑의 완성이었다. 국민은 계몽, 수탈, 통치의

대상일 뿐이었다. 그 결과가 태평양전쟁이다. 국민은 천황과 천황 주변에 포진한 몇몇 인물의 '판단'에 따라 전쟁에 끌려나갔고, 그들의 한마디를 믿고 빗발치는 총탄 속으로 만세돌격을 했다. 그리고 누구도 책임지지 않았다.

앞서 천황은 그 책임을 물을 수 없는 존재라고 했다(천황무답책天皇無答責). 메이지 헌법은 "천황은 신성하며 침범할 수 없다"(제3조) "국무대신은 천황을 보필하며 그 책임에 임한다"(제55조)라며 천황은 어떠한 경우에도 책임지는 일이 없음을 명시했다.

그렇다면 천황이 임명한 정부 관료들은 어땠을까? 이들은 명목상 일본의 정부였지만 내각총리대신인 수상은 각료들의 대표일 뿐이지 국가 정책을 기획하고 실천한 뒤 결과에 책임지는 존재가 아니었다. 발언권이 있다 해도 당시의 권력은 군부에서 나왔기에 제대로 된 목소리를 내기 어려웠다.

군부는 어땠을까? 명목상 행정부는 수상이 이끄는 내각이었지만 실제로 일본을 이끈 것은 육·해군 고위 장성들이었다. 이들이 실질적으로 국정을 주도하고 외교를 관장했으며 전쟁을 기획해 실천에 옮겼다. 그렇다면 이들에게 책임을 물어야 할까?

일본의 소설가 시바 료타로의 역사관, 이른바 '시바 사관'에 따르면 근대 일본을 '밝은 메이지'와 '어두운 쇼와'로 본다. 메이지 시절은 삼권분립의 토양이 만들어지고 근대로 나아가는 역동적인 시대였던 반면, 쇼와 시절은 군부가 삼권 이외의 '통수권'을 가지고 국정을 농단한 '정신 위생이 나쁜 시대'라고 본다. 한 명의 소설가가 주장하는 내용에 큰 의미를 둘 필요는 없을지도 모르지만(실제로 시바 사관을 들먹인 이가 극우파인 후지오카 노부카츠藤岡信勝란 점에서 큰 의미를 두지 않는 편이 정신 위생에 좋을지도 모른다) 그 시대를 단적으로 정리할 수 있는 정의란 점에서 한 번쯤 생각해볼 여지는 있다.

군부가 천황에게 위임받은 통수권을 제멋대로 농단해 전쟁으로까지 이어졌다는 것이 전후 일본의 주장이지만, 사실 이는 '비겁한 변명'이다. 당시 히로히토는 자신의 권력을 확보하기 위해 육·해군과 정부를 분리했고, 다시 육군과 해군을 따로 떨어뜨렸다. 아울러 옥새를 꼭 쥔 채 자신에게 올라오는 보고서를 꼼꼼히 다 확인한 뒤에야 도장을 찍었다.

히로히토에게 상황을 통제할 수단이 없었던 것이 아니다. 자신에게 부여된 신격화된 이미지만으로도 충분히 군부를 제어할 수 있었다. 이는 개전 당시 수상 자리에 있던 도조 히데키의 성격과 행적만 봐도 알 수 있다.

"천황의 승낙이 없으면 한 발도 움직이지 못한다."

히로히토의 부친인 다이쇼 천황의 서거 소식을 듣자마자 도조 히데키가 히로히토의 천황 승계를 축하하며 한 말이다. 당시 도조 히데키는 중령이었는데 이때 '한 발도 움직이지 못한다'는 말은 만주 침공을 의미했다. 훗날 만주에서 활약한 도조 히데키를 생각한다면 천황에 대한 그의 마음을 미루어 짐작할 수 있다(다이쇼 천황은 그 별명답게 '존재감 없는 천황'이었다. 방탕한 삶을 즐겨 '기다리는 여인', 즉 측실을 엄청나게 뒀고 어딘지 모르게 나사 빠진 행동 때문에 정신병을 앓는다는 말이 나돌 정도였다. 실제로 정신병이 있었다는 학설이 지배적이기도 하다. 집권 말기에 황세자 히로히토가 섭정을 했기에 큰 무리 없이 황위를 넘겼다는 것이 다행이라면 다행이었다).

그렇다면 당시 통수권을 농단했던 일본 군부가 히로히토에게 잘못된 사상을 주입하거나 거짓된 정보로 판단력을 흐렸을까? 이 역시도 불가능한 이야기다. 당시 일본 정부와 관료, 군 장성은 천황에 대한 신격화가 극에 달했다. 덕분에 천황의 '무과오성'이 국정을 운영하는 자들의 사고 속에 뿌리 깊이 박혀 있었다. 천황의 사고 체계에 영향을 끼칠 만한 그 어떤 의견이나 발언도 천황에 대한 불경죄로 간주했다. 또 모든 통치권을 가지고 있는 천황을 빼고는 그 어떠한 정책도 입안할 수 없었기에 아무리 사소한 일이라도 일본 정부와 관계된 일이라면 천황이 있는 자리에서 결정하는 것이 관행이었다.

상황이 이렇다 보니 일본 정부의 의사결정 과정은 좋게 말하면 보수적으로, 좀 더 직설적으로 표현하자면 복지부동伏地不動으로 일관되었다. 덕분에 일본 정부는 과단성 있게 처리해야 할 정책들도 서로 눈치를 보며 조심스럽게 움직였고 책임을 떠안지 않으려고 애썼다. 그래서인지 관료와 정치인들은 특유의 모호한 용어와 표현으로 자신의 의사를 전달했는데, 이는 의사소통의 어려움을 넘어 책임 소재 파악도 어렵게 만들었다.

일본의 '무책임한 정치'가 극에 달했음에도 히로히토가 마음만 먹었다면 일본은 전쟁을 피할 수 있었다. 아무리 군부가 통수권을 쥐고 국정을 농단했다고 해도 천황에게는 이를 막거나 최소한 견제할 힘이 있었다. 아무리 좋게 봐도 천황은 미필적 고의로 전쟁을 방조했다. 좀 더 직설적으로 표현하자면, 전쟁 기류에 히로히토 역시 편승했다고 볼 수 있다.

이는 당시 궁내청宮內廳(일본 황실의 일을 맡아 하는 관청) 관료들의 기록만 봐도 알 수 있다. 만주 문제가 터졌을 때는 모르는 척 한 발 물러나 상황을 관망했지만, 관동군의 독단적인 중국 침략 보고를 들었을 때는 인상을 찡그리며 화를 냈다. 그러나 딱 거기까지였다. 이후 히로히토는 또다시 이를 용인했다. 이렇게만 보면 히로히토가 우유부단했다고 생각할 수도 있지만 그는 상황을 통제할 수 있었고 실제로 정보를 계속 확인했다. 또 정보 획득과 정책 실행을 위해 실질적인 움직임을 보였다.

1936년 일본에는 천황의 문장이 새겨진 명령서로 창설된 낯선 이름의 부대가 하나 있었다. 정확한 부대명은 '전염병 예방과 수질 정화 부대'였는데, 훗날 '731부대'로 알려진 이 부대의 병사와 장교는 자신들이 천황의 칙령에 따라 창설된 유일한 부대라며 대단한 자부심을 느꼈다.

1937년 11월 히로히토는 황궁 안에 자기만을 위한 전쟁 상황실을 설치하고 이후 모든 전투를 꼼꼼히 챙겼다. 놀랍게도 이 상황실에는 수상마저도 출입이 엄격히 통제되었다. 다시 말하지만 히로히토는 태평양 전쟁을 막을 수 있는 위치에 있었고, 마음만 먹었다면 충분히 그럴 수 있었다. 그런데 어째서 전쟁까지 달려갔던 걸까? 여러 이유가 있겠지만 크게 두 가지로 요약할 수 있다.

첫째, 히로히토를 포함한 일본 의사결정권자들의 오판이다. 1930년 대 말 일본 의사결정권자들은 유럽에서 '새 시대'가 열리고 있다고 믿었다. 히틀러가 전쟁에서 이길 것이고 이렇게 열린 새 시대에 일본은 동아시아 패권을 거머쥘 것이라고 믿었다. 독일과 영국이 한창 영국 본토 항공전으로 내닫던 1940년 히로히토와 일본 수뇌부는 독일이 승리할 것이라 믿어 의심치 않았다. 이는 일본 전체의 공통된 분위기였다.

물론 제정신인 사람들도 있었는데, 주영 대사였던 요시다 시게루(전쟁 후 일본의 수상이 된다)와 후임인 시게미쓰 마모루重光葵가 그랬다. 이들은 영국이 곧 무너질 것이라는 독일의 선전을 너무 믿지 말라고 히로히토에게 간청하기도 했다.

둘째, 히로히토의 근시안적 태도이다. 진주만 공격 이후의 태도를 보면 히로히토는 곧 미국과 협상할 수 있을 것이라 믿었다. 그리고 이 협상을 통해 아시아에서 일본의 지위를 인정받으려는 희망을 내비쳤다.

무과오성을 말하던 살아 있는 신 '천황'은 인류와 일본 국민에게 엄청난 과오를 저질렀다.

04 / 미국과 일본의 외교 그리고 태평양전쟁

일본과 미국의 관계가 완전히 틀어진 계기는 무엇이었을까? 여러 의견이 있지만 대부분 프랑스령 인도차이나 때문이라고 말한다.

1940년 9월 일본은 인도차이나 북부를 점령한다(나름 형식을 갖췄지만 침략인 건 사실이다). 악화일로로 치닫는 중국 전선의 반전을 위해(장제스에 대한 원조 경로를 차단하기 위해), 또 인도차이나 지역의 자원을 획득하기 위해 일본은 칼을 뽑아 들었다. 이때만 해도 일본은 국제사회, 특히 미국의 눈치를 봤다.

그러나 1941년 4월 일소 중립 조약을 체결하자마자 일본은 인도차이나의 나머지도 먹어버린다. 일본이 인도차이나 남부를 침공해 점령하자 당장 반응이 나타났다. 1941년 7월 25일 미국은 일본의 재미 자산을 동결했고 뒤따라 영국, 프랑스, 캐나다, 포르투갈, 네덜란드도 이에 동참했다. 그리고 대망의 1941년 8월 2일, 미국은 일본에 대한 석유 금수 조치를 선언했다.

이때 일본이 조금만 냉정했다면 태평양전쟁은 일어나지 않았을 것이다. 점령했던 인도차이나를 반환하고 병력을 뒤로 물렸다면 미국도 전향적 자세를 취했을지 모른다. 그러나 당시 일본의 분위기는 '전쟁 전야'였다. 군령부총장이던 나가노 오사미永野修身와 히로히토의 대화를 살펴보자.

"전쟁이 일어날 경우 석유 공급원을 잃으면 해군의 석유 비축량이 2년 분이므로 1년이나 1년 반이면 석유가 바닥납니다. 따라서 지금이 행동에 나서야 할 때입니다."

"그러면 미국과 싸웠을 때 승산이 있다는 것인가?"

"이길 수 있을지 어떨지는 사실 막연합니다만, 달리 살길이 없다고 생각합니다."

"그것은 세간에서 말하는 자포자기식 싸움이 아닌가?"

천황이 석유 금수 조치에 대해 질문했는데 나가노 오사미는 전쟁으로 화답했다. 더 무서운 건 "달리 살길이 없다"라는 자포자기식 발언이다. 조금만 이성적으로 생각해 인도차이나에서 병력을 빼고 미국과 교섭하고자 노력했다면 대화의 여지는 충분히 있었다. 그러나 일본은 극단적 선택을 고집했다.

미국 역시 마찬가지였다. 미국은 석유, 철강 제품의 수출을 전면 중단했을 뿐 아니라 일본 수입품 역시 전면 금지했다. 이뿐만이 아니었다. 루스벨트 대통령은 주미 일본 대사였던 노무라 기치사부로를 불러 정중한 경고를 날렸다. 요지는 간단했다.

"지금까지 미국이 일본에 석유를 수출한 건 일본이 석유 때문에 전쟁을 일으킬 것 같아 이를 막기 위해서였다. 그런데 석유는 석유대로 받고 전쟁은 전쟁대로 하겠다는 것인가? 나는 더 이상 우리 국민을 설득할 자신이 없다. 일본 때문에 우리도 고무 수입에 차질을 빚고 있다. 지금 일본의 행동은 미국과 전쟁을 하자는 것으로 보인다. 내 말이 맞는가?"

노무라 대사는 일본 해군 대장 출신으로 외교와는 거리가 있는 인물이었다(실제로 영어도 잘 구사하지 못했다). 그래서 일본 정부는 부랴부랴 외교관 구루스 사부로를 파견해 대미 협상을 시도했다. 그러나 아무리 외교관이 노력해도 본국의 '의지'가 없다면 그 노력은 빛이 바랠 뿐이다.

당시 일본은 전쟁을 향해 한 발 한 발 다가가고 있었다. 일촉즉발의 위기 상황이었다. 1941년 9월 6일 도쿄에서는 히로히토 주재하에 일본의 정치, 경제, 군부의 수뇌들이 한자리에 모였다. 어전회의였다. 회의 분위기는 시종일관 무거웠다. 이 회의가 일본의 장래를 결정짓는 분수령이 된다는 사실을 참석자들이 모를 리 없었기 때문이다. 이때 결정된 것이 '정세 추이에 따르는 제국 국책 요강'과 '대미 외교에 있어 최소의 요구' 목록이었다.

정세 추이에 따르는 제국 국책 요강

– 자존자위를 달성하기 위해 대미(네덜란드, 영국 포함) 전쟁도 불사할 결
  심으로 10월 하순을 목표로 모든 전쟁 준비 완료

– 이와 병행해 미·영에 대한 모든 외교 수단을 다하여 제국의 요구 관
  철을 위해 노력

– 전기 외교 교섭이 10월 상순까지 관철되지 아니하면 즉시 대미 개전
  결의

대미 외교에 있어 최소의 요구

– 중국과 분쟁 해결에 있어 미국과 영국의 불개입

– 버마 루트 폐쇄

– 장제스에 대한 원조 중지

– 원자재 획득의 자유

고노에 후미마로 수상이 다시 전면에 나섰다. 미국과 마지막 협상에
나서겠다며 등장했는데, 도쿄 어전회의 전에 움직였다. 천황과 군부로
서도 나쁠 건 없었다. 그들도 개전 전에 명분 쌓기가 필요했고, 만약 성
사된다면 피 흘리지 않고 일본의 권익을 얻을 수도 있었다. 히로히토는
고노에 수상의 대미 협상을 인정했다.

협상

고노에 수상이 갑자기 미국과 협상에 나선 이유가 뭘까? 이전까지 그는

전형적인 게으름뱅이 귀족의 모습이었다. 어려운 일이 닥치면 우선 피하고 보았다. 천황의 친척이라는 신분 덕분에 어린 시절부터 자연스레 교묘함을 몸에 익힌 그는 언제나 '꼼수'를 찾아 나서는 전형적인 모사꾼의 이미지였다. 그런 그가 갑자기 의욕을 불태웠다. 이유는 간단했다.

"이대로 가다가는 나라가 망한다."

중일전쟁이 발발했을 때만 해도 강경론을 펼치던 그가 왜 이렇게 바뀐 걸까? 바로 독일의 대소련전 개전 때문이었다. 그는 소련도 언젠가 추축국 동맹에 참여하리라 믿었다. 독일, 소련, 이탈리아, 일본 4개국이 손을 잡으면 미국도 함부로 덤비지 못할 것이라 생각했다. 그런데 독일이 소련을 공격하면서 그의 생각은 물거품이 되었다. 이는 일본에 대한 배신 행위라고 고노에는 생각했다(일소 중립 조약을 체결하던 1941년 4월 히틀러는 이미 소련 침공 계획을 준비하고 있었다. 그럼에도 일본에 이 사실을 알리지 않았다). 이런 상황에서 미국과 전쟁을 한다면, 그것은 곧 일본의 멸망이었다.

고노에 수상은 주일 미 대사를 찾아가 루스벨트 대통령과 정상회담을 하고 싶다고 부탁했다. 루스벨트와 협상하기 위해 일본으로서는 상당히 양보한 협상안까지 따로 준비했다. 이때가 1941년 8월 7일이다. 정상회담 장소로 알래스카의 주노^{Juneau}를 염두에 두고 미국에 제안했다. 아울러 요코하마항에 통신센터 역할을 할 수 있는 니타마루호를 대기시켰다며 날짜만 정해달라고 애원했다. 그러나 미국은 회담 제안을 거절했다. 미국 국무장관 코델 헐^{Cordell Hull}은 당시 상황을 회고록에 이렇게 기록했다.

"일본이 먼저 회담을 제안하고 자세한 사항은 회담을 진행하는 과정에서 결정하자고 말한 것은 일본에게 중요한 의미가 있었다. 일본은 우리를 회담장으로 밀어 넣기만 하면 총론적인 성명서는 그 후에 발표할 수 있다고 믿었다. 또 그렇게만 되면 그 성명서를 중국 문제의 해결이나 일본이 별도로 추구하는 사안에 맞게 활용할 수 있다고 생각하는 것 같았다. 루스벨트 대통령이 성명서의 잘못된 점을 하나하나 지적하지 않으면 일본은 자기에게 유리한 대로 생각한 뒤 미국 대통령의 승인을 받았다고 주장할 수 있기 때문에 회담은 처음부터 실패할 확률이 높았다. 일이 만약 그렇게 진행되면 일본 군부는 모든 잘못을 미국에 떠넘기고 태평양전쟁을 준비할 계획이었다."

헐은 당시 일본의 외교적 노력을 믿지 않았다. 이유는 간단하다. 당시 미국은 일본의 외교 암호를 모두 해독하고 있었다. 일본 대사관에서 쓰던 암호는 'J시리즈' 암호였다. 독일 정부가 일본에 일본 대사관의 암호가 해독되고 있음을 경고하자(독일의 암호도 뚫렸지만) 일본 정부는 이 J시리즈 암호를 이리저리 바꿔가며 사용했다. 예컨대 1941년 3월 1일에는 J17-K6 암호를 갑자기 J18-K8로 바꾸더니 8월이 되자 J19-K9로 바꿨다. 미국은 이렇게 바뀌는 일본 정부의 암호를 다 해독했을까? 그렇다. 모두 해독했다. 미국이 일본의 외교 암호를 해독하면서 두 나라의 외교 교섭은 돌이킬 수 없이 틀어지고 말았다.

미국은 일본의 협상 노력이 '외교적 수사'일 뿐 실제로는 전쟁을 위해 시간을 버는 행위라고 단정했다. 게다가 연합국은 2년 전 히틀러가 영국의 체임벌린Arthur Neville Chamberlain 수상을 농락한 일을 기억하고 있었다. 미국은 제2의 체임벌린이 되고 싶지 않았다. 당시 헐 장관의 심정은 그가 보좌관에게 했던 말에서 확인할 수 있다.

"무력 이외에는 일본인들을 막을 방법이 없다. 문제는 유럽에서 군사적 충돌이 해결될 때까지 우리가 얼마 동안 이런 상태를 유지할 수 있을 것인가이다. 일본 사람들 말은 단 한마디도 믿어서는 안 된다. 다만 그들의 행동 개시를 지연시키기 위해 믿는 것처럼 보일 필요는 있다."

이미 미국은 일본과의 전쟁을 기정사실로 받아들였다. 이런 상황에서 협상이 진행될 수 있었을까? 고노에 수상의 입지는 점점 줄어들었고, 급기야 1941년 9월 18일 육군 소장파 장교들이 고노에 수상을 암살하려 한 저격 미수 사건이 터졌다. 그리고 얼마 뒤인 10월 6일 고노에 내각은 총사퇴했다. 그 뒤를 이어 도조 히데키가 수상 자리에 올랐다.

그리고
야마모토 이소로쿠

영화 〈연합함대 사령장관 야마모토 이소로쿠〉에서 야마모토는 가족과 부하들에게 인자하고 국가를 사랑하며 대국을 볼 줄 아는 군인으로 그려진다. 일본 영화니 당연하겠지만 조금 더 '나갔어도' 되지 않았을까 하는 아쉬움이 남는다.

"마누라와 비서에게 위인은 존재하지 않는다"라는 말이 있다. 아무리 위대한 영웅이라도 사생활을 들여다보면 허점이나 실수가 보일 수밖에 없기 때문이다. 위대한 영웅이기 이전에 사람이지 않은가? 그들에게도 인간적인 실수나 감추고 싶은 치부가 있는 게 당연하다. 야마모토 이소로쿠도 예외는 아니었다.

야마모토는 기인이었다. 연합함대 기함인 나가토에서 해군 사열을 받은 직후 낮잠을 자기 위해 담을 타고 집에 들어가기도 했고, 여성 편력도 심했다. 당시 긴자의 게이샤와 마담들은 실세였던 육·해군 고위 장교나 장래가 촉망되는 장교에게 '실비'로 술과 여자를 제공했는데, 야마모토에게도 마찬가지였다. 그는 확인된 여성만 셋을 데리고 있었는데, 그중 한 명은 처음 만났을 때 고작 열두 살인 게이샤 훈련생이었다(이 정도면 범죄가 아닐까). 야마모토는 그 여인들을 자랑했고 소문이 새어나가는 것을 두려워하지 않았다. 그가 사망하자 그를 추종했던 해군 장교들은 게이샤를 찾아가 야마모토가 건넨 연애편지를 모두 회수(압수란 표현이 맞겠지만)하고 자살을 종용했다. 야마모토를 '군신軍神'으로 만들기 위해 그의 허물을 모두 지우려 했지만 그의 사생활은 지금까지도 전해지고 있다.

야마모토의 기행은 이뿐만이 아니었다. 돈이 없을 때는 포커나 브리지 게임 같은 도박으로 생활비를 충당했고, 직무와 관련해서도 다소 황당한 짓을 했다. 해군 항공대를 지원할 예비 조종사를 선발할 때 관상쟁이와 손금 보는 사람을 고용해 지원자를 검증하거나 물로 휘발유를 만들 수 있다는 사기꾼에게 속아 연구비를 대주기도 했다. 압권은 진주만 공격에 성공한 뒤 그의 업적을 치하하는 히로히토를 만났을 때였다.

야마모토는 "정말로 나를 기쁘게 해주려면 싱가포르에서 카지노를 운영할 수 있는 허가증이나 내주면 좋았을 것"이라고 말하며 시큰둥한 반응을 보였다.

보통 군인과는 조금 다른 정신세계를 가졌던 그가 미국과의 전쟁에 대해서는 냉철한 현실 인식을 보여주었다. 그는 전쟁 찬성파를 회유하기 위해 독일 등 추축국을 팔아가면서까지 전쟁을 막으려고 노력하는 모습을 보였다.

"미국과 싸우려면 일본은 전 세계에 도전하는 의지로 싸워야 한다. 우리가 소련과 불가침 조약을 맺었다고는 하나 일단 전쟁이 발발하면 소련이 우리의 배후에서 공격하지 않는다고 누가 보장하겠는가? 일이 이 지경이 된 이상 나는 최선을 다하겠지만 아마 내 기함인 나가토에서 싸우다가 죽을 것 같다. 그러는 동안 도쿄는 불바다가 되겠지."

– 진주만 기습 작전을 준비하며 야마모토 이소로쿠가 남긴 메모

"목재와 종이로 지은 일본의 도시들은 쉽게 타버릴 것이다. 육군은 허풍을 치지만 전쟁이 발발해 공습이 일어나면 어떤 사태가 일어날지는 말할 필요도 없다. 해군 비행기들이 충돌해 해상에 기름이 뿌려졌을 때 물 위에서 불이 어떻게 타는지 본 적 있나? 그것은 물 위의 지옥이다."

– 야마모토 이소로쿠가 보좌관에게 한 말

"내가 보건대 미래의 전쟁에서 해군 작전의 주요 과제는 섬들을 점령하여 활주로를 재빨리 닦는 일이다. 되도록 일주일 안에 항공 부대를 설치

해 제공권을 확보한 다음 다른 해상의 제공권도 차츰 확보해가는 것이 핵
심 전략이다." — 개전 전 야마모토 이소로쿠가 예측한 태평양 해전의 전개 방향

"미국인의 강한 정신력과 과학적 사고방식을 일본인은 따라잡을 수 없
다. 일본은 미국의 적수가 될 수 없다." — 1940년 9월 18일 도쿄에서 열린 동창회에서 야마모토 이소로쿠가 한 말

야마모토는 앞으로 벌어질 전쟁에 대해 정확히 예측했다. 그가 태평
양에서 해군 작전 과제에 대해 말한 대목은 이후 맥아더가 시행했던 개
구리 점프Frog jump 전략과 놀랍도록 유사하다(물론 지리적 특성과 현대전의
전장 상황을 고려한다면 야마모토만 떠올릴 전략은 아니지만 말이다).

이렇게 미국과의 전쟁에 부정적이었던 그가 진주만 기습 작전을 준
비했다는 사실은 역사의 아이러니라고밖에는 달리 설명할 말이 없다.

05 / 정신력으로 전쟁을 결정하다

중일전쟁 4년 6개월 동안 전쟁에 익숙해질 대로 익숙해진 일본군의 전
력은 240만 정규군과 300만의 예비군, 7500대의 항공기와 230척의 주
력 함선을 자랑하는 수준이었다. 미국은 어땠을까? 당시 미군의 수준
은 훈련미필자 100만 명을 포함해 병력 150만 명, 항공기 1157대, 전투
함 347척, 수송선 총 1000만 톤의 전력이었다. 전력 수치로는 일본이
유리해 보인다.

그러나 미국의 산업 잠재력을 살펴보면 일본의 전략 기조가 너무 낙관적이었음을 알 수 있다. 일본은 독일이 선전하여 미국이 유럽 전선에 발목 잡힌다는 가정하에서 전략을 짰다. 즉, 일본은 독일이 유럽 전선에서 최소한 지지 않을 것이라는 판단에서 움직였다. 여기에 기름을 부은 것이 1941년 2월 루스벨트의 발언이다.

"만약 미일 양국 간 전쟁이 벌어져도 유럽에 대한 미국의 지원은 변함이 없을 것이다."

이 발언에 일본은 한껏 고무되었다. 하지만 1938년 기준으로 양국의 산업 잠재력 격차는 무려 7배였고, 몇 년 안에 격차가 10배에 이를 것이라는 통계가 있었음에도 일본은 미국, 영국, 네덜란드와 한판 붙어보겠다고 생각했다. 일본은 독일이 유럽 전선에서 시간만 벌어주면 진주만을 박살 내고 바로 남방 작전을 펼쳐 네덜란드령에서 800만 톤, 버마 지역에서 200만 톤의 석유를 확보한 뒤 그것을 토대로 미국과 일전을 벌인다는 '아주 희망찬 계획'을 세웠다. 여기서 한 발 더 나가 남방 작전의 성과로 얻은 자원으로 태평양을 요새화하면 추후 미국과 벌이는 전쟁에서 미국에 '막대한 손실'을 줄 수 있다는 낙관적인 생각까지 더해졌다.

이런 낙관적인 생각이 가능했던 이유가 뭘까? 그것은 일본의 '낙관적인 정보 보고'에서 찾을 수 있다. 일본 수뇌부는 만약 미국과 일전을 벌인다면 미국이 태평양 전선에 투입할 병력은 미군 전체 병력의 3분의 1 수준이라고 예측했고, 이를 막기 위해서는 연간 3000만 톤의 강철과 총톤수 4000만 톤의 선박이 필요하다는 결론을 내렸다. 문제는 상황을 이렇게 낙관적으로 분석한다 해도 당시 일본의 수준으로는 어림없었다는 사실이다(제2차 세계대전 당시 태평양 전선에 투입된 미국의 보급량은 대서양 전선의 5분의 1, 기록에 따라서는 10분의 1 수준이었지만 이것만으로도 일본을 압도했다).

당시 일본의 공업생산력은 연간 760만 톤의 강철을 겨우 생산해내는 수준이었다. 더 처참한 것은 함선이었는데, 일본의 보유 함선 톤수는 66만 톤에 불과했다. 이러한 차이를 극복하기 위해 대본영이 제시한 방법은 '정신력'이었다.

그러나 1941년 세계 최대의 해군력을 가진 나라는 누가 뭐래도 일본이었다. 세계 최강의 기동함대를 가진 나라 역시 일본이었다. 비록 다른 나라는 인정하지 않았지만 말이다.

미국은 워싱턴 해군 군축 조약에 따라 총톤수 13만 5000톤까지 항공모함을 만들 수 있었지만 일본은 8만 1000톤까지만 허용되었다. 이때 각국은 3만 3000톤급 항공모함 2척을 만들 수 있었는데, 이때 나온 것이 진주만의 영웅인 일본의 '아카기'와 '가가'였다. 같은 시기 미국에서도 '새러토가'와 '렉싱턴'을 만들었지만 두 나라는 항공모함에 대한 이해부터 달랐기 때문에 그 운용에서 차이가 드러났다.

미국은 항공모함을 정찰기 모함으로 사용했다. 당시 미국은 거함거포주의의 미련에서 벗어나지 못한 상태였다. 반면 일본은 중일전쟁에서 아카기와 가가를 가지고 중국의 향주를 폭격하며 톡톡히 재미를 봤다(일본은 워싱턴 해군 군축 조약의 허점을 노려 빠져나가려고 발버둥 치다 기동함대를 만들었지만 진주만 기습 성공 이후 다시 거함거포주의에 함몰되는 모습을 보였다. 반면 미국은 일본의 진주만 기습 이후 본격적으로 기동함대를 운용했다. 이는 진주만 기습의 교훈이기도 했지만 당장 전함을 확보하는 것이 어려웠기 때문이기도 했다).

1936년부터 일본은 워싱턴 해군 군축 조약을 무시하더니 1941년까지 5년 동안 해군력을 두 배 이상 확충했다. 이 와중에 일본은 무려 6척이나 되는 항공모함을 새로 찍어냈다. 여기에 스스로 '동양의 신비'라고 자랑하는 0식 함상전투기 제로센이 등장하면서 일본은 한번 붙어볼 만하다는 희망을 불태우기 시작했다.

당시 서구 열강에 비해 전차, 총기, 화포 모든 면에서 한 세대 이상 뒤떨어진 일본군이 서구 열강에 자랑할 만한 무기 체계가 두 개 등장했는데, 제2차 세계대전의 영웅 몽고메리^{Bernard Law Montgomery}가 극찬한 '산소 어뢰' 그리고 제로센이다. 처음 미 해군 정보국이 제로센에 대한 정보를 취합해 상부에 보고했을 때 아무도 믿지 않았다. 하지만 이후 미군은 이 정보를 믿을 수밖에 없었다.

진주만 공격이 있기 전까지 미국은 일본의 전투기 생산 기술과 일본 전투기 조종사들의 기량을 무시했다. 미군 조종사들은 일본 조종사들이 키가 작고 눈이 옆으로 째져 공중전을 못한다는 희한한 논리로 무시했다. 하지만 당대 최고의 함재기 조종사들은 전부 나구모 주이치^{南雲忠一} 제독의 제1기동함대에 몰려 있었다. 이들은 기본적으로 100시간의 비행 훈련을 했는데, 미군의 240시간 비행 훈련에 비해 짧아 보이지만 이미 중일전쟁을 통해 실전으로 단련된 상태였다. 그 결과 태평양전쟁 발발 당시 일본은 해군의 경우 평균 650시간, 육군의 경우 500시간의 비행을 경험한 조종사 3500명을 보유하고 있었다.

아카기, 가가의 제1항공전대와 히류, 소류의 제2항공전대, 그리고
수준은 떨어지지만 미군보다는 압도적인 쇼카쿠, 즈이카쿠의 제5항공
전대, 이들 6척에 실린 351기의 함재기와 실전으로 단련된 조종사들까
지 일본은 이미 미국을 넘어 세계 최강이라고 할 수준의 기동함대를 구
성하고 있었다.

왜 하필
진주만이었을까

미국은 일본이 전쟁을 일으킬 거라는 사실을 어느 정도 예측했다. 하지
만 대부분 필리핀에서 전쟁이 일어날 것이라 생각했고, 그나마 머리가
좀 트인 사람들은 미드웨이일지도 모른다고 생각했다. 진주만을 노릴
거라고는 미처 생각지 못했다.

왜 그랬을까? 일단 일본에서 진주만까지는 3000해리가 넘는다. 미
군의 감시를 뚫고 3000해리를 넘어온다는 것도 쉽지 않지만, 일단 뚫
고 넘어와도 과연 진주만의 병력을 상대할 수 있을지 의문이었기 때문
이다(미국은 천혜의 입지 조건을 가진 나라다. 대서양과 태평양이란 '천연 해자'
덕분에 미국은 고립주의를 택할 수도, 부담 없이 해외 원정을 떠날 수도 있다). 당
시 진주만에 주둔해 있던 미 지상군 병력만 5만 9000명을 헤아렸고, 하
와이에 배속된 전투함만 보더라도 전함 9척, 항공모함 3척, 중순양함
2척, 경순양함 18척, 구축함 54척에 잠수함도 22척이나 되었다. 여기에
해군의 항공기 수만 450대를 자랑했다. '어떤 미친놈이 진주만을 넘볼
까?' 생각할 만큼 만만치 않은 전력이었다.

하지만 그랬기에 일본은 이곳을 치려 했다. 진주만만 박살 내면 일본은 배후를 안심하고 남방 작전을 실행할 수 있다고 판단했다. 야마모토 이소로쿠는 진주만을 치지 않으면 일본은 승산이 없다고 생각해 진주만 공격 준비를 착착 진행해나갔다. 이미 야마모토는 1940년 11월에 있었던 영국의 이탈리아 티란토항 공습에서 항공모함의 우수성을 실감했고 공중 공격으로 전함을 깨부술 수 있다는 자신감을 얻었다. 또 이때 덤으로 얻은 것이 어뢰에 대한 발상의 전환이었다. 티란토항은 수심이 얕아서 어뢰의 공중 공격이 불가능한 것으로 알려졌으나 영국은 어뢰를 개량해 실전에 사용했고 결국 전함을 격침했다. 야마모토는 티란토항 전투에 한껏 고무되었고 우리도 한번 해보자는 결의에 불타올랐다.

결국 1941년 5월 이 작전을 최초로 입안한 겐다 미노루源田實를 주축으로 30명의 고급 장교들이 모였다. 이들은 특별 연구단을 구성해 진주만 공략 계획을 수립했다. 당시 겐다가 맨 처음 한 일은 자신의 해군 동기이자 제3항공함대 참모인 후치다를 데려와 아카기의 비행대장으로 삼은 일이었다. 그러고는 계속 작전을 기획해나갔다. 이미 함재기 조종사들을 일본의 가고시마로 보낸 상태였다. 가고시마는 일본에서 하와이와 가장 지형이 비슷한 곳이다.

고노에 수상이 마지막으로 루스벨트 대통령과 정상회담을 추진하던 1941년 9월 일본 해군은 해군대학 별실에서 도상 훈련에 들어갔다. 여기에서 나온 결론이 '작전 성공률 50퍼센트'였다. 그리고 작전이 성공한다 해도 미 해군 전력 3분의 2는 박살 낼 수 있지만, 일본 역시 항공모함 2척이 격침되고 2척이 파손되며 127기의 항공기가 격추될 것이라는 비관적 전망이었다. 진주만 공격 계획이 진행될수록 문제점은 계속 튀어나왔다.

당장 걸리는 것이 어뢰였다. 상공 100미터에서 떨어뜨린 어뢰는 수중 60미터까지 들어갔다 튀어나와 목표로 향하는 것이 일반적인데, 당시 진주만의 수심은 12미터밖에 되지 않았다. 이 어뢰 문제는 진주만 공격대의 발목을 끝까지 잡아챘다. 최종 기동 연습을 하던 11월 4일까지 문제는 해결되지 않았다. 요코스카에서 제작 중이던 신형 어뢰를 쓰자는 의견과 차라리 초저공으로 날아가 투하하자는 의견이 해결 방안으로 제시되었는데, 진주만 공격대는 결국 후자의 의견을 받아들였다. 고도 6미터에서 시험적으로 어뢰를 투하해보니 결과는 성공이었다. 진주만 공격대의 발목을 잡아채던 어뢰 문제가 드디어 해결되었다.

진주만 공격에 있어 예상되는 난관을 하나둘 해결해나갔지만, 그때까지도 진주만 공격에 회의적인 이들이 많았다. 야마모토는 진주만 작전에 의문을 품은 인사들을 찾아가 일대일로 설득하는 온건책과 더불어 그의 특기인 "이 작전을 승인하지 않으면 연합함대 사령관 자리를 그만두겠다"라는 강경책을 병행하며 11월 3일 대본영의 재가를 얻어냈다.

이렇게 진주만 공격 계획이 진행되는 동안 일본 정부는 12월 1일까지 외교적으로 만족스러운 결과가 없으면 전쟁을 결의한다는 결론을 내렸고, 도조 히데키 수상은 히로히토 천황의 재가를 얻어내는 데 성공했다.

여기서 주목해야 하는 부분이 당시 히로히토가 이 '전쟁'에 어느 정도 개입했느냐 하는 점이다. 히로히토는 진주만 공격 작전과 이후의 남방 작전에 관해 자세히 보고받았고, 그 스스로 보급의 문제점에 대해

질문할 정도로 이해도가 높았다. 그 이전에 그는 전쟁에 대한 어떤 '기대'를 신하들에게 내비쳤다.

"미국, 영국과 전쟁을 하면 물론 우리가 이기겠지만 1905년 러일전쟁 때처럼 완벽한 승리는 안 되겠지요? 그렇지요?"

참모총장들과 대담을 나누던 히로히토가 내뱉은 말이다. 이에 대해 군령부총장 나가노 오사미는 완벽한 승리는 고사하고 이길 수 있느냐가 문제라며 일본의 열세를 은연중에 인정하는 발언을 했다. 이날 히로히토는 궁내청의 측근에게 "원칙적으로 미국, 영국과 벌이는 전쟁에 반대하지 않지만 확실한 승리에 대한 자신감이 없다면 절망감에 빠져들 것이 뻔한 전쟁을 해서는 안 된다"며 전쟁에 대해 애매한 태도를 보였다.

어쩌면 히로히토는 '간'을 보고 있었던 것이 아닐까? "미국, 영국과 전쟁을 하면 물론 우리가 이기겠지만…" "원칙적으로 미국, 영국과 벌이는 전쟁에 반대하지 않지만…"이라는 발언의 의미는 뭘까? 히로히토는 승산이 있다고 판단했고, 승산만 있다면 전쟁을 해도 상관없다고 생각했다. 그가 침울했던 것은 나가노를 비롯한 주변의 총장들이 확실한 '승리 보장'을 하지 않았기 때문이었다.

그렇다고 일본이 전쟁으로 내달리는 발걸음을 멈춘 것은 아니다. 1941년 7월 26일 황궁 운동장에서는 이미 공습 대비 훈련을 시작했고 대피소 건설에 대한 의견이 나왔다. 또한 9월에는 앞으로 점령할 대동아공영권에서 사용할 '군사 점령 지역 엔화'를 찍어냈다.

일본은 전쟁을 결정했다.

06 / 미국의 최후통첩, 헐 노트

1941년 11월 26일 일본 정부는 미국으로부터 선전포고를 받았다(일본은 그렇게 생각했다). 그 유명한 '헐 노트Hull Note'이다. 미국의 국무장관 코델 헐이 주미 일본 대사 노무라와 구루스에게 전달했던 문서로 주요 내용은 다음과 같다.

- 미일 양국은 영국, 중국, 일본, 네덜란드, 소련, 태국, 미국의 다자간 불가침 조약 체결을 위해 노력할 것
- 미일 양국은 프랑스령 인도차이나에 대해 프랑스의 영토 주권을 존중하고 인도차이나와 무역이나 통상에 있어 차별 대우를 하지 않을 것
- 중화민국 및 인도차이나의 일본군 및 경찰력을 전면 철수할 것
- 미일 양국은 장제스 정부 외에는 군사적·정치적·경제적 지원을 하지 않을 것
- 미일 양국은 영국과 기타 열강이 중국에서의 치외법권을 포기하게끔 노력할 것(1901년 베이징 조약에서 보장한 외국인 거주지와 관련한 권익 보장 포함)
- 최혜국 대우를 기초로 하는 통상 조약의 재체결을 위해 협상을 시작할 것
- 미일 상호 간 자산 동결을 해제할 것
- 엔-달러 환율 안정에 관한 협정 체결 및 통화 기금을 설립하고 기금은 양국이 절반씩 부담할 것
- 미일 양국이 제3국과 체결한 협정들이 이 합의의 참뜻과 태평양 평

화 유지를 침해하는 쪽으로 해석되지 않도록 노력할 것

－ 이 협약의 기본 원칙을 다른 나라들도 따르도록 미일 양국이 함께 영
향력을 행사할 것

일본으로서는 받아들이기 힘든 조건이었고, 미국 정부도 일본이 받
아들일 거라고 생각하지 않았다. 그런데 어째서 이런 조건을 던진 걸
까? 앞서 언급했듯이 이미 미국은 일본의 외교 암호 코드를 깨뜨려 일
본의 다음 카드를 손바닥 들여다보듯 내다보고 있었다.

주미 일본 대사는 두 개의 협상 카드를 본국으로부터 건네받았다.
첫 번째 카드는 "일본군을 제한적으로 철수하고 중일전쟁을 종료할 수
도 있다"는 내용으로 1941년 11월 6일 발표되었다. 발표 전부터 미국
은 이미 그 내용을 알고 있었고 이 제안 역시 '순수한 외교적 노력'이라
기보다는 시간 벌기용으로 생각했다. 미국은 두 번째 카드를 받아보고
생각을 정리하기로 했다(물론 큰 기대는 없었다).

일본의 두 번째 카드는 "일본에 석유 수출만 재개한다면 동남아시아
와 중국에서 군을 철수하겠다"는 내용이었다. 일본으로서는 파격적인
제안이었지만 미국의 반응은 시큰둥했다. 일본의 말과 행동이 달랐기
때문이다. 일본의 행동을 주의 깊게 관찰하던 미국의 정보망에 흘러들
어온 이야기들은 일본 외교관들이 말하는 내용과 달랐다. 당시 일본군
은 여전히 군사 행동을 준비 중이었고, 인도차이나나 중국에 주둔한 군
대도 철수 움직임을 보이지 않았다. 미국은 이 역시 시간을 끌기 위한
수작이라고 생각했다.

형식적으로 보자면, 11월 20일 일본은 전쟁을 피하기 위해 마지막

카드를 내밀었으나 미국은 너무도 간단히 이 카드를 내팽개치고 최후 통첩과도 같은 권고를 날렸다. 그것도 불과 일주일 만에 말이다. 미국은 일본을 불신했고(불신할 수밖에 없었지만), 일본에 더 이상 끌려다니지 않겠다고 다짐했다. 이미 미국도 전쟁을 예상하고 있었다.

헐은 육군장관 헨리 스팀슨Henry Lewis Stimson에게 전화로 "이제부터 나는 미일 교섭에서 손을 떼겠다. 자네나 녹스Frank Knox(해군장관)가 알아서 해라!"라고 말했다. 한술 더 떠 루스벨트 대통령은 "헐 노트를 받은 일본은 화가 나서 곧 쳐들어올 것이다"라고 말했다. 루스벨트의 발언이 음모론처럼 들릴 수도 있지만(진주만 공격 유도론), 이는 미국 정가에서 상식처럼 떠돌던 이야기였다. 게다가 루스벨트와 헐은 암호를 해독한 일본의 외교 문서를 받아보지 않았던가.

미국의 권력 수뇌부가 일본의 정보를 어디까지 파악하고 있었는지 단적으로 확인할 수 있는 이야기가 있다. 헐 노트를 일본에 건네고 나서 얼마 후 루스벨트와 군 수뇌부에게 보라색 종이가 한 장 배달되었다. 보라색 문건은 1급 기밀로 분류되어 수뇌부에 한해 열람할 수 있는 최신 정보였다. 그 보라색 종이에는 일본의 도고 시게노리 외무대신이 주미 일본 대사인 노무라와 구루스에게 보낸 암호 전보의 원문과 암호 해독문이 담겨 있었다.

"귀관들은 인간의 한계 이상으로 노력했다. 그런데 미국 정부는 참을 수 없을 만큼 굴욕적인 제안을 해왔다. 이제 교섭은 완전히 결렬되었다. 그러나 그들에게 그와 같은 인상을 주지 않도록 유의할 것."

헐 노트가 일본에 전해지고 얼마 지나지 않아 미국은 조만간 일본이 전쟁을 일으킬 것이라는 사실을 알았다. 그리고 즉시 진주만에 경고를 날렸다. 여기서 주목할 부분은 WPC4C(대일본전쟁의 작전명령)가 미국이 헐 노트를 일본에 보낸 11월 26일 시작되었다는 점이다. 즉, 미국은 일본이 조만간 쳐들어올 것으로 예상하고 이때부터 대일전쟁을 준비했다. 물론 단순히 경계경보를 발령했다고 볼 수도 있지만, 논리적으로 보자면 미국도 일본과 전쟁할 준비를 하고 있었다.

육군장관 헨리 스팀슨은 루스벨트가 미 군부와의 회의에서 발언했던 내용을 다음과 같이 증언했다.

"일본군은 선전포고도 없이 전쟁을 시작하기로 악명이 높기 때문에 아마 12월 1일 월요일에 미국을 공격할 것이다."

루스벨트의 예상은 '살짝' 빗나갔다(일주일 정도의 오차였다). 중요한 것은 미국의 최고 군 통수권자부터 외교 수장, 각 군의 지휘관들이 조만간 일본이 쳐들어올 것이라는 사실에 동의했고 이에 대비하고 있었다는 점이다. 이미 해외에 주둔 중인 미군에는 비상경계령이 내려진 상황이었다.

문제는 일본군이 어디를 공격하느냐 하는 것이었다. 루스벨트는 '전쟁대비위원회'에서 그동안 획득한 정보를 토대로 "말레이시아나 동인도 제도에서만 전쟁이 터질 것"이라고 말하기도 했다. 일본이 미국 영토를 공격하지는 않을 것이며, 고작 해봐야 아시아 지역에 주둔한 미군을 상대로 싸움을 걸 것이라는 판단이었다.

그렇다면 당시 진주만은 어땠을까? 이미 하와이의 킴멜 제독과 쇼트 장군은 레인보우 작전을 실행하며 정찰과 안전을 위한 적절한 방법을 준비하고 있었다('전쟁대비령' 통보였다). 단, 이 레인보우 작전에는 꼬리표가 하나 달려 있었다.

"시민들에게 불안감을 조성하지 말 것."

헐 노트에 대한
일본의 반응

도고 시게노리란 이름은 한국과 인연이 깊다. 그는 에도 막부를 무너뜨리고 메이지 유신에 공을 세운 사쓰마번 나에시로가와苗代川촌에서 한국계 일본인인 박수승朴壽勝과 역시 한국계 일본인인 박토메 사이에서 태어났다(그의 족보를 거슬러 올라가면 임진왜란 때 도공으로 끌려온 박평의朴平意가 나온다. 도고 시게노리의 조선식 이름은 박무덕朴茂德이었다). 한국계 일본인이란 신분적 한계를 극복한 그는 도쿄제국대학 독문과에 합격했고, 대학 재학 중 외교관 시험에 합격했다. 이후 굵직굵직한 외교 현안을 해결해나갔고 1941년 일본의 운명을 결정지은 도조 히데키 내각에 외무대신으로 입각했다.

그는 외무대신으로서 미국과의 전쟁을 막기 위해 노력했다. 정통 외교관리 출신이던 그는 미국이 만족할 만한 협상안(점령지에서 철군하는 것)을 만들어 미국의 마음을 돌리려 애썼으나 일본 군부의 반발과 미국의 냉대로 그의 노력은 물거품이 되고 말았다.

그런 그에게 날아온 것이 헐 노트였다. 일본 정부 고위 관계자들과 군부는 헐 노트가 미국의 최후통첩이라고 생각했다. 도고 시게노리 역시 이 생각에 수긍했다. 일부에서는 헐 노트가 개전 조약상의 최후통첩 규정보다 더 강한 내용을 담고 있으므로 일본은 '자위'를 위해 국제법상 통고 없이도 미국을 공격할 수 있다는 과격한 해석이 나오기도 했다 (물론 일본의 일방적 주장이다). 그만큼 일본은 격앙되었다.

1941년 12월 1일 어전회의에서 개전 결정이 내려졌다. 같은 시각 태평양 반대편의 미국에서는 한 명의 일본인이 본국의 결정을 되돌리기 위한 최후의 수단을 준비하고 있었다.

07 / 진주만 공격이 두고두고 욕먹는 이유

데라사키 히데나리寺崎秀成란 이름을 들어본 적 있는가? 그는 전쟁 위기가 최고조로 달아오르던 1941년 11월 말 주미 일본 대사관에서 노무라의 개인 비서로 활동하고 있었다. 국제정세에 밝은 그는 타고난 외교관이었다. 그런 그의 눈에 일본은 마치 기름을 등에 지고 불 속으로 뛰어드는 것처럼 보였다. 그동안 쏟은 모든 외교적 노력이 물거품이 되고 전쟁만을 눈앞에 남겨둔 조국을 바라보면서 그는 자신이 할 수 있는 최후의 외교적 노력을 시도했다. 11월 29일 미일 교섭 담당 특명전권대사였던 구루스에게 데라사키는 다음과 같이 말했다.

"대사님! 왜 국민을 위한 사기꾼이 되려 하지 않으십니까? 중국에서 철수하겠다고 왜 미국에 말하지 않으십니까? 우리는 중국에서 오래 견딜 수 없습니다. 전쟁을 주도하는 이들도 그것을 충분히 알고 있습니다."

그의 말을 가만히 듣던 '노련한' 구루스는 공을 슬쩍 그에게 돌렸다.

"당신이 한번 해보지 그래? 우리가 루스벨트 대통령에게 접근하려면 중재자를 이용해야 하고, 또 그 중재자에게 평화를 호소하는 전신문은 천황에게 직접 승인받아야 하네. 나도 이미 도조의 승인을 얻으려고 전신문을 보냈지만 거부당했지. 경고하는데 당신이 말한 그런 전신문은 도조를 건너뛰고 천황에게 바로 전달되어야 할 거야. 그러나 그런 행동을 도조가 알아차리면 당신뿐 아니라 당신 가족 전부가 죽을지도 몰라. 그런 위험을 나보고 감당하라고? 이제는 당신 차례야."

국가의 존망이 걸려 있는 상황에서 구루스는 지금 데라사키가 계획하는 일의 후과後果를 상기시켰다. 이미 일본은 정상 국가의 범주에서 벗어난 지 오래였다. 도조 히데키가 데라사키의 가족 전부를 죽일 수도 있다는 건 단순한 협박이 아니라 미래에 닥칠지도 모를 '현실'이었다.

그러나 데라사키는 조국 일본의 위기를 못 본 척할 수 없었다. 데라사키와 구루스는 즉시 국민당 정부의 워싱턴 주재 대사인 후스胡適 박사와 접촉했다. 그러고는 루스벨트 대통령에게 보낼 중재인으로 루스벨트의 오랜 친구인 스탠리 존스Stanley Jones 목사를 선택했다. 데라사키의 생각은 간단했다.

'루스벨트 대통령이 천황에게 개인적인 메시지를 전달한다면 전쟁은 피할 수 있다. 천황이 전쟁하는 것을 괴로워하면 일본 군부와 국민은 천황의 지시를 따를 수밖에 없으므로 천황의 마음만 움직인다면 전쟁은 피할 수 있다.'

1941년 12월 3일 데라사키의 뜻대로 전쟁을 막기 위한 마지막 시도가 진행되었다. 스탠리 존스 목사는 백악관을 방문해 루스벨트에게 데라사키의 의도를 전달했다.

"여기 있는 일본인들이 각하가 천황에게 개인 메시지를 전달해주길 바란다는 말을 제게 부탁했습니다. 그러나 자신들이 일본 정부에 아무 말 없이 천황에게 직접 편지를 보내게 했다는 사실이 기록으로 남아서는 안 된다고 했습니다. 그래서 저도 그들의 서면 확인을 받지는 못했습니다."

어디까지나 비밀스러운 접촉, 비밀스러운 전달이었다. 루스벨트는 이에 흔쾌히 동의했다. 루스벨트 역시 전쟁을 피할 방법을 찾던 중이었다. 그리고 천황에게 친서를 보내는 방법도 고려하고 있었다. 울고 싶은데 뺨 때려준 격이랄까? 문제는 친서를 어떤 방법으로 전달하느냐였다.

"천황에게 꼭 직접 보내야 합니다. 구루스와 데라사키의 간곡한 요청입니다."

존스 목사는 구루스와 데라사키의 부탁을 가감 없이 전달했다. 천황에게 꼭 직접 보내야 한다는 의미가 뭘까? 중일전쟁이 한창 격화되던 1937년 12월 일본 해군 항공대가 양쯔강을 따라 내려오던 미 해군 함정 파나이Panay를 공격하여 격침한 일이 있었다. 당시 해군성 차관이던 야마모토 이소로쿠가 미국에 공식 사과할 정도로 큰 사건이었다. 이때 루스벨트는 천황에게 친서를 전달하려 했으나 일본 외무성까지만 전달되고 황궁까지는 전달되지 못했다. 편지는 중간에 행방불명되었고, 사건은 흐지부지 넘어갔다. 편지를 보낸다 해도 천황에게 전달되리라는 보장은 없었다. 루스벨트는 이 문제를 무겁게 받아들이고 다른 방법을 생각했다.

"통신실에 갈 것도 없이 미국 대통령 이름으로 일본 천황 앞으로 전신문을 보내겠소. 주일 대사인 조지프 그루Joseph Clark Grew는 천황을 알현할 수 있을 테니 그에게 직접 전달하게 하겠소. 그런 다음 24시간 안에 아무 소식이 없다면 내 나름의 조치를 취할 생각이오. 천황에게 전신문을 보낸 사실을 언론에 공개해 회답을 재촉하겠소."

그루 대사를 통해 직접 천황에게 편지를 전달하고 그 답장도 언론을 통해 받아내겠다는 계산이었다. 1941년 12월 6일 루스벨트는 편지를 작성해 그루 대사에게 보냈다. 이때가 저녁 6시였다. 그러나 대통령의 초긴급 메시지는 12시간이나 지체되었다(일본 쪽의 방해 공작이 있었다는 설이 있다). 결국 그루 대사가 전문을 받아본 것은 일본 시각으로 12월 8일 0시 30분이었다.

운명의 장난일까? 일본의 진주만 공격에 대해서는 아무것도 몰랐던 그루 대사는 도고 시게노리 외무대신을 만나 가급적 빨리 천황과 면담하기를 요청했다. 그러나 몇 시간 뒤 일본이 진주만을 공격한다는 사실을 알고 있던 도고는 천황과 그루 대사의 만남을, 아니 정확히 말하자면 루스벨트의 편지를 전달하게 할 수 없었다. 도고는 천황이 취침 중이므로 지금은 만날 수 없다고 에둘러 거절했다. 그러자 그루 대사는 다급한 마음에 루스벨트의 편지를 직접 도고에게 읽어주었다. 도고는 최대한 빨리 루스벨트의 편지를 천황에게 전달해주겠다고 그루 대사를 달랜 뒤 도조 히데키 수상에게 달려갔다. 이들은 루스벨트의 편지가 더는 의미 없다고 생각했지만(몇 시간 뒤 진주만을 공격할 것이므로) 그래도 마지막까지 외교적 모양새를 갖추기 위해 나름의 답장을 준비했다.

이 답장은 결국 어떻게 되었을까? 히로히토는 일본의 운명이 걸린 진주만 기습 결과를 확인하기 위해 전쟁 상황실로 향했는데, 이때 도고를 통해 루스벨트의 친서 이야기를 전해 들었다. 히로히토의 반응은 간단했다.

"준비했던 대로 답장을 보내라."

이 답장은 루스벨트에게 전달되지 않았다. 훗날 히로히토는 루스벨트의 친서를 직접 받았다면 전쟁까지는 가지 않았을 것이라고 말했다. 악어의 눈물 같은 가식이며 위선이다.

선전포고

진주만 공격의 가장 큰 미스터리는 어째서 일본은 공격 후에 선전포고를 했는가 하는 점이다. 정확히 말하자면 선전포고가 늦게 전달되었다. 일단 선전포고의 개념과 당시 국제사회에서 선전포고가 갖는 의미를 알아야 일본의 '지각 선전포고'의 정치적 함의를 이해할 수 있다.

선전포고는 말 그대로 '전쟁을 널리 선언한다'는 의미다. 즉, 전쟁하기 전에 전쟁 사실을 외부에 알리는 행위로 군사 전략상 꽤 중요한 문제다. 전쟁 초기의 '승기를 잡을 기회'를 포기하는 일이기 때문이다. 간단히 말해 '기습' 공격 효과를 어느 정도 포기해야 한다. 현대전에서 기습은 공격자에게 최소 1.3배, 최대 3배의 승수 효과를 가져다준다. 이런 기습을 포기한다는 건 공격자로서는 꽤 어려운 선택이다.

선전포고는 유럽에서 발원했다. 중세 시대부터 관습화된 '결투'의 전통 덕분에 싸울 상대에게 도전장을 보내는 것이 일상화되었고, 이것이 국가 단위로 확대된 것이 선전포고인 셈이다. 즉, 문화적 토대가 갖춰졌기에 선전포고가 가능했다. 그렇다고 유럽의 모든 국가가 신사적으로 선전포고하고 전쟁을 일으킨 건 아니다. 근대에 들어서기 전까지는 일종의 불문율, 관습법 같은 존재였기에 선전포고하지 않았다고 해서 어떤 제재를 받지는 않았다. 겉으로는 기사도 정신에 따라 정정당당한 대결을 벌일 것 같은 유럽도 선전포고가 '일상'이라고 할 만한 수준은 아니었다. 일단 전쟁은 무슨 수를 써서든 이겨야 하는 것이 아닌가?

그런데 근대에 들면서 선전포고가 법의 테두리 안에 들어오게 되었다. 원인은 일본이었다. 러일전쟁 당시 일본의 기습 공격으로 홍역을 치른 러시아의 니콜라이 2세가 1907년 제2차 헤이그 평화 회의에서 의제를 던졌고 채택되었다. 그리고 1910년 1월 정식으로 발효되었다. 일본은 자기 때문에 법제화된 이 개전 조약이 못마땅하긴 했지만 1911년 12월에 이를 비준하고 이듬해 1월 공표했다. 이 개전 조약 제1조를 살펴보면 그 성격을 확인할 수 있다.

"체약국은 이유를 명시한 개전 선언의 형식 또는 조건부 개전 선언을 포함하는 형식을 갖춘 명료한 사전 통고 없이 체약국 상호 간에 전쟁을 개시하지 않음을 승인한다."

한마디로 전쟁을 하고 싶으면 의사 표시를 '확실하게' 하고 그 이유를 설명해야 한다는 뜻이다. 이 조약을 두고 러시아의 트집 잡기라고 할 수도 있겠지만 일본의 행태가 좀 심하긴 했다. 일본이 벌이는 전쟁을 지켜본 서방 국가들은 일본을 '방심하고 있는 적국을 향해 기습 공격을 퍼부어 승리를 갈취하는 나라'로 인식했다(청일전쟁, 러일전쟁을 떠올려보라). 이는 진주만 기습 공격이 있기 전 루스벨트의 발언만 봐도 이해할 수 있다. 일본은 언제나 비겁하고 치사하게 기습 공격을 하는 나라였다.

일본으로서는 억울한 면도 있지만 로마에서는 로마법을 따라야 하지 않겠는가? 메이지 유신 이래로 근대화에 성공했고, 구미 열강의 인정을 받아 당당히 국제사회의 일원이 되는 것을 국가의 최대 목표로 삼았던 일본은 국제법을 잘 지켜야 한다는 자기검열에 빠져들었다. 제1차세계대전 때만 해도 일본은 말 잘 듣는 모범생이었다. 다이쇼 천황은 조칙詔勅에 몇 번이나 국제법 준수에 관한 내용을 담았다. "혹시라도 국제법에 어긋나지 않는 한" "무릇 국제법의 범위 내에서" 등의 표현을 써가며 일본의 국제법 준수를 강조했다. 이 때문인지 일본은 제1차 세계대전 참전 당시 국제법 절차에 따라 선전포고를 했고, 포로 대우에 있어서도 제2차 세계대전 때와 달리 '관대한' 모습을 보였다.

포로에 관해 잠깐 설명하자면, 제2차 세계대전 때와 비교해 제1차 세계대전 시기의 포로 대우는 상당히 '여유' 있는 편이었다. 제2차 세계대전 당시 자유 프랑스La France Libre 정부를 이끈 드골Charles De Gaulle 대통령은 제1차 세계대전에서 독일군에 포로로 잡힌 경험이 있는데, 그때만 해도 장교들은 장교의 명예를 걸고 '포로수용소로 원대 복귀하겠다'라는 내용의 서류에 사인만 하면 주말 외출도 가능했다. 이는 장교뿐 아니라 사병도 마찬가지였다.

왜 그랬을까? 제1차 세계대전까지만 해도 인간의 순수성과 인류애가 넘쳐났기 때문일까? 아니다. 이런 경험이 처음이었기 때문이다. 제1차 세계대전 이전에는 그 정도 규모의 병력이 서로 맞붙은 적이 없었다. 근대화에 성공한 구미 열강은 넘쳐나는 에너지와 재화를 토대로 대단위 병력을 구성해 전선으로 투입했고, 이는 맞서 싸우는 적들도 마찬가지였다. 그랬기에 이전 세대에서는 경험하지 못한 대단위의 살육과 엄청난 포로를 목도하게 되었다. 포로로 잡힌 이들도, 포로를 잡은 이들도 이 문제를 어떻게 해결해야 할지 몰라 난감해하는 사이 자연스레 포로 대우가 느슨해졌다.

그렇다면 일본은 어째서 변한 걸까? 제1차 세계대전 때까지만 해도 국제법에 나와 있다면 두말하지 않고 따르던 순진한 모범생이 만주사변과 뒤이은 만주국 수립, 국제연맹 탈퇴 이후에는 국제법을 경시하는 문제아가 되었다. 이는 천황의 조칙에서도 가감 없이 드러났다.

"국가의 총력을 다해"
"일체의 장애물을 파쇄하여"

아버지와 아들의 차이였을까? 아버지 다이쇼 천황이 국제법 준수를 위해 노력했다면 아들 히로히토 천황은 국제법이라는 족쇄 대신 대동아공영권 건설을 위해 국가 총력전을 설파했다. 이유가 뭘까? 당시 일본이 군부 파시즘의 영향력 아래 있었다는 점도 이유가 되겠지만, 그보다 결정적인 이유는 당시 일본의 입장이었다.

다이쇼 시절까지만 해도 구미 열강을 좇으며 국제사회의 일원이 되겠다는 열망이 강했다면, 히로히토 시절의 일본은 구미 열강이 만들어 놓은 세계 질서를 걷어차고 일본이 만든 새 질서인 대동아공영권을 세우겠다는 의지를 불태웠다. 이러한 이유로 일본은 만주사변 이후 국제법을 경시하고 일본식의 세계관을 외교와 전쟁에 투영했다.

08 / 역사상 가장 바보 같은 선전포고

미국(하와이) 시각으로 1941년 12월 7일 오전 7시 49분 항공모함을 박차고 오른 일본의 전투기와 폭격기가 진주만에 어뢰와 폭탄을 떨어뜨렸다. 이 소식은 곧 미국 정부에 전해졌다. 그리고 한 시간 뒤인 1941년

12월 7일 오전 8시 50분 노무라 주미 일본 대사는 미국의 헐 국무장관 앞에서 5000자에 이르는 선전포고문(최후통첩성 경고문에 가까웠다)을 읽기 시작했다.

헐 장관은 이 정체 모를 외교 문서의 낭독을 다 듣고는 "50년 공직 생활 동안 이토록 파렴치하고 허위와 왜곡이 가득한 문서는 본 적이 없다. 지구상의 어떤 정부도 이처럼 거창하고 악의에 찬 수치스러운 허구를 조작해낼 수 있다고 생각해보지 못했다"라며 격노했다. 영문도 모른 채 쫓겨난 노무라 대사와 구루스 특사는 대사관에 돌아가서야 진주만 공격 소식을 들었다.

여기서 두 가지 의문이 남는데, 먼저 주미 일본 대사관은 선전포고라는 중차대한 외교 문서를 왜 늦게 전달했을까? 그리고 대체 선전포고문에 어떤 내용이 들어 있었기에 헐 장관이 그토록 화를 냈을까?

우선 선전포고문의 지각 전달에 대해 생각해보자. 1941년 12월 2일 도고 시게노리 외무대신은 진주만 공격에 대비해 주미 일본 대사관의 암호 기계(독일의 에니그마를 카피한) 네 대 가운데 한 대만을 남겨놓고 파기하라는 명령을 내린다. 암호 책 역시 한 권만 남겨놓게 했다.

1941년 12월 6일 14부로 구성된 일본의 선전포고문 가운데 핵심이 되는 14부를 제외한 나머지를 일본 시각으로 12월 6일 오후 8시 30분부터 7일 새벽 0시 20분까지 발신했고, 주미 일본 대사관은 미국 시각으로 12월 6일 정오경에 수신했다. 이때부터 일이 꼬이기 시작했다. 13부의 긴 문서에 대한 해독을 마친 시간이 밤 11시였다(이때 이미 미국은 일본의 암호문을 해독했다). 그러나 해독을 마친 문서를 가지고 서기관실에 가보니 서기관실이 텅 비어 있었다. 당시 대사관에 근무 중이던 두 명의 참사관과 세 명의 서기관이 주말이라 일찍 퇴근해버렸기 때문이었다. 이를 확인한 전신과 직원들은 자기들만 헛고생했다며 당직 한 명만 남기고 모두 퇴근했다. 그리고 7일 새벽 2시 38분에 마지막 14부 전문이 들어왔다.

이 마지막 전문에는 워싱턴 시각 오후 1시까지 미 국무장관을 만나 전달하라는 명령과 이후 모든 암호 기계와 암호 책을 파기하라는 명령이 적혀 있었다. 워싱턴 시각으로 7일 오후 1시는 하와이 시각으로 오전 7시 30분이었는데, 이는 진주만 공격이 있기 20분 전이었다. 일본 군부는 선전포고하는 것이 탐탁지 않았고, 하더라도 미국이 대비할 시간을 최소화해야 한다고 주장했다. 그렇게 하여 계산된 시간이 20분이었다.

문제는 급박하게 전신을 받은 일본 대사관이었다. 제대로 해독하고 이를 다시 정서精書하느라 정신이 없었다. 도저히 워싱턴 시각 오후 1시까지 맞출 수 없다고 판단한 노무라 대사는 헐 장관과의 약속을 오후 2시로 연기했다.

노무라와 구루스가 국무성에 들어간 시각은 워싱턴 시각으로 오후 1시 50분이었고 이때는 이미 진주만이 박살 난 뒤였다. 이미 헐 장관은 하와이의 킴멜 장군으로부터 진주만 공격 보고를 받고 충격에 휩싸인 상태였다. 그는 곧 루스벨트 대통령에게 전화를 걸어 진주만 공격에 대해 전달했다. 그러고는 오후 2시 20분 일본 대사들을 자신의 집무실로 불렀다.

역사의 아이러니라고 해야 할까? 주미 일본 대사관 직원들의 나사 빠진 듯한 행보가 왠지 석연치 않다. 당시 일본 외교부 직원들은 전쟁을 앞두고 10여 일째 철야하며 대기하고 있는 상태였다. 그런데 전쟁 상대국이 될지 모르는 미국에 파견된 주미 일본 대사관 직원들이 한가하게 주말을 즐기고 있었다는 사실이 좀 이상하지 않은가?

왜 그랬던 걸까? 무능했기 때문일까? 아니다. 워싱턴에 파견된 일본 외교관들은 사안의 중대성을 고려해 최고의 인재들 가운데서도 특별히 가려 뽑은 엘리트 중의 엘리트들로 구성되었다. 전쟁이 끝나고 나서 히로히토는 주미 일본 대사관 직원들의 무능력을 질타했다. 그러나 일본 대사관 직원들이 무능력해서 실수를 한 건 아니었다. 하필 그때 일본 대사관에는 특별한 '이벤트'가 있었다.

"12월 6일 일본 대사관 전 직원은 리우데자네이루로 떠나는 한 직원의 송별 점심 파티를 했다. 메이플라워 호텔에서 열린 파티는 오후 내내 계속 되었는데, 암호 해독 요원을 포함해 외교관들 모두 그날 오후 특별히 할 일 없는 사람들처럼 보이지 않았음에도 자리를 지켰다. 이때 대사관에는 이미 장문의 선전포고문 전문이 도착해 있었다."

– 《도메이 통신》 가토 마쓰오 특파원의 증언

공격이 끝난 뒤 전달받은 선전포고문은 미국 국민의 분노를 폭발시켰다. 그리고 그 내용은 미국 고위관료와 정책 결정자 들에게는 '환상의 선전포고문'으로 불리며 환멸과 멸시의 대상이 되었다.

"제국 정부는 여기에 미합중국 정부의 태도로 미루어 금후 교섭을 계속할지라도 타결에 이를 수 없다고 인정치 않을 수 없음에 관하여 미합중국 정부에 통고함을 유감으로 여기는 바이다."

이 문장은 14부에 달하는 일본의 대미 선전포고문의 마지막 대목이다. 일본이 '대미각서'라고 부르는 이 선전포고문은 모호하기 짝이 없는 괴문서였는데, 전후 일본인들 사이에서도 이 문서에 대한 비판이 제기되었다. 결국 1998년, 이 선전포고문을 작성한 일본의 외교관 가세 도시카즈加瀨俊一가 말문을 열었다(《추한 한국인》을 쓴 일본의 우익 언론인 가세 히데아키의 아버지이다).

"군부가 생각한 전쟁 전략은 기습이었습니다. 전쟁은 이기기 위해 하는 것이라며 해군은 자기들의 본심인 진주만 공격이 되도록 드러나지 않는 내용을 원했습니다. 대미각서 말미의 '교섭을 계속할지라도 타결에 이를 수 없다'라는 문구도 처음에는 반대할 정도였습니다. 개전 통고를 연상시킨다는 이유였지요. 따라서 정식 선전포고문을 내밀 분위기가 아니었습니다."

당시의 분위기가 훤하게 그려진다. 일본 정부와 군부는 헐 노트가 미국의 최후통첩이라고 간주했다. 그리고 헐 노트가 최후통첩이라면 형식을 갖춘 '정식' 선전포고를 하지 않아도 된다는 의견이 지배적이었다. 가세 도시카즈의 증언 역시 이러한 사실을 뒷받침한다.

"당시 대미각서를 미국 측에 보내기 전에 국제법학자인 요코다 기사부로橫田喜三郎 도쿄대 교수와 상담했습니다. 요코다 교수는 대미각서를 헐 노트와 함께 읽어본 뒤 법학자 입장에서 봐도 이 정도면 충분하다고 했습니다. 게다가 기습 공격의 성공을 노리는 해군 당국과 도고 시게노리 외무대신이 격론 끝에 합의한 내용이라서 그 이상 선전포고의 의도를 명문화하기는 무리였습니다."

일본은 국제법상 '선전포고'를 했다는 명분도 얻으면서 미국이 선전포고인지 아닌지를 고민하게 만들어 기습 공격의 성공 확률도 높이고 싶었다. 그야말로 '꼼수'였다. 게다가 20분이라는 촉박한 시간은 속이 빤히 보이는 처사였다(원래 한 시간이었으나 군부의 압력으로 조정되었다). 이런 선전포고마저 미국 측에 늦게 전달되었으니 일본 입장에서 태평양전쟁은 시작부터 꼬인 전쟁이었다.

훗날 전쟁이 끝난 뒤 도고 시게노리는 개전 조약에는 시간에 대한 언급이 없다는 평계를 내놓았다.

진주만 공격은
일본에 남는 장사였을까

한가로운 일요일 오전, 선전포고 없이 기습적으로 쳐들어온 일본군은 일방적 학살을 자행했다. 3581명의 미군이 전사했고 1247명이 부상당했다. 실질적인 전력의 피해도 컸다. 기습 당시 진주만에는 전투함정 70척과 보조함 24척이 정박하고 있었는데, 일본은 미군 전함 4척, 부설함 1척, 표적함 1척을 격침했고 경순양함 3척, 구축함 3척, 수상기모함 1척, 공작함 1척을 격파했다. 항공기 230대도 주저앉혔다.

이런 대전 결과에 비해 일본군의 피해는 극히 미미해서 97식 함상공격기 5대와 99식 함상폭격기 15대, 제로센 9대가 손실의 전부였다. 숫자만 보면 일본이 엄청난 전과를 거둔 것처럼 보인다. 이 한 번의 전투로 끝나는 전쟁이었다면 일본의 승리겠지만, 앞으로 벌어질 '태평양 레이스'의 시작을 알리는 첫 전투였던 진주만 공격은 일본에 결코 유리하지만은 않았다.

미국의 태평양함대는 거의 괴멸 직전의 엄청난 피해를 입은 듯 보였지만 당시 미군이 입은 피해는 태평양함대 전력의 10퍼센트 수준이었다. 실제로 진주만에서 격침당한 함정 가운데 오클라호마와 애리조나를 제외하곤 다시 건져 쓸 수 있었다. 게다가 이 진주만 공격 덕분에 미국은 일본의 항공모함 운용기술을 고스란히 전수받았다(실상은 전함이 부족해 항공모함 기동부대로 태평양함대를 개편한 것이지만).

미국은 본격적으로 태평양에 '기동함대'를 만들어 띄우기 시작했다. 진주만에서 도쿄까지 가는 4년 동안 미 해군은 100척이 넘는 항공모함을 찍어냈다. 반면 항공모함 기동부대의 신화를 창조한 일본은 이후 야마토나 무사시 같은 전함에 목매며 자신들이 일궈낸 신화를 퇴색시키고 말았다. 어쨌든 미국은 진주만에서의 일격 덕분에 자의 반 타의 반으로 항공모함을 주축으로 한 기동함대를 건설하게 되었다. 오늘날 오대양 육대주를 누리는 미국의 항공모함 함대는 제2차 세계대전 때의 경험으로 운용기술과 편제를 완성했다고 봐도 과언이 아니다.

그렇다면 종합적으로 봤을 때 진주만 공격은 일본에 독이었을까? 맞다. '전술적으로는 승리했지만 전략적으로는 패배한 작전'이라는 표현이 적확하다. 일본 입장에서 생각해본다면 전술적으로도 아쉬운 부분이 있었다. 야마모토 이소로쿠 연합함대 사령관과 나구모 주이치 제독의 조합이 바로 그것이다. 야마모토와 나구모는 서로 반대 파벌이었고 개인적으로도 불편한 사이였으니 미묘한 조합이 아닐 수 없었다.

야마모토가 진주만을 기습하려 했던 이유는 무엇이었을까? 군사사학자들은 상당 부분 개인적 트라우마가 원인이었다고 분석한다. 러일전쟁 초반의 뤼순항 전투에서 야마모토는 돌입 시점을 놓쳐 전투를 상당히 어렵게 끌고 갔다. 이 아픈 기억 때문에 야마모토는 '먼저 행동하면 반드시 이긴다'는 선수필승의 사고를 굳혔고, 그것이 진주만 공격이라는 행동으로 나타났다는 설명이다.

나구모는 또 어떠한가? 진주만 공격에서 1차, 2차에 걸친 작전을 성공적으로 마치고 마지막 숨통을 끊기 위한 3차 폭격을 시작하려던 찰나 그는 주저했다.

'3차 폭격으로 마지막 숨통을 끊을 것인가? 아니면 전함을 다 격파했으니 이 정도로 만족하고 전력을 보존한 채 귀환하는 게 옳은 선택일까?'

모함으로 귀환한 311대의 함재기 가운데 111대가 피탄된 상황에서 나구모는 지휘관으로서 고민에 빠졌다. 1차 폭격 때는 46대가 피격되었으나 2차 폭격 때 65대로 늘어난 것이 나구모의 불안감을 증폭시켰다. 함상폭격기의 50.8퍼센트가 피탄된 상황이었으니 충분히 주저할 만하긴 했지만 애초에 자국 항공모함 2척 격침, 2척 대파를 각오하고 실행한 작전이 아니던가? 나구모는 결국 미군의 전함을 다 격파했으니 '성공적 기습' 수준에서 만족하고 빠져나가자는 유혹을 이겨내지 못했다.

만약 그가 손실을 각오하고 3차 폭격대를 보내 진주만의 드라이 독과 잠수함 대피소, 저유시설 같은 전략시설을 폭격했더라면 태평양전쟁은 우리가 아는 것과 전혀 다른 방향으로 흘러갔을지도 모른다. 이 결정은 두고두고 일본의 발목을 잡았다. 만약 피해를 감수하고 3차 폭격대를 출격시켰다면 일본은 최소 2년이란 시간을 더 벌 수 있었다. 이후의 전쟁 상황을 봤을 때 일본 입장에서는 무척 아쉬운 대목이다.

물론 전후 결과를 다 아는 이들의 팔자 좋은 소리다. 당시의 현장 지휘관으로서는 고뇌에 찬 결단이었고 충분히 성과를 거뒀다고 보는 게 맞다. 애초 그들의 목표는 전투함이었고 나머지 목표는 부차적이었다. 게다가 피탄당한 기체가 늘어나고 있었고, 미국 항공모함이 보이지 않았다는 사실도 부담으로 작용했을 테다.

나구모의 소심함은 이후에도 계속 드러났다. 1942년 산호해 해전에서 그는 프랭크 플레처Frank Jack Fletcher 제독과 일전을 벌이며 제해권을 확보했음에도 자기 임무만 다하면 된다는 판단으로 미군 보급선의 하역 작업을 눈앞에서 보고도 그냥 돌아가 버렸다.

09 / 미국, 제2차 세계대전에 뛰어들다

"세계에서 가장 덜 위험한 열강"

진주만 공격을 당하기 직전 미국의 별명이다. 고립주의를 자청한 미국이었기에 어쩌면 '영광스러운' 별명이었는지도 모른다. 당시 루스벨트 대통령은 대서양 너머의 전쟁에 참전하고 싶었지만 미국 국민과 의회는 이를 원하지 않았다. 미국 의회는 진주만 공격 직전에 전시 징병제를 시행하는 법안을 표결에 부쳤는데 겨우 2표 차이로 통과되었다. 그러나 하룻밤 사이에 모든 것이 바뀌고 만다.

"앞으로 치욕의 날로 기억될 1941년 12월 7일, 어제 미합중국은 일본 해군과 공군으로부터 고의적인 기습 공격을 받았습니다. 미국은 일본제 국과 평화를 유지하고 있었으며, 일본의 요청으로 그들의 정부와 천황을 상대로 태평양에서 함께 평화를 유지하는 것을 목표로 하는 대화를 나누고 있었습니다.

일본 비행 편대가 미국 오아후섬에 폭격을 개시한 지 한 시간 뒤, 주미 일본 대사와 그의 동료는 우리의 국무장관에게 미국 정부의 최근 서한에 대한 공식 답변을 제출했습니다. 이 답변서는 외교 협상을 지속하는 것이 무의미하다는 입장을 밝히고 있지만 군사적 공격 혹은 전쟁과 관련한 협 박이나 암시는 포함하고 있지 않았습니다.

하와이에서 일본까지의 거리를 고려한다면 공격은 수일 혹은 심지어 수주 전부터 고의적으로 계획되었음이 명백합니다. 그 준비 기간에 일본 정부는 평화 유지를 희망하는 표현과 진술로 미국 정부를 기만했습니다. 하와이 제도에 대한 어제의 공격은 미 해군과 군사력에 심각한 피해를 입 혔습니다. 유감스럽게도 매우 많은 미국 국민이 희생되었음을 여러분께 알려드립니다. 덧붙여 샌프란시스코와 호놀룰루 사이의 공해상에서 미국 군함들이 어뢰 공격을 받았다는 보고가 들어왔습니다.

또한 어제 일본 정부는 말레이반도에 대한 공격을 개시했습니다. 어젯 밤 일본군은 홍콩을 공격했습니다. 어젯밤 일본군은 괌을 공격했습니다. 어젯밤 일본군은 필리핀 군도를 공격했습니다. 어젯밤 일본군은 웨이크

섬을 공격했습니다. 그리고 오늘 아침 일본군은 미드웨이 군도를 공격했습니다. 즉, 일본은 태평양 전역에 걸쳐 기습 공격을 감행한 것입니다.

어제와 오늘 벌어진 일들이 이를 증명합니다. 미국 국민은 이미 뜻을 굳혔고 우리나라의 생명과 안전에 초래된 결과를 잘 이해하고 있습니다. 미국 육군과 해군의 통수권자로서 본인은 국가 방위를 위한 모든 조치를 지시했으며, 이 조치는 모든 국민이 우리에게 가해진 침략의 성격을 기억하도록 할 것입니다. 우리가 이 계획적 침공을 격퇴하는 데 얼마의 시간이 걸리든 미국 국민은 정의로운 힘을 모아 완전한 승리를 거두게 될 것입니다.

최선을 다해 우리 자신의 방위를 위해 노력해야 할 뿐 아니라 이런 식의 배신행위가 앞으로 다시는 우리를 위협하지 못하도록 확실히 해두어야 한다는 나의 주장은 의회와 국민 모두의 뜻을 반영한 것이라고 믿는 바입니다. 앞으로 침략의 위협은 분명히 존재합니다. 우리 국민, 우리 영토, 우리 이익이 심각한 위험 사태에 처해 있다는 사실은 분명합니다.

우리 군대에 대한 신뢰와 우리 국민의 결연한 의지로 우리는 기필코 승리를 거둘 것입니다. 신의 가호를 빕니다. 본인은 1941년 12월 7일 일요일 일본의 일방적이고 신의 없는 공격이 개시된 시점에서 미국과 일본 사이에 전쟁이 시작되었음을 의회에서 선언해줄 것을 요청하는 바입니다."

– 1941년 12월 8일 루스벨트 대통령의 대일전 선전포고 연설문

'치욕의 날 연설Day of Infamy Speech'로 기억되는 루스벨트의 선전포고 연설문이다. 연설은 비장했다. 이 연설 직후 의회에서 '전쟁 참가법'을 표결에 부쳤는데 상원에서는 만장일치로, 하원에서는 388대 1이란 압도

적인 지지로 가결되었다. 하원에서 유일하게 반대한 의원은 공화당의 지넷 랜킨Jeannette P. Rankin 의원이었다. 이 의원이 특별히 일본에 호의가 있어서 반대표를 던진 것은 아니었다. 미국 최초의 여성 의원인 랜킨은 철저한 반전주의자였다. 제1차 세계대전 참전 결정 때 반대표를 던진 네 명 가운데 하나였고, 한국전쟁과 베트남전쟁 때도 반전 운동을 이끌었던 인물이다. 그녀는 일본과 벌이는 전쟁뿐 아니라 모든 전쟁에 반대했다. 그러나 상황은 제1차 세계대전 때와 달랐다. 미국 국민은 분노했고, 랜킨 의원은 신변 보호를 받아야 할 만큼 엄청난 비난에 직면했다.

미국 사회에 분노와 격정이 몰아쳤다. 이 거대한 감정의 소용돌이는 곧 '애국심'이라는 이름으로 그 형체를 완성했다. 너 나 할 것 없이 군대로 달려갔다. 미국인의 자진 입대율은 90퍼센트에 이르렀고 신체검사를 통과하지 못한 이들이 자살하는 상황까지 벌어졌다.

이 대목에서 꼭 짚고 넘어가야 할 것이 있다면 당시 일본군이 미군을 압도할 수 있다고 자신한 '정신력'에 관한 진실이다. 공업생산력을 비롯한 모든 사회 지표에서 압도적으로 미국에 밀렸던 일본이지만 그들에게는 황국 신민으로서 그리고 사무라이의 후예로서 미국을 압도하는 정신력이 있다고 선전했고 또 이를 굳게 믿었다.

그러나 정신력에서도 미군이 일본군에 밀릴 이유는 없었다. 태평양전쟁에 참전한 이들은 미군 역사상 최고의 정신력을 지니고 있었다고 해도 무방할 정도로 당시 미국의 인적 자원은 남달랐다. 순탄치 않았던 그들의 성장 환경이 이를 뒷받침한다. 그들은 미국 역사상 최악의 경제 위기라고 불리는 대공황 시기에 태어나고 자란 세대로 돈이 없어서 자식을 팔거나 가족이 해체되고, 술에 찌든 아버지가 삶을 포기하는 모습을 옆에서 지켜보기도 했다. 삶이 곧 전쟁터 같았던 그들은 어려운 시기를 지나오며 그만큼 더 단단해졌고, 상처를 이겨내는 법도 보다 성숙했다.

일본의 위정자들은 '개인주의가 만연한 미군은 정신적으로 나약하고 사치와 향락만을 좇는다'고 믿었다. 하지만 그들의 정신 상태는 쉽게 단정할 만큼 만만한 수준이 아니었다. 이는 전쟁 직후 그들이 보여준 행보를 보면 확인할 수 있다.

오늘날 전 세계에 하나의 환상으로 자리 잡은 '스위트 홈sweet home'은 제2차 세계대전에서 돌아온 군인들, 베이비붐 세대의 아버지들이 만든 이미지다. 어쩌면 그들의 피와 땀이 만든 백일몽 같은 현실이라고 해야 할지도 모른다. 아무리 행복한 가족이라도 그 안을 들여다보면 갈등과 고민이 없을 수 없다. 그러나 겉으로만 본다면 이 시기의 가정은 대부분 행복해 보였다. 유년 시절에 대공황을 겪으면서 생긴 공통된 트라우마가 그 원인이었다.

경제적으로 궁핍하고 가정적으로 음울했던 대공황기를 겪은 이들은 자식들이 자기가 경험해보지 못한 문명의 혜택을 누리고 따뜻한 가정에서 삶을 영위하는 것을 보며 대리만족을 느꼈다. 가장의 권위가 부정되더라도 자식을 위해 기꺼이 그 의무를 수행할 의지를 보였다. 여성들도 행복한 결혼과 단란한 가정의 꿈을 이루었다는 데 만족감을 느끼며 마음 한구석에 자리 잡은 의문을 애써 무시했다.

이들에게 대공황은 하나의 기준점이었다. 유년 시절을 잃어버린 대공황에 대한 보상 심리로 가정에 더 집착했고, 대공황기에 견주어보면 그래도 견딜 만하다며 불만족스러운 결혼생활도 유지했다. 이들은 공동체가 해체되는 경험을 한 세대였기에 공동체에 대한 그리고 자신의 가정에 대한 집착이 있었다. 어딘가에 소속되고 싶은 강렬한 욕구와 소속된 공동체를 지켜야 한다는 강력한 동기가 있었다.

이런 상황에서 일본이 선전포고도 없이 진주만을 공격했다. 일본은 미국에 대해 착각하고 있었다. 아니, 크게 오해하고 있었다.

음모론

제2차 세계대전을 둘러싼 수많은 음모론이 존재하지만, 백미는 미국의 진주만 공격 유도론이다. 루스벨트가 진주만 공격을 사전에 알고 있었으면서도 참전 여론을 형성하려고 일부러 한 방 맞아준 것이라는 의혹이다. 진주만에 정박해 있어야 할 항공모함을 모두 피신시키고 진주만에는 구식 전함들만 정박시켰다는 것이 그 증거로 제시된다. 또 루스벨트에게 여러 공격 정보가 사전에 보고되었다는 점을 거론하며 진주만 공격 유도론 혹은 묵인론은 힘을 얻었다. 그러나 이는 결과에 과정을 대입한 것일 뿐이다. 진주만 공격 유도론의 근거로 제시되는 부분을 중심으로 당시 상황을 좀 더 자세히 살펴보자.

① "진주만에 있어야 할 미 항공모함이 다른 곳에 있었다."

영화 〈연합함대 사령장관 야마모토 이소로쿠〉를 보면 승리에 환호작약하는 참모들에게 "이 작전은 실패했다. 항공모함을 놓쳤다"라고 말하는 장면이 나온다. 과연 그럴까? 우선 진주만 공격 직전까지 항공모함에 대한 미 해군의 인식을 생각해볼 필요가 있다. 그때까지 미 해군에서 최고의 전력으로 분류된 것은 '전함'이었다. 항공모함은 함대의 주력이 아닌 보조 전력으로 취급받았다(여타 국가의 해군에서도 마찬가지였다).

물론 항공기의 성능이 발전하면서 그 잠재력을 인정하는 세력이 등장했다. 이들의 목소리가 커지면서 미 해군 안에서도 전함을 옹호하는 세력과 항공기를 옹호하는 세력이 갑론을박 서로의 주장을 내세웠다. 폭격기가 바다 위에 떠 있는 표적함을 타격하자 전함 옹호론자들은 곧바로 반론을 펼쳤다. "대공포의 포화 속에서도 그렇게 폭격할 수 있을까? 연습 폭격 때는 대공포의 방해가 없지 않은가?"라며 전함 우위를 내세웠다. 그리고 전함이 항공기보다 효율적이란 사실을 강조했다.

"항공모함 함재기 30대가 출격해 떨어뜨리는 폭탄의 양보다 전함이 같은 시간에 발사하는 포탄이 더 위력적이고 수적으로도 우세하다. 그런데 유지 비용은 전함이 항공모함보다 훨씬 적게 든다."

시대가 변하기 전이었고 당시만 해도 여전히 해전의 패러다임은 거함거포주의였다. 대구경 함포를 장착한 전함들이 서로 마주 보고 포화를 교환하는 것, 그것이 해전이었다.

일본만이 예외였다. 그 예외도 비상상황에서 찾아낸 기책奇策이었다. 당시 일본이 보유한 전함은 건조 중인 전함을 포함해 12척이었는데 이를 가지고 진주만을 공격하는 건 무모해 보였다. 전함만으로 진주만을 공격하려면 진주만에 있는 미군 전함보다 적어도 같거나 더 많은 수가 필요했다.

이때 눈에 들어온 것이 영국 해군의 타란토 공습이었다. 이를 좀 더 확장하여 6척의 항공모함을 동원한 뒤 공중에서 어뢰를 투하해 전함을 폭침한다는 계획이었다. 패러다임이 조금씩 변해가긴 했지만, 딱 한 번밖에 검증되지 않은 방법이었다. 하지만 일본은 실낱같은 희망에 모든 함대와 자국의 운명을 내걸었다. 일본 해군은 '모험'을 감행했다.

미국이 진주만 공격 직후 일본의 항공모함 운용을 벤치마킹해 기동함대를 편성하여 태평양 레이스에 뛰어든 것을 보고 미국이 처음부터 항공모함의 중요성을 알고 있었다고 주장하는 이들도 있다. 하지만 이때 미 해군은 '항공모함밖에' 쓸 게 없었다. 그런데 그게 의외로 쓸 만하다는 사실을 확인했고, 이후 태평양 레이스에서 100척 이상의 항공모함을 찍어내는 결과로 이어졌다.

만약 미국이 정말로 항공모함의 가능성을 확인해 미리 준비했더라면 전쟁 전에 항공모함 함재기 개발을 완료했을 것이다. 진주만 공격 때까지 미 해군 항공모함에 배치된 함재기는 F2A 버펄로였다. 영국군은 이 버펄로를 수입해 동남아시아에서 일본군과 싸웠는데 일본의 주력 전투기 제로센과 하야부사에 완벽하게 밀리고 말았다. 이를 만회하기 위해 영국군은 버펄로의 방탄 설비와 무전기를 들어내고 기관총을 다운그레이드(무게를 가볍게 하여 기동성을 올리는 것)하는 등의 다이어트를 시도했다. 일본 전투기의 기동성에 대응하기 위한 눈물겨운 노력이었다고나 할까? 그러나 이런 노력은 실전에서 별 소용이 없었다. 아무리 다이어트를 해도 성능의 한계를 극복할 수는 없었기 때문이다.

버펄로의 안타까운 활약상을 본 미 해군은 결국 버펄로를 버리기로 했다. 대신 F4F 와일드캣을 채용하고 이를 보급했는데, 진주만 공격 직전에 와일드캣이 보급된 곳이라곤 엔터프라이즈 전투비행단뿐이었다. 물론 와일드캣이 제로센이나 하야부사 같은 일본 전투기를 확실하게 압도할 만큼 성능이 뛰어난 건 아니었지만 그래도 버펄로보다는 나았다. 끈질기게 잘 버텼다고 해야 할까? 태평양전쟁 초기와 중기에 미 해군이 버틸 수 있었던 것은 바로 이 와일드캣 덕분이지만, 압도적인 공중우세를 보여준 전투기는 아니었기에 저평가받기도 했다.

미 해군이 일본 전투기를 압도하는 기종을 확보한 때는 태평양전쟁의 승기가 미국으로 넘어온 시점이었다. 이때 등장한 F6F 헬캣과 F4U 콜세어는 질적인 면에서나 양적인 면에서나 일본군을 압살했다. "항공모함의 무기는 갑판이고, 그 갑판에서 날아오르는 전투기가 항공모함의 전투력이다"라는 말처럼 당시 미 해군은 항공모함에 대한 기대가 그리 크지 않았다. 그런데도 이 같은 음모론이 나온 것은 어디까지나 천운 덕분이었다.

진주만 공격 직전 항공모함들은 다 어디에 있었을까? 태평양함대에 배속된 새러토가는 샌디에이고 해군 기지에서 정비 중이었고, 렉싱턴은 진주만을 떠나 미드웨이로 항공기를 수송 중이었다. 그리고 대망의 엔터프라이즈는 본래 오전 7시 30분 진주만에 입항했어야 했지만 거친 파도 탓에 구축함의 보급이 늦어져 진주만에서 130킬로미터 떨어진 지점에 있었다. 만약 보급이 정상적으로 이루어졌다면 나구모의 공격에 엔터프라이즈 역시 격침당했을 확률이 높다.

② "진주만에 정박한 미군 전함은 모두 구식이었다."

이는 당연했다. 당시 열강은 전쟁을 막기 위해 워싱턴 해군 군축 조약을 맺고 건함 경쟁을 포기했다. 이 조약 덕분에 1921년부터 주력함의 톤수를 한정하고 1936년 일본이 탈퇴하기 전까지 신규 전함의 건조를 중단했다. 일본이 조약을 탈퇴하고 야마토급 전함을 건조하기 시작했을 때 미 해군도 부랴부랴 노스캐롤라이나급 전함을 건조했지만 1942년 6월이 되어서야 실전에 얼굴을 내보일 수 있었다. 미 해군이 보유한 전함은 태평양에 12척, 대서양에 12척, 총 24척이었지만 이 중 신규 전함은 고작 2척뿐이었고 그나마도 대서양에 있었다. 전함이 건조된 곳이 대서양에 접해 있는 버지니아의 뉴포트 조선소였기 때문이다.

③ "루스벨트는 일본의 모든 정보를 알고 있었다."

미국은 일본의 J시리즈 암호를 해독하고 있었다. 그러나 암호를 해독하는 것과 전쟁 정보를 알아내는 것은 달랐다. 말장난 같지만 당시 루스벨트와 전쟁 지도부는 수백 건이 넘는 엄청난 정보의 홍수에 빠져 허우적거리고 있었다. 국무성, 육군, 해군, 심지어 FBI 등에서 일본의 침공에 대한 정보가 흘러들어왔고 여기에는 가짜 정보도 섞여 있었다.

당시 워싱턴의 상황을 그대로 보여주는 정보가 하나 있다. 1941년 11월 27일 미 육군 참모총장 마셜George C. Marshall이 루스벨트에게 보고한 정보로 "일본군의 공격이 예상되는 지역은 버마, 태국, 말레이시아, 네덜란드령 인도차이나, 필리핀, 소련의 연해주이며 이 중 어느 곳을 공격할지는 정확히 알 수 없다"는 내용이다. 이처럼 육군 참모총장도 일본군의 공격 지점을 특정할 수 없었다. 분명한 건 수많은 정보 중에 진주만 공격에 대한 정보도 섞여 있었지만 묻혀버렸다는 사실이다. 그리고 진주만 공격 이후 그러한 정보가 '선견지명'으로 포장되어 빛을 보았고 음모론의 단초로 활용되었다.

예나 지금이나 의사결정권자에게는 수많은 정보가 전달된다. 이러한 정보 중에는 신빙성 있는 정보도 있지만 첩보 수준의 미확인 정보도 많다. 박정희의 5·16 쿠데타가 있기 몇 달 전에도 수많은 쿠데타 정보가 장면 정부에 전해졌지만 정보의 홍수 속에서 의사결정권자들은 이를 대수롭지 않게 넘겼다. 미국 역시 수많은 곳에서 각기 다른 정보가 올라왔지만 모든 정보에 신경 쓰고 반응할 수는 없었다. 여기에는 '설마' 하는 방심도 한몫했다.

결정적으로 '진주만'은 판돈이 너무 컸다. 미 해군 태평양 전선의 교두보로서 태평양함대의 저유시설과 해군 공창, 잠수함 기지가 있었다. 당시 저유시설에는 태평양함대 전체에 필요한 연료량의 두 달 치가 저장되어 있었는데, 이 정도면 태평양함대 전체를 고사시킬 수 있는 분량이었다. 만약 이 연료가 일본의 폭격으로 고스란히 날아갔다면 남은 함대가 어떻게 움직일 수 있었겠는가? 본토에서 수송함을 보낸다 해도 한계가 있었다.

진주만은 그 자체로 태평양의 전진 보급 기지였고 정비창이었다. 일본의 진주만 공격 직후 진주만의 저유시설이 멀쩡히 남아 있는 것을 보고 체스터 니미츠Chester William Nimitz 제독이 "저유시설은 목표로 삼기에 꽤 컸는데…"라며 쾌재를 불렀던 이유가 여기에 있다. 해군 공창, 드라이 독이 폭격당하지 않고 멀쩡했던 것도 이후 미 해군이 태평양 전선에서 작전을 펼치는 데 큰 도움이 되었다. 산호해 해전에서 중파당한 요크타운을 단 3일 만에 전선에 복귀시킬 수 있었던 것도 바로 이 드라이 독 덕분이었다.

그렇다고 일본 해군을 탓할 수만도 없다. 그들의 우선 목표는 전함과 함정이었다. 지도의 업데이트가 늦어진 탓에 애초에 저유시설은 목표로 표시되지 않았다. 드라이 독도 함재기의 일회성 폭격에 무너질 시설물이 아니었다. 이를 폭격해 사용 불능 상태로 만들려면 미군이 유럽 전선에서 했듯이 대형 폭격기를 동원해 융단 폭격을 해야 했다.

어쨌든 이 모든 시설물이 있는 진주만을 미국이 참전 명분을 위해 일본군에게 고스란히 내놓는다는 것은 미친 짓이다. 진주만 공격 이후 이 시설물들은 별 무리 없이 복구할 수 있었지만 미군이 태평양 전선에서 주도권을 잡기까지는 2년이란 시간이 걸렸다. 미드웨이 해전과 같은 일본군의 '실수'가 있었음에도 말이다. 아무리 미국이라지만 본격적인 전시 경제로 넘어간 것은 1943년부터였고 그때까지 미국은 태평양 전선에서 일본을 상대하는 데 적지 않은 부담을 느껴야 했다. 오죽하면 진주만 공격 직후 니미츠가 항공모함을 동원해 대규모 작전을 벌이려 했을 때 가장 힘들었던 점이 주변 참모들을 설득하는 일이라고 했을까? 그때까지도 미군이 태평양에서 동원할 수 있는 전력이라곤 고작 항공모함 몇 척이 전부였다.

진주만
공격 이후

일본은 파죽지세였다. 진주만 공격 직후 남방 작전을 펼치며 착실하게 동남아시아의 미국과 영국의 식민지를 점령해나갔다. 일본은 열광했다. 이대로 전쟁이 곧 끝날 것이라고 믿어 의심치 않았다. 이 부분은 잠시 생각해볼 필요가 있는데, 당시 일본 해군은 러일전쟁의 쓰시마 해전이후로 결전 사상에 매몰되어 있었다. 단 한 번의 함대 결전으로 전쟁의 향방이 결정되기에 '이 한 방에 모든 것을 걸겠다'는 생각이었다.

이 생각이 얼마나 무서운 것인지는 당시 일본 해군의 전쟁 준비를 살펴보면 알 수 있다. 그들에게는 만약을 대비한 '예비'라는 개념이 없었다. 증원이나 보충 없이 단 한 번의 불꽃 같은 전투에 모든 것을 불사르겠다는 생각으로 전쟁을 준비했다. 그래서 일본 해군의 인적·물적 토대는 모두 단 한 번의 결전에 맞춰져 있었다.

결과는 참담했다. 진주만 공격 이후 남방 작전을 준비하려고 보니 각 군항의 탄약 창고는 모두 텅텅 비어 있었다. 보병으로 치자면 정확히 1회 전투에 필요한 인원만, 탄약 역시 딱 필요한 분량만 맞췄기 때문이다. 일본 해군의 모든 군함은 정확히 필요한 분량만큼만 탄약을 갖추고 전쟁터에 나갔다. 예비란 없었다. 일본의 전쟁 지도부는 물론 민간에서도 이러한 생각은 대동소이했다.

진주만 공격과 뒤이은 남방 작전에 성공한 뒤 일본 외무성은 당연하다는 듯 강화 조약을 위한 준비 작업에 들어갔다. 외무성의 이런 움직임을 본 대본영과 육·해군의 전쟁 지도부는 격렬히 반대했다.

"이 정도 타격을 입혔으니 미국이 먼저 협상 테이블에 나올 것이다. 협상은 그때 가서 천천히 응해주면 된다."

동상이몽이라고 해야 할까? 아니면 정말 생각이 없다고 해야 할까? 자신들이 지금 무슨 짓을 저질렀는지 전혀 이해하지 못하고 있었다. 적을 줄여나가도 모자란 마당에 일본은 하염없이 적을 늘려갔다. 세계 최대의 인구 대국인 중국과 맞붙은 전선에서 허우적거리면서도 세계 최강의 공업생산력을 자랑하는 미국을 기습 공격했고, 뒤이어 영국과도 싸우고 호주와도 싸울 태세에 들어갔다. '미쳤다'라고 밖에는 달리 설명할 말이 없다.

이런 상황에서 일본군의 고질적인 군벌 문제가 다시 등장했다. 해군의 성공을 보면서 육군은 해군에 딴지를 걸었고, 해군은 그런 육군에 자신들의 전략을 강요했다. 다툼의 핵심은 '호주 점령'이었다. 해군은 호주를 점령하면 미국이 겁먹고 협상 테이블에 나올 것이라고 주장했지만, 정작 호주를 점령해야 할 육군은 자신들이 남방 작전으로 점령한 지역만으로도 미국은 충분히 협상 테이블로 나올 테니 지금은 남방 작전으로 확보한 동남아시아에서 기반을 다지면서 좀 더 지켜보자는 의견을 냈다. 육군이 조금 더 상식적으로 보이지만 여기에는 꼼수가 숨어 있었다.

진주만 공격과 뒤이은 싱가포르 전투에서의 일본 해군의 혁혁한 전과(영국 동양함대의 주력이 일본 해군 육상항공대에 무참히 박살 났다)에 육군은 조바심이 났다. 야마모토 이소로쿠는 군신軍神 반열에 올랐고, 해군의 쾌속 진격은 중국 전선에 발목 잡혀 있는 육군과 대조되었다. 이 과정을 지켜본 육군은 태평양 전선의 확대에 반대하기에 이른다. 태평양 전선을 현상 유지하고 그사이 중국 전선에서 승리한다면 스포트라이트가 다시 육군으로 향할 것이라 믿었기 때문이다. 한술 더 떠 해군의 야마모토는 육군과 함께 호주를 점령하고 하와이도 점령하면 미국이 협상 테이블로 나올 것이며 태평양전쟁은 조기에 끝난다고 주장했다. 누가 더 미쳤는지는 모르겠지만 이때까지 일본은 행복했다.

자폭

진주만 공격 이후 국제정세는 요동쳤다. 추축국이 제2차 세계대전에서 패배한 결정적 이유가 일본의 진주만 공격이라고 해도 과언이 아니다. 만약 미국이 제2차 세계대전에 참전하지 않았다면 전쟁의 향방은 어떻게 되었을지 가늠하기 어렵다. 물론 미국이 참전하지 않았더라도 추축국이 승리할 확률은 연합국이 승리할 확률보다 낮았다. 그렇지만 미국만 참전하지 않았더라면 추축국 입장에서는 한번 해볼 만한 전쟁이었다(미국의 전시 무기 대여법의 존재를 인정한다고 해도 말이다).

문제는 일본의 진주만 공격 나흘 뒤 독일과 이탈리아가 미국에 선전포고했다는 점이다. 당시 히틀러는 "이제 우리가 질 일은 없다. 우리에게는 3000년 동안 한 번도 전쟁에서 패한 적 없는 동맹국이 생겼다"라고 말하며 주변의 만류에도 미국에 선전포고했다. 독일의 외무장관 리벤트로프 역시 만류했다. 리벤트로프는 일본이 직접 공격당할 때만 독일이 일본을 도울 의무가 있다고 강조했다. 이 부분을 눈여겨봐야 하는데, 만약 그때 독일이 미국에 선전포고하지 않았다면 미국이 유럽 전선에 병력을 보낼 명분은 약해질 수밖에 없었다. 일본이 미국을 때렸는데 일본과 동맹국이라는 이유만으로 가만히 있는 독일을 공격한다? 제2차 세계대전에서 미국의 주 전선이 태평양이 아닌 대서양이었음을 생각해보면 미국에 대한 독일과 이탈리아의 선전포고가 얼마나 멍청한 짓이었는지 알 수 있다.

독일과 이탈리아가 일본의 진주만 공격과 이후 미국과의 전투에 소극적으로 반응하거나 아예 삼국 동맹을 파기했더라면 미국이 유럽 전선에 그렇게 깊숙이 개입하기는 어려웠다. 물론 경제 원조나 무기 대여법에 따른 비군사적 원조는 있었겠지만 미국의 대규모 참전은 막았을지도 모른다. 백번 양보해 독일이 선전포고하지 않았음에도 미국이 삼국 동맹을 빌미로 참전을 감행했을 수도 있지만 여기에는 맹점이 하나 있다. 미국은 민주주의 국가다. 내부 구성원이 동의해야 하므로 그들을 설득할 명분과 논리가 절실히 필요했다.

히틀러는 이러한 사실을 너무도 가볍게 무시했다. 욕심 때문이었다. 일본이 소련 등에 대신 칼을 꽂아줄지도 모른다는 헛된 기대로 가득했다. 동부 전선에서 쾌속 진격하던 히틀러가 러시아의 동장군과 진흙장군의 위력을 실감하던 때였다.

러시아에는 두 수호신이 있는데, 동장군과 라스푸티차распутица이다. 매서운 추위를 일컫는 동장군은 알아도 진흙장군이라고 불리는 라스푸티차는 생소할지 모른다. 라스푸티차는 봄 해빙기와 겨울이 되기 전 비나 눈이 내릴 때 모든 길이 진흙으로 뒤덮이는 현상을 말한다. 곳곳의 진흙 구덩이로 사람이나 차량 이동이 불가능해지면서 군대의 발이 묶여버린다. 나폴레옹도 당했던 러시아의 동장군과 진흙장군을 히틀러 역시 피하지 못했다.

그런데도 히틀러는 모스크바 100킬로미터 앞까지 군대를 진격시켰다. 그러나 딱 거기까지였다. 이런 상황에서 일본이 소련 뒤에서 칼을 뽑아 든다면? 하지만 히틀러의 이런 기대는 망상에 불과했다. 일본은 노몬한 전투를 잊지 않았다. 결국 추축국은 각자도생하게 된다.

웃음 짓던
영국

"이제 우리 연합군이 이겼다."

일본의 진주만 공격 소식을 전해 들은 윈스턴 처칠의 한마디다. 미국이 참전하면 전쟁은 곧 연합군의 승리로 끝난다고 믿어 의심치 않았다. 사실 양차 세계대전에서 영국이 승리할 수 있었던 이유는 단 한 가지, '미국의 참전'이었다.

영국은 미국의 참전을 유도하기 위해 사활을 걸고 모든 방법을 동원했다. 흔히들 선전선동의 위력을 이야기할 때면 독일 제3제국의 괴벨스Paul Joseph Goebbels를 언급하곤 한다. 또 오늘날 광고 산업이 발달할 수 있었던 이유도 괴벨스에게서 찾는다. 하지만 선전선동을 전쟁에 적극적으로 활용한 것은 제1차 세계대전 당시 영국과 미국이었다. 그들은 선전선동으로 전쟁에서 이겼다.

제1차 세계대전 중 영국은 정부 정책을 선전하는 거대한 조직, 영국 정보성을 만들었다. 그리고 참전을 원했던 미국의 윌슨 대통령도 그에 상응하는 조직을 만들었다. 일반에는 크릴위원회Creel Commission로 알려진 대중정보위원회Committee on Public Information이다. 하지만 윌슨 대통령의 생각과 달리 미국 대중은 전쟁에 참여하고 싶은 생각이 전혀 없었다. 영국은 미국만 참전하면 전쟁에서 이길 수 있다고 믿었기에 영국 정보성은 모든 역량을 동원해 미국을 전쟁에 끌어들이려 했다. 그들은 미국의 '국가 엘리트'들을 목표로 삼았다. 크릴위원회의 목표 또한 같았다.

"의사결정권자인 엘리트들을 선동해 전쟁에 참여한다."

아주 단순하면서도 확실한 목표였다. 선전선동은 성공했고 미국의 제1차 세계대전 참전은 "인류 역사상 처음으로 군사적·경제적 이익이 아닌 국가 엘리트들의 결정에 따라 전쟁이 시작되었다"라는 자체 평가를 낳았다. 이는 사실이었다. 제1차 세계대전이 끝나고 미국 국민은 참전으로 손해만 봤다고 생각했다. "영국과 프랑스가 미국을 이용해 자신들의 이익을 챙긴 전쟁이 제1차 세계대전이다. 다시는 이런 멍청한 짓을 해서는 안 된다"라며 자성의 목소리를 높였다.

대공황으로 촉발된 파시즘이 온 유럽을 불태우던 1930년대에 미국은 불안했다. 사람들은 "제1차 세계대전 같은 전쟁이 또 터질지 모르니 대비해야 한다"고 말했다. 또다시 원치 않는 전쟁에 말려드는 게 두려웠던 미국은 애초에 전쟁에 참여할 빌미를 없애겠다는 강력한 의지를 보였다.

1935년 8월 미국은 교전국에 대한 무기 판매는 물론 미국인의 교전지역 여행을 제한하는 '중립법Neutrality Act'을 만들었다. 이 법률은 해마다 강화되었는데, 유럽에서 전쟁이 나든 말든 앞으로 미국이 전쟁에 참여할 일은 없다는 뜻을 분명히 밝혔다. 하지만 국제정세는 하루가 다르게 악화되었고 루스벨트는 이런 상황을 지켜볼 수만은 없었다. 이대로 고립주의를 유지했다가는 유럽의 불길이 대서양을 넘어올 수 있다고 판단했다. 그러나 미국 국민은 요지부동이었다. 루스벨트는 전쟁이 시작된 1939년 중립법을 개정하기 위해 온 힘을 기울였지만 미 의회는 완고했다.

"제1차 세계대전으로 미국이 얻은 이익이 무엇인가? 또다시 전쟁터에 우리 젊은이들을 밀어 넣으려 하는가?"

미국인들의 고립주의는 루스벨트의 생각보다 단단했다. 이런 상황에서 일본은 진주만을 공격했고 독일은 아무 생각 없이 덩달아 미국에 선전포고했다.

영국은 구원받았다. 아니, 승리할 수 있게 되었다.

10 / 전통이란 이름의 살인, 무사도

태평양전쟁 당시의 일본군을 설명해주는 문건이 하나 있는데, 바로 '전진훈戰陣訓'이다. 전세가 기울어지던 1944년 시작된 가미카제 자살공격과 포로가 되는 치욕 대신 자살을 선택한 수많은 일본 병사의 모습은 미국인들이 보기에 상식 밖이었다. 부대 전력의 50퍼센트가 소모되면 더 이상의 무의미한 전투 대신 후퇴나 항복을 고민하는 것이 상식적인 지휘관의 자세다. 그러나 일본군은 유리한 상황에서 만세돌격을 했고 불리한 상황에서 옥쇄玉碎를 선택했다.

일본의 기상천외한 자살특공병기는 붕어빵 찍어내듯 등장했고 종류도 다양했다. 자살공격용 유인어뢰 카이텐回天, 자살인간기뢰 후쿠류伏龍, 자살특공보트 신요震洋, 인류 최초이자 최후인 자살특공기의 결정체 유인유도식 대함 미사일 오카櫻花까지 수많은 특공병기가 전선에 등장했다. 일본 본토에 다가갈수록 그들의 활약과 전투는 더 격렬해졌고 그에 비례해 미군 사상자도 기하급수적으로 늘어났다. 트루먼Harry S. Truman 대통령이 취임한 후 3개월 동안 발생한 미군 희생자가 태평양전쟁 3년 동안 발생한 희생자 수의 절반에 육박한다는 통계가 이를 증명한다. 미군은 두려움과 동시에 의문이 들었다.

'저들은 왜 저렇게까지 싸우는 걸까?'

그것은 전진훈이라는 전투 규범 때문이었다. 도조 히데키가 메이지 천황의 군인칙유軍人勅諭를 구체적으로 실천한다는 명분으로 만든 이 희대의 괴문서는 태평양전쟁을 단적으로 규정해주는 문건이다. 1941년 1월 8일 등장한 전진훈은 태생부터 일본군의 한계를 드러냈다. 표면적으로는 일본 장병이 전장에서 지켜야 할 행동과 전투 규범을 정리했다고 하지만 그 시기에 주목해야 한다. 1941년 1월은 중일전쟁이 장기화하면서 일본이 국민을 통제하고 국가총동원 태세를 준비하던 시기이자 태평양 전선의 전운이 고조되던 때였다. 이런 상황에서 동요하는 군심을 다잡고 군기를 세울 필요가 있었다. 아울러 일본군이 미군보다 우월하다고 내세울 수 있는 단 하나의 특기(일본의 생각일 뿐이지만)인 '정신력'을 갈고 닦아야 했다. 이때 등장한 이가 근대 일본의 국가 이념을 완성했다고 평가받는 이노우에 데쓰지로^{井上哲次郎}이다.

무사도가
전진훈이 되기까지

우리가 생각하는 일본은 '무사도^{武士道}의 나라'다. 벚꽃 같은 죽음을 생각하며 여차하면 배를 가르는 '순사^{殉死} 찬양'의 문화를 먼저 떠올리지만, 이는 잘못된 편견이다. 에도 시대의 통치 이념은 조선에서 건너간 주자학이었다. 임진왜란 때 일본에 포로로 끌려갔던 강희맹^{姜希孟}의 5대손인 수은 강항^{睡隱 姜沆}이 몇 년간 체류하면서 일본 주자학의 문을 열었다(강항이 일본 주자학의 시조라는 사실은 일본도 인정하는 부분이다).

에도 막부 시절 그들은 주자학을 근간으로 한 유교 사상을 바탕으로 나라를 다스렸다. 우리나라의《춘향전》처럼 일본의 국민 시대극이라고 할 수 있는《추신구라^{忠臣藏}》를 살펴보면 극 중 인물들은 와신상담하다가 결전의 순간 모든 것을 버리고 주군의 원수를 갚는다. 그리고 47명 모두 할복을 결심하는데, 이들은 사무라이라면 당연히 알고 있어야 할 '할복' 방법을 몰랐다. 어떻게 배를 가르고 가이샤쿠^{介錯}(배를 가르면 고통을 덜어주기 위해 목을 쳐주는 사람)가 언제 목을 쳐주는지 아는 사람이 없었다. 결국 막부에서 파견 온 막신들이 할복 방법을 일일이 가르쳐준 다음에야 배를 가를 수 있었다. 분명한 사실은 당시 일본의 통치 이념은 주자학이었고, 오늘날 대중매체에서 그려내는 사무라이 문화는 없었다는 점이다.

또한 그 시절 일본은 농업을 근간으로 한 관료제 국가였다. 중앙집권 국가였던 조선과 딱 하나 다른 점이라면 일본이 막번幕藩을 근간으로 한 지방분권 국가였다는 점이다. 그러던 일본이 흑선이 들어오면서 개항을 하고 메이지 유신을 맞이하면서부터 무사도는 '버려야 할 전근대의 유산'이 되었다. 겨우 흔적이나마 남아 있던 무사도가 과거의 유물로 전락한 것도 모자라 청산해야 할 과거로 치부되었다. 그러나 이 청산해야 할 과거는 청일전쟁을 기점으로 부활했다.

청일전쟁으로 동북아 패권 국가로 등장한 일본은 국가의 정체성을 규정할 '국가 이념'이 필요했다. 이때 도쿄대 철학과 교수였던 이노우에 데쓰지로가 들고나온 것이 '무사도'였다. 1890년대부터 일본은 해마다 한 권 이상 무사도 관련 책자를 출간했고, 군국주의가 사회 전반에 퍼지게 되었다. 러시아와의 일전을 준비하고 전쟁에 나선 1901~1905년에는 47권이나 되는 무사도 관련 서적이 쏟아져나왔다. 이때 이노우에는 《일본의 영혼, 무사도》라는 책을 집필하여 많은 애독자를 거느리게 되었다. 이 책에서 이노우에는 무사도를 서양의 기사도와 비슷한 개념으로 설명했고, 청일전쟁의 승리 역시 무사도 정신 덕분이라고 포장했다(이노우에는 원어민 수준의 영어를 구사할 수 있었기에 이 책은 무리 없이 영어로 출판되었고, 루스벨트 대통령을 비롯해 수많은 영미권 독자의 사랑을 받았다. 루스 베네딕트Ruth Benedict의 《국화와 칼》에도 이 책에 대한 언급이 등장한다).

에릭 홉스봄Eric Hobsbawm은 《만들어진 전통》에서 '전통'이란 국가나 특정한 목적을 가진 정치집단의 필요에 따라 후대에 만들어진 것이라고 이야기한다. 가령 스코틀랜드의 킬트Kilt는 18~19세기에 만들어졌으며, 영국 왕실의 고색창연한 마차 행렬도 '1000년 전통'이라는 자랑과는 달리 19세기 후반에나 만들어졌다.

무사도 역시 마찬가지이다. 근대로 넘어오는 국민국가 형성기에 나라마다 하나의 통과의례처럼 전통을 '창조'해냈다. 경제적·사회적·정치적 차이를 봉합해낼 하나의 '상상된 공동체'를 만들고 이를 국민 개개인의 머릿속에 주입해 하나의 민족, 하나의 국가를 만들어야 했다. 그래야지만 국민을 쉽게 통제하고 자신들의 '이익'을 추구할 수 있기 때문이다. 아무것도 모르는 일본 국민은 이 조작된 민족, 만들어진 전통에 속아 기꺼이 사지로 뛰어들었다.

독재자들이 역사 교육에 집착하는 이유도 바로 여기에 있다(광화문에 이순신 동상이 세워지고 이순신 장군 신격화 작업이 시작된 것은 박정희 정권 때였다. 민족의 영웅 이순신 장군을 폄하할 의도는 없다. 다만 그 이미지를 후대의 누군가가 자신의 정치적 목적을 위해 활용하고, 그 조작된 이미지에 현혹되어 현실을 외면하는 것은 다른 문제다). 일본도 이런 '상상된 공동체'가 필요했기에 전근대의 버려야 할 유산을 재활용하기로 했다. 무사도는 그렇게 태어났다.

이 무사도의 제국주의 버전이 전진훈이다. 도조 히데키와 군부가 초안을 잡은 전진훈은 곧바로 이노우에와 야마다 요시오山田孝雄, 일본 근대 문학을 대표하는 시인이자 《파계破戒》《신생新生》 등의 작품을 남긴 소설가 시마자키 도손島崎藤村의 손을 거친다. 시마자키의 첨삭 덕분인지 전진훈은 현란한 수사법과 유려한 문체, 전체주의적 도그마의 완성판 격인 이념의 일관성과 명징함을 확보했다. 아래는 전진훈의 주요 부분이다.

제1장

제1조(황국)

대일본은 황국이다. 만세일계의 천황이 위에 계시며 조국의 황모를 이어받아 무궁하도록 군림하신다. 황은이 만민에게 미치고 성덕이 팔굉에 빛난다. 신민 또한 충효용무忠孝勇武한 조손이 서로 받들어 황국의 도의를 선양하고 천업을 익찬하며, 군민일체로써 국운의 융창을 다한다. 전진의 장병은 마땅히 우리 국채의 본의를 체득하여 굳은 신념으로 맹세코 황국 수호의 중대한 임무를 완수해야 할 것이다.

제7조(필승의 신념)

믿음은 힘이다. 스스로 믿고 의연히 싸우는 자는 항상 승자다. 필승의 신념은 천마필사의 훈련으로 생긴다. 모름지기 촌각을 아끼고 고심 전력하여 반드시 적을 이기는 실력을 함양해야 한다. 승패는 황국의 성쇠와 관련된다. 빛나는 군의 역사에 비추어 백전백승의 전통에 대한 자신의 책무를 명심하여 승리하지 않으면 결코 그만두지 말아야 할 것이다.

제2장

제6조(책임)

임무는 신성하고 책임은 지극히 귀중하다. 일업일무에 소홀하지 말고 심혼을 경주하며, 일체의 수단을 다하여 임무 달성에 유감이 없도록 하라. 책임을 중시하는 자는 진정으로 전장의 최대 용자다.

제7조(생사관)

생사를 관통하는 것은 숭고한 헌신봉공의 정신이다. 생사를 초월하여 일의 一意 임무와 완성에 매진해야 한다. 심신일체의 힘을 다하고, 태연하게 유구한 대의를 위해 살아가는 것을 즐거움으로 느껴야 한다.

제8조(명예를 아낄 것)

수치를 아는 자는 강하다. 항상 향당가문鄕黨家門의 면목을 생각하고, 유유분려悠悠奮勵하여 그 기대에 부응해야 한다. 살아서 포로의 치욕을 당하지 말 것이며, 죽어서 죄화의 오명을 남기지 말라.

제2장의 제6~8조를 보면 태평양전쟁 당시 일본군의 광신적인 만세돌격과 옥쇄의 이유를 알 수 있다. 책임을 강조하며 "임무 달성에 유감이 없도록 하라" 하고, 죽음을 말하면서 "태연하게 유구한 대의를 위해 살아가는 것을 즐거움으로 느껴야 한다"고 말한다. 또 명예를 말하며 "항상 향당가문의 면목을 생각하고"라고 압박한다. 여기에 개인은 없다. 오로지 전체주의 국가인 일본의 부속으로 살아가는 '인적 자원'만 존재한다. 특히 '유구한 대의를 위해 살아가는 것의 즐거움'을 태연하게 말하는 모습에서는 모골이 송연해진다. 일본은 이런 식으로 병사들을 교육했고 이를 확대해 일본 사회 전체로 퍼뜨렸다.

문득 폴 발레리Paul Valery의 잠언이 떠오른다.

"용기를 내어 생각하는 대로 살지 않으면 머지않아 사는 대로 생각하게 된다."

일본 국민은 사는 대로 생각하게 되었고, 그 결과는 파국이었다. 불과 20여 년 전 다이쇼 데모크라시의 훈풍을 이끌어냈던 일본 국민은 국가의 부속품이 되어 전장의 총알받이로 나서게 되었다.

안타까운 사실은 일본인의 고통이 전진훈에서 끝난 게 아니라는 점이다. 1945년 4월 일본의 패망이 눈앞으로 다가온 그때, 일본 육군대신 아나미 고레치카는 5개 조항으로 만든 결전훈決戰訓을 들고나와 전군에 공포했다. 한마디로 '자살돌격'을 강조하는 내용이었다.

1. 황군장병은 성유聖諭 준수에 매진해야 한다.
2. 황군장병은 황토를 사수해야 한다.
3. 황군장병은 믿고 기다릴 줄 알아야 한다.
4. 황군장병은 육탄 정신에 철저해야 한다.
5. 황군장병은 1억 전우의 선구가 되어야 한다.

어떠한 전략 방침이나 전술 지침도 없다. 그저 형이상학적 수사만 남발하며 육탄 정신을 강조할 뿐이다. 결국 나가서 싸워 죽으라는 소리다.

닭이 먼저인가
달걀이 먼저인가

전진훈과 결전훈을 보면 알겠지만 일본군은 정신력을 강조했다. 왜 그랬을까? 여러 이유가 있겠지만 '과거의 성과를 비판 없이 답습하는 것'

과 '공업생산력의 한계' 두 가지로 정리할 수 있다. 이 둘을 간단히 하나로 정리하자면 '일본이 (상대적으로) 가난했기 때문'이다.

일본이 아무리 신흥 강국이라 해도 후발 주자인 데다 공업생산력도 세계열강에 비해 뒤떨어질 수밖에 없었다. 이렇다 보니 한정된 자원을 효율적으로 활용해야 한다는 부담을 안고 전쟁에 임해야 했다. 물자는 귀했고 사람은 그보다 덜 중했다. 일본은 군대를 양성하는 스타일과 전쟁 전략 자체가 남달랐다. 가난하기에 소수 정예의 강군을 지향했고 전쟁도 단기 결전을 선호했다. 오늘날 이스라엘군을 보는 느낌이랄까? 그러나 이스라엘군은 소수 병력을 최대한 보존하고자 병사들 방호에 애쓰지만, 과거의 일본군은 그런 게 없었다.

하지만 전쟁이 길어지고 국민을 총동원하는 총력전으로 변모하면서 이야기는 묘하게 뒤틀리고 만다. 일본 해군과 육군은 병사 양성 목표가 달랐다. 그러나 그런 목표를 추구한 이유는 똑같다. 다 일본이 가난하기 때문이었다.

우선 해군을 보자면 이들은 '장인匠人'이나 '명인名人'을 만드는 데 목숨을 걸었다. 예컨대 일본 해군은 진주만 공격을 대비해 1941년 10월부터 하와이와 지형이 비슷한 가고시마에서 어뢰와 폭탄 투하 훈련을 했다. 일본 해군은 포술의 장인, 어뢰 투하의 명인, 사격의 달인을 양성하는 데 모든 것을 걸었다. 명중률을 높이는 기술의 발달을 추구하거나 압도적 물량으로 목표를 제압하는 방식이 아니라 개개인의 능력을 한계치까지 끌어올려 일발필중一發必中의 능력을 배양하는 데 초점을 맞췄다. 인간을 부속으로 생각한 결과다. '생활의 달인'을 키워낸다고나 할까?

그런데 어뢰 투하의 명인이나 포술의 장인이 태어나 나이 먹을 때까지 자연스럽게 일상생활에서 그 일만 한다면 모를까 이들의 활동 무대는 전쟁터다. 전쟁은 아무리 적은 수라도 병사의 소모가 발생한다. 장인이나 명인을 키워내는 데는 시간이 오래 걸리지만 죽음은 한순간이다. 결국 초기의 압도적인 성공을 계속 이어나갈 인적 자원은 고갈되고 만다. 진주만 공격 당시 예술과도 같았던 어뢰 투하와 폭탄 공격, 곧이어 남방 작전에서 보여준 전투기 조종사들의 기량은 시간이 지날수록 쇠퇴할 수밖에 없었다. 아무리 베테랑이라도 전쟁터에서는 내일을 장담하기 힘들다. 베테랑의 빈자리를 신병들이 채우면서 일본 해군의 신화는 급격하게 무너지고 말았다.

해군이 달인을 키우기 위한 교육에 열을 올릴 때 육군은 백병전 훈련에 모든 것을 걸었다. 러일전쟁 때 일본군은 기관총과 철조망, 중포와 벙커로 둘러쳐진 203고지로 무모한 총검돌격을 반복했다. 이 생각 없는 총검돌격은 청일전쟁 때문이었는데, 당시 '당나라 군대'라 불린 청나라 군대와 벌인 전투에서 효과를 봤던 경험이 있어서였다. 보통 이런 경우 전쟁을 교훈 삼아 무모한 백병전이나 만세돌격을 지양하는 쪽으로 교리를 손봐야 하지만 일본군 지도부는 이를 무시했다. 어쨌든 전쟁에서 승리했고 일본은 여전히 가난했기 때문이다. 잘 구성된 화력 거점을 공격하기 위해서는 압도적인 화력으로 박살 내야 하는데 그런 식으로 공격하기에는 일본의 공업생산력이 여의치 않았다.

이런 일본 육군의 상황을 잘 보여준 무기가 11년식 경기관총이다. 보통 제2차 세계대전의 경기관총 하면 미국의 BAR^Browning Automatic Rifle이나 영국의 브렌^Bren을 떠올릴 것이다. 이 기관총들은 상자형 탄창을 달고 있는데, 신나게 연사한 다음 탄창을 바꿔 끼우면 다시 반복 연사를 할 수 있었다.

그렇다면 일본의 무기는 어땠을까? 11년식 경기관총은 특이하게도 상자형 탄창이 아니라 소총탄 클립 6개를 포개 넣는 방식이었다. 5발짜리 스트리퍼 클립을 상자에 차곡차곡 넣은 뒤 덮개를 닫고 장전해 줬다. 소총탄을 그대로 활용하고, 탄창이나 탄띠가 필요하지 않을 만큼 부피가 작아 휴대가 용이했다. 그러나 이 기관총은 잔 고장이 많기로 유명했다. 소총탄을 그대로 활용한다고 하지만 얇은 탄피에 비해 기관총의 가스압이 너무 높아 연발 사격을 할 때면 탄피가 찢어졌다. 이런 결함 때문에 결국 일본군은 장약량을 줄인 전용탄을 개발해야 했다. 애초 보급의 편의를 내세웠던 총인데 장점이 사라져버렸다.

원래 이 기관총은 탄창을 사용하는 평범한 경기관총으로 설계되었다. 그러나 일본 군부가 탄창이 너무 비싸다며 저렴한 쪽으로 개발하라고 총기 설계자 난부 키치로를 압박했고, 그 결과 송탄 구조의 경기관총이 탄생했다. 재미난 사실은 11년식 경기관총의 후계 기종이라고 할 수 있는 96식 경기관총은 평범하게 탄창을 사용했다는 점이다.

이처럼 일본군은 비용에 민감했고, 그 민감한 정도에 비례해 인명 경시 풍토가 만연했다. 자동소총이나 경기관총처럼 탄환 소모가 많은 무기에 특히 예민해서 대신 병사들 손에 수류탄과 대검을 쥐여주었다.

"총탄이 없어지면 총검으로 돌격하라. 총검이 부러지면 맨주먹으로 대결하라. 주먹이 깨지면 이로 적을 물어라. 한 명이라도 더 처치하라. 한 명의 적병이라도 더 처치하여 미국을 격쇄하자. 몸이 부서지고 심장이 멎으면 혼백이 되어 적진에 돌격하라."

태평양전쟁을 설명할 때 자주 언급되는 야마사키 야스요山﨑保代 대령이 남긴 훈시다. 그 유명한 알류샨 열도의 애투섬 혈전 직전에 2370명의 병사들에게 했던 말이다.

애투섬은 미국 알래스카와 일본 홋카이도 사이에 있는 알류샨 열도 서쪽 끝에 있는 섬이다. 1942년 일본군은 이 섬을 점령했는데, 미군은 1943년 5월 12일 이 섬의 탈환 작전에 들어갔다. 일본군은 보병 2개 대대, 공병 1개 대대, 선박공병 1개 소대, 산악포 6문, 고사포 17문, 기관포 10문이 전부였다. 그들의 머리 위로 미군의 폭격이 이어졌다. 누가 봐도 명백히 지는 전투였고 인도적 관점에서 봐도 항복이 당연했다.

그러나 야마사키 대령은 18일간 결사 항전했다. 전투가 끝나기 하루 전인 5월 29일 그는 방어선에 남은 부상자들에게 청산가리를 탄 물을 마시게 하고, 잔존 병력 140명을 추슬러 연합군 진지에 대한 최후의 돌격을 감행했다. 태평양 전선 최초의 옥쇄가 행해지고, 이어지는 일본군 집단 자살 레이스의 서막을 올린 전투였다. 이 상황을 그린 작품이 도쿄미술학교 출신의 종군화가 후지다 츠구하루藤田嗣治의 〈애투섬의 옥쇄〉다. 비장미? 무사도? 기왓장처럼 너절하게 부서지느니 구슬이 깨지듯 산산이 흩어지는 것이 고결한 죽음이고 죽음의 미학일까?

아무리 정신교육을 강하게 받아도 인간이기에 가질 수밖에 없는 공포와 두려움을 일본군은 어떻게 이겨냈을까? 일본은 옥쇄와 특공에 대해 말하고, 물리적 화력의 격차를 정신력 강화로 극복할 수 있다고 선언했다. 그러나 그러한 정신력이 '말'만으로 강화될 수 있었을까? 결국 야만적이고 무자비한 폭력이 동원되었다. 일본은 병사들의 정신력 강화를 위해 군대 안에서의 엄청난 폭력을 모두 허용했다.

"이어서 선임들이 온 힘을 다해 신병의 둔부를 '군인 정신 주입봉'으로 구타하는 음침한 소리가 밤하늘에 울려 퍼진다. 다음 날 목욕을 하려고 보면 각 부대원의 둔부가 보라색으로 부어올라 있었다. 꽁무니뼈가 부서져 사망한 동료도 있었다."

태평양전쟁 당시 구레鳴市(제2차 세계대전 때 동아시아 최대의 군항)의 방공지휘소에서 근무했던 미야우치 간야의 증언이다(전쟁이 끝난 뒤《아사히신문》을 통해 알려졌다). 정신력을 강조하기 위해, 그 정신력으로 승산 없는 전쟁을 끌고 가기 위해 일본군은 육·해군을 가리지 않고 폭력을 행사했다. 가난하기 때문에 정신력을 내세우고, 그 정신력을 가다듬기 위해 폭력을 행사하는 악순환은 전쟁이 끝날 때까지 이어졌다. 이 폐습은 일본 해상자위대와 한국군에 고스란히 이어져 정신교육과 군대의 악습으로 자리 잡았다(유독 해상자위대에서 심한 이유는 육상자위대와 항공자위대는 부대 해체 후 창설된 반면 해상자위대는 구 일본 해군을 그대로 이어받아 창설되었기 때문이다).

11 / 맥아더의 오만과 필리핀 전장

태평양전쟁 때 치러진 수많은 전투와 그 전투의 무대가 된 전장 가운데 일본의 상황을 가장 잘 보여준 전장은 어디일까? 단연 필리핀이라고 본다. 일본의 흥망성쇠는 물론 태평양전쟁 당시 일본의 기본 전략, 군정軍政의 실패, 대동아공영권의 허상, 일본군의 학살과 온갖 만행, 미국의 '사형 선고'까지 총망라해 보여준 곳이 바로 필리핀이기 때문이다. 태평양전쟁의 축소판이라고나 할까? 필리핀 전장을 이해하면 태평양전쟁을 이해할 수 있다.

맥아더와
바탄 전투

태평양전쟁 직전 맥아더는 신생 필리핀군의 군사 고문이자 최고사령관이었다. 덤으로 필리핀 육군 원수 계급도 있었는데, 여러모로 필리핀과 인연이 있던 인물이다. 그의 아버지는 필리핀 군사령관을 지냈고, 그 자신도 젊은 시절 필리핀에서 두 차례나 근무했다.

　맥아더는 제1차 세계대전의 영웅이었다. 당시 30대의 나이로 사단장을 맡았고, 미군 사단장 가운데 가장 많은 열다섯 개의 훈장을 받았다. 그러나 대공황 시기에 퇴역 군인들이 1945년에 지급하기로 한 보너스를 조기 지급해달라고 평화적으로 시위한 적이 있는데, 탱크를 동원해 시위대를 밀어버릴 만큼 맥아더는 매우 독선적인 성격이었다(게다가 그 지휘를 패튼George Smith Patton 소령에게 맡겼다. 제2차 세계대전 당시 미친개처럼 날뛰던 그 패튼 말이다). 수석 부관인 아이젠하워가 뜯어말렸지만 맥아더는 보너스를 받기로 한 퇴역 군인 가운데 참전용사는 10퍼센트도 안 될 것이며 심지어 이들 모두 공산혁명을 일으키려고 일을 꾸미는 '빨갱이'

라고 주장했다. 물론 이들은 빨갱이도 아니었고 대부분 실제로 복무했던 퇴역 군인이었다. 이들은 그저 배가 고파서 보너스를 미리 지급해달라고 요구했을 뿐이었다.

이 사건은 맥아더가 군문軍門을 '잠시' 떠나는 단초가 되었다. 대공황의 한가운데에서 먹고살기도 힘겨운 마당에 군대에 배정된 예산이 감축되는 건 당연지사였다. 맥아더는 즉시 반발했고 결국 대통령과 충돌하며 최연소 육군 참모총장 자리에서 물러나 군사 고문 자격으로 가족들과 함께 필리핀으로 떠났다.

맥아더는 필리핀에서 왕처럼 살았다. 필리핀 최고의 호텔인 마닐라호텔 최상층에서 지내며 이곳저곳에 투자하는 등(마닐라 호텔의 경영에도 참여하고 광산 사업의 대주주로 활약했다) 유유자적한 삶을 살았다. 그러다 미국과의 전쟁을 준비하는 일본의 계획이 점점 구체화하던 시기에 필리핀 방면 최고사령관으로 발령 나 필리핀 방어 부대를 지휘했다.

당시 필리핀의 전력은 미군 3만 명, 필리핀군 12만 명으로 일본군 침공 부대 4만 3000명보다 훨씬 많았다. 놀라운 건 필리핀으로 진격한 일본군 가운데 전투 병력은 16사단과 48사단, 65여단, 4전차연대, 7전차연대 등 총 3만 5000명 정도였다는 사실이다(나머지는 수송과 항공 부대였다). 그나마 3만 5000명의 병력도 정예 병력이 아니라 일본 내에서도 2선급으로 분류된 부대였다.

그런데도 맥아더는 일본군에 판판이 깨져 호주로 도망쳐야 했다. 왜 그랬을까? 절대적으로 그의 무능함이 원인이었다. 그가 인천 상륙 작전으로 대한민국과 이승만 정권을 살려낸 건 사실이지만 필리핀에서의 방어전은 무능과 방심으로 점철된 오욕의 역사였다. 당시 전황과 맥아더의 대응을 간단히 정리해보면 다음과 같다.

① 1941년 12월 8일 맥아더는 진주만 공격 소식을 전해 듣고 필리핀에 전개 중인 미군의 전략폭격기와 전투기 등을 한군데 모았다. 일본을 공격할 대대적 작전을 펼치려고 했으나 작전을 개시하기도 전에 날아온 일본 해군 항공기 195대에 모두 격파당했다. 덤으로 필리핀 유일의 레이더 기지도 박살 났다.

② 공군은 박살 났지만 맥아더에게는 아직 15만 명의 병력이 남아 있었다. 이 병력을 활용해 방어전에 나서면 어느 정도 붙어볼 만했는데, 이때 맥아더는 결정적 실수를 한다. 맥아더는 이 병력을 모두 해안가에 배치해 혹시 모를 상륙 작전에 대비했다. 하지만 필리핀은 7107개의 섬으로 이루어진 나라다. 필리핀의 해안선은 미국의 해안선보다 훨씬 길다. 이 해안선을 모두 방어할 수 있을까? 상식적으로 불가능했다.

참모들은 해안 방어 대신 병력을 수습하여 내륙으로 이동해 거점 방어를 하자고 건의했지만 맥아더는 거절했다. 결국 맥아더의 15만 병력은 섬 여기저기에 흩어져서 멍하니 바다만 바라봤다. 그사이 일본군 16사단은 손쉽게 상륙하여 그대로 필리핀을 종단했다. 전투도 저항도 없이 필리핀을 가로질러 쾌속 진격했다. 도시가 하나둘 점령되는 상황에서 참모들은 다시 한번 병력을 수습해 일본군을 막자고 했지만 맥아더는 여전히 해안선만 바라보았다.

③ 맥아더가 정신을 차려보니 어느새 일본군이 턱밑까지 치고 들어와

있었다. 병력을 수습해 바탄반도로 후퇴 방어전에 들어가려 했으나 보급이 문제였다. 당시 맥아더는 "보급품이 부족해 항복했다"고 주장했다.

과연 보급품이 부족했을까? 바탄반도로 들어간 이후 외부의 증원이나 보급이 이뤄질 기미가 없었고 해군도 완전히 빠졌다. 이렇게만 보면 보급품의 부족이 패배의 원인 같지만 엄밀히 따지면 당시 보급품이 없던 것은 아니었다. 문제는 보급품을 해안선 방어에 맞춰 해안 방어지대 곳곳에 나눠놨다는 점이다. 그 결과 보급품은 해안가에 방치되었고, 해안 방어를 포기한 순간 보급품도 무용지물이 되었다.

참모들은 바탄반도로 후퇴하면서 민간인에게라도 식량을 징발하자고 건의했지만 맥아더는 거절했다. 민간인에 대한 따뜻한 배려라고 볼 수도 있겠지만 군의 존망을 생각해야 하는 지휘관 입장에서는 최악의 선택이었다. 더욱이 여기에 혹이 하나 더 붙었다. 애초 15만 명이던 맥아더의 병력은 7만 명으로 줄어들었는데, 바탄반도로 이동하는 중에 민간인 7만 명이 합류하면서 다시 14만 명의 대인원이 되었다. 가뜩이나 부족한 보급품은 더 부족할 수밖에 없었다.

④ 이러한 상황에서 일본군은 병력을 빼기 시작했다. 48사단을 동인도 전선으로 돌렸다. 다시 말하지만 일본군은 2선급 예비역 부대이거나 4주 훈련을 받고 바로 투입된 신출내기들이었다. 이런 상황임에도 그들은 필리핀 주둔군을 너끈히 상대했다. 바탄반도에 갇힌 맥아더는 그렇게 3개월을 버텼지만 전황은 도통 개선의 기미가 보이지 않았고, 결국 루스벨트 대통령은 맥아더에게 호주로 피신하라는 명령을 내렸다.

⑤ 맥아더는 "I shall return(반드시 돌아오겠다)"이라는 말을 남기고 가족과 함께 호주로 도망쳤다. 남은 부하 7만 6000명은 고스란히 포로가 되어 그 유명한 '바탄 죽음의 행진Bataan Death March'으로 1만여 명이 목숨을 잃었다.

태평양전쟁 당시 맥아더가 외친 "I shall return"은 맥아더 사령부의 선전 구호가 되었다. 그는 대중 앞에서도 의회에서도 대통령을 만날 때도 꼭 이 말을 외쳤다. 나중에는 필리핀 게릴라를 위한 팸플릿, 담배, 초콜릿에도 전부 이 문구를 새겨 넣었다.

1944년 7월 사이판이 함락되었다. 그리고 얼마 뒤 루스벨트 대통령과 육·해군 수뇌부가 하와이에 모였다. 일본 침공의 루트를 결정하기 위해서였다. 이때 해군은 필리핀을 내버려 두고 타이완으로 바로 진격할 것을 주장했다. 타이완을 공략하면 필리핀에서 굳이 피를 흘리지 않고 바로 일본 턱밑까지 치고 올라갈 수 있다고 역설했다. 정론이었다. 하지만 맥아더는 "필리핀 탈환은 미국의 도의적 의무"라는 논리로 설득했다. 전략적 차원에서가 아니라 필리핀인들에 대한 미국의 도의적 책무를 들고나온 것이다. 그리고 그의 전매특허인 "I shall return"을 외쳤다.

당시 맥아더는 대통령 출마를 고려한 참모진을 구성했는데 이들 참모진은 대외 홍보 전략을 구상하고 맥아더를 그럴듯하게 포장했다. 맥아더 사령부가 만들어낸 수많은 홍보 영화와 엄청난 수의 기념품을 보면 누가 봐도 그 수가 빤히 보일 정도로 노골적이었다. 그들에게 "I shall return"은 너무도 훌륭한 구호였다. 루스벨트는 결국 맥아더의 손을 들어줬다.

맥아더의 대선 행보를 가장 우려했던 이는 트루먼 대통령이었다. 그는 일기에 다음과 같이 썼다.

"나와 아이젠하워는 맥아더가 공화당 전당대회가 열리기 직전 로마의 개선식을 연출하며 돌아올 것으로 예상했다. … 나는 아이젠하워에게 만약 맥아더가 그렇게 한다면 아이젠하워 당신은 민주당 대통령 후보 지명 도전을 발표해야 하며 나는 기꺼이 2인자, 즉 부통령이 될 것이라고 말했다."

맥아더의 상관이던 루스벨트와 트루먼은 그를 싫어했다. 맥아더는 무척 오만했다. 웨스트포인트(미 육군사관학교) 최우수 졸업생이자 제1차 세계대전의 영웅, 육군 참모총장 역임, 동아시아 지역에서의 오랜 경험 등을 바탕으로 오만을 넘어 독선에 가까운 행동을 보이기도 했다. 맥아더는 친구가 거의 없었다. 첫 번째 결혼식 때 하객으로 온 친구가 단 한 명이었을 만큼 인간관계가 좋지 않았다. 그 빈자리는 언제나 부하들이 채웠다. 그는 늘 아첨하는 부하들에게 둘러싸여 있었다. 노회한 루스벨트는 어느 정도 맥아더를 통제했지만 '신참내기' 트루먼은 늘 맥아더를 어려워했다. 변변한 학교 교육도 받지 못했고 국제정세는 물론 동아시아의 군사 문제에 대해서도 문외한이던 까닭에 트루먼은 루스벨트와 달리 맥아더를 어떻게 통제해야 할지 몰랐다.

오만하고 독선적인 맥아더를 루스벨트나 트루먼이 무시할 수 없었던 이유는 그의 대중적 인기와 군사적 '촉' 때문이었다. 그는 누구도 예상치 못하는 허를 찌르는 작전을 구상했고 실천에 옮겼다. 오만하고 독선적이기에 가능한 일이었다. 좋게 말하면 '뚝심'이고 나쁘게 말하면 '아집'이었다. 이런 성격 때문에 자기 생각과 배치되는 정보는 받아들이길 거부했고, 자기 생각을 우선시했기에 상황 인식도 늦었다. 양날의 검이었다. 바탄 전투는 맥아더의 독선과 아집이 한없이 안 좋은 쪽으로 진행된 결과였다.

12 / 필리핀 물가를 100배 오르게 한 일본

태평양전쟁 때, 아니 히로히토(쇼와) 시대의 일본에는 대본영정부연락회의大本營政府連絡會議라는 정체 모를 비밀회의가 하나 있었다. 이 회의의 존재만으로도 일본제국의 정부 형태를 미루어 짐작할 수 있다.

일반적인 국가라면 군은 정부 부처 가운데 하나로 군 통수권을 가진 이의 통제를 받는다. 그러나 이 시대 일본군은 정반대였다. 군이 나라를 통제하는 비정상적인 모습을 보이며 꼬리가 몸통을 마구 흔들어댔다. 이러한 정부 형태에서 군은 정부를 활용하거나 정치를 이용할 방법이 필요했다.

대본영정부연락회의는 얼핏 보면 정부 기관들이 업무 협력을 도모하기 위해 모이는 오늘날의 유관 기관 합동 회의나 관계 장관 회의, 민관군 합동 회의 같은 느낌이 든다. 그러나 실상은 군이 전쟁을 위해 정부와 정치를 어떻게 활용하면 좋을지 논의하는 자리였다. 이들은 군사 작전이나 군사행동 계획에 관해서는 "통수권의 침범을 허용하지 않는다"라는 명분을 내세우며 자신들의 정보를 일절 공유하지 않았다. 군대가 전쟁을 일으키거나 대단위 작전을 계획해도 민간 정부는 전혀 알 수 없었다.

예컨대 태평양전쟁 직전 도고 시게노리 외무대신이 미국과의 외교 교섭을 위해서는 개전 일자를 알아야 한다고 군부에 요청했으나 군부는 군사 비밀이라며 이 당연한 요구를 일언지하에 거절했다. 상식적으로 이해할 수 없는 행동이다. 나라의 운명이 걸린 상황에서 외교부 장관이 외교 협상을 위해 개전 일자를 알아야 하는 것은 당연한 일 아닌가? 도고 시게노리는 끈질기게 군부를 설득한 끝에 겨우겨우 12월 8일이라는 대답을 얻어냈다. 그러나 딱 거기까지였다. 개전에서 어떤 작전을 펼칠지, 첫 목표는 무엇인지에 대해서는 여전히 함구했다. 대신 개전에 대비해 선박과 비행기의 생산을 독촉했을 뿐이다.

1941년 11월 대본영정부연락회의에서 일본은 향후 있을 전쟁에서의 점령 방침을 결정했다. "진주만 공격에 이어 남방 자원 지대를 확보한 뒤 그 점령과 통치를 위한 기본 방침"을 정한 것인데, 그 결과가 '남방 점령지 행정 실시 요령'이다. 남방 작전에서 점령한 지역은 군정軍政을 실시하는 것을 기본으로 하고, 군정을 위해 군정감부軍政監部를 설치하기로 했다. 문제는 점령지 통치 방법이었다. 대본영정부연락회의는 크게 세 가지 기본 방침을 정했다.

① 자원 획득

이는 남방 작전의 기본 목표로, 미국과 전쟁을 계속 하기 위해서는 남방 자원 지대에서 필요한 자원을 입수해야 했다.

② 군의 자활

점령지 군대는 본국의 보급에 의존하지 말고, 식량과 같은 물자를 현지에서 조달하라는 지침이었다.

③ 치안 회복

일본군에 대한 저항운동에는 단호히 대처할 것을 주문했는데, 이는 주민들을 억압하고 그들의 생활을 압박해도 좋다는 '강경 대응'을 사전에 허가한 셈이었다.

이 행정 실시 요령은 일본의 다급했던 상황을 여실히 보여준다. 단기 결전 위주로 전략을 준비했고 늘 그러한 방식으로 싸워왔던 일본은 중국 전선에서 예상치 못한 벽에 부딪혔다. 본격적으로 장기전을 준비하고 '끝까지 가보자'며 버티는 장제스 앞에서 일본은 당황했고, 자신이 실수한 게 아닌가 하는 불안감에 휩싸였다. 일본은 중국이란 수렁에 빠졌다. 일본의 국력은 이 수렁에서 천천히 소진되었고 국력이 소모된 만큼 일본 군부는 다급해졌다.

이러한 다급함 가운데 만든 것이 '남방 점령지 행정 실시 요령'이다. '군의 자활'이란 보급해줄 여력이 없다는 뜻이고, '자원 획득'은 수탈의 다른 말이며, '치안 확보'는 수탈에 반발하면 무력으로 진압하란 뜻이었다.

죽음의
행진

필리핀은 태평양전쟁 당시 일본의 목줄과도 같은 곳이었다. 필리핀에서 전략 물자가 생산되는 것은 아니었지만(구리가 생산되긴 했다) 그 지정학적 위치만으로도 충분한 가치가 있었다. 남방 자원 지대에서 획득한 자원을 일본 본토로 실어나르기 위한 수송 루트의 거점이었고 군사전략적으로도 동아시아 지역에서 미국의 주요 거점이던 필리핀은 대동아 공영권을 추구하던 일본이 꼭 확보해야 할 지역이었다.

1942년 1월 수도 마닐라를 점령한 일본은 곧바로 군정감부를 설치하고 군정에 돌입했다. 그리고 '헛발질'을 시작했다. 놀라운 사실은 군정감부의 책임자인 와치 타카지 소장을 비롯해 대부분 일본군이 필리핀이 어떤 나라인지 모르고 있었다는 점이다. 고작 '스페인이 400년간 지배했다가 미국이 빼앗아 40년째 지배하던 나라' 정도로만 알고 있었다.

일본의 필리핀 점령은 첫 단추부터 잘못 끼워졌다. 그 시작은 '바탄 죽음의 행진'이었다. 앞서 언급했듯이 맥아더가 호주로 도망친 뒤 7만여 명의 연합군은 일본에 항복했다. 태평양전쟁에서 일본군의 포로 학대는 악랄하기로 유명한데, 그 첫 테이프를 끊은 것이 바로 바탄 죽음의 행진이었다.

여기서 관동군 참모였던 '근성론'의 대가 쓰지 마사노부 중좌가 다시 한번 등장한다. 한때 '작전의 신'이라 불리던 그의 특기는 '명령 왜곡'이었다. 소련과의 전투 때 보여준 막장 행동이 또다시 반복되었다. 당시 필리핀 14군에 내려간 명령은 "포로 감시를 엄중히 하라"였는데 쓰지 마사노부는 이를 "미군과 필리핀군을 처형하라"로 바꿨다. 결국 일본군은 포로들을 마리벨레스^{Mariveles}에서 카파스^{Capas}까지 120킬로미터를 강제 이동시키면서 학대하고 살해했다. 그 결과 1만여 명의 포로가 죽었다. 이 사실은 즉각 미국에 알려졌고 진주만 공격에 이어 한 번 더 일본을 '때려잡을' 명분을 주었다.

바탄 죽음의 행진과 포로 학살은 일본의 필리핀 통치에도 악영향을 끼쳤다. 포로 중에는 연합군이던 필리핀군도 포함되어 있었기에 필리핀 안에서의 일본 통치에 대한 여론은 나빠질 수밖에 없었다.

잘못된
만남

1930년대 후반의 필리핀인은 "작은 황색 미국인"이었다. 필리핀 국민은 400여 년의 스페인 통치 이후 들어온 미국을 지지했다. 그들은 영어를 배울 수 있는 공립학교를 세웠고, 미국 본토에서 1000여 명의 교사를 데려와 필리핀인들을 교육했다. 초콜릿이나 껌 같은 기호식품은 덤이었다.

돈 있는 자들도 미국을 좋아했다. 미국은 필리핀의 사탕수수와 코코넛에 주목했다. 대규모 농장을 구축한 뒤 이를 미국으로 넘기면 '꽤 괜찮은 사업'이 될 것임을 간파했다. 필리핀의 질 좋은 구리 광산도 좋은 사업 아이템이었다. 미국은 대단위 투자를 했고 필리핀의 기득권자들과 좋은 관계를 유지했다. 기득권을 그대로 유지하고 확대할 수 있었던 필리핀 기득권층은 미국을 사랑했다. 그렇다면 필리핀의 일반 대중은 어땠을까? 그들도 사정이 나쁘지 않았다. 경제가 발전했고 일자리가 생겼기 때문이다.

미국 문화도 자연스럽게 흘러들어왔다. 할리우드 영화를 상영하는 극장이 생겼고 길거리에는 자동차가 등장했다. 어느새 양복이 자연스러워졌고 냉장고는 흔한 물건이 되었다. 당시 필리핀은 다른 아시아 국가들보다 월등히 높은 생활 수준을 보였다. 필리핀인 입장에서는 아쉬울 것이 없었다.

물론 미국과 필리핀의 관계가 처음부터 좋지는 않았다. 첫 만남은 말 그대로 '잘못된 만남'이었다. 스페인의 지배를 받던 시절 스페인의 식민지배에 맞서 싸운 이들이 있었는데, 대표적 인물이 에밀리오 아기날도Emilio Aguinaldo이다. 그는 1898년 6월 12일 독립을 선언하고(이전부터 혁명군을 조직해 스페인과 싸웠다) 독립한 필리핀을 꿈꿨는데, 미국이 스페인을 꺾고 필리핀을 차지하자 다시 한번 독립투쟁의 길로 나섰다. 그러나 상황이 좀 달랐다. 이전에는 스페인의 식민지 필리핀이 싸운 것이지만, 이번에는 '필리핀 정부'가 미국과 싸우는 형식이었다. 필리핀 제1공화국(불과 2년 만에 사라졌지만)은 미국과 치열하게 싸웠다.

1899년부터 1902년까지의 전쟁 기간에 미국은 엄청난 학살을 저질렀다. 대표적인 것이 '발랑기가 학살'인데, 필리핀 독립군 300명이 미군 9연대 C중대를 기습해 59명을 사살하자 이에 분노한 미군이 인근 필리핀 주민들을 학살했다. 3년의 전쟁 동안 미군은 필리핀인을 100만 명이나 죽였다. 이때 참전해 활약했던 이가 더글러스 맥아더 장군의 아버지 아서 맥아더 2세Arthur MacArthur Jr.였다.

미국과 필리핀의 첫 만남은 서로 상처만 줬지만, 이후 30여 년간 미국은 필리핀을 아시아의 미국으로 만들었고, 그 결과 필리핀은 나름 준수한 생활 수준을 유지할 수 있었다(어디까지나 일본에 비해 상대적으로 말이다).

그런데 그런 와중에 일본이 들어왔다. 일본은 필리핀인들의 생활이 마음에 들지 않았다. 일본인의 눈에 필리핀인은 미국이 자신의 가치관을 주입해 식민지 주민으로 길러낸 존재였다. 작은 황색 미국인으로 길러지는 바람에 동양인으로서의 자각이 사라진 '변종'이었다.

일본은 즉시 필리핀 국민의 정신 개조에 나섰다. 시작은 '천황제'에 대한 교육이었다. 일본군은 천황의 위대함을 역설하며 천황을 신으로 모실 것을 강요했다.

"천황의 신민이 되었으니 천황을 떠받들어라."

필리핀 사람들에게는 황당한 소리였다. 지난 400여 년간 스페인의 지배를 받고 이후 40년간 미국의 지배를 받은 그들에게 신이란 곧 '하느님'이었다. 기독교 문화에서 거의 반백 년을 살아온 그들에게 갑자기 천황을 믿으라고 한다고 그 말이 먹히겠는가(우상 숭배를 금하는 기독교 교리를 모르는 것일까)? 천황 숭배를 강요하며 칼로 위협하는 일본군을 보면서 필리핀 사람들은 어떤 생각을 했을까?

그러나 일본군은 생각을 바꿀 의향이 없었다. 미국이 했다면 우리도 한다며 필리핀 아이들을 붙잡고 일본어를 가르쳤다. 그러고는 말도 안 되는 대동아공영권의 논리를 주입했다.

"너희들은 미국의 착취와 인종 차별에서 해방되었다. 이제 같은 동양 민족으로서 함께 번영하자!"

일본이 들어오기 전까지 필리핀은 잘살았다. 그러나 일본이 들어오고 나서 지옥문이 열렸다. "함께 번영하자"는 말은 곧 '일본의 번영을 위해 협조하라'는 뜻이라는 사실을 필리핀 사람들은 곧 깨달았다.

일본
필리핀을 망치기 시작하다

시작은 화폐 개혁이었다. 필리핀은 페소화를 쓰는 나라였다. 그러다가 태평양전쟁 직후 페소화를 대신해 '긴급 지폐'라 불리는 신권을 발행해 유통했다. 그러나 일본이 필리핀을 점령하는 순간 모든 것이 엎어졌다.

일본군은 필리핀 화폐 유통을 금지했다. '적의 화폐'라는 이유에서였다. 필리핀에서 유통되는 화폐의 70퍼센트를 차지하는 긴급 지폐를 하룻밤 사이에 휴짓조각으로 만들어버렸다. 만약 일본이 긴급 지폐를 폐지한 다음 자신의 통화를 안정적으로 유통했다면 이야기가 달라졌을지도 모른다. 그러나 일본에는 그럴 만한 상식이 없었다.

군정감부는 돈 대신 군표軍票를 찍어서 뿌려댔다. 결과는 참혹했다. 돈의 가치를 생각하지 않고 무조건 뿌리고 보는(약탈과 다른 점이라면 종이 쪼가리를 건넸다는 것뿐이다) 일본군 때문에 필리핀 경제는 망가졌다. 일본이 필리핀을 점령한 지 3년이 채 안 되는 기간에 필리핀 물가는 일본군 점령 직전의 100배까지 뛰어올랐고, 극심한 인플레이션 때문에 사람들은 화폐 거래 대신 물물 거래를 택했다. 그러나 이는 시작에 불과했다.

13 / 미국과 일본이 필리핀을 이용한 방식

일본군의 점령은 필리핀의 경제 기반을 뿌리부터 흔들었다. 대본영정부연락회의의 방침에 따라 필리핀에서도 남방 점령지 행정 실시 요령이 적용되었는데, 그중 첫 번째로 타격을 미친 것이 '군의 자활'이었다. 본국으로부터 보급을 기대할 수 없던 일본군은 식량을 현지에서 조달하려 했다. 하지만 당시 필리핀에도 쌀이 부족했다.

상식적인 국가라면 이럴 때 점령지의 치안 유지와 점령지 주민들과의 불필요한 마찰을 줄이기 위해서라도 어느 정도 징발을 유예하기 마련이다. 하지만 상식과 거리가 먼 일본군은 쌀 부족으로 어려움을 겪고 있는 주민들의 쌀을 빼앗아갔다. 그 결과 아사자가 속출할 정도로 필리핀의 식량 사정이 나빠졌다.

더 큰 문제는 아예 필리핀 농업을 파괴했다는 점이다. 일본이 점령하기 직전까지 필리핀의 최대 재배 작물은 사탕수수였다. 미국이라는 든든한 판매처가 있었기에 사탕수수를 수출해 돈을 벌었다. 그러나 필리핀을 점령한 일본군은 사탕수수밭을 갈아엎으라고 명령했다. 역시 미국 때문이었다. 당시 일본은 미국에서 면화를 수입했는데, 미국과 전쟁하는 바람에 면화를 수입할 수 없었다. 그래서 그 대체지로 필리핀을 선택했다. 필리핀에서 면화를 재배해 충당하겠다는 계획이었다.

이는 단순하고도 어리석은 발상이었다. 갈아엎은 밭에 목화를 키웠지만 결과는 참혹했다. 목화밭은 병충해로 흉작을 면치 못했다. 풍토에 맞지 않는 무리한 시도가 불러온 참사였다. 돈을 잃은 지주와 직업을 잃은 소작인들의 불만이 하늘을 찌를 만큼 높았지만 일본군은 이들을 총칼로 진압했다.

일본군은 남방 점령지 행정 실시 요령을 충실히 지켰다. 그럴수록 일본에 대한 필리핀인들의 반감은 커져만 갔다. 결정타는 구리 광산에서의 강제 노동이었다. 구리는 일본의 전략 물자였다. 전쟁을 위해 구리 생산을 계속 늘려야 했고, 생산을 늘리려면 인력이 필요했다. 일본군은 필리핀인들을 강제로 끌고 와 구리 광산에 집어넣었다. 강제로 끌려온 필리핀 광부들은 밤이 되면 숙소를 빠져나와 도망치기 일쑤였다. 날이 갈수록 탈출자가 늘어나자 일본군은 도망친 광부의 가족을 처단하고 동료들끼리 서로 감시하게 하며 도망자 색출 작업에 나섰다. 그러나 도망자들은 마을로 가지 않았다. 그들이 선택한 건 일본군에 대한 복수였다.

게릴라의
등장

필리핀은 게릴라가 활동하기에 더없이 적합한 지역이다. 국토가 7100여 개의 섬으로 이루어진 터라 행정력 공백 지대가 존재하고, 적도 부근 열대우림은 은신처로 알맞다. 지금도 필리핀에서는 이슬람 반군 조직이 민다나오섬을 중심으로 활동하고 있다. 이러한 이유로 필리핀에서는 군대를 동원해 게릴라를 완벽히 제압하기가 쉽지 않다. 정치적 해법이 가장 유효하다. 그러나 일본군에게는 이런 선택지가 없었다. 민간인에 대한 가혹한 억압만이 있을 뿐이었다.

게릴라는 점점 그 몸집을 불렸고, 맥아더는 이를 철저히 이용했다. 무기와 식량, 각종 보급품이 잠수함을 통해 필리핀 게릴라에게 전달되었고, 게릴라는 이를 토대로 일본군과 싸웠다. 일본군은 게릴라와 같은 인원으로 싸우면 무조건 패했다. 화력에서 상대가 되지 않았다는 것이 당시 필리핀에 배치된 일본 병사들의 한결같은 증언이다.

게릴라는 정규군에 비해 지형적 이점, 기습 공격에 의한 주도권 확보 등의 우위를 갖는데, 당시 필리핀 게릴라는 이와 더불어 '화력'의 우위도 점했다. 필리핀 게릴라 뒤에는 미군이 있었다. 미군은 아낌없이 장비를 지원했고 그 덕분에 소규모 보병 전투에서는 게릴라가 화력으로 정규군을 압도하는 해괴한 상황이 연출되었다.

일본군 스스로 만든 수렁이었다. 자활을 핑계로 주민들을 수탈하고, 자원 확보를 위해 필리핀 사람들을 강제 동원해 구리 광산에 밀어 넣은 것도 모자라 도망자 색출을 핑계로 애꿎은 민간인들을 학살했으니 말이다. 하지만 주민 학살은 점령지 통제를 위해 본국에서 허용한 일이 아니던가? 그야말로 악순환이었다. 통제하기 위해 더 큰 압력을 가한 결과 주민들의 저항은 거세지고 통제의 강도 역시 더 높아졌다.

필리핀 게릴라는 철도를 포함한 기간시설 공격에도 나섰다. 게릴라 조직은 이미 100개가 넘었고 그 인원은 30만 명에 달했다. 상황이 이렇게 되자 일본군은 유화책을 동원했다. 주민들의 저항을 무마하기 위해 필리핀의 독립을 선언한 것이다. 호세 라우렐José Paciano Laurel 대통령을 수

반으로 한 필리핀 정부를 구성하고(제2공화국) 권력을 필리핀 정부에 넘기는 듯 보였다. 그러나 이는 꼼수일 따름이었다. 필리핀의 독립 이면에는 "필리핀 방위는 일본군이 담당하고 필리핀은 필요한 협력을 다한다"는 합의가 있었다. 일본은 그때까지 해왔던 물자 조달이나 자원 개발을 계속할 수 있었고 필리핀 정부는 그저 허수아비에 불과했다.

일본의 상황은 점점 악화되었다. 필리핀 영토 가운데 일본군이 실효 지배한 구역은 30퍼센트가 채 되지 않았다. 나머지는 게릴라의 땅이었다. 게릴라는 맥아더의 눈과 귀가 되어 필리핀 상황을 수시로 보고했는데, 맥아더가 필리핀에 상륙하기 전까지 7000여 회나 되는 정보를 맥아더 사령부에 보고했다. 이미 일본군은 미군과 싸우기도 전에 지고 있었다.

당시 상황을 잘 보여주는 것이 레이테섬이다. 레이테섬을 방어하기 위해 일본은 16사단의 2만 군인을 주둔시켰다. 하지만 이들은 사단 사령부 주변 지역만 제압했을 뿐 나머지 지역은 게릴라에 장악당하고 말았다. 만약 게릴라만 상대했더라면 어느 정도 여유가 있었겠지만 당장 이들은 언제 쳐들어올지 모르는 미군에 대비해 방어선을 구축해야 했다. 16사단의 병력 3분의 1은 게릴라 토벌에, 나머지 병력은 진지 구축과 방어전 준비에 들어가야 했다. 설상가상으로 일본은 모든 게 부족했다. 시멘트가 부족해 토치카를 만들 수 없었고, 시시때때로 공격해오는 게릴라 때문에 공사는 계속 지연되었다. 그러자 일본군은 게릴라 토벌 명목으로 민간인을 학살하기 시작했다. 필리핀 주민들의 반감은 더욱 커져만 갔다(일본군은 필리핀을 떠나기 전 100만 명의 필리핀인을 학살했다).

맥아더가 필리핀 탈환 작전을 펼칠 때 레이테만에 상륙한 이유가 여기에 있다. 게릴라 세력이 가장 많이 포진해 있어 지원과 정보 확보가

용이했다. 게다가 수비하는 일본군은 게릴라를 상대하기도 힘겨울 만큼 병력이 부족하다는 정보를 이미 필리핀 게릴라를 통해 확인한 뒤였다.

대본영이 만든 남방 점령지 행정 실시 요령은 실패했다. 그들의 다급함과 절박함은 이해할 수 있지만 그 다급함이 일본의 발목을 잡았다. 무차별적 수탈과 억압은 반동을 일으킬 수밖에 없다. 반동은 점점 커져 필리핀 국민의 저항으로 이어졌다.

1944년 10월 22일 맥아더는 약속한 대로 필리핀으로 돌아왔다. 레이테만에 집결한 700여 척의 함선은 일제 사격으로 레이테섬에 있던 일본군 수비 병력을 쓸어버렸다(함포 사격만으로 일본군에 5000여 명의 사상자가 발생했다). 그 뒤로는 일사천리였다. 미군은 별 저항 없이 레이테섬에 상륙했고, 맥아더는 자신의 선전을 위해 기록 영화를 찍으며 여유 있게 해변에 발을 내디뎠다. 허겁지겁 가족만 데리고 호주로 도망친 지 2년 7개월 만이었다. 필리핀 사람들에게 미군은 '해방'의 또 다른 이름이었다.

필리핀 사람들은 "일본군은 빼앗아가기만 했다"고 입을 모았다. 전쟁 전 미국을 기억하는 필리핀인들은 앞다퉈 미군에게 달려갔다. 아니, 전쟁 전 미국의 모습이 아니더라도 상관없었을 것이다. 누가 와도 일본군보다는 나을 거라고 기대했다. 다행히 그 기대는 현실이 되었다. 미군은 식량을 주었고 의료품을 지원했으며 무기도 건넸다. 결정적으로 맥아더는 필리핀 게릴라와 국민을 무장시켜 일본군과 싸우게 했다. 필리핀 국민으로서는 두 팔 벌려 환영할 일이었다. 일본군을 죽일 수만 있다면 뭐든 할 수 있었다. 게다가 식량과 돈도 준다고 하지 않는가?

레이테섬에 있던 일본군 16사단은 잔존 병력을 수습해 후퇴했지만 쉽지 않았다. 식량과 보급품의 부족, 게릴라의 공격, 주민들의 비협조적 태도도 한몫했다. 필리핀 주민들은 미군의 눈과 귀가 되어 일본군의 행로를 수시로 알렸다. 또 미군의 길 안내를 도맡았고 보급품을 운반해 주기도 했다.

압권은 레이테만 해전 이후였다. 일본에게 필리핀의 함락은 '패전'을 의미했다. 남방 자원 지대의 자원이 있어야만 전쟁을 계속할 수 있는데, 그 수송 루트의 목줄이 되는 필리핀이 점령되었다는 것은 사형 선고나 다름없었다. 일본군은 결사 항전을 천명하며 전부 쏟아부었지만 함대는 레이테만 해전에서 박살 났고, 6만 병사는 미 함대에 걸려 수장되었다.

미군의 공격에서 살아남아 결사적으로 해변까지 기어 나온 일본군을 기다린 것은 다름 아닌 필리핀 사람들이었다. 필리핀 사람들은 들고 있던 몽둥이나 농기구로 일본군을 때려죽였다. 일부 필리핀인은 돈이나 먹을 것을 받기 위해서 이들을 죽지 않을 만큼 때린 다음 미군에 넘겼다. 대본영의 남방 점령지 행정 실시 요령의 결과였다.

14 / 전쟁은 돈으로 한다

태평양전쟁 당시 미국과 일본의 '격차'를 극명하게 보여주는 무기(혹은 전술)들이 있다. 누구나 한 번쯤 상상해봤으나 현실적 여건 때문에 실행에 옮길 수 없던 것을 미국과 일본은 태평양전쟁에서 실행했다. 미국의 'VT 신관'과 일본의 '가미카제 특공'은 미국과 일본의 전혀 다른 국가적 성격을 나타내는 동시에 두 나라가 전쟁을 어떻게 바라보았는지를 설명해준다.

VT 신관

신관信管이란 대포의 포탄이나 탄환, 어뢰의 폭약을 폭발시키는 장치다. 포탄은 말 그대로 폭약 덩어리인데 이런 포탄이 아무 때나 터지면 매우 곤란하다. 그래서 개발된 것이 신관이다. 쉽게 말해 포탄을 원하는 시간에 터뜨리고 원하지 않을 때는 터지지 않도록 해주는 장치다.

신관에는 포탄이 목표물에 맞았을 때 작약이 터지는 착발 신관과 일정 시간을 두고 작동하는 지연 신관이 있다. 그리고 지금부터 설명할 목표물 근처에서 알아서 터지는 근접 신관인 VT 신관이 있다.

근접 신관은 당시 군 관계자들의 '꿈'이었다. 보통 착발 신관은 목표물에 접촉해야만 폭발한다. 포병이 포를 쐈는데, 목표물 근처의 적 보병들이 포탄 낙하지점을 확인하고 납작 엎드린다면 어떻게 될까? 포탄이 떨어진 지역에는 구멍이 생기겠지만 그 외의 지역은 피해가 덜할 것이다. 그런데 포탄이 목표물에 맞지 않아도 목표물 근처, 가령 목표물 바로 위에서 터진다면 어떻게 될까? 그 밑은 아비규환의 생지옥이 될 것이다.

만약 움직이지 않는 고정 목표물이라면 포탄을 100발이고 200발이고 계속 쏘면 언젠가 명중할지 모른다. 하지만 목표물이 움직인다면, 그것도 고속으로 움직이는 비행기 같은 목표물이라면 이야기가 달라진다.

제2차 세계대전 당시 엄청난 양의 대공포가 생산되었고 이들은 하늘에 포탄을 흩뿌렸다. 당시 대공포 전술은 일정 구역에 촘촘한 화망을 만들어놓고 그곳으로 폭격기나 전투기가 들어오면 박살 내는 방식이었다. 그런데 제1차 세계대전의 항공 기술과는 차원이 다를 만큼 발전한 제2차 세계대전의 항공 기술에서 시속 500킬로미터 비행은 일도 아니었다. 인간의 목측目測으로는 도저히 표적을 따라갈 수 없었다. 대부분 대공포는 허공에 돈을 흩뿌렸다. 한번 걸리면 제대로 KO시킬 수 있는 강편치가 있어도 맞지 않으면 허공에 주먹질하는 것과 다를 바 없었다. 대부분 대공포는 허공에 주먹질만 하다 끝나는 경우가 많았는데, 이런 상황에서 새로운 아이디어가 등장했다.

'포탄이 날아가다가 표적 근처에서 자동으로 터지면 어떨까?'

착발 신관은 목표물에 맞아야만 포탄이 터졌다. 지연 신관은 세세하게 시간을 조정하기가 어려웠다. VT 신관 개발은 포탄이 목표물 근처에서 알아서 터져만 준다면 모든 문제가 해결된다는 단순한 생각에서 시작되었다.

독일은 1930년대에 이 기술을 개발하겠다고 나섰다. 그러나 당시 기술력으로는 엄청난 난제였다. 주먹보다 작은 신관 안에 목표물의 거리를 확인해 자동으로 폭발하는 장치를 심는다는 게 보통 일이겠는가? 게다가 그 엄청난 압력은 또 어떻게 감당한단 말인가? 포신 안에서 화약이 밀어 올리는 힘을 견뎌야 했고, 총포 내부에 있는 나사 모양의 강선을 따라 돌면서 충격을 버텨야 했다. 어찌어찌 만들어내더라도 그 엄청난 비용을 누가 감당할 수 있을까? 결국 독일은 몇 번의 시도 끝에 근접 신관 개발을 포기하고 말았다.

쇼미더
머니

독일의 기술력으로도 풀지 못한 문제를 해결한 건 미국의 '돈'이었다. 미국 기술진은 신관 안에 전파 발신기와 수신기를 집어넣어 송신한 전파가 반사되어 돌아온 거리를 읽고 기폭하는 방식을 개발했다. 쉽게 표현하자면 포탄 안에 작은 레이더를 욱여넣은 셈이다. 전파를 발사하며 날아가다가 전파가 적기에 맞고 되돌아오면 그대로 폭발하는 원리다. 적기 근처에서 포탄이 터지면 그 파편으로 적기는 격추된다.

간단해 보이지만 당시로써는 첨단기술의 집약체이자 돈을 허공에 날리는 '낭비'의 끝판왕이었다. 어린아이 주먹만 한 쇳덩어리에 진공관과 공진기, 전지와 전기식 기폭 장치를 욱여넣는다는 건 오늘날 권총 총알에 SSD와 CPU, 초소형 레이더와 수신기, 리튬이온 배터리를 집어넣고 발사하는 것과 같다. 물론 할 수는 있다. 그리고 해냈다. 성능도 확인했다. 문제는 역시 돈이었다.

초창기 VT 신관 한 개 가격은 732달러였는데, 당시 미군에 납품된 지프 한 대 가격이 680달러였다. 현재 물가로 환산하면 VT 신관 하나당 9400달러 정도다. 포탄 가격이 아니라 포탄 앞에 달린 신관 가격만 그만큼이다. 즉, 대포 한 발 쏠 때마다 포탄 가격을 제외하고도 1000만 원가량을 허공에 뿌리는 셈이다. 포탄 가격까지 생각하면 포탄을 한 번 쏠 때마다 소형차 한 대씩을 허공에 날리는 셈이니 아무리 돈 많은 미국이라도 고민했을 법하다. 그러나 고민은 오래가지 않았다.

"VT 신관의 양산이 한 달 지체되면 순양함 한 척이, 석 달 지연되면 전함 한 척이 침몰할 것이다."

이 논리는 먹혀들었다. 돈보다 사람 목숨이 더 중요하다는 논리를 어떻게 반박할까?

1942년 1월 VT 신관의 첫 생산분이 나왔고, 미군은 여름 내내 시험 발사를 통해 신뢰도를 확인하며 개량할 점을 업체에 전달했다. 그리고 1942년 11월 정식으로 생산에 들어갔다. 대량 생산에 들어가면서 원가는 계속 줄어 1945년에는 VT 신관 가격이 개당 18달러까지 떨어졌다. 그래도 여전히 비싼 무기였다.

미국은 이 비싼 무기를 아낌없이 사용했다. 1943~1945년까지 발사한 5인치(127밀리미터) 포의 포탄 가운데 40~50퍼센트가 VT 신관을 사용했다. 효과는 극적이었다. 일반 착발 신관이나 지연 신관을 사용한 포탄에 비해 3배가 넘는 명중률을 보였다. VT 신관을 장착하지 않은 경우 항공기 한 대를 격추하는 데 평균 2000발의 포탄이 사용되었으나 VT 신관을 장착한 경우에는 500발이면 충분했다. 뒤에 설명하겠지만 일본의 가미카제 공격기를 상대할 때에는 오히려 포탄 소모량이 더 적었다.

그렇다고 VT 신관이 만능 특효약은 아니었다. 태평양 전선에서 일본군을 가장 많이 격추한 대공포는 40밀리미터 보포스 기관포였고, 실제로 일본군이 가장 두려워했던 것도 40밀리미터 기관포였다. 돈이 넘쳐나는 미국이라도 40밀리미터 기관포에까지 VT 신관을 욱여넣을 수는 없었다. 미 해군은 5인치 이상의 함포에만 VT 신관을 사용했다. 연사 속도는 40밀리미터 기관포에 뒤처졌지만 5인치 포는 확실한 한 방이 있었다. 그리고 그 한 방은 일본군이 가미카제 자살공격을 시도하면서 더욱 빛을 발했다.

처음 가미카제 자살공격을 맞닥뜨린 미군은 공황 상태에 빠졌다. 그러나 자살공격이 계속되자 곧 대응책을 생각해냈다. 가미카제의 위력은 대단해 보였지만 그 공격 루트는 의외로 단순했다. 함선으로 돌격하기 위해 수직에 가까운 각도로 함선의 제일 약한 연돌煙突(굴뚝) 부분을 노리거나 오늘날의 대함 미사일처럼 바다에 붙어 수평 비행을 하다가 들이받는 방법이 전부였다. 따라서 함선에 돌입하는 길목에 탄막을 형성하면 쉽게 제압할 수 있었다.

이때 VT 신관이 맹위를 떨쳤다. 긴 사정거리를 자랑하는 대구경 함포는 가미카제 공격기가 접근하는 루트를 예상하고 그 주변에 집중적으로 탄막을 형성했다. 물론 소구경인 20밀리미터나 40밀리미터 기관포가 격추하는 항공기 수가 더 많았지만 단순한 항로로 날아오는 가미카제 공격기를 격추하기에는 VT 신관을 장착한 5인치 포가 더 효과적이었다. 이렇다 보니 미 해군 함대 사령부는 5인치 포를 더 많이 장착해야 한다며 함정에 부착한 대공포 시스템을 재편하자고 건의했다. 일선에서 VT 신관의 효과를 확인했기 때문이다. 미 해군이 VT 신관에 얼마나 만족했는지는 태평양전쟁 직후 함정에서 소구경 대공포를 모두 철거하고 대공포 구경을 76밀리미터와 127밀리미터로 통일한 것만 봐도 알 수 있다.

재미난 사실은 VT 신관이 태평양에서나 대서양에서나 '바보'들을 상대로 맹활약했다는 점이다. 태평양 전선에서는 '유인 공대함 미사일'

이라 할 수 있는 가미카제 공격기에 맞서 전과를 올렸다면, 대서양 전선에서는 '무인 지대지 순항 미사일'이라 할 수 있는 히틀러의 V1 로켓을 상대했다. 물론 대서양에서의 활약도 대단했다. 접근 항로가 단순한 비행물체에 있어 VT 신관은 그야말로 재앙이었다.

이렇게 쏠쏠한 활약을 거둔 VT 신관은 유럽에서의 전투가 거의 막바지에 달한 1944년 겨울 무렵부터 지상군을 상대하는 야포에도 사용되었다. 이전까지는 추축국이 VT 신관을 확보해 복제할지도 모른다는 생각에 사용을 엄격히 제한했지만 승기가 완전히 연합국으로 넘어온 뒤에는 항공기로 향하던 불벼락이 일반 보병이나 지상 목표물에도 아낌없이 뿌려졌다.

VT 신관은 미국이기에 생산할 수 있었던 무기였다. 전쟁은 역시 돈으로 하는 것이다.

15 / 사라지는 희망

"우리도 최후의 한 발까지, 최후의 1인까지 싸우라는 명령을 종종 내리지만 이 명령을 진정으로 실행할 수 있는 유일한 군대는 일본군뿐이다."

제2차 세계대전 당시 동남아시아에서 일본군과 싸웠던 영국의 윌리엄 슬림William Slim 장군이 한 말이다. 그의 말처럼 일본군은 최후의 최후까지 싸웠다. 모든 지휘관의 꿈을 실현한 부대라고 해야 할까? 아니면 인격과 지성, 판단력을 제거한 로봇과 같은 군대라고 해야 할까?

분명한 사실은 역사에 기록된 일본군은 '광기'와 '세뇌' 같은 부정적 단어로 기억되고 있다는 점이다.

낙조

일본은 태평양전쟁을 시작할 때 정규 항공모함 6척, 소형 항공모함 10척을 보유하고 있었다. 그러다가 미드웨이 해전에 이르면서 5척으로 줄어들었고, 1944년 9월 마리아나 해전에서는 정규 항공모함 5척에 소형 항공모함 9척을 합해 총 14척의 항공모함을 보유했다.

반면 미국은 남태평양 해전 직후에는 태평양 방면에 엔터프라이즈 한 척만 작전에 투입할 수 있었다. 그러나 전시 경제로 급속히 전환한 뒤로는 이야기가 달라졌다. 1942년 말부터는 새로 개발한 대형 항공모함 에식스급을 두 달에 한 척꼴로 생산해내는 놀라운 저력을 보였다. 그 결과 무려 15척의 에식스급 항공모함을 건조했고, 인디펜던스급의 소형 항공모함은 1943년에만 9척을 건조했다. 소형 호위 항모도 무려 124척이나 찍어냈다.

1942년 남태평양 해전 이후 1년 8개월 동안 일본과 미국 사이에 항공모함을 동원한 직접적인 해전은 없었다. 이 공백기에 미국은 완벽하게 전시 경제로 전환했다. 일본의 희망은 사라졌다. 두 달에 한 척꼴로 정규 항공모함을 찍어내는 미국을 무슨 수로 감당하겠는가?

일본은 미드웨이 해전에서 참패한 이후 인도네시아, 뉴기니, 필리핀, 캐롤라인 제도, 마리아나 제도, 오가사와라 제도로 연결되는 해상 방위 라인을 설정하고 '절대방어선'이라 불렀다. 태평양전쟁 후반기의 이오지마 전투와 필리핀해 전투(레이테만 전투, 마리아나 전투) 등이 바로 이 절대방어선을 중심으로 벌어진 전투다.

생산력의 절대적 열세 속에서 일본군은 절대방어선을 중심으로 미국의 압도적 물량 공세를 버텨냈다. 그러나 곧 한계가 드러났다. 1942년 8월부터 무려 1년 반 동안 벌어진 솔로몬 항공전에서 일본은 약 2500대의 항공기를 잃었고(그만큼의 조종사도 잃었다) 더는 버틸 수 없다는 판단으로 1944년 2월 20일 마지막 제로센 23대를 라바울^{Rabaul}에서 '트럭섬'으로 후퇴시키면서 방어선을 뒤로 물렸다.

반면 미 해군은 양적으로나 질적으로나 엄청나게 성장했다. 태평양전쟁 초창기에는 항공모함 한 척을 투입할 때마다 온갖 고민을 다 했지만 1943년 중반이 되자 '부자 옛말하는' 상황이 펼쳐졌다. 미 해군은 현대적인 항모 기동부대 편제와 전술을 완성했다. 전쟁 초기에는 그렇게 할 물자도 병력도 노하우도 없었지만, 경험이 쌓이고 병력이 모이고 물자를 찍어내면서부터 완전체로 거듭났다. 예전에는 1~2척씩 항공모함을 분배하고 배치했다면 1943년 중반부터는 3~4척의 항공모함을 집중적으로 배치하고 레이더와 신형 대공포를 장착한 전함, 순양함을 호위함으로 붙였다. 또 그 뒤에 보급함을 따로 배치해 하나의 기동부대를 만들어 전선에 투입했다. 이는 오늘날 미국이 자랑하는 항공모함 기동부대의 원형이 된다. 항공모함뿐만이 아니다. 태평양전쟁 초창기 와일드캣과 신참 조종사로 버텨야 했던 항모 비행단은 일본 전투기를 압도하는 신형 기체와 충실히 훈련받은 조종사로 재탄생했다.

미국이 이렇게 성장할 동안 일본은 어떻게 되었을까? 전쟁 초기 태평양 상공을 주름잡던 조종사들은 이미 사라진 지 오래였고 그 빈자리를 신참 조종사들이 대체했다. 동양의 신비라고 자랑하던 제로센은 미군의 신형 전투기 앞에서 '불타는 관'으로 전락했고, 제로센의 개량형이나 신형 기체들은 미국의 헬캣, 콜세어, 머스탱, 라이트닝 앞에서 속수무책으로 당했다.

모든 면에서 일본은 미국에 밀렸다. 일본은 출구가 없어 보였다.

가미카제의
등장

"누가 시키시마의 대화혼이 무엇이냐고 묻는다면 아침 해 아래 향기 풍기는 산벚꽃이라 대답하리敷島の大和心を人間はば朝日ににほふ山ざくら花."

에도 시대의 국학자 모토오리 노리나가本居宣長가 남긴 와카和歌(일본의 정형시)의 한 구절이다. 여기서 시키시마는 '일본 열도'를 의미하는데 야마토大和(일본 고대국가 명칭), 아사히朝日(아침 해), 야마사쿠라山ざくら(산벚꽃)는 일본어를 모르더라도 한 번쯤 들어봤음직한 단어들이다. 이 가운데 몇 개는 일본 전함의 이름으로도 쓰였다. 갑자기 일본 와카를 언급한 이유는 이 와카가 일본 최초의 가미카제 특공대와 관련 있기 때문이다.

기록상 최초의 가미카제 특공대는 1944년 10월 20일 아침에 탄생했다. 최초의 특공대는 4개 전대로 이뤄졌는데 전대명이 바로 시키시마, 야마토, 아사히, 야마사쿠라였다. 이름부터 범상치 않은 이 전대는 자살공격을 위해 훈련된 24명의 전투기 조종사로 구성되었다.

원래 '가미카제神風'라는 말은 1274년 몽골의 쿠빌라이 칸이 일본 정벌에 나섰을 때 불어온 태풍을 의미한다. 몽골의 두 차례 침공을 물리친 태풍은 말 그대로 '신의 바람'이었다. 미국의 압도적 전력에 점차 본토로 밀려 들어가는 일본으로서는 반전의 기회, 아니 '희망'이 필요했다. 그 희망으로 거론된 것이 타이아타리體當(육탄돌격)였다. 본격적으로 가미카제 특공대가 편성되기 전에도 우발적인 특공은 늘 있어왔기에 일본군에게 특별한 전략은 아니었다. 미드웨이 해전에서도 항공모함 히류에서 발진한 2차 공격대 대장 토모나가 죠이치友永丈市 대위가 미국 항공모함 요크타운에 돌진했다. 굳이 항공모함이 아니어도 전투기나 잠수함 등에 특공을 한 예는 심심찮게 찾을 수 있다. 그러나 이들은 연료가 떨어졌거나 대공포에 맞아 비행 불능 상태에 빠지는 등의 급박한 상황에서 우발적·충동적으로 벌인 공격이었지 출격 전부터 자폭을 결정하고 뛰어든 공격은 아니었다.

왜 이들은 특공을 생각하게 되었을까? 간단하다. 도저히 미국의 기동함대를 뚫을 방법이 생각나지 않았기 때문이다. 겨우 이착륙 훈련을 마친 신참 조종사들을 데리고 대공포의 벽과 최신 함재기 산으로 둘러쳐진 미군 기동함대 부대를 공격해 항공모함을 격침하기란 불가능한 일이었다. 이는 대본영도 잘 알고 있었다. 결국 생각해낸 것이 목숨을 건 자폭공격이었고, 1944년 3월부터 특공병기인 카이텐, 오카, 신요 등을 개발해 편성해놓았다. 여기에 항공 부대의 '일부' 조종사와 지휘관이 불을 댕기면서 부대 안의 소수의견이 지휘부까지 올라갔다. 연합함대 사령관이던 도요다 소에무豊田副武는 이를 단칼에 거절했다. 당연한 결정이었다.

그때나 지금이나 군대의 인적 자원 중 가장 비싸고 양성하기 어려운 자원이 전투기 조종사다. 우리나라에서도 소령급 전투기 조종사 한 명을 양성하는 데만 123억 원의 비용이 든다. 임관해서 소령을 달기까지 걸리는 시간이 아무리 짧아도 10년 정도임을 감안하면 전투기 조종사 한 명을 키우는 데 천문학적인 시간과 비용이 든다는 것을 알 수 있다. 이 때문에 전투기 조종사를 구조하기 위한 부대를 따로 운영하고, 전투기 조종사들도 정기적으로 생존 훈련을 받는다.

전투기 조종사는 전쟁에서 최우선으로 지켜야 할 인적 자원이다. 그런 그들을 자살특공 작전에 투입한다는 건 전쟁을 포기하겠다는 뜻이나 다름없다. 그러나 일본은 내일을 장담할 수 없는 상황이었고, 그 끝을 알 수 없는 군국주의와 전체주의가 나라 전체에 만연했다. 그렇다 보니 '특별한' 인물이 등장하기도 했는데, 바로 26항공전대 사령관 아리마 마사후미有馬正文 해군 소장이다.

아리마 소장은 1944년 10월 15일 미군 기동함대가 루손섬 앞바다에 출현했다는 보고를 듣고 즉시 공격 명령을 내렸다. 그러고는 공격대를 자신이 직접 지휘하겠다고 나섰다. 아리마는 직접 제로센을 타고 미국 기동함대로 향했는데 이 전투에서 그는 돌아오지 못했다. 그는 미국 항공모함 프랭클린에 특공을 했다. 아리마는 특공 직전 "황국의 흥망이 이 일전에 걸려 있다. 귀관들은 혼신을 다하라"는 마지막 무선을 남겼다.

아리마의 특공 소식을 접한 도요다 소에무는 특공 부대 편성을 결정했다. 이 결정 뒤에는 제1항공함대 사령관인 오니시 다키지로大西瀧治郎 해군 중장의 집요한 설득이 있었다. 필리핀 전역에 전개한 항공기를 모두 모아봤자 30대 정도의 제로센과 같은 수의 공격기가 고작인 상황에서 미군의 항공모함 기동부대를 막을 다른 방법이 보이지 않았기에 오니시는 특공을 선택할 수밖에 없었다. 이 특공 부대 편성을 결정하던 자리에 있던 제1항공함대 전임 사령관 테라오카 긴페이寺岡謹平 중장은 당시의 소회를 다음과 같이 밝혔다.

"평범한 전법으로는 효과가 없다. 이 전쟁에서 이기기 위해서는 우리 모두 원귀가 되어야 한다. 이 결사대는 지원자에 한해 선발해야 하며 먼저 고급 장교와 지휘관이 모범을 보여야 한다. 지원자가 있을까? 젊은 독수리들에게 직접 호소해볼까? 먼저 우리 부대의 전투기 조종사들 가운데 지원자를 선발하면 다른 곳에서도 지원자가 나올 것이다. 만일 전 해군 항공대가 이를 결행하면 해군의 수상 부대도 그 뒤를 따를 것이다. 모든 해군이 그런 기백으로 나선다면 육군도 뒤따를 것이고 전군이 일어서면 1억 국민도 따르지 않을까?"

일견 비장해 보이지만 100퍼센트 죽음이 담보된 작전, 그것도 가장 중요한 인적 자원인 전투기 조종사들을 활용해 자살특공을 하겠다는 것이 상식적으로 이해가 가는가? 하지만 일본은 이미 상식에서 벗어난 지 오래였다.

어찌 되었든 특공 부대 편성이 결정되었고 24명의 조종사가 모였다. 그리고 이 특공 부대에 '가미카제'라는 이름이 명명되었다(이름을 붙여준 사람은 201해군항공대 선임 참모 이노구치 리키헤이猪口力平 중좌였다).

최초의
특공

"나 같은 우수한 조종사를 죽이다니 일본은 끝장이야. 난 굳이 몸으로 들이받지 않아도 놈들의 갑판에 폭탄을 명중시킬 수 있다고. 나는 천황이나 일본제국을 위해 가는 게 아니야. 사랑하는 내 마누라를 지키기 위해 가는 거지. 전쟁에서 지면 미국놈들에게 내 마누라가 강간당할 거 아니야. 나는 사랑하는 사람을 위해 죽으러 간다. 어때, 멋지지?" – 세키 유키오 대위

24명으로 이뤄진 특공 부대가 결성되었을 때 가장 큰 문제는 지휘관 인선이었다. 공식적으로 특공 부대는 지원자에 한해 선발했고 베테랑 조종사는 제외했다. 그러나 최초의 특공을 지휘할 지휘관에 대해서는 고민하지 않을 수 없었다. 죽음을 향해 달려가는 그들을 인솔하고 통제하려면 아무래도 베테랑이 필요했다.

마땅한 인물로 세키 유키오關行男 대위를 선정한 군부는 그에게 자원을 '권유'했다. 세키 유키오 대위는 하루 정도 생각할 시간을 달라고 했고 다음 날 바로 자원했다. 그의 말처럼 특공은 미친 짓이지만 당시는 그런 미친 짓을 권유하던 때였다.

그러나 최초의 특공은 실패했다. 미군이 레이테만의 제공권을 장악하고 있었기에 일본군은 제대로 정찰기를 띄울 여유가 없었고, 결국 공격대가 직접 목표를 찾은 다음 돌격해야 했다. 그들은 몇 번이나 레이테만 이곳저곳을 훑으며 특공을 감행할 대상을 찾았지만 번번이 허탕이었다. 몇 번 허탕 친 야마사쿠라 편대의 히사노 중위는 1944년 10월

21일 출격했다가 그대로 돌아오지 못했다. 물론 미 해군의 함대에도 돌격하지 못했다. 그저 연료가 떨어져 추락했다고 추정만 할 뿐이다. 첫 번째 특공은 이렇게 실패로 돌아갔다.

그리고 대망의 1944년 10월 25일, 네 번이나 허탕 친 세키 유키오 대위의 시키시마 편대가 다섯 번째 출격에 나섰다. 특공기 5대, 호위기 4대로 구성된 특공 편대는 보급을 받던 미 해군 함대를 발견했다. 오전 10시 53분 일본 최초의 가미카제 특공 편대가 드디어 미 해군 함대에 돌입했다. 세키 유키오 대위의 전투기는 250킬로그램의 폭탄을 안고 미 항공모함 세인트 로에 그대로 돌진했다. 뒤이어 나머지 4대의 전투기도 각각 다른 항공모함과 중순양함에 돌격했다. 특공은 성공적이었다. 호위 항공모함 1척을 격침하고 1척을 대파했으며 중순양함 1척을 격침했다. 당시 일본군 전력으로 이 정도 전과를 올리려면 전투기 200대를 동원해도 성공할까 말까 한 대성공이었다.

이 소식을 전해 들은 오니시 다키지로의 첫마디는 "세키, 눈을 뜨고 있구나!"였다. 상당히 비장해 보이는 발언이지만 결국 부하를 사지로 등 떠민 자가 그 성과를 확인하는 내용이 아닌가? 심하게 말하면 '눈 뜨고 잘 죽었다'라는 말을 고상하게 포장한 것일 뿐이다(냉정하게 전술적으로 보자면, 급강하하는 동안 눈을 감으면 목표물에서 비켜날 확률이 높기에 명중하려면 목표물에서 눈을 떼지 말아야 한다).

어쨌든 최초의 가미카제 특공은 성공했고, 다섯 명의 가미카제 조종사는 군신으로 추앙받았다. 이 일을 계기로 육군과 해군을 가리지 않고 자살특공 열풍이 불었다.

여담이지만 세키 유키오 대위가 격침한 세인트 로는 격침이 예정되어 있었다는 것이 당시 세인트 로 승무원들의 반응이었다. 원래 세인트 로의 함명은 '미드웨이'였으나(그 이전에는 '차핀 베이Chapin Bay'였다) 1944년 7월 18일 프랑스의 도시 생로Saint-Lô를 탈환한 기념으로 1944년 10월 10일 세인트 로로 개명했다. 해군 수병들은 함의 이름을 바꾸는 것을 불길한 징조로 여겼기에 세인트 로 승무원들 사이에서는 공공연하게 이 배가 격침될 것이라는 소문이 퍼졌다. 물론 미신에 불과했지만 세인트 로에서 살아남은 승무원들은 입을 모아 함명을 바꿨기 때문에 함이 격침되었다고 주장했다.

어찌 되었든 '세키 유키오'와 '세인트 로'라는 이름은 역사에 각인되었다.

16/일본의 비명

세인트 로 격침 이후 일본은 특공 열풍에 휩싸였다. 독일 제3제국이 패망의 끝자락에서 '비밀병기'라는 희망을 붙잡고 버텼던 것처럼 일본은 '가미카제'를 부여잡고 마지막 희망의 불씨를 되살리려 했다. 불꽃처럼 타오른 희망이지만 이 희망은 회광반조回光返照나 다름없었다.

가미카제는 달리 말하면 '100퍼센트 손실'이었다. 작전에 투입한 기체와 전투기 조종사를 100퍼센트 잃기 마련이다. 필리핀의 함락으로 남방 자원 지대에서 자원을 수급할 수 없게 된 일본은 신조기 생산에 큰 타격을 입었다. 그래서 작전에서 소모된 기체를 보충할 수도 없었다.

더 큰 문제는 조종사의 수급이었다. 제대로 된 조종사를 키우려면 엄청난 비용과 시간이 필요한데, 이미 베테랑 조종사 태반이 그간의 전투로 남아 있지 않은 상황이었다. 여기에 가미카제 공격으로 조종사가 남아나지 않았다. 일본은 부랴부랴 특공용 조종사를 양산하기 시작했다. 단기 속성으로 키워낸 신참 조종사들은 단순한 이착륙 훈련 중에도 판판이 죽어 나갔다. 겨우겨우 기초 비행 훈련을 마친 이들은 가미카제 특공을 위한 최소한의 기술 훈련을 받았다. 이들이 완벽하게 익혀야 하는 최소한의 비행 기술이란 크게 두 가지였다.

　① 적의 레이더를 피하기 위한 초저공 수면 비행
　② 목표물 발견 후 고도 3000미터까지 급상승하여 목표물을 향해 45도로 기체를 내리꽂는 기술

그야말로 특공을 위한 기술만 가르친 셈인데, 과연 이렇게 교육받은 특공용 조종사들이 실전에서 제대로 활약했을까? 안타깝게도 애꿎은 자기 목숨만 버리는 일이 더 많았다. 가미카제 특공을 위한 편대는 특공기 3대, 호위기 2대로 편성되었는데, 호위기 조종사들은 특공기들을 지켜주는 역할보다 이들을 미군 함대가 있는 곳으로 무사히 안내하는 역할이 더 중요했다. 급하게 양성된 특공 조종사들은 항법 기술이 부족해 조금만 기상이 나빠도 길을 잃고 헤맸고, 미군 전투기라도 나타나 호위기가 전투기동이나 회피기동을 하면 호위기를 놓치기 일쑤였다. 특공기가 호위기를 놓치는 순간 이들의 운명은 정해져 있었다. 제대로 방향을 찾지 못해 하늘에서 연료를 소모하다 바다에 떨어지는 일이 다반사였다.

미군 함대를 발견해도 문제였는데, 이들은 멀리 함대가 보이면 덮어 놓고 돌입부터 했다. 함대에 돌입하는 것까지는 좋았으나 되도록 자신의 목숨값을 할 만한 항공모함이나 전함 같은 고가치 목표를 공격해야 하는데, 이들에게는 원거리에서 이를 구별할 만한 능력이 없었기 때문에 아무 목표물에나 덤벼들곤 했다. 결국 이들은 상륙용 주정에도 돌격하는 안타까운 상황을 연출했다. 마지막 순간 자신의 목표물을 확인하고 방향을 틀려고 해도 그럴 만한 시간도 비행 능력도 없었기에 그대로 산화하고 말았다.

미국의
반응

최초의 가미카제 공격에 미군은 반신반의했지만, 일본군의 의도를 안 뒤로는 충격과 공포를 느꼈다. 그들의 상식으로는 도저히 이해하기 힘든 정신세계였다.

"전투기 조종사라는 고급 인력을 무의미하게 소비하다니, 나라면 그런 명령을 내린 놈을 그 자리에서 총으로 쏴 죽였을 것이다."

맥아더는 자서전에서 이렇게 말했다. 이것이 상식적인 인간의 반응이다. 미군은 경악했고 자신들을 향한 명백한 살의, 그것도 자기 목숨을 버리면서까지 행하는 살의 앞에 대단히 분노했다. 그렇게 감정의 폭풍이 한차례 지나간 뒤에 이성적인 대처에 나섰다.

1944년 말부터 미국 항공모함 함재기의 비율이 조정되었다. 기존에는 함재기 중 전투기 비율이 40퍼센트 수준이었는데 70퍼센트로 대폭 늘어났다. 전투기가 늘어난 만큼 함대 방공 능력은 향상되었다. 미군은 가미카제로 추정되는 공격대를 발견하면 탑재한 항공기를 모두 발진시켜 자살공격을 저지하는 데 온 힘을 다했다. 행여 미군 전투기의 방공망을 뚫고 함대에 접근한다 해도 대공포의 벽이 기다리고 있었다.

가미카제 특공기의 진입 방법은 한정적이었고 무거운 폭탄을 매달았기 때문에 기동성도 떨어졌다. 화망만 제대로 갖추면 격추할 수 있었다. 여기에 미군들의 감정이 더해졌다. 자신들을 향한 명백한 살의 앞에 미군들은 분노를 넘어 증오로 대응했다. 군인뿐만이 아니었다. 증오심은 미국 전체로 퍼져나갔고 전쟁 근간에 깔려 있던 인종 차별적 감정이 폭발했다. 이 감정은 미국이 별 고민 없이 원자폭탄을 사용하게 만든 계기가 되었다.

그렇다면 가미카제는 얼마나 성과를 거뒀을까? 자료마다 다르지만 일본과 미국의 자료를 비교해 근사치를 산출해보면, 호위 항모 3척, 구축함 14척, 소해정 3척, 수송선 3척, 상륙정 14척, 화물선 9척, 탄약수송선 1척을 합해 모두 47척이다(격침이 아닌 파손이나 중파 등을 합치면 연합국의 전체 피해는 300~400척 정도로 집계된다). 그럼 가미카제로 소모된 전투기 수는 얼마일까? 1944~1945년 총 3800여 대의 특공기가 작전에 투입되었다. 3800여 대를 투입해 겨우 47척을 격침했으니 말도 안 되는 교환비다.

가미카제 특공기가 격침한 그나마 전략적인 목표물은 호위 항모 3척이 전부다. 이것이 미 해군에 얼마나 영향을 미쳤을까? 당시 미 해군은 정규 항모만 28척을 보유하고 있었고 호위 항모를 더하면 100척이 훌쩍 넘었다. 호위 항모 3척은 간에 기별도 안 가는 미미한 수준이었다. 이를 위해 일본은 귀중한 인적 자원인 조종사와 항공기 3800여 대를 쏟아부었다. 자포자기식 자살행위나 다름없었다.

종말의
시작

일본이 전쟁의 패배를 인정해야만 했던 때는 언제였을까? 레이테만 해전? 마리아나 해전? 아니다. 많은 이가 1944년 7월 사이판 함락을 꼽는다. 당시 일본이 사이판 함락을 어떻게 받아들였는지는 후쿠도메 시게루福留繁 해군 중장의 발언에서 알 수 있다.

"사이판을 잃었을 때 마지막 기회가 사라져버렸음을 깨달았다."

일본이 절대 사수를 외쳤던 절대방어선이 뚫렸다. 이제 일본은 초장거리 폭격기인 B-29의 사정권 안에 들어가게 되었다. 일본 군부 엘리트 중 일부는 사이판 함락 이후 자신들의 운명을 예측했다. 일본에 더 이상 희망은 없었다. 후쿠도메 시게루의 말처럼 일본의 마지막 기회는 사라졌다. 만약 이때 일본이 정신을 차리고 종전 협상이나 항복을 했다면 가미카제와 같은 '미친 짓'은 역사에 기록되지 않았을지도 모른다.

그러나 일본은 결사 항전을 선언했고 그에 걸맞은 행동을 보였다. 가미카제는 메이지 유신 이후 이어진 제국주의 일본의 마지막 비명이었다. 그리고 그 비명은 인류사에 유례없는 절대적 폭력인 원자폭탄으로 되돌아왔다. 안타깝게도 일본의 비명이 종말을 재촉했다.

구축함 유키카제

유키카제雪風는 태평양전쟁에서 활약한 군함 가운데 가장 유명한 구축함이다. 몇만 톤을 넘나드는 대형 전함과 항공모함이 즐비한 상황에서 고작 2000톤급 구축함이 이름을 떨친 이유가 뭘까? 유키카제의 별명인 '강운함強運艦'에서 그 이유를 찾을 수 있다.

"구레의 유키카제와 사세보의 시구레는 반드시 살아 돌아온다!"

태평양전쟁 말기 일본 해군 사이에서 떠돌던 전설 같은 이야기다. 비록 사세보를 모항으로 했던 시구레는 1945년 말레이반도 부근에서 잠수함의 어뢰 공격으로 격침되었지만 유키카제는 끝까지 살아남았다. 그리고 전쟁이 끝난 뒤에도 그 끈질긴 생명력을 이어나갔다.

유키카제는 어떤 존재였을까? 왜 2000톤급의 작은 구축함이 시대를 넘어 이렇게까지 회자되는 걸까? 유키카제의 약력을 보면 이해할 수 있을지 모른다.

1. 1940년 1월 21일 사세보 해군 공창에서 카게로급 구축함의 8번함으로 탄생했다.

2. 1942년 2월 27일 수라바야 해전에서 다른 구축함들과 공동으로 미 순양함 2척, 구축함 1척을 격침했다. 이후 자바해협의 연합군 잠수함 소탕 작전에서 잠수함 1척을 격침했다.

3. 1942년 6월 4일 미드웨이 해전에 참전해 무사 귀환했다.

4. 1942년 8월 24일 동부 솔로몬 해전에서 항공모함 쇼카쿠와 즈이카쿠를 호위했다.

5. 1942년 10월 25일 산타크루즈 해전에서 항공모함 즈이카쿠를 호위했다.

6. 1942년 11월 과달카날 해전의 본격적 함포전에서도 살아남고 다른 함들과 공동으로 중순양함 2척, 구축함 4척을 격침했다. 이때 어뢰 발사를 위해 미군 함포 사거리 안으로 용감히 들어갔음에도 생존했다.

7. 1943년 2월 생존 확률이 지극히 낮았던 과달카날 철수 작전에 세 번 모두 투입되어 무사히 살아남았다.

8. 1943년 3월 2일 비스마르크 해전 당시 미국, 호주 공군의 공습으로 구축함 4척, 수송선 8척이 격침되는 상황에서도 표류하던 일본군 1개 대대 병력을 구출한 뒤 퇴각했다.

9. 1943년 7월 13일 콜롬방가라 해전에서 기함 진쓰의 호위 임무를 맡았으나 미군 함대의 공격으로 진쓰가 격침되자 함대 지휘권을 이어받아 반격해 미군 함대를 퇴각시켰다.

10. 1944년 6월 19일 필리핀 해전(마리아나 해전)에서 추진기가 고장 나 항공모함 호위 대신 유조선단 호위로 임무가 바뀌어 8척의 유조선을 호위해 도쿄로 귀환했다(가다가 잠수함의 공격으로 유조선 1척이 격침되었지만 그 정도면 선방이었다). 반면 애초에 같이 있었던 함대들은 '마리아나의 칠면조 사냥'에 의해 전멸에 가까운 피해를 보았다.

11. 1944년 10월 23일 레이테만 해전에서 세계에서 가장 큰 전함인 야마토급 2번함 무사시를 호위했다. 미 제3함대의 대규모 공습과 맞닥뜨려 무사시는 격침되었으나 그 옆에 있던 유키카제는 살아남아서 전함 나가토를 호위해 구레항으로 퇴각했다. 함대가 거의 격멸되었음에도 무사히 빠져나왔다.

12. 1944년 11월 29일 항공모함 시나노를 호위했다. 야마토급 3번함으로 건조되었으나 항공모함 부족으로 고민하던 일본 해군이 전함을 급히 설계 변경해 만든 항공모함인 시나노는 7만 3000톤의 어마어마한 배수량을 자랑했지만 미 해군 잠수함 아처피시Archerfish에 어뢰 6발을 맞고 격침되었다. 이때도 유키카제는 살아서 돌아왔다.

13. 1945년 4월 7일 오키나와 해전 당시 영화 〈남자들의 야마토〉에 잘 표현되어 있듯이 미 해군 58기동부대 소속 10척의 항공모함, 9척의 전함,

500대의 미 해군 함재기를 향해 걸어 들어갔다(말 그대로 자살공격이었다). 야마토는 격침되었고, 같이 갔던 호위 구축함 5척 모두 격침되었다. 이때도 유키카제는 혼자 살아 돌아왔는데, 미 해군 함재기가 발사한 로켓탄을 맞았으나 식량창고에 맞은 데다 그나마도 불발탄이었다. 사망자도 없었다(당시 유키카제는 야마토에서 불과 1.5킬로미터 떨어진 거리에 있었다).

14. 이후 구레항 공습을 피해 동료 함정들과 함께 동해로 대피하던 중 미군 함재기의 공습을 받았으나 유키카제에는 단 한 발도 명중하지 않았다. 또 돌아오는 길에 기뢰를 건드렸지만 터지지 않았다. 하지만 유키카제의 뒤를 따라오던 히스카리가 기뢰를 건드리자 폭발했다.

15. 종전 후 라바울, 사이공, 방콕, 타이완을 왕복하며 귀환병 1만 5000명을 수송했다.

16. 1947년 7월 6일 전쟁배상금 명목으로 장제스의 국민당 정부로 소유권이 이전되면서 일본에서 중국 상하이로 떠났다. 단양丹陽(붉은 태양)으로 개명하고 국민당 정부의 기함으로 사용되었으며 타이완 철수 작전에서 맹활약했다.

17. 1966년 태풍으로 좌초하고 대파되었다. 1970년 고철로 해체되었는데, 이때 타이완이 일본에 보낸 닻과 타륜은 현재 일본 박물관에 전시되어 있다.

말 그대로 전설이다. 유키카제는 태평양전쟁 내내 12만 8000마일을 달렸다(지구를 5.15바퀴 돈 셈이다). 그리고 그 치열했던 태평양전쟁에서 260명의 승조원 중 단 2명의 전사자만 기록했다. 전쟁 당시 유키카제는 일본 함대 내에서 타의 추종을 불허하는 강운함이었다. 그러자 유키카제 승조원들 사이에서는 가족 이름에 '유키雪'를 넣는 게 하나의 관례가 되었다.

유키카제의 끈질긴 생명력은 어디서 나왔을까? 단순히 운이 좋아서였을까? 아니다. 유키카제의 분위기는 다른 함대와 좀 달랐다.

"훈련은 실전처럼! 실전은 훈련처럼!"

유키카제의 승조원들은 훈련 하나만은 똑 부러지게 했다. 그런데 이들은 함 내에서 아무렇지 않게 마작을 하고 상급자와 하급자가 아무 거리낌 없이 반말을 했으며 술판은 기본이었다. 일본 해군의 악습인 구타 가혹행위 대신 자유로움이 주어졌다. 덕분에 해군 지휘부에 단단히 찍혔지만 이들은 자유로운 분위기를 계속 유지했다. 지휘부도 유키카제가 보여준 엄청난 전과를 마냥 무시할 수는 없었기에 레이더나 소너 같은 최신식 장비를 우선적으로 설치해주었다.

결정적으로 유키카제가 다른 함들과 달랐던 점은 '살겠다는 의지'였다. 다른 전함들이 옥쇄와 자살돌격을 말할 때 이들은 "꼭 살아서 귀환한다"를 구호로 외칠 만큼 생존에 대한 남다른 집착을 보였다.

이런 재미있는 역사 때문인지 일본 애니메이션이나 영화에서는 유키카제란 이름이 등장하는, 혹은 유키카제의 분위기를 연출한 장면을 흔히 찾아볼 수 있다. 마쓰모토 레이지의 〈하록 선장〉에는 해적들이 자유롭게 자신들의 취미 생활과 음주를 즐기는 장면이 나오고, 〈우주전함 나데시코〉와 〈무책임함장 테일러〉의 분위기 역시 유키카제를 연상케 한다. 〈우주전함 야마토〉의 애니메이션과 실사판에서는 유키카제의 이름이 들리는데, 지구함대와 가미라스함대 간의 초반 결전에서 지구함 대의 퇴로를 열기 위해 싸우다 격침당하는 전함이 바로 유키카제이다 (실제 역사와는 정반대지만).

일본인들에게 유키카제는 특별한 전함이다. 가미카제와 옥쇄를 말 하던 당시 일본군의 분위기 속에서 전혀 이질적인 모습을 보여준 유키 카제. 단순히 운이 좋아서 살아남은 게 아니라 살아남을 만해서 살아남 았던 게 아닐까? 그렇기에 70여 년이 지난 지금까지도 회자되고 차용 되고 활용되는 것이 아닐까?

파국으로 향하는
일본

01 / 불의 도시 I, 지옥의 시작

1942년 4월 18일 미 육군 항공대의 제임스 둘리틀James Harold Doolittle 중령
이 이끄는 16대의 폭격기가 도쿄를 비롯한 일본의 주요 도시를 폭격했
다. 일본의 진주만 공격에 대한 미국의 반격이었다.

　미국의 폭격은 일본 군부와 국민에게 엄청난 정신적 충격을 주었고,
이후 미드웨이 해전의 단초가 되었다. 물론 전과만 생각하면 진주만 공
격에 대한 보복으로는 미약했다. 사상자 50여 명에 저유소, 제철공장,
발전소 등에 피해를 입히고 항공모함 류호에 상처를 입힌 정도랄까? 민
간인 가옥 피해도 있었지만 전과에 포함하기에는 민망한 수준이었다.

　그러나 이것이 불과 16대의 B-25 미첼 폭격기로 이뤄낸 전과임을
고려해야 한다. 아울러 이 공격의 목적은 실질적 타격이 아니라 고도의
심리적 타격이었다.

"우리도 너희를 때릴 수 있다!"

둘리틀의 폭격이 심리적인 부분에 초점을 맞췄다는 점을 생각하면 꽤 준수한 성과였다. 덕분에 미국 국민의 사기는 치솟았고, 일본 군부와 국민은 천황의 황궁이 적의 폭격 앞에 무방비로 노출되었다는 두려움에 떨어야 했다.

여기까지는 둘리틀 폭격대에 대한 일반적 상식이다. 하지만 둘리틀 폭격대가 일본 본토에 뿌린 것은 폭탄만이 아니었다.

불타는 도시

1923년 9월 11일 리히터 규모 8.4의 대지진이 일본 수도권을 강타했다. 이 지진 때문에 무고한 조선인과 중국인이 학살당했고, 박열 열사와 그의 아내 가네코 후미코金子文子는 악화된 여론을 돌리려는 일본 정부에 의해 천황 암살범으로 내몰렸다. 어느 정도의 피해였기에 일본 정부는 대역 사건까지 조작했을까?

당시 기록에 따르면 관동대지진으로 14만 2000여 명이 사망했고 3만 7000여 명이 실종되었다. 10만 9000여 채의 가옥이 파괴되었고 10만 2000여 채는 반파되었다. 대참사였다. 그런데 14만 명이 넘는 사망자들의 사망 원인을 살펴보면, 피해자의 9할 이상이 화재로 죽었다. 어쩌다 그렇게 되었을까?

먼저 지진이 일어난 시간이 오전 11시 58분이었다는 점을 고려해야 한다. 한창 점심을 준비하는 시간이므로 대부분 가정이나 요식업소에서 불을 사용하고 있었다. 안타깝게도 당시 일본의 대다수 가옥은 나무와 종이로 만들어 불이 잘 붙을 수밖에 없었다.

관동대지진 이전에도 우발적 사건으로 화재가 발생하는 일이 빈번했다. 한겨울에 밥을 짓기 위해 숯불을 지피다가 불똥이 흩날리거나 불쏘시개로 사용하던 종이에 불이 옮겨붙어 큰 화재로 번지는 경우가 적지 않았다. 놀라운 사실은 도쿄의 절반을 불태워버린 관동대지진 이후에도 일본은 화재에 대한 뾰족한 대책을 세우지 못했다는 점이다.

이러한 상황에서 둘리틀의 공습까지 있었다. 과연 일본은 어떻게 대응했을까?

일본의
자신감

둘리틀의 공습은 일본인들에게 잘못된 편견을 심어주었다.

　　"미국의 폭탄은 두려워할 게 못 된다."

16대의 경폭격기가 흩뿌린 한 줌도 안 되는 폭탄을 경험한 일본은 미국의 폭탄이 그리 두려운 대상이 아니라고, 불이 붙더라도 충분히 소화할 수 있다고 자신했다. 이는 일본 정부뿐 아니라 실제로 폭격을 경험한 일본 국민 대부분의 반응이었다. 한편 일본 군부와 정부는 재빨리 공습 대책을 준비했다.

일본 전역에는 100만 개가 넘는 '반상회'가 있었는데, 10~12세대를 한 단위로 묶어 관리하는 조직으로 총력 동원의 토대였다. 정부는 각 가정에 모래, 물탱크, 양동이, 삽, 빗자루를 준비하게 했고, 반상회를 통해 이를 감시·감독했다. 아울러 이 모래와 양동이, 빗자루를 가지고 소이탄을 진화하는 훈련을 하기 시작했다(빗자루와 양동이로 소이탄을 진화할 수 있다는 믿음은 어디서 나온 걸까?). 훈련 대부분은 반상회 조직을 동원한 양동이 릴레이 전달 훈련이었다. 이 훈련이 끝난 다음에는 '필승의 방공 선서'라 하여 하늘을 지켜내겠다는 선서를 했다.

여기까지만 보면 하나의 촌극이었다고 할 수 있겠지만, 전쟁이 장기화하면서 일본 정부도 방공망을 강화해 미국의 공격에 대비해야 한다는 사실을 어렴풋이 깨닫게 되었다. 1943년 일본은 새로운 국민 방공법을 선포했는데, 이 방공법의 핵심은 주요 전략물자를 생산하는 노동자들은 공습 기간에 도시를 떠날 수 없다는 내용이었다. 집마다 방공호를 만들라는 지시가 내려졌고 사람이 많이 모이는 상점가에는 참호를 파게 했다. 술을 마시거나 물건을 사러 왔다가 폭격이 이어지는 상황을 대비하기 위해서였다.

당시 일본인들은 상점가 참호에 불만이 많았다. 등화관제를 한 상황에서 익숙지 않은 길을 걷다가 참호에 빠질 때가 많았기 때문이다. 참호 때문에 골절 환자가 많이 나왔다. 미국의 폭격과 뒤이은 화재를 겪은 후 상점가에 비치한 방화수통도 문제였다. 방화수통은 고여 있는 물이 썩으면서 어느새 '모기 양식장'으로 변하곤 했다.

이런 원성에도 일본 정부는 한 걸음 한 걸음 다가오는 미군의 발걸음에 대비하기 위해 부산을 떨었다. 미국이 솔로몬과 뉴기니를 함락하고 길버트 군도를 점령하자 즉시 도쿄 우에노 공원의 사자를 비롯해 대형 육식동물, 초식이라도 코끼리처럼 사람에게 위해를 끼칠 수 있는 동물은 모두 죽였다. 독일의 베를린 공방전 당시 동물원에서 뛰쳐나온 동물들이 총알과 포탄이 난무하는 베를린 시내를 이리저리 뛰어다녔던 걸 생각해보면 발 빠른 대처였다.

1943년 말 일본 내무성은 도쿄에 방공 총본부를 설치했다. 이 방공 총본부가 의욕적으로 추진한 정책이 방화대防火帶(화재 시 불이 번지는 것을 막기 위해 불에 탈 만한 것을 없애놓은 빈 지대) 설치였다. 종이와 나무로 만든 집들이 즐비하고 인구밀도는 세계 최고 수준을 자랑하는 도쿄에 소이탄이 떨어진다면? 아마도 불지옥이 될 것이다. 이를 막기 위해 구역마다 방화대를 설치하겠다고 나섰다. 그 결과 방화대 지역으로 낙점된 곳의 가옥과 건물을 허물었다. 그렇다면 그곳에 거주하던 사람들은 어떻게 되었을까? 이들은 정부가 지정한 폐건물이나 주변 친척 집으로 거처를 옮기거나 지방으로 이주했다. 그 수만 2만이 넘었다. 그러나 이런 노력은 시대를 초월한 폭격기와 한 남자의 등장으로 모두 물거품이 되고 말았다.

르메이와
B-29가 만났을 때

1943년부터 생산되어 1946년까지 3970대가 생산된 B-29는 당시 상상하고 구현할 수 있는 모든 신기술을 집약한 첨단기술의 총합이었다. 엔진 출력이나 선내 여압을 조정할 수 있는 조종실, 중앙제어식 기관총좌, 그리고 이를 뒷받침하는 초기형 컴퓨터(컴퓨터라기보다는 계산기에 가깝지만), 고도 3만 피트에서 항속거리 5000킬로미터가 넘어가는 어마어마한 작전행동 반경까지. 일본에게는 재앙이었지만 미국에게는 필승의 카드였다.

당시 B-29의 개발은 미국으로서도 엄청난 도박이었다. B-29 개발 프로젝트를 지켜보던 미 육군 항공대는 이 프로젝트를 '30억 달러짜리 도박'이라고 여겼다. 원자폭탄을 개발한 맨해튼 프로젝트의 비용이 20억 달러였던 점을 생각해보면 말 그대로 도박이었다.

그 과정 역시 성공을 장담할 수 없는 도박에 가까웠다. 보통 전투기나 항공기를 개발할 때는 시험제작기를 만들고 그것을 토대로 각종 시험과 개량을 거쳐 완성도를 높여가다 작전 요구 성능에 부합한다는 판정을 받으면 그때부터 양산에 들어가는 것이 통례다. 그러나 B-29는 이런 과정 자체가 생략되었다. B-29의 프로토타입이라고 할 수 있는 YB-29가 만들어지기 전에, 아니 설계도면이 겨우 완성된 상태에서 해당 생산업체에 발주가 들어갔다. 즉, 설계도만 보고 생산업체에 발주를 넣어 부품 생산에 들어간 셈이다(설계도의 완성에 대해서도 이야깃거리가 많은데, 누구도 만들어보지 못한 이 '괴물'을 만드는 데 겨우 2년 남짓한 시간이 걸렸다. 수천 명의 항공기술자와 설계사가 참여해 뚝딱 찍어낸 것이다. 1941년 5월 히틀러가 소련으로 치고 들어가기 직전까지만 해도 개념 연구 단계였던 이 폭격기는 진주만 공격과 국제정세의 획기적 변화 앞에서 번갯불에 콩 구워 먹듯 만들어졌다). 덕분에 보잉사는 오늘날 최고의 민항기 생산업체가 될 수 있었다. B-29를 개발하면서 얻은 여압 설계 능력과 장거리 운항 능력의 확보는 이후 생산되는 보잉 여객기 개발의 실마리가 되었다.

일반적으로 여객기를 1만 미터 상공에서 운항할 때 기내의 승객은 해발 1500~2000미터에서 느낄 수 있는 0.8기압의 영향을 받는다(비행기 안에서 귀가 먹먹해지는 경험이 바로 그 증거다). 기압은 고도가 높아질수록 낮아지는데, 사람은 대기압(1기압)과 차이가 큰 기압의 영향을 받으면 문제가 발생한다. 이 문제를 막기 위해 여객기 내에는 공기 압축 장치를 통해 기압을 맞추고 산소를 공급해준다.

B-29에는 이러한 여압 장치가 달려 있어서 더 높은 고도에서 '쾌적한 폭격'을 할 수 있었다. 당시 일본 군부는 B-29의 승무원들이 제대로 된 항공복을 착용하지 않고 비행하는 모습을 보며 미국이 물자 부족으로 조종사와 항공병에게 항공복도 제대로 지급하지 못하는 상황이라고 선전했지만 말이다.

어쨌든 B-29가 드디어 일본 상공에 등장했다. 그리고 1945년 2월, 대일 폭격을 책임지는 21폭격기 사령부 사령관으로 커티스 르메이^{Curtis Emerson LeMay}가 취임했다.

"무고한 민간인은 없다."

베트남전쟁 당시 베트남을 폭격해 석기시대로 돌려놔야 한다고 주장해서 주변을 아연실색하게 한 '인간 백정'의 등장이다. 그는 취임하자마자 효과 없는 고고도 폭격 대신 저고도 폭격을 명령했다(당시 고고도 폭격의 명중률은 2퍼센트에 불과했다). 아울러 폭탄의 종류도 바꿨다. 일본의 주택이 주로 나무와 종이로 만들어졌다는 점에 착안해 폭격기에 소이탄을 가득 채워 날렸다. 도쿄 대공습이 시작되었다.

1945년 3월 9일 사이판과 티니언섬에서 344대의 B-29가 날아올랐다. 폭탄을 한 발이라도 더 장착하려고 폭격기에서 방어기총을 떼어내고 탄약도 덜어냈다. 이들 폭격기는 총 2400여 톤의 소이탄을 도쿄 시내 8500여 곳에 떨어뜨렸다. 12만 명이 사망했고(19만 7000명이란 주장도 있다) 가옥 25만 동이 순식간에 잿더미로 변했다. 지옥이 시작되었다.

02 / 불의 도시 II, 파국으로 향하는 일본

1944년 여름 미군이 마리아나 제도를 점령했을 때 일본 정부는 태평양 전쟁 전 기간을 통틀어 가장 상식적이고 효과적인 공습 대책을 내놓았다. 바로 학생들의 피난이었다. 40만 명에 달하는 학생들을 시골로 대피시켰는데, 도쿄 한 곳에서만 25만 명의 학생들이 주변 12개 현으로 분산 수용되었다. 그러나 상식은 여기까지였다.

폭격을 막을 수
없었던 일본

B-29의 폭격에 일본은 속수무책으로 당할 수밖에 없었다. 미국의 국력을 생각한다면 당연한 이야기겠지만 그래도 너무 허무하게 당했다. 이유가 뭘까? 여기에는 일본의 '실수'가 함께했다. 하나씩 살펴보자.

① 조기경보체계의 미비

1940년 영국 본토 항공전 당시 영국 공군은 전투기가 590여 대 남짓이었던 반면, 독일 공군은 1300여 대의 전투기를 자랑했다. 이 수적 열세를 극복할 수 있었던 것은 영국 전투기 조종사의 엄청난 감투 정신과 홈그라운드의 이점, 괴링의 실수(Bf-109는 그때까지 낙하식 연료탱크를 달지 않았다), 그리고 레이더 덕분이었다.

미사일과 제트전투기가 날아다니는 현대전에서 조기경보는 전쟁의 승패를 좌우하는 핵심 요소이다. 음속으로 날아다니는 전투기는 전쟁의 속도를 극단적으로 빠르게 만들었다. 제2차 세계대전이 그 시작이었다.

적의 전투기가 날아오기 전에 미리 대비 태세를 갖추는 것은 모든 군인이 꿈꾸는 이상적인 전장 환경이다. 그것이 가능하려면 무엇보다 적의 움직임을 감시하는 눈인 '레이더'가 필요하다. 일본군은 제2차 세계대전 주요 참전국 중 가장 수준이 떨어지는 레이더를 보유했다.

안타깝지만 일본에는 선진 레이더 기술을 확보할 기회가 있었다. 1926년 영국에 유학 중이던 야기 히데츠구八木秀次와 그의 조수였던 우다 신타로宇田新太郎는 레이더의 원형이 되는 기술을 최초로 개발해냈다. 이른바 '야기 우다 안테나'이다(실제로는 조수인 우다가 개발했지만 그의 담당 교수였던 야기가 특허를 가로챘다. 그때나 지금이나 대학은 이런 일이 많은가 보다).

그러나 당시 일본 군부는 이 레이더의 채용을 반대했다. 일본군의 기본 전략은 기습에 의한 일격필살이므로 전파를 쏘아 아군의 위치를 스스로 드러내는 기술을 받아들일 수 없다는 논리였다. 물론 말도 안 되는 논리였다. 조기경보체계의 구축을 위해 사용할 수도 있었을 텐데 어리석은 판단이었다. 다시 말하지만 당시 일본군은 사람은 많은데 물자가 귀한 상황이었다. 인간의 희생으로 감당할 수 있는 문제에는 딱히 돈을 쓸 생각이 없었다.

"인간의 능력은 무궁무진하다. 훈련을 통해 시력을 발달시키면 조기경
보체계는 완성된다."

이 논리대로라면 세상의 모든 안경원은 망할 것이다. 일본은 자국민이 개발한 우수한 조기경보체계를 버렸고, 안타깝게도 이 기술을 연합국이 주워 갔다. 뒤늦게 레이더의 성능을 확인한 일본군은 레이더 개발에 뛰어들었지만 이미 기술 격차는 엄청나게 벌어졌고 투입할 물자도 인력도 시간도 남아 있지 않았다.

더 큰 문제는 일본의 지리적 위치였다. 도쿄를 비롯해 일본의 주요 도시는 태평양에 접해 있고 그 앞에 아무것도 없다는 것이 문제였다. 조기경보체계 완성을 위해 레이더 기지를 세우고 싶어도 적당한 위치가 없었다. 이오지마가 함락된 이후 일본은 논스톱으로 뚫린 고속도로처럼 B-29를 코앞에서 확인해야 했다.

② 요격 능력의 부족

B-29가 날아왔다 해도 이를 요격하면 문제가 달라진다. 유럽 전선에서 독일 본토를 폭격한 B-17, B-24 폭격기의 피해율을 보면 알 수 있는데, 1943년까지 이들의 1회 폭격 시 피해율은 5퍼센트에 달했다.

5퍼센트가 별것 아닌 수치 같지만 20번 폭격하면 거의 모두 격추되는 셈이다. 그렇다면 일본은 어땠을까?

우선 요격기가 없었다. 일본이 그렇게 자랑하던 제로센은 B-29를 추격해 올라가다가 날개가 부러져 추락하기 일쑤였다(물리적으로 동체가 부러졌다). 총중량의 10만분의 1까지 관리했던 제로센이기에 강도에 문제가 있었다. 신형기를 투입해도 마찬가지였다. 하야테疾風 같은 신형기는 일단 그 수도 적었고, 전쟁 말기에는 일본의 공업생산력이 급락하면서 품질 관리도 되지 않았다. 제원만 보면 충분히 대적할 만했지만 품질 문제로 제 성능을 발휘하지 못했다. 게다가 B-29에 머스탱을 호위기로 붙이면서 요격은 더 힘들어졌다.

요격할 수 없다면 대공포로 격추하면 되지 않을까? 하지만 이 역시 문제였다. 일본은 대공포가 부족했다. 아니, 대공포 자체를 등한시했다.

"신주불멸神州不滅"

신들의 나라인 일본은 절대 망하지 않는다는 뜻이다. 태평양전쟁 전까지 일본은 본토에서 전쟁을 치르지 않았다. 언제나 외국에 나가 전쟁을 치렀다. 그러다 보니 본토 방어에 대한 개념도 부족하고, 대공무기에 대한 필요성도 느끼지 못했다. 여기에 '신주불멸'이란 엉뚱한 믿음까지 더해져('무사안일'이라고 보는 게 맞겠지만) 대공화기 개발에 소극적이었다. 그나마 쓸 만한 대공무기라고는 독일 대공포의 복제품이 고작이었고, 이마저도 거듭된 공습에 모두 소진되었다. 일본은 속수무책으로 B-29를 올려다볼 따름이었다.

금붕어에 집착한
일본인

르메이가 일본을 불태워버리겠다며 연일 맹공습을 하던 그때 일본인들이 믿고 의지했던 유일한 희망이 하나 있었다. 바로 금붕어다.

폭격으로 무너진 집에서 상처 하나 없이 빠져나온 부부가 있었는데, 10만 명 넘게 사망한 도쿄에서는 기적과 같은 일이었다. 이 부부는 자신들이 살아나온 이유를 불에 타 폐허가 된 집에서 발견한 두 마리 금붕어에게서 찾았다. 자신들이 키우던 금붕어가 자신들을 대신해 죽었다며 금붕어 시체를 가까운 절에 가져가 묻었다.

이 이야기는 순식간에 일본 전역에 퍼졌고, 도쿄에 있는 금붕어란 금붕어는 날개 돋친 듯 팔려나갔다. 금붕어 가격은 천정부지로 뛰어올랐고, 급기야 붕어를 금붕어처럼 칠해놓고 파는 상인들까지 등장했다. 이 가짜 금붕어조차 엄청난 가격에 팔릴 만큼 일본인들은 의지할 곳이 없었다.

미군의 폭격은 계속 이어졌다.

3월 9일 도쿄 공습: 도시 면적 41km² 전소, 사망자 10만여 명, 건물 26만 7000여 동 파괴

3월 11일 나고야 공습: 도시 면적 5.3km² 전소

3월 13일 오사카 공습: 도시 면적 21km² 전소, 사망자 4000여 명, 행방불명자 500여 명

3월 16일 고베 공습: 도시 면적 18km² 전소, 사망자 8000여 명, 이재민

65만여 명

3월 18일 나고야 2차 공습: 도시 면적 7.6km² 전소

1945년 3월 한 달간 일본 정부는 속수무책으로 당하고 앉아 있었다. 르메이는 일본 전역에 폭격 경고문을 뿌리는 여유를 보이고 한 달간 임시 휴업에 들어갔다. 폭탄 재고 부족과 해군의 지원 요청 등으로 잠시 쉬어간 것이다(B-29는 여러모로 쓸모가 많아 기뢰 투하에도 동원되었다). 그 대신 일본 항만 도시에 1만 2000개의 기뢰를 촘촘하게 깔았다. 일본을 아예 굶겨 죽이겠다는 '기아 작전'의 시작이었다. 섬나라인 일본은 해상 수송이 막히는 순간 손가락을 빨아야 한다. 기뢰 때문에 100만 톤이 넘는 수송 선단이 침몰했고, 원자재 수입량은 80퍼센트 넘게 감소했다.

그사이 일본인들은 살기 위해 요코하마로 도망갔다. 도쿄 남쪽에 있는 요코하마는 미군의 폭격 대상 도시 명단에 한 번도 들어가지 않았다. 일본의 대도시가 하루에 하나씩 사라져가는 동안에도 요코하마는 무사했다. 일본 정부가 손 놓고 있는 사이 일본 국민은 살기 위해 지푸라기라도 잡아야 했다. 그런데 미국은 왜 요코하마를 폭격하지 않았을까?

"미군이 상륙하려면 대규모 독이 필요하다. 미군은 요코하마에 상륙하기 위해 요코하마를 폭격하지 않았다!"

당시 일본인들 사이에 이런 '망상'이 퍼져나갔고, 급기야 요코하마로 들어가는 국도를 민간인들이 가득 메웠다. 그러나 이 망상은 곧 산산이 조각났다.

1945년 5월 29일 B-29가 요코하마를 폭격했다. 요코하마의 반이 재가 되어버렸다. 그나마 다행이라면 민간인 사망자가 5000여 명에 불과했다는 점이다. 아이러니하게도 당시 가장 안전한 도시는 도쿄였다. 여섯 차례에 걸친 폭격으로 도쿄에는 더 이상 목표로 삼을 만한 게 없었기 때문이다.

여름이 되면서 일본은 모든 상황이 최악으로 치달았다. 7월까지 미국은 9만 톤 가까운 폭탄을 일본에 투하했다. 26개 도시(총면적 330제곱킬로미터)를 초토화했고, 건물 약 250만 동이 소실되었다. 일본의 산업생산량은 1944년 최고치의 40퍼센트로 떨어졌고, 석탄 생산은 반으로 줄었으며, 석유 정유량은 15퍼센트로 떨어졌다. 전쟁 수행에 필수인 군수품 생산 능력은 더 참담했다. 항공기 엔진 생산량은 25퍼센트, 포와 화약 생산량은 45퍼센트, 항공기 생산에 필수적인 알루미늄 생산량은 9퍼센트로 떨어졌다.

민간인 피해 역시 참담했다. 7월까지 약 50만 명이 폭격으로 사망했고, 1300만 명이 집을 잃었다. 집을 잃은 이들이 결핵이나 영양실조, 기타 질병으로 사망한 것은 통계에서 빠졌다. 도쿄의 인구 변화를 보면 당시의 참혹한 상황을 알 수 있는데, 전쟁 전인 1940년의 도쿄 인구는 400만 명이었지만 이때는 250만 명으로 줄었다.

생존자들은 개울가나 샘, 철도역, 도시 외곽의 불타지 않은 지역에서 간신히 연명했다. 이들을 위해 일본 정부가 할 수 있었던 유일한 대책은 그때까지 작동하던 국유 철도망을 통해 가고 싶은 곳까지 갈 수 있는 무료 승차권을 주는 것이었다. 일본은 파국을 향해 가고 있었다.

03 / 본토 결전

"레이테에서 이기면 우리는 이 전쟁에서 승리한다."

1944년 11월 8일 고이소 구니아키小磯国昭 수상은 전 국민을 향한 라디오 방송에서 이같이 선언했다(고이소 자신도 확신은 없었다. 대외선전용 '구호'였을 뿐이다). 실제로 일본 군부는 레이테만 전투에 전부를 걸었다. 고이소는 레이테만 전투를 '덴노산天王山 전투'라 부르며 의미를 부여했다. 덴노산 전투란 도요토미 히데요시가 노부나가의 원수인 아케치 미쓰히데를 물리치고 권력을 잡은 야마자키 전투를 가리킨다. 그러나 고이소는 한 가지 착각하고 있었다. 일본이 미국을 이길 수 있는지 없는지의 문제 이전에 일본 군부가 정부와 따로 놀고 있었다는 사실이다.

1944년 10월 25일 이미 일본 연합함대 전력의 3분의 1이 레이테만 해전에서 분쇄되었고, 육군도 이미 손쓸 수 없을 정도로 밀리고 있었다. 그러나 아무도 이 사실을 고이소에게 알려주지 않았기에 그는 레이테에서 이기면 전쟁에서 승리할 수 있다고 단언한 것이다. 고이소가 레이테만 전투 포기 소식을 알게 된 때는 1944년 12월 20일, 천황을 알현하기 직전이었다. 그제야 육군대신인 수기야마 하지메杉山元가 귓속말로 전했다.

"최고사령부가 루손섬에서 최후의 대결을 준비하기 위해 레이테에서 최후의 결전을 감행한다는 방침을 포기했다는 사실을 알려드려야겠습니다."

황당한 일이었다. 전쟁 최고지도부의 일원이자 명목상 정부의 최고 지도자가 천황 알현 직전에서야 그 사실을 확인하다니…. 곧바로 알현한 히로히토 천황에게 고이소는 이 문제로 질책받았다.

"수상, 그대는 레이테가 이 전쟁의 덴노산이 될 것이라 했던 성명을 어떻게 정당화할 참인가?"

고이소는 할 말이 없었다. 이런 상황에서 루손섬에서도 패하고, 이오지마 역시 점령당했으며, 오키나와까지 빼앗기게 된다.

고이소 수상의 에피소드는 시사하는 바가 크다. 고이소 내각은 도조 내각이 총사퇴하고 나서 육군의 강력한 요구로 구성되었다. 다시 말해 육군의 요구로 고이소가 수상이 되었다. 고이소 역시 육군 대장 출신으로 군부의 일원이라 불러도 무방한 인물이었다. 그런데도 육군은 그를 배척했다. 이 무렵 일본 군부는 패망 직전의 혼란스러운 상태를 적나라하게 보여주었다. 하극상과 공포정치는 일상이었고, 정부 조직 체계는 아예 무시했다.

이제 일본의 패전은 확실시되었다. 몰살당하기 전에 살길을 찾는 게 현명하지 않을까? 이 시점에서 일본 정부의 일부 인사들은 패전을 인식하고 강화 조약 체결을 모색했다. 그러나 일본 군부는 달랐다.

본토 결전

"우리는 적과 본토에서 싸워 전세를 역전시킬 것이다. 이를 위해 새로

16개 사단을 편성하고 있다. 적의 상륙 후 2주일 이내에 20개 사단을 투입해 적을 일소하고 일본의 승리를 굳힐 것이다."

1945년 2월 6일 일본 육군 본부는 본토 방어 정책을 공표했다. 이때 미야자키 슈이치宮崎周一는 필리핀 실함失陷을 인정하고 본토 결전을 이야기했다. 본토 결전을 위해 새로이 부대를 편성하고 만주로부터 병력을 충원하겠다고 말했다. 미야자키는 상륙한 미군 한 명당 일본군 세 명이 달라붙으면 충분히 승산이 있다는 논리를 전개했다.

일본 육군이 예측한 미군의 상륙 코스는 두 곳이었는데, 하나는 중국 본토에서 동해를 거쳐 일본에 상륙하는 북방 루트이고, 나머지 하나는 오키나와에서부터 치고 올라오는 남방 루트였다. 일본군은 남쪽의 규슈를 주 방어선으로 선택했다.

1945년 2월 말부터 일본 육군은 본토 결전 계획을 발표하며 분위기를 띄웠다.

"육군은 과달카날 전투 철수 이후 지상전을 할 기회가 거의 없었다. 그러나 본토에서 적을 맞아 싸운다면 우리 육군은 그 무적의 우월성을 과시할 수 있을 것이다."

미야자키가 민간인 모임에서 연설한 내용이다. 일본 육군은 본토 결전에서 승리한다면 미국을 이길 수 있다고 믿었다. 이미 미국은 전력의 한계까지 끌어모아 싸우고 있다고 (자기들 마음대로) 판단했다. 그렇기에 결정적 승리 한 번이면 전세를 역전할 수 있으리라 보았다.

미국의 기아 작전 때문에 일본으로 향하는 해상 수송선이 봉쇄되었고 원자재의 80퍼센트가 바다에 수장되었으며 일본의 석유, 식량, 원자재 수입이 끊겼다는 사실을 그들은 설마 몰랐던 걸까? 하루가 멀다 하고 날아와 일본의 대도시와 공장 지대를 잿더미로 만드는 B-29의 은빛 날개가 그들 눈에는 보이지 않았던 걸까?

어쨌든 일본은 본토 결전을 위한 병력 확충에 나섰다. 2월 말 열린 고위 장교 회의에서는 연합군 상륙에 맞춰 40개 사단을 확보하고, 징집 연령을 낮춰 150만 명을 더 확보한다는 '긍정적' 계획을 수립했다.

일본 군부는 고이소 수상을 설득해 모든 중학교의 문을 닫았다. 그리고 중학생들에게 책과 연필 대신 삽과 곡괭이를 들게 했다. 이들은 농사를 지었고, 무기를 생산했으며, 군사훈련을 받았다. 이제 일본은 임산부를 제외한 13세에서 60세까지의 모든 남녀가 무기를 들고 상륙군을 저지해야 했다. 히로히토 천황은 새로 창설한 40개의 연대에 연대기를 하사했다. 라디오 방송에서는 2000만 학도가 전쟁을 위해 동원되었고 농촌에서는 민병대가 편성되었다고 선전했다(독일 제3제국의 '국민돌격대Volkssturm'가 애교로 보일 정도다).

일본 군부는 어느 정도 자신감이 있었다. 만주에 있던 경험 많은 전투부대가 속속 본토로 집결하며 승리에 대한 기대를 한껏 끌어올렸다. 하지만 실상은 달랐다. 만주에서 넘어온 부대들은 오히려 '민폐'였다. 이들은 중국인이나 조선인을 대하듯 일본인을 대했는데, 전쟁에 대비한다며 참호나 진지를 구축한 것까지는 좋았으나 그 와중에 민가나 농지를 무참히 파괴했다. 또 생산 현장의 '규율'을 잡겠다며 초급 장교들을 공장에 파견했는데, 이들의 활약으로 공장의 생산성은 더 떨어졌다.

일본 육군은 본토 결전이 충분히 승산이 있다고 믿었다. 아니, 그렇게 믿고 싶었다.

"바로 그 상륙지점에서 압도적인 수의 일본군을 맞게 될 것이며 적을 격퇴해 바닷속으로 몰아넣을 때까지 공격은 계속될 것이다."

                                                    - 일본 육군 부참모총장 가와베 토라시로

1945년 6월 6일 일본 육·해군은 '장래 전쟁 수행에 관한 기본 정책'이란 전투 계획을 전쟁 지도부에 제출했다. 이 계획서는 일본군의 강점을 '방어에 유리한 지형'과 '충성으로 뭉친 국민' 크게 두 가지로 정리했다. 들쑥날쑥하게 길게 퍼진 도서 지형의 일본 본토는 방어에 유리하며, 천황 아래 충성으로 뭉친 일본 국민은 일본의 가장 큰 강점이란 설명이다.

이들은 상륙군의 4분의 1을 바다에서 격파하고, 상륙지점(해변)에서 다시 4분의 1을 격파한다면 막대한 인명 피해 앞에서 미군 스스로 강화를 제안해올 것이라고 예상했다. 이를 위해 250만 명의 전투 병력과 이를 지원하기 위해 군사훈련을 받은 400만 명의 민간인을 실전에 투입할 수 있다고 명시했다. 아울러 2800만 명의 남녀를 국민 총동원령으로 소집해 수류탄, 활과 화살, 죽창 등으로 무장할 계획도 세웠다(그러나 일본 군부는 민간인의 무장을 최후의 최후까지 미뤘다. 무기 부족도 원인이겠지만 기본적으로 일본 군부는 총을 든 민간인들에 강한 거부감이 있었다. 민간인들이 총구를 어디로 돌릴지 자신할 수 없었기 때문이다).

가미카제 역시 착실히 준비했다. 육군은 7000대, 해군은 6000대의 항공기를 동원할 수 있었는데, 이들 중 5255대를 특공 임무로 차출했다. 이틀 후 전쟁최고회의는 이 계획을 승인했다. 일본은 끝까지 가겠다는 의지를 보였다.

죽음으로 내몰린
일본 국민

일본 군부가 본토 결전을 준비하며 국민 총동원령을 말해도 일부 지식인은 강화, 평화, 패전, 항복 등의 단어를 생각했다. 상식이 있는 사람이라면 당연히 그럴 수 있었다. 일본은 패망 직전의 상황이었다. 본토 결전이라는 최후의 발악을 보면 뭔가 해낼 것 같다는 느낌이 들기도 하지만, 상식적으로 과연 가능한 일이었을까? 미군의 B-29가 하늘에서 불벼락을 떨어뜨리는 마당에 나기나타薙刀(언월도 같은 일본 창)를 들고 싸우라고 여중생들의 등을 떠미는 게 과연 가당한 일일까? 실제로 당시 많은 여중생이 나기나타와 죽창, 화궁和弓(일본 장궁)을 들고 본토 결전을 준비했다.

이런 상황에서 지식인들은 저마다 고민하기 시작했다. 이를 감지한 군부는 헌병과 비밀경찰을 동원해 이들을 색출해냈다. 평화를 생각하고 이를 입에 올렸다는 이유만으로 400여 명의 사회 지도층 인사가 체포되었다(독일 제3제국 말기의 모습과 비슷하다). 마리아나 제도에서 패배한 뒤 비밀리에 강화 조약을 추진하던 정부 지도자들이 있었는데, 고노에 후미마로, 아카타 게이스케, 요나이 미쓰마사, 요시다 시게루 등이었다. 전후 일본의 수상이 되어 일본 부흥의 초석을 다진 요시다 시게루는 당시 연합국과의 종전 교섭을 주장하다가 헌병에 체포되어 투옥되었다.

동시에 프로파간다도 시작되었다. 일본 군부는 연합국이 추축국을 점령했을 당시 점령지에서 살인과 강간, 약탈을 했다는 소문을 퍼뜨렸다. 순진한 일본 국민은 군부가 퍼뜨린, 일본이 점령당하면 어차피 죽거나 강간을 당할 것이라는 소문을 믿었다. 일본은 전쟁 초기부터 미군이 포로를 무자비하게 고문한 다음 잔혹하게 죽인다고 선전해왔다. 과달카날 전투에서 미군이 탱크의 캐터필러로 일본군 포로를 밟아 죽였다는 소문이 대표적이다. 당시 일본군과 일본 국민은 군부의 이런 선전을 추호도 의심하지 않고 믿었다. 그 결과 오키나와 집단 자살처럼 군인뿐 아니라 민간인들도 항복 대신 자살을 선택했다.

민간인들에게 현실은 녹록지 않았다. 폭격에 죽지 않더라도 죽음은 이미 턱밑까지 차올라왔다. 식량 부족과 가옥 파괴로 결핵과 폐렴이 급증했고, 병에 걸리지 않더라도 영양실조로 싸울 기력은 고사하고 생명 유지도 힘들었다. 그나마 명맥을 유지하던 암시장은 1945년 7월이 되면서 아예 사라졌다. 거래할 식량이 다 떨어졌기 때문이다. 시골로 분산 수용된 학생들은 잡초와 양치식물을 한데 섞어 먹어야 했고, 비단 공장에서는 실을 뽑은 후 누에고치 번데기를 삶아 먹었다. 하루 최소 섭취 열량인 1200칼로리를 공급받는 일본인은 거의 없었다.

치안 역시 극도로 나빠졌다. 강도, 소매치기, 절도는 일상이 되었고 초등학생의 도시락을 훔쳐 먹거나 폭격당한 이웃집 물건을 훔치는 일도 비일비재했다. 전쟁은 인간성을 파괴했고 최소한의 양심마저 붕괴시켰다.

1945년 7월 일본은 버틸 수 있는 한계선을 넘어섰다. 이제 남은 건 그들 말처럼 부서진 기왓장이 되어 길가에 굴러다니거나 옥처럼 부서지는 것뿐이었다.

04 / 종전을 향한 각자의 희망

일본 천황가의 식구(천황가에서 분가한 후지와라 씨의 분파)이자 세습 공작과 세 차례 수상을 지낸 고노에 후미마로는 1945년 2월 히로히토 천황에게 상주문을 올렸다. 당시 분위기를 고려한다면 그만이 할 수 있는 발언이었다.

"유감스럽게도 패전은 멀지 않은 것 같습니다. 따라서 그러한 전제하에 몇 가지 말씀을 드리겠습니다. 패전은 국체호지國體護持에 큰 문제가 되겠지만 지금까지 영미 여론은 국체의 변경을 주장하고 있지는 않습니다. 따라서 장래에 어떻게 변화될지 알 수는 없으나 패전에 따른 국체 변경을 걱정할 필요는 없을 것 같습니다.

국체호지의 명분이나 패전보다 더 우려되는 것은 패전에 수반되어 발생할 수 있는 공산혁명입니다. … 작금 위급한 전황을 빌미로 일억옥쇄를 외치는 목소리가 높아지고 있습니다. 그런 주장을 하는 자들은 우익 인사들이겠지만 그 배후에는 선동으로 국내를 혼란시켜 혁명을 달성하려는 공산 분자들이 있습니다. 군부 내에서는 철저한 영미 격멸을 외치면서 어떤 희생을 치르더라도 소련과 제휴해야 한다고 주장하는 자도 있습니다.

금후 전황이 더욱 악화하면 그들의 세력은 급속히 확산할 수 있습니다. …
전쟁 종결의 최대 장애는 만주사변 이래 오늘까지 시국을 좌지우지해온
군부 내 일부 강경파입니다. 그들은 이미 전쟁을 계속 수행할 자신을 잃었
지만 지금까지의 면목 때문에 계속된 저항을 주장하고 있습니다. 만약 이
들을 일소하지 않고 조급하게 전쟁 종결의 순서를 밟으면 우익과 좌익의
민간 인사들이 그들과 함께 혼란을 야기할 것이므로 소기의 목적이 달성
되지 않을 수도 있습니다. 따라서 전쟁을 종결하고자 할 때는 그들을 먼저
일소해야 합니다."

고노에가 올린 상주문에서 우리가 꼭 살펴봐야 할 말이 있다. '국체
호지'와 '군부 내 일부 강경파' 그리고 '공산혁명'이다. 상주문의 내용
을 좀 더 살펴보면 고노에는 패전 이후의 혁명을 진심으로 걱정했다(그
는 이전부터 공산혁명을 두려워했다).

"특히 1935년 인민전선전술에 의한 2단계 혁명전술을 채택한 이래 최
근의 코민테른 해산까지의 과정에서 그들의 적화 음모를 경시하는 경향
이 있지만 이는 피상적이고 안일한 생각입니다."

고노에는 이를 막아내기 위해 조속한 종전과 군부 강경파의 제거를
히로히토 천황에게 건의했다. 이 대목에서 '국체호지'란 말에 주목해야
하는데, 지금도 일본 우익들 입에서 종종 흘러나오는 이 말에서 도대
체 '국체'란 무엇일까? 사전적 의미로는 '주권의 소재에 구별되는 국가
형태' 혹은 '국가의 체면' 등으로 해석할 수 있는데, 여기서 국체호지의

본뜻은 '천황제의 유지'라고 할 수 있다. 고노에는 연합국이 천황제를 변화시킬 의지가 없으므로 종전 협상을 해도 괜찮다는 논리로 상주문을 시작했다. 이후 국체호지는 종전 협상의 주요 쟁점이 되었다. 어쨌든 히로히토 천황은 고노에의 상주문을 거절했다. 역시나 천황제 유지의 보장이 없다는 이유 때문이었다.

그러나 고노에는 독자적으로 강화 조약을 모색했다. 이미 태평양전쟁이 시작된 이후 요시다 시게루와 함께 영국과 미국에 화평 교섭을 추진한 이력이 있던(이때는 도조 히데키가 방해했다) 그는 마지막으로 소련에 희망을 걸었다. 그는 모든 해외 영토와 류큐 제도, 오가사와라 제도, 치시마 제도 등을 포기하는 조건으로 협상을 진행하려 했지만 소련은 이를 거절했다. 고노에는 직접 모스크바로 날아갈 생각까지 했지만 이미 소련은 대일전 참전을 연합국들과 약속한 상황이었다.

여담이지만 고노에는 종전 이후 맥아더와 천황제 유지를 놓고 협상을 벌였다.

"천황을 중심으로 한 귀족 세력과 재벌은 개전을 막으려 했지만, 군부의 독단적 결정으로 전쟁이 시작되었다. 만약 천황제를 일본에서 제거한다면 일본은 공산화될 수도 있다."

맥아더는 고노에의 주장에 수긍했고, 전후 일본 헌법 개정 작업을 고노에에게 맡겼다. 물론 이후 여론이 악화되어 헌법 개정에 참여할 수는 없었지만, 고노에가 천황제 유지를 위해 노력했다는 사실은 인정해야 할 부분이다. 이러한 노력에도 불구하고 고노에는 종전 후 A급 전범으로 분류되어 조사받아야 한다는 통보를 받고 음독자살을 하고 만다.

전쟁을
끝낸다는 것

전쟁을 시작하는 건 상당히 어려운 일이다. 역사에는 우발적 충돌이나 정치적으로 무의미한 전쟁도 있지만 대부분 전쟁은 정치적 이유로 시작된다. 전쟁이 괜히 정치의 연장선이 아니다. 그렇다면 종전은 어떨까? 모든 전쟁의 끝 역시 다분히 정치적이다. 전쟁의 시작점에 군인이 있다면 전쟁의 끝에는 언제나 정치인이 있다. 그렇기에 종전은 개전보다 훨씬 더 어렵고 복잡하다. 전쟁 기간의 '감정'에 수많은 경제적 요인, 전후 처리 문제까지 고려해야 하기 때문이다.

일본은 상황이 더 복잡했다. 진주만 공격으로 미국 국민의 일본에 대한 감정의 골은 깊어졌고, 가미카제 공격으로 돌아오지 못할 강을 건넜다. 거기에 태평양전쟁 내내 존재했던 인종 차별적 감정이 더해졌다.

이런 감정적 문제에 연합국 내의 복잡한 셈법이 더해졌다. 소련은 전후 일본의 영토에 욕심을 보였고, 미국은 소련의 팽창에 긴장했다. 이 와중에 일본은 '국체호지'를 외치며 천황제 사수에 모든 것을 걸었다. 이 대목에서 주목해야 할 점이 있다면 영국과 미국의 권력 교체다. 루스벨트는 죽고, 처칠은 애틀리Clement Richard Attlee에 의해 총리 자리에서 물러났다. 제2차 세계대전을 이끌었던 서방의 두 지도자가 거의 동시에 사라졌다. 미국에서 권력의 공백을 메운 건 맥아더를 두려워하던 트루먼이었다.

여기서 당시 일본을 둘러싼 국제정치 무대의 협상에 관해 설명할 필요가 있는데, 전쟁 내내 연합국은 세계대전을 어떻게 수행할지, 전후 문제를 어떻게 처리할지 논의했다. 이 연합국 간 외교 회담은 세계 외교사에서 손꼽힐 만큼 유명한 회담 가운데 하나이다.

우선 전제해야 할 것은 당시 국제정세가 '전황'과 연결되어 있었다는 점이다. 전쟁은 외교와 정치의 연장선이므로 전황은 외교 교섭 테이블에서 훌륭한 판돈이 되어주었다. 제2차 세계대전은 크게 유럽 전선과 태평양 전선으로 나뉘는데, 소련은 독일과 싸우고 있었고 미국은 독일, 일본과 싸우고 있었다. 독일이 무너지기 전까지는 모두 연합국이었지만 독일의 패전 기색이 역력해지자 연합국은 각자의 속내를 드러내기 시작했다. 그리고 끝내 독일이 무너지자 소련의 대일본 참전 시기가 가장 뜨거운 쟁점이 되었다.

일본이 주제가 된 연합국들의 회담을 살펴보자.

① 카사블랑카 회담

1943년 1월 14일부터 24일까지 개최된 회의로 주요 의제는 시칠리아 상륙 작전인 '허스키 작전'의 수립이었다. 여기에 더해 꽤 중요했던 회의의 목적은 자유 프랑스군의 지도자 둘을 화해시키는 일이었다. 당시 자유 프랑스의 지도자 자리에 가장 가까웠던 이는 프랑스령 북아프리카와 서아프리카의 총사령관이자 프랑스군의 영웅인 앙리 지로Henri Giraud였다. 반면 샤를 드골은 젊고 키만 멀대같이 큰 어딘지 마음에 안 드는 군인이었다. 미국은 대놓고 지로를 지원했다.

드골은 연합국 지도자들에게는 '악몽'이었다. 오만하고 비협조적이며 뻣뻣한 그를 처칠과 루스벨트는 못마땅해했다. 자유 프랑스라고 나름 정부 비슷하게 만들었지만 당시까지만 해도 연합국 지도자들에게 효용성을 증명해 보이지 못했다. 그나마 자유 프랑스의 가치를 인정한 처칠이 나름 애증의 관계로 드골을 인정해줬지만 루스벨트는 끝끝내 그를 인정하지 않았다. 루스벨트가 드골을 인정한 것은 1945년, 그것도 마지못해서였다. 루스벨트는 드골을 싫어했다. 아니, 혐오했다.

자유 프랑스의 수장이 될 만한 사람은 다를랑Jean Louis Xavier François Darlan 제독이었다. 비시Vichy 정권의 외상, 내상, 국방상 등을 역임하고 횃불 작전 당시 비시 정권의 북아프리카 총독 겸 총사령관이었던 그는 미군과 영국군 등의 연합군이 상륙하자 독일에 대한 협력을 거부하고 연합군과 휴전을 하며 협조했다. 다를랑은 연합국 지도자들의 좋은 파트너가 될 수 있었지만 안타깝게도 1942년 12월 암살당했다(드골의 암살 지시설이 강력하게 제기되었다). 이 다를랑의 후계자가 바로 앙리 지로였다. 이후 프랑스는 드골파와 지로파로 나뉘어 치열한 권력 싸움이 이어졌고, 결국 1943년 지로가 프랑스 민족해방위원회에서 축출되면서 드골이 권력을 잡게 된다.

그렇다면 이때 일본은 어떻게 언급되었을까? 카사블랑카 회담의 결과 중에서 정치적 의미를 염두에 둬야 할 부분이 하나 있는데 바로 독일, 이탈리아, 일본의 무조건 항복이 있을 때까지 전쟁을 수행한다는 대목이다. 여기서 연합국은 처음으로 '무조건 항복'이란 용어를 사용했는데, 루스벨트는 과잉 해석을 경계하며 기자들에게 부연 설명을 했다.

"이들 3국의 무조건 항복이란 이들 국가의 전쟁 능력을 제거하는 것을 뜻한다. 이는 장차 세계 평화의 합리적인 보장을 뜻하는 것이다. 무조건 항복이란 독일, 이탈리아, 일본의 파괴를 뜻하는 것이 아니라 다른 민족을 정복·억압하려는 이들 3국의 철학을 파괴하는 것을 뜻한다."

② 제1차 카이로 회담

테헤란 회담에 참석하러 가는 도중 루스벨트와 처칠이 카이로에서 장제스와 회동하면서 이루어진 회담이다. 이 회담을 통해 장제스는 처음으로 연합국 전쟁 수행 계획에 참여하게 되었다. 이 회담은 오로지 일본을 주제로 한 회의였는데, 이 회담에서 결정된 사항은 크게 두 가지였다.

첫째, 영국은 독일이 패망한 뒤에도 대일전을 계속한다.
둘째, 1894년 이래 일본이 침탈한 지역을 모두 환원한다.

이로 인해 만주와 타이완, 펑후澎湖 제도(타이완에서 서쪽으로 50킬로미터 떨어져 있는 군도)는 중국에 환원하고, 한국은 적당한 시기에("in due course") 독립시킨다고 합의했다. 영국, 미국, 중국이 '공식적으로' 손잡고 일본과의 전쟁을 이야기하기 시작한 것으로 볼 수 있다. 이 회담 결과 장제스는 미국과 영국의 전폭적 지지(정치적 지지뿐 아니라 물량 지원까지)를 받으며 일본과 싸울 수 있었다.

③ 얄타 회담

1945년 2월 4일부터 12일까지 소련 흑해 연안의 얄타에서 있었던 회담이다. 제2차 세계대전 당시 미국, 영국, 소련의 3국 수뇌와 외교장관, 군사 참모 들이 참여한 회의 중 가장 중요한 회담이었다고 말할 수 있다. 가장 중요했던 만큼 이후의 역사와 국제정세에 엄청난 영향을 끼쳤으며, 각국에서 비난의 목소리와 의혹의 눈초리를 받아야 했다. 처칠의 다음 발언만으로도 회담의 '무게감'을 짐작할 수 있다.

"이 회담은 비밀로 해둡시다. 전 세계 많은 사람이 오늘 이 자리에서 우리 마음대로 자신들의 운명을 재단했다는 것을 알게 되면 매우 불쾌해할 테니 말이오."

아울러 이 회담은 '중요한 회담이나 거래를 하기 전에는 우선 심신의 안정을 찾아야 한다'라는 교훈을 준 회담이라고 할 수 있다. 이 시기 루스벨트는 건강 상태가 매우 좋지 않았다. 이미 뇌경색으로 한 차례 쓰러진 몸임에도 루스벨트는 지구 반 바퀴를 돌아 흑해까지 가야 했다(두 달 뒤 루스벨트는 사망한다). 스탈린 역시 그렇게 타기 싫어하는 비행기를 타고 얄타까지 날아왔을 때 몸 상태가 말이 아니었다. 지난 4년간 전쟁을 진두지휘하며 이미 기력을 빼앗긴 상황이었다. 그렇다면 처칠은? 처칠은 건강했다. 하지만 얄타 회담은 대영제국의 종말을 의미하는 회담이기도 했다. 미국과 소련 두 정상이 만나 전후 세계의 판도를 정리한 회의였기 때문이다. 즉, 얄타 회담은 미소 양국 정상회담이라고 보는 게 맞다. 영국의 처칠은 들러리나 다름없었다.

회담은 처음부터 소련에 유리하게 전개되었다. 소련은 홈그라운드의 이점을 살려 회담 내내 미국과 영국 '손님'들의 일거수일투족을 감시했고, 이들의 이야기를 도청했다. 더구나 '승리'라는 최강의 패가 있었다.

1945년 2월은 유럽 전선에서 연합국의 승리가 거의 확실하던 때였다. 소련은 지난 4년간 2000만 명이 넘는 희생을 치르면서도 꿋꿋이 버텨냈고, 마침내 '베를린 레이스'의 결승점을 눈앞에 두었다. 연합국이 노르망디 상륙 작전으로 제2전선을 열었다지만, 불과 며칠 전까지만 해도 아르덴 숲에서 독일군에 호되게 당하던 상황이었다(벌지 전투).

소련은 기세등등했다. 여기에 루스벨트의 호의가 더해졌다. 루스벨트는 소련을 우호적으로 대했다. 이유는 간단했다. 앞으로 세계 평화를 위해서는 미국과 소련이 서로 협력해야 한다고 생각했기 때문이다. 거기에 '일본'이란 꼬리표도 붙어 있었다. 유럽 전선이 정리되면 소련군을 태평양 전선으로 돌리고 싶었다. 그러려면 소련의 환심을 사야 했다. 그래서 루스벨트는 소련의 요구 사항을 거의 다 들어줬다. 처칠이 말렸지만 루스벨트는 스탈린에게 다가갔다. 이미 영국은 초강대국의 반열에서 밀려나 미국과 소련의 들러리 신세였고, 처칠의 말은 스탈린의 말에 미치지 못했다.

얄타 회담의 주요 결정 사항은 다음의 네 가지였다.

첫째, 국제연합 창설의 승인

둘째, 독일의 분할 점령

이때 프랑스를 점령국에 포함하는 문제가 쟁점이 되었다. 스탈린은 프랑스가 한 게 뭐냐며 난색을 표했다. 당연한 지적이었다. 루스벨트도 처음에는 같은 생각이었지만 유럽 재건에 프랑스가 필요하다는 홉킨스^{Harry Lloyd Hopkins} 보좌관의 의견을 받아들였다. 결국 루스벨트가 프랑스의 참여를 인정하고, 스탈린도 프랑스 점령지를 영국과 미국의 점령지에서 선정한다면 양보할 수 있다며 합의했다.

셋째, '뜨거운 감자'였던 폴란드의 전후 처리 문제

애초에 소련은 런던에 있던 폴란드 망명정부를 승인했지만 전쟁이 끝나가자 다른 마음을 품었다. 소련 국경의 안정을 위해서는 폴란드에 친소 정권이 들어서야 했다. 소련은 폴란드 루블린에 있는 친소 임시정부를 지지하기 시작했다. 그러자 런던의 망명정부와 루블린에 있는 임시정부가 부딪쳤다. 결국 미국, 소련, 영국은 폴란드의 정부 형태를 폴란드 국민의 투표로 결정한다는 원론적인 원칙을 세웠다.

미국과 영국이 순진했던 걸까? 아니면 폴란드를 포기했던 걸까? 보통, 비밀, 자유 투표라는 대원칙은 이미 소련이 깔아놓은 판에 형식만 갖춘 것에 불과했기에 결국 폴란드는 소련의 뜻대로 되었다. 폴란드 국경선에 관한 합의도 있었지만 이 역시 소련의 뜻대로였다. 소련과 접한 국경은 물론이고, 독일과 접한 국경 역시 소련이 일방적으로 정했다. 그야말로 소련 마음대로였다.

넷째, 대일전 참전

이 역시 소련의 '꽃놀이패'였다. 당시 스탈린은 "단지 일본이 우리나라에서 빼앗아간 것을 되찾기만을 원한다"고 주장했다. 하지만 독일 패망 후 2~3개월 이내로 태평양 전선에 참전하겠다는 약속의 대가는 너무 비쌌다. 미국과 영국은 소련에 백지수표를 건넨 셈이었다. 물론 3국 수뇌들의 합의는 비밀이었다(1947년 3월 미 국무성이 발표하면서 세상에 공개되었다).

- 외몽골의 현상 유지(몽골인민공화국을 존속시킨다)
- 1904년 일본에 양여한 권리의 복구(남부 사할린과 그 인접 도서를 다시 찾고, 다롄을 국제화하며 이 지역에서 소련의 우월한 이익을 보호한다. 뤼순항은 소련에 조차하고 동청 철도와 남만 철도는 장차 설립될 소련과 중국의 합작 회사가 관리한다)
- 쿠릴 열도를 소련에 할양(이 대목 때문에 현재 일본과 러시아는 북방 영토 분쟁을 벌이고 있다)

이상이 소련의 참전 조건이었다. 보면 알겠지만 소련은 원하는 바를 다 얻었다. 훗날 국제정치학계는 루스벨트가 너무 많이 양보해서 전후 국제 정세가 불안해졌다며 회담 당시 건강이 좋지 않았던 루스벨트의 '판단력'에 의문을 제기하기도 했다. 하지만 그보다 먼저 생각해야 할 것이 루스벨트의 '의향'이다. 루스벨트는 소련을 우호적으로 여겼고 싫든 좋든 간에 전후 세계 평화를 위해 소련의 협력이 꼭 필요하다고 믿었다. 그리고 일본을 쓰러뜨리기 위해서는 소련의 힘이 필요하다고 생각했다(가미카제 공격 그리고 본토 결전에 가까워질수록 극렬해지는 일본군의 저항을 봤을 때 충분히 이해할 만한 부분이다). 그 결과가 바로 얄타 회담이었다.

미국과 소련이 전쟁 후의 세계 질서를 결정짓던 그때 일본은 소련을 믿고(일소 중립 조약) 본토 결전을 준비하고 있었다. 당시 일본이 얼마나 국제정치에 문외한이었고 국제사회에서 고립되어 있었는지 알 수 있는 대목이다.

05 / 천황을 보호하라

1944년 7월 9일 4시 15분 사이판이 함락되었다. "사이판을 잃었을 때 마지막 기회가 사라져버렸음을 깨달았다"는 후쿠도메 시게루 중장의 말처럼 사이판 함락은 일본에 사형 선고나 다름없었다. 이때까지 빼앗긴 태평양의 다른 섬들과 달리 사이판은 의미가 남달랐다.

사이판을 함락하면서 미국은 자신의 전략 무기 두 가지를 효율적으로 사용할 수 있는 발판을 구축했다. 첫 번째는 B-29였다. 사이판에서 출격한 B-29는 일본 본토를 직접 타격할 수 있었다. 두 번째는 B-29만큼 주목받지는 못했지만 어쩌면 B-29보다 더 중요하다고 할 수 있는 '잠수함 기지'로서의 역할이었다. 이전까지 미국 잠수함들은 일본 본토에서 3900킬로미터 넘게 떨어진 기지에서 작전을 시작해야 했는데, 사이판 함락 이후 거리가 절반으로 줄었다. 당연히 작전 효율은 더 오를 수밖에 없었다.

태평양의
이리 떼

제2차 세계대전에서 태평양 전선의 주력 병기가 '항공모함'이었다고 기억하는 이들이 많다. '잠수함'에 대해서는 대서양 전선 독일 유보트의 기억이 워낙 강렬한 탓이다. 그러나 1944년이 되면서 상황이 급반전되었다. '침묵의 도살자'로 불린 미국 잠수함 부대가 태평양에 본격적으로 등장했기 때문이다.

1944년 1월까지만 해도 미국은 불과 55척의 잠수함만 가지고 태평양 전선에서 싸웠다. 항공모함과 항공모함 함재기를 주력으로 생각했기에 여기에 전부 투자했다. 그런데 어느 시점을 계기로 잠수함에도 투자해야겠다고 생각했다.

"가토급 잠수함을 만들다 보니 그냥 많이 만들었습니다."

55척에 불과하던 잠수함 전력이 갑자기 100척으로 불어났고, 1945년에는 156척을 보유하게 되었다. 미국은 대서양과 태평양 양쪽에서 싸웠다는 사실을 고려해야 하는데, 제2차 세계대전 발발 직전 미국의 잠수함은 총 111척이었다. 전쟁 중 177척을 건조해 총 288척을 확보했고이 중 52척이 격침되었다.

1944년 태평양 전선에서 미국 잠수함 부대의 활약은 눈부셨다. 독일 유보트의 활약에 가려졌지만 이후 잠수함 작전의 새로운 지평을 열었다 해도 과언이 아니다. 당시 미국은 잠수함 부대를 가지고 정찰, 조기경보, 특수부대 침투, 상륙 작전 지원, 인명 구조(대단위 해전 직전에 구조임무를 띠고 해당 해역에 대기하거나 B-29 승무원 구조에 투입되어 엄청난 활약을했다) 등 다양한 임무를 펼쳤다.

특히 미국에게 1944년은 기념할 만한 해였다. 일본 본토에 가까운 전선 기지를 확보하고, 일본을 고사시키겠다는 계획이 서서히 손에 잡혀가던 때였다. 게다가 일본 해군은 패퇴 일로였다. 결정적으로 미국 잠수함 부대의 발목을 잡았던 '어뢰' 문제도 해결했다(루스벨트도 푸념했을 정도로 당시 미국 어뢰는 '멍텅구리'였다. 이 문제가 겨우 해결된 게 마크23이 등장한 1944년 6월이었다). 비로소 미국 잠수함이 활약할 시기가 도래한 것이다.

1944년 한 해 동안 미국 잠수함은 529척, 약 230만 톤의 일본 상선을 수장시켰다. 이는 태평양전쟁 중 미국이 일본에 입힌 피해의 절반에 해당한다. 다른 기록은 더 극적이다. 1943년 중반까지 일본은 보르네오, 수마트라, 자바섬 등에서 매달 원유 150만 배럴을 수입했다. 그러나 1944년 11월이 되면서 원유 수입량은 30만 배럴로 줄어들었다. 식량과 기타 자원도 마찬가지였다. 1943년 1640만 톤이던 쌀, 고무, 석면, 석탄, 철광석, 고철, 보크사이트, 니켈 등의 수입량이 1944년에는 1000만 톤으로 줄어들었다.

태평양전쟁 중 미국에 격침당한 일본 선박 중 62퍼센트가 미국 잠수함에 의한 피해였다. 미국 잠수함 부대는 교묘하게 병목 지역을 노려 일본 함선을 격침했다. 레이테만 해전 전후로는 루손해협(필리핀의 루손섬과 타이완 사이의 해협)에 매복해 있다가 일본 해군과 상선을 사냥했고, 레이테만 해전이 끝나자 바로 타이완해협으로 넘어가 또다시 일본 상선을 사냥하기 시작했다. 일본은 속수무책으로 당했다.

1944년 말이 되자 미국 잠수함 부대의 '목표'가 사라졌다. 일본 함선들은 전투 지역을 훨씬 벗어난 한국의 서해나 동해로 피신했다. 잠수함 부대 함장들은 이 무료한 시간을 어떻게 보낼까 고민하다 몇 가지 방법을 찾아냈다.

① 기뢰와 암초로 둘러싸인 중국 해안으로 진출
② 동해로 진입해 일본 상선 공격

③ 어뢰로 공격하기 민망할 정도의 어선이나 목선을 부상하여 기관포나 함포로 공격

④ 비교적 방비가 약한 일본 북방 사할린 지역에서 부상하여 함포로 지상 공격

⑤ 일몰 후 특수부대를 상륙시켜 철도 폭파

목표가 사라져 무료하던 잠수함 부대는 이 임무들을 즐겼다. 바다에 일본 함선이 보이지 않는 상황에서 이들은 할 수 있는 모든 '공격'을 일본에 퍼부었다. 1944년 중후반부터 1945년까지 미국 잠수함 부대의 '사냥' 활동을 보면 당시 일본의 상황을 알 수 있다. 미국 잠수함은 당당히 부상해 일본의 목선이나 어선을 향해 함포를 쏘거나 기관포를 난사했다. 아무리 돈 많은 미국이라지만 목선을 향해 어뢰를 쏠 정도로 낭비벽이 심하진 않았다. 백주에 일본 본토와 가까운 해역에서 잠수함이 부상해 기관포를 쏘고 어선을 검문한다는 사실은 일본이 제해권도 제공권도 모두 잃었음을 의미한다.

농락. 당시 일본의 상황을 가장 잘 표현해주는 말이다.

사이판 함락
막전 막후

사이판 함락 전후로 일본 정계, 특히 천황을 둘러싼 비둘기파의 움직임이 바빠졌다. 이때 주목해야 할 사람이 천황에게 상주문을 올렸던 고노에 후미마로와 처음이자 마지막으로 황족 내각 수상을 지낸 히가시쿠

니노미야 나루히코東久邇宮稔彦이다. 이들이 일본 국민의 안위를 염려하는 것처럼 보였어도 내심 생각하고 있었던 것은 '천황제 유지'였다. 이들은 도조 히데키의 사임을 두고 고민했는데, 기왕 이렇게 된 이상 도조가 계속 수상으로 남아 유럽 전선의 히틀러와 같은 위치를 유지하길 바랐다.

1941년 12월 8일부터 전쟁이 끝나는 1945년 8월 15일까지 3년 8개월 동안 도조는 2년 8개월에 걸쳐 수상, 육군대신, 내무대신, 문부대신까지 겸임했고 1944년 2월부터 퇴임하던 1944년 7월까지는 참모총장 자리까지 겸했다. 이대로 전쟁이 끝나면 태평양전쟁은 도조가 일으키고 도조가 끝낸 '도조의 전쟁'이 될 수 있었다. 즉, 도조가 현직에 있으면 모든 책임을 히틀러처럼 도조에게 떠넘길 수 있었다. 그러면 상대적으로 천황은 무사히 넘어갈 수 있었다. 그러나 도조는 현직에서 물러났고, 1944년 7월 이후 일본 기득권층, 특히 왕자들을 중심으로 한 황족은 천황제를 어떻게 유지할지 고민하기 시작했다.

지치부노미야 야스히토秩父宮雍仁(히로히토 천황의 첫째 동생), 다카마쓰노미야 노부히토高松宮宣仁(히로히토 천황의 둘째 동생), 미카사노미야 다카히토三笠宮崇(히로히토 천황의 막냇동생), 히가시쿠니노미야 나루히코 등 왕자들뿐 아니라 일본 육군과 해군에 적을 두고 있는 황족이 모여 회의를 열었다. 황족의 사적인 회의, 그것도 사이판 패전 이후의 회의라면 그 주제가 뭐였을까? 이들은 '최선의 종전 방법'을 고민하기 시작했다. 이 소식은 곧 히로히토 천황의 귀에 들어갔다.

"왕자들이 국사에 관여할 권한은 없다. 이는 모반으로 간주할 수 있는 위험한 행동이다!"

그러나 왕자들은 뜻을 거두지 않았다. 히로히토의 둘째 동생인 다카마쓰는 형 앞에서 바른 소리를 하기 시작했다. 히로히토는 분노해 소리쳤지만, 다카마쓰는 차분하게 현재 전황과 황실의 미래, 일본 국민의 실태 등에 대해 자신의 의견을 계속 말했다. 그러나 히로히토는 화만 낼 뿐이었다. 이야기가 계속 평행선을 달리자 다카마쓰는 폭탄 발언을 했다.

"폐하께서 계속 이런 식이면 저를 포함한 황족 모두는 황족의 지위를 포기하고 평민으로 돌아가겠습니다."

협박이었다. 히로히토는 크게 화를 냈고, 동석했던 히가시쿠니노미야의 중재가 없었다면 황실 역사에 기록될 유혈 사태가 벌어질 뻔했다. 여기서 주목할 점은 당시 황족의 '계획'이다. 나쁘게 보면 천황제 유지를 위한 꼼수라고 폄하할 수도 있지만, 당시 일본인들에게 가장 평화적이고 가능성 있는 종전 방법을 내놓은 이들이 바로 황족이었다. 즉, 황족은 더 이상 희망이 없는 전쟁에서 일본 국민을 구해낼 확률이 가장 높은 패를 쥐고 있었다. 그렇다면 '천황제 유지' 정도는 괜찮지 않을까?

이때 가장 활발히 움직이며 가장 구체적인 대안을 들고나온 이가 고노에 후미마로였다. 황족과 비교했을 때 고노에의 행동력은 가히 독보적이었다. 고노에는 전쟁에서 이미 졌다는 결론하에 최대한 빨리 종전하는 쪽으로 정책 노선을 잡아야 한다고 주장했다. 그는 우선 도조 히데키가 사임한다는 전제하에(구체적으로 도조를 쫓아낼 방법도 구상했다) 종전을 위한 가장 빠른 길을 모색했다. 그의 생각은 단순했다.

"도조가 사임하는 즉시 차기 수상은 황실 가족 중에서 맡아야 한다. 그리고 새 내각은 곧바로 적대관계의 종식을 선언해야 한다."

고노에가 차기 수상으로 점찍은 이는 다카마쓰 왕자였다. 왕자들 가운데 가장 실행력이 있다고 믿었기 때문이다. 황실 가족을 수상에 앉힌 역사는 메이지 유신 이래로 없던 일이었다(지금까지도 단 한 번뿐이다). 황족이 수상을 맡아 천황의 뜻을 그대로 전달하고, 황실이 주체가 되어 국가를 책임지고 이끌어가야 한다는 의미에서였다. 아울러 이는 천황제 유지를 위한 가장 확실한 방법이었다. 고노에는 이렇게 황족 중 한 명을 수상으로 내세운 다음 바로 적대관계의 종식을 선언하면 종전으로 갈 수 있다고 생각했다. 당시 고노에가 생각한 종전 방식은 세 가지였다.

① 인도적 측면을 강조하면서 전쟁을 '일방적으로' 끝내는 방식
② 일본의 목표가 달성되고 서방의 일본 고립화가 해제되었다는 점을 내세워 종전을 선포하는 방식
③ 천황이 일본 국민의 의미 없는 희생을 더 이상 방관할 수 없다는 점을 내세워 종전을 선포하는 방식

첫 번째와 두 번째 방안은 말 그대로 '정신 승리'라고 할 수 있다. 그

대로 밀고 나갔다면 전 세계의 비웃음을 샀을 것이다. 마지막 방안이 가장 현실적이었다. 실제로 1945년 8월 15일 천황의 종전 선언의 명분은 마지막 방안과 같았다. 종전 선언문에는 고노에가 1944년 사이판 전투 전후로 준비하고 보고했던 내용이 상당 부분 들어갔다.

고노에의 평화 전략에 대해 히로히토는 고민했지만 수용하지는 않았다. 이런 상황에서 고노에는 천황제 유지를 위한 방법을 계속 고민했다. 우선 히로히토는 천황 자리에서 물러나야 한다는 게 대체적인 판단이었다. 그리고 황태자인 아키히토를 천황 자리에 올려 섭정 체제로 가는 방법이 가장 안정적이라고 생각했다(당시 히로히토의 첫째 동생인 지치부는 폐결핵에 걸렸다. 가급적 연장자인 지치부가 맡으면 좋았겠지만 건강을 장담할 수 없는 상황이었다. 지치부는 1953년 사망했다).

만약 이 방법이 통하지 않는다면? 고노에는 '최악의 수'도 고민하고 있었다.

06 / 침몰 직전, 일본이 선택한 공허한 명예

1944년 7월 사이판 함락 전후로 일본 황족은 천황제 유지가 가능하고 가장 평화적이면서 합리적인 종전 방안을 모색했다. 그 결과로 나온 것이 히로히토 천황의 양위와 황태자인 아키히토의 등극, 이어지는 다카마쓰 왕자의 섭정 체제였다. 그러나 이 모든 계획은 흐지부지되었다. 가장 큰 이유는 미국이었다.

사이판을 함락한 미국은 B-29를 일본 상공에 띄웠다. 그러나 별다른 성과를 얻지는 못했다.

"공습이 생각보다 별것 아니네?"

고고도 폭격의 정확도는 떨어졌고 일본 정부와 국민은 그 위력도 대단하지 않다고 생각했다. 고노에의 예상보다 공습이 늦게 시작되기도 했다. 사이판이 함락되면 즉시 일본의 목줄이 뜯겨나갈 줄 알았건만 계속 버틸 만하다는 계산이 나왔다. 도조 히데키가 물러났어도 아직 내각과 육군성, 해군성에는 강경파가 가득했다. 도조의 뒤를 이은 고이소 구니아키 수상은 레이테만 전투에서 이기면 최종적으로 일본이 승리한다고 분위기를 띄우면서 B-29의 폭격에 대비한 도쿄의 방화대 설치 작업을 독려했다.

"사이판이 함락되었다고 끝난 게 아니다. 미국도 지금 모든 걸 쥐어짜면서 싸우고 있다. B-29가 날아와봤자 별 위력을 발휘하지 못한다는 걸 보지 않았나? 조금만 더 버티자!"

순진한 착각이었다고나 할까? B-29가 처음으로 도쿄 상공에 뜬 날은 1944년 11월 1일이었다. 이때의 비행 목적은 폭격이 아니라 폭격을 위한 사전 조사 격인 항공 촬영이었다. 이를 보고는 일본인들은 별것 아니라고 생각했다(1945년 8월 히로시마에 뜬 B-29 세 대를 낙오기로 본 히로시마 사람들이 안도의 한숨을 내쉬다가 불벼락을 맞았던 것과 어딘지 모르게 비슷하다). 낙관주의라고 해야 할까, 현실 부정이라고 해야 할까? 사이판이 함락된 뒤 일본인들은 레이테에서 승리하면 된다는 희망의 끈을 이어 나갔다. 현실을 직시하지 못한 히로히토 천황도 이런 낙관주의에 몸을 실었다.

사이판 함락 이후 곧바로 일본에 불벼락이 떨어졌더라면 히로히토 는 고노에와 황족의 의견에 좀 더 귀를 기울였을지 모른다. 그러나 사 이판 함락 이후에도 특별히 달라진 게 없는 일상 속에서 '설마' 하는 기 대에 몸을 실었다. 이는 전쟁 지도부만의 문제가 아니었다. 당시 일본 국민의 마음도 비슷했다. 1944년 7월까지 대본영과 정부가 목에 핏대 를 세우며 외치던 '절대방어선'이자 국가의 운명이 걸렸다고 말하던 사 이판에서의 전투가 패전으로 끝났다면 패배를 인정하고 전쟁을 끝낼 생각을 하는 것이 정상이다(물론 당시의 보도 통제를 생각하면 이해할 만하 다). 그러나 이들에게 전쟁은 언제나 남의 나라 이야기였다.

"우리 집은 나무상자 같아서 쉽게 불탄다. 불이 붙으면 대피하는 것보 다 현장에서 불길을 잡아주는 게 피해를 줄일 수 있다."

정부와 군대에서 집마다 방공호를 파라고 했지만 많은 일본인이 미 국의 '시시한 폭격'을 지켜보며 지극히 안이한 생각을 했다. 드문드문 B-29가 날아와 폭탄을 떨어뜨렸지만 큰 피해는 없었고, 가끔 불타는 남의 집을 보면서 불구경이나 하자며 느긋하게 폼을 잡았다. 실제로 미 국의 초창기 공습으로 집들이 불탈 때마다 도쿄 사람들은 '에도의 꽃' 이라 부르며 불구경을 즐겼다.

일본인들은 절대방어선이 무너졌어도 레이테를 믿었고, 레이테가 무너지자 본토 결전과 결호 작전決号作戰을 준비하며 최후 승리를 믿었다. 이러한 희망 고문에 히로히토 천황도 편승했다.

고노에의
'최후의 카드'

1945년 1월 16일 도쿄에 폭격이 있었다. 이날 공습으로 7500명이 사망했고 가옥 5000여 채가 파괴되었다. 민간인의 20퍼센트가 도쿄를 빠져나가는 피난길에 올랐다. 이틀 후인 1945년 1월 18일 히로히토 천황은 일상을 이어나갔다. 서예 강습과 중국 문화, 예의범절에 관한 철학 강의를 듣고, 전자파 무기(레이더)에 관한 전문가들의 설명도 들었다(아기 우다 안테나를 진작 채용했다면 설명을 듣지 않아도 되었겠지만). 황비도 마찬가지로 유가족들에게 위로의 편지를 쓰며 일과를 보냈다(그 수가 너무 많아 결국 "국가에 대한 봉사에 감사한다"는 말과 천황의 문장을 찍는 것으로 대체했다).

현실과 동떨어진 모습이라고나 할까? 물론 폭격 현장을 방문했고 위로의 편지도 보냈다. 그러나 이들 부부는 전쟁의 진짜 무서움과 미국의 힘을 애써 무시했다. 이미 알고 있었지만 외면했다고 보는 편이 맞을 것이다.

1945년 1월 26일 고노에는 교토를 방문하고 돌아온 다카마쓰 왕자를 찾아가 자신의 구상을 털어놓았다.

"이미 전쟁은 끝났습니다. 일본이 패배했습니다."

다카마쓰는 그의 얘기를 묵묵히 들었다. 맞는 말이었다. 상식이 있는 사람이라면 앞으로의 일을 예측하는 것이 어렵지 않았다. 이미 일본은 압도적으로 밀리고 있었다. 시간문제일 뿐 패전은 확실했다.

"문제는 천황입니다. 종전 상황에서 천황이 그대로 있는 건 말이 안 됩니다. 전쟁 발발의 책임을 생각한다면….."

"양위하라고 건의하는 겁니까?"

"양위로는 부족합니다. 물론 전쟁에 대한 책임을 물어 체포하는 일은 없어야겠죠. 아니, 없습니다. 다만 여생을 민간에서 보내면 안 됩니다."

"그게 무슨 말입니까?"

"참회청문승懺悔聽聞僧이 되는 겁니다."

파격적인 주장이었다. 일본에는 '은거隱居'의 전통이 있는데, 말 그대로 일선에서 물러나는 은퇴를 뜻한다(물론 뒤에서 섭정하는 경우도 많았지만). 더 나아가 불교에 귀의하는 예도 있었다. 고노에의 생각은 간단했다.

"패전에 앞서 히로히토 천황이 사임하고 아키히토 황태자가 차기 천황에 오르며 다카마쓰 왕자가 섭정을 맡는다면 종전 이후 연합국 앞에서도 할 말이 있습니다. 협상의 여지를 만들 수 있는 것이지요. 천황제를 유지하려면 이 방법밖에 없습니다."

고노에는 히로히토를 승려로 만들기 위해 만반의 준비를 했다. 교토 닌나지仁和寺(우다 천황이 888년에 창설해 헤이안 시대부터 황실과 인연을 맺은 유서 깊은 사찰로 유네스코 세계문화유산으로 지정되어 있다)의 39대 원장인 오카모토와도 이미 협의를 끝냈다. '유닌 호오欲仁 法皇'라는 법명도 준비해뒀다. 남은 건 다카마쓰의 결심과 히로히토의 결단이었다. 그러나 다카마쓰는 고노에의 제안을 거절했다.

"천황제를 유지하려면 이 방법밖에 없습니다. 연합국을 설득할 다른 방법이 있습니까? 이번 전쟁으로 죽은 이들의 명복을 비는 일은 천황에게 남은 유일한 구원의 길입니다. 천황이 절에 들어간다면 저 역시 절에 들어갈 것입니다."

"아무리 그래도 이건 너무 극단적이지 않습니까? 게다가 연합국이 이 상황을 어떻게 받아들일지 모르지 않습니까?"

"이미 해군대신인 요나이 미쓰마사 제독과 전 수상인 오카다 게이스케도 찬성했습니다."

아홉 시간의 설득 끝에 다카마쓰는 고노에의 의견에 어쩔 수 없이 동의했다. 고노에는 2월에 이 계획을 황궁에 제출했다. 그러나 이 계획에 찬성한 다카마쓰도, 히로히토의 측근이던 기도 고이치木戸幸一(천황의 옥새를 담당했던 옥새관으로 전쟁 기간 작성한 '기도 일기'로 유명하다)도 난색을 표했다.

"미국인과 영국인은 기독교를 믿는다. 이들은 불교에 대한 이해가 우리만큼 없다. 천황이 승려가 된 것을 이해할 수 없을 것이다."

다카마쓰 왕자는 문화적 차이를 들어 반대했다. 반면 기도 고이치는 좀 더 실질적인 이유를 들었다.

"천황이 속세를 떠나는 것은 천황에게 더욱 위험한 일이다. 연합국은 천황의 행동을 종교적 차원에서 이해하려 하지 않을 것이다. 그저 천황 스스로 죄인이라고 생각해서 종교로 피신했다고 생각할 것이다."

결국 고노에의 계획은 실행되지 않았다. 1944년 7월의 계획도, 1945년 1월의 계획도 모두 무산되었다. 만약 고노에의 생각이 받아들여졌다면 제2차 세계대전의 종전이 1945년 8월 15일보다 좀 더 앞당겨졌을지도 모른다.

안타까운 사실은 히로히토 천황이 선택한 종전 방식이었다. 1944년 7월 고노에가 내놓았던 종전 방식(종전 선언문의 내용까지 포함해)은 1945년 8월 15일 이후 거의 비슷하게 현실에서 이루어졌다. 1년만 더 빨리 고노에의 의견을 들었더라면 일본의 역사는 크게 변했을지도 모른다. 그러나 히로히토가 '능동적으로' 선택한 종전 계획은 1945년 6월 8일에야 역사에 모습을 드러냈다(1945년 8월 15일은 '피동적으로' 선택당한 종전이었다). 기도 고이치가 내놓은 '시국 수습 대책 시안'이라는 종전 계획이었다.

1945년 6월 6일, 불과 한 달 전 히틀러가 베를린 참호에서 자살했고, 유럽에서의 전쟁은 끝이 났다. 이제 남은 나라는 일본뿐이었다. 오키나와 전투도 거의 승패가 판가름 나던 시점에서 전쟁 지도부는 '전쟁 지도 기본 대강戰爭指導基本大綱'(일본 본토에서 최후의 한 사람까지 끝까지 싸우자는 결의문으로 내용은 별것 없다)을 채택했고, 이틀 뒤 어전회의에서 천황의 재가를 받았다.

"소련과의 협상이 중요하다. 앞으로 일본은 소련, 중국과의 외교를 통해 최대한 이익을 보장받는 방향으로 나아가야 한다."

다시 강조하지만 당시 일본의 외교력은 유치원생 수준도 안 되었다. 이미 얄타 회담을 통해 소련은 연합국과 대일전 참전을 약속했고, 이를 몰랐다 하더라도 국제정세의 흐름을 본다면 소련이 망해가는 일본의 손을 잡을 이유가 없었다.

중국과의 외교에 관해서도 고이소는 수상이 된 시점에서 일본이 살아남으려면 중국과의 화평 공작이 필요하다고 생각했다. 그런데 일본이 자행한 난징대학살은? 추정치는 다르지만 2300만 가까이 희생당한 중국 민간인을 두고 화평이라니…. 일본은 이미 돌아갈 수 없는 다리를 건넌 상황이었다.

기도 고이치는 육군이 평화적 방식의 종전을 받아들이지 않을 거라고 전제했다. 쉽게 항복하지 않을 육군의 반발을 잠재우는 것이 종전의 첫걸음이라고 생각했다. 그러려면 천황의 각오가 필요했다.

"천황께서 직접 육군의 반대를 잠재우십시오. 아무리 막 나가는 육군이라도 천황의 권위에 저항할 수는 없을 겁니다."

육군의 반발을 정리한 다음 연합국과 협상을 해야 하는데, 전쟁 당사자인 영미와의 협상은 어려우므로 소련을 통한 중재를 추진해야 한다는 의견을 상신했다. 이때 필요한 것이 히로히토 천황의 친서와 전쟁 기간의 일본 점령지 포기, 해외 주둔 중인 일본군의 철수, 일본군의 '부분적' 무장 해제였다. 이를 조건으로 명예로운 평화를 보장받겠다는 계획이었다. 이른바 '명예의 강화'였다.

6월 8일 기도는 이 계획을 히로히토에게 건넸고, 히로히토는 즉시 추진하라고 명했다. 당시 매파나 비둘기파 모두 같은 생각이었다. 이들이 원하는 건 '국체호지'였다. 강화나 종전의 이름으로 포장된 외교 활동의 주목적은 그저 천황제의 유지에 지나지 않았다.

하지만 그마저도 공허한 외침일 뿐이었다. 너무 늦었고 너무 현실을 몰랐다. 1년 전이었다면 먹혔을지도 모르지만 침몰 직전인 일본의 말을 들어줄 나라는 없었다.

07 / 원자폭탄 그리고 소련

1945년 4월부터 8월까지 일본을 둘러싼 국제정세는 다음과 같이 정리할 수 있다.

"일본이 항복하기 전 전쟁에 뛰어들려는 소련의 노력과 소련이 참전하기 전 전쟁을 끝내려는 미국의 노력."

이 와중에 한국은 반 토막이 났다. 만약 일본이 조금만 더 일찍 항복했더라면 한반도가 둘로 갈라지는 일은 없었을 테다(정말 간발의 차이였다). 국제정치를 연구하는 이들이 태평양전쟁에서 가장 안타까워하는 것 중 하나가 1944년 말 일본의 선택이다(한국에게는 분단을 막을 수 있었던 기회, 일본에게는 원자폭탄을 피할 기회였는지도 모른다).

사이판이 함락되고 레이테가 넘어갔으며 일본으로 향하는 상선들이 침몰해 원유부터 모든 원자재가 바다에 수장되던 그때에 일본은 소련을 선택했다. 소련을 통한 강화를 모색하며 시간을 낭비했다.

"1944년 말 일본이 모스크바를 선택하지 않고 워싱턴에 접근했더라면 미국은 평화 계획을 가지고 일본을 환대했을 것이다."

– 일본 출신 역사학자 이리에 아키라

일본에서 태어나 하버드 대학에서 역사학을 공부하고 국제관계사를 강의한 이리에 아키라入江昭 교수는 1944년 말 일본의 선택을 무지와 착각이 만들어낸 비극이라고 보았다. 1944년 말이라면 일본은 아직 쓸 만한 카드가 있었다. 가미카제의 공격 속에서 미국인들은 일본 본토로의 험난한 여정을 상상해야 했고, 그 상상대로 일본 본토에 가까워질수록 기하급수적으로 늘어나는 사상자 수를 확인해야 했다. 이때는 아직 얄타 회담이 있기 전, 그러니까 전후 세계 패권에 대한 미국, 영국, 소련 세 거두의 논의가 있기 전이었다. 아울러 일본이 소련이 아닌 미국을 선택했다면 도쿄 대공습이나 원자폭탄 투하도 없었을 것이다.

미국은 충분히 일본을 받아들일 준비가 되어 있었다. 그런데 어째서 일본은 미국 대신 소련을 택했을까? 여기에는 고집과 착각, 망상이 작용했다. 고집은 간단하다. 천황제의 유지, 즉 국체호지였다. 천황제를 지키기 위해서는 지금 총칼을 마주하고 있는 미국보다는 소련이 유리하다는 판단이었다. 물론 심각한 착각이었다. 일본의 지도자들은 소련에 막연한 '동질감'을 느끼고 있었다. 국제사회의 작동 원리가 '이익'이란 사실을 잊은 유치한 접근이었다.

그렇다면 소련에 대한 동질감은 어디서 비롯한 걸까? 국제사회에서 '왕따'를 경험해봤다는 점이다. 공산국가 소련은 영국과 미국을 비롯한 서방 세계로부터 철저히 차별당했고 박멸 대상으로까지 몰렸다. 이대로 세계가 공산화될까 봐 걱정한 서방 기득권 세력은 언제나 소련을 무시하고 탄압하고 외면했다. 일본 역시 근대화에 성공하고 강력한 군사력을 구축했지만 동양인이란 이유로 차별받았다. 이런 왕따의 경험에다 체제의 유사성까지 더해져 소련에 대한 애정으로 이어졌다. 일본과 경쟁하던 영국과 미국은 자유주의와 민주주의를 말했지만 일본은 한없이 전체주의에 가까운 나라였다. 소련의 스탈린 독재는 일본에 친근하게 다가왔다.

마지막 망상은 도를 넘어섰다. 일본의 전쟁 지도자들은 전쟁이 끝나면 소련과 미국의 대립은 필연이라고 판단했다. 이때 소련이 영국, 미국과 싸우려면 파트너가 필요한데 그 파트너가 바로 일본이라고 생각했다. 만약 이런 구상이 실현된다면 태평양전쟁 내내 일본이 꿈꿨던 대동아공영권을 소련으로부터 인정받고 완성할 수 있다고 믿었다.

패전의 위기를 앞두고도 일본이 대동아공영권이란 망상의 끈을 놓지 않았다는 사실이 그저 놀랍기만 하다. 그 결과는 '지옥'으로 돌아왔다. 국제정세에 대한 기본적인 판단만 있었어도 일본은 원자폭탄을 맞지 않을 수 있었다.

맨해튼
프로젝트

1945년 4월 12일 루스벨트 대통령이 사망했다. 곧바로 트루먼이 대통령직을 승계했고 첫 각료 회의를 마쳤다. 헨리 스팀슨 육군장관은 모든 각료가 나간 뒤 트루먼에게 독대를 청했다. 그리고 한 가지 사실을 보고했다.

"우리는 지금 원자폭탄을 개발하고 있습니다."

1942년 8월 시작된 맨해튼 프로젝트. 수천 명의 과학자와 기술자가 참여한 이 프로젝트는 기밀 유지를 위해 극소수의 인원만이 프로젝트의 전모를 파악하고 있었다. 과학자와 기술자 대부분은 자신이 하는 작업의 실질적 목적을 모른 채 할당된 과업만을 수행했다. 정치인과 전쟁 지도자 중에서 원자폭탄 프로젝트를 알고 있던 이는 루스벨트와 스팀슨뿐이었다.

아이러니한 사실은 트루먼도 모르고 있던 맨해튼 프로젝트의 전모를 스탈린은 프로젝트 초기부터 알고 있었다는 점이다. 스탈린은 스파이란 스파이는 다 동원해 맨해튼 프로젝트를 초기부터 감시했고, 7월 16일 첫 실험 날짜도 스파이로 활동하던 물리학자 푸치스Klaus Fuchs를 통해 통보받았다.

1945년 4월 25일 스팀슨은 트루먼에게 원자폭탄에 대한 정식 보고서를 제출했다.

① 4개월 정도 후 미국은 전대미문의 전율적 병기를 완성할 것이다.

② 미국은 그 완성을 위해 영국과 긴밀히 협조해왔다. 그러나 현재는 미국이 제조와 사용에 필요한 모든 자료를 관리하고 있다. 따라서 향후 수년간 다른 나라는 이러한 지위에 이르지 못할 것으로 예상된다.

③ 그러나 미국이 영구히 이러한 지위를 독점할 수 없다는 것도 확실하다. 앞으로 다른 나라도 짧은 기간 내에 원자폭탄을 개발할 가능성이 크다.

④ 장래에 이러한 병기가 비밀리에 제조되어 돌연 사용될지도 모른다. 이 병기로 약소국이 불과 며칠 내에 강대국을 정복할 수도 있다.

⑤ 기술의 진보에 부응하지 못하는 현재의 빈약한 도덕적 가치에 비춰 볼 때 세계는 이러한 병기에 의한 멸망의 위기에 직면할 것이다. 문명이 완전히 파괴될 수도 있다.

⑥ 우리 지도층이 이 새로운 병기의 힘에 대한 인식 없이 국제평화기구 문제를 논하는 것은 비현실적이다. 지금까지의 어떠한 관리 제도도 이 위협을 관리하기에는 충분치 않다. 특정 국가가 또는 국제적으로 이 병기를 관리하려면 이전과는 다른, 누구도 생각지 못한 정도의 철저한 감시와 통제가 필요할 것이다.

⑦ 이 병기를 다른 국가들과 나누어야 할지에 대한 문제, 또 나눌 경우 어떤 조건에 따를 것인가 하는 문제가 대외 관계의 주요 쟁점이 될 것이다. 미국이 이 병기를 제조했다는 것은 그로 인해 문명이 감당해야 할 모든 비극적 상황에 스스로 도의적 책임을 지게 되었다는 것을 의미한다.

⑧ 반면 원자력의 정상적 사용 방법에 대한 문제를 해결할 수 있다면 세계 평화와 우리 문명을 우리가 원하는 방식으로 보존할 기회를 얻게 된다.

⑨ 이와 관련해 우리 정부의 행정과 입법 부문 양측에 필요한 조치를

권고할 수 있는 특별위원회의 설치를 준비하고 있다.

스팀슨의 보고서를 보면 등골이 오싹해진다. 오늘날 우리가 익히 알고 있고 당연하게 받아들이는 국제정치의 역학 구도와 핵무기 통제, 핵무기를 둘러싼 국제질서에 관한 뼈대가 1945년에 나온 보고서에 모두 담겨 있었다는 사실 때문이다.

이제 칼자루는 트루먼에게 넘어갔고 트루먼은 당장 두 가지를 결정해야 했다. 하나는 '원자폭탄을 사용할 것인가 말 것인가'이고, 다른 하나는 '사용한다면 어느 나라에 떨어뜨릴 것인가'였다. 전쟁은 거의 끝났다. 과연 원자폭탄이란 전대미문의 전율적 폭탄을 사용할 만큼 급박한 상황이 전개될까? 그리고 떨어뜨린다면 어디에 떨어뜨려야 할까? 독일과 일본 중 어디일까?'

마지막 고민은 곧 필요 없어졌다. 1945년 4월 30일 히틀러가 베를린 벙커에서 자살하고, 며칠 뒤인 5월 7일 독일이 공식적으로 항복했다. 그리고 운명의 1945년 5월 8일 트루먼은 대일 성명을 발표했다.

"일본의 지도자들과 일본군이 전쟁을 계속하는 한 우리의 공격은 더욱 강력해지고 일본의 모든 것은 완전히 파괴될 것이다. … 우리의 공격은 일본 육·해군이 무조건 항복하고 무기를 버릴 때까지 멈추지 않을 것이다. 군대의 무조건 항복은 일본 국민에게 무엇을 의미하는가? 그것은 곧 전쟁의 종결을 의미한다. 이러한 재해를 가져온 군부 지도자 세력에 종지부를 찍는 것을 의미한다."

대외적으로 일본은 반응이 없었다. 하지만 이미 반응하고 있었다. 트루먼이 대일 성명을 발표하던 그때 태평양전쟁에서 가장 치열했던 전투로 손꼽히는 오키나와 전투가 전개되고 있었다. 1945년 4월 1일 시작해 81일간 이어진 이 전투는 이오지마 전투에 비견될 만큼 처참했다. 일본군 투항자가 대규모로 발생했다는 점에서는 고무적이었지만 (약 1만 5000명) 지옥 그 자체였다는 사실은 변하지 않았다. 이 한 번의 전투로 미군 사망자만 2만 명 넘게 발생했다.

트루먼은 오키나와 전투가 한창이던 5월 25일 일본 본토(규슈) 진공 작전인 '올림픽 작전'을 보고받았다. 문제는 이 작전에서 예상되는 인명 피해 규모였다. 오키나와 전투에 투입한 병력의 35퍼센트가 피해를 입은 사실을 고려하면 본토 공격에 76만 6000명을 투입할 경우 26만 명 이상의 인명 피해가 예상된다는 보고였다. 그러나 육군장관 스팀슨은 이 보고를 무시했다.

"일본군이 끝까지 저항한다면 미군의 사상자 수는 100만 명이 넘을 수도 있다."

비관적이지만 무시할 수 없는, 아니 어쩌면 가장 현실적인 예측이었다. 상황이 비관적으로 흐르자 미군 내에서도 전략의 방향성에 대해 다양한 의견이 나오기 시작했다. 해군은 섬나라인 일본의 특성을 고려해 지금처럼 해상 봉쇄와 공중 폭격으로 일본을 고사시키는 전략을 주장했다. 반면 육군은 일본이 절대 항복하지 않을 것이므로 본토 진공을 주장했다.

서로 저마다의 주장을 내세울 때 트루먼은 상황을 종합적으로 고려해 올림픽 작전을 승인했다. 1945년 11월 1일이 미군의 일본 본토 상륙 날짜로 정해졌다.

08 / 트루먼의 고민과 스탈린의 욕심

제2차 세계대전의 마지막을 장식한 원자폭탄 투하는 말 그대로 한 시대의 종말을 고하고 새 시대의 시작을 알리는 신호탄이었다. 이제 인류는 스스로를 멸망시킬 수 있는 무기를 손에 쥐었다. 역사상 가장 많은 사상자를 낸 전쟁의 마지막을 인류 멸망의 가능성을 여는 무기로 끝낸다는 점에서 완벽한 마무리였다.

트루먼은 왜 원자폭탄을 떨어뜨렸을까? 아직도 일본은 도쿄 대공습, 히로시마와 나가사키의 원자폭탄 투하를 언급하며 자신들을 태평양전쟁의 희생자로 포장한다.

"이미 승패가 결정 난 전쟁에서 도쿄 대공습과 원자폭탄 투하는 전쟁범죄와 다름없는 잔혹한 행위다. 조금만 시간을 줬다면 전쟁은 평화롭게 끝났을 것이다."

과연 일본인들의 주장이 옳을까? 정말로 미국이 감정에 휩싸여 성급하게 원자폭탄을 사용했던 걸까?

절차적
정당성

1945년 5월 8일은 기념할 만한 날이다. 트루먼이 대일 성명을 발표한 날이기도 하지만 이날은 원자폭탄 사용에 있어 역사적인 회의가 소집된 날이기도 하다. 트루먼이 대일 성명을 발표할 무렵 스팀슨은 잠정위원회를 소집했다. 그는 트루먼에게 보고했던 보고서의 내용을 그대로 실행했다. 미국 정부와 군의 고위관료, 과학자, 민간인 대표 14명으로 구성된 이 위원회의 목적은 단순했다.

"원자폭탄을 사용할 것인가?"

당시 위원회의 분위기는 양측으로 갈렸다. 과학자 그룹은 원자폭탄 사용으로 발생할 수 있는 문제점과 윤리적 측면에 대해 말했다. 이에 반해 군 출신과 정부 측 인사들은 원자폭탄 사용을 전제로 국제정치의 세력 변화, 특히 소련의 참전과 이후 미국과 소련의 갈등에 대해 고민했다. 과학자의 양심, 군과 정부 관계자들이 바라보는 전후 국제정세가 회의 탁자 위에서 실랑이를 벌였다. 하지만 이들 모두를 설득할 수 있는 단순한 통계 하나가 등장하면서 설전은 끝이 났다. 바로 '미군 사상자 수'였다.

일본 본토에 가까워지면서 미군 사상자 수는 기하급수적으로 늘어났다. 이오지마와 오키나와 전투에서 보여준 일본군의 악귀 같은 모습은 미군에게 악몽이었다. 미군의 피해를 최소화하고 전쟁을 조기에 끝

내야 한다는 사실은 누구도 반대 못 할 명분이었다. 아무리 미국이라지
만 언제까지 전시 국채를 뿌릴 수만은 없었다.

1945년 6월 1일 잠정위원회는 보고서를 채택했다.

- 원자폭탄은 가능한 한 빠른 시일에 일본을 상대로 사용해야 한다.
- 일본 정부에 최대한의 심리적 충격을 줌으로써 '무조건 항복의 수락'
  이라는 마지막 결정을 내릴 수 있도록 원자폭탄은 거대한 군사시설
  에 사용해야 한다.
- 원자폭탄은 예고 없이 사용해야 한다.

인류 역사상 미증유의 파괴력을 지닌 무기의 사용 앞에서 미국은 최
소한의 절차적 정당성을 밟았다. 트루먼이 독단적으로 원자폭탄 사용
을 결정했다고 생각하는 이들도 있지만, 미국은 나름 고민하는 척을 했
다(트루먼에게 원자폭탄은 전쟁 이후를 담보할 수 있는 전략 자산이었고 굳이 트
루먼이 아닌 다른 지도자라도 원자폭탄의 사용을 주저하지 않았을 것이다. 1945년
6~7월이라면 미국이 원자폭탄이 아니라 더한 무기라도 주저 없이 사용했을 상황
이었다). 보고서를 받은 트루먼은 결심을 굳혔다.

"며칠간 이 문제를 깊이 생각했다. 결국 어쩔 수 없이 보고서의 내용에
동의할 수밖에 없다는 결론에 도달했다. 잠정위원회의 임무는 내게 원자
폭탄에 관해 조언하는 것이다. 최종적으로 모든 책임은 나에게 있으며 나
는 이를 부인하지 않는다. 보고서의 내용과 상관없이 나 스스로 결론을 내
리고 있었다. 마침 나의 결론과 보고서의 내용이 합치했을 따름이다. 일본

의 천황과 그 군사 고문들로부터 진정한 항복을 받아내기 위해서는 우리가 그 제국을 분쇄하기에 충분한 파괴력을 보유하고 있다는 증거를 보여줄 수밖에 없다. 따라서 그들에게 엄청난 충격을 줄 필요가 있다. 또 원자폭탄으로 인한 인명 피해보다 그로 인해 구할 수 있는 미일 양국의 인명이 몇 배나 더 많다는 점도 중요한 고려 사항이었다."

트루먼은 원자폭탄이 완성되기 이전에 이미 미증유의 대량살상무기의 사용을 결심하고 있었다. 아울러 원자폭탄이 미군의 생명을(덤으로 일본군도) 구해내리라 믿었다. 트루먼의 입장을 들은 잠정위원회는 원자폭탄 사용에 대한 세부 사항을 조율하기 시작했다. 핵심은 사전 경고와 사용 시기였다. 일부 일본 학자들이 미국의 원자폭탄 사용이 '인종적 편견에 휩싸인 감정적 대응'이었다고 말하는 이유가 바로 '경고의 부재' 때문이다.

"원자폭탄과 같이 엄청난 파괴력을 지닌 무기가 있다면 이를 보여주는 것만으로도 전쟁은 끝났을지 모른다. 일본 근처의 무인도나 인구가 적은 도서 지역에 경고와 함께 핵폭발을 보여줬어도 충분했다."

과연 그럴까? 역사에 만약은 없다지만, 만약 미국이 원자폭탄 사용을 경고하고 무인도나 인구가 적은 지역에 위협용으로 떨어뜨렸다면 어떻게 되었을까? 이러한 주장의 결정적 문제는 '현대의 시각'으로 당시를 바라봤다는 점이다.

미국이 아무리 돈이 많다 해도 원자폭탄을 마음대로 찍어낼 수 있는 상황은 아니었다. 맨해튼 프로젝트에 의해 만들어진 핵폭탄은 세 발이 전부였다(최초의 핵실험에 사용된 트리니티^{Trinity} 제외). 당시 스팀슨은 트루먼에게 매달 원자폭탄 한 발씩을 생산할 수 있다고 보고했다. 미국이라도 항공모함 찍어내듯 핵무기를 찍어낼 수는 없었다. 몇 발 되지 않는 원자폭탄을 효과가 있을지 없을지 모르는 경고용으로 사용하기는 힘들었을 것이다(실제로 원자폭탄 생산에 있어서 당시 미국은 여유로운 상황이 못 되었다. 나가사키에 마지막 원자폭탄을 떨어뜨리고 10개월 뒤 미국의 가용 원자폭탄 수는 겨우 7발이었다. 최소 3~4개월은 우라늄을 농축해야 원자폭탄을 만들 수 있었는데, 당시 생산시설의 기계적 문제로 생산이 중지된 상태였다).

결국 1945년 6월 21일 잠정위원회는 경고 없는 원자폭탄의 조기 사용을 결정했다. 이로써 미국 정부의 정책 방향이 결정되었다.

"원자폭탄이 완성되는 대로 경고 없이 바로 일본에 떨어뜨린다."

트루먼의 의심
스탈린의 욕심

1945년 5월 이후, 그러니까 독일의 패망 이후 연합국 내의 균열을 그대로 보여주는 외교 사건이 하나 있었다. 얄타 회담과 포츠담 회담 사이에 트루먼의 특별보좌관 홉킨스가 모스크바를 방문한 일이다. 루스벨트가 사망하고 곧바로 트루먼이 대통령직을 승계한 지 겨우 한 달이 지난 1945년 5월 26일 홉킨스는 모스크바로 날아갔다.

쟁점은 소련의 '야망'이었다. 소련은 독일의 패망 이후 유럽을 야금

야금 갉아먹고 있었다. 대표적인 나라가 폴란드였다. 영국에 있는 폴란드 망명정부를 무시하고 루블린에 있는 친소 정부를 지지하고 나섰다. 이뿐 아니라 전쟁이 거의 끝나가던 1945년 2월에는 소련 외무차관 안드레이 비신스키가 루마니아에 방문해 친소 정부 구성을 독려했다. 동유럽을 소련의 발치에 두려는 심산이었다. 영국과 미국이 항의했지만 스탈린은 요지부동이었다. 오히려 연합국에 화를 냈다. 스탈린의 소소한 분노는 이미 연합국을 질리게 만들었다.

"이탈리아에 주둔한 독일군이 영국과 미국에 항복했다. 이는 영국과 미국의 단독 강화다!"

"대독일전 참전을 거부한 아르헨티나가 샌프란시스코 회의(1945년 4~6월 UN 창설을 위해 세계 50개국이 모인 국제회의)에 참석하는 것은 옳지 않다!"

"영국이 폴란드에 반소련 정부를 세우려 한다. 이는 소련의 권익을 침해하는 일이다!"

"프랑스가 한 일이 뭐가 있나? 전쟁 초반 독일에 항복한 프랑스가 독일배상위원회에 참여하는 건 어불성설이다!"

"무기 대여법을 왜 지금 중단하는 건가?"

스탈린의 요구 사항은 끝이 없었고, 미국과 영국은 소련이 드디어 본색을 드러냈다며 불편한 심기를 내비쳤다. 그러나 아직 전쟁은 끝나지 않았다. 스탈린에게는 '대일전 참전'이라는 카드가 남아 있었고 이를 활용해 이익을 최대한 많이 얻어내겠다는 의지를 보였다. 반면 유럽과 미국은 소련이 새로운 적으로 부상하고 있음을 확실히 느꼈다. 이런 상황에서 홉킨스가 모스크바로 날아갔다. 외교적 방법으로 충돌을 최대한 줄이고 전쟁이 끝날 때까지 연합국의 모양새를 유지하기 위해서였다. 이 자리에서 스탈린은 한 가지를 약속했다.

"8월 8일까지 대일전에 참전하겠다."

루스벨트가 살아 있었다면 좋아했을 이야기다. 그러나 여기에는 단서가 하나 붙어 있었다.

"얄타 협정의 조속한 이행을 촉구한다."

스탈린은 얄타 회담에서 얻은 성과를 조속히 받아내고 싶었다. 또한 홉킨스와의 회담에서 일본 점령에 소련도 참여하고 싶다는 의지를 내비쳤다. 점령 지역까지 특정했다. 미국에게는 스탈린의 대일전 참전이 늑대를 피하려다 호랑이를 부른 꼴이 될 가능성이 커졌다.

09 / 미국과 소련의 수 싸움

1945년 2월의 얄타 회담과 1945년 7월의 포츠담 회담은 모두 연합국의 전쟁 지도부가 모인 회의였지만, 이 5개월 동안 연합국은 수많은 변화를 겪어야 했다. 가장 큰 변화는 연합국을 대표하는 미국과 영국의 지도자가 바뀌었다는 점이다. 루스벨트는 4월에 죽었고, 처칠은 회담 중간에 교체되었다.

포츠담 회담 중이던 1945년 7월 25일에 처칠은 본국으로 돌아가야 했다. 영국 선거에서 "요람에서 무덤까지"란 유명한 캐치프레이즈를 내건 노동당이 승리해 애틀리가 수상이 되었기 때문이다. 더 이상 수상이 아닌 처칠은 회담에서 빠지게 되었고 그 자리를 신임 수상 애틀리가 채웠다. 불과 5개월 사이 미국, 영국, 소련의 세 거두 중 둘이 교체되었다. 문제는 교체된 자들의 생각이었다. 중요한 건 애틀리보다 트루먼의 마음이었다.

트루먼은 소련의 대일전 참전을 탐탁지 않게 생각했다. 스탈린은 얄타 회담에서 얻은 이권을 빨리 챙겨가고 싶었고, 트루먼은 이런 스탈린의 태도가 못마땅했다. 얄타 회담에서 이야기된 대로 진행된다면 만주의 이권은 고스란히 소련에 넘어가게 되었다. 트루먼은 루스벨트가 너무 많이 양보한 탓에 전후 국제정세가 어려워질 것이라고 판단했다. 트루먼은 얄타 회담을 무효화해야 했다. 그러려면 소련이 참전하기 전에 일본을 완벽하게 쓰러뜨려야 했다.

"소련의 힘을 빌리지 않고 일본을 굴복시켜야 한다!"

그렇다면 스탈린은 무슨 생각을 했을까? 트루먼과는 정반대였다.

"미국이 전쟁을 끝내기 전에 대일전에 참전해야 한다!"

당시 트루먼과 스탈린은 서로를 믿지 못했다. 스탈린은 어떻게든 얄타 회담의 성과물을 얻어내겠다고 작심했고, 트루먼은 유럽에서 보여준 스탈린의 행보가 동아시아에서 고스란히 재현될 거라고 확신했다.

"폴란드에서 소련이 하는 짓을 보지 않았는가? 만약 만주를 소련에 넘겨줬다가는 동아시아 전체가 소련의 영역이 될 수도 있다."

트루먼의 급한 마음을 원자폭탄이 다독여줬다. 포츠담 회담이 시작되기 하루 전인 1945년 7월 16일 인류 최초의 원자폭탄 실험이 성공했다. 트루먼에게 이 소식을 전해 들은 처칠은 즉각 반응했다(영국도 맨해튼 프로젝트에 참여했다).

"그렇다면 소련은 더 이상 필요 없는 것 아닙니까?"

스탈린은 어땠을까? 원자폭탄의 위력에 관한 보고서가 트루먼에게 전달된 것이 7월 21일이었고, 스탈린이 이를 통보받은 시점은 3일 뒤인 7월 24일이었다. 이때 트루먼의 표현을 잘 살펴봐야 한다.

"보통이 아닌 파괴력을 가진 신무기 개발에 성공했다."

왜 '원자폭탄'이라는 명칭을 사용하지 않았을까? 스탈린의 표정은 무덤덤했다. 이미 실험 날짜까지 다 알고 있었던 스탈린이기에 이 '보통이 아닌 파괴력을 가진 신무기'의 위력을 누구보다 잘 알고 있었다. 대신 마음은 더 조급해졌다. 스탈린과 트루먼은 각각 자신의 패를 한

장씩 꺼내 보이며 회담 초반부터 탐색전을 벌였다. 트루먼은 원자폭탄
이라는 패를 보여줬고, 스탈린은 회담 시작과 함께 고노에 특사가 천황
의 친서를 들고 와 평화 교섭을 요청했다고 말했다(7월 18일). 트루먼 역
시 이 사실을 알고 있었다. 태평양전쟁 초기부터 미국은 일본의 무전을
모두 도청했고, 암호 역시 전부 해독하고 있었다. 스탈린은 천황의 친
서를 트루먼에게 보여주며 어떻게 처리해야 할지 물었다. 트루먼은 간
단히 무시했다.

"일본을 신용할 수는 없다."

트루먼의 반응에 스탈린이 화답하듯 말했다.

"일본이 이 문제를 안고 잠들게 하겠다."

서로의 수를 다 알고 있으면서 겉으로 내색하지 않고 상대를 떠보고
있었다. 이미 이들은 공식적으로 다른 생각을 품고 있음을 선언한 상태
였다. 스탈린은 대일전 참전을 위해 미국이 소련에 공식적으로 참전을
요청해달라고 제의했다. 그러나 트루먼은 이를 거절했다.

루스벨트가 살아 있을 때만 해도 소련에 한없이 부드러웠던 미국이
었지만 이제는 상황이 달라졌다. 공식적으로 언급하지는 않았지만 미
국은 소련이 참전하기 전에 전쟁을 끝내야 했고, 소련은 미국이 전쟁을
끝내기 전에 전쟁에 뛰어들어야 했다.

트루먼은 원자폭탄으로 전쟁을 끝낼 수 있다고 믿었다. 스탈린도 마

찬가지 생각이었다. 다급한 쪽은 스탈린이었다.

"우리가 참전하기 전에 일본이 항복해선 안 된다!"

일본은 다른 의미에서 미국과 소련에 중요한 나라가 되었다. 일본의 몸값이 뛰어올랐다. 미국과 소련은 일본의 항복을 놓고 저마다 자국에 유리한 쪽으로 협상하기 위해 애썼다.

소련과
일본 사이

1945년 4월은 일본의 마지막 희망이 사라진 달이다. 필리핀은 미국 손 안에 들어갔고, 오키나와에도 미군이 상륙하기 시작했다. 독일은 베를 린을 사이에 두고 최후의 전투를 준비하고 있었다. 그리고 4월 5일, 일 본의 마지막 희망이던 소련이 등을 돌렸다. 소련 외무상 뱌체슬라프 몰 로토프는 소련 주재 일본 대사 사토 나오타케에게 일소 중립 조약의 폐 기를 공식적으로 통고했다. 1941년 4월 25일 비준된 일소 중립 조약은 5년간 유효하며 폐기 시 1년 전에 통고해야 한다는 단서 조항에 충실한 절차였다.

여기서 사토는 허를 찌르는 한마디를 던진다.

"폐기 1년 전에 통고한다는 건 1946년 4월까지는 조약이 유효하다는 의미입니까?"

몰로토프는 당혹스러워하면서도 마지못해 동의했다. 이 대목은 꽤 중요하다. 외교적으로 몰로토프의 사기이기 때문이다. 이미 소련은 얄타 회담에서 대일전 참전을 약속했다. 몰로토프의 대답은 일본에 잘못된 신호를 보냈다. 일본은 적어도 1년간 일소 중립 조약이 유지될 테니 소련 국경의 병력을 빼도 된다고 생각했다. 그래서 관동군 전력 대부분을 본토 결전을 위해 태평양 전선으로 돌렸다. 솔직히 일본의 판단은 무지에 의해 저지른 실수라기보다는 '믿고 싶은 것만 믿겠다'는 아집에서 비롯한 것이라고 봐야 한다.

이틀 뒤인 1945년 4월 7일 고이소 내각이 무너지고, 뒤이어 77세의 역대 최고령 수상 스즈키 간타로가 취임했다. 태평양전쟁 시기 일본 정부를 이끈 마지막 수상인 스즈키의 임명은 당시 일본의 상황을 고스란히 보여준다.

원래 고이소의 후임으로 육군은 하타 슌로쿠畑俊六를 추천했다. 전임 수상이었던 도조 히데키도, 직전 수상이었던 고이소도 하타를 밀었다. 반대로 고노에를 필두로 한 문관과 해군은 스즈키를 밀었다. 당시 일본 정부의 입장은 크게 둘로 나뉘었다. 문관(주로 외교관)과 해군은 '명예로운 화평'이란 이름의 종전을 원했고, 육군은 오로지 '본토 결전'이었다. 일본제국군 원수였던 하타를 민다는 건 곧 본토 결전을 하겠다는 의미였다.

히로히토는 결국 스즈키의 손을 들어주었다. 문제는 당시 77세라는 스즈키의 나이였다. 그의 최고령 수상 기록은 지금까지도 깨지지 않고 있다.

"이대로 전쟁을 계속하면 일본의 멸망은 진실로 확실해진다."

훗날 스즈키는 수상 취임 당시를 회상했다. 그는 4개월간의 짧은 재임 기간에 나름대로 종전을 위해 노력하는 모습을 보였다. 하지만 나이 때문인지 스즈키는 무기력했고, 나름의 노력이란 것도 냉정한 사태 판단에 따른 것이 아니라 '한없이 절망에 가까운 희망'인 소련에 매달린 것이 전부였다. 소련은 본토 결전을 외치는 육군에게도, 명예로운 화평을 말하는 해군과 외교관들에게도 '운명'을 거머쥔 존재였다.

영국과 미국을 상대하기에도 벅찬 상황에서 소련까지 참전한다면 육군은 본토 결전을 포기해야만 했다. 해군과 외교관들도 소련의 중재가 있어야만 연합국과 교섭을 할 수 있다는 다급함이 있었다. 소련은 전쟁을 위해서도, 교섭을 위해서도 가장 중요한 변수였다.

1945년 5월 11일 일본은 최고전쟁지도회의에서 '일소 교섭 요령'을 채택했다. 그 내용은 크게 세 가지였다.

① 소련의 참전을 방지하기 위해 모든 방법을 강구한다.

② 소련을 '호의적 중립'으로 만든다.

③ 전쟁을 종결하기 위해 소련을 움직여 일본에 유리한 중재자가 되도록 유도한다.

이 정도면 망상을 넘어섰다고 해야 할까? 1945년 5월 11일이라면 이미 독일이 연합국에 항복한 이후다. 소련이 뭐가 아쉬워서 일본의 손을 들어주겠는가? 외교라는 건 협상의 재료가 있어야 성립되는데 일본은 협상의 재료가 없었다. 물론 아예 없지는 않았다. 일본이 재료라고 준비한 것은 있었다.

일소 교섭 요령을 정리하면서 일본은 소련을 움직이기 위해 '상당한' 수준의 외교적 양보를 했다고 생각했다. 그 외교적 양보란 포츠머스 조약(러일전쟁을 끝내기 위해 맺은 조약)을 폐기하고 만주의 철도 이권과 랴오둥반도의 권리를 양도하겠다는 것이었다. 여기에는 단서가 하나 붙었는데, 모두 양보해도 조선은 계속 지배하겠다고 확실히 명기했다. 겨우 이 정도를 가지고 소련과 협상하겠다니, 당시 일본은 믿고 싶은 것만 믿고, 보고 싶은 것만 보는 유아기적 행태를 보였다.

소련에 대한 일본의 믿음과 집착은 1년 전에도 있었다. 1944년 5월 도조 내각은 주소련 대사 사토에게 전문을 보냈다.

"소련의 협력을 얻어 중일전쟁을 끝낼 수 있도록 하라."

당시 일본은 태평양 전선뿐 아니라 중국 전선에서도 밀리고 있었다. 중국이 국공합작으로 일본을 몰아붙이고 있는 상태였기에 일본은 미국 하나만도 벅찬 상황에서 중국 전선을 조기에 수습하고 이를 발판으로 종전으로 가겠다는 계획을 구상하고 있었다.

이를 주도했던 인물이 바로 시게미츠 마모루重光葵 외상이다(윤봉길 의사에 의해 다리를 다쳤다). 시게미츠의 전문을 받은 사토 대사는 현실성이 없다며 난색을 표했지만 일본 본토 사람들의 생각은 달랐다. 도조 내각이 물러나고 들어선 고이소 내각 역시 소련을 통한 종전 공작이 현실성이 있다며 이를 국가의 공식 정책으로 내놓았다. 이 정도면 눈치가 없는 게 아니라 아예 외교의 개념 자체를 이해하지 못한 수준이다. 그럼에도 일본의 소련 짝사랑은 1945년 8월 9일까지 계속 이어졌다.

10 / 일본의 소련 짝사랑

원자폭탄이 턱밑까지 다가오던 그 순간까지 일본은 소련에 대한 희망의 끈을 놓지 못했다. 왜 그랬을까? 다시 말하지만 일본은 믿고 싶은 것만 믿었다.

대본영은 소련이 향후 취할 노선을 두고 고민했는데 가능성은 두 가지, 평화 아니면 전쟁이었다. 먼저 평화의 가능성은 소련이 대일전에 참전하지 않으리란 판단이다. 이 판단의 근거는 전후 소련의 세계 정책이었다. 다시 말해 서방 세계에 포위된 상황에서 소련이 일본과 전쟁을 하여 일본을 적으로 돌리지는 않으리란 기대였다.

두 번째로 전쟁의 가능성은 소련이 일본과의 전쟁을 계획하고 있으면서 일본을 속이고 때를 기다리고 있다는 판단이다. 누가 봐도 이 판단이 합리적이다. 설사 아니더라도 전쟁을 대비하고 실행하는 집단이라면 당연히 최악의 상황을 고려해야 한다. 국가 안보와 외교에서 '절대'라는 말은 있을 수 없다. 0.1퍼센트의 가능성이라도 대비해야 한다. 그래야 제대로 된 나라다. 그러나 대본영의 생각은 달랐다.

"스탈린의 현명함을 기대한다."

스탈린이 생각이 있는 지도자라면 향후 정세를 고려해 일본과 무모한 전쟁을 일으키지 않을 것이라는 기대였다. 스스로를 과대평가한 걸까? 아니면 국제정세에 무지해서였을까? 그도 아니면 99.9퍼센트의 절망을 뒤로하고 0.1퍼센트의 희망만 믿겠다는 의지의 표명이었을까?

물론 대본영의 판단을 이해 못 할 바는 아니다. 일본이 전쟁을 지속하거나 평화 협상을 하더라도 소련이 없다면 당시 일본 전쟁 지도부의 전략적 판단이 모두 어그러진다. 쉽게 말해 '패망'이다. 결국 소련이 등 돌릴 가능성을 지워버리고 소련에 매달리는 것만이 유일한 희망의 길이었다.

소련에
목매는 일본

일본의 패망이 코앞으로 다가온 때에 수상이 된 스즈키 간타로. 만약 그가 조금만 젊었다면, 아니 조금만 더 패기가 있었다면 어땠을까? 단순히 나이의 문제였을까? 그는 휘둘렸다. 4개월 남짓한 재임 기간에 그는 종전에 대한 입장을 고수했지만 그 방법론과 실행 의지는 눈 뜨고 볼 수 없을 만큼 민망했다.

스즈키는 소련에 평화 협상의 중재를 부탁한다는 고노에의 계획에 찬성했다. 그 덕분에 귀중한 4개월을 덧없이 흘려보내야 했다. 물론 소련에 목매고 있는 상황이었으니 이해 못 할 바는 아니다. 하지만 그렇더라도 국가의 운명이 오가는 상황에서 내각의 방향성을 제대로 잡아주든가, 하다못해 이견을 조율하는 운영의 묘라도 보였어야 했다. 그러나 스즈키는 '물에 물 탄 듯 술에 술 탄 듯' 자기 의견을 제대로 내놓지 못했다.

포츠담 선언과 뒤이은 원자폭탄 투하 앞에서 스즈키 내각은 끝까지 본토 결전을 주장한 육군대신 아나미 고레치카와 평화 종전을 주장한 외무대신 도고 시게노리의 대립으로 붕괴 직전까지 갔다. 이런 상황에 몰렸어도 스즈키는 제대로 자기 의견을 개진하지 못했다. 여기까지도 억지로 이해하면 이해할 수는 있다. 그러나 그의 묵살 발언(자세한 내용은 뒤에서 다룬다)은 아무리 이해하려 해도 이해하기 어렵다. 비록 번역상의 오해라지만 그의 발언 하나 때문에 일본은 원자폭탄을 맞아야 했다. 스즈키는 내각을 제대로 통제하는 건 고사하고 주변에 휘둘리다 4개월을 날려버렸다. 총체적 난국이었다. 누군가 나서서 권력을 통제해야 하는 상황에서 제대로 된 의견 조율 없이 저마다 중구난방 떠들었다.

이때 나선 이가 천황의 최측근, 옥새관 기도 고이치였다. 내각은 겉돌고 있고 육군은 본토 결전을 말하고 해군과 문관들은 화평을 말하던 권력의 공백 상태에서 기도는 히로히토에게 결단을 요구했다. 기도가 내놓은 수습책은 천황이 군부를 통제하면 그사이 국체를 견지하는 '명예의 강화'를 시도하는 것이었다. 끝까지 천황제를 유지하겠다는 강력한 의지였다. 이때도 소련이 등장한다. 기도 역시 소련을 중재자로 선택했다. 중립국인 소련에 중재를 맡기는 것이 교섭상의 여유를 가질 수 있는 방법이란 판단이었다.

당연히 육군은 반발했지만 히로히토는 기도의 의견을 받아들였다. 이때가 1945년 6월 8일이었다. 만약 소련 대신 미국을 선택해 강화 협상을 벌였다면 일본은 보다 유리한 조건으로 종전을 맞이할 수 있었을

지도 모른다(최소한 원자폭탄은 맞지 않았을 것이다). 이 시기 미국은 일본과의 종전을 위해 '무조건 항복'이 아닌 다른 협상안을 고민했다. 하지만 일본은 미국과의 협상은 처음부터 배제하고 소련만을 유일한 협상 파트너로 생각했다. 일본의 오판이었다.

어쨌든 히로히토가 소련을 통한 종전 협상을 결정하자 외교 채널은 바쁘게 돌아갔고 주일 소련 대사 말릭을 찾아가 읍소했다. 소련이 석유를 공급하는 조건으로 일본의 어업권을 포기하겠다는 협상안을 비롯해 '만주 중립화' 등 여러 카드를 던졌다. 이뿐만 아니라 앞으로 다른 사항에 대해서도 논의할 내용이 많다며 소련에 여러 제안을 건넸다. 그러나 말릭은 냉담했다. 전 수상이자 외교관이던 히로타 고키廣田弘毅가 끈질기게 매달렸지만 말릭은 네 번 정도 회담을 가진 뒤 병을 핑계로 만남을 피했다. 이때 말릭은 최대한 일본 측과 접촉을 피하라는 본국의 명령을 받은 상태였다.

일본은 점점 조급해졌다. 믿었던 소련이 미온적으로 나오고 급기야 오키나와까지 함락되었다. 이대로 가다간 종전 협상을 하기 전에 미군이 일본 본토에 상륙할지도 모른다는 불안감이 엄습했다. 들려오는 연합국 소식은 더욱 암담하기만 했다. 7월 3일 중국의 행정원장 쑹쯔원宋子文은 모스크바로 날아가 소련 수뇌부와 회담을 했다. 이는 트루먼 대통령의 특별보좌관인 홉킨스가 모스크바로 건너갔을 때 스탈린이 요구했던 회담이었다. 그리고 7월 중순에 연합국 전쟁 지도부가 다시 한번 대규모 회담을 한다는 정보도 들어왔다. 독일이 패망한 직후 미국, 영국, 소련의 지도자가 모인다면 어떤 이야기가 오갈까? 분명 일본에 좋은 내용일 리 없었다.

다급해진 히로히토는 모스크바로 특사를 보내 소련과 직접 교섭에 나서겠다고 결단을 내렸다. 주일 소련 대사가 회담을 피한다면 소련으로 날아가 몰로토프와 직접 담판을 짓겠다는 의지였다. 이때 특사로 선정된 이가 바로 고노에 후미마로였다.

고노에는 1941년 12월에 준비했던 루스벨트와의 회담을 떠올렸다. 주변의 방해로 회담이 불발되었던 일을 기억하며 고노에는 계획을 세웠다. 아직 육군이 본토 결전을 주장하는 상황에서 회담의 성공을 장담할 수 없었기 때문이다.

"몰로토프와 비밀리에 평화 협정의 조건을 합의한다. 그 후 천황에게 연락해 이를 칙령으로 발포한다. 칙령이 발포된 이상 육군도 어찌할 수 없을 것이다."

비장한 각오였다. 그러나 이런 비장한 각오를 보여줄 기회는 안타깝게도 오지 않았다. 모스크바에 도착한 고노에를 맞이한 것은 '희망 고문'이었다. 사토 나오타케 대사를 통해 전해온 메시지는 '뻔히 보이는' 통보였다.

"몰로토프가 너무 바빠서 고노에를 만날 수 없다."

만약 특사를 거절했다면 일본은 희망을 완전히 버렸겠지만 당시 소련은 특사를 거절하는 것도, 그렇다고 받아들이는 것도 아닌 모호한 태도를 보였다. 이유는 간단하다. 소련은 일본이 항복하기 전에 대일전에 참전해야 했기 때문이다.

고노에 특사가 왔을 때 소련 외교가는 다가올 포츠담 회담을 위해 모든 에너지를 쏟아붓고 있었다. 당연히 일본 특사가 반가울 리 없었다. 그렇다고 쫓아낼 수도 없었다. 만약 일본이 소련의 속내를 눈치챈 다면 자포자기의 심정으로 항복할 수도 있으므로 완전히 거절할 수도 없었다. 일본은 유리한 입장에서 항복할 수 있었던 마지막 기회를 날려 버렸다.

미국과
일본

1945년 6월 미국의 여론조사 기관 갤럽은 전쟁 후 '천황'을 어떻게 처리해야 할지에 대해 여론조사를 했다. 당연한 결과지만 당시 미국 여론은 극단적이었다.

- 살해하거나 고통을 주어 아사시킨다: 36%
- 처벌하거나 국외로 추방한다: 24%
- 재판에 회부해 유죄가 인정되면 처벌한다: 10%
- 전범으로 처리한다: 7%
- 불문에 부친다(상급 군사 지도자에게만 책임을 묻는다): 4%
- 꼭두각시로 이용한다: 3%

미국 국민은 천황을 증오했다. 이런 극단적 여론 앞에서 미국의 전쟁

지도부는 일본에 대해 전향적 자세를 보이게 된다. 이는 여론조사 전부터 감지되던 기류였다. 당시 전쟁 지도부뿐만 아니라 전쟁을 가까이에서 지켜본 종군기자 등의 민간인들도 조기 종전에 비관적인 입장이었다. 미국과 호주의 종군기자 25명은 적어도 1946년 6월까지 전쟁이 계속될 것이라고 예상했다. 미 국방부의 생각은 좀 더 비관적이었다.

"일본 본토를 점령하더라도 중국과 동남아시아에 있는 일본군은 계속 저항할지 모른다."

이오지마와 오키나와 전투에서 보인 일본군의 비상식적 행동을 보면 현실성 없는 이야기라고 할 수도 없었다.

미국도 종전을 원했다. 종전할 수 있다면 일본에 어느 정도 양보할 수 있다고 생각하는 이들이 서서히 목소리를 내기 시작했다. 조지프 그루 국무차관과 존 맥클로이John Jay McCloy 육군성 차관보가 대표적이다. 주일 미국 대사를 지낸 그루는 일본인에게 천황이 어떤 존재인지, 일본 군부와 천황의 관계가 어떠한지 잘 알고 있었다.

"천황의 재위를 허락하는 조건으로 항복을 요구하면 일본은 더 빨리 그리고 더 쉽게 항복할 것이다."

맥클로이는 좀 더 파격적인 주장을 했다.

"천황제의 유지와 천황의 재위를 인정한다는 제안을 한 뒤 그 제안을 일본이 거절하면 그때 원자폭탄을 투하하자."

물론 트루먼은 이 의견을 받아들이지 않았다. 그러나 천황의 재위를 인정하면 일본의 항복을 좀 더 쉽고 빠르게 이끌어낼 수 있다는 의견은 꽤 설득력이 있었다. 군부도 마찬가지 입장이었다. 육군장관 스팀슨과 해군장관 포리스털James Forrestal이 이 의견에 적극적으로 찬성했다. 특히 스팀슨은 포츠담 회담을 위해 떠나는 트루먼에게 일본의 항복 조건에 '천황제 유지'를 인정하겠다는 사실을 명기하자고까지 말했다. 그들도 전쟁이 지긋지긋했다.

그러나 이런 의견이 정책으로 이어지기는 어려웠다. 가장 큰 문제는 여론이었다. 민주주의 국가인 미국이 국민 여론을 무심히 지나칠 수는 없었다. 트루먼의 고민은 깊어져만 갔다.

11/포츠담 선언

포츠담 회담은 제2차 세계대전 당시 연합국 지도자들의 마지막 회동이었다. 이 회담에서는 폴란드 문제 이외의 동유럽이나 동아시아 문제는 거의 거론되지 않고 독일과 독일의 위성 국가들에 관한 문제만이 주요 의제로 토의되었다. 독일이 무너진 마당에 마지막 남은 추축국 일본에 대한 대응과 향후 전략에 관한 토의가 당연히 있어야 했지만, 이들은 독일에 대한 전후 처리에 집중했다. 물론 독일의 전후 처리는 중요하다. 그러나 독일의 전후 처리만큼 중요한 문제가 태평양 전선에서의 승리였다. 아직 전쟁이 진행 중이었기 때문이다.

포츠담 회담의 결정 사항을 간략히 살펴보면 다음과 같다.

① 독일 문제

독일은 미국, 영국, 프랑스, 소련 4개국이 점령하는 지역으로 분할되나 경제적으로는 하나의 공동체로 남는다는 것에 합의했다. 또한 근시일 내에 독일의 중앙정부 수립을 허용하지 않기로 했고, 독일의 완전한 군비 해제와 비무장화, 나치 당원의 근절, 전범 재판, 독일 교육의 감독이 결정되었다.

제2차 세계대전의 원인 중 하나였던 배상 문제는 이미 얄타 회담에서 '현물 배상' 원칙이 정해졌다. 베르사유 조약에 의해 과도한 배상금을 떠안은 독일이 히틀러라는 괴물을 탄생시켰다는 교훈 덕분이었을까?

가장 피해를 많이 입은 소련은 철저하게 독일을 '털어' 갔다. 소련은 소련 점령 지역에 있는 생산물과 공업시설뿐 아니라 영국과 미국 점령 지역에 있는 공장과 기계의 4분의 1에 해당하는 물자를 배상받았다.

② 폴란드 문제

쾨니히스베르크를 포함한 동프로이센의 북부 지역이 잠정적으로 소련에 이양되었다. 결국 독일은 1937년에 보유했던 영토의 4분의 1을 상실하고 이들 지역에 거주하는 독일인은 독일 본토로 이주하게 되었다.

이 외에 5개국 외무장관으로 구성된 외무장관 이사회를 설치해 핀란드, 루마니아, 이탈리아, 불가리아, 헝가리 등과의 평화 조약 체결 문제를 담당하도록 했다. 여기까지만 보면 포츠담 회담은 전후 처리에 중점을 둔 회담이었다고 할 수 있다. 그러나 역사적으로 포츠담 회담이 기억되는 것은 회담 중간에 발표한 선언 때문이다. 바로 '포츠담 선언'이다.

일본에 대한
최후통첩

포츠담 선언의 공식 명칭은 '일본의 항복 조건을 규정하는 선언'이다. 포츠담 회담이 진행 중이던 1945년 7월 26일 발표된 13개 항목의 선언문은 일본에 대한 최후통첩이라고 할 수 있을 만큼 냉철하고 단호했다. 다음은 포츠담 선언 전문이다.

1. 수백만 우리 동포를 대표하여 미합중국의 대통령, 중화민국 국민정부의 총통, 그리고 대영제국의 수상은 일본에 이 전쟁을 끝낼 기회를 주어야 한다는 데 대해 협의했고 합의에 이르렀다.

2. 서부에서 수차례에 걸쳐 지상군과 공군 전력을 증강해온 미합중국과 대영제국, 중국의 엄청난 육·해·공군은 일본을 향한 최후의 일격을 가할 태세를 마쳤다. 이 군사력은 일본이 저항을 멈출 때까지 전쟁을 수행할 연합국의 투지에 의해 유지되고 또 고무되었다.

3. 각성한 전 세계 자유인들의 힘에 대한 독일의 무의미하고 헛된 저항의 결과는 일본 인민에게 하나의 사례로 지독하고 명확하게 다가온다. 이제 일본에 집중되는 그 힘은 저항하는 나치에 가했을 때 그리고 어쩔 수 없이 모든 독일 인민의 산업과 삶의 터전인 땅들을 초토화했을 때보다도

가늠할 수 없을 만큼 강력하다. 우리의 결의가 지지하는 우리의 모든 군사력의 적용은 일본군의 완벽하고 필연적인 전멸과 어쩔 수 없이 그에 따르는 일본인들의 고향이 철저히 파멸됨을 의미할 것이다.

4. 일본이 일본제국을 절멸의 문턱까지 끌고 온 우둔한 계산을 한 아집에 찬 군국주의자들에게 계속 지배당할 것인지 아니면 이성으로 향하는 길을 따를 것인지를 결정할 시간이 도래했다.

5. 아래는 우리의 요구 조건이다. 우리는 이 요구 조건에서 벗어나지 않을 것이다. 다른 대안은 없다. 우리는 어떤 지연도 용납하지 않을 것이다.

6. 일본의 인민들을 세계 정복에 착수시킴으로써 기만하고 잘못 이끈 자들의 권력과 영향력을 반드시 영원히 제거해야 한다. 우리는 평화의 새로운 질서와 안전, 정의가 무책임한 군국주의를 지구상에서 몰아내지 않는 한 불가능하다고 주장하는 바이다.

7. 이러한 새로운 질서가 확립될 때까지 그리고 일본이 전쟁을 일으킬 힘이 남아 있지 않다는 설득력 있는 증거가 생길 때까지 우리가 주장한 필수적 목표들을 확실하게 달성하기 위해 연합군은 일본 내 특정 지점들을 지정하고 점령할 것이다.

8. 카이로 선언의 요구 조건들이 이행될 것이며 일본의 주권은 혼슈와 홋카이도, 규슈와 시코쿠 그리고 우리가 결정하는 부속 도서로 제한될 것이다.

9. 일본군은 완전히 무장 해제한 후 평화롭고 결실 맺는 삶을 살 수 있는 집으로 돌아갈 수 있다.

10. 우리는 일본 민족이 노예가 되거나 일본이 멸망하기를 바라지 않는다. 그러나 우리 포로들을 학대한 자들을 비롯한 모든 전범은 재판을 통

해 엄격히 처벌할 것이다. 일본 정부는 일본 인민의 민주주의적 성향의 부활과 강화를 가로막는 모든 장애물을 제거해야 한다. 기본 인권을 존중하는 것뿐 아니라 언론, 종교, 사상의 자유가 확립되어야 한다.

11. 일본은 전쟁을 다시 일으킬 수 있는 산업을 제외하면 자국의 경제를 위한 각종 산업을 유지할 수 있고, 현물로써 적절한 배상이 이루어질 수 있도록 징수를 허용해야 한다. 이를 위해 지배와는 구별되는, 원자재에 대한 접근이 허가될 것이다. 최종적으로는 일본의 세계 무역 거래에의 참여가 허가될 것이다.

12. 연합국의 점령군은 이러한 목표가 완수되고 일본 인민의 자유로운 의지에 따라 평화를 지향하는 책임 있는 정부가 수립되는 즉시 일본에서 철수할 것이다.

13. 우리는 일본 정부에 일본군의 무조건 항복을 선언하고 이러한 조치에 대한 적절하고 충분한 성의 있는 보장을 제공할 것을 촉구한다. 그렇지 않으면 일본의 즉각적이고 완전한 파멸뿐이다.

선언문에서 가장 중요한 '항복 조건'을 살펴보자.

① 군국주의의 완전한 배제

이는 당연한 조건이다. 독일도 나치의 완전한 제거를 골자로 전후 처리를 하고 있었다.

② 연합군의 일본 본토 점령

7항에 명시된 이 조건 역시 당연히 요구할 만한 조건이다. "전쟁을 일으킬 힘이 남아 있지 않다는 설득력 있는 증거"를 발견할 때까지 연합군이 점령한다는 것인데, 전후 처리를 위해서도 이는 필요한 조치다. 일본의 항복 이후 미국은 1945년 말까지 50만 명이 넘는 미군을 일본에 상륙시켰다. 이들은 일본 경찰과 일본군의 무장 해제를 집행했다. 그러나 곧 전시 동원 체제가 해제되면서 주둔 규모를 점차 축소해 한국전쟁 발발 시점에는 8만 5000명까지 줄어들었다.

③ 카이로 선언 당시 지정된 영토로 일본 영토 제한

일본이 이제껏 피땀 흘려 개척한 해외 식민지를 완전히 포기해야 한다는 의미다. 여기에는 한반도도 포함된다.

④ 일본군의 완전한 무장 해제

이 역시 당연한 순서다. 항복을 선언했는데 손에 무기를 들고 있다는 것은 어불성설이다.

⑤ 일본인의 자유 보장 및 민주주의 부활, 인권 존중 확립

당시 일본 군부는 연합국에 항복하면 일본 국민은 모두 노예가 될 것이라고 선전했고 실제로 일본 국민은 그렇게 믿었다. 따라서 이는 '노예가될 바에는 결사 항전하겠다'고 마음먹은 일본인들을 회유하고 안심시키기위한 말이었다.

항복 이후 일본의 민주주의를 부활시키고 인권 존중을 확립하겠다는 이야기는 연합국이 일본이란 나라를 어떻게 개조하겠다는 방향성을 말한다. GHQ(연합군 최고사령부)는 일본을 점령한 후 일본을 철저히 뜯어고쳤

는데, 우선 전범을 처벌하고 협력자를 공직에서 추방했다. 아울러 일본군과 재벌의 해체에 들어갔다. 화족 제도는 폐지되었고 토지 개혁과 민주주의 선거 제도, 지방 분권, 언론 자유 등 미국식 민주주의를 이식했다.

⑥ 전범 재판

이 역시도 당연한 일이다. 설마 그 많은 전쟁 범죄를 일으키고 그냥 넘어갈 거라고 생각했을까?

⑦ 군수산업 금지. 그 외 산업 및 경제 유지. 원자재 수탈 금지 및 수출입 허가

연합국, 특히 미국은 일본이 다시는 전쟁을 꿈꾸지 못하게 만들 생각이었다. 그 결과 아예 농업 국가로 되돌려버릴 생각도 하고 있었다. 실제로 점령 직후 일본은 요시다 시게루 수상이 GHQ에 구걸하다시피 읍소해 겨우 석유를 구했고, 이를 가지고 가내수공업 형태의 공장을 돌릴 수 있었다. 산업의 기본이 되는 석유 수출입을 붙잡고 있는 것만으로도 일본의 목줄을 움켜쥘 수 있었는데, 그 나머지는 굳이 설명하지 않아도 짐작할 수 있을 것이다.

⑧ 무조건 항복

미국은 이미 일본을 파멸로 몰아갈 능력을 확보했다. 그리고 이를 단호하게 선언했다.

포츠담 선언은 일본의 항복 조건을 세세하게 알려줬다. 일본 입장에

서는 과도한 요구 같지만 꽤 합리적인 조건들이었다. 점령 후의 로드맵을 말해줬고, 일본이 협조적으로 나온다면 점령군이 곧 물러날 수도 있음을 확실히 해뒀다. 일본 국민과 전쟁 지도부를 분리했고, 일본의 미래상도 함축적으로 보여줬다.

물론 연합국의 말을 다 믿을 수는 없지만, 일본식의 모호하고 애매한 표현이 아니라 확실하게 연합국의 요구를 말했고 그 안에서도 일본에 대한 나름의 배려를 보였다. 대표적으로 천황의 처벌과 천황제 유지에 대해서는 말을 아꼈다. 일본 국민에게 천황이 어떤 존재인지 알기에 천황에 대해서는 조심스러운 태도를 유지했다. 적어도 포츠담 선언에서 천황은 논외의 존재였다.

문제는 일본의 전쟁 지도부였다. 그들은 '천황의 처분이 구체적으로 명시되어 있지 않은 상황에서 전범 재판을 열겠다는 것은 천황을 전범 재판에 회부할 수도 있다는 의미가 아닌가?' 하고 생각했다. 일본은 파멸을 피할 수 있는 마지막 기회를 앞에 놓고 다시 한번 내부 투쟁에 들어갔다.

12/일본의 실수

만약 일본이 포츠담 선언을 즉각 받아들였다면 어떻게 되었을까? 확실한 것은 일본 본토에 원자폭탄이 떨어지지도 않았을 테고 소련군 참전도 없었을 것이란 점이다. 또한 한반도가 둘로 쪼개지는 일도 없었을 것이다(일본은 끝까지 우리의 발목을 잡았다).

그렇다면 1945년 7월 26일 이후 일본은 어땠을까? 7월 27일 포츠담 선언을 검토하기 위해 최고전쟁지도회의가 소집되었다. 외무대신이던 도고 시게노리는 이 제안을 거부하는 것은 현명하지 못한 일이라고 생각했다. 포츠담 선언을 두고 가장 '현명한' 생각을 한 건 외무성이었다.

"포츠담 선언에 대해선 일단 노코멘트 입장으로 시간 여유를 얻은 다음 이를 수락하는 쪽으로 방향을 잡아야 한다."

외무성 차관인 마쓰모토 슌이치松本俊一는 이렇게 말했다.

"나는 7월 27일 아침 정례 간부 회의에서 일본으로서는 결국 이를 수락함으로써 전쟁을 종결하는 것 외에 다른 방도가 없다고 말했다. 무조건 항복이라는 말은 언어 유희에 불과하므로 만약 강화가 시작되면 교섭으로 충분히 논의할 수 있는 상황이다. … 따라서 포츠담 선언에 대하여 모두 납득한 우리는 그 전문을 숨김없이 국민에게 발표하되 절대로 거부하는 듯한 태도를 보여서는 안 된다는 결론을 내렸다. 일본으로서는 이런 중요한 시점에 이를 밝히고 검토한다는 인상을 주기 위해 신문에는 '노코멘트'라는 입장과 함께 전문을 공개하는 것이 타당하다고 했다. 이런 나의 의견에 모두 동의했다. 대신은 우리의 방침을 각의에서 밝히고 협조를 구하겠다고 했다."

7월 27일 새벽 일본 외무성 관료들은 포츠담 선언을 분석한 후 '받아들여야 한다'는 결론을 내렸다. 이들은 선언문에 천황제와 천황에 대해 구체적으로 명시된 바가 없다는 데 주목했다. 물론 전범 재판 항목이 눈에 거슬렸지만 이 정도는 각오해야 한다는 반응이었다. 나머지 영토 문제, 재벌 해체 문제 등은 부차적 문제였다.

마쓰모토의 말처럼 당시 일본 외무성은 무조건 항복은 언어 유희고 강화 협상을 통해 충분히 타협할 여지가 있다고 생각했다. 이때 일본이 믿은 것은 소련이었다. 도고 시게노리 외무대신, 마쓰모토 차관, 그리고 외무성 관료들은 이때야말로 소련에 중재를 부탁할 기회라고 믿었다. 소련을 통해 포츠담 선언의 조건을 완화할 수 있으리라 기대했다.

이때까지도 소련에 대한 환상을 품고 있었다는 점이 어처구니없지만 그래도 포츠담 선언을 거부하는 것보다야 백배 나았다. 어쨌든 외무성은 가장 합리적인 판단을 내렸다. 이는 미국이 원한 긍정적 반응이었다. 포츠담 선언은 연합국 이름으로 발표되었지만 선언문 초안을 작성한 건 미 국무차관 조지프 그루였다. 포츠담 선언이 있기 두 달 전인 5월 28일 그루는 대일 성명서의 초안을 트루먼에게 제출했다.

주일 대사를 지냈던 그루는 천황제가 일본인들에게 어떤 의미인지 잘 알고 있었기에 천황의 처벌에 부정적이었다. 그루는 트루먼에게 그 이유를 상세히 설명했다.

"일본인은 열광적인 국민으로 최후의 순간까지 최후의 1인까지 싸울 가능성이 있다는 점을 알아야 합니다. 만약 그렇게 나온다면 미국인의 희생은 상상할 수 없을 정도로 커질 것입니다. 일본인이 무조건 항복을 받아들이는 데 가장 큰 장애가 되는 것은 항복으로 천황과 천황제가 영구히 배제되거나 파괴될지도 모른다는 두려움입니다."

그루는 전쟁을 빨리 끝내기 위해서라도 5월 중으로 대일 성명을 발표하라고 건의했고, 트루먼은 군 지휘관들의 의견을 종합해 발표하겠다고 긍정의 뜻을 비쳤다. 성명 발표 시기에 대해 군 지휘부는 오키나와 전투 이후가 좋겠다는 의견을 냈다. 오키나와 전투의 상징성을 생각한다면 적절한 선택이었다. 그런데 오키나와 전투가 너무 늦게 끝나버렸다.

6월 18일 오키나와 전투가 끝나고 성명을 발표하려고 하니 7월에 포츠담 회담이 걸려 있었다. 트루먼은 그루의 초안을 들고 포츠담으로 날아갔다. 연합국 정상들과의 회담 직전에 대일 성명을 발표하는 것보다는 연합국 정상들의 의견을 취합한 뒤 발표하는 편이 외교적으로 모양새가 좋다는 판단이었다.

여기까지 보면 미국은 절차상 아무런 실수를 하지 않았다. 일본 전문가인 그루의 의견을 받아들여 최대한 일본을 배려한 선언문을 만들었고 외교적 배려, 연합국과의 의견 조율 등 미국은 할 수 있는 모든 정성을 다해 포츠담 선언을 발표했다. 미국도 내심 이 정도 배려라면 일본이 포츠담 선언을 받아들일지 모른다고 기대했다. 원자폭탄 개발을 진두지휘했던 육군장관 스팀슨의 발언에서도 이를 확인할 수 있다.

"우리가 현 황실과 입헌군주제를 배제하지 않는다는 점을 분명히 하면 일본이 우리의 경고를 수락할 가능성이 상당히 커질 것이다. 경고를 발하는 시기를 신중히 선택해야 하는데, 당연히 진공 작전 개시 전에 이루어져야 한다. 즉, 일본을 '정신병자들의 자포자기'와 같은 수렁으로 밀어 넣기 전에 그리고 소련의 공격이 시작되기 전에 경고를 발할 필요가 있다."

미국은 일본에 상식을 기대했다. 상식이 있는 나라라면 포츠담 선언을 받아들일 것이라고 믿었다. 실제로 상식이 있던 일본 외무성은 반응을 보였다. 외무성의 판단대로 움직였더라면 원자폭탄을 맞을 일은 없었다. 그러나 일본은 상식적인 나라가 아니었다.

망상
그리고 결정적 실수

외무성은 포츠담 선언이 일본의 마지막 기회라고 판단했지만 전쟁 지도부는 포츠담 선언의 중요성을 미처 이해하지 못했다. 도고 외무대신은 포츠담 선언을 받아들여야 한다고 했지만 여기에 동조하는 건 요나이 미쓰마사 해군대신 정도였다(요나이는 고이소 내각과 스즈키 내각에서 해군대신을 연임한 인물로 그나마 제정신이 박힌 인물이었다. 그는 포츠담 선언 직후와 원자폭탄 투하 직후에도 강력히 종전을 주장한 것으로 유명하다). 스즈키 수상의 말은 당시 상황을 잘 보여준다.

"연합국이 최후통첩 카드를 내밀더라도 우리가 '예' 하고 넙죽 항복할 상황은 아니다."

이 정도면 정세 판단 능력이 부족한 게 아니라 아예 없는 거다. 7월 27일의 최고전쟁지도회의는 망상과 무개념의 향연이었다. 포츠담 선언의 중요성을 인지하는 건 고사하고 오히려 미국과 연합국의 심기를 건드릴 만한 발언들이 서슴없이 나왔다. 심지어 포츠담 선언은 적절치 못한 내용이라고 '발표'해야 한다는 발언까지 나왔다.

도고 시게노리는 이들과 설전을 벌였다. 포츠담 선언의 중요성을 설명하며 외무성의 방침을 채택해달라고 설득했다. 결국 이 회의에서 최종 결정된 정책 방향은 "포츠담 선언을 수락하되 즉각 수락하기보다는 시간을 두고 지켜보면서 받아들인다"는 것이었다.

그러나 운명은 일본을 버렸다. 회의 다음 날 스즈키 수상이 포츠담 선언을 묵살한다는 내용의 인터뷰가 신문에 실렸다. 그 유명한 '묵살 발언'이다. 어째서 스즈키는 포츠담 선언을 묵살한다고 말한 것일까?

"나는 그 공동 성명이 카이로 선언의 재판이라고 생각한다. 따라서 정부로서는 아무런 중대한 가치가 있는 것으로 생각하지 않는다. 다만 '묵살'할 뿐이다. 우리는 어디까지나 전쟁 완수를 위해 매진할 것이다."

당시 스즈키의 인터뷰 내용이다. 일본어에서 묵살(모쿠사츠もくさつ)은 '무시하다'와 '보류하다' 두 가지 의미가 있다. 그런데 이 보도를 타전한 동맹 통신사는 묵살을 '무시하다ignore'로 번역해 방송했다. '보류하다'라는 뜻의 'withhold comment'란 표현을 몰랐다면 속 편하게 'no comment'라고 했으면 되었을 텐데, 이 번역으로 일본의 운명이 뒤바뀌고 말았다.

하지만 이는 동맹 통신사의 영어 실력을 탓할 문제가 아니다. 명백한 스즈키의 실수였다. 포츠담 선언이 발표되고 그에 대한 일본의 입장을 말하는 중요한 순간에 자신의 의견이 오독될 수 있다는 사실을 간과했다. 이렇게 예민한 시기에는 표현 하나하나에 세심한 주의를 기울여야 한다. 묵살한다는 표현을 썼다면 기자에게 그 뜻이 '보류한다'임을 분명히 밝혔어야 했다. 그러나 77세의 수상은 국제정치의 무서움을 몰랐다('모쿠사츠'는 일본에서도 모호하게 표현할 때 쓰는 말이다. 어쩌면 노정객인 스즈키의 '정치인'으로서의 습관이 묻어 나온 게 아니었을까? 전후 이 '모쿠사츠'를 두고 일본 언어학자들 사이에서도 여러 의견이 나왔는데, 모쿠사츠는 '논평을 유보하다withhold comment' '무언의 경멸조로 대하다treat with silent contempt' '무시하다 ignore with contempt' '표면화할 만한 가치가 없다unworthy of public notice' 등으로 해석할 수 있으며 심지어 '거부하다reject'란 뜻도 담고 있다고 한다).

1945년 7월 30일 자《뉴욕 타임스》에는 다음 제목의 기사가 실렸다.

"일본, 연합국의 항복 촉구 최후통첩을 공식 거부하다Japan Officially Turns Down Allied Surrender Ultimatum"

미국은 일본의 '무시한다'란 발언을 포츠담 선언의 거부로 받아들였다. 이로써 원자폭탄 투하의 명분을 넘치게 챙길 수 있었다. 결과적으로 포츠담 선언은 원자폭탄 투하의 정당성을 확보하기 위한 명분용 선언이 되어버렸다.

"우리는 성의를 다해 최대한 일본을 배려했다. 그러나 일본은 우리의 제안을 거부했다. 이제 우리는 포츠담 선언에서 밝혔듯이 일본에 '즉각적이고 완전한 파멸'을 안겨줄 것이다."

스즈키의 발언 이후 일주일도 지나지 않아 트루먼 대통령은 원자폭탄 투하를 지시하는 문서에 서명했다. 77세 수상의 신중하지 못한 한마디가 일본에 지옥을 안겼다.

13 / 묵살의 대가

스즈키 간타로 수상의 묵살 발언을 접한 도고 시게노리 외무대신은 그것이 몰고 올 파장에 긴장할 수밖에 없었다. 미국, 영국과 직접 교섭할 수 있으리란 희망이 사라지면서 이제 의지할 곳이라곤 소련밖에 없게 되었다.

"소련을 통한 종전 교섭만이 일본의 유일한 희망이다. 소련과의 교섭을 서둘러라!"

도고는 소련에 있는 사토 나오타케 대사에게 교섭을 독촉하는 전문을 계속해서 보냈다. 이때까지 일본은 소련이란 희망을 붙잡고 있었다. 그러나 사토는 현실을 직시하고 있었다. 도고의 독촉에 사토는 현실을 말했다.

1. 포츠담 선언은 당연히 소련도 알고 있을 것이며, 영미 양국 역시 고노에 특사 건에 대하여 아마 통보받았을 것이다. 따라서 포츠담 선언은 그런 일본의 태도에 대한 3국의 입장을 표명한 것이라고 생각하지 않으면 안 된다.

2. 포츠담 선언은 일본에 항복을 강요하는 것이며 스탈린도 이를 어찌할 수는 없다. 더 이상 유혈을 회피해야 한다는 폐하의 의중을 받들어 스탈린을 세계 평화의 애창자로 추켜세운다는 의도는 좋지만, 영미 측의 입장에서 보면 그것은 그냥 일본이 무조건 항복하는 것과 마찬가지이다. 스탈린은 이미 일본이 항복할 경우 만주, 중국 및 조선에 있어 영미 양국을 제압하여 자기 주장을 관철하려는 계산을 하고 있다. 또 그러한 힘을 갖춘 그가 새삼스럽게 지금 일본과 협정을 체결하려고 할지 의문이다. 이 점에서는 대신의 의도와 이쪽의 실제가 심히 엇갈리고 있다고 생각한다.

사토 대사가 도고 외무대신에게 보낸 전문이다. 냉혹한 현실을 가감 없이 표현했다고나 할까? 고노에 특사에 관한 정보가 영미 양국과 공유되고 있으며 포츠담 선언이 3국의 입장을 표명한 것이라는 내용은 당시 일본의 기대를 여지없이 깨버렸다.

2항은 더욱 냉철한데, 스탈린은 이미 일본이 항복한 이후를 대비하고 있으며 그럴 의지와 능력을 갖춘 스탈린이 아무것도 없는 일본과 협정을 맺을 이유가 없다는 냉정한 상황 인식을 보여준다. 거래를 하는데 상대방의 '호의'에만 기대어 진행한다면 과연 그 거래가 성사될까? 국제정치는 냉혹한 거래의 현장이다. 상대방에게 무언가 요구하려면 그에 상응하는 카드가 있어야 한다. 그러나 당시 일본은 아무런 카드도 없었다.

사토의 통찰력이 대단하다기보다는 당시 일본의 외교 수준이 그만큼 떨어졌다고 보는 편이 맞다. 사토의 속은 까맣게 타들어 가고 있었다. 누가 봐도 소련은 연합국과 거래하고 있었고 다 쓰러져가는 일본과 '귀찮은 협상'을 하기보다 일본을 먹어버리는 편이 훨씬 간단했다. 소련은 그럴 힘도 의지도 이유도 있었다. 그럼에도 본국에서는 소련이 마지막 순간 일본과의 협상을 통해 전후 세계 질서를 재편하려 할 것이라는 '막연한 기대'를 붙잡고 있었다. 협상은 고사하고 일본에 선전포고만 하지 않아도 다행인 상황이었다. 사토는 본국에 계속 전문을 날렸다.

"하루라도 빨리 일본이 선언을 수락한다고 통보하면 항복 조건이 완화될 수도 있다. 그러나 아무리 완화되더라도 독일의 예에서 보듯이 전쟁 책임자의 처벌은 피할 수 없을 것이다. 전쟁 책임자가 진정한 우국지사라면 마음을 가다듬고 희생하는 것이 도리일 것이다."

사토의 간청이었다. 포츠담 선언을 받아들이는 것만이 일본의 살길이라고 사토는 굳게 믿었다. 아울러 포츠담 선언 13개 항목 중 유일하게 일본 입장에서 걸리는 부분인 전쟁 지도부의 전범 재판 회부에 대한 의견을 솔직히 피력했다. 이때쯤 되면 일본의 패전은 시간문제일 뿐 이미 확정되었다고 봐도 무방했다. 전쟁 지도부는 알게 모르게 패전 후 상황을 걱정하고 있었다. 물론 패망 이후 차례차례 자결한 이들도 꽤 있다. 끝까지 결사 항전을 외쳤던 육군대신 아나미 고레치카는 히로히토 천황이 무조건 항복에 동의하는 모습을 보고는 유언장을 쓰고 할복했다(〈일본 패망 하루 전〉이란 영화에 당시 상황이 자세히 묘사되어 있다).

"나는 천황 폐하께 죽음으로 사죄한다."

아나미처럼 나름의 책임을 진 인물도 있지만 태평양전쟁을 일으킨 도조 히데키는 전쟁이 끝난 지 한 달 가까이 지날 때까지 꿋꿋이 살아 있었다. 당시 도조는 젊은 병사들을 사지로 몰아넣고 뻔뻔히 살아남았다고(덤으로 그의 아들 셋도 살아남았다) 죽음으로 사죄하라는 편지를 일본 국민으로부터 수만 장 받았다. 전범 재판에 회부되면 사형이 확실했음에도 그는 할복하지 않았다.

결국 그는 전범 재판에 회부되기 직전인 1945년 9월 11일이 되어서야 권총으로 자살을 시도했다. 보통 권총으로 자살할 때는 총구를 입에 물거나 관자놀이에 총구를 들이미는데, 도조는 가슴에 총을 쐈다. 그 결과 자살은 실패했고 때마침 들이닥친 미군 헌병들 손에 이끌려 병원으로 실려 갔다. 이 때문에 도조의 자살은 자살 미수가 아니라 '쇼'라는 의견이 많았다. 죽기는 싫은데 죽는시늉은 해야겠기에 미군 헌병들이 들이닥치는 타이밍에 맞춰 권총으로 가슴을 쐈다는 추측이다.

아나미와 도조의 예처럼 일본 전쟁 지도부는 어떤 식으로든 책임을 져야 했다. 이는 그들에게 엄청난 압박이었다. 사토는 전범 재판은 피할 수 없고 어차피 처벌받을 거라면 일본을 위해 지금 선택하는 것이 옳다고 역설했다. 사토가 전문을 보낸 날짜는 1945년 8월 5일이었다.

원자폭탄이
떨어지다

하루 뒤인 1945년 8월 6일 8시 15분 히로시마에 원자폭탄이 떨어졌다. 트루먼 대통령이 원자폭탄 투하 명령서에 서명한 날이 8월 3일이었다.

당시 미국은 작심한 상황이었다. 진주만의 기습 공격, 남태평양에서 보여준 일본군의 광신적인 모습, 이오지마와 오키나와 전투에서의 희생 등을 떠올렸다. 그럼에도 종전을 위해 포츠담 선언에서 최대한 '배려'를 해줬건만 일본은 이마저도 '묵살'했다.

미국에서는 더 이상의 희생을 막기 위해 일본의 항구에 기뢰를 깔고 곡창 지대에 제초제를 뿌려 일본을 굶겨 죽이자는 여론까지 대두할 정도였다. 계획만으로 존재했던 '몰락 작전Operation Downfall'을 살펴보면 육·해·공군 총합 100만이 넘는 병력을 동원하고 항공모함 75척, 구축함 380척, 호위함 400척, 폭격기 7500대라는 어마어마한 물량을 쏟아부을 예정이었다. 이 작전은 도쿄 부근의 병력 상륙 전후로 상륙지점을 제외한 일본 주요 도시 10곳에 원자폭탄을 투하하고(작전이 개시된다면 1945년 말 혹은 1946년 초까지 준비되는 원자폭탄 7발을 다 사용할 기세였다), 50여 개 중소도시에 생화학 가스를 살포하고, 일본 국토 전역을 6000여 대의 폭격기로 융단 폭격하고, 일본 곡창 지대에 제초제를 살포해 농업 생산을 마비시키는 등 말 그대로 일본을 지구상에서 지워버릴 작정이었다. 그 실행 가능성에 대해서는 말이 많지만(능력은 충분했다) 당시 미국의 분위기가 어땠는지는 확인할 수 있다.

히로시마에 원자폭탄만 떨어진 것은 어쩌면 미국의 '배려'였다. 만약 도시 기능이 마비된 상태에서 2차로 소이탄 폭격이 있었다면 어땠을까? 정치적 효과를 위해선 깔끔하게 한 발로 끝내는 편이 더 효과적이지만, 군사적 측면에서 보자면 2차로 소이탄을 폭격했을 시 히로시마는 지도상에서 완전히 사라졌을지도 모른다.

히로시마는 인구가 35만 명에 달하는 일본에서 여덟 번째로 큰 도시였다. 그러나 원자폭탄 한 발로 인구수가 절반 가까이 줄었다. 군인 2만 명과 민간인 7만~14만 명이 사망했다. 일본군 통신병 한 명이 폭발 당시 지하벙커에 있다가 살아남았는데, 그는 즉각 인근의 연대본부에 전화해 히로시마 상황을 보고했다.

"히로시마 전멸!"

그러나 이 보고는 대본영까지 올라가지 못했다. 그 누구도 폭탄 한 발에 히로시마가 전멸할 거라곤 생각하지 못했기 때문이다. 히로시마 인근의 구레 해군기지에 있던 해군은 히로시마 시내의 육군 탄약고가 폭발한 줄 알았을 정도였다.

출근 시간에 떨어진 폭탄, 게다가 편대가 아닌 단기로 날아온 폭격기를 보고 기상관측기로 지레짐작해 방공호로 들어가지도 않았기에 피해는 더 컸다. 문제는 2차 피해였다. 폭격으로 의사와 간호사 대부분이 사망한 상태에서 화상과 방사능에 의한 피부 괴사로 환자들이 죽어 나갔다. 히로시마 인근의 의료진이 황급히 달려왔지만 이들이 할 수 있는 건 거의 없었다. 이런 상황에서 군부가 내놓을 수 있는 대책은 하나뿐이었다.

"화상을 입으면 간장을 바르거나 소금물에 적신 헝겊으로 찜질할 것."

2차 투하에 대비한 지침이었다. 군부는 원자폭탄 투하에 대해 철저히 함구했다. 심지어 원자폭탄 투하 당일 그에 대해 질문한 도고 시게노리 외무대신에게도 "강력한 위력의 보통 폭탄이 떨어진 것"이라고 거짓말을 했다.

원자폭탄을 떨어뜨리고 16시간이 지난 뒤 트루먼은 원자폭탄 투하에 대한 성명을 발표했다.

"일본은 진주만 하늘에서 전쟁을 개시했다. 그리고 그들은 몇 배나 되는 보복을 받았다. 아직 전쟁은 끝나질 않았다. … 그것은 원자폭탄이다. 그것은 우주의 근원적 힘을 동력화한 것이다. 우리는 이제 일본 어느 도시에 있는 생산시설이라도 더 신속하고 완전하게 제거할 준비가 되어 있다. … 만약 우리의 요구를 거부하면 하늘로부터 역사상 유례가 없는 파괴의 소나기를 맞을 것이다."

엄청난 파괴력의 신무기 앞에서 일본 정부와 일본군은 할 수 있는 게 없었다. 기껏해야 조사단을 파견하는 정도였다. 이화학연구소의 니시나 요시오仁科芳雄(일본의 노벨상 수상자들을 길러낸 일본 현대 물리학의 아버지)는 히로시마에 떨어진 폭탄이 원자폭탄임을 확인해줬다. 트루먼의 성명은 사실이었다.

군부의 변명이 이어졌다. 원자폭탄의 파괴력을 국민에게 알리면 큰 혼란이 일어날 것이고 사기가 떨어질 게 분명하다는 논리였다. 이 때문에 당시 일본 언론은 원자폭탄 투하 소식을 보도할 수 없었다. 그러나 불행은 여기서 그치지 않았다.

원자폭탄이 떨어지자마자 도고 시게노리는 소련의 사토 대사에게 전문을 보냈다. 상황이 심각하니 소련의 태도를 요구하라는, 즉 종전 중재를 확인해달라는 내용이었다. 그러나 돌아온 건 또 다른 '폭탄'이었다.

원자폭탄 투하 이틀 뒤인 1945년 8월 8일 사토는 소련의 외무상 몰로토프로부터 선전포고문을 전달받았다.

"일본이 항복을 거부함에 따라 연합국은 소련에 대일전에 참가함으로써 전쟁을 조기에 종결시키고 더 이상 희생자를 내지 않도록 노력하여 평화를 회복해야 한다고 제안해왔다. … 이것이야말로 일본 국민을 독일 국민이 받은 것과 같은 철저한 위험과 파괴로부터 회피시킬 수 있는 유일한 수단이라고 생각한다. 이상과 같은 입장에 따라 소련 정부는 내일, 즉 8월 9일부터 일본과 전쟁 상태에 들어간다는 것을 선언한다."

사토가 선전포고문을 전달받은 시점은 일본 시각으로 1945년 8월 9일 자정이었다. 소련은 선전포고 직후 물밀 듯이 만주로 밀려들어 왔다. '어린아이 팔목 비틀기'라고나 할까? 1939년 노몬한 전투에서도 판판이 깨졌던 일본군이었다. 그러나 이때는 4년간의 독소전을 통해 기동전과 기갑전투의 기초부터 완성까지 마스터한 소련군을 상대해야 했다.

하루 이틀 준비한 전쟁이 아니었다. 스탈린은 철저하게 전쟁을 준비했다. 당시 관동군의 전력은 그래도 75만 명이나 되었다. 그러나 준비 상태와 장비 수준은 열악하기 그지없었다. 당시 소련군과 관동군의 전력 차이는 비교 자체가 무의미할 정도였다. 질적인 비교는 논외로 하더라도 병력, 탱크, 항공기, 대포 등의 수가 적게는 두 배, 많게는 네 배 이상 차이가 났다. 스탈린은 150만여 병력을 동원해 관동군을 유린했다. 일주일 만에 거의 1000킬로미터를 주파할 정도의 엄청난 속도로 관동군을 몰아붙였다.

악몽은 여기서 끝나지 않았다. 사토가 소련의 선전포고문을 받고 몇 시간 뒤 나가사키에 두 번째 원자폭탄이 떨어졌다.

14 / 천황의 결단

첫 번째 원자폭탄이 히로시마에 떨어진 1945년 8월 6일 일본은 반응을 보일 수 없었다. 압도적 파괴력을 자랑하는 미지의 신무기 앞에서 우선은 상황 파악을 해야 했을 테니 이해할 수 있다. 트루먼 대통령 역시 16시간 후에 원자폭탄 투하에 대한 성명을 발표하지 않았던가.

그렇지만 1945년 8월 7일, 늦어도 8일까지는 입장을 정해야 했다. 즉, 포츠담 선언을 받아들여야 했다. 그러나 일본이 항복을 선언한 날은 8월 15일이었다. 8월 8일에만 항복 성명을 발표했다면 두 번째 원자폭탄이 나가사키에 투하되는 일은 없었다. 아울러 소련군의 참전도 없었을 테다. 일본의 전쟁 지도부는 이 절박한 순간에 뭘 하고 있었던 걸까?

8월 6일 히로시마에 원자폭탄이 투하되었다는 소식을 들은 스즈키 수상은 그때까지와는 다른 결기를 보여줬다.

"마침내 올 것이 왔다. 이번 내각에서 결말을 지어야 한다."

하지만 말뿐이었다. 이틀간 스즈키는 어떠한 구체적 행동도 보이지 않았다(그 뒤의 행동은 중요치 않다. 두 번째 원자폭탄 투하, 소련 침공 후의 항복은 아무 의미가 없었다). 원자폭탄 투하 직후 히로히토 천황과 내각의 다른 구성원들은 육군과 외무대신 도고 시게노리를 통해 이 폭탄의 성격과 파괴력에 대한 설명을 들었다. 설명을 들은 이들은 그야말로 망연자실해서 종전 이야기를 꺼낼 엄두조차 내지 못했다. 아니, 그럴 경황이 없었다. 하지만 트루먼의 성명 발표 이후에는 가부 간의 판단을 내렸어야 했음에도 일본 정부는 움직이지 않았다. 그들이 움직임을 보인 건 원자폭탄 투하 후 48시간이 지난 8월 8일이었다.

당시 전쟁 지도부 중에서 가장 상식적이었던 도고 시게노리 외무대신이 히로히토 천황에게 포츠담 선언 수용을 권유했다. 벙커 안에서 망연자실해 하던 히로히토는 그제야 결심이 섰다는 듯 기도 고이치에게 자신의 안전에 대해서는 더 이상 신경 쓰지 말라고 주문했다. 그러고는 도고에게 전쟁의 종결을 지시했다.

"전쟁은 이제 끝났다. 그런 종류의 무기가 사용된 이상 전쟁을 계속하는 것은 불가능하다. 유리한 조건을 끌어내려고 전쟁 종결의 기회를 놓치는 것은 좋지 않다. 가능한 한 조속히 전쟁을 끝내기 위한 조치를 취하도록 하라."

천황이 결심했으니 전쟁은 끝났다고 생각할지도 모른다. 그러나 일본은 그렇게 '쉬운' 나라가 아니었다. 8월 9일 10시 30분 최고전쟁지도회의가 열렸다. 일본의 운명을 결정지을 여섯 명이 모였다. 수상 스즈키 간타로, 외무대신 도고 시게노리, 육군대신 아나미 고레치카, 해군대신 요나이 미쓰마사, 육군 참모총장 우메즈 요시지로, 해군 참모총장 도요다 소에무였다.

6인 회의라고도 불린 최고전쟁지도회의는 도조 히데키가 실각한 직후인 1944년 8월에 발족했는데, 천황의 전쟁 자문 기구인 군사참의관회의軍事參議官會議가 그 모태였다. 이들은 도조가 물러난 뒤 실질적으로 전쟁을 진두지휘했다. 이들이 등장한 시점에는 이미 미국에 승기를 빼앗긴 상태였다. 최악의 조건에서 전쟁을 떠안은 그들이었기에 겉으로는 결사 항전을 외쳤지만 속으로는 미국으로부터 좀 더 좋은 항복 조건을 얻어낼 방안을 찾기에 급급했다. 그 결과가 바로 소련이었다(국제정세 파악과 그 해석의 중요성을 보여주는 적확한 예라 할 수 있겠다). 그러나 원자폭탄이 떨어진 상황에서 더 이상의 전쟁은 무의미했다. 포문을 연 건 요나이 해군대신이었다. 이전부터 종전을 강하게 주장했던 그는 마지막 순간에도 냉정함을 유지했다.

"이제 항복하여 일본을 구할 것인가, 아니면 죽기 살기로 계속 싸울 것인가 결정해야 할 시점이 되었다. 패전의 분함이나 희망적인 관측은 그만두자. 현실에 입각하여 냉정하고 합리적인 판단을 내려야 한다."

정론이다. 이제 더 이상의 수사는 필요 없다. 종전을 할지 말지를 결정해야 한다. 시간을 끌수록 일본의 멸망을 재촉할 뿐이었다. 요나이는 한결같이 종전을 말했고, 참석자 대부분 그의 의견에 동의했다. 문제는 육군대신 아나미였다.

"이제는 적이 황실의 안태安泰를 내세워도 우리는 무조건 항복을 수용할 수 없는 입장이다. … 원자폭탄이 투하되고 소련이 참전한 마당에 승산은 희박하다. 그러나 일본 민족의 명예를 위하여 계속 싸우다 보면 어떻게든 기회가 올 것이다. … 죽음으로써 활로를 찾는 전법으로 나간다면 완패하지는 않는다. 오히려 전국을 호전시킬 공산도 있다."

이 정도면 단순한 망상이 아니라 신념이라 할 만도 하다. 그러나 역사는 아나미의 신념을 비웃었다. 아니, 미국이 비웃었다고 해야 할까? 아나미가 한창 결사 항전을 말하던 그때 미국은 나가사키에 두 번째 원자폭탄이 떨어뜨렸다. 회의는 휴정되었고, 오후에 속개된 회의에서도 아나미는 결사 항전의 뜻을 굽히지 않았다. 그날 하루 나가사키에서만 7만 명이 사망했음에도 아나미는 계속 결사 항전을 말했다.

결국 최고전쟁지도회의는 결론 없이 끝났고, 그날 밤 11시 40분에 어전회의로 이어졌다. 이 회의는 도고 시게노리가 내놓은 종전안(갑안)과 아나미 고레치카가 내놓은 조건부 종전안(을안)을 놓고 선택하는 자리였다. 갑안은 '일본의 국체 유지를 조건으로 포츠담 선언을 수락한다'는 단순한 내용이었다. 문제는 아나미가 내놓은 을안이었다. 여기에는 꽤 긴 꼬리표가 붙어 있었다.

① 국체 유지는 물론이고 점령 지역을 최소 범위로 할 것
② 무장 해제를 일본에 맡길 것
③ 전범 처리도 일본에 일임할 것

종전안이라고 보기에는 너무 고압적이지 않은가? 아니, 포츠담 선언을 거부한 것이라 봐도 무방할 만큼 무리한 요구였다. 아나미는 이 조건이 받아들여지지 않으면 계속 전쟁을 해야 한다고 주장했다.

"적의 본토 상륙을 기다렸다가 일대 타격을 가한 뒤 호조건을 가지고 평화 교섭에 임해야 한다."

믿기지 않을 정도의 발언이다. 이날 오전에 나가사키에 원자폭탄이 떨어졌다는 걸 아나미는 잊었던 걸까? 문제는 이런 아나미의 주장에 육군 참모총장 우메즈와 해군 참모총장 도요다가 찬성 의사를 보였다는 사실이다. 이들은 일본 국민 모두를 죽음으로 몰아갈 작정이었던 걸까?

다행스럽게도 일본에도 조금은 상식 있는 인물이 있었다. 어전회의 직전 요나이 해군대신은 아나미가 이렇게 나올 걸 예상하고 스즈키 수상에게 묘수를 하나 일러주었다.

"결코 다수결로 결정을 내려서는 안 됩니다. 천황의 의견을 들어야 합니다. 그리고 나서 천황의 성단聖斷에 따라 회의의 결론을 내려야 합니다."

스즈키는 요나이의 조언에 따라 천황에게 성단을 요구했다. 이윽고 4년 전쟁의 마지막을 결정하기 위해 히로히토 천황이 입을 열었다.

"나는 외무대신의 의견에 찬성한다. 대동아전쟁이 시작된 이래 육·해군이 밝힌 계획과 현재의 결과는 다르지 않은가? 지금도 육·해군은 승산이 있다고 하지만 걱정이 앞선다. 얼마 전 참모총장으로부터 해안선 방비에 대한 보고를 듣고 시종무관을 현지에 보내 조사하도록 했다. 시종무관이 조사한 바는 참모총장의 보고 내용과 달랐다. 방비는 되어 있지 않았다. 참모총장은 사단 장비가 완비되어 있다고 했으나 병사들에게는 총검도 지급되어 있지 않았다.

이런 상태에서 본토 결전에 돌입한다면 어떻게 되겠는가? 심히 걱정되는 바이다. 일본 민족이 모두 죽는 상황이 올 수도 있다고 생각한다. 그러면 어떻게 일본이라는 국가를 자손들에게 물려주겠는가? 나의 임무는 선조로부터 물려받은 나라를 자손들에게 전하는 것이다. 이제는 한 명이라도 더 살아남게 하여 그들이 장래에 다시 일어서서 이 나라를 자손들에게 물려주도록 하는 수밖에 없다. 그리고 이대로 전쟁을 계속하는 것은 인류에게도 불행한 일이다.

물론 충용한 군대의 무장 해제나 전쟁 책임자의 처벌은 견디기 힘들 것이다. 그러나 지금은 그러한 고통을 참아야 할 시기다. 나는 삼국 간섭 때 메이지 천황의 심경을 헤아리고 있다. 나는 어떻게 되든 상관없다. 참으로 힘든 일이지만 전쟁을 중단하기로 결심했다.”

늦었지만 천황이 결단을 내렸다. 1941년 12월 8일 시작된 태평양전쟁이 끝나는 순간이었다.

15/종전으로 가는 길

천황의 결단으로 군부의 반발은 일단 제압할 수 있었다. 하지만 육군대신 아나미의 마음을 달랠 수는 없었다. 아나미는 스즈키 수상을 붙잡았다.

"만약 미국이 천황의 대권大權을 인정하지 않는다면 전쟁을 계속할 것인가?"

스즈키 수상은 고개를 끄덕였다.

"그렇다면 전쟁을 계속할 것이다."

종전을 부르짖던 해군대신 요나이도 이에 동의했다. 당시 '천황'에 대한 일본인의 태도가 어땠는지 잘 보여주는 대목이다. 종전에 대한 결론은 났다. 이제 남은 건 이를 선포하는 일이었다.

아직 끝나지 않은
전쟁

잘 알려지지 않았지만, 히로시마에 원자폭탄이 투하된 뒤 일본은 스위스를 통해 미국에 항의문을 보냈다. 무고한 민간인을 학살한 전쟁 범죄라는 것이 일본의 논리였다. 항의문 내용을 살펴보면 태평양전쟁 기간

잔혹한 전쟁 범죄를 저질렀던 이들이 맞나 하는 의구심마저 든다. 내가 하면 로맨스고 남이 하면 불륜인 걸까?

"미국이 이번에 사용한 폭탄은 그 성능의 무차별성 및 잔학성에 있어 종래 그러한 성능 때문에 사용이 금지된 독가스 및 기타 병기를 훨씬 능가하는 것이다. 미국은 국제법 및 인도의 근본 원칙을 무시하고 이미 광범위하게 제국의 여러 도시에 무차별 폭격을 실시함으로써 다수의 노약자와 부녀자를 살상하고 신사, 불각, 학교, 병원, 일반 민가 등을 파괴 또는 소실시켰다. … 제국 정부는 스스로의 이름으로 그리고 전 인류 및 문명의 이름으로 미국 정부를 규탄함과 동시에 즉시 이러한 비인도적 병기의 사용을 포기할 것을 엄중하게 요구한다."

중일전쟁 초반 난징에서 자행한 대학살 한 건만으로도 30만 명의 무고한 민간인을 죽인 게 일본이다. 그런 그들이 원자폭탄을 '비인도적 병기'라 칭하며 '인류 및 문명의 이름'을 언급했다. 미국의 원자폭탄 투하를 놓고 인종주의와 미국의 야만성을 이야기하기도 하지만 당시의 사회 분위기, 일본의 결사 항전 의지, 몇 번의 기회를 무시한 일본 외교의 패착을 돌아보면 원자폭탄 투하는 당연한 결정이었다고 볼 수 있다.

일본은 주어진 기회를 몇 번이나 걸어찼다. 1944년 7월 사이판이 미국 손에 떨어지면서 일본의 패전은 이미 결정 났다. 반대로 말하면 1944년 7월부터 일본은 종전의 기회를 손에 쥐고 있었다는 의미다. 화평파의 움직임이 본격화한 것도 이때부터였다. 그러나 일본은 그 기회를 살리지 못했다. 몇 번이나 주저했고 강경파의 압박에 못 이겨 '결사 항전'의 분위기에 휩쓸렸다. 결국 맞지 않아도 될 원자폭탄을 맞고 나서야 전쟁을 끝낼 수 있었다(원자폭탄 투하가 비인도적 행위였다고 말하는 이들이 근거로 제시하는 것이 1945년 8월이면 전쟁이 이미 끝난 상황이라 조금만 더 기다리면 되었다는 것인데, 이는 현재의 관점으로 과거를 보는 오류이다. 당시 전 세계는 최소한 1946년 여름까지 전쟁이 이어진다고 판단했다. 그 기간 소모될 군비와 병사들의 목숨은 어떻게 설명해야 할까? 포위한 상태로 압박을 가하면 되지 않느냐는 의견도 있는데, 이 경우에도 병력과 물자는 투입된다. 인종주의와 야만 성을 말하기엔 당시 상황이 그리 여유 있었다고 보기 어렵다).

1945년 8월 10일 일본 정부는 포츠담 선언 수락문을 발표한다. 다음은 수락문 전문이다.

"제국 정부는 전쟁의 참화에서 인류를 구하기 위해 즉시 평화를 이루려는 천황 폐하의 염원에 따라 중립 관계에 있는 소련 정부에 대동아전쟁 종료의 알선을 의뢰했다. 그러나 불행하게도 제국 정부의 평화를 위한 노력은 결실을 보지 못했다. 이에 제국 정부는 천황 폐하의 평화에 대한 염원에 따라 즉시 전쟁의 참화를 제거하고 평화를 이룰 수 있도록 다음과 같이 결정했다.

제국 정부는 1945년 7월 26일 미, 영, 중 3국 정상에 의해 결정·발표되고 그 후 소련이 참가한 우리나라에 대한 공동 선언의 제 조건 중에 천황의 국가통치 대권을 변경해야 한다는 요구가 포함되어 있지 않다는 것을 양해하여 이를 수락한다. 미국 정부는 이러한 양해를 제국 정부가 받아들인다는 명확한 의지를 신속히 표명해주기를 갈망한다.

제국 정부는 스위스 및 스웨덴 정부에 대하여 신속하게 이러한 뜻을 미국 및 중국 정부, 영국 및 소련 정부에 전달해주도록 요청하는 영광을 갖는 바이다."

항복하는 그 순간까지 일본의 '천황제 유지'에 대한 고집을 확인할 수 있다. 8월 11일 미국 국무장관 번스James Francis Byrnes가 성명을 발표했다. 일본의 수락문에 대한 공식적 회신이었다.

"천황의 국가통치 대권에 대한 변경 요구가 포츠담 선언에 포함되지 않았다는 양해를 명기한 일본 정부의 통보에 대하여 우리는 다음과 같은 입장을 밝힌다.

항복의 순간부터 천황 및 일본 정부의 국가통치 권한은 항복 조항의 실시를 위하여 필요하다고 인정되는 조치를 취하는 연합군 최고사령관의 제한하에 놓인다.

천황은 일본 정부 및 일본제국 대본영에 대하여 포츠담 선언의 제 조항을 실시하기 위해 필요한 항복 조항 서명의 권한을 부여하고 또 이를 보장하도록 해야 한다.

천황은 모든 일본 육·해·공군 관헌 및 그 지휘 아래에 있는 군대에 대하여 전투 행위를 중지하고 무기를 인도하여 항복 조항을 실시하도록 최고사령관이 요구하는 명령을 발해야 한다.

일본 정부는 항복 후 곧 포로 및 억류자를 연합군 선박에 신속하게 승선시켜 안전한 지역으로 이송해야 한다.

최종적인 일본의 정부 형태는 포츠담 선언에 따라 일본 국민이 자유롭게 표명하는 의사에 따라 결정하는 것으로 한다. 연합국의 군대는 포츠담 선언의 제 목적이 실현될 때까지 일본 국내에 주둔한다."

번스의 성명은 일본 시각으로 1945년 8월 12일 오전 1시에 일본 외무성 및 동맹 통신, 육·해군의 해외 방송 수신소에서 청취되었다. 이제 공식적으로 전쟁이 끝나려 하고 있었다. 그러나 마지막 순간까지 일본 군부는 미련을 버리지 못했다.

번스의 회신을 받아든 육군 참모총장 우메즈와 해군 참모총장 도요다는 12일 오전 천황을 찾아가 포츠담 선언 수락을 번복해줄 것을 간청했다. 연합국이 천황의 대권을 빼앗으려 한다는 이유에서였다("연합군 최고사령관의 제한하에 놓인다"란 문구 때문이었는데, 이는 외무성의 의역이 들어간 문장이었다. '제한하에 놓인다'의 원문은 최고사령관에게 '종속된다subject to'였다. 더 논란이 되었던 건 "최종적인 일본의 정부 형태the ultimate form of the government of Japan"라는 문구였는데, 이 역시 외무성의 의역이었다. 정부 형태보다는 '정치 체제'가 더 정확한 표현이다).

천황을 연합군 최고사령관에게 종속시키고 일본의 정치 체제를 선택하게 한다는 말은 천황제를 없애고 궁극적으로 일본을 미국의 속국으로 삼겠다는 의도라는 게 군부의 주장이었다. 그러나 이미 천황은 모든 걸 결심한 모습이었다.

"미국이 천황의 통치를 인정하더라도 국민이 등을 돌린다면 어쩔 수 없는 일이다."

뒤이어 열린 각료회의에서 육군대신 아나미를 비롯한 군부 강경파

604

는 번스의 회신이 마음에 들지 않는다며 국체호지 문제를 들고나왔다. 결국 이들은 정식 회신문이 들어오면 그때 다시 논의하자며 결론을 뒤로 미뤘다. 그러나 연합국의 정식 회신문은 번스의 성명과 똑같았다.

8월 13일이 되자 일본 정부는 다시 바빠지기 시작했다. 최고전쟁지도회의와 각료회의가 열렸지만 회의는 난장판이었다. 강경파와 온건파가 번스의 회신을 어떻게 받아들여야 할지를 놓고 싸웠다. 이 와중에 젊은 장교들은 아나미를 찾아가 쿠데타 계획을 제시하고 쿠데타에 동참할 것을 요구하기도 했다. 다행인 것은 아나미가 강경파이긴 해도 아예 생각이 없는 인물은 아니었다는 점이다. 아나미는 이들을 돌려보냈다.

일촉즉발의 위기 상황에 기름까지 부은 건 미국이었다. 8월 13일 저녁 미국은 일본이 포츠담 선언을 수락한다는 수락문과 번스 국무장관의 회신문을 인쇄해 비행기로 살포했다. 일대 혼란이 벌어졌다. 당시 일본 언론은 군부의 통제하에 있었다. 군부는 국민의 사기를 떨어뜨리는 일체의 보도를 허가하지 않았다. 원자폭탄 투하 소식은 물론 포츠담 선언 수락에 관한 보도도 일절 금지했다. 이런 상황에서 살포된 미국의 전단은 일본 군인과 민간인에게 엄청난 혼란을 안겨주었다.

정상적으로 상황을 파악한 건 천황의 최측근 기도 고이치였다. 그는 미군이 뿌린 전단을 들고 황급히 천황을 찾아갔다.

"이대로 아무 조치를 하지 않으면 군부를 자극할 수 있습니다. 흥분한 군부가 어떤 사달을 일으킬지 모릅니다. 조속히 종전 절차를 진행해 혼란을 최소화해야 합니다."

천황은 기도의 의견에 동의했다. 곧이어 마지막 어전회의가 열렸다. 이 회의에서도 아나미를 비롯한 군부 강경파는 항복 조건을 확인하고 여의치 않으면 전쟁을 계속 이어나가야 한다는 강경 발언을 쏟아냈다. 이들을 막을 수 있는 건 오직 천황뿐이었다.

"전쟁을 계속하면 결국 국토는 초토화될 것이다. 국민에게 고통을 주는 것은 더 이상 참기 힘든 일이다. 회신문을 전폭적으로 신뢰할 수야 없겠지만 조금이라도 일본이 부흥할 수 있는 여지가 있다면 그것으로 충분하다고 생각한다."

천황이 종전을 확실히 인정했다. 강경파도 더 이상 버틸 수 없었다. 일본의 항복은 결정되었다. 이제 남은 건 혼란을 최소화하는 일이었다. 어전회의에 이어 각료회의가 열렸고 여기서 종전의 칙서가 완성되었다. 천황이 직접 국민에게 칙서를 낭독하는 것으로 전쟁을 끝내자는 결론이 났고, 14일 오후 궁중에서 녹음하고 다음 날 방송하는 것으로 합의했다.

겨우 전쟁의 끝이 보이기 시작했다.

16 / 옥음방송

옥음玉音은 '왕의 목소리'란 뜻이다. 즉, 옥음방송은 천황이 직접 방송으로 목소리를 들려준다는 말이다. 히로히토 천황이 1945년 8월 15일 '대동아전쟁 종결의 조서'를 낭독한 라디오 방송을 '옥음방송'이라고 한다. 한마디로 천황의 '항복 문서 낭독'인데, 당시에는 파격 그 자체였다. 천황의 목소리가 전파를 타는 일이 아예 없었던 건 아니지만 기본적으로 천황의 목소리를 방송하는 일은 아주 특별한 경우가 아니면 불가능했다(동일본 대지진 같은 국가 대재난이 벌어져야 겨우 목소리를 들을 수 있었다).

왜 그랬던 걸까? 일본이 '왕조 국가'였기 때문이다. 구름 위의 존재인 천황의 목소리를 일반인이 쉽게 듣는다면 그 권위가 어떻게 될까? 전제왕조 국가에서는 왕의 권위를 유지하고 확보하기 위해 수많은 전통을 만들어내고 불편한 격식을 강요한다. 하지만 따지고 보면 똑같은 사람이지 않은가? 왕후장상의 씨가 따로 있을까?

그렇다면 그동안 천황의 지시는 어떻게 전달되었을까? 바로 아랫사람을 통해서다. 천황이 시종이나 대신에게 말하고 이를 다시 평민에게 전달한다. 이러한 이유로 천황의 목소리를 직접 듣는 것 자체가 특권이 되었다. 옥음방송은 굉장히 예외적인 상황이었다.

방송 녹음
막전 막후

히로히토가 항복을 최종적으로 결정했음에도 군부는 이에 동의할 기분이 아니었다. 이 때문에 크고 작은 충돌이 많았고, 옥음방송 녹음을 담당한 NHK의 기술진은 일곱 시간 넘게 대기해야 했다. 그런데 여기서 끝이 아니었다. 군부 소장파 장교들이 궁을 포위해 NHK 직원들을 납치하려 했다. 실제로 이들은 NHK 직원들을 체포했지만 녹음 레코드를 찾지는 못했다. 당시 녹음된 네 개의 레코드는 황궁의 시종이던 도쿠가와 요시히로의 재치 덕분에 궁내성 사무실 금고에 보관되었다(도쿠가와는 공습 대상 지역의 중심부에 있던 NHK보다 황궁이 안전할 거라며 궁내에 보관하라고 말했다).

옥음방송 전후로 몇 가지 사건들이 있었는데, 우선 항복 선언문 작성을 두고도 사건이 있었다. 1945년 8월 14일 어전회의를 통해 최종적으로 '항복'이 결정되었고 그날 오후 각료회의에서 항복 선언문 초안이 작성되었다. 동시에 녹음을 위해 NHK 기술진이 황궁에 도착했다(당시 NHK 직원들을 데리러 황궁에서 차가 왔는데 이때가 오후 2시였다). 이제 항복 선언문이 완성되면 천황이 녹음만 하면 되었다. 그런데 항복 선언문 작성 과정에서 예기치 못한 돌발변수가 튀어나왔다. 항복 문서를 작성하던 수상 보좌관들과 아나미가 문장 하나 때문에 설전을 벌인 것이다.

"전황은 하루하루 우리 일본에 불리하게 전개되고 있다."

아나미는 이 문장을 보고 분노했다. 이것이 사실이라면 그동안 육군 대신 명의로 발표된 성명서들은 모두 거짓이 된다는 논리였다(그동안 일본 군부가 거짓말을 한 것은 사실이다). "우리는 아직 패전하지 않았다!"는 아나미의 주장에 아무도 대답하지 못했다. 결국 몇 시간의 토론 끝에 다음과 같이 문장이 수정되었다.

"전시 상황이 일본에 유리하게 전개되지 못하고 있다."

그 사이 황궁의 히로히토는 시종장에게 항복 선언문이 출발했는지 재촉했지만 마지막까지 아나미는 자신의 뜻을 굽히지 않았다. 결국 모두가 동의하는 항복 선언문은 8월 14일 오후 7시 30분이 되어서야 작성되었다(그 사이 스즈키 수상은 히로히토를 찾아가 항복 선언문이 아직 완성되지 않았다고 사과해야 했다).

급하게 작성된 항복 선언문은 곧장 황궁으로 전달되었지만 아무렇게나 쓴 항복 문서를 천황에게 그대로 건넬 수는 없었기에 이를 깨끗하게 정서하느라 시간을 또 잡아먹었다. 이 문서를 받아본 히로히토는 황궁 도서관에서 문제가 된 문장을 또 고쳤다. 여기에 시종장의 참견이 더해졌다. 원자폭탄 투하에 관한 문장이 잘못되었다며 다시 정정했다. 드디어 항복 선언문이 완성되었다(바로 녹음에 들어가야 했기에 정서는 포기했다). 오후 3시부터 대기하고 있던 NHK 기술진은 밤 10시가 되어서야 녹음 준비에 들어갈 수 있었다.

NHK 기술진은 NG를 대비해 60분 치 녹음 레코드를 준비했다. 실제로 녹음은 두 번에 걸쳐 이루어졌다. 히로히토는 첫 번째 녹음 뒤 녹음을 다시 해야 하는지 기술진에게 물었다. 당시 기술진은 말문을 쉽게 열 수 없었다. 지금도 그렇지만 천황의 목소리를 녹음한다는 건 경을 칠 행위였다. 그런데 다시 한번 녹음하자는 말을 할 수 있었을까? NHK 기술진은 천황의 목소리를 들어본 적도 없고 천황의 목소리를 녹음한다는 긴장감에 방송 내용이나 낭독의 정확성 등에 대해서는 전혀 생각을 하지 못했다. 그저 목소리의 높낮이에만 신경을 썼다. 이때 시모무라 히로시下村宏 정보국 총재가 "평소 하시던 대로"라고 말했고 천황은 두 번째 녹음을 했다. 그러나 두 번째 녹음에서 천황이 단어를 잘못 발음한 것이 있어서 결국 첫 번째 녹음본을 사용했다.

방송을 물리적으로 막으려는 사건도 있었는데, 이는 간단히 말해 '쿠데타'였다. 여기서 주목해야 할 것이 육군대신 아나미의 행동이다. 아나미는 항복이 결정된 뒤 짧은 성명서를 작성했다.

"모든 황군은 한 치의 착오도 없이 천황 폐하의 결단에 따를 것이다."

항복에 반대했지만 그는 천황의 충실한 신하였다. 천황의 뜻에 반하는 군의 집단행동은 명백히 반대한다는 말이었다. 그는 성명서를 작성한 다음 육군성 내 모든 중견 관리와 장교의 서명까지 다 받아냈다. 그런 다음 마지막 한마디를 남겼다.

"제군! 죽음으로써 모든 책임을 면한다고 생각해서는 안 된다. 제군의 의무는 풀뿌리를 씹고, 흙을 파먹고, 하늘을 이불 삼아 눕는 한이 있더라도 살아남아 조국이 회생의 길로 나아갈 수 있도록 새로운 길을 닦는 것이다."

장교들은 이때 그의 할복을 직감했다. 아나미가 할복할 것이란 건 공공연한 비밀이었다. 스즈키 수상 역시 이를 예감하고 있었다. 천황이 녹음 준비를 하던 그때 아나미가 수상 사무실로 찾아와 수마트라산 시가를 건넸다.

"저는 담배를 피우지 않습니다. 수상께서 가지셔야 할 것 같습니다."

이때 스즈키는 육군대신이 영원한 작별 인사를 하러 왔다고 느꼈다. 아나미는 죽음으로써 책임을 지려 했다. 아나미는 마지막 순간까지 육군 대신으로서 해야 할 일을 다 했다. 그는 장교들에게 재삼재사 당부했다.

"무사도에 따라 할복하겠다는 생각은 버려라. 끝까지 살아남아라!"

자신은 책임자의 자리에 있었기에 죽음으로 그 책임을 다하겠지만 부하들은 살아남아 조국의 부흥에 이바지하라는 말이었다. 동시에 일부 소장파 장교들의 쿠데타를 방지하는 데 온 힘을 다했다.

하타나카 겐지畑中健二 소좌를 비롯한 소장파 장교들은 아나미를 찾아가 항복 결사 반대 의견을 전하고 비상시 병력 동원 계획을 요구했다. 병력 동원 계획이란 쿠데타의 다른 말이었다. 이들의 계획은 단순했다. 종전을 주장하는 스즈키 간타로, 기도 고이치, 요나이 미쓰마사, 도고 시게노리 등을 처형하고 끝까지 미국에 맞서 싸우자는 것이었다. 아나미는 우선 육군 참모총장 우메즈의 동의를 구하라며 이들을 돌려보냈다. 쿠데타로 보기엔 너무도 어설펐다.

이들 소장파 장교들은 천황이 옥음방송을 녹음한다는 사실을 확인하고는 근위 1사단 사령부를 찾아가 사단장이던 모리 다케시森赳에게 쿠데타 가담을 요구했다. 모리 사단장이 거절하자 그와 사단 참모를 죽였다. 쿠데타의 시작이었다. 이들의 제일 목표는 옥음방송의 송출을 막는 일이었기에 일단 NHK를 점거했다(마지막에는 그곳에서 성명을 발표하려 했지만 실패하고 만다). 그런 다음 아나미를 비롯한 군 지휘부를 설득해 쿠데타를 이어나갈 계획이었다. 하지만 천황의 목소리가 담긴 녹음 레코드 확보에 실패했다.

아나미가 끝내 자결하고 군 지휘부는 이들을 진압하러 나섰다. 소장
파 장교들은 더 이상 군 지휘부를 내세울 수 없게 되었다. 일본의 마지
막 발악은 그렇게 끝이 났다. 1945년 8월 15일 정오 히로히토 천황의
목소리가 방송을 탔다.

"짐은 세계의 대세와 제국의 현 상황을 깊이 성찰한 결과, 비상조치로
써 시국을 수습하기로 하여 이를 충량忠良한 신민에게 고한다.

짐은 제국 정부가 미, 영, 중, 소 4개국에 대하여 포츠담 선언의 내용을
수락한다는 뜻을 통고하도록 지시했다. 제국 신민의 강녕과 만방의 공영
을 위한 노력은 선조들이 우리에게 부여한 성스러운 의무로 우리 가슴에
새겨져 있다. 제국은 자존과 동아시아의 안정을 위하여 영미 양국과 전쟁
을 했으나 짐이 뜻한 바와 다르게 타국의 주권과 영토를 침해하게 되었다.

개전한 지 어언 4년이 되는데 육·해군의 투혼, 전쟁 종사자들의 근면,
그리고 일억 신민의 최선에도 불구하고 전국은 호전되지 않고 세계의 대
세 역시 우리에게 유리하지 않았다. 그에 더하여 적은 새롭고 잔학한 폭탄
을 사용하여 유례없는 희생자가 발생했다. 그래도 교전을 계속한다면 결
국 우리 민족의 멸망을 초래할 뿐만 아니라 인류 문명의 파괴로 이어질 것
이다. 그런 상황이 되면 어떻게 억조의 적자를 보전하고 선조들의 영전에
용서를 구하겠는가. 짐이 제국 정부로 하여금 포츠담 선언을 수락하게 한
것은 그런 이유 때문이다.

짐은 제국과 함께 동아시아의 해방에 협력한 제 맹방에 유감의 뜻을 표
하지 않을 수 없다. 제국 신민으로서 전장에서 전사한 장병들, 직분을 다

하다가 순국한 사람들, 비명에 간 사람들과 그 유족들 생각에 주야가 괴롭다. 집과 가족을 잃은 사람들의 고통도 걱정된다.

앞으로 제국이 짊어져야 할 고난도 결코 적지 않다. 짐은 신민이 느끼는 착잡한 심정을 잘 알고 있다. 그렇지만 나는 시대의 소명과 피할 수 없는 운명적 요인을 참고 받아들여 앞으로 다가올 만난을 극복하고 다음 세대에 평화의 길을 열어주고자 한다.

언제나 충량한 신민과 함께 국체를 호지해온 짐은 이제 신민의 단결과 성실에 다시 호소한다. 감정의 표출은 불필요한 소요 사태를 야기하고 동포들 간의 분규는 혼란을 자초할 수 있다는 점을 명심해야 한다. 자제력을 잃은 행동은 시국을 혼란하게 하여 대도를 그르쳐서 국제적 불신을 초래할 것이니 짐은 이를 가장 경계한다.

모든 신민은 먼 장래를 내다보면서 신주神主의 불멸을 믿고 대를 이어 한 가족처럼 결속을 다져야 한다. 미래 건설에 모든 역량을 집중하자. 성실성을 배양하고 고매한 정신을 육성하자. 세계의 진운에 뒤처지지 않게 제국에 주어진 영광을 고양하도록 단호한 결의로 매진하자.

너희 신민은 이러한 짐의 뜻을 명심하여 지키도록 하라."

4년간의 전쟁은 4분 42초 만에 끝이 났다. 일본인들로서는 허탈한 느낌보다는 이해하기 어렵다는 생각이 앞섰을 것이다. 이것을 항복 문서라고 봐야 할까? 이렇게 현대어로 풀어써서 그렇지 원문 그대로를 보자면 무슨 말을 하는지 한 번에 알아듣기 힘들다. 실제로 당시 방송을 들었던 많은 일본인이 천황의 방송 내용을 거의 이해하지 못했다. 일반인이 이해하기 어려운 궁중 용어를 너무 많이 사용한 데다 잡음마저 섞여서 어떤 말이 무엇을 의미하는지 알기 어려웠다. 그저 전쟁에서 '졌다'는 내용만 이해했을 뿐이었다.

이미 '항복 선언문'이라는 사실을 알고 읽으니 항복 문서로 보이지, 제목을 빼고 읽는다면 이건 '천황의 변명'이라고밖에 달리 표현할 말이 없다.

"짐이 뜻한 바와 다르게 타국의 주권과 영토를 침해하게 되었다."
"적은 새롭고 잔학한 폭탄을 사용하여 유례없는 희생자가 발생했다."

침략은 자신의 뜻이 아니었다? 종전은 적의 잔학한 폭탄으로 인한 일본인의 무익한 희생을 피하기 위해서다? 일본은 전쟁을 시작할 때처럼 그 끝도 기만과 허위로 가득했다.

17 / 전후

1945년 9월 2일 도쿄만에 정박한 미 해군 전함 미주리Missouri 함상에서 역사적인 항복 조인식이 거행되었다. 연합국을 대표해 연합군 최고사령관 맥아더가 짤막한 연설을 했고, 뒤이어 일본 대표인 시게미츠 마모루가 한쪽 다리를 절뚝이며 걸어 나왔다.

일본 정부와 일본군을 대표해 시게미츠와 우메즈 육군 참모총장이 항복 문서에 서명했다. 그리고 맥아더가 연합군 총사령관 자격으로 서명했다. 뒤이어 연합국 대표들이 승전국 자격으로 서명하기 시작했다.

이 모든 절차가 끝나는 데 걸린 시간은 고작 10분 남짓이었다.

전후

전쟁이 끝났다. 그러나 일본에 '반성의 기회'는 없었다. 전쟁에 졌음에
도 달라진 건 없었다. 물론 표면적 변화는 있었다. GHQ의 주도하에
일본은 민주국가로 차근차근 변신해갔다. 일본 육군성과 해군성이 해
체되었고, 화족 제도도 폐지되었다. 일본 국민을 감시하고 탄압했던 특
별고등경찰도 폐지되었다. 결정적으로 일본제국 헌법이 폐지되고 일본
국 헌법, 통칭 '평화 헌법'이 새로 제정되었다.

천황은 살아남았다. 평화 헌법의 제1장은 천황을 위해 만들어졌다.

"천황은 일본국의 상징으로 일본 국민 통합의 상징이며, 이 지위는 주
권이 존재하는 일본 국민의 총의에 기초한다."

평화 헌법 제1장 1조다. 그는 상징으로 남게 되었다.

"대일본제국은 만세일계의 천황이 이를 통치한다."

일본제국 헌법 제1장 1조와 비교하면 천양지차지만, 어쨌든 천황은
살아남았다. 그리고 평화 헌법 제2장은 다음과 같이 시작한다.

"일본국 국민은 정의와 질서를 기초로 하는 국제 평화를 성실하게 희

구하고, 국권의 발동에 의한 전쟁과 무력의 위협 또는 무력의 행사를 국제 분쟁을 해결하는 수단으로써 영구히 포기한다."

9조 1항으로 일본은 영원히 전쟁을 할 수 없는 나라가 되었다. 그리고 이를 실현하기 위해 9조 2항이 따라붙었다.

"전항의 목적을 이루기 위해 육·해·공군 기타의 전력은 보유하지 않는다. 국가의 교전권은 인정하지 않는다."

이제 일본은 군대를 만들 수 없게 되었다. 엄밀히 말하자면 일본 자위대는 '국가 공무원'이지 '군인'이 아니다. 천황에 관한 내용을 제외한다면 헌법의 첫 장을 '전쟁 금지'로 시작했다. 그래서 '평화 헌법'이다. 전쟁을 하지 못하는 국가가 되었지만 어쨌든 일본은 살아남았다.

이제 일본은 언론의 자유도 노조 활동의 자유도 생겼고 자유롭게 선거도 할 수 있게 되었다. 악명 높은 치안유지법도 폐지되었다. 해방된지 70년이 넘었건만 우리 땅에는 아직도 '국가보안법'이란 이름으로 치안유지법이 살아 있지만, 일본은 전후 이 악법을 폐지했다(GHQ가 폐지했다고 보는 게 맞겠지만).

그러나 전쟁에 대한 반성은 없었다. 1937년 중일전쟁부터 시작한다면 8년간의 전쟁이었다. 이 기간 중국에서만 최소 1200만 명이 죽었다(3500만 명의 희생자를 냈다는 통계도 있다). 뒤이어 프랑스령 인도차이나, 영국령 버마, 네덜란드령 동인도, 영국령 싱가포르 등 대동아공영권이란 이름으로 휩쓴 식민지에서 죽인 희생자 수를 다 더하면 유럽 전선에서 히틀러가 죽인 숫자와 버금가거나 더 많을지도 모른다.

독일은 홀로코스트와 같은 계획적이고 체계적인 학살을 저질렀지만, 일본은 이런 홀로코스트가 없었다. 즉, 전쟁이 일어나는 전선이나 점령지에서 당연하게 살인과 강간, 약탈을 자행했다는 뜻이다. 태평양전쟁 당시 일본군은 이런 전쟁 범죄 행위가 '상식'이었다. 그렇기에 독일과 같은 전쟁 범죄 기록이 거의 없다. 그들은 그저 자신의 방식대로 전쟁을 치렀다. 중세 시대 사무라이에게 총과 대포, 전투기를 쥐여주고 전쟁터에 내보낸 것이나 다름없었다. 그들은 아무런 거리낌 없이 적은 죽이고, 적의 여자는 강간하고, 부족하면 약탈을 했다. 그게 그들의 상식이었고, 죄의식이 없었기에 스스로 그것이 범죄라고 인지하지 못했다. 그래서 더 무섭다.

놀라운 사실은 이러한 전쟁 범죄 사실을 알고 있는 이가 극히 드물다는 점이다. 제2차 세계대전에 관한 영화를 만들 때마다 할리우드의 유대인 자본이 총동원돼 홀로코스트를 말한다. 그러나 태평양전쟁 당시 일본군이 자행한 전쟁 범죄에 대해서는 흐릿한 기억밖에 없다. 왜 그럴까? 여러 이유가 있겠지만 결국 원점으로 돌아가면 바로 '국제정치' 때문이다.

태평양전쟁 당시 일본의 전쟁 범죄를 말해야 할 시기에 국제정세는 다시 요동쳤다. 중국에서는 국공내전이 터졌고, 뒤이어 한국전쟁이 터졌다. 그리고 얼마 뒤 베트남전쟁이 터졌다. 동서 냉전이 시작되면서 일본은 미국의 적에서 태평양을 틀어막은 '불침항모'로 변신했다. 실제로 일본은 냉전 시대 내내 소련의 태평양 진출을 틀어막는 마개 역할에 충실했다.

그럼 3000만을 훌쩍 뛰어넘는 희생자를 낳은 일본의 사과는 무엇이었을까? 1946년 5월 3일 극동국제군사재판, 즉 전범 재판이 시작됐다. 약 2년 반에 걸쳐 이어진 재판의 결과 28명이 기소되어 25명이 실형을 받았다(재판 중 사망 2명, 소추 면제 1명). 이 가운데 사형을 구형받은 이는 7명에 불과했다. 이 정도면 대속代贖이라 말해도 될 정도다. 죄를 더 캐묻고 싶었지만 그러기에는 국제정세, 아니 미국의 사정이 여의치 않았다.

그리고
한국

연합국이 포츠담 선언을 발표했을 때 일본이 이를 바로 수락했다면 어땠을까? 그랬다면 한반도의 운명은 분명 달라졌을 것이다. 남북한이 갈라지지 않았을지도 모르고, 한국전쟁이 일어나지 않았을지도 모른다. 불과 2주 만에 세계정세는 요동쳤다. 그 결과 일본은 원자폭탄을 맞았지만 부활의 기회를 얻었다. 남북한이 갈라졌고, 한국전쟁이 발발했다. 한국전쟁 소식을 전해 들은 요시다 시게루 수상의 발언이 모든 걸 대변한다.

"이제 일본은 살았다!"

말 그대로였다. 당시 일본 경제는 1920년대 수준으로 되돌아갔다. 공장을 돌리고 싶어도 전력난으로 제대로 가동할 수 없는 상황이었다. 요시다 수상이 GHQ에 통사정해 1946년 겨우 중유를 수입할 수 있었다.

전후 일본을 먹여 살린 건 '팡팡걸'로 대표되는 성매매 여성들이었다. RAA^{Recreation and Amusement Association}(오락·유흥협회)라는 그럴듯한 이름으로 포장된 이 단체의 일본명은 '특수위안시설협회'였다. 내무성 관료가 입안했고 대장성의 예산 지원으로 조직된 이 단체의 목적은 미군을 대상으로 한 성매매였다. 겉으로는 일본의 순진한 처녀들의 정조를 지키기 위함이었지만 원래 목적은 미군들의 호주머니를 터는 것이었다. 종전 직후 일본의 일반 가정집 모습은 거의 비슷했다. 어머니나 여동생이 어딘가에서 돈을 구해오면 집에 있는 아버지와 남자 형제들은 돈의 출처를 묻지 않고 묵묵히 이들이 사 온 음식을 먹었다.

이런 상황에서 한국전쟁이 터졌다. 전쟁이 터지자마자 일본 정부는 특수 조달청을 설치했고, 미국이 요구하는 군수품을 적극적으로 생산해 전달했다. 그 결과 1952년 6월에는 군수품 공장만 400여 개에 달했고, 한국전쟁 말기에는 860여 개까지 증가했다.

미국은 군수품 구입만으로 25억 달러라는 돈을 일본에 풀었다. 경제적인 면에서뿐 아니라 군사적인 족쇄도 풀렸다. 당장 주일미군을 한국으로 돌려야 했기에 군사 공백이 생겼다. 또한 맥아더는 1950년 7월 8일 일본 정부에 공식적으로 '병력'을 요청했다.

"50일 안에 7만 5000명의 경찰 예비대 창설을 요청한다."

말 많고 탈 많은 자위대의 시작이었다. 일본이 눈치를 봐가며 청해야 할 일을 오히려 미국이 먼저 요구하자 일본은 부랴부랴 병력을 모집했다. 1950년 8월 10일 4개 보병사단으로 구성된 경찰 예비대를 조직하고, 1952년 해안 보안대와 통합해 보안청을 설립했다. 그리고 2년 뒤 방위청 설립과 함께 '자위대 설치법'을 제정했고, 이윽고 1956년 자위대를 창설했다.

정치적인 면은 이보다 더 극적이었다. 한국전쟁이 한창이던 1951년 9월 8일 샌프란시스코 전쟁기념 공연예술센터에서 48개국이 참가한 국제회의가 열렸다. 여기서 '샌프란시스코 강화 조약'이 체결되었다. 이 조약에 따라 일본은 공식적으로 독립국의 지위를 확보했다(이전까지는 GHQ가 관리하던 연합국의 점령국 지위였다). 그리고 같은 날 미국과 일본은 '미일 안보 조약'을 체결했다. 이제 일본은 공식적인 독립국 지위를 획득하고 미국의 동맹국이 되었다. 7년 전 패망했던 일본이 부활한 날이었다.

이것이 국제정치의 무서움이다.

항공모함 시나노

일본 해군을 떠나서 제2차 세계대전에 참전한 전 세계 함정 중 가장 불운한 군함이 시나노信濃이다. 제원만 보면 시나노는 제2차 세계대전에 참전한 함정 중 가장 강력한 항공모함이었다. 만재 배수량 7만 3000톤의 시나노는 당시 미국의 주력이던 에식스급 항공모함(만재 배수량 3만 6380톤)의 두 배 크기였다.

시나노의 운명은 태평양전쟁 말기 일본의 다급함을 그대로 보여준다. 애초 시나노는 야마토급 3번함으로 계획된 '전함'이었다. 당시 일본은 워싱턴 해군 군축 조약에서 탈퇴한 직후 장차전에서 미국, 영국과 맞서 싸워야 한다는 강박에 사로잡혀 있었다. 5:5:3으로 묶여 있던 전력비를 극복하기 위해서는 미국과 영국을 압도할 만한 전함을 생산해 내야 했다.

그런 상황에서 1937년부터 제작에 들어간 것이 야마토급 전함이다. 배수량 6만 8000톤(만재 배수량 7만 2800톤)에 28노트의 속도, 460밀리미터 45구경장 3연장 주포탑 3기를 탑재한 당시로써는 상상하기 어려운 초거대 전함이었다. 1번함인 야마토는 1941년 12월에, 2번함인 무사시는 1942년 8월에 취역했다. 문제는 3번함 시나노였다. 1940년부터 건조에 들어간 시나노는 1945년에 취역하려 했으나 1942년 6월 제작이 중단되었다.

1942년 6월에 일본은 미드웨이 해전에서 항공모함 4척을 잃어버렸다. 진주만부터 시작해 인도양, 남태평양을 휩쓸던 무적 기동함대의 몰락이었다. 일본은 다급해졌다. 당장 항공모함이 필요했기에 시나노를 항공모함으로 개조하려 했다. 선체의 절반 정도를 완성한 시점이었기에 무리한 판단은 아니었다. 게다가 당시 야마토급의 제작비를 감당할 자신도 없었기에 일본은 시나노를 항공모함으로 개조했다. 제2차 세계대전 최대의 전함이 최대의 항공모함으로 재탄생하는 순간이다.

배수량만 보면 시나노는 제2차 세계대전에 등장한 모든 항공모함을 압살할 크기였지만 정작 그 능력은 크기에 미치지 못했다. 에식스급 항공모함이 평균 100기 정도의 함재기를 운용한 데 비해 시나노는 공격 항모로 운용할 경우 겨우 64기만 탑재할 수 있었다(단순 수송·지원일 경우는 139기).

일본 해군도 이를 잘 알고 있었다. 그래서 시나노를 본격적인 전투용 항공모함이 아니라 지원용 항공모함으로 사용할 계획이었다. 애초

전함으로 건조되었기에 배수량의 상당 부분을 '장갑'에 투자했다. 그래서 배수량에 비해 탑재하는 항공기 숫자가 적었다. 게다가 미군 폭격기에 시달린 경험 때문에 시나노 이곳저곳에 대공화기를 빼곡하게 채워 넣었다(항공모함이 함재기로 적군의 공격기를 상대할 생각은 하지 않고 대공포로 상대하겠다고 생각한 것 자체가 당시 일본의 상황을 보여준다. 자위용 대공 무장이라면 이해하겠지만, 당시 시나노의 대공 무장을 보면 5인치 2연장포 16문, 25밀리미터 기관포 125문, 28포신 다연장 대공 로켓포 12문 등 거의 고슴도치 수준이었다).

이런 우여곡절 끝에 시나노는 1944년 10월 4일 진수식을 가졌다(취역은 11월 19일). 이제 마무리 의장 공사와 병장 공사, 항공기 인수만 남았다. 문제는 시나노가 진수된 곳은 요코스카 해군 공창이었는데, 마무리는 구레 해군 공창에서 맡기로 한 것이다.

구레항으로 이동한 이유는 두 가지다. 첫째, 해군 지휘부가 B-29의 폭격을 두려워했기 때문이다. 당시 미군이 요코스카에서 대형 항공모함이 건조되고 있다는 사실을 정찰로 확인했기에 요코스카보다는 히로시마에 있는 구레로 보내는 편이 안전했다. 실제로 구레는 제2차 세계대전 당시 동아시아 최대의 군항이었고, 해군사관학교와 해군병학교가 있는 일본 해군의 심장부였다. 물론 구레항도 1945년 7월의 대공습으로 끝장이 났다. 둘째, 요코스카보다 구레에 숙련된 노동자가 많았기 때문이다. 이런 이유로 요코스카에서 진수된 시나노가 구레로 이동하게 되었다.

시나노는 호위 구축함 3척(하마카제, 이소카제, 유키카제)과 함께 세토내해로 향했다. 일본의 주요 항로였던 세토 내해에는 미국 잠수함들이 자주 출몰했기에 호위 구축함들은 미군 잠수함에 대한 경계를 늦추지 않았다.

1944년 11월 28일, 취역 9일 만에 첫 항해를 떠난 시나노는 1944년 11월 29일 새벽 3시 30분경 미국 잠수함 아처피시가 쏜 어뢰 6발 중 4발에 맞아 격침되었다. 시나노는 취역 10일 만에, 그것도 첫 항해에서 격침되는 비운의 항공모함이 되었다. 장병 1435명의 목숨은 덤이었다.

일본 해군의 절대적인 기대를 받았던 야마토급 전함 3척의 최후는 모두 이렇게 허무했다. 야마토와 무사시는 제대로 힘도 못 써보고 항공기들에 의해 격침되었다. 그나마 야마토와 무사시는 싸워보기라도 했지만 시나노의 운명은 너무도 허무했다.

거함거포주의가 시대의 조류였던 시절 전함으로 태어나 항공모함이 주역이 된 바다에서 항공모함으로 변신했지만, 취역 열흘 만에 바닷속으로 가라앉은 시나노. 제2차 세계대전 동안 바다를 누볐던 모든 군함 중에서 가장 불운했던 군함이라는 주장에 이견을 다는 이는 드물 것이다.

(물론 불가능하겠지만) 일본에 대한 한국인으로서의 감정과 기억을 제거하고 일본을 바라본다면, 마음 한구석에서 선망과 질시의 시선을 거둘 수 없다. 그들 말처럼 일본은 신들의 축복을 받고 있는 걸까?

메이지 유신 이후 산업화와 근대화로 달려간 일본의 역사는 전쟁으로 달려가기 위한 준비 기간이었는지도 모른다. 일본 근대화의 역사는 전쟁의 역사다. 제국주의의 막차를 탄 일본으로서는 더 이상 남아 있는 식민지 후보군이 없었다. 결국 일본은 '남의 것'을 빼앗기로 했다. 그러려면 힘이 있어야 했기에 미친 듯이 군비를 증강했고, 그 힘을 바탕으로 전쟁을 일으켰다.

물론 거듭된 성공이 심어준 오만과 착각으로 호된 대가를 치르긴 했지만 불과 80여 년 만에 일본은 서구 열강의 틈바구니에 고개를 들이밀 수 있었다. 그러나 딱 거기까지였다. 이후 일본의 선택은 스스로의 목을 잘라내는 과정이었다.

승리에 도취해 주변 상황이 눈에 들어오지 않았던 걸까? 아니면 남들의 성공에 조바심이 났던 걸까? 욕심이 과했을 수도 있고, 자신들의 논리에 함몰되었을 수도 있다. 아니, 이 모든 것이 복합적으로 작용했을지도 모른다. 그러나 이 모든 것을 아우르는 전제가 하나 있으니, 바로 '일본이 국제정세를 오판했다'는 사실이다.

일본은 국제정치를 자기 편의대로 해석했다. 일본이 욕망에 눈이 멀어 의도적으로 정세를 왜곡해서 바라봤다고도 하지만, 전쟁 말기 일본 지도부의 행각을 보면 욕망에 앞서 국제정세를 바라보는 눈 자체가 없었다고 보는 편이 맞을 듯하다.

안타깝게도 100여 년 전 한반도를 둘러싼 국제정세와 지금의 상황이 별반 다르지 않다. 이런 상황에서 우리는 주변 환경을 제대로 인식하지 못하고 있다. 반세기 전 일본이 보여준 모습처럼 말이다.

어쩌면 《전쟁 국가 일본의 성장과 몰락》은 이런 불안이 만들어낸 산물일지도 모른다. 별생각 없이 시작한 글이었지만, 회를 거듭하며 원고 매수가 쌓여갈수록 어떤 사명감 같은 것이 내 안에서 샘솟았다. 그렇다고 거창한 신념이나 이상은 아니고, 상아탑 안에 갇혀 있는 답답하고 어려운 국제정치를 일반 독자에게 재미있게 소개하겠다는 바람이랄까?

일반인을 대상으로 하는 글이기에 독자가 공감하고 실감할 수 있어야 한다는 생각에 우리와 가장 가까운, 그리고 가장 복잡한 역사가 있는 일본을 선택했다. 원래는 제1차 세계대전 직후 패전 독일을 추스른 구스타프 슈트레제만Gustav Stresemann을 소재로 국제정치에 관한 글을 써 보려고 했다. 로카르노 조약을 체결해낸 전후 과정과 독일 배상금 문제를 해결한 그의 모습은 국제정치의 '승리자'의 모습 그 자체였다. 물론 그의 표현처럼 옛 독일과 새로운 독일 사이에 다리를 놓는 데는 실패했지만 그가 전간기에 보여준 활약상은 외교관이라면 한 번쯤 살펴봐야 할 모습이다.

일본이 지난 시절 우리에게 행한 모든 일의 결론은 단 하나다. 바로 이 땅에 태어난 이상 '외교 감각'은 생존을 위한 필수 조건이라는 점이다. 이는 한반도란 땅덩이에 태어난 우리에게 내려진 천형天刑과도 같다. 이 책은 이를 그대로 보여준다. 그러나 지금도 우리는 이 생존을 위한 필수 조건에 둔감하기만 하다.

한반도는 대륙 세력이 해양 진출로로, 해양 세력이 대륙 진출로로 쓸 수 있는 땅이다. 하필이면 이런 땅덩이를 기준으로 미, 일, 중, 러 4대 초강대국이 선을 긋고 대치하고 있다. 이런 일이 벌써 몇 번째일까? 21세기 현재 한반도를 둘러싼 국제정세는 100여 년 전과 놀랍도록 유사하다. 안타깝게도 '북한'이라는 존재 덕분에 상황은 그때보다 더 복잡해졌다.

그럼에도 우리는 국제정치에 무관심하다. 우리의 일상과는 아무런 상관이 없다고 생각한다. 과연 그럴까? 러일전쟁의 결과로 한국이 일본의 식민지가 되었고, 한국전쟁의 결과로 우리를 식민지로 만든 일본이 부활했다.

국제정치는 우리의 생존과 직결된 문제이다. 명심하자.

참고 문헌

- 이성환, 《전쟁국가 일본》, 살림, 2005
- 육군사관학교 전사학과, 《세계전쟁사》, 황금알, 2004
- 이상태, 《조선역사 바로잡기》, 가람기획, 2000
- 이윤섭, 《다시 쓰는 한국 근대사》, 평단문화사, 2009
- 이윤섭, 《러일전쟁과 을사보호조약》, 이북스펍, 2012
- 위톈런, 《대본영의 참모들》, 나남, 2014
- 맥스 부트, 《Made In War - 전쟁이 만든 신세계》, 플래닛미디어, 2007
- 마이클 하워드·로저 루이스, 《20세기의 역사》, 이산, 2000
- 이노세 나오키, 《쇼와 16년 여름의 패전》, 추수밭, 2011
- 권성욱, 《중일전쟁 - 용, 사무라이를 꺾다 1928~1945》, 미지북스, 2015
- 김효순, 《나는 일본군, 인민군, 국군이었다》, 서해문집, 2009
- 정기종, 《석유전쟁》, 매일경제신문사, 2003
- 이창위, 《우리의 눈으로 본 일본제국 흥망사》, 궁리, 2005
- 호사카 마사야스, 《쇼와 육군》, 글항아리, 2016
- 박재석·남창훈, 《연합함대 - 그 출범에서 침몰까지》, 가람기획, 2005
- 다카시로 고이치, 《일본의 이중권력, 쇼군과 천황》, 살림, 2006
- 에드워드 베르, 《히로히토 - 신화의 뒤편》, 을유문화사, 2002
- 한도 가즈토시, 《일본의 가장 긴 하루》, 가람기획, 1996
- 박인규, 〈잘나가던 미국 장군의 고백 "전쟁은 사기다"〉, 《프레시안》 2015.2.27
- 위키피디아(https://ko.wikipedia.org)
- 한국번역학회(http://www.kats.or.kr)

러일전쟁에서 태평양전쟁까지

전쟁 국가 일본의
성장과 몰락

초판 1쇄 인쇄 ┃ 2018년 12월 10일
초판 1쇄 발행 ┃ 2018년 12월 21일

지은이 이성주
책임편집 조성우
기획 손성실
마케팅 이동준
디자인 권월화
용지 월드페이퍼
제작 성광인쇄㈜
펴낸곳 생각비행
등록일 2010년 3월 29일 ┃ 등록번호 제2010-000092호
주소 서울시 마포구 월드컵북로 132, 402호
전화 02) 3141-0485
팩스 02) 3141-0486
이메일 ideas0419@hanmail.net
블로그 www.ideas0419.com

ⓒ 이성주, 2018
ISBN 979-11-89576-10-3 03340